lonely planet

Thaïlande
Îles et plages

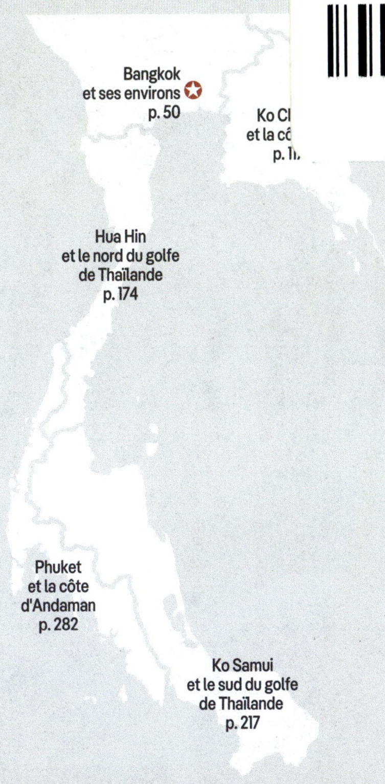

David Eimer, Amy Bensema, Choltanutkun Tun-atiruj

Légumes thaïlandais

SOMMAIRE

Préparer son voyage

Sur la route

Freedom Beach, Phuket (p. 310)

Carnet pratique

Comprendre

Ko Pha Ngan (p. 239)

ÎLES ET PLAGES DE THAÏLANDE

LE VOYAGE COMMENCE ICI

Les îles et plages de Thaïlande évoquent un rêve éveillé : une eau turquoise parsemée de coraux aux couleurs vives baignant des plages au sable étincelant, le tout ceinturant une jungle luxuriante. J'ai goûté au paradis tropical thaïlandais il y a plus de 20 ans sur Ko Chang, et je suis encore loin d'avoir assouvi mon obsession pour les plages du pays. Avec ses 1 430 îles et ses 3 218 km de côtes, la Thaïlande est une destination exceptionnelle pour les amateurs – on pourrait y passer une vie entière !

David Eimer

Résidant à Bangkok depuis 9 ans, David est né en Californie et a grandi en Angleterre. Auteur et journaliste, il a désormais pour patrie la Thaïlande.

Mon expérience préférée consiste à explorer les eaux turquoise en *long-tail boat* pour trouver les sublimes baies et plages de sable blanc cachées sur la côte est de Ko Pha Ngan.

SUR LE TERRAIN

Nos auteurs présentent les lieux qui, pour eux, incarnent le mieux les îles et les plages de la Thaïlande.

Chanthaburi (p. 136) m'a surprise d'emblée. J'y allais avec certaines attentes, mais ce que j'ai vu m'a laissée bouche-bée : un front de mer, des cascades, des fruits savoureux (la nourriture est divine), un petit centre-ville où il fait bon flâner et des habitants on ne peut plus accueillants.

Choltanutkun Tun-atiruj

linktr.ee/choltanutkun

Autrice et journaliste, Choltanutkun s'efforce d'infuser un aspect politique à ses articles culture et lifestyle.

Cela faisait 10 ans que j'avais **Ko Phayam** (p. 290) en vue. En arrivant sur cette île isolée et sauvage, à la jungle dense, aux belles plages et aux routes sinueuses, j'ai été charmée par l'endroit. Malgré l'anthropisation, la nature est omniprésente. Des aigles de mer planent dans le ciel et de grands calaos (photo ci-contre) se cachent dans les arbres. Ko Phayam donne un aperçu du paradis !

Amy Bensema

@girl_with_bear

Installée à Phuket, Amy est rédactrice publicitaire spécialisée dans les hôtels de luxe et les restaurants primés. Son passe-temps favori : parcourir l'île en scooter.

AUTRES CONTRIBUTIONS

Aydan Stuart

@aydanstuart

Auteur et aventurier créatif et culturel autoproclamé, Aydan vit à Chiang Mai, en Thaïlande.

Parc national de Kaeng Krachan
Explorez le plus vaste parc national de Thaïlande. (p. 183)
Hua Hin
Visitez le Vana Nava Water Jungle, le meilleur parc aquatique d'Asie. (p. 174)
Bangkok
Le marché de Chatuchak invite à la flânerie. (p. 50)
Ko Chang
Essayez l'un des cours de cuisine de l'île. (p. 122)
Ko Kut
Éloignez-vous du monde sur de magnifiques plages isolées. (p. 124)
Ko Tao
Une destination incontournable pour les plongeurs de tous niveaux. (p. 247)
Ko Pha Ngan
Dansez jusqu'à l'aube aux *Full Moon Parties*. (p. 239)
MYANMAR (BIRMANIE)
CAMBODGE
MER D'ANDAMAN
Parc national de Sai Yok
Parc national d'Erawan
Nam Tok
Kanchanaburi
Suphanburi
Ang Thong
Saraburi
Ayuthaya
Parc national de Khao Yai
Pathum Thani
Prachinburi
Nakhon Pathom
BANGKOK
Chachoengsao
Ratchaburi
Samut Sakhon
Samut Songkhram
Chonburi
Si Racha
Phetchaburi
Pattaya
Sattahip
Rayong
Parc national de Khao Khitchakut
Chanthaburi
Parc national de Kaeng Krachan
Cha-am
Hua Hin
Ko Samet
Parc national de Nam Tok Phlio
Parc national de Khao Laem Ya-Mu Ko Samet
Trat
Parc national de Kuiburi
Parc national de Khao Sam Roi Yot
Ko Chang
Parc national de Mu Ko Chang
Prachuap Khiri Khan
Ko Kut
Hat Lek
Thap Sakae
Bang Saphan
Chumphon
Isthme de Kra
Ko Tao
Ranong
Ko Pha-Ngan

Ao Khanom
Observez les dauphins depuis les plages désertes du continent. (p. 257)
Railay
Escaladez les formations karstiques émergeant de la mer. (p. 329)
Ko Samui
Faites-vous dorloter dans l'un des spas de renommée mondiale. (p. 217)
Îles Similan et Surin
Un paradis pour la plongée et le snorkeling. (p. 294)
Phuket
Une promenade aux côtés des éléphants secourus. (p. 282)
GOLFE DE THAÏLANDE
MER DE CHINE MÉRIDIONALE
MALAISIE
Îles Surin
Îles Similan
Parc national de Laem Son
Parc national de Khao Sok
Chaiya
Parc national d'Ang Thong
Ko Samui
Surat Thani
Ao Khanom
Takua Pa
Khao Lak
Phang-Nga
Parc national de Khao Luang
Nakhon Si Thammarat
Parc national d'Ao Phang-Nga
Thung Song
Hua Sai
Phuket
Railay
Krabi
Ton Sai
Phuket-ville
Ko Phi Phi
Parc national de Mu Ko Lanta
Ranot
Hat Noppharat Thara-Mu Ko Phi Phi
Trang
Phatthalung
Ko Lanta
Kantang
Îles Trang
Parc national de Hat Chao Mai
Thaleh Luang
Songkhla
Hat Yai
Pattani
Parc national de Ko Tarutao
Satun
Sadao
Yala
Ko Tarutao
Ko Lipe
Narathiwat
Pulau Langkawi
Alor Setar
Kota Bharu
Sungai Kolok
Betong
Sungai Petani
Taiping
Ipoh
0
100 km

PLAGES DE RÊVE

Avec plus de 740 plages, chacun trouve, en Thaïlande, son content, qu'il s'agisse de pratiquer le snorkeling, de faire la fête ou de goûter au *farniente*. Les îles du Sud concentrent les plus belles, mais d'autres ponctuent la côte est et le continent. Certaines, parmi les plus populaires, sont tantôt bondées, tandis que d'autres restent singulièrement désertes.

Quand partir

Pour la côte d'Andaman, la période de décembre à avril est à privilégier. De décembre à février et de juillet à août, la météo est au beau fixe sur les îles du golfe.

Plages festives

Sur Ko Pha Ngan, à Sunrise Beach, sont organisées les fêtes de la pleine lune. Ao Lo Dalam, sur Ko Phi Phi, et Lonely Beach, sur Ko Chang, sont également prisées des fêtards.

En famille

À Phuket, Ko Lanta, Hat Kata et Hat Karon Phuket sont adaptées aux enfants. Hua Hin et Ko Kut sont d'autres bonnes options.

Hat Railay Ouest (p. 329)

NOTRE SÉLECTION

Une balade sur les rochers calcaires surplombant **Hat Railay Ouest** ❶ (p. 329) (très photogénique) ou un moment de détente sur le sable blanc.

Le coucher de soleil sur l'idyllique **Freedom Beach** ❷ (p. 310), à Phuket.

L'alliance d'eaux turquoise et de sable doux de **Sunrise Beach** ❸ (p. 356), sur Ko Lipe.

Encore relativement préservée, la côte est de Ko Phangan se découvre, de plage en plage, en *long-tail boat*. **Hat Yao** ❹ (p. 347) est un havre de tranquillité.

Les grandes plages d'**Ao Khanom** ❺ (p. 257) se prêtent à la flânerie. En semaine, on a parfois l'endroit pour soi seul.

ÉTHIQUE ET ÉLÉPHANTS

Maints touristes désirent approcher cet emblème national, et un nombre croissant d'endroits se prêtent à le faire de manière éthique, sans infliger de mauvais traitements aux animaux. Hélas, certains "sanctuaires" forcent encore les pachyderms à se livrer à d'exténuants numéros. Ceux proposant des promenades à dos d'éléphant sont à éviter. Il est possible d'apercevoir des spécimens sauvages dans quelques parcs nationaux.

Nombre

Quelque 300 000 éléphants peuplaient autrefois le pays. Ce nombre est descendu entre 3 000-3 700 pour les spécimens sauvages et entre 3 500-4 000 pour ceux "domestiqués", tant du fait du braconnage que de la réduction de leur habitat.

Éléphants blancs

En vertu de la loi thaïlandaise, tous les éléphants blancs (albinos) appartiennent au roi. La plupart vivent au Thai Elephant Conservation Center, à Lampang.

Bêtes de somme

Naguère employés dans des unités de choc de l'armée, les éléphants transportaient également le bois d'abattage jusqu'à l'interdiction de l'exploitation forestière en 1989.

Sanctuaire des éléphants de Phuket (p. 315)

NOTRE SÉLECTION

Pour apercevoir des troupeaux en liberté, direction le **parc national de Kuiburi** ❶ (p. 196).

Dans le **Sanctuaire des éléphants de Phuket** ❷ (p. 315), on peut nourrir les animaux, et les observer se baigner et se détendre dans la forêt.

Faites connaissance avec les pachydermes au refuge pour éléphants de la **Wildlife Friends Foundation** ❸ (p. 191), près de Hua Hin.

Suivez les quelque 200 éléphants sauvages qui parcourent le parc national de **Kaeng Krachan** ❹ (p. 183), plus grand parc national de Thaïlande et site classé au patrimoine mondial de l'Unesco.

Pénétrez au cœur du parc national de **Khao Sok** ❺ (p. 302), où une centaine d'éléphants vit à l'état sauvage dans la forêt dense.

DÉLICIEUSE CUISINE DE RUE

Entre saveurs divines et prix doux, la Thaïlande est une destination phare en matière de cuisine de rue. Omniprésents, les stands de nourriture y sont ouverts du matin tôt jusque tard le soir. Chaque région a ses en-cas.

Cuisine isan

La “sainte trinité” de la cuisine du Nord-Est (Isan) – le *gài yâhng* (poulet mariné grillé), le *sôm-đam* (salade de papaye épicée) et le *kôw nĕe-o* (riz gluant) – est présente sur tous les étals du pays.

Marchés

La cuisine de rue est de qualité sur les marchés ; les Thaïlandais aiment, tandis qu'ils font leurs emplettes, avoir la possibilité de manger sur le pouce à tout moment.

Cuisine de rue gastronomique

Certaines échoppes de *street food* servent des mets d'exception, au point d'avoir été distinguées par le Michelin, comme **Jay Fai** (p. 68), à Bangkok. Il faudra faire la queue pour les adresses les plus populaires.

NOTRE SÉLECTION

Direction **Chinatown** ❶ (p. 70), à Bangkok, pour des raviolis, nouilles, currys et produits de la mer.

Les saveurs du Sud sont à l'honneur sur les marchés nocturnes de **Hat Yai** ❷ (p. 264), candidate sérieuse au titre de capitale de la cuisine de rue du pays.

Joignez-vous à la foule locale sur le marché nocturne de **Surat Thani** ❸ (p. 237) pour y déguster spécialités au barbecue, nouilles, desserts et bien d'autres choses encore.

Inscrivez-vous à un circuit **Feast Thailand** ❹ (p. 183), pour découvrir les délicieux en-cas sucrés et salés de la ville de Phetchaburi.

Dînez sur le marché nocturne de **Na Thon** ❺ (p. 227) de Ko Samui, de loin la meilleure destination de l'île pour la cuisine de rue.

Marché de Cicada (p. 186)

LA FOLIE DES MARCHÉS

Denses et très fréquentés, les marchés thaïlandais se prêtent à d'inoubliables expériences, tant ils se distinguent par leur variété et leur ambiance. On ne se contente pas d'y faire de bonnes affaires : on en ramène de beaux souvenirs.

Affichez votre plus beau sourire

Le marchandage est de rigueur (hormis sur les marchés alimentaires). Sourire constitue toujours un plus.

Essayage

Les cabines d'essayage sont rares. Avec un peu de chance, les vendeurs vous indiqueront les toilettes les plus proches.

NOTRE SÉLECTION

Faire emplette d'antiquités au **marché du week-end de Chatuchak** ❶ (p. 94), à Bangkok.

Se joindre aux hipsters de Hua Hin au **marché de Cicada** ❷ (p. 186), connu pour ses produits artisanaux.

Faites du shopping et mangez un morceau sur le **marché flottant de Ko Kloi** ❸ au style rétro (p. 148), à Rayong.

Faites du troc sur le **vieux marché** ❹ de Pranburi (p. 194) à la recherche d'antiquités et de souvenirs.

Le **marché aux pierres précieuses de Chanthaburi** ❺ (p. 138) a son lot de trésors.

SUBLIME PLONGÉE

La Thaïlande est un paradis d'aventures sous-marines, aussi bien pour le plongeur néophyte que confirmé. D'une biodiversité exceptionnelle, les eaux chaudes et cristallines sont peuplées de requins-baleines et de raies mantas. Des récifs colorés jalonnent les abords des côtes, pour le plus grand plaisir des amateurs de snorkeling. Ko Tao, Phuket et Ko Chang sont les grands pôles de plongée, mais on trouve des prestataires un peu partout.

Initiation

Avec plus de 50 écoles proposant une formation en moins de 4 jours, Ko Tao est le principal lieu d'initiation du pays et d'Asie du Sud-Est.

Quand plonger

On plonge à Ko Tao presque toute l'année, mais la visibilité est exceptionnelle en juillet-août. Sur la côte d'Andaman, la saison s'étend de novembre à avril.

Où plonger

Mentionnons les îles Surin et Similan sur la côte d'Andaman, ou Ko Tao, Ko Chang et Ko Pha Ngan dans le golfe de Thaïlande.

DE GAUCHE À DROITE : MATYAS REHAK/SHUTTERSTOCK ©, VLAD61/SHUTTERSTOCK ©, IMAGEBROKER.COM GMBH & CO. KG/ALAMY STOCK PHOTO ©

Raies mantas, Richelieu Rock (p. 295)

NOTRE SÉLECTION

Pour voir des raies mantas, direction **Richelieu Rock** ❶ (p. 295), l'un des plus beaux spots de plongée d'Asie, dans les îles Surin.

Une plongée avec les requins-baleines à **Sail Rock** ❷ (p. 245), au large de Ko Tao, dans le golfe de Thaïlande.

Du snorkeling au sud de **Ko Lipe** ❸ (p. 357) et dans les îlots voisins.

Une exploration de l'épave du **HTMS Chang** ❹ (p. 131) et de son récif artificiel, à - 30 m au large de Ko Chang.

S'essayer à l'apnée au nord de **Ko Pha Ngan** ❺ (p. 239) et apprendre à plonger jusqu'à 20 m sans équipement.

PLACE AU BIEN-ÊTRE

La Thaïlande est sans conteste l'un des meilleurs pays au monde pour débuter une introspection ou une détox. Les îles et les plages, tout comme Bangkok, offrent des possibilités exceptionnelles pour se faire chouchouter ; l'une des joies du voyage est d'être pomponné par des thérapeutes expérimentés, avec si besoin une remise en forme. Outre les massages, que l'on trouve partout, de nombreux spas, centres de bien-être et retraites de yoga et de méditation sont disséminés sur les îles les plus grandes et les plus fréquentées.

DE GAUCHE À DROITE : JOHN MICHAELS/ALAMY STOCK PHOTO ©, DMITRII D/SHUTTERSTOCK ©, ALIS MAGIC OF PHOTOS/SHUTTERSTOCK ©

Massage

Des salons de massage sont installés dans tous les lieux touristiques. C'est l'occasion de soulager vos pieds et jambes fatigués, ou encore de tenter un massage intégral.

Spas

La plupart des meilleurs spas sont gérés par des hôtels cinq-étoiles. Il n'est pas nécessaire d'y séjourner pour en profiter.

Yoga

Sur Ko Pha Ngan et Ko Samui sont situés certains des meilleurs centres de yoga de Thaïlande, avec tous les styles proposés ; les cours sont dispensés par des instructeurs compétents.

Yoga, Bangkok

NOTRE SÉLECTION

Sur Ko Samui, détendez-vous au **Six Senses** ❶ (p. 227), le plus beau spa de l'île, où les soins sont dispensés dans des pavillons évoquant des cabanes dans les arbres.

Adoptez la posture du "chien tête en bas" au **Samma Karuna** ❷ (p. 244) sur Ko Pha Ngan, où des séances quotidiennes de yoga, tantra, tai-chi et *reiki* sont programmées.

L'**Absolute Sanctuary** ❸ (p. 227), l'un des centres de bien-être les plus connus de Thaïlande, vous accueille sur Ko Samui pour une cure de revitalisation. Au programme : jeûne, méditation, yoga et Pilates.

Renouez avec votre corps et votre esprit au **Jungala Phuket** ❹ (p. 319), studio de santé et de bien-être spécialisé dans la thérapie et la guérison grâce aux sons de l'Himalaya.

Au cœur de la forêt vierge de Ko Kut, détendez-vous dans une piscine de *watsu*, au spa extérieur et sous la douche de brume en bambou de l'hôtel de luxe **Soneva Kiri** ❺ (p. 125).

FESTIN FAÇON WOK

Pour de nombreux touristes, apprendre à concocter quelques-uns des délicieux plats qu'ils auront dégustés fait désormais partie intégrante d'un séjour en Thaïlande. Les cours dispensés un peu partout vous permettent de vous familiariser avec les techniques culinaires locales. La plupart des écoles disposent de professeurs sympathiques et compétents : même les débutants apprécieront l'expérience.

Marchés

Presque tous les cours de cuisine débutent par un tour sur le marché local afin d'acheter les ingrédients nécessaires à la préparation des plats.

Recettes

Lors d'un cours de cuisine d'une journée, vous apprendrez normalement à préparer entre quatre et six plats. Vous recevrez un ensemble de recettes à emporter chez vous.

Circuits culinaires

Si cuisiner vous semble difficile, optez pour un circuit culinaire organisé par **Feast Thailand** (p. 183) ou **A Chef's Tour** (p. 309) : vous n'aurez qu'à déguster !

DE GAUCHE À DROITE : AUSTIN BUSH/LONELY PLANET ©, MOSHE EINHORN/SHUTTERSTOCK ©, KTASIMAR/ALAMY STOCK PHOTO ©

Ingrédients thaïlandais

NOTRE SÉLECTION

Découvrez une autre facette de Bangkok en passant une journée chez **Cooking with Poo & Friends** ❶ (p. 81), école de cuisine située dans les bidonvilles de Khlong Toei.

Au parc national de Khao Sok, concoctez un festin thaïlandais dans des tubes de bambou disposés au-dessus d'une cheminée au **Our Jungle House** ❷ (p. 302).

Cooking with Mon ❸ (p. 335), l'école de cuisine la plus originale de Ko Lanta, vous attend pour un cours festif. Le chef Mon vous fera une démonstration de ses pas de danse !

Sur Ko Pha Ngan, la **Phangan Thai Cooking Class** ❹ vous emmène à vélo sur un marché local, avant de réaliser un bon repas (p. 242).

Cuisinez le plat de votre choix (y compris un curry) à l'école **Ban Suan Cooking** ❺ (p. 133) sur Ko Chang.

ELIZAVETA GALITCKAIA/SHUTTERSTOCK

Loi Krathong

FÊTES ET FESTIVALS

Hors contexte religieux, les fêtes allient réjouissances et festins. On s'y mêle avec plaisir aux habitants, que ce soit à la faveur de célébrations bouddhiques, menées en grande pompe, ou d'événements à l'échelle locale mettant à l'honneur, par exemple, les fruits ou les fantômes.

Songkran

Pour le Nouvel An thaï (13- 15 avril), on asperge d'abord d'eau des représentations sacrées du Bouddha, avant d'entamer une bataille d'eau de 3 jours.

Loi Krathong

En novembre, les fidèles prient pour la rémission de leurs péchés et lâchent des lanternes sur les cours d'eau de tout le pays.

NOTRE SÉLECTION

La **fête des Fruits de Chanthaburi** ❶ (p. 136) met à l'honneur ces délices tropicaux.

Les dévots de la **fête végétarienne** ❷ (p. 312) de Phuket défilent, joues transpercées, lors de rituels expiatoires.

Passez le week-end au festival musical et culturel **Wonderfruit** ❸ (p. 156), événement mettant l'écologie à l'honneur, en dehors de Pattaya.

Écoutez les musiciens thaïlandais et en provenance du monde entier lors du **Hua Hin Jazz Festival** ❹ (p. 191) qui a lieu tous les ans en décembre.

Passez le réveillon du Nouvel An à **Fly to the Moon** ❺ (p. 129), festival sur Ko Mak mettant à l'honneur les sons du monde entier pendant quatre jours.

DE TEMPLE EN TEMPLE

Deuxième plus grand foyer du bouddhisme au monde, la Thaïlande en a intégré les traditions à la vie quotidienne. La visite des temples – dont certains sont des joyaux d'architecture – renvoie au passé comme au présent du pays. Ces lieux, où affluent les fidèles, sont authentiquement vivants.

À GAUCHE : TRAVEL MAN/SHUTTERSTOCK ©; À DROITE : MONGKOLCHON AKESIN/SHUTTERSTOCK ©

Code vestimentaire

La tenue a son importance dans ces lieux sacrés. On peut s'en voir interdire l'accès au simple motif d'y être entré bras ou jambes nus.

Acquérir des mérites

L'acquisition de mérites (au moyen de bonnes actions) est au cœur du bouddhisme thaïlandais. Il peut par exemple s'agir de faire des offrandes de nourriture aux moines ou des dons aux temples.

Sanctuaires insulaires

En dehors des temples bouddhistes traditionnels, les îles et plages de Thaïlande abritent des sanctuaires chinois offrant une protection aux marins – ainsi que des temples troglodytes mystiques.

NOTRE SÉLECTION

Une fois gravis les escaliers raides du **Wat Arun** ❶ (p. 59), on a une vue imprenable sur le quartier historique de Bangkok et le Chao Phraya.

Le funiculaire rejoint le **parc historique du Phra Nakhon Khiri** ❷ (p. 179), où les flèches des temples percent le ciel de Phetchaburi.

Un imposant chedi de 77 m domine le **Wat Phra Mahathat Woramahawihaan** ❸ (p. 262), grand temple du Sud.

Mêlez-vous aux singes vivant aux abords du **Wat Khao Chong Krajok** ❹ (p. 202), temple de Prachuap Khiri Khan depuis lequel la vue sur la côte est exceptionnelle.

Rendez-vous au **Wat Asdang** ❺ (p. 165) sur l'île moins fréquentée de Ko Sichang – cette pagode du XIXe siècle affiche un style gothique rare.

VILLES ET RÉGIONS

Composez votre voyage selon vos envies.

Bangkok et ses environs

La capitale la plus séduisante d'Asie du sud-est

Bangkok subjugue les visiteurs par sa fusion incomparable d'ancien et de nouveau, de tradition et de modernité. Les temples étincelants, les palais royaux et les marchés d'alimentation couleur locale y côtoient de gigantesques centres commerciaux, des spas haut de gamme et des bars à cocktails sur les toits. S'y ajoutent une scène artistique et musicale vivante, ainsi qu'une communauté LGBTQI+ dynamique.

p. 50

Hua Hin et le nord du golfe de Thaïlande

Charmantes villes côtières et merveilles naturelles

Les longues plages et les restaurants de fruits de mer attirent les touristes thaïlandais sur cette portion de littoral. Hua Hin, première station balnéaire du pays, offre un mélange de sophistication urbaine et d'atmosphère balnéaire. Plus au sud, les plages de Pranburi et Prachuap Khiri Khan ont la faveur des étrangers et des familles, tout en restant beaucoup moins fréquentées que les destinations insulaires plus connues. Pour une expérience totalement différente en restant à proximité, faites un tour dans les temples, palais et parcs nationaux de l'ancienne Phetchaburi.

p. 174

Ko Chang et la côte est

Plages de rêve et nature aux portes de Bangkok

Appréciée des gens de la région, qui s'y rendent le week-end, la côte orientale est parsemée d'îles. On y déguste de délicieux fruits de mer tout en s'immergeant dans la vie provinciale thaïlandaise.

Outre des plages et des villes balnéaires à la vie nocturne florissante, Ko Chang possède des montagnes couvertes de forêt vierge et des villages de pêcheurs. Ko Kut et Ko Wai, plus petites, s'adressent davantage au Robinson qui sommeille en vous. Sur le continent, Chanthaburi est une ville au patrimoine historique important, réputée à la fois pour ses pierres précieuses, ses fruits et ses spots de surf.

p. 117

Phuket et la côte d'Andaman

Îles boisées et mer turquoise

Avec ses plages de rêve, ses stations tape-à-l'œil et ses restaurants de premier ordre, la plus grande île de Thaïlande a tendance à éclipser le reste de la région. Celle-ci compte pourtant d'autres îles splendides, comme Ko Lipe, Ko Lanta et Ko Phi Phi, ainsi que des bourgades assoupies, des sanctuaires marins et des parcs nationaux riches en faune, grottes et cascades.

p. 282

Ko Samui et le sud du golfe de Thaïlande

Plages, plongée, cuisine de rue et histoire

La région s'enorgueillit d'un trio d'îles de toute beauté. Ko Samui, la vedette incontestée, brille par ses plages de sable blanc et ses spas de luxe, Ko Pha Ngan accueille les fameuses fêtes de la pleine lune, et Ko Tao enchante les mordus de plongée et d'escalade. Le parc national marin d'Ang Thong, avec ses îles vierges abritant de nombreux animaux sauvages, se trouve également à proximité. Sur le continent, place aux dauphins roses et aux kilomètres de plages pratiquement désertiques à Ao Khanom.

p. 217

ITINÉRAIRES

Aventures en mer d'Andaman

Durée : 8 jours **Distance** : 164 km

En route pour un tour des îles en mer d'Andaman ! Commencez par Phuket et ses splendides plages, où vous attendent des activités de plein air, avant de visiter la petite île de Ko Phi Phi, propice à la fête. De là, passez au style décontracté de Ko Lanta, où vous pourrez pratiquer le snorkeling, avant de terminer votre périple à Railay, une île des plus photogéniques.

1

PHUKET ⏱ 2 JOURS

Votre point de départ est **Phuket** (p 282) (la plus grande île de Thaïlande), avec ses plages incurvées au sable blanc et ses restaurants et bars allant du sophistiqué au tape-à-l'œil. Passez une matinée avec les pachydermes du sanctuaire pour éléphants de Phuket ou faites du kayak autour des étonnantes formations calcaires de la baie de Phang-Nga. Vous pouvez également emprunter un hors-bord pour vous rendre dans les îles Similan et y faire du snorkeling.

2

KO PHI PHI ⏱ 2 JOURS

Montez à bord du ferry pour **Ko Phi Phi** (p. 332). Cette petite île recouverte par la jungle, à la côte découpée et aux plages de sable blanc, est connue pour ses bons spots de plongée et de snorkeling. C'est aussi le cas pour l'île déserte de Ko Phi Phi Leh, rendue célèbre grâce à sa Maya Beach, sur laquelle fut tourné le film *La Plage*. Le soir, Ao Lo Dalam se transforme en vaste boîte de nuit en plein air. Pour une expérience plus tranquille, optez pour la côte est.

3

KO LANTA ⏱ 2 JOURS

Ko Lanta (p. 332) offre un visage plus décontracté et familial, avec ses belles plages sur les côtes ouest et sud, encore préservées. Les possibilités de plongée et de snorkeling y sont excellentes ; on peut aussi y pratiquer le kayak de mer ou suivre un cours de cuisine. N'oubliez pas de passer un peu de temps à explorer la vieille ville de Lanta, où les maisons en bois sont perchées sur des pilotis surplombant la mer.

4

RAILAY ⏱ 2 JOURS

Partez de Krabi sur le continent : un trajet en voiture de 15 minutes vous mène ensuite à Ao Nang, où vous pourrez emprunter un *long-tail boat* pour vous rendre sur **Railay** (p. 329). On y aperçoit grimpeurs et singes se balançant du haut des spectaculaires formations karstiques calcaires, qui surplombent certaines des plus jolies plages de toute la Thaïlande. On y pratique aussi le snorkeling et le kayak. Les restaurants et bars de Krabi et d'Ao Nang ne sont qu'à 15 minutes en bateau.

ALEKSANDR OZEROV/SHUTTERSTOCK ©

Ko Samui (p. 217)

Les îles et plages du golfe de Thaïlande

Durée : 8 jours **Distance** : 315 km

Réalisez une boucle entre trois des îles vedettes de la Thaïlande et la côte continentale, à l'ambiance paisible. Ko Samui est réputée pour ses excellents spas et sa vie nocturne, tandis que Ko Tao se distingue pour la plongée et l'escalade ; sur Ko Pha Ngan se déroulent les fameuses *Full Moon Parties*. Sur le continent, les plages d'Ao Khanom sont presque désertes, laissant la place aux dauphins roses.

1 KO SAMUI 2 JOURS

Prenez **Ko Samui** (p. 217) pour point de départ, avec ses côtes est et nord bordées de superbes plages. Profitez de ses stations balnéaires et d'un soin de toute première qualité dans l'un de ses spas de luxe. Passez une journée à faire le tour des plages de Ko Samui en moto, en prenant soin d'admirer le coucher de soleil sur la côte ouest. Vous pouvez aussi vous rendre en pleine jungle pour y admirer des chutes d'eau. En soirée, Chaweng, Lamai et Fisherman's Village sont les lieux de prédilection pour la vie nocturne.

Détour : *À l'ouest de Ko Samui se trouvent les sublimes paysages marins du parc national marin d'Ang Thong, qui se découvrent lors d'une excursion d'une journée.*

2 KO TAO 2 JOURS

Ko Tao (p. 247), au nord de Ko Samui, est le principal spot du pays pour la plongée sous-marine. Grâce à la température agréable de l'eau, à sa vie marine abondante, à ses récifs coralliens colorés, on y plonge presque toute l'année. Si les aventures sous-marines en compagnie des requins-baleines et des raies mantas ne vous attirent pas, vous pourrez aussi y pratiquer l'escalade sur paroi et sur bloc. La nuit, les bars sont également très animés.

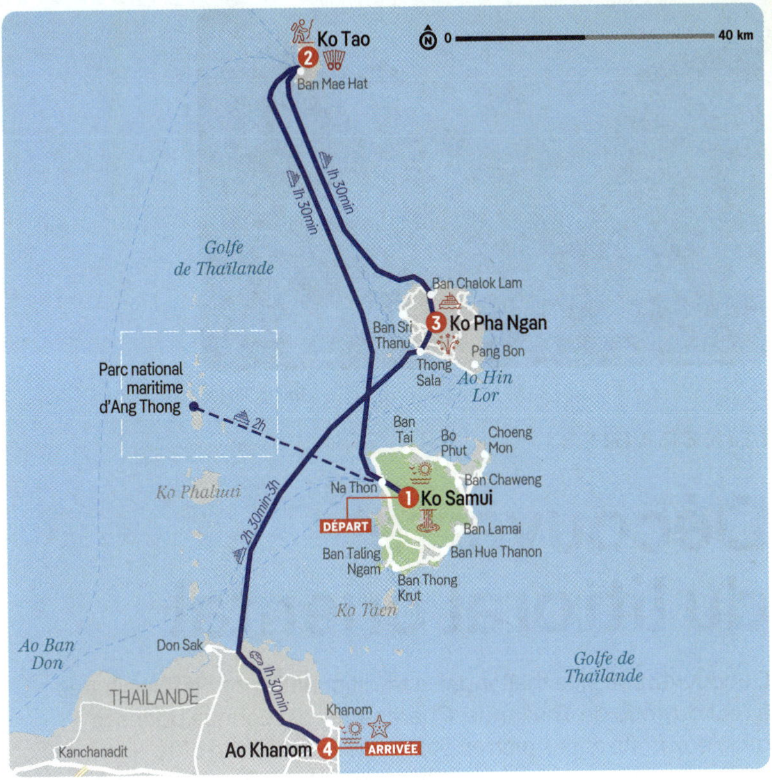

3 KO PHA NGAN ⏱ 2 JOURS

Rendez-vous sur **Ko Pha Ngan** (p. 239), à quelques encablures de Ko Tao par bateau, pour vous joindre aux milliers de fêtards des *Full Moon Parties* mensuelles, animant la Sunrise Beach. Même en dehors de la pleine lune, de nombreuses autres fêtes sont organisées sur Ko Pha Ngan. Vous pouvez également faire un tour en *long-tail boat* sur la côte est, très isolée, avec ses magnifiques baies cachées et ses séduisantes plages de sable.

4 AO KHANOM ⏱ 2 JOURS

Le trajet est court jusqu'à **Ao Khanom** (p. 257), située sur le continent. Le long de la côte de cette paisible localité (pas de fêtes), une série de vastes plages peu fréquentées s'étend sur 15 km. En semaine, elles sont pratiquement désertes. Faites une excursion en bateau pour apercevoir les quelque 60 dauphins roses peuplant les eaux de la région, ou découvrez les cascades et les grottes nichées à l'intérieur des terres.

TANUNPAT/SHUTTERSTOCK ©

Trat (p. 134)

ITINÉRAIRES

Découverte du littoral oriental

Découvrez une ville thaïlandaise traditionnelle et trois îles situées à l'est du golfe de Thaïlande. Chanthaburi est connue pour ses délicieux fruits et ses pierres précieuses ; Ko Chang offre quant à elle de belles plages entourées par la jungle et une multitude d'activités. Passez quelques jours sur l'île paradisiaque de Ko Kut et terminez sur l'île perdue de Ko Mak.

1 CHANTHABURI 1 JOUR

Ville fluviale accueillante comptant encore des quartiers de maisons traditionnelles en bois, **Chanthaburi** (p. 136) passe inaperçue aux yeux des touristes. Les gens de la région le savent bien et s'y rendent pour s'y approvisionner notamment en fruits, célébrés lors du festival annuel des fruits, au mois de mai. Le célèbre marché aux pierres précieuses de la ville attire acheteurs et commerçants venus de toute l'Asie ; c'est l'occasion de regarder déambuler la foule. Profitez également des plages situées à proximité et des possibilités de pratiquer le *baby surf*.

2 KO CHANG 2 JOURS

Ko Chang (p. 122) est la troisième plus grande île de Thaïlande. Mêlant agréablement plages, montagnes, jungle et forêts de mangroves, on y vient aussi pour son offre en matière d'écotourisme et ses villages de pêcheurs. Lonely Beach, sur la côte sud-ouest, est une destination festive pour les routards – beaucoup de touristes y viennent aussi pour faire de la plongée ou de la randonnée. L'île propose de nombreuses activités : c'est un lieu idéal pour suivre un cours de cuisine.

DE GAUCHE À DROITE : KHWANJAI WANNASOOK/SHUTTERSTOCK ©, JUSTIN FOULKES/LONELY PLANET ©

3 KO KUT 2 JOURS

Ko Kut (p. 124) est un fantasme pour les Robinsons. Sur cette île paradisiaque où la réception téléphonique est limitée, le farniente sur la plage est le seul mot d'ordre. À vous les plages de sable blanc, baignées par des eaux turquoise calmes et cristallines... Les conditions sont idéales pour le snorkeling, sans parler des chutes d'eau à escalader, des villages de pêcheurs perchés au-dessus de la mer et des possibilités d'hébergement allant de l'économique au grand luxe.

4 KO MAK 2 JOURS

La petite île de **Ko Mak** (p. 128) offre un visage endormi, à l'exception de quelques jours autour du Nouvel An, lorsqu'un festival de musique anime l'île. Elle est moins construite que ses voisines ; séjourner ici est synonyme d'excursions en kayak ou en bateau vers les récifs colorés des îlots environnants, sans oublier les couchers de soleil spectaculaires depuis la côte ouest de l'île ! Vous pouvez aussi prendre le temps de lézarder sur la plage.

Phra Nakhon Khiri, Phetchaburi (p. 179)

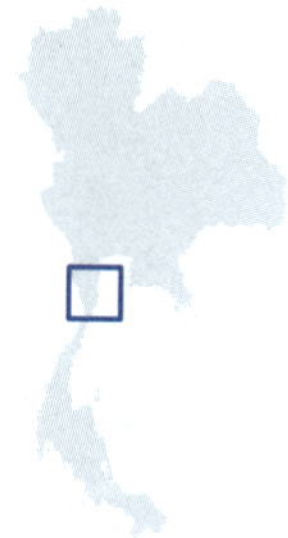

ITINÉRAIRES

Temples, plages et parcs nationaux

Durée : 1 semaine **Distance** : 224 km

Cette partie du golfe abrite l'une des villes thaïlandaises les plus importantes sur le plan culturel. On y vient tout autant pour ses éléphants que pour bronzer sur la plage. Commencez par la ville historique de Phetchaburi, avant de vous immerger dans le parc national de Kaeng Krachan. Prenez ensuite la direction des plages de Hua Hin avant de terminer par la jolie ville de Prachuap Khiri Khan.

1 PHETCHABURI 2 JOURS

Phetchaburi (p. 178) devrait figurer sur l'itinéraire culturel de tout voyageur en Thaïlande. Émaillée de marchés au bord de la rivière éponyme et de *shophouses* en teck, elle conserve aussi des temples, des palais et des sanctuaires troglodytiques. Partagez votre temps entre les monuments, le shopping et les restaurants sur les berges, en prenant garde aux macaques effrontés.

2 PARC NATIONAL DE KAENG KRACHAN 1 JOUR

Passez une journée dans le **parc national de Kaeng Krachan**, classé au patrimoine mondial de l'Unesco (p. 183 ; photo de gauche) et plus importante réserve naturelle de Thaïlande. La faune et la flore y sont abondantes, avec notamment des éléphants, des gibbons et une multitude d'oiseaux et de papillons rares. Des chutes d'eau et sentiers naturels complètent le tableau. Chambres et campings sur place (location de tentes possible).

3 HUA HIN ⏱ 2 JOURS

Doyenne des stations balnéaires thaïlandaises, **Hua Hin** (p. 174, photo de droite) séduit les vacanciers locaux depuis les années 1920. Ils affluent toujours pour ses longues et calmes plages, ses restaurants de fruits de mer de qualité et ses jolis marchés. L'endroit offre un cocktail rafraîchissant de sophistication urbaine et d'ambiance de bord de mer rétro, comme les promenades à dos d'âne sur la plage. C'est aussi un haut lieu pour le kitesurf et le golf.

Détour : *Si vous n'avez pas aperçu d'éléphants au parc national de Kaeng Krachan, visitez le refuge pour éléphants de la* ***Wildlife Friends Foundation****, situé à 45 km au nord-ouest de Hua Hin.*

4 PRACHUAP KHIRI KHAN ⏱ 2 JOURS

La jolie **Prachuap Khiri Khan** (p. 199), délicieusement détendue, présente des plages de sables blancs sur fond de formations calcaires, de vieilles *shophouses* en bois et quelques bonnes tables de poisson. Grimpez la colline au nord pour jouir d'un formidable panorama sur la mer ou les montagnes à la frontière du Myanmar.

QUAND PARTIR

La Thaïlande se visite toute l'année. Le soleil est garanti, même pendant la saison des pluies, bien que la mousson entrave certaines activités.

La haute saison correspond à la saison sèche, de novembre à mars, lorsque la nature est verdoyante et que les températures sont agréables. Noël et le Nouvel An occidental sont les périodes les plus touristiques. Les mois d'avril à juin sont les plus chauds, même si les brises marines apportent un peu de fraîcheur sur les îles. Ils peuvent être éprouvants pour qui n'est pas habitué à la chaleur tropicale.

La saison des pluies, de juin à octobre, est marquée par des précipitations brèves et intenses. Certains hôtels ferment sur les îles, les ferrys sont moins nombreux et la mer est plus agitée, mais la majeure partie du pays ne connaît que des averses intermittentes. Si vous supportez la pluie, la période de juin à octobre se révèle idéale pour voyager, du fait de la moindre affluence.

Vacances à prix réduits

Les prix des hôtels chutent sur les îles à la saison des pluies, de juin à octobre. On fait de bonnes affaires partout durant cette période. Les tarifs sont au plus haut de novembre à mars.

PAROLE D'HABITANT

INONDATIONS À BANGKOK

Raenuka Fangtong est née à Bangkok et travaille dans les relations publiques

Les inondations font partie de la vie à Bangkok, tout comme les embouteillages. Malgré cette habitude saisonnière, celles de 2011 ont été si graves que les gens ont pris peur pour l'avenir. Les habitants des maisons en étaient rendus à empiler des sacs de sable devant leur porte. Les Bangkokiens s'attendent à ce qu'une inondation encore pire se produise d'ici peu.

Bangkok (p. 50)

CHANGEMENT CLIMATIQUE

La Thaïlande se réchauffe. En avril 2023, la province de Tak, au nord, a connu des températures de 45,4°C (113.7°F), les plus élevées jamais enregistrées dans le royaume. Le pays est aussi sujet à des inondations de plus en plus graves ces dernières années.

La météo au fil des mois

JANVIER	FÉVRIER	MARS	AVRIL	MAI	JUIN
Température max. moy. en journée : **28°C**	Température max. moy. en journée : **29,2°C**	Température max. moy. en journée : **30,5°C**	Température max. moy. en journée : **31,5°C**	Température max. moy. en journée : **31°C**	Température max. moy. en journée : **30,2°C**
2 jours de pluie	**2** jours de pluie	**4** jours de pluie	**7** jours de pluie	**16** jours de pluie	**16** jours de pluie

SAISON DES PLUIES

La saison des pluies en Thaïlande est déterminée par la mousson du sud-ouest, qui vient de l'océan Indien et se dirige vers le nord-est du pays à partir de la mer d'Andaman. Ranong, sur la côte d'Andaman reçoit plus de pluie que n'importe quelle autre province.

Les grands rendez-vous

Avec une population pour 15% d'origine chinoise, le **Nouvel An chinois** est ici largement célébré. C'est notamment le cas dans les villes où vivent d'importantes communautés sino-thaïlandaises : Bangkok (p. 50), Phuket (p. 232) ou Hat Yai (p. 264). **Janvier/Février**

La fête de l'année est **Songkran**, le Nouvel An thaïlandais. Les 3 jours de célébrations commencent par le lavage des statues de Bouddha dans les temples, et se poursuivent en jeux d'eau. **Avril**

Visakha Buscha est la fête bouddhiste par excellence. Elle commémore la naissance, l'Éveil et la mort du Bouddha. Dans les temples, les habitants vont amasser des mérites avant les processions aux chandelles du soir. **Mai/Juin**

À l'occasion de **Loi Krathong**, les Thaïlandais prient pour obtenir le pardon et lancent des bateaux en origami ornés de fleurs et de bougies sur les cours d'eau du pays. **Novembre**

Fêtes locales et festivals

Festival végétarien de Phuket (p. 312) La communauté locale thaïlandaise et chinoise s'abstient de consommer de la viande. Certains participants pratiquent la marche sur le feu et le piercing afin de purifier leur corps et leur esprit. **Octobre/Novembre**

Thaibreak Festival (p. 129) Ce festival intimiste se déroule pendant trois jours sur les plages de Ko Mak. Il accueille des DJ locaux et internationaux et propose de nombreuses activités : yoga, cours de cuisine, massages. **Mars**

Festival de jazz de Hua Hin (p. 191) Le défunt roi Rama IX était un grand amateur de jazz et c'est en son honneur que ce festival a vu le jour. Il célèbre les liens étroits qui unissent Hua Hin à la famille royale thaïlandaise. **Décembre**

Wonderfruit (p. 156) est le plus grand festival de musique et d'art de Thaïlande. Des spectacles et des événements culturels y sont organisés, mettant à l'honneur l'écologie et le bien-être. Se déroule en dehors de Pattaya. **Décembre**

PAROLE D'HABITANT

CHANGEMENT CLIMATIQUE À PHUKET

Warin "Toon" Mueanklew est guide touristique et réside de longue date à Phuket

En 2023, les inondations à Phuket ont été les pires que nous ayons connues depuis plus de 25 ans. Cette année, nous risquons une pénurie d'eau. Selon moi, c'est pire que les inondations car les touristes ne viendront pas si l'eau vient à manquer. Je m'inquiète du changement climatique qui affecte mon travail. Tempêtes, inondations et sécheresses impactent activités et sites touristiques.

Inondation, Phuket

PLONGÉE

La mousson limite les activités de plongée sur la côte thaïlandaise de la mer d'Andaman, de nombreux tour opérateurs ferment entre juin et octobre. Cependant, la plongée reste possible dans le golfe de Thaïlande, sur Ko Tao et Ko Chang, même si la visibilité n'est pas aussi bonne que pendant la saison sèche.

JUILLET	AOÛT	SEPTEMBRE	OCTOBRE	NOVEMBRE	DÉCEMBRE
Température max. moy. en journée : **29,8°C**	Température max. moy. en journée : **29,6°C**	Température max. moy. en journée : **29,3°C**	Température max. moy. en journée : **29°C**	Température max. moy. en journée : **28,9°C**	Température max. moy. en journée : **27,7°C**
17 jours de pluie	**20** jours de pluie	**21** jours de pluie	**18** jours de pluie	**6** jours de pluie	**1** jour de pluie

GAUCHE : KUDLA/SHUTTERSTOCK © ; DROITE : MOVIESTORE COLLECTION LTD/ALAMY STOCK PHOTO©

AVANT DE PARTIR POUR LES ÎLES ET PLAGES DE THAÏLANDE

Nos recommandations pour bien se préparer.

Dans sa valise

Vêtements légers Des vêtements amples et légers sont la tenue la plus adaptée pour affronter la chaleur tropicale. Prévoyez une veste qui vous servira d'imperméable et pourra vous tenir chaud en altitude. Apportez une tenue soignée pour dîner dans un restaurant chic ou sortir dans une discothèque à Bangkok ou à Phuket. On trouve en Thaïlande tout type de vêtements, y compris les marques occidentales à un bon prix, mais se procurer des grandes tailles est parfois difficile.

Chaussures Les tongs sont adaptées pour la plage et le bord de mer, mais portez plutôt des chaussures ou des baskets ailleurs si vous comptez beaucoup marcher. Prévoyez des chaussures de marche pour les randonnées.

Chapeaux Le soleil tropical est intense même lorsque le ciel est couvert. Le port d'un chapeau à larges bords est conseillé.

À savoir

Sourire : Les Thaïlandais évitent le conflit. Se disputer et élever la voix sont mal vus et considérés comme embarrassants.

Monarchie : Manquer de déférence envers la famille royale est une infraction pénale. Ne faites pas de commentaires désobligeants et évitez les discussions politiques.

Détente : Le rythme de la vie est différent en Thaïlande. Ralentissez et laissez-vous porter.

LIRE

Le Pont de la rivière Kwaï (Pierre Boulle, 1952). Une histoire poignante, inspirée de faits réels, sur la construction du Chemin de fer de la mort entre la Thaïlande et la Birmanie durant la Seconde Guerre mondiale.

Bangkok 8, Bangkok Tattoo et Bangkok Psycho (John Burdett, 2003-2007). Une série qui suit les aventures de Sonchaï Jitpleecheep, un policier incorruptible d'un quartier chaud de la capitale. Le suspense est au rendez-vous et la plume de Burdett est réjouissante.

Café Lovely (Rattawut Lapcharoensap, 2005). Un recueil de 7 nouvelles lumineuses où parents et enfants, Thaïlandais et étrangers, amants et ennemis se croisent dans la Thaïlande contemporaine.

Idées reçues sur la Thaïlande (Eugénie Mérieau, 2018). Une présentation captivante de la Thaïlande à travers son histoire, sa population, sa culture et ses institutions.

En quelques mots

Sà-wàt-di "Bonjour". Les hommes terminent leur phrase par *kráp*, les femmes par *kâ*. *Kráp* ou *kâ* est aussi la façon courante de répondre "oui" à une question ou de montrer son consentement.
Lah gòrn "Au revoir".
Châi/mâi "Oui/non."
Kŏr "S'il vous plaît."
Kòrp kun "Merci". Toujours suivi de *kráp* ou *kâ*.
Kŏr à-pai "Excusez-moi." Suivi de *kráp* ou *kâ*.
Kŏr tôht "Désolé". Terminez par *kráp* ou *kâ*.
Sà-bai di măi "Comment allez-vous ?" Répondez par "*sà-bai di kráp/kâ*" : "Je me sens bien". Il est également courant d'entendre "*sà-bai sà-bai*" comme réponse, en répétant "*sà-bai*" pour insister.
Kun chêu à-rai "Comment t'appelles-tu ?"
Pŏm/dì-chăn chêu "Je m'appelle..." Terminez par *kráp* ou *kâ*.
Kun pôot pah-săh ang-grìt dâi măi "Parlez-vous anglais ?"
Pŏm/dì-chăn mâi kôw jai "Je ne comprends pas." Terminez par *kráp* ou *kâ*.
Yòo têe năi "Où est...?"
Lée-o sái/kwăh "Tournez à gauche/droite."
Têe yòo keu à-rai "Quelle est l'adresse ?"
Kĕe-an long hâi dâi măi "Pourriez-vous l'écrire ?"
Hâi doo (nai păan têe) dâi măi "Pouvez-vous me montrer (sur la carte) ?"
Mee hôrng măi "Avez-vous une chambre ?"
Yàhk jà séu "Je voudrais acheter..."
Yàhk jà chow rót mor-đeu-sai "Je voudrais louer une moto."
Tôw-rai "Combien ça coûte ?"
Paang Ƅai "C'est trop cher."
Lót rah-kah dâi măi "Pouvez-vous baisser le prix ?"
Pŏm/dì-chăn mâi gin "Je ne mange pas..." Terminez par *kráp* ou *kâ*.

VOIR

Oncle Boonmee, celui qui se souvient de ses vies antérieures (Apichatpong Weerasethakul, 2010 ; photo). Cette palme d'or à Cannes traite des fantômes qui nous hantent.

Last Life in the Universe (Pen-Ek Ratanaruang, 2003). Histoire d'amour et de violence à Bangkok.

Pee Mak (Banjong Pisanthanakun, 2013). Comédie romantique et film d'horreur à succès.

The Rescue (Elizabeth Chai Vasarhelyi/Jimmy Chin, 2021). Documentaire sur une équipe de football piégée dans une grotte.

Bangkok Traffic (Love) Story (Adisorn Tresirikasem, 2009). Comédie romantique qui se déroule dans le Skytrain.

ÉCOUTER

The Sound of Siam : Luk Thung, Jazz & Molam in Thailand 1964-1975 (compilation, 2010). Excellente introduction à la country/folk thaïlandaise.

Thailand's Most Wanted (Thaitanium, 2005). Thaitanium sont les vrais gangsters d'une scène hip-hop thaïlandaise florissante.

Made in Thailand (Carabao, 1984). Le groupe de rock le plus ancien et le plus apprécié de Thaïlande allie textes engagés et sons occidentaux.

Cyantist (Atom Chanakan, 2017). Auteur-compositeur-interprète qui a enchaîné les tubes pop suaves.

CHRISSEEE/GETTY IMAGES ©

Ko Lanta (p. 332)

PRÉPARER SON VOYAGE

ÎLES ET PLAGES

La Thaïlande a la chance de compter plus de 740 plages, réparties pour la plupart sur les 1 430 îles du pays. Ces paradis de sable blanc poudreux, ourlés d'eaux turquoise cristallines, ont la faveur de tous. Nous vous les présentons ici afin que vous puissiez trouver la plage de vos rêves.

QUAND PARTIR

La haute saison sur toutes les îles et les plages du continent s'étend de décembre à février. Sur la côte d'Andaman et les îles de la côte est, les visiteurs se raréfient à l'approche de la saison des pluies (juin à octobre). Mais les îles du sud du golfe, Ko Samui, Ko Pha Ngan et Ko Tao, sont encore très fréquentées en juillet et août car le beau temps dure jusqu'à la mousson, d'octobre à décembre.

La plupart des plages du continent connaissent la mousson entre juin et octobre, sauf Ao Khanom (au climat similaire à celui des îles du sud). Les jours fériés, en particulier en avril pendant Songkran, le Nouvel An thaïlandais, toutes sont prises d'assaut et les prix grimpent.

LE PARADIS, À QUEL PRIX ?

Les prix pratiqués influenceront le caractère d'une plage ou d'une île. Là où des tarifs moyens prédominent, on trouvera des touristes en voyage organisé, des rangées de parasols, une vie nocturne animée et de gros bateaux d'excursion.

Les destinations de catégorie supérieure, comme Hat Surin ou Ao Bang Thao sur Phuket, sont plus calmes, mais fournies en restaurants et bars à cocktail. Des hôtels de luxe donnent sur certaines des plages les mieux préservées du pays à Ko Kut, au large de la côte est, ainsi que sur celles, plus secrètes, de Ko Samui.

Il y a aussi des plages à prix doux. Hat Khuat (Bottle Beach) à Ko Pha Ngan, certaines parties du nord de Ko Samui, Ko Lanta et Ko Chang et des îles plus petites

LA VIE NOCTURNE AU PARADIS – ÉCHELLE DE LA FÊTE

Calme plat
Îles Surin et Similan, parc national de Laem Son, Hat Pak Meng, Hat Chang Lang, Ko Phra Thong

Lumières tamisées
Ko Tarutao, Ko Libong, Ko Wai

Un seul bar Ko Yao, Ao Khanom, Prachuap Khiri Khan

Quelques bars Hat Khao Lak, Ao Thong Nai Pan (Ko Pha-Ngan), Ko Kut, Ko Mak

Un verre ? Sans problème. Hua Hin, Bo Phut (Ko Samui), Ao Nang

Bars de plage Ko Phayam, Railay

Toujours debout passé minuit
Ko Lanta, Ko Chang, Thong Sala (Ko Pha Ngan), Ton Sai

Là, on s'amuse.
Hat Lamai (Ko Samui), Ko Lipe, Ko Samet

Qu'est-ce que j'ai fait hier soir ?
Hat Chaweng (Ko Samui), Ko Phi Phi, Ko Tao

Ne me dites pas ce que j'ai fait hier soir ! Patong (Phuket), Pattaya, Hat Rin (Ko Pha-Ngan)

telles Ko Phayam et Ko Mak affichent des hébergements simples et des auberges de jeunesse bon marché.

PRÈS DE BANGKOK

Si vous êtes pressé, il existe des plages et des îles près de Bangkok. Ko Samet, à 4 heures de la capitale, dispose de baies superbes, de plages de sable blanc et d'une forêt vierge. Les Bangkokiens y affluent les week-ends. Ko Chang, également sur la côte est, est accessible en 6 heures, la moitié du temps nécessaire pour se rendre dans les îles du sud.

Parmi les plages continentales facilement accessibles depuis Bangkok, citons Pattaya, la préférée des touristes en voyages organisés, à 2 heures de bus. Plus au sud, on trouve Cha-am, une ville peu chère et plaisante, Hua Hin, plus chic, et Prachuap Khiri Khan, assez agréable, toutes à quelques heures de train, de bus ou de voiture.

EN FAMILLE

Presque toutes les îles du pays sont adaptées aux familles. Même les destinations festives comme Ko Pha Ngan et Ko Tao attirent les familles sur leurs plages, dont les baies peu profondes sont idéales pour les enfants.

TEERAPONG TANPANIT/SHUTTERSTOCK ©

Cha-am (p. 181)

L'IMPACT DU TOURISME

Les îles et les plages du pays sont si courues que les infrastructures touristiques sont souvent mises à rude épreuve, en particulier à la saison hivernale (décembre à février).

La bétonnisation effrénée menace de plus en plus les écosystèmes : les méga-complexes hôteliers ont remplacé les maisons d'hôtes et les cabanes de plage, et les baies sont envahies de Jet-Skis. Les îles peinent à gérer l'approvisionnement en eau douce et à éliminer les déchets sans nuire à l'environnement. La pollution de l'eau et le tourisme incontrôlé risquent à leur tour d'endommager les récifs coralliens.

Les voyageurs peuvent contribuer à réduire l'impact du tourisme.

- Optez pour des îles ou des plages moins connues, comme Ko Kut, Ko Mak et Ko Wai sur la côte est, ou Ko Yao Noi, Ko Chang (Ranong) ou Ko Phayam sur la côte d'Andaman.
- Voyagez hors saison. Si vous ne craignez pas la mousson, la période la plus calme (et la moins chère) sur la côte d'Andaman va de juin à octobre.
- Choisissez des tour-opérateurs et des équipements de plongée écolabellisés et sûrs.
- Jetez scrupuleusement vos déchets.
- Faites de la plongée ou du snorkeling de façon responsable. Endommager ou prélever du corail dans les parcs maritimes est interdit. Veillez à ne pas toucher le récif.

Sur Ko Samui, Hat Chaweng et Hat Lamai conviennent aussi aux plus jeunes, tout comme Hat Kata et Hat Karon sur Phuket, ou les plages du sud de Ko Lanta.

Ko Chang, Ko Kut et Ko Mak disposent de nombreuses stations balnéaires accueillantes pour les familles. Sur le continent, Hua Hin est bien connue, avec ses longues plages sûres, de même que Prachuap Khiri Khan, toute proche et tranquille. À Krabi, Hat Noppharat Thara et Railay sont de bonnes options.

PLONGÉE ET SNORKELING

La Thaïlande est un paradis pour la plongée et le snorkeling. La côte d'Andaman et Ko Tao, au sud du golfe, offrent les meilleures plongées sous-marines du pays et certains des plus beaux spots d'Asie du Sud-Est. Ko Chang, Ko Pha Ngan et Ko Kut ont également des sites de plongée en plein essor.

Difficile de faire du snorkeling depuis la plage à Ko Samui et à Ko Lanta, mais des excursions à proximité vous permettront d'observer des coraux et des poissons, voire peut-être une tortue ou un requin. Ko Lipe et Ko Phi Phi sont également propices à la plongée. Les récifs les plus colorés sont au large des îles Similan et des îles Surin, sur la côte d'Andaman, facilement accessibles au départ de Phuket.

RANDONNÉE, ESCALADE, KITESURF ET SURF

Nombre de plages, aussi bien sur les îles que sur le continent, se prêtent à des randonnées

À GAUCHE : WONDERISLAND/SHUTTERSTOCK © ; À DROITE : TAMARA KUSHCH/SHUTTERSTOCK ©

Surf, Phuket (p. 310)

Les plus belles plages

HAT RAILAY OUEST
Encadré de formations karstiques, ce croissant de sable blanc pourrait bien être la plus belle plage de Thaïlande (p. 329).

FREEDOM BEACH
La plus belle plage de Phuket est une superbe courbe de sable blanc qui donne sur une jolie baie (p. 310).

HAT SUNSET
À l'écart, sur la côte ouest de Ko Lipe (p. 356), un joyau de sable blanc poudreux aux couchers de soleil époustouflants.

jusqu'à des cascades et des points de vue. On peut s'aventurer à pied dans les jungles intérieures de Ko Chang, Ko Pha Ngan, et même à Phuket et sur une grande partie du littoral de Trang, où un parc national abrite une faune et une flore riches.

Les grimpeurs ont l'embarras du choix sur les plages et les îles du pays. Les principaux sites d'escalade sont Railay et Ko Tao, où les falaises s'élèvent au-dessus de la mer. Ko Yao Noi connait également un vif succès.

Les amateurs de kitesurf peuvent aller à Phuket, Ko Samui et Ko Pha Ngan, ou à Hua Hin sur le continent. Les surfeurs trouveront les meilleures vagues au large de la côte ouest de Phuket. Ko Lanta, Ko Phayam et Khao Lak sont des spots de surf mineurs.

CULTURE

Les galeries d'art, les cafés, les boutiques et les rues de Phuket-ville constituent, avec leur architecture sino-portugaise, une pause culturelle agréable après les plages de l'île. À Ko Samui, les villages de pêcheurs de la côte sud-ouest offrent un aperçu de la culture de l'île ; il en va de même sur la côte nord de Ko Pha Ngan et la côte est de Ko Lanta. De petites îles, comme Ko Sukorn et Ko Chang (la petite) sur la côte d'Andaman, se prêtent également à découvrir le mode de vie traditionnel.

Sur le littoral continental, Trang, Surat Thani, Ao Khanom ou Nakhon Si Thammarat, bien moins visitées que les îles, sont de bonnes destinations pour découvrir la vie provinciale.

On peut échapper au tourisme de masse, même dans les endroits les plus fréquentés, pour peu que l'on soit prêt à sortir des sentiers battus, à manger aux étals de rue et au marché, et à rencontrer les habitants.

POUR VOTRE SÉCURITÉ

Les routes des îles sont souvent en piteux état et/ou de mauvaise conception et les dénivelés peuvent être très importants. Les motards inexpérimentés ont intérêt à réduire leur vitesse et s'en tenir aux routes principales. Portez toujours un casque.

Dans la mer, les noyades sont fréquentes. Respectez les drapeaux rouges et jaunes. De nombreuses plages ne sont pas surveillées. Méfiez-vous des contre-courants qui peuvent vous emporter au large. Si vous êtes pris dans l'un d'eux, ne luttez pas : nagez parallèlement au rivage pour y échapper ou attendez d'en être libéré.

Sur certaines plages, des panneaux signalent la présence de méduses-boîte ; consultez-les avant de vous baigner. Leurs piqûres peuvent être mortelles et il y a eu quelques décès sur Ko Pha Ngan et Ko Samui ces dernières années.

Gardez un œil sur les Jet-Skis et les *long-tail boats* qui s'approchent du rivage lorsque vous vous baignez. Ils ne vous verront pas forcément.

Îles Surin (p. 294)

HAT CHAWENG
La plus belle et la plus longue plage de sable de Ko Samui s'étend le long de la côte est sur près de 7 km (p. 224).

AO THONG NAI PAN YAI
Un vaste et charmant coin de paradis sur la paisible côte est de Ko Pha Ngan (p. 246).

LONG BEACH
La plus mémorable des plages de la côte ouest de Ko Lanta, suffisamment grande pour ne jamais être bondée (p. 311).

HAT NADAN
La plus belle plage d'Ao Khanom, l'une des plus longues et des plus tranquilles de toute la Thaïlande (p. 259).

KORN WARONGKORN/SHUTTERSTOCK ©

Pàt Tai

À TABLE !

Indissociable de l'identité thaïlandaise, la cuisine parfumée et épicée du pays fait la fierté de ses habitants.

Sur le plan gastronomique, la Thaïlande n'a que des atouts. Currys diaboliquement épicés, poissons et fruits de mer frais, plats de nouilles et de riz à profusion, spécialités mêlant les saveurs locales à celles des pays voisins, ou encore fruits tropicaux si succulents qu'ils font l'objet de festivals. On trouve de tout, partout. En Thaïlande, nul besoin de faire des kilomètres pour tomber sur un vendeur ambulant ou un restaurant simple servant des plats délicieux à des prix plus qu'abordables.

Les Thaïlandais ont une véritable passion pour la nourriture, véritable pilier des événements sociaux ou familiaux où l'on partage une multitude de plats. Si vous voulez mieux connaître les habitants du pays, partagez un repas avec eux.

Pour apprécier le meilleur des saveurs thaïlandaises, il vous faudra goûter aux spécialités des différentes régions et communautés ethniques, mais vous trouverez les plats classiques qui sont l'essence de la cuisine thaïlandaise dans tout le pays. Bon appétit !

Currys et soupes

Le mot thaï *gaang* est souvent traduit par "curry", mais il désigne en fait tout plat à consistance plutôt liquide ; il peut donc se référer aux soupes ou aux currys classiques assaisonnés à la pâte de piment qui font la notoriété de la cuisine thaïlandaise. Parmi les ingrédients habituels pour confectionner cette pâte, on trouve : piments séchés, galanga (racine de souchet – proche du gingembre – ou "poivre thaï"),

Spécialités thaïlandaises

ĐÔM YAM
Soupe au goût acide et épicé avec légumes, poisson, fruits de mer ou viande.

PÀT TAI
Nouilles de riz sautées avec de l'œuf, du tofu et des crevettes (ou de la viande).

GAANG KĚE-O WĂHN
"Curry vert" à base de lait de coco.

SÔM-ĐAM
Salade de papaye verte relevée. Plat du Nord-Est qui s'est répandu dans tout le pays.

citronnelle, zestes de combawa, échalotes, ail, pâte de crevettes et sel, le tout écrasé et pilé.

Autre recette ayant acquis ses lettres de noblesse, le *đôm yam*, une soupe aigre et épicée. Son aspect velouté cache des *prík kêe nŏo* (petits piments frais), parfois remplacés par une demi-cuillère à café de *nám prík pŏw* (pâte de piment grillé). Sa saveur acidulée caractéristique s'explique par l'usage de citronnelle, de feuilles de combawa et de jus de citron vert.

Salades

Tout aussi emblématiques et omniprésentes que les currys, les *yam* sont des salades relevées et acidulées, généralement à base de poisson, de viande ou de légumes. La touche acidulée provient du jus de citron vert, et le piquant de l'emploi généreux de piment frais. La plupart des *yam* sont servies à température ambiante ou légèrement tiédies par des ingrédients cuits. Les salades se consomment aussi bien lors d'un repas que comme *gàp glâam* : un en-cas pour accompagner une soirée arrosée.

Riz

En Thaïlande, presque tous les repas comprennent du riz. Le riz occupe une telle place dans l'alimentation du pays que "manger" se dit *gin kôw* (littéralement, "consommer du riz") et que "*Gin kôw rĕu yang ?* " ("Avez-vous déjà consommé du riz ?") fait partie des salutations courantes.

Le riz joue également un rôle central dans l'économie. La Thaïlande est le cinquième producteur au monde sur le plan de la superficie consacrée à la riziculture, le deuxième pays exportateur de riz, et plus de deux tiers des agriculteurs cultivent du riz.

Đôm yam

Plats sautés et frits

Les plats sautés (*pàt*), introduits en Thaïlande par les Chinois, restent pour

FRUITS TROPICAUX

La Thaïlande offre une fabuleuse diversité de fruits. Les *má·môo·ang* (mangues) se déclinent en une douzaine de variétés, consommées à différents stades de maturité. Citons aussi les *sàp·bà·rót* (ananas), les *má·lá·gor* (papayes) et les *đaang moh* (pastèques), vendus à tous les coins de rue, accompagnés d'un mélange de sucre, de sel et de piment moulu.

Autres fruits moins communs : le *lín·jèe* (litchi), le *lam yai* (longane), qui ressemble à un petit litchi, le parfumé *mang·kút* (mangoustan), le roi des fruits thaïlandais, le *sôm oh* (pomélo), sorte d'énorme pamplemousse, et le *ngó* (rambutan), un fruit poilu qui renferme une chair sucrée et translucide. Le plus célèbre reste le *tú·ree·an* (durian), dont l'odeur et le goût prononcé lui valent sa mauvaise réputation.

LÂHP
Autre classique du Nord-Est : salade d'émincé de porc ou de poulet, aromatisée et corsée.

KHĂO SOI
Soupe de nouilles au curry : une spécialité gourmande du nord de la Thaïlande.

KÔW MÒK
La version thaïlandaise du *biryani* : riz doré et poulet avec une sauce aigre-douce.

BÀ·MÈE
Nouilles de blé aux œufs servies avec du porc rôti et/ou du crabe. Spécialité des vendeurs ambulants.

YAM
Salades de viande ou de poisson accompagnées d'une vinaigrette acidulée et épicée ainsi que d'herbes fraîches.

VÉGÉTARIENS ET VEGAN

Le végétarisme s'est répandu au cours des dernières années mais reste minoritaire : en 2019, seuls 8% des Thaïlandais se disaient végétariens. On trouve toutefois des cantines végétariennes et vegan dans les villes et les principales destinations touristiques. La plupart des restaurants proposent quelques plats végétariens, mais il est possible qu'ils aient été préparés dans des woks ayant servi à cuisiner de la viande.

En thaï, "je suis végétarien" se dit *pŏm gin jair* (pour les hommes) ou *dì·chăn gin jair* (pour les femmes). Traduit librement, cela signifie "je ne mange que végétarien", en excluant les œufs et les produits laitiers – ou autrement dit vegan.

beaucoup fidèles à leurs racines, comme l'omniprésent *pàt pàk bûng fai daang* (liserons d'eau sautés avec ail et piments).

Le *tôrt* (friture à l'huile) est essentiellement réservé aux en-cas, notamment les *glôo·ay tôrt* (bananes frites) ou les *pò·pée·a* (pâtés impériaux). Le *gài tort* (poulet frit), vendu partout, et le *plah tôrt* (poisson frit) font exception.

Nám prík

Servies plutôt à la maison qu'au restaurant, les *nám prík* (purées épicées à base de piment) sont généralement accompagnées de riz, de légumes cuits et d'herbes aromatiques. Leur composition varie d'une région à l'autre.

WASANAJAI/SHUTTERSTOCK ©

Nám prík

Spécialités locales

Insectes

Ils sont généralement servis avec de la sauce soja et du poivre.

Vers de bambou *(rót dòo·an)* Excellent en-cas pour accompagner une bière – et s'initier à la dégustation d'insectes.

Vers à soie *(nhon măi)* Doux et pâteux ; généralement frits avec des feuilles de combawa.

Sauterelles *(tak kâ tan)* Bonnes et croustillantes ; les ailes et les pattes ne se mangent pas.

Grillons *(jîng reed)* Cœur tendre ; les pattes ne se mangent pas.

Œufs de fourmis rouges *(kài mot daeng)* De couleur blanche, avec un goût acidulé qui évoque le citron. Souvent servis dans des salades et des omelettes.

Plats de nouilles

Les nouilles *(gŏo·ay)* sont servies dans une soupe ou sautées.

Gŏo·ay đĕe·o lôok chín Plat très répandu : nouilles de riz dans un bouillon clair, avec des boulettes de porc ou de poisson. Les nouilles peuvent être *sên lék* (fines) ou *sên yài* (larges).

Pàt see·éw Larges nouilles de riz sautées, servies avec du porc ou du poulet et des légumes verts.

Gŏo·ay đĕe·o kaang Nouilles de riz d'inspiration musulmane, servies avec un bouillon au curry, et souvent une garniture incluant tofu, œuf dur et cacahuètes.

Kà·nŏm jeen Fines nouilles de riz accompagnées d'un bouillon délicat évoquant le curry et de légumes frais.

Desserts

Voici quelques sucreries thaïlandaises.

Kŏrng wăhn ("douceurs") Petites friandises, au goût généralement un peu salé, dont les ingrédients de base sont : noix de coco râpée, lait de coco, farine de riz, riz gluant, tapioca, fécule de haricot mungo, taro bouilli et fruits.

Kà·nŏm Similaires à des pâtisseries européennes.

Kôw nĕe·o má·môo·ang

Les plus appréciées sont des bouchées, notamment les *kôw đôm gà·tí* et *kôw đôm mát*, toutes deux composées de riz gluant cuit à la vapeur avec du *gà·tí* (lait de coco) dans une feuille de bananier.

Kôw nĕe·o má·môo·ang Le plus connu des desserts thaïlandais : de la mangue avec du riz gluant sucré.

Cuisine fusion

L'influence chinoise

Ce sont probablement les immigrants chinois qui ont introduit le wok, ainsi que plusieurs recettes de nouilles, en Thaïlande.

Kôw kăh mŏo Jarret de porc braisé accompagné de riz, de légumes verts et d'un œuf dur – l'exemple parfait du plat complet sino-thaïlandais.

Kôw man gài Originaire de l'île chinoise de Hainan, un riz au poulet très répandu en Thaïlande.

Săh·lah ɓow Chaussons cuits à la vapeur à la mode chinoise, avec garniture sucrée ou salée, très prisés à Bangkok.

Gŏo·ay đĕe·o kôo·a gài Larges nouilles de riz sautées, accompagnées d'œuf, de poulet, de calamar salé et d'huile à l'ail.

L'influence musulmane

Arrivés en Thaïlande à la fin du XIVe siècle, les musulmans apportèrent une cuisine à base de viande et d'épices séchées originaires d'Inde et du Moyen-Orient.

Gaang mát·sà·màn Plat riche au lait de coco, ce "curry musulman" aux notes sucrées doit une grande partie de son parfum à des épices séchées.

Sà·dé (*satay*) Brochettes de viande grillée accompagnées d'une sauce salée à base de cacahuètes, sans doute arrivées de Malaisie.

Má·đà·bà roh·đee (*roti*) Sortes de crêpes fourrées, frites et croustillantes, garnies d'une farce salée ou parfois sucrée.

Sà·làt kàak Salade avec laitue croquante, morceaux de tofu ferme, concombre, œuf dur et tomate, le tout arrosé d'une sauce sucrée à l'arachide.

TABLES D'EXCEPTION

Sorn (p. 89) Ce restaurant de Bangkok, l'une des meilleures tables thaïlandaises au monde, propose un menu dégustation de 22 plats.

Kopitiam by Wilai (p. 309) Géré en famille, fabuleuses spécialités locales et currys du sud de la Thaïlande.

Food & Roots (p. 245) Excellent restaurant végétalien surplombant la plage de la côte nord de Ko Pha Ngan. Nombreuses spécialités de toute l'Asie.

Bang Po Seafood (p. 228) Restaurant en bord de mer à Ko Samui proposant des plats de fruits de mer uniques comme la salade de crabes et d'oursins.

Rabieng Rimnam (p. 180) Restaurant de bord de mer dans une maison traditionnelle en bois. L'endroit idéal pour s'initier au riche patrimoine culinaire de Phetchaburi.

Chanthorn Pochana (p. 141) Incontournable à Chanthaburi. Ses plats locaux mettent à l'honneur les fruits de la région.

CALENDRIER CULINAIRE

MARS

Avec la chaleur, les Thaïlandais choisissent des plats rafraîchissants, tel le *kôw châe* : du riz servi froid avec des légumes frais et des boulettes de poisson frites. Goûtez-le à Phetchaburi, c'est un plat de là-bas.

AVRIL

La meilleure période de l'année pour les fruits. Mangues, mangoustans, litchis, ramboutans, papayes et durians sont juteux et savoureux.

AOÛT

Utilisés dans les salades, soupes et plats sautés, les nombreux champignons (*hèt*) de Thaïlande poussent à la saison des pluies.

DÉCEMBRE

Le tamarin est un ingrédient essential de la cuisine thaïlandaise. On le trouve partout, du *đôm yam* au *pàt tai*, en passant par les pâtes de piments. Sucré ou acidulé, c'est le meilleur mois pour le goûter.

MAGICINFOTO/SHUTTERSTOCK ©

Kitesurf, Hua Hin (p. 189)

ACTIVITÉS DE PLEIN AIR

Randonnées pédestres à travers la jungle de cascade en cascade, cyclisme côtier, kitesurf ou encore escalade : les îles et plages thaïlandaises sont le royaume des aventures de plein air.

Il y a tant à découvrir au-delà des longues étendues de sable fin. L'intérieur des îles, souvent montagneux, comme les nombreux parcs naturels aux sentiers bordant les plages du continent sont propices à la randonnée. La côte continentale est également idéale pour le cyclisme. Les endroits pour pratiquer les sports nautiques – kitesurf, surf et planche à voile – y sont nombreux, de même que les spots d'escalade et de *cliff jumping*, pour les amateurs d'adrénaline. Cascades et faune sauvage complètent le tableau.

Vélo

Le réseau routier du pays étant le plus développé d'Asie du Sud-Est, le vélo est une excellente option écologique pour l'explorer. La Thaïlande compte de plus en plus de cyclistes et avec eux de nombreux loueurs et magasins de vélo, ainsi que des organisateurs d'excursions à vélo. Si vous êtes fatigué, les bus, les trains et les avions peuvent les transporter pour une somme modique.

La côte supérieure du golfe se prête particulièrement aux explorations à vélo. Des agences comme Hua Hin Bike Tours et Spice Roads Cycling à **Pranburi** organisent des circuits à la journée ou demi-journée, ou sur plusieurs jours, le long des sentiers côtiers, traversant calmes villages et terres agricoles. Des itinéraires plus ardus sont aussi possibles, suivant les envies. Du fait des

Autres activités de plein air

OBSERVER LES OISEAUX
Le **parc national de Kaeng Krachan** (p. 183), près de Phetchaburi, est le meilleur endroit.

GOLF
Rendez-vous sur le premier parcours 18 trous de Thaïlande au **Royal Hua Hin Golf Club** (p. 190).

KAYAK
Pagayez dans le **parc national d'Ao Phang-Nga** (p.298) ou partez en excursion autour de Ko Lanta avec **Talabeng Sea Kayaking** (p. 338).

EN FAMILLE

Premier parc aquatique dans la jungle en Asie, Vana Nava Water Jungle (p. 188), propose des attractions en toute sécurité.

Une journée à observer et à nourrir les éléphants au **Sanctuaire des éléphants de Baan Khok Chang** (p. 191) près de Hua Hin.

Du kayak dans les eaux calmes du **parc national maritime d'Ang Thong** (p. 233), avant d'aller observer les singes sur les îles.

Les tyroliennes, en surplomb de jungle, du **Tree Top Adventure Park** (p. 127) à Ko Chang ; sûr pour les plus de 8 ans.

Parcourir à vélo le poumon vert de Bangkok, **Bang Kachao** (p. 96), en admirant les jardins botaniques et les varans géants.

Randonner en famille jusqu'à la **Nam Tok Khlong Plu** de Ko Chang (p. 130), une chute d'eau à trois niveaux, avec un bassin pour se baigner.

paysages vallonnés, pédaler dans les îles est souvent compliqué, toutefois **Ko Yao Noi**, près de Phuket, est un havre du vélo en douceur. Les fans de VTT, quant à eux, jetteront leur dévolu sur les pistes de **Ko Tarutao**.

Kitesurf et surf

“Prendre une vague” en Thaïlande n'a sans doute jamais été aussi facile. Pour le kitesurf, **Hua Hin** est l'un des principaux spots d'Asie du Sud-Est, aux vents forts et aux eaux peu profondes ; **Ko Samui**, **Ko Pha Ngan** et **Phuket** ont également le vent en poupe. On peut y pratiquer ce sport presque toute l'année.

Pour le surf, Hua Hin est une destination en plein essor, en particulier la **plage de Khao Takiab**, avec ses vagues douces, idéales pour les débutants. Les plages du continent ne sont pas en reste, notamment autour de **Khao Lak** et près de **Chanthaburi**. Mais c'est Phuket qui domine la scène du surf thaïlandaise, les plages de **Bang Tao**, **Kata** et **Surin** abritant les meilleures vagues.

Si vous débutez, vous trouverez dans tous ces lieux de nombreuses écoles prêtes à vous apprendre les rudiments de la glisse.

Ko Pha Ngan

Randonnée pédestre

On associe souvent la randonnée en Thaïlande aux montagnes du Nord. Or près d'un tiers de la superficie du royaume est occupé par des parcs nationaux et des zones protégées. Autant d'opportunités de randonner.

Ko Chang est considérée comme l'île avec les randonnées les plus intéressantes. Son centre montagneux et boisé parsemé de cascades abrite une faune abondante. Elle n'est pourtant pas la seule à récompenser les marcheurs : **Phuket** et **Ko Pha Ngan** disposent de sentiers permettant de découvrir l'intérieur des terres, tandis que des petites îles, telles **Ko Tao** et **Ko Tarutao**, offrent de beaux points de vue.

Sur le continent, les parcs forestiers de **Cha-am** et de **Pranburi** sont adaptés aux familles. Les parcs nationaux qui s'étendent le long du golfe de Thaïlande et de la côte d'Andaman constituent le terrain de jeux privilégié des randonneurs en quête de défis.

ESCALADE
Pour grimper, rendez-vous à **Railay** (p. 329) ou à **Ko Tao** (p. 252). La discipline est en plein essor dans le pays.

STAND-UP PADDLE
À essayer sur la plage de Khlong Prao à Ko Chang avec **SUP Station Koh Chang** (p.131).

PLANCHE À VOILE
Deux sites de prédilection pour la pratiquer : **Hua Hin** (p.189) et **Hat Jomtien** (p.161), près de Pattaya.

TYROLIENNE
Envolez-vous sur l'une des huit tyroliennes du **Tree Bridge Coffee** (p.230) à Ko Samui.

LES MEILLEURS SPOTS

Notre sélection d'activités de plein air

Vélo

1. **Hua Hin** (p. 184)
2. **Pranburi** (p. 197)
3. **Bang Kachao** (p. 97)
4. **Ko Yao Noi** (p. 340)
5. **Ko Tarutao** (p. 358)

Marche/randonnée

1. **Ko Chang** (p. 126)
2. **Parc national de Khao Sok** (p. 302)
3. **Parc national de Khao Lak/Lam Ru** (p. 296)
4. **Parc national de Nam Tok Huai Yang** (p. 202)
5. **Parc forestier de Cha-am** (p. 194)

Kitesurf/surf

1. **Phuket** (p. 310)
2. **Khao Lak** (p. 298)
3. **Hua Hin** (p. 189)
4. **Ko Samui** (p. 243)
5. **Chanthaburi** (p. 144)

Snorkeling/plongée

1. **Ko Tao** (p. 251)
2. **Parc national maritime des îles Similan** (p. 294)
3. **Phuket** (p. 331)
4. **Ko Chang** (p. 131)
5. **Ko Lipe** (p. 357)

Parcs nationaux

1. **Parc national de Kaeng Krachan** (p. 183)
2. **Parc national de Kuiburi** (p. 196)
3. **Parc national de Khao Sok** (p. 302)
4. **Parc national de Khao Luang** (p. 181)
5. **Parc national de Nam Tok Phlio** (p. 138)

ÎLES ET PLAGES DE THAÏLANDE

SUR LA ROUTE

Les chapitres de cette partie s'organisent autour des sites essentiels, qui pourront vous servir de base pour partir à la découverte des environs. Vous y trouverez toutes nos recommandations ainsi que des conseils d'habitants de la région pour vivre des expériences uniques.

Plage, Ko Pha Ngan (p. 239)

BANGKOK

UNE DES PLUS FASCINANTES CAPITALES D'ASIE DU SUD-EST

Temples étincelants, immenses gratte-ciel, vie nocturne trépidante... sans oublier la scène culinaire : Bangkok est un grisant mélange de traditions et d'avant-garde.

Bangkok est une excellente introduction à la Thaïlande. Dès la première bouffée de chaleur écrasante, la mégalopole assaille les sens des voyageurs, nombreux à succomber à ses charmes.

Cette ville dont le destin est intimement lié à l'histoire du pays est de fondation relativement récente. Elle vit le jour en 1782 en tant que modeste comptoir commercial sur la rive orientale du fleuve Chao Phraya.

Étouffante et tentaculaire, Bangkok saisit d'emblée par ses contrastes en apparence inconciliables. D'immenses centres commerciaux climatisés et des boîtes de nuit aux néons aveuglants voisinent avec de somptueux palais royaux et des temples hérissés de flèches dorées, tandis que des bars à cocktails sélects au sommet de gratte-ciel dominent l'effervescence des marchés et des étals de restauration rapide. Un mode de vie plus paisible et empreint de tradition se dévoile toutefois à l'écart des grands axes.

Les Bangkokois vouent un véritable culte à la gastronomie. La capitale recèle d'ailleurs certains des meilleurs restaurants au monde. Mais l'expérience la plus mémorable - et abordable - reste un repas sur le pouce pris à l'un des innombrables stands de cuisine de rue. Autre spécialité : les massages. La visite d'un spa est un incontournable. Il y a aussi l'embarras du choix en matière de shopping, à commencer par l'immense marché de Chatuchak, ouvert à tous le week-end, et les rues hautes en couleur de Chinatown. Moins réputée en matière de culture artistique, Bangkok possède quand même quelques galeries de renom.

La nuit tombée, il y en a pour tous les goûts : la scène musicale est florissante, et la diversité des clubs et bars où faire la fête donne le tournis.

Envie d'une pause ? Direction les parcs urbains, oasis de verdure et, pour certains, terrain de jeu des varans. Ou échappez-vous le temps d'une journée vers les villages qui s'égrènent le long des canaux, les marchés flottants, les îles semées au milieu du fleuve et la myriade de temples entourant la ville.

QUARTIERS PRINCIPAUX

KO RATANAKOSIN ET THONBURI
Le cœur historique de Bangkok. p. 56

BANGLAMPHU
Bangkok d'autrefois et rendez-vous des baroudeurs. p. 66

CHINATOWN
Restaurants, marchés et vie nocturne. p. 70

RIVERSIDE, SILOM ET LUMPHINI
Vie nocturne, galeries d'art et dîners-croisières. p. 75

ONEDESIGNISTOCK/GETTY IMAGES ©

Ci-dessus : cuisine thaïlandaise ; à gauche : massage thaïlandais

S'orienter

Bangkok est une ville très étendue. Toutefois, elle est plutôt bien desservie grâce au MRT (métro), au Skytrain (métro aérien) et aux navettes fluviales. Les taxis pullulent et sont très bon marché en dehors des heures de pointe. Encore moins chers, les bus ont l'inconvénient d'être fortement ralentis par les embouteillages.

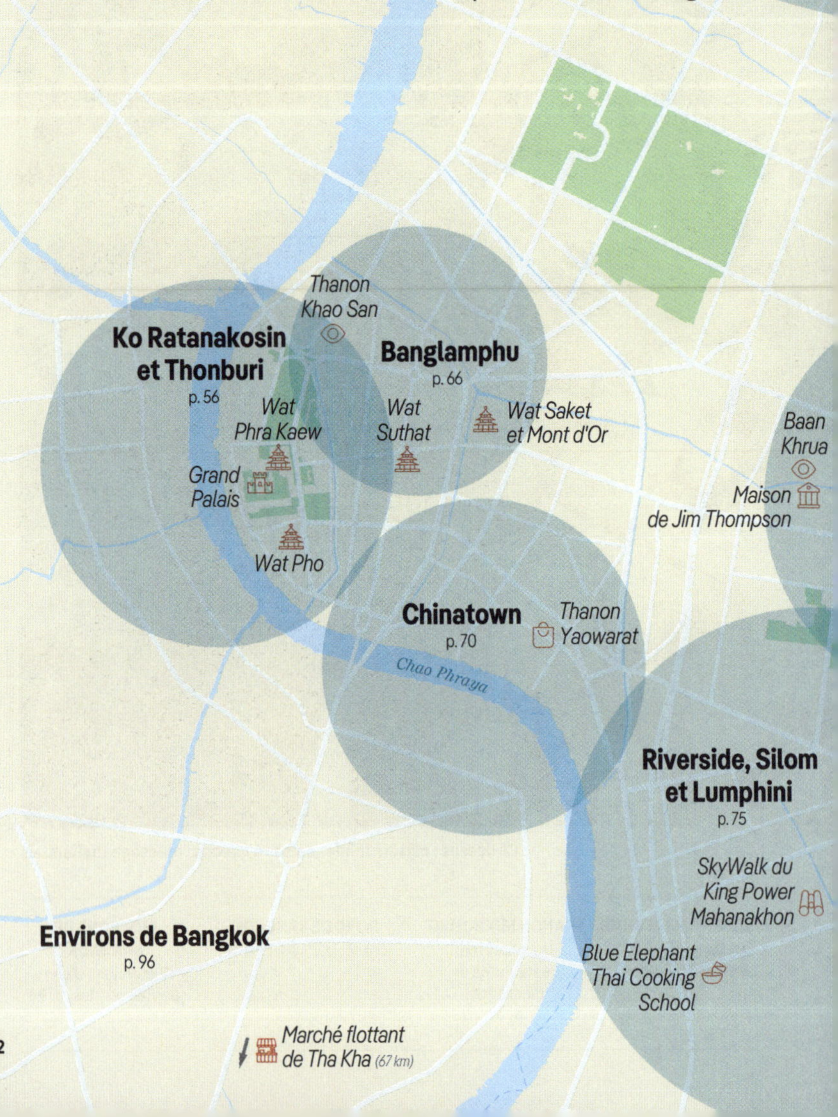

DEPUIS L'AÉROPORT

Les deux aéroports de Bangkok sont Suvarnabhumi, à 30 km à l'est de la ville, et Don Mueang, à 25 km au nord. De là, vous rejoindrez les différents quartiers de la capitale en train ou en bus. En taxi, comptez entre 45 minutes et 1 heure pour rallier le centre.

TAXI

Omniprésents et bon marché hors des heures de pointe, les taxis se hèlent dans la rue ou peuvent être réservés via l'appli Grab (grab.com). Veillez à ce qu'il y ait un compteur et que le chauffeur le mette en marche, sinon, changez de véhicule. Les motos-taxis (*motorsai*), dont les conducteurs portent un gilet orange, constituent une option pour les courts trajets, mais le casque est rarement fourni.

MÉTRO

Moyen de locomotion pratique et rapide, le métro compte les 2 lignes aériennes du Skytrain (BTS) et les 3 lignes souterraines du MRT. Il fonctionne de 6h à minuit. D'autres lignes devraient bientôt être mises en service. Suivant le trajet, le billet coûte entre 17 et 47 B.

TUK-TUK

Les emblématiques *tuk-tuk* (triporteurs motorisés) de Bangkok se concentrent dans les secteurs touristiques. Outre qu'ils exposent les passagers à la pollution, à la chaleur et au bruit, leurs conducteurs ont la réputation de faire payer des prix exorbitants aux étrangers (les expatriés ne les utilisent jamais). Il s'agit cependant d'une expérience typique. Si vous voulez tenter le coup, négociez bien le montant de la course.

Planifier son séjour

Les voyageurs qui ne disposent que de quelques jours trouveront ici le meilleur de Bangkok. Débutez la journée par un petit déjeuner à un stand de rue, et c'est parti !

Canaux de Thonburi (p. 98)

JOUR 1

Matin

- Visitez le **Wat Phra Kaew** (p. 64) et son trésor, le **bouddha d'Émeraude** (p. 60), puis le **Grand Palais** (p. 60), avant de traverser en ferry le Chao Phraya pour rejoindre le **Wat Arun** (p. 59).

Après-midi

- Après l'ébahissement que procure l'imposant bouddha couché du **Wat Pho** (p. 56), accordez-vous un moment de détente au pavillon de massage du temple. Sinon, gravissez les escaliers qui serpentent jusqu'au sommet du **Mont d'Or** (p. 66) pour une vue à 360° sur la ville.

Soir

- Dînez au **Saawaan** (p. 77). Grimpez ensuite au **Sky Bar** (p. 79) pour savourer un cocktail avec la ville à vos pieds.

Vous aimerez aussi...

Outre l'animation incessante de ses rues, Bangkok offre une palette d'activités entre cours de cuisine, visite de musées et sorties en boîtes de nuit.

COURS DE CUISINE

Chez **Cooking with Poo & Friends** (p. 81) ou **Silom Thai Cooking School** (p. 80), vous apprendrez tout sur la cuisine thaïlandaise.

BOÎTES DE NUIT

Rendez-vous au **Sing Sing Theater** (p. 86) ou au **Beam** (p. 86), deux boîtes couleur locale.

CULTURE THAÏLANDAISE

Visitez le **musée du Siam** (p. 64), interactif et divertissant.

JOUR 2

Matin

- Si votre séjour inclut un samedi ou un dimanche, ne manquez pas le **marché de Chatuchak** (p. 94). C'est l'un des plus grands marchés à ciel ouvert de la planète, où se vend tout ce qui est possible et imaginable.

Après-midi

- Une fois votre shopping terminé, place à la culture avec la **maison de Jim Thompson** (p. 84) – un ensemble d'habitations traditionnelles cachées dans une végétation luxuriante.

Soir

- Direction **Thanon Phadungdao** (p. 72), à Chinatown, ses restaurants en plein air, ses bars branchés et ses clubs de jazz. À moins que vous ne préfériez siroter un cocktail au **Lost in Thaislation** (p. 89), l'un des nombreux établissements de Thanon Sukhumvit.

JOUR 3

Matin

- De bonne heure, mettez le cap sur le marché flottant de **Tha Kha** (p. 98) ou d'**Amphawa** (p. 98). Vous pouvez aussi faire une croisière sur les **canaux de Thonburi** (p. 98) ou louer un vélo pour une balade sur l'île de **Bang Kachao** (p. 97), le "poumon vert" de Bangkok, au milieu du fleuve.

Après-midi

- Détendez-vous au spa **Health Land** (p. 88) ou suivez un cours au centre de yoga **Absolute You** (p. 86).

Soir

- Dominez la ville de plus de 300 m depuis le **Mahanakhon SkyWalk** (p. 77), une vertigineuse plateforme en verre. Continuez à faire le plein l'adrénaline avec un concert au **Speakerbox** (p. 67) ou des combats de *muay thai* (boxe thaïlandaise) au **Rajadamnern Stadium** (p. 69).

CROISIÈRE SUR LE CHAO PHRAYA

Offrez-vous un dîner-croisière inoubliable sur le fleuve Chao Phraya avec **Manohra Cruises** (p. 80).

GASTRONOMIE

Le Du (p. 77) et **Sorn** (p. 89), étoilés au Michelin, concoctent une cuisine de haut vol.

MARCHÉS DE CHINATOWN

Rendez-vous à **Talat Mai** (p. 72), l'un des marchés les plus anciens et authentiques de Bangkok.

PARC AQUATIQUE

Barbotez dans la plus grande piscine du monde au **Siam Amazing Park** (p. 92).

Ko Ratanakosin et Thonburi

LE CŒUR HISTORIQUE DE BANGKOK

Pour les infos pratiques, voir le Carnet d'adresses p. 102

À SAVOIR

Les principaux sites touristiques de la région sont les palais et les temples sacrés, dans lesquels une tenue appropriée est exigée, ne révélant rien de plus que la tête et les avant-bras. Certains sites mettent des sarongs à disposition, d'autres vous indiquent où en acheter à proximité.

Ces deux quartiers – les plus anciens de la ville – concentrent l'essentiel des sites majeurs. En 1767, une première ville vit le jour à Thonburi, sur la rive occidentale du Chao Phraya. C'est aujourd'hui un quartier résidentiel sillonné de canaux. Il est dominé par la flèche emblématique du Wat Arun et cache plusieurs musées originaux dans ses rues assoupies. En 1782, la cité fut transférée sur l'autre rive du fleuve et devint la capitale du Siam. Bordé à l'est par des canaux, ce premier noyau urbain est désormais l'île de Ko Ratanakosin. S'y côtoient le Wat Pho et le Wat Phra Kaew, deux des sanctuaires bouddhiques les plus importants du pays, ainsi que le Grand Palais, symbole du pouvoir royal toujours en place.

Wat Pho

LE PLUS GRAND BOUDDHA DE BANGKOK

S'étendant sur 8 ha, le complexe du Wat Pho (p. 56) recèle la plus importante collection de bouddhas du pays, parmi lesquels le plus grand **bouddha couché de Bangkok**. Il s'agit de la toute première université publique du pays. Le Wat Pho est légèrement moins fréquenté que les sites les plus touristiques du quartier de Ko Ratanakosin, ce qui en fait un endroit agréable pour se promener ou se détendre, notamment au petit matin ou en fin d'après-midi.

L'impressionnant bouddha couché, fleuron du temple, semble presque à l'étroit dans son pavillon à l'ouest du site. Un rituel consiste à déposer une aumône dans des bols en métal alignés à l'arrière de la statue. Si vous êtes à court de pièces de monnaie, un employé présent sur place vous fera volontiers la monnaie.

Il est obligatoire de porter des vêtements couvrant bras et jambes et de se déchausser à l'entrée du temple ; pour transporter vos chaussures, on vous remettra un sac en plastique, que vous laisserez à la sortie dans un bac prévu à cet effet.

KO RATANAKOSIN ET THONBURI

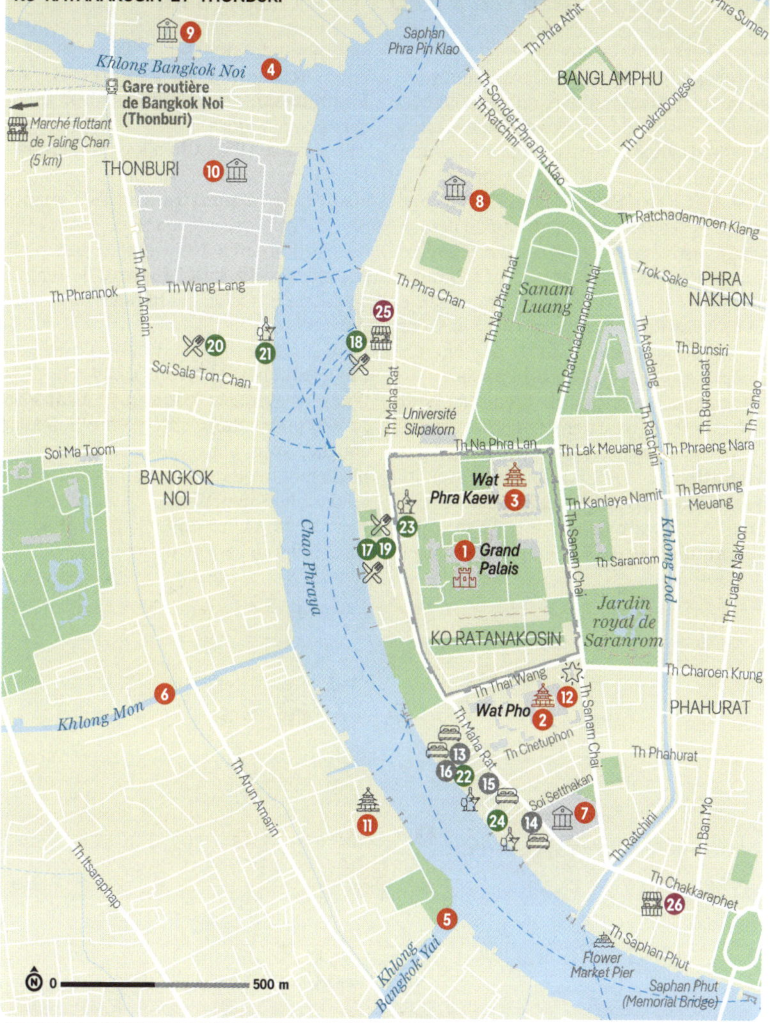

INCONTOURNABLES
1 Grand Palais
2 Wat Pho
3 Wat Phra Kaew

VOIR
4 Khlong Bangkok Noi
5 Khlong Bangkok Yai
6 Khlong Mon
7 Musée du Siam
8 Musée national
9 Musée national des barges royales
10 Musée médico-légal de Siriraj
11 Wat Arun

ACTIVITÉS
12 Wat Pho Thai Traditional Massage School

SE LOGER
13 Arun Residene
14 Chakrabongse Villas
15 Royal ThaTien Village
16 Sala Rattakosin

SE RESTAURER
17 Rooftop
18 Savory
19 Tonkin Annam
20 Marché de Wang Lang

PRENDRE UN VERRE ET FAIRE LA FÊTE
21 342 Bar
22 Amorosa
23 Nuss Bar
24 ViVi the Coffee Place

SORTIR
25 Marché aux amulettes
26 Pan Khlong Talat (marché aux fleurs)

PROMENADE À PIED À KO RATANAKOSIN

Cet itinéraire de 4 km parcourt le cœur historique de Bangkok, étroitement lié au pouvoir monarchique, qui regroupe la plupart des sites incontournables. Partez tôt afin d'éviter la chaleur et prévoyez une tenue adaptée à la visite des temples.

De 1 **Chang Pier**, suivez Th Na Phra Lan vers l'est en faisant un rapide détour par 2 l'**université de Silpakorn**, première université des Beaux-Arts de Thaïlande. Continuez vers l'est jusqu'au temple sacré de 3 **Wat Phra Kaew** (p. 60), consacré au Bouddha d'émeraude. Il partage un complexe avec le 4 **Grand Palais**.

Regagnez Th Maha Rat. Prenez au nord et traversez le quartier des herboristeries et des marchands d'amulettes. Le 5 **Wat Mahathat**, sur la droite, est une université bouddhique réputée. Prenez à gauche l'étroite Trok Maha pour rejoindre le 6 **marché aux amulettes** (p. 65). Celui-ci fait place plus au nord à des stands d'alimentation. Vous atteindrez 7 l'**université de Thammasat**, qui enseigne le droit et les sciences politiques.

En sortant à Phra Chan Pier, franchissez Th Na Phra That et poursuivez vers l'est jusqu'à 8 **Sanam Luang**, le "champ royal". Traversez le parc et prenez Th Ratchadamnoen Nai vers le sud pour rejoindre le 9 **Lak Meuang**, le temple du Pilier de la ville, qui indique son centre spirituel.

Continuez vers le sud dans Th Sanam Chai, tournez à droite dans Th Thai Wang et marchez jusqu'au 10 **Wat Pho** (p. 56) pour admirer le célèbre bouddha couché. Vous pourrez aussi confier vos pieds aux mains expertes des masseuses du temple. Sinon, prenez un ferry au Tien Pier attenant pour rallier le 11 **Wat Arun** (p. 59) de l'autre côté du fleuve.

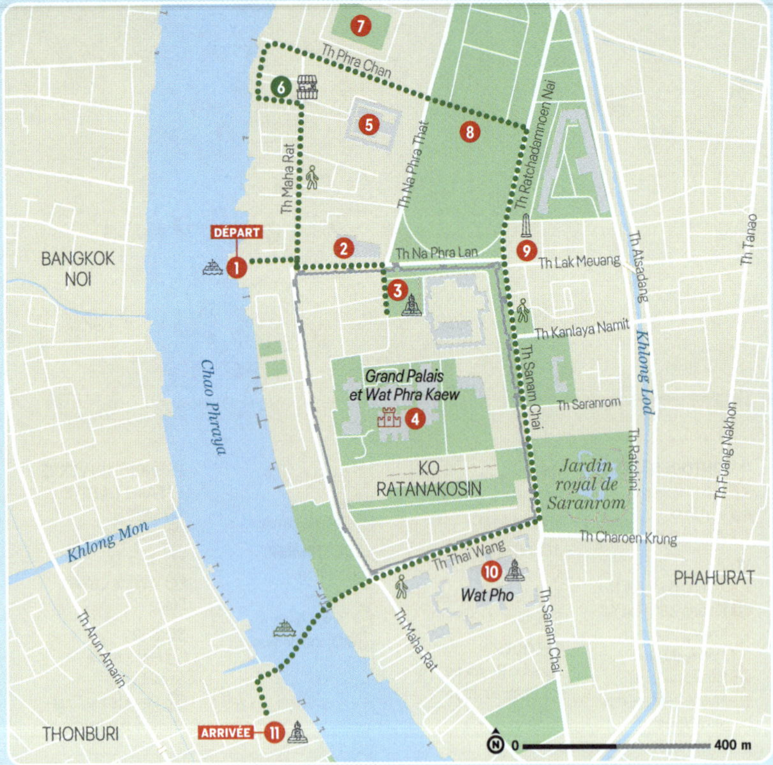

Wat Arun

LE LIEU DE NAISSANCE DE BANGKOK

Après la destruction d'Ayutthaya par les Birmans, le roi Taksin se replia vers la rive ouest du Chao Phraya, sur un site jusque-là occupé par un sanctuaire : le Wat Jaeng. Il fit restaurer le temple pour accueillir le bouddha d'Émeraude et le rebaptisa du nom du dieu indien de l'Aube (Aruna), en hommage à la fondation symbolique d'une nouvelle Ayutthaya. Aujourd'hui, le temple est l'une des constructions les plus emblématiques de Bangkok – et l'un des rares temples bouddhiques sur lequel on peut grimper.

Ce n'est qu'après le transfert de la capitale et du bouddha d'Émeraude sur l'autre rive du fleuve que le Wat Arun prit son aspect actuel. La construction du *prang* (tour de style khmer), notamment, haut de plus de 80 m, fut entreprise durant la première moitié du XIXe siècle sous le règne de Rama II (roi Phraphutthaloetla Naphalai ; r. 1809-1824), dont il renferme les cendres. La tour fut achevée plus tard par Rama III (roi Phranangklao ; r. 1824-1851). Un escalier raide conduit au sommet, d'où la vue embrasse le fleuve et les environs.

Le *prang* central et les 4 petits qui l'entourent sont ornés de fragments de porcelaines chinoises polychromes formant des motifs floraux. Ce type de décor était commun au début de la période de Ratanakosin, car les navires chinois qui faisaient escale à Bangkok abandonnaient sur place des tonnes de vieille porcelaine utilisée comme lest.

Le grand bouddha du temple aurait été dessiné par Rama II en personne. À l'intérieur, les **peintures murales** datent du règne de Rama V (roi Chulalongkorn ; r. 1868-1910). L'une d'elles montre le prince Siddhartha découvrant la naissance, la vieillesse, la maladie et la mort hors de son palais, expérience qui le conduisit à se retirer du monde. Les cendres de Rama II reposent sous le bouddha.

De fréquents ferrys traversent le fleuve entre Tien Pier et le Wat Arun. Le Chao Phraya Express Boat rejoint aussi le ponton du temple. Les visiteurs doivent

MARCHÉS FLOTTANTS

Le week-end, les circuits organisés sur les canaux incluent souvent le **marché flottant de Taling Chan** (p. 99), à Thonburi. Le **marché flottant de Tha Kha** (p. 98), à Samut Songkhram, constitue toutefois une option plus authentique.

L'ÉCOLE DE MASSAGE THAÏLANDAIS DU WAT PHO

Le complexe du Wat Pho couvre 8 ha ; la majorité des sites touristiques occupent le côté nord de Th Chetuphon, les logements des moines, le côté sud. C'est aussi le siège national de l'enseignement et de la préservation de la médecine traditionnelle thaïlandaise, qui inclut le massage thaïlandais. La plus célèbre école de massage de Thaïlande dispense des cours allant de la formation de 5 jours (30 heures) au stage de 4 semaines (200 heures). Les prix s'échelonnent entre 15 000 et 53 000 B. Pour faire disparaître vos courbatures, rendez-vous au **pavillon de massage** dans l'enceinte du temple, du côté est (à partir de 320 B pour un massage des pieds de 30 minutes).

OÙ SE RESTAURER À KO RATANAKOSIN ET THONBURI

Rooftop
Le bar en extérieur au sommet de l'hôtel Sala Rattanakosin offre une vue imprenable sur le Wat Arun au couchant. **$$$**

Tonkin Annam
Un restaurant rétro, établi de longue date, qui sert une excellente cuisine vietnamienne. **$$**

Savoey
Cette enseigne de chaîne avec vue sur le fleuve propose des classiques de qualité, surtout des produits de la mer. **$$**

Marché de Wang Lang
Stands de restauration et petites échoppes animées sur la rive du côté de Thonburi. **$**

BY LOVE/500PX ©

Scannez ce QR Code pour connaître les tarifs et les horaires d'ouverture.

INCONTOURNABLE

Wat Phra Kaew et Grand Palais

Consacré en 1782, ce remarquable ensemble architectural est le cœur spirituel du bouddhisme et de la monarchie du pays, dont l'union est symbolisée par la représentation la plus sacrée de Thaïlande, le bouddha d'Émeraude. Ses édifices se dressent dans l'enceinte du Grand Palais (p. 62), l'ancienne résidence royale, qui ne sert plus que pour les cérémonies officielles. L'endroit n'en reste pas moins la principale attraction touristique de la ville.

À NE PAS MANQUER

- Bouddha d'Émeraude
- Salle d'ordination
- Fresques du *Ramakien*
- Créatures mythologiques
- Chakri Mahaprasat
- Dusit Hall
- Borombhiman Hall

Bouddha d'Émeraude

Le bouddha le plus sacré du pays ne mesure que 66 cm, et il est si haut perché dans la salle d'ordination (*bòht*) qu'on peine à le voir. Nul ne sait où et par qui cette statue fut sculptée dans un unique bloc de jadéite, mais la première mention de son existence remonte au XVᵉ siècle à Chiang Rai, dans le nord de la Thaïlande. D'après son style, elle daterait des XIIIᵉ et XIVᵉ siècles.

Du fait de son statut royal, le bouddha d'Émeraude est vêtu d'habits monastiques cérémoniels, aujourd'hui au nombre de trois suivant la période : saison chaude, saison des pluies et saison fraîche. Le roi lui-même procède au changement de tenue.

Bòht (salle d'ordination)

L'opulence de la salle d'ordination est telle que les fidèles pourraient en oublier de rendre hommage au bouddha. À l'extérieur, les murs sont rehaussés de feuilles d'or et de mosaïques en verre coloré, tandis qu'à l'intérieur, ils arborent des peintures illustrant de la vie du Bouddha.

Fresques du Ramakien

Tout le long de la galerie de 2 km qui entoure le complexe, 178 peintures murales illustrent l'intégralité des épisodes du *Ramakien*, version thaïlandaise du *Ramayana* indien, dans le sens des aiguilles d'une montre depuis la porte nord.

Elles relatent comment Rama, le héros au visage vert, s'allie avec Hanuman, le roi singe (de couleur blanche), pour sauver son épouse Sita (la belle jeune femme aux seins nus) enlevée par Ravana, le roi des démons de Lanka aux bras et têtes multiples. S'ensuivent intrigues et batailles hautes en couleur jusqu'à ce que Ravana soit tué.

Créatures mythologiques

Chaque entrée du Wat Phra Kaew est gardée par deux *yaksha,* ogres ou géants évoqués dans le *Ramakien* et figures récurrentes des temples bouddhiques thaïlandais. Notez aussi les gracieuses *Kinari,* mi-cygnes mi-femmes, et l'espiègle et grimaçant *Hanuman,* le dieu-singe de l'hindouisme.

Chakri Mahaprasat

À l'ouest de l'ensemble religieux se dresse le Grand Palais, dont seulement 4 des quelque 100 bâtiments sont accessibles au public. Le plus spectaculaire, le Chakri Mahaprasat, comporte 3 ailes mêlant style Renaissance italienne et architecture traditionnelle thaïlandaise.

Dusit Hall

Cet élégant édifice en forme de croix, de style Ratanakosin, accueillit d'abord les audiences royales avant d'être réservés aux obsèques des monarques et des membres de leur famille. Un trône en nacre est placé presque au centre.

Borombhiman Hall

À l'extrémité est du complexe s'élève le Borombhiman Hall (1903), inspiré de l'architecture néo-Renaissance française, où le roi Rama VI vécut jusqu'en 1925 et où logent à l'occasion les chefs d'État en visite. Il est seulement possible d'y jeter un coup d'œil à travers des grilles en fer.

HAREM ROYAL

Jusqu'à l'interdiction de la polygamie par Rama VI, le harem royal était installé dans l'enceinte du palais et gardé par des femmes formées au combat. Les intrigues qui s'y déroulaient sont au cœur du roman *Quatre Règnes* (1953) de Kukrit Pramoj, arrière-petit-fils de Rama II. La résidence de l'auteur, la MR Kukrit Pramoj House, est désormais un musée.

À SAVOIR

- Arrivez dès l'ouverture pour éviter la foule et la chaleur de la mi-journée.
- Couvrez vos bras et vos jambes.
- Achetez votre billet en ligne au moins 24 heures à l'avance.
- Des audioguides en différentes langues sont à disposition. Pour visiter avec un guide anglophone, adressez-vous à la billetterie.
- S'il y a toujours foule dans la salle d'ordination et autour du bouddha d'Émeraude, la galerie ornée des fresques du *Ramakien* est calme et ombragée.
- Des toilettes sont accessibles aux personnes handicapées, et des fauteuils roulants gratuits sont à disposition.

❶ Fresques du Ramakien

Ces peintures murales, qui débutent sur le côté est du Wat Phra Kaew, illustrent des scènes qui rappellent davantage la Thaïlande du XIXe siècle que l'Inde ancienne.

ANTONIO D'ALBORE/GETTY IMAGES ©

❺ Bouddha d'Émeraude

En dépit de son nom, cette petite statue de 66 cm est en jadéite, la plus précieuse variété de jade.

ALEXEY STIOP/GETTY IMAGES ©

❷ La mort de Thotsakan

Les panneaux du *Ramakien* se regardent dans le sens des aiguilles d'une montre. Ils s'achèvent à l'extrémité ouest du complexe par la mort de Thotsakan (Ravana), le ravisseur de Sita, et son cortège funéraire très travaillé.

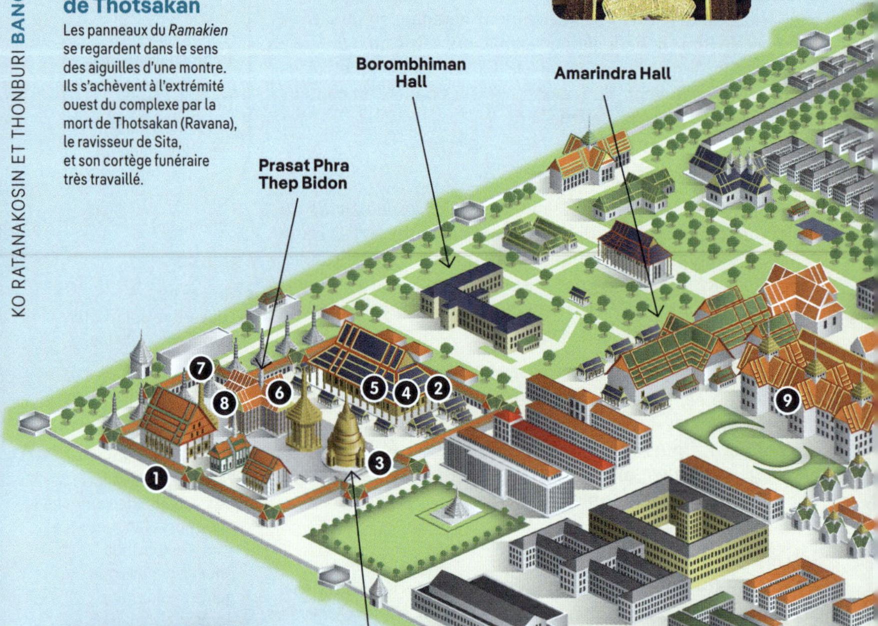

PETRONILO G. DANGOY JR./SHUTTERSTOCK ©

❻ Les trois flèches

La toiture à 7 degrés du Phra Mondop, la pointe de style khmer du Prasat Phra Thep Bidon et le chedi doré du Phra Si Ratana sont les points culminants de l'ensemble.

❸ Yaksha

Chaque entrée du Wat Phra Kaew est flanquée de deux énormes *yaksha*, esprits gardiens de la mythologie hindoue.

ZZVET/GETTY IMAGES ©

INCONTOURNABLE

Wat Phra Kaew et Grand Palais

Explorer les monuments religieux et royaux les plus emblématiques de Bangkok

Pour la plupart des visiteurs, la première destination à Bangkok est le Wat Phra Kaew. Ce vaste ensemble renferme un temple bouddhique. Un passage couvert entoure le site. Ses murs arborent des **1 et 2 peintures du *Ramakien*** réalisées sous le règne de Rama Ier (roi Chao Phraya Chakri ; r. 1782-1809). À travers 178 panneaux, elles relatent l'épopée hindou du *Ramayana*.

Une fois parvenu à la fin de l'histoire, franchissez l'une des portes gardées par de saisissants **3 Yaksha** (ogres ou géants de la mythologie hindoue). L'édifice majeur est le **4 Bòht (salle d'ordination)**, qui abrite le **5 bouddha d'Émeraude**.

Dirigez-vous ensuite vers l'est jusqu'à la terrasse supérieure, un espace surélevé où se dressent les **6 flèches des trois principaux chedis** (stupas). Celui du milieu, le Phra Mondop, sert à conserver des manuscrits bouddhiques. Ce secteur abrite aussi nombre de créatures mythologiques, notamment de superbes **7 Kinari** (mi-femmes mi-cygnes) et plusieurs figures grimaçantes de **8 Hanuman**.

Franchissez la porte ouest du complexe pour atteindre le Grand Palais, dont peu de bâtiments sont ouverts au public. Le plus remarquable est le **9 Chakri Mahaprasat** (1882). Sa façade est un mélange unique de style occidental et d'architecture thaïlandaise traditionnelle.

ALINA_ZAINEA/GETTY IMAGES ©

7 Kinari

Mi-cygnes mi-femmes, ces gracieuses créatures de la mythologie hindo-bouddhiste se tiennent devant le Prasat Phra Thep Bidon.

4 Bòht (salle d'ordination)

Cet édifice constitue l'un des premiers exemples de l'école d'architecture Ratanakosin, qui mêle des traits du style d'Ayutthaya et des éléments plus modernes d'inspiration chinoise et occidentale.

8 Hanuman

Des rangées de représentations malicieuses du dieu-singe de l'hindouisme soutiennent les étages inférieurs de deux petits chedis près du Prasat Phra Thep Bidon.

9 Chakri Mahaprasat

Chacune des ailes de cet édifice, parfois appelé *fa·rang sài chá·dah* ("Occidental coiffé d'une couronne thaïlandaise"), est surmontée d'un *mon·dòp*, flèche représentant la version thaïlandaise d'un sanctuaire hindou.

DESIGN PICS/BLAKE KENT/ GETTY IMAGES

LE VRAI NOM DE BANGKOK

Quand en 1782 Rama Ier transféra la capitale sur la rive est du Chao Praya, se trouvait là un village (*bang*) de pêcheurs planté de pruniers de Cythère (*makok*) – d'où le nom de Bangkok donné à la ville. Mais une fois le quartier royal de Ko Ratanakosin achevé, en 1785, celle-ci reçut un nouveau patronyme : "*Krungthep mahanakhon amonratanakosin mahintara Ayutthaya mahadilok popnopparat ratchathani burirom udomratchaniwet mahasathan amonpiman avatansathit sakkathattiya witsanukamprasit*". Ce qui se traduit à peu près par : "Grande ville des anges, siège des perles divines, grande terre invincible, grand et éminent royaume, charmante capitale royale aux neuf gemmes, grand palais et demeure royale, abri divin et lieu de vie des esprits réincarnés." Si partout dans le monde, la capitale thaïlandaise s'appelle Bangkok, pour ses habitants, elle est Krung Thep (la "cité des Anges").

Musée du Siam

avoir les bras et les jambes couverts pour entrer. Le Wat Arun est ouvert tous les jours, de 8h à 18h (100 B).

Musée du Siam

LA VITRINE DE L'IDENTITÉ THAÏLANDAISE

Fondé en 2007, le **musée du Siam** est sans doute l'un des musées les plus amusants et instructifs de Bangkok. Il présente l'identité nationale thaïlandaise et sa culture avec des expositions ludiques et accessibles aux jeunes.

Il est aménagé dans un superbe édifice néoclassique – autrefois le ministère du Commerce de la Thaïlande –, conçu par un architecte italien en 1922 à l'ancien emplacement du palais royal. Des évènements et des concerts sont parfois organisés sur place.

Les acheteurs potentiels, qui souvent arborent déjà plusieurs grigris, marchandent âprement et feuillettent des magazines spécialisés proposant des articles à prix exorbitants. Aucun prix n'est indiqué, mais les porte-bonheur les plus rares peuvent dépasser le million de dollars ! Les collectionneurs avisés scrutent les articles à la loupe, à la recherche d'une signification cachée, ou s'ils sont chanceux, d'une valeur secrète. Si les hommes constituent le gros de la clientèle, les commerces sont surtout tenus par des femmes.

OÙ PRENDRE UN VERRE À KO RATANAKOSIN ET THONBURI

Amorosa
Il domine le fleuve depuis le 5e étage de l'hôtel Arun Residence – un cadre sublime pour manger ou boire un verre.

342 Bar
Bar sur les hauteurs de Thonburi, cocktails et cuisine thaïlandaise, vue sur le Chao Phraya et le Grand Palace.

Nuss Bar
Bar à cocktail chic et intimiste tenu par un mixologue renommé qui revisite les classiques.

ViVi the Coffee Place
Coffee shop au bord de l'eau avec intérieur et terrasse, vue sur le Wat Arun, plus fréquenté au coucher du soleil.

Les amulettes prennent en général la forme d'un médaillon contenant un bouddha miniature, mais parfois également la représentation d'un moine illustre, voire une mèche de ses cheveux ou un fragment de son corps. Pour protéger efficacement, elles doivent avoir été bénies par un moine de haut rang. Quoi qu'il en soit, il s'agit de souvenirs originaux.

Le petit musée situé dans la station MRT de Sanam Chai, juste à la sortie du musée du Siam, vaut également le coup d'œil. L'exposition présente l'histoire des environs, avec notamment des pièces archéologiques et des informations sur le palais royal démoli pour laisser place au ministère du Commerce. L'entrée est gratuite et située près de la sortie 1.

Excursions sur les canaux

BANGKOK AU FIL DE L'EAU

Bangkok était jadis considérée comme la Venise de l'Extrême-Orient, car elle possédait un réseau élaboré de canaux - les *khlong* (ou *klorng*) - servant au transport des habitants et des marchandises. Thonburi, à l'ouest du Mae Nam Chao Phaya, conserve toutefois des vestiges de la ville aquatique. Une flotte hétéroclite, des barques aux barges à riz, vogue toujours sur les canaux et les affluents du quartier, dont les habitations, commerces et temples sur pilotis ont leur entrée qui donne sur l'eau.

Rien ne vaut une excursion à bord d'un *long-tail boat* pour explorer cette Bangkok d'autrefois. La plupart des circuits suivent le **Khlong Bangkok Noi**, enchâssé entre des berges verdoyantes jalonné de temples anciens, et le petit **Khlong Mon**, largement résidentiel. D'autres, plus longues, empruntent le **Khlong Bangkok Yai**, qui occupe l'ancien cours du fleuve. Le week-end, il est possible d'aller au marché flottant de **Taling Chan** (ci-contre).

Les *long-tail boats* s'alignent à la plupart des embarcadères centraux du Chao Phraya. La balade de 2 heures coûte autour de 4 000 B pour un groupe de 2 à 4 personnes. Sinon, **Pandan Tour** (thaicanaltour.com) propose divers itinéraires d'une journée entière.

MARCHÉS À KO RATANAKOSIN ET THONBURI

Marché aux amulettes
Plongez dans l'univers mystérieux des talismans bouddhiques. C'est un endroit idéal pour observer la foule.

Pak Khlong Talat
Marché de fleurs ouvert 24h/24, plus photogénique au petit matin avec les nouveaux arrivages.

Marché flottant de Taling Chan
Marché flottant de producteurs avec quelques restaurants. Très fréquenté le week-end.

Marché de Tha Tien
Marché historique de Bangkok qui remonte au XVIIe siècle, sur la rive opposée du Wat Arun. Produits de la mer.

Marché de Wang Lang
Vêtements, chaussures, accessoires et excellents stands de restauration.

COMMENT CIRCULER

Les bateaux et les ferry restent le moyen de transport le plus pratique, le moins coûteux et le plus pittoresque. Rendez-vous sur les quais du Chao Phraya, de chaque côté de la rive. De nombreux ferry proposent également la traversée. La ligne bleue du MRT passe au sud de Ko Ratanakosin et dessert la station de Sanam, la plus proche des sites touristiques, avant de traverser le fleuve pour rejoindre Thonburi. La ligne BTS Silom passe également à Thonburi.

Banglamphu

BANGKOK D'AUTREFOIS ET RENDEZ-VOUS DES BAROUDEURS

Pour les infos pratiques, voir le Carnet d'adresses p. 103

À SAVOIR

Marre du bruit incessant des fêtes de Th Khao San ? Rendez-vous dans les ruelles alentours, plus calmes et pittoresques. Th Phra Athit possède des bars et des restaurants bien plus paisibles.

Juste au nord de Ko Ratanakosin, et délimité à l'ouest par le Chao Phraya, Banglamphu est un quartier discret apprécié pour son atmosphère : celle du Bangkok d'antan. Dans ses ruelles arborées qu'animent des marchés s'alignent des *shophouses* – ces maisons traditionnelles avec commerce au rez-de-chaussée et logement à l'étage – et des temples. C'est aussi l'un des quartiers les plus réputés pour la cuisine de rue.

Il abrite la fameuse Thanon Khao San, artère bruyante où de nombreux touristes débutent leur périple en Thaïlande. L'endroit a heureusement bien changé depuis les années 1980, époque à laquelle les logements et bars miteux étaient la norme. Ils ont laissé place à des établissements tendance. Attractions et vie nocturne sont plus sophistiquées qu'autrefois, si bien qu'un nombre croissant de Thaïlandais viennent désormais se mêler aux visiteurs étrangers, en particulier pour écouter de la musique live.

Mont d'Or

LE PLUS HAUT STUPA DE BANGKOK

Au XIXe siècle, Rama III (roi Phranangklao ; r. 1824-1851) décida d'édifier un immense stupa à l'intérieur du Wat Saket. En raison du sol trop meuble, celui-ci s'effondra. La nature reprit ses droits et l'amas de décombres se transforma en colline… au sommet de laquelle Rama IV (roi Mongkut ; r. 1851-

OÙ PRENDRE UN VERRE À BANGLAMPHU

Sheepshank Public House
Bar à cocktails assez chic au bord de l'eau, cuisine méditerranéenne et vue sur le fleuve.

Happy Bar
Bar plus décontracté à quelques pas des soirées électro de Th Khao San. Concerts de reggae.

Hippie de Bar
Pub paisible avec cour intérieure sur Th Khao San, profitez de l'happy hour pour commencer la soirée.

Gecko Bar
Le bar le moins cher du quartier, ambiance décontractée. Terrasse, idéale pour observer la foule.

INCONTOURNABLES
1 Mont d'Or
2 Rajadamnern Stadium

VOIR
3 Thanon Khao San
4 Wat Saket

ACTIVITÉS
5 Afterlife
6 Jaroenthong Muay Thai Gym

SE LOGER
7 Chern
8 Chillax Resort
9 Here Hostel
10 Khaosan Social Capsule Hostel
11 Mad Monkey
12 Nanda Heritage Hotel
13 NapPark Hostel
14 Niras Bankoc Cultural Hostel
15 Riva Surya

SE RESTAURER
16 Jay Fai
17 Krua Apsorn
18 Mango
19 Thip Samai

PRENDRE UN VERRE ET FAIRE LA FÊTE
20 Gecko Bar
21 Happy Bar
22 Hippie de Bar
23 Sheepshank Public House

1868) fit construire un petit stupa. Plus tard, Rama V (roi Chulalongkorn ; r. 1868-1910) y plaça une relique du Bouddha venant d'Inde (offerte par le gouvernement britannique). Des murs en béton furent ajoutés pendant la Seconde Guerre mondiale pour protéger de l'érosion les pentes de ce qui était devenu le Mont d'Or. Une belle promenade consiste à gravir la colline en empruntant l'escalier qui serpente entre les arbres noueux, les tombes abandonnées et les portraits de riches bienfaiteurs. L'effort est récompensé par une vue imprenable et un air plus pur au sommet. Il y a souvent foule au coucher du soleil.

Techniquement, le Mont d'Or fait partie du **Wat Saket**, situé au pied de la colline, à l'est. La construction remonte avant la fondation de Bangkok, mais il a été rebaptisé par Rama I, qui a également réalisé des travaux de grande ampleur après s'être baigné sur place. *Saket* signifie d'ailleurs "se laver les cheveux".

Les fresques qui ornent le temple comptent parmi les plus belles du pays. Vous verrez également des descriptions assez crues de l'enfer bouddhique sur le pilier derrière la statue de Bouddha.

Des statues de **vautours entourant des cadavres** donnent également une atmosphère sinistre au lieu, en référence aux terribles épidémies de choléra dont a souffert Bangkok au XIXe siècle. C'est à Wat Saket que les corps des malades étaient brûlés, car la quantité de victimes ne tardait pas à attirer les charognards.

En novembre, une grande fête se tient au Wat Saket, avec une procession aux flambeaux jusqu'en haut du Mont d'Or. Les habitants viennent aussi y célébrer **Loi Krathong**. Cafés et stands de restauration sont disséminés au pied de la colline. Le temple est ouvert tous les jours de 7h30 à 19h (100 B).

MUSIQUE LIVE

Saxophone Pub & Restaurant
Ici, on joue du jazz, du blues et de la musique latino depuis plus de 30 ans. Le week-end, mieux vaut réserver.

Afterlife
Le seul bar de la ville accueillant des concerts de métal, de punk et de hardcore.

Speakerbox
Un espace accueillant en brique et béton où se produisent des groupes de rock, funk, musique indé et expérimentale.

BANGKOK S'ENFONCE-T-ELLE DANS LE SOL ?

La majeure partie de la ville a été construite sur de l'argile et les scientifiques commencent à redouter que le poids des grands immeubles ne compresse les sols.

D'après certains experts, Bangkok s'enfonce d'un à deux centimètres par an, un phénomène exacerbé par l'utilisation non régulée des eaux souterraines. Située à seulement 2 m au-dessus du niveau de la mer, et à seulement 30 km du golfe de Thaïlande, la ville est également menacée par la montée des eaux. La direction du National Disaster Warning Center annonce même qu'en cas de montée des eaux extrêmes, elle sera submergée par 1,5 m d'eau d'ici à 2030, et complètement engloutie d'ici à 2100.

Th Khao San

Thanon Khao San

DES BAROUDEURS AUX BOBOS

Thanon Khao San, une artère de 400 m de long, donne son nom au quartier de globe-trotteurs le plus célèbre au monde. Pourtant, Thanon Khao San ne date que de 1892. Avant de supplanter Silom comme repère des baroudeurs, la rue était connue pour son marché au riz (*kâw săhn* signifie "riz moulu"). Beaucoup de visiteurs étrangers y viennent pour se divertir, ou parce que l'endroit a été immortalisé dans la littérature et au cinéma. Depuis la publication en 1996 du roman *La Plage* d'Alex Garland, dont le début se déroule dans le secteur le plus lugubre de Khao San, suivie de son adaptation au cinéma avec Leonardo DiCaprio, Virginie Ledoyen et Guillaume Canet, séjourner dans cette rue est devenu un rite initiatique.

Les soirs d'affluence, jusqu'à 50 000 personnes se bousculent sur l'étroite chaussée. L'ambiance fait alors penser aux fêtes de la pleine lune de Ko Pha Ngan (p. 239), la plage en moins. La musique électro résonne à plein volume, l'alcool coule à flot et le cannabis et le gaz hilarant circulent, tandis que les stands de cuisine de rue, les tatoueurs au henné, les tresseurs

OÙ SE RESTAURER À BANGLAMPHU

Jay Fai
Régalez-vous d'omelettes aux fruits de mer dans ce minuscule établissement toujours bondé et étoilé au Michelin. **$$$**

Mango
Une petite adresse végétarienne et vegan très fréquentée, réputée pour ses petits déjeuners. **$$**

Thip Samai
Une véritable institution, connue pour son *pàt tai* (nouilles sautées). Attendez-vous à patienter le temps qu'une table se libère. **$$**

Krua Apsorn
Restaurant sans chichi plébiscité par les Bangkokois pour ses plats du centre et du sud du pays. Ferme à 19h30. **$$**

de cheveux, les marchands de T-shirts et les rabatteurs de bars et de salons de massage envahissent les moindres recoins.

Mais, derrière cette effervescence tapageuse, le décor et le charme pittoresque du Bangkok d'antan perdurent. Pour s'en convaincre, il suffit de s'enfoncer dans les ruelles autour de Th Khao San, comme Soi Ram Buttri, Th Samsen et Th Phra Athit. Là, vous attendent des maisons traditionnelles en bois, des restaurants installés dans des *shophouses* et l'une des meilleures cuisines de rue de la ville, sans oublier des hébergements de charme.

Car, depuis les années 1980, le quartier n'a pas cessé d'évoluer. Les pensions aux lits infestés de punaises ont été remplacées par des boutiques-hôtels, et les bars minables où étaient projetées des copies de films illégales ont cédé la place à des établissements branchés fréquentés par une clientèle à la mode. Mais le changement le plus intéressant concerne le regard que les Thaïlandais portent désormais sur Khao San. L'ancien ghetto pour *fa·ràng kêe nók* ("étrangers radins") connaît un regain de vitalité inégalé depuis que la jeunesse avant-gardiste de Bangkok y a ouvert des boutiques, des cafés et des bars tendance.

Boxe thaïlandaise

PIEDS ET POINGS DÉLIÉS

Le *muay thai* est un art martial thaïlandais très ancien, devenu l'un des emblèmes du royaume. On le surnomme l'"art des huit membres", car les coups peuvent être portés avec les poings, les coudes, les genoux et les pieds. Les Thaïlandais éprouvent un véritable engouement pour ce sport, qui fait l'objet de paris clandestins à grande échelle. Rendez-vous au **Rajadamnern Stadium** pour découvrir l'ampleur du phénomène et observer la foule. Si vous souhaitez tenter votre chance sur le ring, vous pouvez vous entraîner à **Jaroenthong Muay Thai Gym**, à quelques pas de Th Khao San.

POURQUOI J'AIME BANGKOK

David Eimer, écrivain

"Depuis 8 ans que je vis à Bangkok, je suis fasciné par la capacité de cette ville à s'adapter aux changements, qu'ils soient induits par une pandémie ou des troubles politiques. J'adore ses contrastes radicaux qui ne cessent de me surprendre. On peut aussi bien déguster un cocktail raffiné dans un bar à la mode que manger pour 70 B à un stand de cuisine de rue. Chaque quartier a son identité, de Chinatown et ses ruelles à Sukhumvit, tourné vers le futur, au point qu'on a l'impression d'avoir affaire à plusieurs villes en une. Mais ce que j'apprécie peut-être le plus, c'est la facilité avec laquelle on se sent ici chez soi."

COMMENT CIRCULER

Banglamphu n'est pas très bien desservi par les transports en commun. Le Skytrain (BTS) n'y passe pas, mais la ligne bleue du MRT longe le sud du quartier avec la station de Sam Yot, à 20 min à pied de Th Khao San.

Les bateaux et les ferry restent le moyen le plus rapide pour rejoindre la station BTS de Saphan Taksin à l'ouest du fleuve. Autrement, il vous faudra marcher, ou prendre une moto-taxi.

Chinatown

RESTAURANTS, MARCHÉS ET VIE NOCTURNE

Pour les infos pratiques, voir le Carnet d'adresses *p. 104*

À SAVOIR

Les Bangkokois adorent se restaurer et faire du shopping dans le quartier, notamment sur le boulevard de Th Yaowarat, bondé le soir. Pour éviter la foule, mieux vaut oublier le week-end et les jours fériés.

La Thaïlande compte la plus importante diaspora chinoise au monde, près de 15% de la population revendiquant des ancêtres venus de Chine. À Bangkok, Chinatown est le berceau de cette communauté. Bourdonnant et chaotique, ce quartier est l'un des plus anciens et des plus colorés de la ville. Il a longtemps été le centre économique et commercial du pays, et un lieu de perdition dès la nuit tombée...

Aujourd'hui, les fumeries d'opium et les bordels ont cédé la place aux bars branchés où se délecter d'un cocktail au son des groupes à la mode. Les habitants de la capitale s'y bousculent pour profiter de son incroyable diversité de restaurants et de stands de cuisine de rue ; ils fréquentent en masse ses marchés et ses rues commerçantes.

Séjourner à Chinatown est devenu un must. À défaut d'y loger, perdez-vous au milieu de ses ruelles sinueuses : une explosion de sons, de couleurs, de parfums et de saveurs vous y attendent.

Marchés de Chinatown

SHOPPING COULEUR LOCALE

Chinatown possède certains des marchés les plus anciens et les plus authentiques de Bangkok. La frénésie et l'exotisme ambiants qui assaillent les cinq sens tranchent de façon saisissante avec les grands centres commerciaux climatisés, tous sur le même modèle. Préparez-vous à braver la cohue, surtout le week-end, et à slalomer entre les motos et les

LES MEILLEURES MAISONS DE THÉ À BANGKOK

Mitramit
Ce pittoresque mouchoir de poche de Banglamphu, tenu par un spécialiste des thés chinois.

Double Dogs Tearoom
Une adresse de Chinatown où boire et acheter des thés *oolong* et *Pu'er*.

Zhennan Tea House
Salon de thé moderne et élégant, excellents desserts, thés et infusions traditionnelles.

Peace Oriental Teahouse
Les thés verts de toute l'Asie vous attendent dans ce lieu raffiné.

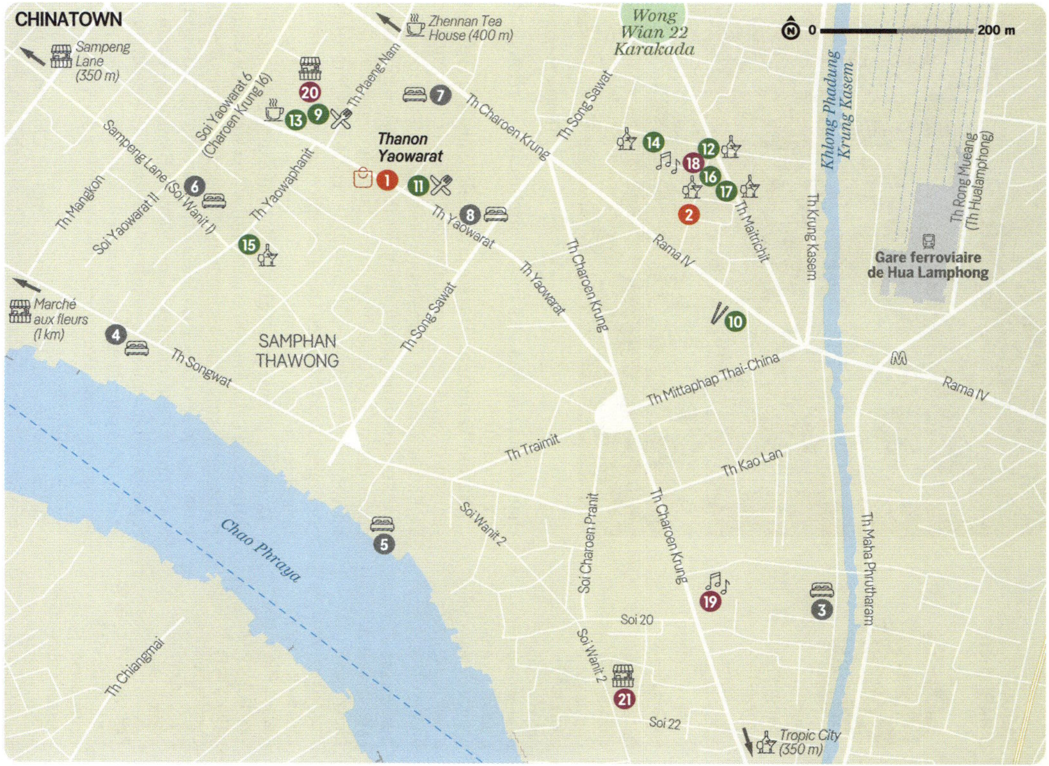

INCONTOURNABLES
1 Thanon Yaowarat

VOIR
2 Soi Nana

SE LOGER
3 Ago Hotel
4 Hostel Urby
5 Loy La Long
6 Luk Hostel
7 Norn Yaowarat
8 Shanghai Mansion

SE RESTAURER
9 Hua Seng Hong
10 Khun Ya Cuisine de Thanon Phadungdao
voir 15 Potong
11 Stands

PRENDRE UN VERRE ET FAIRE LA FÊTE
12 Ba Hao
13 Double Dogs Tea Room
14 Gasper
15 Opium Bar
16 Teens of Thailand
17 Tep Bar

SORTIR
18 Brown Sugar
19 Foojohn Jazz Club

SHOPPING
20 Talat Mai
21 Talat Noi

PAROLE D'HABITANT

Somchai Kwangtongpanich, 61 ans, est un historien reconnu de la communauté sino-thaïlandaise de Chinatown

Qu'est-ce qui a changé à Chinatown depuis votre jeunesse ? Autrefois, plus de gens parlaient chinois. J'ai été le premier de ma famille à avoir le thaï pour première langue.

Quel est votre endroit favori à Chinatown ? Thanon Yaowarat, car c'est le cœur du quartier. Plus jeune, c'est là que nous sortions au restaurant, dans les maisons de thé, les dancings et les théâtres chinois.

Pourquoi avoir passé toute votre vie à Chinatown ? Pour son architecture et sa cuisine. Je suis triste de voir les anciens disparaître, mais le quartier évolue, pour le meilleur et pour le pire.

Thanon Yaowarat

chariots qui disputent les ruelles étroites aux marchands et aux acheteurs.

Thanon Yaowarat, l'artère principale, constitue le grand centre du négoce de l'or en Thaïlande. Près du croisement avec Th Ratchawong, des magasins adaptés aux goûts des touristes de Chine et de Singapour vendent des fruits secs, des talismans en toc et tout le nécessaire pour célébrer dignement les fêtes du calendrier chinois. Th Yaowarat recèle aussi quelques boutiques d'apothicaires traditionnelles, qui sentent bon le bois et les secrets d'antan.

Dans Soi Yaowarat 6, **Talat Mai**, quintessence du marché chinois, est deux fois centenaire. Qui a déjà voyagé en Chine reconnaîtra sans peine les produits séchés, condiments, épices et sauces de ses étals. Parallèle au tronçon sud de Yaowarat, Soi Wanit 1 – surnommée familièrement **Sampeng Lane** – regorge de boutiques de jouets en plastique, de cosmétiques et d'articles pour la maison rivalisant de kitsch. Un peu plus au sud, **Th Song Wat** abrite des entrepôts du XIXe siècle toujours utilisés.

À l'extrémité sud de Chinatown, près de Charoen Krung, le photogénique **Talat Noi** ("petit marché") occupe un labyrinthe jalonné de stands de produits frais et de minuscules échoppes. Enfin, les roses et les orchidées du pittoresque **marché aux fleurs** vous attendent juste au nord du quartier.

OÙ SE RESTAURER À CHINATOWN

Potong
Une adresse sino-thaïlandaise, étoilée au Michelin, dans un superbe bâtiment au cœur de Chinatown. $$$

Thanon Phadungdao
Tous les soirs, on se bouscule dans cette rue jalonnée de restaurants à petits prix et de stands de nourriture. $$

Hua Seng Hong
Touristique mais de qualité. Commandez les *dim sum* ou le canard laqué. $$

Khun Ya Cuisine
Sympathique et bon marché, ce restaurant thaïlandais dans l'enceinte du Wat Traimit ferme après le déjeuner. Arrivez tôt. $$

CIRCUIT CULINAIRE À CHINATOWN

Cet itinéraire à pied de 1,5 km débute à l'intersection de 1 **Th Plaeng Nam et Th Charoen Krung**. Suivez Th Phlap Phla Chai jusqu'au 2 **Nai Mong Hoi Thod**, réputé pour ses *hǒy tôrt* (omelettes aux huîtres).

Revenez dans Th Charoen Krung, tournez à droite puis encore à droite dans Th Mangkon ; sur la gauche, 3 **Jék Pûi** est connu pour ses délicieux currys bon marché à emporter. Durant le Nouvel an chinois ou la fête végétarienne (octobre), ne manquez pas les stands de raviolis autour du 4 **Wat Mangkon Kamalawat** voisin. Sinon, revenez sur Charoen Krung et prenez à gauche jusqu'au marché 5 **Talat Mai** (p. 72), puis à droite jusqu'au carrefour de Th Yaowarat pour rejoindre un 6 **stand** de *gǒo·ay đěe·o kôo·a gài* (nouilles de riz sautées dans de l'huile à l'ail avec des œufs et du poulet).

Une fois dans Th Yaowarat, ralliez le marché de l'autre côté de la rue. Le premier stand sur la droite, 7 **Nay Lék Ûan**, vend du *gǒo·ay jáp nám sǎi*, un bouillon poivré aux nouilles et abats de porc. Continuez vers l'ouest dans Th Yaowarat, puis prenez à gauche dans Th Ratchawong. Sur votre gauche, 8 **Pat Tai Ratchawong** prépare d'excellents *pàt thai*.

Reprenez Th Yaowarat sur la droite et dépassez le croisement de Soi Yaowarat 6. À votre droite, 9 **Mangkorn Khǎo** propose des *bà·mèe* (nouilles de blé chinoises), du porc au barbecue et des *wontons*. Plus à l'est dans Th Yaowarat, 10 **Th Phadungdao** a pour spécialité des beignets fourrés au sésame noir dans un bouillon épicé au gingembre. À l'intersection suivante, tournez à gauche pour terminer par les stands de produits de la mer de 11 **Th Phadungdao**.

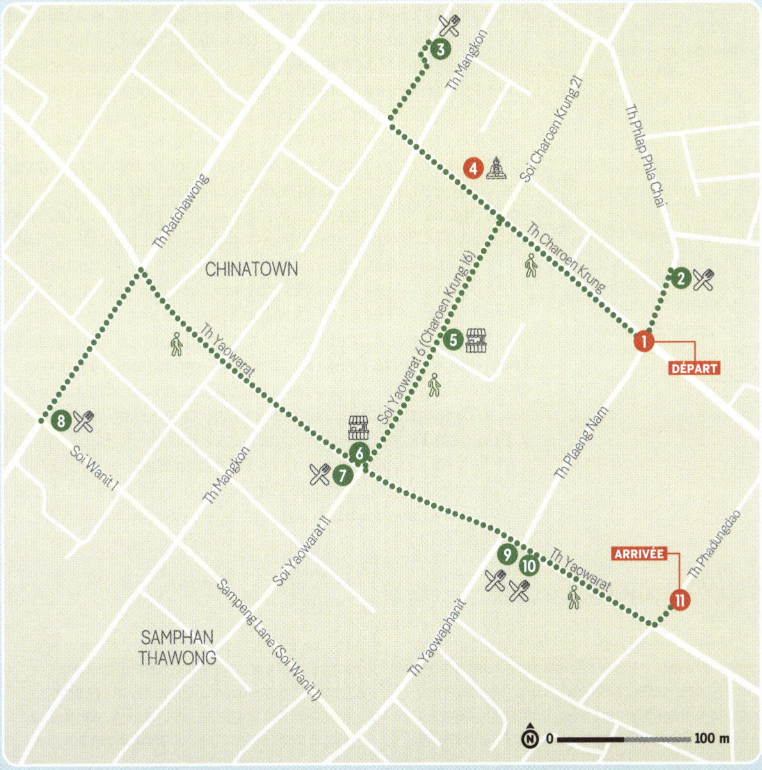

DAVE STAMBOULIS/ALAMY STOCK PHOTO ©

Tep Bar

SULFUREUSE BANGKOK

Chinatown n'est plus le quartier chaud qu'il était autrefois, mais la réputation sulfureuse de Bangkok perdure toujours. Aujourd'hui, c'est à **Soi Cowboy** et **Nana Entertainment Plaza**, toujours bondés à la tombée de la nuit, qu'on trouve les travailleuses du sexe.

Naturellement, la plupart des visiteurs sont des touristes plus que des clients, le quartier chaud étant devenu une véritable attraction au même titre que les temples et les musées.

Pour certains, ce sont des endroits malfamés, mais sachez que les autorités surveillent la zone de très près et que les femmes des bars et des clubs travaillent de leur plein gré et ne sont pas issues du trafic.

Chinatown by night

BARS À COCKTAILS ET CLUBS DE JAZZ

À la fin du XIXe siècle, Chinatown avait la réputation d'être le quartier chaud de Bangkok avec ses cabarets, ses salles de bal, ses maisons closes et ses tripots. Si ces établissements ont depuis longtemps disparu, le secteur est redevenu depuis quelques décennie l'un des repaires des noctambules de la capitale thaïlandaise, mais dans un tout autre esprit. De jeunes entrepreneurs branchés ont converti les bâtisses traditionnelles en bars à cocktails raffinés, et d'excellents lieux de concert ont vu le jour, en particulier des clubs de jazz.

Soi Nana (à ne pas confondre avec la rue du même nom donnant sur Th Sukhumvit, l'un des quartiers chauds), épicentre de l'animation, est une rue bordée de bars et de restaurants joliment aménagés dans des *shophouses* aux volets en bois.

Rendez-vous à **Teens of Thailand** pour les amateurs de gin, au **Tep Bar**, qui sert d'excellents cocktails thaïlandais ou bien au **Ba Hao**, très apprécié, dans une ambiance qui rappelle les fumeries d'opium du Shanghai des années 1920. Toujours dans la même rue, le **Brown Sugar** organise des concerts de jazz, tout comme le **Foojohn Jazz Club** et son ambiance feutrée, à 10 min au sud.

Ailleurs à Chinatown, citons l'**Opium Bar**, aux allures de bar clandestin, et le **Tropic City**, qui accueille des DJ. La fête se prolonge jusqu'à tard, surtout le week-end.

COMMENT CIRCULER

Chinatown est l'un des meilleurs quartiers pour se promener dans la capitale, avec de nombreux sites, des restaurants et des bars concentrés dans la même zone. Le Skytrain (BTS) contourne le quartier mais la ligne bleue du MRT traverse le centre de Chinatown avec des stations à Wat Mangkon et Hua Lamphong permettant aux visiteurs d'éviter les routes, souvent encombrés. Le quartier est bordé par le Chao Phraya au sud, ce qui le rend également accessible en bateau.

Riverside, Silom et Lumphini

VIE NOCTURNE, GALERIES D'ART ET DÎNERS-CROISIÈRES

Ces trois quartiers du sud de Bangkok s'étendent à l'est du Chao Praya. Comptant plusieurs musées insolites et des galeries d'art, ils se caractérisent par une architecture moderne de gratte-ciel qui abritent des hôtels haut de gamme, les sièges des plus grandes entreprises du pays et les logements des jeunes actifs qu'elles emploient. Comme son nom l'indique, Riverside est bordée d'un côté par le fleuve, au nord par Chinatown et à l'est par Silom. Avec ses écrans publicitaires géants, Silom, qui bourdonne d'une intense activité de jour comme de nuit, tire son nom d'un moulin à vent disparu. Au nord-est enfin, Lumphini s'est développé autour du plus vaste parc de la ville, poumon vert où les habitants aiment à se retrouver en famille. Skywalk du King Power Mahanakhon

Pour les infos pratiques, voir le Carnet d'adresses *p. 105*

À SAVOIR

Cette zone compte l'un des plus grands quartiers commerciaux de la ville et les routes sont souvent encombrées. Il vaut mieux s'y rendre en transport en commun qu'en taxi, surtout au petit matin et en début de soirée.

Skywalk (p. 77)

INCONTOURNABLES
1 Blue Elephant Thai Cooking School
2 Parc Lumphini
3 SkyWalk du King Power Mahanakhon

VOIR
4 Bangkok CityCity Gallery
5 Bangkokian Museum
6 Kathmandu Photo Gallery
7 MR Kukrit Pramoj House
8 Neilson Hays Library
9 Number 1 Gallery
10 Patpong
11 Patpong Museum
12 Queen Saovabha Memorial Institute
13 Sathorn 11 Art Space

ACTIVITÉS
14 Chao Phraya Princess Cruise
15 House of Taste Thai Cooking School
16 Silom Thai Cooking School
17 White Orchid Dinner Cruise
voir 17 Wonderful Pearl Cruise

SE LOGER
18 Amber Boutique
19 Banyan Tree
20 Everyday Bangkok Hostel
21 Luxx
22 Peninsula
23 S1 Hostel
24 Saravana Bhavan
25 Siam Heritage
26 Silom Space Hostel
27 Warm Window

SE RESTAURER
28 Kalpapruek
29 Le Du
30 Mandarin Oriental
31 Saawaan
32 Supanniga

PRENDRE UN VERRE ET FAIRE LA FÊTE
33 Hi-So Rooftop Bar
34 Moon Bar
35 Sky Bar

SORTIE
36 Three Sixty Lounge

Skywalk du King Power Mahanakhon

VERTIGE GARANTI

La visite du **Skywalk** promet son lot de sensations fortes, mais elle reste une des attractions touristiques les plus populaires de Bangkok. S'engager sur une plateforme vitrée de 60 m^2 au 78e étage du plus haut gratte-ciel du pays (310 m) donnera le vertige à plus d'un. Si certains restent prudemment sur les côtés de crainte que le verre se rompe, (rassurez-vous, il fait plus de 3 m d'épaisseur) d'autres n'hésitent pas à s'allonger à plat ventre au milieu. Dans les deux cas, la vue impressionnante porte par temps clair jusqu'au golfe de Thaïlande, à 30 km. Heureusement, vous pourrez reprendre vos esprits avec un cocktail au bar en plein air juché au point culminant de l'édifice. Le prix d'entrée passe de 880 à 1 080 B au coucher du soleil, période de forte affluence. Le SkyWalk ferme au public quand la météo est mauvaise, surtout s'il y a des risques de foudre. En revanche, la plateforme d'observation intérieure au 74e étage reste accessible et offre une vue presque aussi spectaculaire.

Parc Lumphini

LE PARADIS DES VARANS

Lumbini, ville natale du Bouddha au Népal, a donné son nom à ce parc, le plus grand (58 ha) et le plus fréquenté de Bangkok, havre de verdure dans son principal quartier d'affaires. Bien que des milliers d'habitants en quête de détente s'y retrouvent chaque jour, il y règne une quiétude bienvenue.

Rama VI (roi Vajiravudh ; r. 1910-1925) décida de sa création en 1920, sur une ancienne réserve royale. Il comprend un lac artificiel navigable, entouré de vastes pelouses soigneusement entretenues où l'on pratique le tai-chi, 2,5 km de sentiers investis le matin par les promeneurs et les joggeurs (vélos autorisés entre 10h et 15h) et des zones boisées. À quoi il faut ajouter une aire de jeux pour les enfants, des appareils de musculation, un terrain de basket, une salle de concert et une bibliothèque publique.

Riche d'une flore et d'une faune abondante, l'endroit attire les ornithologues amateurs, surtout en période de migration des oiseaux. Ses créatures les plus emblématiques restent toutefois les **varans**, présents en nombre, dont certains dépassent les 2 m de long. On peut les voir nager dans le lac, déambuler ou prendre le soleil sur l'herbe. Ils se montrent d'ordinaire indifférents aux humains, mais ne les

GALERIES D'ART À BANGKOK

Bangkok CityCity Gallery
Galerie minimaliste aux murs blancs, installations vidéos, librairie annexe.

Subhashok the Arts Centre
Une des plus grandes galeries d'art contemporain de Bangkok, qui met les artistes thaïlandais et les peintres d'Asie du Sud-Est à l'honneur.

Gallery VER
Galerie du Silom cofondée par Rirkrit Tiravanija, l'un des plus célèbres artistes contemporains thaïlandais, connu pour ses installations interactives.

Kathmandu Photo Gallery
Fondée par le photographe Manit Sriwanichpoom en 2006, cette galerie est la seule de Bangkok entièrement consacrée à la photographie.

Sathorn 11 Art Space
Galerie prisée pour les vernissages, art contemporain, bar à cocktails.

LES MEILLEURS RESTAURANTS THAÏLANDAIS À RIVERSIDE, SILOM ET LUMPHINI

Kalapapruek
Une institution, où l'on déguste des plats savoureux dans un cadre simple et accueillant (ferme à 18h). **$$**

Supanniga
Les Bangkokois apprécient ses recettes traditionnelles couvrant toutes les régions du pays. **$$**

Saawaan
Restaurant gastronomique d'un chef originaire de Phuket, présentation soignée, produits de la mer. **$$$**

Le Du
Une table haut de gamme de cuisine thaïlandaise fusion, étoilée au Michelin, qui compte parmi les plus en vogue de la ville. Réservation obligatoire. **$$$**

LES MEILLEURS LIEUX LGBTQIA+ À BANGKOK

DJ Station
Un club gay très fréquenté où se côtoient Thaïlandais et Occidentaux. Autres établissements similaires alentour.

Balcony
Un bar décontracté bien connu de Silom dans Soi 4, haut lieu de la scène gay.

Chakran Sauna
Gays locaux et étrangers participent ici à des soirées mousse et dénudées.

The Stranger Bar
Aussi appelé House of Drag Queens, cet endroit divertissant programme un spectacle de transformistes à 22h30.

Lesla Party
Une soirée hebdomadaire fréquentée par les lesbiennes. Programme des événements à venir sur Facebook.

JEROEN MEUWSEN FOTOGRAFIE/SHUTTERSTOCK ©

Varan, parc Lumphini

nourrissez pas sous peine de provoquer leur agressivité. Le parc Lumphini ravira également les amateurs d'ornithologie, notamment pendant les périodes de migration, de septembre à octobre et d'avril à mai, où l'on peut observer de nombreux rapaces tournoyer au-dessus du parc, comme le faucon crécerelle.

Situé à environ 1,3 km, le parc **Benjakitti** est une autre oasis de verdure en plein cœur de Bangkok. Les deux parcs

OÙ SE RESTAURER À RIVERSIDE, SILOM ET LUMPHINI

Il Bolognese
Une bonne table italienne très fréquentée avec de vastes espaces intérieurs et extérieurs. **$$$**

Daimasu
Un excellent *izakaya* (bistrot japonais) établi de longue date et fermant tard. **$$**

French Kiss
Un petit bistrot français décontracté au cœur de Patpong, où se mêlent locaux et expatriés. **$$**

Suananda
Au calme dans un jardin, cette table végétarienne et vegan propose des plats indiens, thaïlandais et birmans. **$$**

sont reliés par une passerelle panoramique qui commence à l'angle nord-est du Lumphini et permets aux marcheurs de se dégourdir les jambes sans quitter la capitale.

Le parc est à proximité des stations Lumphini et Silom, sur la ligne bleue du métro (MRT).

Bars sur les toits

VUE DU CIEL

À Bangkok, les toits-terrasses accueillant des bars au sommet des gratte-ciel sont plus la règle que l'exception. La ville est en effet réputée pour sa cinquantaine de *rooftops*, plus fabuleux les uns que les autres. Th Sathorn, Th Silom et leurs abords en concentrent bon nombre offrant des perspectives extraordinaires sur le Chao Phraya et la silhouette hérissée de tours de la capitale.

Le fameux cocktail Vertigo du **Moon Bar** porte bien son nom. Perché au 61e étage, au sommet du Banyan Tree Hotel, cet établissement réserve une vue époustouflante et s'enorgueillit d'être l'un des bars en plein air les plus hauts du monde. S'il n'est pour sa part qu'au 29e étage, le **Hi-So Rooftop Bar** n'en réserve pas moins un beau panorama sur le parc Lumphini.

Au 64e étage de la State Tower, le **Sky Bar** est sans doute le plus typique de tous. Un escalier hollywoodien conduit à ce bar dominant les toits et le Chao Phraya. La vue est sublime, mais l'affluence peut gâcher le plaisir, tout comme le tarif des boissons. Plus tranquille, le **Three Sixty Lounge** est officiellement un club de jazz. Ce bar sur le toit offre une vue panoramique sur Bangkok par-dessus le Chao Phraya, pour une perspective différente sur la métropole. Enfin, le bar du **SkyWalk**, au 78e étage du King Power Mahanakhon (p. 77), le plus haut gratte-ciel de Thaïlande, dépasse tous ses concurrents en matière d'altitude.

Notez que les bars en toit-terrasse pratiquent généralement des prix élevés et exigent le port d'une tenue correcte (exit shorts, tongs ou sandales).

Dîners-croisières

AMBIANCE MAGIQUE AU FIL DE L'EAU

La nuit tombée, Bangkok change de physionomie et, vue du fleuve, la ville est encore plus magique. Embarquez pour un dîner-croisière sur le Chao Phraya : confortablement installé,

SHOPPING À RIVERSIDE, SILOM ET LUMPHINI

ICONSIAM
Grand centre commercial au bord du fleuve : boutiques de luxe, espaces de restauration et cinéma.

Asiatique the Riverfront
Marché nocturne situé dans d'anciens entrepôts le long du Chao Phraya, avec boutiques, bars, restaurants et grande roue.

Jim Thompson
Vêtements, accessoires, tissus d'ameublement : tout est en soie.

River City
Centre commercial au bord du fleuve, enseignes internationales, quelques boutiques haut-de-gamme, antiquaires, articles de toute l'Asie du Sud-Est.

King Power Mahanakhon
Pas besoin d'attendre votre vol retour pour profiter de boutiques hors taxes. Vêtements et biens de consommation.

LES MEILLEURS BARS DE RIVERSIDE, SILOM ET LUMPHINI

Vesper
Une adresse à la mode mais moins prétentieuse que d'autres bars à cocktails haut de gamme de Bangkok.

Maggie Choo's
Avec son style de bar clandestin, il évoque le Shanghai des années 1930. Soirée gay le dimanche et concerts à l'occasion.

Smalls
Cocktails forts et variés, ambiance agréable, toit-terrasse, musique live et DJ.

Wong's Place
Un lieu mythique où le décor et la musique n'ont pas changé depuis des lustres. Arrivez après minuit.

APPAREILS PHOTO, ORDINATEURS PORTABLES ET SMARTPHONES

Votre appareil ne fonctionne plus ? Pas de panique, il existe de nombreuses enseignes pour le faire réparer à Bangkok. Rendez-vous au 4e étage du **MBK Centre** (p. 86) pour réparer, débloquer, acheter ou même revendre votre téléphone portable. Le 5e étage est consacré aux appareils photo. Le centre commercial de est également spécialisé dans les appareils électroniques. Rendez-vous aux 3e et 4e étages pour faire réparer votre appareil photo ou votre ordinateur. Vous y trouverez également des jeux vidéo et du matériel informatique. Le personnel parle anglais dans certaines boutiques. On trouve également des ateliers informatiques à **Pantip Plaza**.

un verre à la main, vous admirerez les monuments de la capitale sous un nouvel angle. Du bateau traditionnel au navire de croisière, avec musique, spectacle et néons ou ambiance romantique, il y en a pour tous les goûts et tous les budgets.

La plupart des croisières, d'une durée de 2 heures environ, débutent à 19h ou 19h30. Les bateaux font le même circuit, remontant le Chao Phraya en passant entre le Wat Arun et le Grand Palais (p. 60) avant de faire demi-tour. Il existe aussi des formules au coucher du soleil.

Manohra Cruises, l'option la plus luxueuse et intime, utilise une barge à riz en teck joliment restaurée et offre un repas thaïlandais de 4 plats. Le bateau lève l'ancre de l'Anantara Riverside Resort & Spa, hôtel que l'on rejoint depuis le Sathorn/Central Pier grâce à sa navette fluviale.

Moins cher, **Chao Phraya Princess Cruise** sert un buffet, tout comme **Chao Phraya Cruise**, qui embarque en plus un groupe de musiciens. **White Orchid River Cruise** propose surtout une expérience festive avec musique live, spectacle de cabaret et bière à gogo. Enfin, **Wonderful Pearl Cruise** possède les plus gros navires. Dans tous les cas, le départ se fait de l'Asiatique the Riverfront ou de la jetée de l'ICONSIAM.

Cours de cuisine

LES SECRETS DE LA GASTRONOMIE THAÏLANDAISE

Goûter aux délices culinaires de Bangkok est une chose, parvenir à reproduire ces spécialités de retour chez vous en est une autre. Pour beaucoup de visiteurs, prendre part à un cours de cuisine figure en tête des activités à accomplir dans la capitale thaïlandaise. C'est parfois même le temps fort de leur séjour.

C'est à Silom que se trouvent les écoles les plus réputées. Les cours standards d'une demi-journée comprennent au moins une présentation des produits et des saveurs locales, ainsi que la préparation de plusieurs plats. La plupart incluent aussi la visite d'un marché et presque tous se terminent par la dégustation en commun des plats réalisés.

Rattachée à un restaurant haut de gamme et située à Sathorn, la **Blue Elephant Thai Cooking School** dispense des sessions avec courses au marché et confection de plats différents chaque jour. La formule de la **Silom Thai Cooking School** voisine débute aussi par l'achat des ingrédients pour la composition de 5 plats. À la **House of Taste Thai Cooking**

OÙ PRENDRE UN CAFÉ À BANGKOK

Cassette Coffee Bar
Avec son cadre rose de bonbonnière, l'endroit attire en masse les amateurs de café et de selfies.

Ink & Lion
Une adresse de Sukhumvit, agrémentée d'œuvres d'artistes locaux, où l'on se détend devant un café torréfié sur place.

Luka
Au menu de ce vaste établissement tendance de Silom : café du nord de la Thaïlande et plats délicieux.

Recordoffee
À la fois café et magasin de vinyles, un lieu où décompresser après une visite de Chinatown.

Silom Thai Cooking School

School, toujours à Silom, vous apprendrez à cuisiner 4 plats, seul ou en groupe.

À quelques kilomètres du centre, **Cooking with Poo & Friends**, créé par une habitante de Khlong Toei, donne l'occasion de découvrir à la fois le plus grand bidonville et le plus grand marché de produits frais de Bangkok. Les cours, qui doivent êter réservés, mettent à l'honneur 3 plats et incluent une visite du marché et le transport.

FUMER EN TOUTE LÉGALITÉ ?

En juin 2022, la Thaïlande a été le premier pays d'Asie à dépénaliser le **cannabis**. Quelque 1 200 "dispensaires" ont ouverts dans la capitale, dont une proportion impressionnante dans Th Sukhumvit, où résident et séjournent beaucoup d'étrangers. Dans cette rue, l'odeur de la marijuana flotte dans l'air, même si, officiellement, il est interdit de fumer dans les lieux publics.

Ces commerces proposent du cannabis cultivé essentiellement en Thaïlande, dont les prix vont de 300-400 B à 700-900 B le gramme.

Malgré ces restrictions, nombre de Thaïlandais se montrent hostiles à la nouvelle loi, craignant une augmentation de la toxicomanie et de la criminalité. Cependant, porter atteinte à un marché qui pèsera 1,2 milliard de dollars en 2025 ne plaide pas dans ce sens.

COMMENT CIRCULER

Les quartiers de Riverside, Silom et Lumphini comptent parmi les mieux desservis par les transports en commun de Bangkok. La ligne BTS Silom traverse Silom, contourne le parc Lumphini avec des stations à Sala Daeng et Chong Nonsi. La ligne bleue du MRT, elle, traverse le quartier avec des stations à Silom et Lumphini. Autrement, vous pouvez aisément prendre le bateau sur le fleuve.

Siam Square, Pratunam, Phloen Chit et Ratchathewi

CENTRES COMMERCIAUX, MUSÉES ET SANCTUAIRES

Pour les infos pratiques, voir le Carnet d'adresses *p. 108*

À SAVOIR

Les embouteillages sont fréquents dans cette partie de la ville, il vaut mieux prendre les transports en commun. Certains visiteurs trouvent que le quartier manque de caractère, mais c'est l'endroit idéal pour les mordus du shopping et on y trouve toutes sortes d'hébergements, des hôtels de luxe aux auberges de jeunesse.

Ces quatre quartiers adjacents en plein cœur de Bangkok disposent de nombreux hébergements et font un excellent point de chute. Bien qu'il y ait quelques sites d'intérêt sur place, c'est essentiellement une zone commerciale avec quelques-uns des plus grands malls de Bangkok, et le campus de la Chulalongkorn, l'université la plus prestigieuse du pays, qui possède la plupart des terres du domaine.

C'est à Siam Square et Pratunam qu'on trouve le plus de commerces. Phloen Chit est plutôt un quartier d'affaires. À Ratchathewi, plus résidentiel, le Victory Monument a été érigé à la mémoire des victimes de la guerre franco-thaïlandaise (1940-1941).

Autrefois relativement ruraux, c'est au début du XXe siècle que ces quartiers se sont développés, avant de devenir la plus grande zone commerciale de la capitale dans les années 1970, ce qui en fait un emplacement stratégique pour les manifestations politiques.

OÙ SE RESTAURER À SIAM SQUARE, PRATUNAM, PHLOEN CHIT ET RATCHATHEWI

Doy Kuay
Le plus réputé d'un groupe de restaurants servant de savoureuses "*boat noodles*" (nouilles épicées cuites dans un bouillon auquel on ajoute du sang de porc ou de bœuf). $

Madame Somtum
Délicieuses *sôm·đam* (salade de papaye relevée) et viandes grillées mettant à l'honneur la cuisine de l'Isan. Beaucoup de monde à l'heure du déjeuner. $

Din Tai Fung
L'enseigne locale d'une chaîne taïwanaise de raviolis. $$

La Monita Taqueria
Un restaurant mexicain établi de longue date où manger d'authentiques tacos, *burritos* et autres plats typiques. Il y a même un menu enfant $$

INCONTOURNABLES
1 Maison de Jim Thompson
2 Siam Square

VOIR
3 Bangkok Art & Culture Centre
4 Sanctuaire d'Erawan
Sea Life Bangkok Ocean World **voir** 24
5 Musée-palais Suan Pakkad

ACTIVITÉS
6 Absolute You
7 Divana
Scentuara Spa
Harnn Heritage Spa **voir** 20
8 Pilates Studio
Treasure Spa & Salon **voir** 2
9 YogaSutra Studio

SE LOGER
10 Cacha Hotel
11 Hotel Indigo
12 Lub D
13 Siam Stadium Hostel
14 Siam@Siam Design Hotel

SE RESTAURER
Brocoli Revolution **voir** 20
Din Tai Fung **voir** 20
15 Doy Kuay Eatthai **voir** 20
16 Food Factory
Food Legends **voir** 22
Gourmet Eats **voir** 27
17 La Monita Taqueria
18 Madame Somtum
Platinum Fashion Mall Food Court **voir** 24

PRENDRE UN VERRE ET FAIRE LA FÊTE
19 Cassette Coffee Bar

SHOPPING
20 Central Embassy
21 CentralWorld
22 MBK Center
23 Pantip Plaza
24 Platinum Fashion Mall
25 Pratunam Market
26 Siam Discovery
27 Siam Paragon

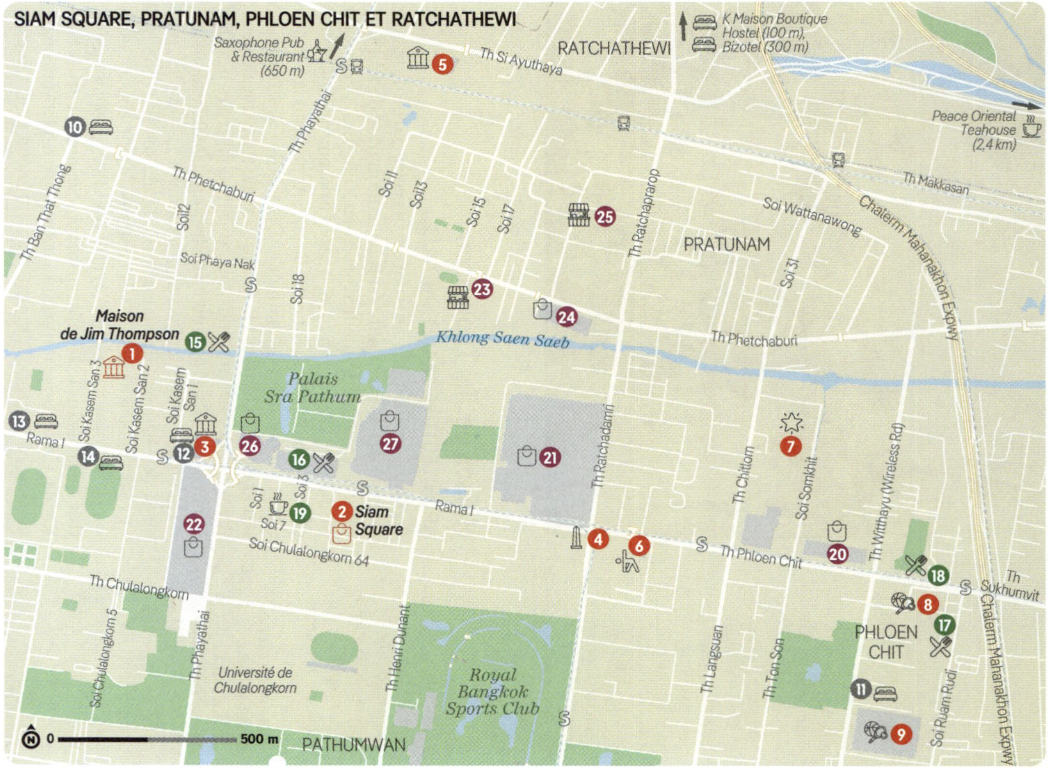

MICHAELNERO/SHUTTERSTOCK ©

LA DISPARITION MYSTÉRIEUSE DE JIM THOMPSON

Homme d'affaire américain, Jim Thompson révolutionna l'industrie de la soie en Thaïlande dans les années 1950. Sa disparition mystérieuse lors d'une randonnée dans la région des Cameron Highlands en Malaisie, en 1967, eut un retentissement international. La même année, sa sœur fut assassinée aux États-Unis, alimentant diverses théories de complot. Les responsables étaient-ils des espions communistes, des concurrents du domaine du textile ou ses anciens employeurs de la CIA qui auraient voulu le faire taire suite à ses critiques virulentes portées contre la politique américaine en Asie du Sud-Est ? Quoi qu'il en soit, son corps ne fut jamais retrouvé.

Maison de Jim Thompson

ARCHITECTURE TRADITIONNELLE

Principale attraction touristique dans cette partie de la ville, cette propriété luxuriante est l'ancienne maison du fabricant de soie et collectionneur d'art américain Jim Thompson. Né dans le Delaware en 1906, il servit brièvement dans l'Office of Strategic Services (l'ancêtre de la CIA) pendant la Seconde Guerre mondiale en Thaïlande. Démobilisé, il s'installa à Bangkok et s'intéressa à la soie artisanale tissée localement ; il envoya des échantillons aux grands couturiers à Milan, Londres et Paris et parvint à fidéliser une clientèle mondiale.

Thompson collectionnait non seulement les textiles, mais aussi des éléments de maisons thaïlandaises en ruine qu'il fit réassembler ici en 1959. Certaines furent apportées de l'ancienne capitale royale d'Ayutthaya, d'autres démontées et transportées sur le *klorng* (ou *khlong* ; canaux) depuis Baan Khrua. Une entorse frappante à la tradition est l'inversion des murs, le côté extérieur tourné vers l'intérieur, pour mieux en admirer les parties sculptées. Sa collection d'art asiatique, modeste mais splendide, et ses objets personnels sont exposés dans la maison principale.

RESTAURANTS VEGAN ET VÉGÉTARIENS À BANGKOK

Kaek Kao Kua
Bowls à composer soi-même et adaptations de classiques thaïlandais dans un cadre familial. **$**

Vistro
Un agréable bistrot rempli de plantes qui revisite les spécialités thaïlandaises et asiatiques. **$$**

Broccoli Revolution
Les trois élégants restaurants de la chaîne servent tous un remarquable burger de quinoa. **$$**

Saravana Bhavan
Cette célèbre chaîne indienne occupe une place de choix au milieu d'autres restaurants de cuisine végétarienne du sous-continent. **$$**

Marché de Pratunam

Le site se découvre uniquement dans le cadre d'une visite guidée de 45 minutes en différentes langues, dont le français.

Centres commerciaux

SIAM SQUARE : LE TEMPLE DU SHOPPING

Les alentours de **Siam Square** regroupent la plus forte concentration de centres commerciaux de la ville, généralement ouverts de 10h à 22h. Avec leurs boutiques, leurs cinémas, leurs excellents espaces de restauration, parfois un aquarium géant ou un bowling et des activités pour les enfants, ils attirent du monde tous les jours de la semaine.

La plupart comptent surtout des enseignes haut de gamme et grand public. Pour faire des affaires, allez plutôt au **marché de Pratunam** ou au **Platinum Fashion Mall** voisin, paradis pour les vêtements et les chaussures. Zone commerçante à ciel ouvert, Siam Square est le terrain de prédilection de la jeunesse locale. C'est l'endroit idéal pour dénicher des marques et des créateurs que ne trouverez nulle part ailleurs. Attention toutefois, les vêtements sont plutôt taillés pour une morphologie asiatique.

CINÉMAS ET THÉÂTRES

Major Cineplex
Ce cinéma haut de gamme du centre commercial Siam Paragon possède le plus grand écran IMAX de Thaïlande.

SF Cinema City
Un multiplex au 6e niveau du centre commercial Terminal 21. On peut acheter les places en ligne.

The Friese-Greene Club
Un ciné-club privé avec des projections 6 jours par semaine. Ouvert à tous les amateurs de cinéma (100 B).

Sala Chalermkrung Royal Theatre
Ce monument Art déco accueille des spectacles de danse traditionnelle.

Thailand Cultural Centre
Siège du ballet et de l'orchestre symphonique de la ville, il programme aussi du théâtre.

LES COMPTOIRS DE RESTAURATION DE SIAM SQUARE

Eathai
Au comptoir de restauration du Central Embassy, cuisine de toute la Thaïlande. Certains stands appartiennent à des restaurants réputés. $

Gourmet Eats
Immense comptoir de restauration à Siam Paragon, vous aurez l'embarras du choix : cuisine thaïlandaise, pan-asiatique et occidentale. $

Food Legends
Comptoir de restauration situé au MBK Center, cuisine thaïlandaise, chinoise, végétarienne, occidentale et indienne. $

Food Factory
Série de restaurants thaïlandais dans le Siam Center, excellents choix de cuisine japonaise. $$

En face de Siam Square, de l'autre côté de la route, quatre *malls* géants se dressent côte à côte et s'étendent jusqu'à Phloen Chit.

Siam Discovery fait la part belle aux enseignes locales, **CentralWorld** est sans doute la plus fréquentée et animée, tandis que **Siam Paragon** tire sa réputation du Sea Life Ocean World. **Central Embassy**, plus raffinée, possède le meilleur *food court*. Il y a des cinémas au CentralWorld et au Siam Paragon.

À l'ouest de Siam Square, les quelque 2 000 boutiques et restaurants du **MBK Center**, souvent pris d'assaut par les touristes, méritent également le détour.

Bien-être

SPA, YOGA ET PILATES

À Bangkok, les spas et centres de bien-être sont légion. Si les Thaïlandais ont une approche traditionnelle de la santé, ils l'associent depuis peu aux derniers progrès de la médecine et de la technologie. Que vous souhaitiez harmoniser votre *qi* (énergie vitale) ou soulager vos douleurs musculaires par le froid dans une chambre cryogénique, tout est désormais possible.

Les cinq-étoiles comme le **Peninsula** (p. 100), le **Banyan Tree** (p. 101) et le **Mandarin Oriental** (p. 101) disposent des spas les plus luxueux. Autour de Siam Square toutefois, les bonnes adresses ne manquent pas. C'est le cas du **Divana Scentuara Spa**, à mi-chemin entre un établissement haut de gamme et un salon de massage standard en matière de prestations et de prix. Le **Harnn Heritage Spa**, au sein de CentralWorld, dispense des soins traditionnels à base de plantes, le **Treasure Spa & Salon**, une formule rose et champagne appréciée.

Aux abords de Siam Square se côtoient aussi des studios de yoga et de Pilates. **Absolute You** dispense des cours de yoga bikram – dont il fut le pionnier à Bangkok –, mais aussi de nombreux autres styles. Le **YogaSutra Studio**, une institution, est spécialisé dans le yoga ashtanga, vinyasa et hatha. Enfin, le **Pilates Studio** assure des cours en petits groupes ainsi que des formations pour les professeurs de Pilates.

LES BOÎTES DE NUIT DE BANGKOK

Sing Sing Theater
Cette boîte à l'incroyable décor chinois reçoit des DJ de renom, mais sa piste de danse est minuscule.

Beam
La jeunesse se presse dans ce club sur 2 niveaux, consacrés respectivement au hip-hop et à la techno. Sono de qualité.

Levels Club & Terrace
Cette adresse touristique passe de la *dance music* commerciale dans 3 espaces et sur une piste de danse.

Studio Lam
Un bar-discothèque qui passe tous les types de musiques thaïlandaises.

Havana Social
Ambiance cubaine dans ce *speakeasy* très fréquenté le week-end pour ses DJ et ses excellents cocktails.

COMMENT CIRCULER

Ces quartiers ne sont pas franchement adaptés à la marche mais ils sont très bien desservis par les lignes Silom et Sukhumvit du BTS. La ligne bleue du MRT circule depuis à Thanon Sukhumvit au sud de la zone, avec la station Samyan située juste au sud du campus de Chulalongkorn University.

Thanon Sukhumvit

VIE NOCTURNE, RESTAURANTS ET MASSAGES

Plus longue route de Thaïlande, Thanon Sukhumvit relie le centre de Bangkok aux confins du Cambodge, à près de 400 km à l'est. Elle donne son nom à la vaste zone qu'elle traverse dans la capitale, qui était autrefois occupée par des rizières jusqu'à la Seconde Guerre mondiale. Dépourvu donc d'édifices anciens, le quartier fourmille en revanche aujourd'hui de restaurants, de boutiques et de centres commerciaux de luxe. C'est aussi un haut lieu de la nuit, où se rencontrent pêle-mêle des clubs et salles de concert sélects, des bars miteux et des établissements dédiés à la prostitution. C'est ici qu'on compte le plus grand nombre d'expatriés, notamment d'importantes communautés originaires du Moyen-Orient, d'Afrique, d'Asie du Sud, du Japon et de Corée, sans parler des Occidentaux. Rien d'étonnant donc que l'offre culinaire y soit extrêmement variée.

Pour les infos pratiques, voir le Carnet d'adresses p. 110

À SAVOIR

Il existe de nombreux hôtels moyenne-gamme autour de Th Sukhumvit et vous pourrez faire de bonnes affaires en ligne, mais aucune auberge de jeunesse. Méfiez-vous des établissements qui se revendiquent comme tels sur Internet, ce ne sont pas de véritables auberges de jeunesse.

Bien-être

MASSAGES ET SPAS

Dans la tradition thaïlandaise, le recours aux plantes médicinales et aux massages fait partie intégrante de l'hygiène quotidienne. Bangkok peut ainsi se targuer à juste titre d'être la capitale mondiale du massage, pour le plus grand plaisir des touristes.

Th Sukhumvit concentre nombre des meilleurs salons professionnels, qui se comptent par milliers. L'**Asia Herb**

LES MEILLEURS RESTAURANTS ÉTRANGERS À THANON SUKHUMVIT

Thanaka
Cette adresse sans prétention est une bonne introduction à la cuisine birmane, dont des millions de ressortissants ont émigré en Thaïlande. **$**

Al-Khayma Lebanese Food (Bamboo)
Une institution pour les amateurs de gastronomie libanaise ; grillades, salades et mezze. **$$**

Teriyaki Bar Kelly's
Un sympathique *izakaya* (bistrot japonais) qui prépare les *yakitori* à merveille (assiette de brochettes à partir de 300 B). **$$**

Ms Maria & Mr Singh
Un restaurant en vogue, où traditions mexicaine et indienne se sont unies pour le meilleur, à l'image des tacos au porc *vindaloo*. **$$$**

VOIR
1 Parc Benjakitti
2 Kamthieng House
3 Nana Entertainment Plaza
Siam Society **voir** 2
4 Soi Cowboy
5 Subhashok the Arts Centre

ACTIVITÉS
6 ABC Amazing Bangkk Cyclists
7 Asia Herb Association
8 Health Land
9 Oasis Spa
10 Suvarnaveda Wellness
11 Yunomori Onsen & Spa

SE LOGER
12 AriyasomVilla
13 Marriot Marquis
14 Movenpick
15 Sleepbox Sukhumvit 22
16 Tints of Blue

SE RESTAURER
17 Bamboo
18 Broccoli Revolution
19 Ink & Lion
20 Kaek Kao Kua
21 Klangsoi Restaurant
22 Ms Maria & Mr Singh
23 Pier 21
24 Quartier Foodhall
25 Rung Rueang Pork Noodle
26 Sorn
27 Sri Trat
28 Teriyaki Bar Kellys
voir 12 ThaNaKa
29 Vistro

PRENDRE UN VERRE ET FAIRE LA FÊTE
30 Beam
31 Friese-Greene Club
32 Gir
33 Havana Social
34 J Boroski
35 Levels
36 Lost in Thaislation
37 Midlife Crisis
38 Rabbit Hole
39 Sing Sing Theater
40 Studio Lam

SORTIR
41 Nana Plaza
42 SF Cinema City
43 SpeakerBox

SHOPPING
44 Button Up
45 Khlong Toei Market
46 Narry's Bespoke Tailors
47 Nickermann's
48 Raja's Fashions
voir 47 Rajawongse
49 Tailor on Ten
50 TheCommons

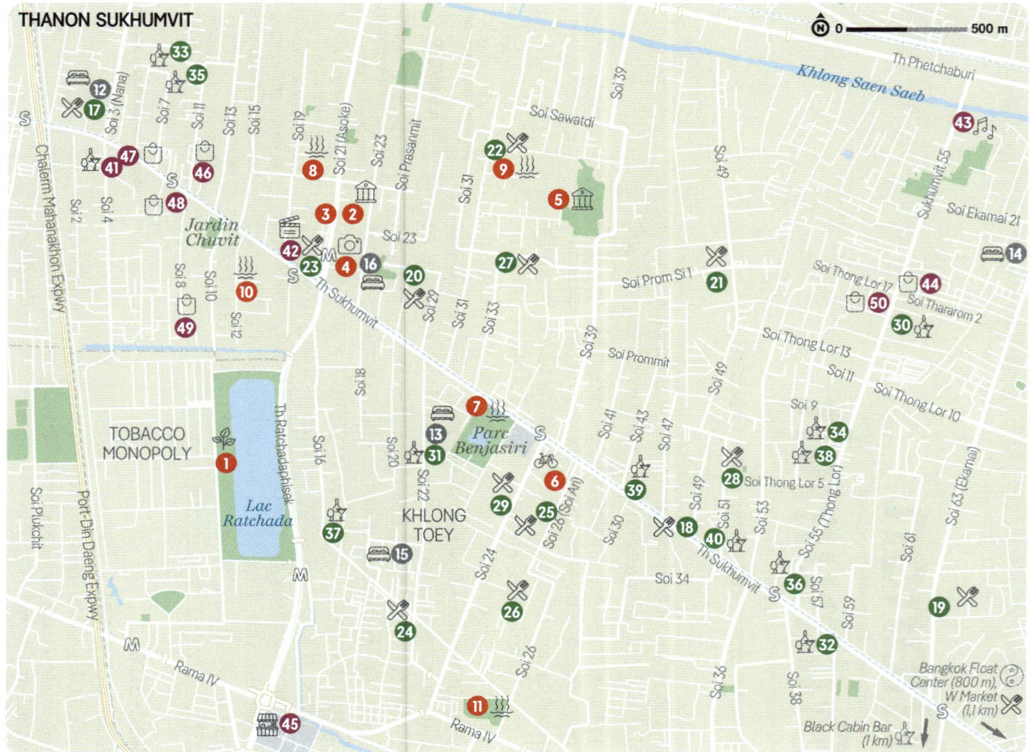

Association, une chaîne japonaise spécialisée dans les massages à l'aide de *prà·kóp* (compresses aux plantes) utilisant 18 espèces végétales, possède plusieurs enseignes dans le secteur. Il en va de même pour **Health Land**, qui dispense une gamme de soins et de massages d'un excellent rapport qualité/prix. Plus sélect, l'**Oasis Spa** offre une parfaite zénitude et vient même chercher ses clients à l'hôtel.

Pour une expérience un peu différente, direction **Yunomori Onsen & Spa**, un bain thermal japonais doublé d'un sauna, dont l'eau provient du sud de la Thaïlande. Certains y passent la journée entière.

On trouve également dans Th Sukhumvit des centres de bien-être. Le réputé **Suvarnaveda Wellness** propose des thérapies ayurvédiques et des remèdes à base de plantes. Enfin, flotter dans l'eau chaude saturée de sel du **Bangkok Float Center** déstresse à coup sûr.

Tournée des bars à cocktails

MIXOLOGIE À LA THAÏLANDAISE

Thanon Sukhumvit recèle nombre des bars les plus en vogue de toute l'Asie : les mixologues s'y sont multipliés ces dernières années, à la grande satisfaction de la clientèle *hi-so* (huppée) du quartier.

Certains endroits se donnent des allures de bar clandestin, se cachant derrière des portes anonymes ou dans des ruelles minuscules. Notez que le prix des cocktails est à peu près le même qu'en Occident et que les établissements les plus luxueux exigent une dépense minimale de plusieurs milliers de bahts pour obtenir une table.

Perché au 40e étage d'une tour de bureaux, **Gir** est actuellement l'adresse phare, avec des barmans de premier ordre et des DJ le week-end. L'entrée se fait sur présentation d'une pièce d'identité avec photo. Presque aussi couru et snob, le **Rabbit Hole** affiche un beau décor rétro avec lumière tamisée. Pour des cocktails vraiment créatifs – ils s'inspirent des saveurs de la cuisine de rue thaïlandaise –, cap sur **Lost in Thaislation**.

Au célèbre **J.Boroski Mixology**, sans enseigne ni carte, des barmans accueillants concoctent des breuvages sur mesure selon les désirs de la clientèle. Sympathique nouveau venu, le **Midlife Crisis** dispose d'un bandit manchot qui choisit

MASSAGE THAÏLANDAIS : LES BASES

Le massage thaïlandais traditionnel (*nôo·at păan boh·rahn*) est le plus répandu. S'il semble relaxant, il s'apparente parfois plus à la boxe thaïlandaise qu'au shiatsu ! Fondé sur des techniques de yoga, il implique étirements, torsion et manipulation des points de pression. Après une séance bien exécutée, vous serez un peu endolori, mais revigoré.
Les massages corporels incluent généralement des baumes au camphre ou des compresses d'herbes, l'huile étant souvent réservée aux "massages sexy".
Un massage des pieds est le meilleur moyen de traiter des jambes lourdes après des heures de visites. En général, on reconnaît les salons douteux à leurs masseuses vêtues de tenues légères plutôt que de blouses.

RESTAURANTS THAÏLANDAIS À TH SUKHUMVIT

Rung Rueang Pork Noodles
Une échoppe réputée où le bol de nouilles coûte moins de 70 B. Vous devrez sans doute faire la queue le midi. $

Klang Soi Restaurant
Carte axée sur la cuisine du centre et du sud du pays. $$

Sri Trat
Une affaire familiale où déguster des plats des provinces orientales, unique à Bangkok. $$

Sorn
Cet établissement étoilé au Michelin met à l'honneur la gastronomie du sud avec un menu dégustation de 22 plats. Il est toutefois difficile d'avoir une table. $$$

VÊTEMENTS SUR MESURE

Pour la plupart, les meilleurs tailleurs de la capitale se trouvent sur Th Sukhumvit.

Tailor on Ten
Spécialisé dans les costumes et les chemises. Excellent service client.

Raja's Fashions
Tailleur très prisé des diplomates, mais rassurez-vous Bobby Gulati ne réserve aucun traitement de faveur et vous habillera comme un ambassadeur.

Rajawongse
Victor et son fils, Jesse, confectionnent des costumes, des chemises et des pantalons très soignés pour hommes.

Narry's Bespoke Tailors
Un des rares tailleurs à réaliser des vêtements à la fois pour hommes et pour femmes.

Button Up
Boutiques de vêtements, prix relativement raisonnables, appréciée des célébrités.

DAVE STAMBOULIS/ALAMY STOCK PHOTO ©

J Boroski

quelle mixture vous allez boire. Enfin, le **Black Cabin Bar**, plus cosy et moins cher que la plupart de ses concurrents du secteur, sert des cocktails correctement préparés sur fond de musique live.

COMMENT CIRCULER

Sukhumvit est un grand quartier en pleine expansion, mais la ligne Sukhumvit du BTS longe l'avenue principale et facilite les déplacements. Il y a également une station Sukhumvit sur la ligne bleue du MRT. Vous pouvez aussi prendre des moto-taxis pour vous déplacer plus rapidement autour de Th Sukhumvit. Attention à toujours négocier le prix avant de monter à bord d'un tuk-tuk.

Nord de Bangkok

FRÉNÉSIE D'ACHAT

Tentaculaire, le nord de Bangkok englobe une bonne partie des 50 districts administratifs (*khet*) de la capitale, qui ne cesse de repousser ses limites vers le centre de la Thaïlande au rythme d'une urbanisation galopante. Sans quitter la ville, les visiteurs bénéficient ici d'un aperçu de la culture et du mode de vie des provinces limitrophes.

Pourtant, ils sont peu nombreux à séjourner dans cette zone, en dépit d'une offre abondante en hébergements et d'une desserte pratique par les lignes du Skytrain et du MRT récemment prolongées. Mais quand il s'agit de visiter le marché de Chatuchak, c'est une autre histoire : les foules s'y pressent chaque week-end ! De nombreuses activités pour les enfants sont présentes sur place, notamment des parcs d'attractions et des parcs aquatiques. Il y a aussi des restaurants plus authentiques et rustiques que ceux qu'on trouve plus au sud.

Pour les infos pratiques, voir le Carnet d'adresses *p. 112*

À SAVOIR

Le nord de Bangkok est un peu excentré des attractions principales et des zones commerciales, mais on y trouve des hébergements avec un bon rapport qualité-prix et plus de possibilités moyenne-gamme. Si vous trouvez un hôtel proche d'une station BTS ou MRT, le centre-ville reste facilement accessible.

Bangkok en famille

ATTRACTIONS POUR LES ENFANTS

Les enfants apprécieront toutes sortes d'activités amusantes dans les centres commerciaux et seront fascinés par les varans du parc Lumphini, mais c'est surtout au nord de la ville qu'on trouve le plus d'attractions pour les plus jeunes.

OÙ SE RESTAURER DANS LE NORD DE BANGKOK

Marché Or Tor Kor
Un petit marché de produits frais issus de l'agriculture locale et bio, et des restaurants où manger à prix modique. $

Anotai
Premier restaurant végétarien moderne de Bangkok et toujours très populaire. Quelques plats vegan. $$

Baan Pueng Chom
Une cuisine traditionnelle à déguster dans un jardin luxuriant (réservez à l'avance pour manger à l'intérieur). $$

Cantina Italian Kitchen
Restaurant historique et réputé à Ari, ambiance chaleureuse, plats très soignés et belle carte des vins. $$$

INCONTOURNABLES
1 Marché du week-end de Chatuchak

À VOIR
Children's Discovery Museum **voir** 1
2 Museum of Contemporary Art

ACTIVITÉS
3 MuayThai Institute

SE LOGER
4 Be My Guest 36
5 Capital Mansion
6 Simaze Hostel
7 Yard Hostel

SE RESTAURER
8 Baan Pueng Chom
9 Cantina Italian Kitchen
10 Or Tor Kor Market

SORTIR
11 Dream World
12 Lumpinee Boxing Stadium
13 Siam Amazing Park

SHOPPING
14 Chang Chui
15 Papaya

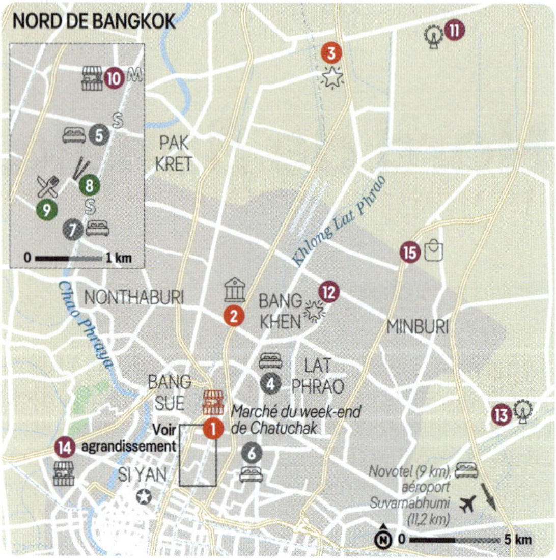

Rendez-vous au **Children's Discovery Museum**, situé à côté du Chatuchak Weekend Market, pour profiter d'activités ludiques et pédagogiques avec des expositions interactives. La plupart des enfants se précipitent dans la Dino Detective Zone, où ils peuvent effectuer des fouilles dans le sable pour reconstituer un squelette de dinosaure. Le musée compte également quelques terrains de jeu.

Le **Siam Amazing Park** est le premier parc d'attractions du pays. Il s'étend sur un terrain de 47 hectares au nord-est de la capitale. Certains manèges ont un peu vieilli, mais le parc aquatique attire toujours les foules avec la plus grande piscine à vague au monde. Le parc est assez calme en semaine. Réservez en ligne pour profiter d'une remise.

Découvrez également **Dream World**, un autre parc d'attractions des environs. Les manèges ont aussi un peu vieilli. L'attraction la plus populaire reste Snow Town, un petit village de neige et de glace, dans lequel les enfants peuvent faire de la luge, une activité insolite pour les jeunes thaïlandais. Des vêtements chauds sont fournis. Vous pouvez également profiter d'un grand parc aquatique pour vous détendre en fin de journée. Attention, paiement en espèces uniquement.

NATTUL/SHUTTERSTOCK ©

Children's Discovery Museum

MARCHÉS DE NUIT

En dehors de Chang Chui, le nord de Bangkok compte un certain nombre de marchés de nuit, où pléthore de stands de nourriture et de boissons côtoient en général des étals de vêtements, accessoires et cosmétiques à prix imbattables.

Le plus prisé des touristes car facile d'accès est **Jodd Fairs** (ex-Ratchada Train Night Market), à Huai Kwang, qui compte plus d'une centaine de stands de restauration. À 1,5 km au nord, **The One Ratchada** accueille une multitude de petits restaurants chinois. Encore plus au nord après Lat Phrao, les bars et restaurants animés du **Hua Mum Night Market** voient passer peu de visiteurs étrangers.

COMMENT CIRCULER

La ligne Sukhumvit du BTS se dirige vers le nord au Chatuchak Weekend Market, puis s'enfonce ensuite dans la province de Pathum Thani, dans l'intérieur des terres. La ligne bleue du MRT rejoint également Chatuchak, puis comporte une section aérienne au nord-ouest de la ville, également desservi par la ligne violette. Autrement, les visiteurs se déplacent surtout en taxi.

DAVID BOKUCHAVA/SHUTTERSTOCK ©

Scannez ce QR Code pour connaître les tarifs et les horaires d'ouverture.

INCONTOURNABLE

Marché du week-end de Chatuchak

Parmi les plus grands marchés de la planète et jouissant d'une grande popularité, ce dédale de quelque 15 000 stands et échoppes paraît rassembler tout ce qu'il est possible de vendre. Anarchique au premier abord, il se compose en réalité de différentes sections organisées de manière cohérente. Repérez-vous à la tour de l'horloge.

À NE PAS MANQUER

- Antiquités, artisanat et souvenirs
- Vêtements et accessoires
- Alimentation
- Articles ménagers et décoration
- Animaux domestiques
- Plantes et jardinage
- Massages

Antiquités, artisanat et souvenirs

Si vous cherchez des statues religieuses en bronze, de vieux vinyles ou des objets anciens en tout genre, dirigez-vous vers les sections 1 et 29. Pour des objets artisanaux, rejoignez la section 26. **Baan Sin Thai** vend des masques de *kŏhn* (danse traditionnelle) et des jouets anciens qui font de jolis souvenirs. **Kitcharoen Dountri** est spécialisé dans les instruments de musique thaïlandais. Autres idées de cadeaux sortant de l'ordinaire, les fruits et légumes thaïlandais en plastique plus vrais que nature de **Marché** et leurs équivalents miniatures chez **Papachu**.

La section 7 ressemble à un musée en plein air. Nous avons beaucoup aimé **Pariwat Anantachina** pour ses peintures représentant Bangkok. Plusieurs boutiques de la section 10 vendent des laques birmans neufs et anciens. **Meng** renferme un bric-à-brac poussiéreux mais original d'antiquités de Thaïlande et du Myanmar.

Vêtements et accessoires

L'habillement représente le gros du marché. Les sections 2 à 6 proposent des vêtements neufs ou d'occasion pour se créer un look alternatif (punk, cow-boy...), tandis que le Soi 7 est axé sur les modes hip-hop et skateurs. Direction les sections 2 et 3 pour des marques indépendantes un peu plus chics, et les sections 16 à 18 pour des tailles plus adaptées aux Occidentaux. Pour les accessoires, essayez **Orange Karen Silver** (section 25), spécialisé dans les gros bijoux en argent et les pierres semi-précieuses non taillées.

Alimentation et boissons

De multiples stands de nourriture se tiennent à côté de l'entrée 1 et entre les sections 6 et 8. Parmi les institutions, **Foontalop** prépare des plats de l'Isan, **Ice Cube by Café Ice** fait fusionner traditions thaïlandaise et occidentale (bons *pàt tai* et milk-shakes aux fruits), **Toh-Plue** décline tous les classiques locaux et **Saman Islam** est un établissement musulman thaïlandais où déguster du poulet *biryani*. Au **Viva 8**, le chef mitonne d'énormes paellas tandis qu'un DJ assure l'ambiance sonore. À l'approche du soir, prenez une bière au **Viva's**, un café-bar avec de la musique live.

Articles ménagers, d'hygiène et de décoration

Les sections 15, 19 et 20 regroupent les stands d'articles ménagers - des seaux en plastique bon marché aux onéreux woks en cuivre. On y trouve des céramiques thaïlandaises à un prix intéressant, allant des céladons aux bols ornés de coqs typiques de Lampang. Pour relever votre cuisine, venez chez **Boom**, réputé pour ses épices et herbes aromatiques destinées à la consommation et à la décoration. **D-narn** propose savons, lotions, sels et produits de gommage artisanaux et **AnyaDharu** des parfums et huiles essentielles.

Massages

Après une journée de shopping, rien ne vaut un massage des pieds. S'il y a des salons partout dans le marché - leurs rabatteurs sauront vous trouver -, nous avons une préférence pour **Feel Good Massage** (section 23).

Animaux domestiques

Les sections 8 à 13 abritent les animaleries, dont le choix va des chiens ou chats, aux lézards, coqs de combat, mangoustes et ratons-laveurs, tous tristement enfermés dans des cages. La section 13 propose des vêtements pour animaux de compagnie.

Plantes et jardinage

Les sections 2 à 4 renferment une grande variété de plantes en pot, fleurs, herbes et fruits, ainsi que le matériel nécessaire à leur entretien. Nombre de ces boutiques sont aussi ouvertes les mercredis et jeudis.

NE CRAQUEZ PAS

La "rage de Chatuchak" est un phénomène courant provoqué par la foule, la chaleur étouffante et la faim. Dans l'ambiance de cohue du marché, beaucoup craquent. Pour éviter d'en arriver là, hydratez-vous et alimentez-vous régulièrement. Le parc Chatuchak voisin est aussi un refuge bienvenu à la frénésie du marché.

À SAVOIR

- Chatuchak est parfois appelé "Jatujak" ou "JJ".
- Le marché est desservi par la station du Skytrain Mo Chit et les stations du MRT Kamphaeng Phet et Chatuchak Park.
- Quelques boutiques ouvrent en semaine, mais le marché débute vraiment à partir du vendredi soir.
- Prévoyez une journée entière sur place et arrivez tôt pour éviter la chaleur.
- Des plans et des toilettes sont disséminés dans le marché.
- La marché et ses alentours proposent de nombreux lieux de restauration.
- Un centre d'information (parfois sans personnel) et des DAB sont situés à l'extrémité nord de Soi 1, Soi 2 et Soi 3.

Environs de Bangkok

EXCURSIONS D'UNE JOURNÉE OU PLUS

Pour les infos pratiques, voir le Carnet d'adresses *p. 113*

À SAVOIR

Vous n'êtes pas obligé de vous limiter à des excursions à la journée. Il existe de nombreux choix d'hébergements dans les zones les plus fréquentées, comme à Bang Kachao et Amphawa. Profitez-en pour séjourner sur place après votre visite. Réservez en avance pour un séjour en weekend.

Bangkok est au centre de plusieurs zones administratives : la métropole elle-même a le statut de province et relève de la Bangkok Metropolitan Administration (BMA). Ajoutez à la BMA les provinces limitrophes de Nonthaburi, Pathum Thani et Samut Prakan et vous obtenez le Grand Bangkok ou Great Bangkok Area (GBA). Avec en plus les provinces de Nakhon Pathom et Samut Sakhon, cela donne la région métropolitaine de Bangkok (Bangkok Metropolitan Region). Elle compte 11 millions d'habitants, soit environ 15% de la population du pays. Prenez 7 autres provinces environnantes et voilà la métropole étendue ! La GBA est la portion la plus urbanisée, mais d'autres zones ont conservé un aspect rural qui en fait des destinations de choix pour échapper à la ville.

Bang Kachao, l'île artificielle de Samut Prakan, possède un excellent marché, un jardin botanique ainsi qu'un parc. C'est l'endroit rêvé pour une balade à vélo, et une des sorties en plein air les plus faciles pour échapper au tumulte de la ville.

Également accessibles lors d'une excursion à la journée, les marchés flottants des provinces de Nakhon Pathom, Ratchaburi et Samut Songkhram attirent également des touristes thaïlandais comme étrangers, surtout le weekend. Pour éviter la foule, venez en semaine.

LES COMPTOIRS DE RESTAURATION DE SUKHUMVIT

W Market
Aire de restauration en plein air avec quelques bars où manger thaïlandais, indien, japonais, italien et mexicain. $$

TheCommons
Un élégant complexe à ciel ouvert fréquenté par les résidents fortunés de Thong Lor. $$

Quartier Foodhall
Ce *food court* du très chic EmQuartier réunit cuisines thaïlandaise, occidentale et chinoise, certaines à prix correct. $$

Pier 21
Comptoir de restauration au 5e étage du Terminal 21, avec des stands moins chers que dans les autres malls de Sukhumvit. $

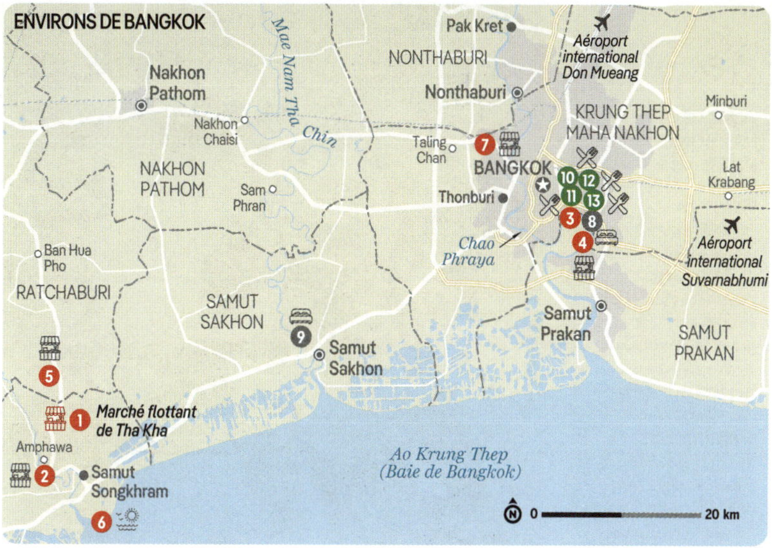

VOIR
1 Marché flottant de Tha Kha

À VOIR
2 Marché flottant de Amphawa
3 Bang Kachao
4 Marché de Bang Nam Pheung
5 Marché flottant de Damnoen Saduak
6 Don Hoi Lot
King Buddhalertla (Phuttha Loet La) Naphalai Memorial Park **voir** 2
Si Nakhon Kheun Khan Park **voir** 3
7 Marché flottant de Taling Chan
Wat Amphawan Chetiyaram **voir** 2
Wat Bang Nam Pheung Nok **voir** 4

SE LOGER
8 Bangkok Treehouse
9 House of Passion

SE RESTAURER
10 Pier 21
11 Quartier Foodhall
12 The Commons
13 W Market

Bang Kachao

LE "POUMON VERT DE BANGKOK"

L'île de Bang Kachao a été créée dans une boucle du Chao Phraya dont les deux extrémités ont été reliées par un canal. Bien que ce petit morceau de jungle au sud-est du centre-ville soit entouré par le tumulte de la capitale, ses 16 km² de verdure appartiennent à la province de Samut Prakan.

Dans cette zone essentiellement humide, un dédale de canaux délimite de petites plantations de cocotiers, palmiers à sucre, bananiers et aréquiers ombrageant des maisons sur pilotis. Des passerelles en bois ou en béton accessibles aux deux-roues les enjambent, rejoignant des pistes goudronnées qui s'enfoncent dans la végétation.

Le vélo est idéal pour explorer les lieux. Gare toutefois aux varans qui se baladent dans les parages. Le week-end, les Thaïlandais se pressent autour des stands de restauration du **marché de Bang Nam Pheung** au bord de l'eau et le **Wat Bang Nam Pheung Nok**, un temple bouddhique vieux de 250 ans, mérite le coup d'œil.

PARC DE SI NAKHON KHEUN KHAN

Proche de l'embarcadère principal, au nord de Bang Kachao, ce jardin botanique se compose d'un grand lac entouré de jardins paysagers. Sa végétation abondante fournit une ombre bienvenue pour des promenades à pied ou à vélo. Lieu privilégié pour les oiseaux migrateurs, il attire aussi les ornithologues. Une tour permet d'observer les oiseaux (venez tôt le matin). Le parc est ouvert tous les jours de 5h à 19h.

DREAMLOVEYOU/SHUTTERSTOCK ©

Depuis Bangkok, des bateaux et ferrys (6-10 B ; 5h-21h) rejoignent les embarcadères au nord, à l'ouest et à l'est de l'île. On peut louer des vélos à partir de 50 B partout sur l'île.

Marchés flottants

ACHATS AU FIL DE L'EAU

Les *đà·làht nám* – les marchés flottants –, avec leurs barques en bois chargées de fruits exotiques, ont incarné des décennies durant l'image officielle du tourisme en Thaïlande. Pourtant, avec l'apparition des routes, il y a bien longtemps que les Thaïlandais ont pris l'habitude de faire leurs emplettes sur la terre ferme, sans compter que certains de ces marchés se tiennent davantage *au bord* que *sur* l'eau. Ils n'en demeurent pas moins une attraction particulièrement photogénique.

Au **marché flottant de Tha Kha**, sans doute le plus authentique, des marchands se réunissent le long d'un canal bordé de cocotiers et de vieilles maisons en bois. Également dans la province de Samut Songkhram, le **marché flottant d'Amphawa** qui a lieu le week-end aux abords du Wat Amphawan Chetiyaram, attire les foules. Si vous êtes de passage à Amphawa, prenez un bateau pour effectuer la traversée de 45 min vers , dont les berges sont couvertes de coquillages fossilisés. À la nuit tombée, les bateaux emmènent également les touristes observer les *hìng hôy* (lucioles) qui virevoltent dans les arbres, un spectacle féerique.

CIRCUIT DES CANAUX DE THONBURI

Pour plonger dans l'ambiance d'un marché flottant sans quitter Bangkok, prenez part au **circuit des canaux** (p. 65) du quartier de Thonburi. Le week-end, la plupart des formules incluent une halte au **marché de Taling Chan**, à la lisière de la ville.

Marché flottant deTha Kha Floating

Dans la province de Ratchaburi, le **marché flottant de Damnoen Saduak**, vieux d'un siècle, était jadis un fleuron touristique. On prétend souvent qu'il a servi de décor à *L'Homme au pistolet d'or* (1974), mais cet opus de James Bond a en réalité été tourné à Bangkok, sur un canal de Thonburi. Il n'accueille plus désormais que des vendeurs de souvenirs.

Installé le week-end à la périphérie nord-ouest de la capitale, le **marché flottant de Taling Chan** se distingue par ses restaurants avec des tables sur des pontons auxquels sont amarrés des bateaux faisant office de cuisines.

LES MEILLEURS CIRCUITS ORGANISÉS DE BANGKOK

ABC Amazing Bangkok Cyclist
Ce prestataire réputé propose des circuits à vélo dans les ruelles de Bangkok et à Bang Kachao.

Asian Trails
Une agence expérimentée avec, au programme, des itinéraires plus ou moins classiques.

Chili Paste Tour & Cooking Class
Cours de cuisine avec visite des marchés de Bangkok et certains marchés flottants.

Grasshopper Active
Visites à vélo des sites phares de Bangkok de jour comme de nuit.

Velo Thailand
Tours des canaux, des sites majeurs et de Bang Kachao à vélo.

COMMENT CIRCULER

Beaucoup de sites autour de Bangkok sont accessibles en bus, en minivan, et même avec le Skytrain (BTS), mais il vaut parfois mieux prendre un taxi à la journée ou louer une voiture si vous avez prévu de faire une excursion à la journée. Vous serez ainsi plus flexibles sur les horaires, et pourrez profiter de plus de temps sur place. Autrement, si vous ne souhaitez pas vous préoccuper des trajets, vous pouvez aussi réserver un circuit auprès d'un opérateur.

Hébergement

$ Bon marché $$ Modéré $$$ Cher

Ko Ratanakosin et Thonburi PLAN P. 57

Royal ThaTien Village $
Une valeur sûre pour les petits budgets, dans deux *shophouses* proches des sites phares.

Arun Residence $$$ Une bâtisse au bord de l'eau dont les chambres confortables ont vue sur le Wat Arun. Réservez.

Chakrabongse Villas $$$ Une ancienne demeure princière aux chambres somptueuses et aux jardins luxuriants donnant sur le fleuve.

Sala Rattanakosin $$$
Des chambres modernes et sobres avec de grandes baies vitrées donnant sur les eaux du Chao Praya.

Banglamphu PLAN P. 67

Here Hostel $
Une adresse sympathique et prisée dans une ruelle non loin de Th Khao San.

Khao San Social Capsule Hostel $ Caissons et dortoirs parfois exigus, mais pourvus de belles salles de bains.

Mad Monkey $
Dortoirs de qualité, mais comme pour les autres adresses de cette chaîne, on y vient plus pour faire la fête que pour dormir.

NapPark Hostel $
Bien située, bien gérée, cette adresse dispose de grands dortoirs, d'espaces communs et d'un jardin au 4e étage. Que demander de plus ?

Niras Bankoc Hostel $$
Cet établissement au décor rétro compte des dortoirs de 6 lits avec parquet et un agréable café au rez-de-chaussée.

Bangkok Saran Poshtel $$ Au calme, et proposant des chambres modernes et confortables à prix raisonnable, l'adresse affiche rapidement complet.

Chern $$ Jolies chambres au style minimaliste bien équipées dans deux bâtiments blancs. Piscine correcte.

Chillax Resort $$
Un immense hôtel bien placé. Chambres spacieuses un brin kitsch avec, pour certaines, vue sur le lit depuis la baignoire.

Nanda Heritage Hotel $$
Un établissement moderne, pourvu de chambres vastes et confortables organisées autour d'une cour.

Riva Surya $$$
Grandes chambres avec vue sur le fleuve et bar-restaurant au bord d'une belle piscine.

Chinatown PLAN P. 71

Hostel Urby $
Une nouvelle adresse bien tenue, avec des dortoirs confortables et une terrasse donnant sur le fleuve.

Norn Yaowarat $
Les grands dortoirs aux lits douillets de cet établissement au centre de Chinatown ont la faveur des groupes.

Luk Hostel $
Une option conviviale dont le bar sur le toit compense les dortoirs quelconques.

Ago Hotel $$
Des chambres modernes et fonctionnelles sans place perdue dans un hôtel orné de quelques touches chinoises.

Shanghai Mansion $$
Le style fumerie d'opium des années 1920 est un peu trop appuyé, mais on est en plein cœur de Chinatown.

Loy La Long $$$
Un boutique-hôtel aux chambres toutes différentes, dans une maison en teck sur pilotis au-dessus de l'eau.

Riverside, Silom et Lumphini PLAN P. 76

Warm Window $
Dortoirs spacieux, chambres d'un bon rapport qualité/prix, café au rez-de-chaussée et toit-terrasse.

Silom Space Hostel $
Emplacement de choix, espaces communs agréables et dortoirs de taille correcte. Un bémol : les matelas sont un peu durs.

S1 Hostel $
Une adresse pratique et bien tenue, dans un endroit calme proche du MRT.

Everyday Hostel $
Cet établissement convivial propose de grands dortoirs, un café plaisant et un personnel qui fait l'unanimité.

Luxx $$
Chambres contemporaines au décor épuré et superbe piscine, à deux pas du parc Lumphini.

Amber Boutique $$
Bon rapport qualité-prix pour ses chambres élégantes avec des touches d'inspiration marocaine.

Siam Heritage $$
Un boutique-hôtel apprécié pour ses chambres de style traditionnel, son jardin et sa piscine sur le toit.

Peninsula $$$
L'hôtel des superlatifs, dans un gratte-ciel de 150 m : meilleur emplacement au bord du

fleuve, plus beau spa et service irréprochable.

Mandarin Oriental $$$
Célèbre palace où descendent les personnalités.

Banyan Tree $$$
Son bar sur le toit est l'un des plus fréquentés de la ville. Excellent spa.

Siam Square, Pratunam, Phloen Chit et Ratchathewi
PLAN P. 83

Lub d $
Une adresse chic et prisée, avec des parties communes attrayantes et une foule d'activités proposées.

Siam Stadium Hostel $
Literie confortable, cuisine, espace commun et café au rez-de-chaussée, à défaut d'ambiance festive.

Bizotel $ Ce grand hôtel moderne aux chambres confortables bien qu'impersonnelles a la faveur des touristes en groupe.

Cacha Art Hotel $$
Les chambres de cet établissement original et charmant arborent des peintures murales colorées. Les moins chères sont aveugles.

K Maison $$ Un boutique-hôtel luxueux et calme, niché dans une petite rue.

Siam@Siam Design Hotel $$ Chambres chic dotées d'une belle vue, bar sur le toit-terrasse et piscine au 11e étage.

Hotel Indigo $$$
Une adresse de charme à la fois moderne et rétro avec de grandes chambres et un personnel accueillant.

Thanon Sukhumvit
PLAN P. 88

Sleepbox Sukhumvit 22 $
L'une des rares adresses du quartier pour les petits budgets. L'établissement comporte de spacieux dortoirs de 4 lits.

Tints of Blue $$ Dans un coin retiré, ce joli boutique-hôtel propose des chambres équipées d'une kitchenette.

Mövenpick $$ Des chambres d'un excellent rapport qualité/prix dans un hôtel de catégorie moyenne aux équipements dignes d'un quatre-étoiles.

Marriot Marquis $$$
Ce quatre-étoiles pourvu de restaurants et d'un bar sur le toit propose des tarifs intéressants lorsqu'on réserve à l'avance.

Mandarin Oriental

THANAN KONGDOUNG/SHUTTERSTOCK ©

AriyasomVilla $$$
Une belle villa des années 1940, décorée de meubles et d'objets anciens, derrière un mur de végétation tropicale. Excellent spa sur place.

Nord de Bangkok
PLAN P. 92

Siamaze Hostel $
Dortoirs corrects avec balcon et chambres confortables, pas très loin de la station du MRT Sutthisan.

Be My Guest 36 $
Une pension bien tenue et bon marché dans un quartier résidentiel. Le bémol : éloigné des transports en commun.

Yard Hostel $
Un peu éloignée de Siam Square, mais offre en contrepartie un grand jardin particulièrement plaisant.

Capital Mansion $$
Un hôtel proche d'une station du Skytrain et du marché de Chatuchak. Chambres spacieuses et belle piscine.

Sleep Box $$
Chambres compactes au Don Mueang International Airport. Propose également des chambres courte-durée (3 heures) avec douche.

Novotel Suvarnabhumi Airport Hotel $$$ Hôtel aménagé dans l'enceinte du Suvarnabhumi Airport, chambres confortables, idéal pour un décollage aux aurores.

Environs de Bangkok
PLAN P. 97

Bangkok Tree House $$
Une pension écologique avec un charmant café, dans la partie est de Bang Kachao.

House of Passion $$
Petites chambres pleines de charme, près du marché flottant d'Amphawa.

Carnet d'adresses

KO RATANAKOSIN ET THONBURI

Grand Palais
Voir p. 60 (www.royalgrandpalace.th ; Th Na Phra Lan ; billet 500 B, inclut accès Wat Phra Kaew et Queen Sirikit Museum of Textile ; 8h30-15h30 ; Chang Pier, Maharaj Pier)

Lak Meuang
Voir p. 58 (sanctuaire du pilier de la ville ; angle Th Sanam Chai et Th Lak Meuang ; 6h30-18h ; Chang Pier, Maharaj Pier)

Marché aux amulettes
Voir p. 65 (Th Maha Rat ; 7h-17h ; Chang Pier, Maharaj Pier)

Musée du Siam
Voir p. 64 (www.museumsiam.org ; 4 Th Sanam Chai ; tarif plein/réduit 100/50 B, gratuit + 60 ans ; 10h-18h mar-dim ; Tien Pier)

Musée médico-légal de Siriraj
Voir p. 57 (si.mahidol.ac.th/sirirajmuseum ; 2e ét., Adulyadejvikrom Bldg, Siriraj Hospital ; 200 B ; 10h-17h mer-lun ; Wang Lang/Siriraj Pier, Thonburi Railway Station Pier)

Musée national
Voir p. 57 (www.virtualmuseum.finearts.go.th/bangkoknationalmuseums/index.php ; 4 Th Na Phra That ; 200 B ; 8h30-16h mer-dim ; Chang Pier, Maharaj Pier)

Musée national des Barges royales
Voir p. 57 (Khlong Bangkok Noi ou 80/1 Th Arun Amarin ; 100 B, app photo 100 B ; 9h-17h ; Phra Pin Klao Bridge Pier)

Sanam Luang
Voir p. 58 (entre Th Na Phra That, Th Ratchadamnoen Nai et Th Na Phra Lan ; lever-coucher du soleil ; Chang Pier, Maharaj Pier)

Université de Silpakorn
Voir p. 58 (Université des Beaux-Arts de Thaïlande ; www.su.ac.th ; 31 Th Na Phra Lan ; Chang Pier, Maharaj Pier)

Université de Thammasat
Voir p. 58 (tu.ac.th ; 2 Th Phra Chan ; Chang Pier, Maharaj Pier)

Wat Arun
Voir p. 59 (facebook.com/watarunofficial ; en retrait de Th Arun Amarin ; 100 B ; 8h-16h ; depuis Tien Pier, Chao Phraya)

Wat Mahathat
Voir p. 58 (3 Th Maha Rat ; 9h-17h ; Maharaj Pier)

Wat Pho
Voir p. 56 (Wat Phra Chetuphon ; watpho.com ; 2 Th Sanam Chai ; 200 B ; 8h-18h30 ; Tien Pier, M Sanam Chai)

Wat Phra Kaew
Voir p. 60 (www.royalgrandpalace.th ; Th Na Phra Lan ; billet 500 B, inclut accès Grand Palais et Queen Sirikit Museum of Textile ; 8h30-15h30 ; Chang Pier, Maharaj Pier)

Wat Pho Thai Traditional Massage School
Voir p. 59 (02 622 3551 ; www.watpomassage.com ; 392/32-33 Soi Phen Phat ; cours à partir de 3 500 B, massage à partir de 320 B/30 min et 480 B/heure ; cours 9h-16h, massages 9h-20h ; Tien Pier, M Sanam Chai)

Arun Residence
Voir p. 100 (02 221 9158 ; www.arunresidence.com ; 36-38 Soi Pratu Nokyung, Ko Ratanakosin ; Tien Pier)

Chakrabongse Villas
Voir p. 100 (02 222 1290 ; chakrabongsevillas.com ; 396 Maha Rat ; Tien Pier)

Royal Tha Tien Village
Voir p. 100 (095 151 5545 ; 392/29-30 Maha Rat ; Tien Pier)

Sala Rattanakosin
Voir p. 100 (02 622 1388 ; www.salahospitality.com/rattanakosin ; 39 Maha Rat ; Tien Pier)

Savoey
Voir p. 59 (02 055 6258, 086 341 8472 ; www.savoey.co.th/tha-maharaj/ ; 1er ét., Maharaj Pier, Th Maha Rat, Ko Ratanakosin ; 10h-22h lun-jeu, 10h-minuit ven-dim ; Maharaj Pier)

Tonkin Annam
Voir p. 59 (093 469 2969 ; facebook.com/tonkinannam ; 69 Soi Tha Tien ; 11h-15h30 et 17h30-21h mer-lun ; Tien Pier

342 Bar
Voir p. 64 (82 342 7778 ; www.facebook.com/342Bar/ ; 342 Soi Wat Rakhang (Arunamarin 18), Prannok Road Siriraj ; 16h-minuit ; Prannok)

Amorosa
Voir p. 64 (02 221 9158, 02 221 9159 ; www.arunresidence.com ; 36-38 Soi Pratu Nokyung, hôtel Arun Residence, Ko Ratanakosin ; 17h-22h lun-jeu, 17h-23h ven-dim ; Tien Pier)

Nuss Bar
Voir p. 64 (@nussbarbkk ; 336 Tha Suphan Alley, Phra Borom

Maha Ratchawang, Phra Nakhon ; 17h-minuit ; Tien Pier)

Rooftop
Voir p. 59 (02 622 1388 ; www.salaresorts.com/rattanakosin ; Soi Tha Tian, 5e ét., Sala Rattanakosin ; 16h-22h30 ; Tien Pier)

ViVi the Coffee Place
Voir p. 64 (02 226 4672 ; www.facebook.com/vivithecoffeeplace ;394/29 Maha Rat Rd Khwaeng Phra Borom Maha Ratchawang ; 10h-20h ; Tien Pier)

Sala Chalermkrung Royal Theatre
Voir p. 85 (02 224 4499 ; www.salachalermkrung.com ; 66 Th Charoen Krung ; Memorial Bridge Pier, M Hua Lamphong sortie 1)

Thailand Cultural Centre
Voir p. 85 (02 247 0028 ; www.tccbooking.net ; 14 Th Thiam Ruam Mit ; M Thailand Cultural Centre)

Marché de Wang Lang
Voir p. 59 et 65 (Trok Wang Lang, Thonburi ; 9h-18h ; Wang Lang/Siriraj Pier)

BANGLAMPHU

Thanon Khao San
Voir p. 68 (quartier ; Phra Athit/Banglamphu Pier)

Wat Saket et Mont d'Or
Voir p. 66-67 (Wat Saket ; Mont d'Or ; Phu Khao Thong, près de Th Boriphat ; accès sommet Mont d'Or 100 B ; 7h-19h ; klorng-taxi Phanfa Leelard Pier)

Jaroenthong Muay Thai Gym
Voir p. 69 (02 629 2313 ; www.jaroenthongmuaythaikhaosan.com ; 98/3-10 Th Phra Athit ; cours de boxe thaïlandaise à partir de 500 B ; sans rdv 10h-12h et 14h-21h ; Phra Athit/Banglamphu Pier)

STOCKBYM/STOCKADOBE.COM ©

Grand Palais (p. 60)

Bangkok Saran Poshtel
Voir p. 100 (02 628 5559 ; bangkoksaran.com ; 11/1 Soi 3, Th Samsen ; Rama VIII Bridge)

Chern
Voir p. 100 (02 621 1133 ; www.chernbangkok.com ; 17 Soi Ratchasak ; klorng-taxi jusqu'à Phanfa Leelard Pier, M Sam Yot)

Chillax Resort
Voir p. 100 (02 629 4400 ; www.chillaxresort.com ; 272 Soi 2, Th Samsen ; Phra Athit/Banglamphu Pier)

Here Hostel
Voir p. 100 (090 987 7438 ; www.herehostel.com ; 196/3-14 Th Ratchadamnoen Klang ; klorng-taxi jusqu'à Phanfa Leelard Pier)

Khao San Social Capsule Hostel
Voir p. 100 (091 027 8783 ; www.khaosansocial.com ; 147 Th Tani ; Phra Athit/Banglamphu Pier)

Mad Monkey
Voir p. 100 (www.madmonkeyhostels.com/bangkok ; 55 Th Phra Sumen ; Phra Athit/Banglamphu Pier)

Nanda Heritage Hotel
Voir p. 100 (02 282 2900 ; nandaheritage.com ; 632 Th Wisut Kasat ; klorng-taxi jusqu'à Phanfa Leelard Pier)

NapPark Hostel
Voir p. 100 (02 282 2324 ; www.nappark.com ; 5 Th Tani ; Phra Athit/Banglamphu Pier)

Niras Bankoc Hostel
Voir p. 100 (02 221 4442 ; facebook.com/nirasbankocculturalhostel ; 204-206 Th Mahachai ; klorng-taxi jusqu'à Phanfa Leelard Pier)

Riva Surya
Voir p. 100 (02 633 5000 ; www.rivasuryabangkok.com ; 23 Th Phra Athit ; Phra Athit/Banglamphu Pier)

Jay Fai
Voir p. 68 (Raan Jay Fai ; 02 223 9384 ; instagram.com/jayfaibangkok ; 327 Th Mahachai, Phra Nakhon ; 9h-19h30 mer-sam ; klorng-taxi jusqu'à Phanfa Leelard Pier)

Krua Apsorn
Voir p. 68 (080 550 0310 ; www.kruaapsorn.com ; Th

Din So ; 10h30-19h30 lun-sam ; klorng-taxi jusqu'à Phanfa Leelard Pier)

Mango
Voir p. 68 (093 445 1515, 61 412 6325 ; facebook.com/MANGO-Vegetarian-Vegan-Restaurant-and-Art-Gallery ; 13 Th Tanao, Phra Nakhon ; 11h-21h tlj sauf mer ; Phra Athit/Banglamphu Pier)

Thip Samai
Voir p. 68 (02 226 6666 ; thipsamai.com ; 313-315 Th Mahachai ; 9h-minuit mer-lun ; klorng-taxi jusqu'à Phanfa Leelard Pier)

Afterlife
Voir p. 67 (93 316 6396 ; www.facebook.com/afterlife.bkk/ ; 71/1 Soi Damneonklannua, Bawornniwet Sub-District ; 19h-2h mar-dim ; Phra Athit/Banglamphu Pier)

Double Dogs Tearoom
Voir p. 70 (086 329 3075 ; facebook.com/DoubleDogsTeaRoom ; 406 Th Yaowarat, Chinatown ; 10h-18h jeu-lun ; Ratchawong, M Sam Yot et Hua Lamphong)

Gecko Bar
Voir p. 66 (02 282 2031 ; angle Soi Chana Songkhram et Soi Ram Buttri ; 6h-minuit ; Phra Athit/Banglamphu Pier)

Happy Bar
Voir p. 66 (facebook.com/Happybarkhaosan ; 4 Th Khao San/90, 12 Soi Rambuttri ; 16h-2h ; Phra Athit/Banglamphu Pier).

Hippie de Bar
Voir p. 66 (081 820 2762 ; facebook.com/Hippiedebar46 ; 46 Th Khao San ; 17h-2h ; Phra Athit/Banglamphu Pier)

Mitramit
Voir p. 70 (salon de thé et boutique ; 02 126 6567 ; facebook.com/mitramitteahouse ; 32 Th Phra Sumen ; 14h-21h sam-jeu ; Phra Athit/Banglamphu Pier)

Peace Oriental Teahouse
Voir p. 70 (www.peaceteahouse.com ; 3 adresses : 87 Th Lang Suan ; 8h30-22h ; M Si Lom ou Lumphini ; 8 Rang Nam Alley ; 10h30-19h30 ; BTS Victory Monument ; 47 Soi Sukhumvit 49/1 ; 8h30-22h ; BTS Phrom Phong)

Sheepshank Public House
Voir p. 66 (02 629 5165 ; www.sheepshankpublichouse.com ; 47 Th Phra Athit ; 17h-1h lun, 11h-1h mar-dim ; Phra Athit/Banglamphu Pier)

Zhennan Tea House
Voir p. 70 (89 899 9424 ; www.facebook.com/Zhennan.th/ ; 392 Charoen Krung Road, Samphanthawong ; 10h-18h mar-jeu, 10h30-18h ven-dim ; Ratchawong Pier, M Hua Lamphong sortie 1 et taxi)

Rajadamnern Stadium
Voir p. 69 (086 358 8882 ; rajadamnern.com ; 8 Th Ratchadamnoen Nok ; matchs tlj à partir de 17h ; Thewet Pier, BTS Phaya Thai, sortie 3 et taxi)

Marché de Khao San
Voir p. 68 (161-163 Th Khao San ; 15h-2h ; Phra Athit/Banglamphu Pier)

CHINATOWN

Wat Mangkon Kamalawat
Voir p. 73 (angle Th Charoen Krung et Th Mangkon ; gratuit ; 8h-16h ; Ratchawong Pier, M Hua Lamphong sortie 1 et taxi)

Ago Hotel
Voir p. 100 (02 002 0802 ; agohotelchinatown.com ; 177/20-25, Soi Choduek, Charoen Krung 29 ; Marine Department Pier, M Hua Lamphong)

Hostel Urby
Voir p. 100 (095 596 2384 ; facebook.com/hostelurby ; 1222, 1 Th Songwat ; Ratchawong Pier, M Wat Mangkon)

Loy La Long
Voir p. 100 (02 639 1390 ; www.loylalong.com ; 1620/2 Th Songwat, Wat Pathum Khongka Ratchaworawihan ; Ratchawong Pier, M Hua Lamphong sortie 1 et Wat Mangkon)

Luk Hostel
Voir p. 100 (092 280 3385 ; hotels.cloudbeds.com ; 382-

Wat Arun (p. 59)

386 1 Th Vanich ; Ratchawong Pier, M Wat Mangkon)

Norn Yaowarat
Voir p. 100 (02 013 4488, 02 043 8866 ; www.nornyaowarathotel.com ; 6-8, 10, 12 Th Padungdao ; Ratchawong Pier, M Wat Mangkon)

Shanghai Mansion
Voir p. 100 (02 221 2121 ; www.shanghaimansion.com ; 479-481 Th Yaowarat ; Ratchawong Pier, M Wat Mangkon)

Boo·a Loy Nám Kĭng
Voir p. 73 (angle Th Yaowarat et Th Yaowaphanit ; 17h-21h ; Ratchawong Pier, M Hua Lamphong sortie 1)

Hua Seng Hong
Voir p. 72 (02 222 7053 ; huasenghong.co.th ; 371-373 Th Yaowarat ; 8h30-minuit ; Ratchawong Pier, M Hua Lamphong sortie 1)

Jék Pûi
Voir p. 73 (02 222 5229 ; Th Mangkon ; 14h-19h30 ; Ratchawong Pier, M Hua Lamphong sortie 1)

Khun Ya Cuisine
Voir p. 72 (02 222 0912 ; près de Th Mittaphap Thai-China, Wat Traimit ; 6h-13h30 lun-ven ; Ratchawong Pier, M Hua Lamphong sortie 1)

Mangkorn Khăo
Voir p. 73 (097 236 1368 ; angle Th Yaowarat et Th Yaowaphanit ; 18h-minuit mar-dim ; Ratchawong Pier, M Hua Lamphong sortie 1)

Nai Mong Hoi Thod
Voir p. 73 (089 773 3133 ; facebook.com/hoithod539 ; 539 Th Phlap Phla Chai ; 10h-19h mer-dim ; Ratchawong Pier, M Hua Lamphong sortie 1)

Nay Lék Ûan
Voir p. 73 (02 224 3450 ; Soi Yaowarat 11 ; 17h-0h30 mar-dim ; Ratchawong Pier, M Hua Lamphong sortie 1)

Pat Tai Ratchawong
Voir p. 73 (081 253 5961 ; 136 Th Ratchawong ; 18h30-22h mar-dim ; Ratchawong Pier, M Hua Lamphong sortie 1 et taxi)

Potong
Voir p. 72 (082 979 3950 ; www.restaurantpotong.com ; 422/1 Th Wanich ; 16h30-23h jeu-lun ; Ratchawong Pier, M Hua Lamphong sortie 1)

Stands (Wat Mangkon Kamalawat)
Voir p. 85 (Th Charoen Krung et Th Mangkon ; Ratchawong Pier, M Hua Lamphong sortie 1 et taxi)

Ba Hao
Voir p. 74 (062 464 5468 ; facebook.com/8bahao ; 8 Soi Nana ; 17h-minuit mar-jeu et dim, 17h-1h ven-sam ; M Hua Lamphong sortie 1)

Opium Bar
Voir p. 74 (082 979 3950 ; www.opiumbarbangkok.com ; 422 Th Vanich ; 17h-minuit jeu-lun ; M Wat Mangkon)

Teens of Thailand
Voir p. 74 (TOT ; 097 003 1173 ; facebook.com/teensofthailand ; 76 Soi Nana ; 18h-minuit mar-dim ; M Hua Lamphong sortie 1)

Tropic City
Voir p. 74 (097 242 2890 ; www.tropiccitybkk.com ; Soi 28, Th Charoen Krung ; 19h-1h ; Si Phraya/River City Pier)

Brown Sugar
Voir p. 74 (063 794 9895 ; facebook.com/brownsugarbangkok ; 469 Th Phra Sumen ; 17h-1h ; klorng-taxi Phanfa Leelard Pier).

Foojohn Jazz Club
Voir p. 74 (098 664 9826 ; facebook.com/foojohnjazzclub ; 831 Charoen Krung Soi 31 ; 18h-minuit, mer-dim ; Marine Department Pier, M Hua Lamphong).

Marché aux fleurs
Voir p. 65 (Pak Khlong Talat ; Th Chakkaraphet ; 24h/24 ; Flower Market Pier)

Sampeng Lane
Voir p. 72 (Soi Wanit 1 ; 8h-18h ; Ratchawong Pier, M Hua Lamphong sortie 1 et taxi)

Talat Mai
Voir p. 72 (Soi Yaowarat 6/Charoen Krung 16 ; 6h-18h ; Ratchawong Pier, M Hua Lamphong sortie 1 et taxi)

Talat Noi
Voir p. 72 (près de Th Charoen Krung ; 7h-19h ; Marine Department Pier)

RIVERSIDE, SILOM ET LUMPHINI

Bangkok CityCity Gallery
Voir p. 77 (083 087 2725 ; bangkokcitycity.com ; 13/3 Soi Attakarn Prasit ; gratuit ; 13h-18h mer-sam ; M Lumphini sortie 2)

Bangkokian Museum
Voir p. 76 (facebook.com/BkkMuseum ; 273 Soi 43, Th Charoen Krung ; gratuit ; 9h-16h mar-dim ; Si Phraya/River City Pier)

Gallery VER
Voir p. 77 (02 120 6098 ; galleryver.com ; 10 Soi 22, Th Naradhiwas Rajanagarindra ; gratuit ; 12h-18h mer-dim ; BTS Chong Nonsi sortie 5 et taxi)

Kathmandu Photo Gallery
Voir p. 77 (02 234 6700 ; www.kathmanduphotobkk.com ; 87 Th Pan ; gratuit ; 11h-18h mar-sam ; BTS Surasak sortie 1/3)

MR Kukrit Pramoj House
Voir p. 61 et 76 (02 286 8185 ; Soi 7, Th Naradhiwas Rajanagarindra ; 10h-17h ; BTS Chong Nonsi sortie 5)

Neilson Hays Library
Voir p. 76 (02 233 1731 ; neilsonhayslibrary.org ; 195 Th Surawong ; visite 100 B ; 9h30-17h mar-dim ; M Samyan, BTS Chong Nonsi)

Number 1 Gallery
Voir p. 76 (083 445 8333, 02 630 2523 ; www.number1gallery.com ; 19 Soi 21, Th Silom ; gratuit ; 10h-19h mar-dim ; BTS Surasak sortie 1)

Parc Benjakitti
Voir p. 78 (Th Ratchadapisek et Th Sukhumvit ; 5h-21h ; M Queen Sirikit National Convention Centre, BTS Asok)

Parc Lumphini
Voir p. 77 (limité par Th Sarasin, Rama IV, Th Witthayu (Wireless Rd) et Th Ratchadamri ; 4h30-21h ; M Silom, Lumphini sortie 3/4, Si Lom sortie 1, BTS Sala Daeng sortie 3, Ratchadamri sortie 2)

Patpong
Voir p. 76 (quartier autour de Th Phat Phong et Soi Phat Phong 2 ; 18h-2h ; M Si Lom sortie 2, BTS Sala Daeng sortie 1)

Queen Saovabha Memorial Institute
Voir p. 76 (02 252 0161 ; saovabha.org ; angle Rama IV et Th Henri Dunant ; 200 B ; 8h30-16h lun-sam ; M Si Lom sortie 2, BTS Sala Daeng sortie 1/3)

Sathorn 11 Art Space
Voir p. 77 (02 004 1199 ; facebook.com/sathorn11artspace ; 404 Sathorn Soi 11 ; 17h-2h ; BTS Saint Louis)

SkyWalk du King Power Mahanakhon
Voir p. 77 (02 677 8721 ; kingpowermahanakhon.co.th/skywalk ; 114 Th Naradhiwas Rajanagarindra ; 78e ét. King Power Mahanakhon ; journée/coucher du soleil 880/1 080 B ; 10h-19h ; BTS Chong Nonsi sortie 3)

Blue Elephant Thai Cooking School
Voir p. 80 (02 673 9353 ; blueelephant.com/cooking-school/cooking-school-bangkok ; 233 Th Sathon Tai/South ; cours de cuisine en français sur demande, à partir de 3 296 B ; cours 8h45-13h ou 13h30-16h lun-sam ; BTS Surasak sortie 2/4)

Chao Phraya Cruise
Voir p. 80 (02 541 5599, 098 562 4419 ; chaophrayacruise.com ; Asiatique the Riverfront Pier 1, Soi 72-76, Th Charoen Krung ; dîner-croisière 2 heures adulte/enfant à partir de 1 500/900 B, gratuit - 5 ans ; départ à 19h15, embarquement à partir de 17h30 ; Sathorn/Central Pier et bateau-navette)

Chao Phraya Princess Cruise
Voir p. 80 (02 860 3700 ; www.chaophrayaprincess.com ; Iconsiam Pier 2 et 4, 299 Th Charoen Nakhon ; dîner-croisière 2 heures adulte/enfant à partir de 1 200/950 B, gratuit - 4 ans ; départ à 19h30, embarquement avant ; Sathorn/Central Pier et bateau-navette)

Cooking with Poo & Friends
Voir p. 81 (080 434 8686 ; www.cookingwithpoo.com ; cours de cuisine 1 800 B ; 8h30-12h30 lun-sam ; BTS Phra Khanong et taxi)

House of Taste Thai Cooking School
Voir p. 81 (093 392 3615 ; www.houseoftastecooking.com ; 147/4 Th Sukhumvit 4, Soi Samahan ; cours de cuisine 1 400 B ; 8h30-21h, cours matin 8h30-12h, après-midi 13h30-16h, soir 17h30-21h ; M Lumphini, BTS Nana sortie 4)

Manohra Cruises
Voir p. 80 (02 476 0022 ; www.manohracruises.com ; 257 Th Charoen Nakhon ; dîner-croisière 2 heures adulte/enfant à partir de 2 900/1 450 B, gratuit - 5 ans ; 17h-22h30, départ à 16h30, 18h30 et 20h ; BTS Pho Nimit et taxi)

Silom Thai Cooking School
Voir p. 80 (084 726 5669 ; www.silomthaicooking.com ; 6/14 Th Decho ; cours de cuisine 1 200 B, paiement en espèces ; 8h-21h, cours matin 9h-12h20, après-midi 13h40-17h, soir 18h-21h ; BTS Chong Nonsi sortie 3)

White Orchid River Cruise
Voir p. 80 (090 960 0300 ; whiteorchidrivercruise.com ; Asiatique the Riverfront Pier 2, Soi 72-76, Th Charoen Krung ; dîner-croisière 2 heures à partir de 699 B ; départ 19h45 ; Sathorn/Central Pier et bateau-navette)

Wonderful Pearl Cruise
Voir p. 80 (02 861 0255 ; www.grandpearlgroup.com ; 123-125 Soi Charoen Nakhon 13, Th Charoen Nakhon ; dîner-croisière 2 heures adulte/enfant à partir de 2 100/1 900 B, gratuit - 3 ans ; départ 19h30, embarquement 19h ; Si Phraya Ferry Pier, M Hua Lamphong)

Amber Boutique
Voir p. 100 (02 635 7272 ; www.amberboutiquesilom.com ; 200 Soi 14, Th Silom ; BTS Chong Nonsi sortie 3)

Banyan Tree
Voir p. 101 (02 679 1200 ; www.banyantree.com/thailand/bangkok ; 21/100 Th Sathon Tai/South ; M Lumphini sortie 2)

Everyday Hostel
Voir p. 100 (02 637 0009 ; www.everydaybangkokhostel.com ; 1-3 Th Sap ; M Samyan)

Mandarin Oriental
Voir p. 101 (02 659 9000 ; www.mandarinoriental.com ; 48 Soi 40/Oriental, Th Charoen Krung ; Oriental Pier)

Peninsula
Voir p. 100 (02 020 2888 ; www.peninsula.com ; 333 Th Charoen Nakhon ; navette fluviale de l'hôtel depuis Sathorn/Central Pier)

S1 Hostel
Voir p. 100 (02 679 7777 ; facebook.com/S1hostelBangkok ; 35/1-4 Soi Ngam Du Phli ; M Lumphini sortie 1)

Siam Heritage
Voir p. 100 (02 353 6166 ; www.thesiamheritage.com ; 115/1 Th Surawong ; M Si Lom sortie 2, Samyan, BTS Sala Daeng sortie 1)

Silom Space Hostel
Voir p. 100 (097 130 5408 ; facebook.com/SilomSpacehostel ; 8 Soi 2, Th Silom ; M Si Lom, BTS Sala Daeng)

Warm Window
Voir p. 100 (02 235 8759 ; www.warmwindowsilom.com ; 50/18-19 Th Pan ; BTS Surasak sortie 1/3)

Daimasu
Voir p. 78 (02 634 1477 ; mercato-group.com/group/daimasu.html ; 9/3 Soi Than Tawan, Silom ; 17h30-1h ; M Si Lom sortie 2, BTS Sala Daeng sortie 1)

French Kiss
Voir p. 78 (02 234 9986 ; facebook.com/French-kiss ; 68 Soi Patpong 2, Th Surawong, Silom ; 17h30-minuit ; M Si Lom ou Samyan, BTS Sala Daeng)

Il Bolognese
Voir p. 78 (081 701 2190, 02 286 8805 ; ilbolognesebangkok.com ; 139/3 Soi 7, Th Naradhiwas Rajanagarindra, Silom ; 11h30-14h30 et 17h-23h ; BTS Chong Nonsi sortie 5)

Kalapapruek
Voir p. 77 (02 236 4335 ; kalpapruekrestaurants.com ; 27 Th Pramuan ; 9h-18h lun-sam, 9h-15h dim ; BTS Surasak sortie 1/3)

Le Du
Voir p. 77 (092 919 9969 ; www.ledubkk.com ; 399/3 Soi 7, Th Silom ; 18h-23h lun-sam ; BTS Chong Nonsi sortie 4)

TAMPATRA/STOCKADOBE.COM ©

Night Market sur Th Yaowarat, Chinatown (p. 72)

Saawaan
Voir p. 77 (02 679 3775 ; www.saawaan.com ; 39/19 Soi Suan Phlu ; 17h30-23h30 ; BTS Chong Nonsi sortie 5)

Supanniga Eating Room
Voir p. 77 (063 662 8850 ; www.supannigaeatingroom.com ; 28 Soi 10, Th Sathon Neua/North ; 11h30-14h30 et 17h30-minuit ; BTS Chong Nonsi sortie 1/5)

Balcony
Voir p. 78 (02 235 5891 ; www.balconypub.com ; Soi 4, Th Silom ; 17h30-2h ; M Si Lom sortie 2, BTS Sala Daeng sortie 1)

Maggie Choo's
Voir p. 79 (063 901 1123 ; facebook.com/maggiechoos, @maggiechoos ; Fenix Silom, 320 Th Silom, sous-sol, Novotel Bangkok ; 19h30-2h mar-dim ; Oriental Pier, BTS Surasak sortie 1)

Moon Bar
Voir p. 79 (02 679 1200 ; www.banyantree.com/thailand/bangkok/dining/moon-bar ; 21/100 Th Sathon Tai/South, hôtel Banyan Tree ; 17h-1h ; M Lumphini sortie 2)

Sky Bar
Voir p. 79 (02 624 9555 ; lebua.com/restaurants/sky ; 1055 Th Silom, 63e ét., State Tower ; 17h-minuit ; Sathorn/Central Pier, BTS Saphan Taksin sortie 3)

Smalls
Voir p. 79 (089 666 5429 ; facebook.com/smallsbkk ; 186/3 Suan Phlu Soi 1 ; 18h-2h mer-lun ; BTS Chong Nonsi sortie 5)

Three Sixty Lounge
Voir p. 79 (02 442 2000 ; 123 Th Charoen Nakhorn, Millennium Hilton ; 17h-1h ; Sathorn/Central Pier et navettes fluviales des hôtels)

Vesper
Voir p. 79 (02 235 2777 ; www.vesperbar.co ; 10/15 Th Convent ; 17h30-1h ; M Si Lom sortie 2, BTS Sala Daeng sortie 2)

Wong's Place
Voir p. 79 (081 901 0235 ; facebook.com/Wongs-Place ; 27/3 Soi Si Bamphen ; 22h-7h30 mar-dim ; M Lumphini sortie 1)

Chakran Sauna
Voir p. 78 (02 279 1359 ; vckcoolspace.com ; 32 Soi Ari 4 Th Phaholyothin 7 ; 15h-minuit lun-jeu, 14h-minuit ven-dim ; BTS Ari)

DJ Station
Voir p. 78 (02 266 4029 ; facebook.com/djstationbangkok ; Soi 2, Th Silom ; 20h-2h ; Si Lom sortie 2, BTS Sala Daeng sortie 3)

Lesla Party
Voir p. 78 (facebook.com/LESLAPartyThailand)

The Stranger Bar
Voir p. 78 (House of Drag Queens ; 02 632 9425 ; facebook.com/TheStrangerBar ; 114/14 Soi Silom 4 ; spectacles à partir de 21h30 tous les soirs ; 17h-1h ; Si Lom sortie 2, BTS Sala Daeng sortie 3)

Asiatique the Riverfront
Voir p. 79 (www.asiatiquethailand.com ; Soi 72-76, Th Charoen Krung ; 11h-minuit ; Sathorn/Central Pier et bateau-navette)

Jim Thompson
Voir p. 79 (www.jimthompson.com ; 9 Th Surawong ; 9h-20h ; Si Lom sortie 2, BTS Sala Daeng sortie 3)

MBK Centre
Voir p. 80 (mbk-center.co.th ; 4e et 5e ét. du centre commercial, 444 Th Phaya Thai ; 10h-22h ; BTS National Stadium)

Pantip Plaza
Voir p. 80 (Soi Phetchaburi 13, Th Phaya Thai ; 9h-minuit ; BTS Ratchathewi)

SIAM SQUARE, PRATUNAM, PHLOEN CHIT ET RATCHATHEWI

Baan Khrua
Voir p. 84 (quartier ; klorng-taxi Sapan Hua Chang Pier, BTS National Stadium sortie 1)

Bangkok Art & Culture Centre
Voir p. 83 (bacc.or.th ; angle Th Phayathai et Rama I ; gratuit ; 10h-20h mar-dim ; BTS National Stadium sortie 3)

Maison de Jim Thompson
Voir p. 84 (02 218 7368 ; jimthompsonhouse.org ; 6 Soi Kasem San 2 ; adulte/- 22 ans 200/100 B, gratuit - 10 ans ; tlj 10h-18h ; klorng-taxi Sapan Hua Chang Pier, BTS National Stadium sortie 1)

Musée-palais Suan Pakkad
Voir p. 83 (www.suanpakkad.com ; Th Si Ayuthaya ; 100 B ; 9h-16h ; BTS Phaya Thai sortie 4)

Sanctuaire d'Erawan
Voir p. 83 (angle Th Ratchadamri et Th Phloen Chit ; gratuit ; 6h-22h ; BTS Chit Lom sortie 8, Siam sortie 6)

Sea Life Ocean World
Voir p. 86 (02 687 2000 ; www.visitsealife.com/bangkok ; 991/1 Rama I, sous-sol de Siam Paragon ; tarif plein/réduit 1 390/1 190 B, ou en ligne à partir de 981/801 B, nager avec les requins 6 900 B/pers sur réservation ; tlj 10h-20h ; BTS Siam sorties 3/5)

Siam Square
Voir p. 82 (388 Th Rama I ; 10h-22h ; BTS Siam sorties 2/4)

Absolute You
Voir p. 86 (02 252 4400 ; www.absoluteboutiquefitness.co ; Th Phloen Chit, 4e ét., Amarin Plaza ; cours de yoga à partir de 750 B ; 7h-21h30 lun-ven, 7h-17h30 sam-dim ; BTS Chit Lom sortie 6)

Divana Scentuara Spa
Voir p. 86 (02 261 6784 ; www.divanaspa.com ; 16/15 Soi Somkid, Lumphini ; soin et massage à partir de 1 850 B, forfaits spa à partir de 2 950 B ; 11h-21h30 lun-jeu, 10h-21h30 ven-dim ; Sukhumvit sortie 2, BTS Asok sortie 6)

Harnn Heritage Spa
Voir p. 86 (02 252 5725 ; www.harnn.com ; 4, 4/5 Th Rajdamri, 12e ét., CentralWorld ; soin et massage à partir de 900 B ; 11h-20h ; BTS Chit Lom)

Pilates Studio
Voir p. 86 (02 650 7797 ; www.pilates.co.th ; 888/58-59 Mahatun Plaza, Th Phloen Chit ; cours à partir de 550 B ; 8h-20h lun-sam ; BTS Phloen Chit sortie 2)

Treasure Spa & Salon
Voir p. 86 (095 738 4538, 063 190 2518 ; treasurespa.com ; 388 Th Rama I, 6e ét., Siam Square One ; massage à partir de 1 250 B, forfaits spa et soin à partir de 1 700 B ; 10h-22h ; BTS Siam sortie 4)

***Tuk-tuk* bleu, Bangkok**

YogaSutra Studio
Voir p. 86 (☎ 098 670 6758 ; yogasutrathai.com ; 70/100 North Sathorn Rd, 32e ét., Sathorn Nakorn Tower ; 6h30-20h30 lun-ven, 10h30-15h30 sam-dim ; BTS Chong Nonsi)

Banyan Tree
Voir p. 101 (☎ 02 679 1200 ; www.banyantree.com/spa/banyan-tree-spa-bangkok ; 21e ét., Banyan Tree Hotel, 21/100 Th Sathon Tai/South ; 10h-20h ; M Lumphini sortie 2)

Bizotel
Voir p. 101 (☎ 02 245 2424 ; bizotelbkk.com ; 104/40 Th Rang Nam ; BTS Victory Monument sortie 4)

Cacha Hotel
Voir p. 101 (☎ 02 216 8950 ; www.cachahotel.com ; 156/5-9 Th Phetchaburi ; BTS Ratchathewi sortie 3)

Hotel Indigo
Voir p. 101 (☎ 02 207 4999 ; www.ihg.com ; 81 Th Witthayu/Wireless Rd ; BTS Phloen Chit sortie 5)

K Maison
Voir p. 101 (☎ 02 245 1953 ; www.kmaisonboutique.com ; 116/17-21 Th Rang Nam ; BTS Victory Monument sortie 4)

Lub d
Voir p. 101 (☎ 02 612 4999 ; www.lubd.com/siamsquare ; 925/9 Th Rama I ; BTS National Stadium sortie 1)

Mandarin Oriental
Voir p. 101 (☎ 02 659 9000 ; www.mandarinoriental.com/en/bangkok/chao-phraya-river/spa ; 48 Soi 40/Oriental, Th Charoen Krung, hôtel Mandarin Oriental ; 10h-20h ; Oriental Pier)

Peninsula Spa
Voir p. 101 (☎ 02 020 2888 ; www.peninsula.com/en/bangkok/wellness/luxury-hotel-spa-thailand ; 333 Th Charoen Nakhon, hôtel Peninsula ; 9h-23h ; navette fluviale de l'hôtel depuis Sathorn/Central Pier)

Siam@Siam Design Hotel
Voir p. 101 (☎ 02 217 3000 ; www.siamatsiam.com ; 865 Th Rama I ; BTS National Stadium sortie 1)

Siam Stadium Hostel
Voir p. 101 (☎ 02 04 8 3955 ; 134 Th Rama I ; BTS National Stadium)

Yard Hostel
Voir p. 101 (☎ 065 328 5999 ; www.theyardhostel.com ; 51 Soi 5, Th Phahonyothin ; BTS Ari sortie 1)

Central Embassy
Voir p. 86 (www.centralembassy.com ; Th Phloen Chit ; 10h-22h ; BTS Phloen Chit sortie 5)

Din Tai Fung
Voir p. 82 (dintaifung.com.sg ; plusieurs adresses dont Th Ratchadamri, 3e ét. CentralWorld et Th Phloen Chit, 5e ét. Central Embassy ; 10h30-22h ; BTS Sky Walk via Chit Lom sortie 9/Siam sortie 6 ou BTS Phloen Chit sortie 5)

Doy Kuay
Voir p. 82 (☎ 081 619 1925 ; Soi 18, Th Ratchawithi ; plats à partir de 40 B ; 8h-17h ; BTS Victory Monument sortie 3)

Eatthai
Voir p. 85 (www.centralembassy.com/store/eathai ; Th Phloen Chit, Rdc, Central Embassy ; 10h-22h ; BTS Phloen Chit sortie 5)

Food Factory
Voir p. 85 (www.siamcenter.co.th ; 388 Th Rama I, 2e ét., Siam Square ; 10h-21h ; BTS Siam sorties 2/4)

Food Legends
Voir p. 85 (instagram.com/foodlegendsbymbk ; 444 Th Phaya Thai, 6e ét., MBK Center ; 10h-21h ; BTS National Stadium)

Gourmet Eats
Voir p. 85 (991/1 Th Rama I, RdC, Siam Paragon ; 10h-22h ; BTS Siam sortie 3/5)

La Monita Taqueria
Voir p. 82 (☎ 02 651 5605 ; www.lamonita.com ; 888/25-26 Th Phloen Chit ; 11h-22h lun-ven, 10h-22h sam-dim ; BTS Phloen Chit)

Madam Somtum
Voir p. 82 (☎ 064 862 4552 ; facebook.com/madamsomtum ; 888/14 Th Phloen Chit ; 10h-22h lun-sam ; BTS Phloen Chit)

Platinum Fashion Mall Food Court
Voir p. 85 (222 Th Phetchaburi, 6e ét., Platinum Mall 2 ; 9h-20h ; BTS Siam)

Saxophone Pub & Restaurant
Voir p. 67 (☎ 02 246 5472 ; www.saxophonepub.com ; 3/8 Th Phayathai ; 18h-2h ; BTS Victory Monument sortie 2)

Studio Lam
Voir p. 86 (☎ 02 261 6661 ; facebook.com/studiolambangkok ; 3/1 Soi 51, Th Sukhumvit ; 18h-minuit mar-dim ; BTS Thong Lo sortie 3)

Major Cineplex
Voir p. 85 (www.majorcineplex.com/cinema/paragon-cineplex ; 991/1 Th Rama I, 5e ét., Siam Paragon ; 10h30-minuit ; BTS Siam sortie 3/5)

SF Cinema City
Voir p. 85 (www.sfcinemacity.com ; 318 Th Sukhumvit, 6e ét., Terminal 21 ; 10h30-minuit ; M Sukhumvit, BTS Asok)

Speakerbox
Voir p. 67 (facebook.com/speakerboxbkk ; 1000, 38/40 Thong Lor ; 19h30-2h mer-dim ; Thonglor Pier, BTS Thong Lo et taxi)

The Friese-Greene Club
Voir p. 85 (☎ 087 000 0795 ; www.fgc.in.th, facebook.com/The-Friese-Greene-Club ; 259/6 Th Sukhumvit ; 100 B ; 18h-23h mar-dim ; M Sukhumvit, BTS Phrom Phong, Asok)

CentralWorld
Voir p. 86 (www.centralworld.co.th ; Th Ratchadamri ; 10h-

22h ; BTS Sky Walk via Chit Lom sortie 9/Siam sortie 6)

Marché de Pratunam
Voir p. 85 (Soi Phetchaburi 21, Th Phaya Thai ; 5h-21h ; BTS Phaya Thai)

MBK Center
Voir p. 86 (mbk-center.co.th ; 444 Th Phaya Thai ; 10h-22h ; BTS National Stadium)

Platinum Fashion Mall
Voir p. 85 (facebook.com/ThePlatinumFashionMallBangkok ; 644/3 Th Phetchaburi ; 9h-20h ; klorng-taxi Pratunam Pier, BTS Ratchathewi sortie 4)

Siam Discovery
Voir p. 86 (www.siamdiscovery.co.th ; angle Th Rama I et Th Phayathai ; 10h-22h ; BTS Siam sortie 1)

Siam Paragon
Voir p. 86 (www.siamparagon.co.th ; 991/1 Th Rama I ; 10h-22h ; BTS Siam sortie 3/5)

THANON SUKHUMVIT

Kamthieng House
Voir p. 88 (thesiamsociety.org ; 131 Th Asoke Montri, 21 Th Sukhumvit ; entrée libre ; 9h30-16h30 mar-sam ; M Sukhumvit sortie 1, BTS Asok sortie 3 ou 6)

Nana Plaza
Voir p. 88 (nanaplazabkk.com ; Soi 4, Th Sukhumvit ; 19h-2h ; BTS Nana sortie 2)

Parc Benjakitti
Voir p. 78 (Th Ratchadapisek et Th Sukhumvit ; 5h-21h ; M Queen Sirikit National Convention Centre, BTS Asok)

Soi Cowboy
Voir p. 74 (Soi Cowboy ; 19h-2h ; M Sukhumvit sortie 2, BTS Asok sortie 3)

Subhashok the Arts Centre (SAC Gallery)
Voir p. 77 (SAC Gallery ; 160/3 Soi 39 Th Sukhumvit ; gratuit ; 11h-18h mar-sam ; M Sukhumvit, BTS Phrom Phong sortie 6 et taxi)

Asia Herb Association
Voir p. 88 (02 204 2111, 02 261 7401, 02 254 8631 ; asiaherb.asia ; 3 adresses : 598-600 Th Sukhumvit, 50/6 Sukhumvit Soi 24 et 20 Sukhumvit Soi 4 ; massage thaïlandais à partir de 700 B ; 9h-minuit, 12h-minuit ; BTS Thong Lo sortie 6, 2/4, Nana sortie 2)

Skytrain (BTS)

WILFRIED STRANG/WIRESTOCK CREATORS/STOCKADOBE.COM ©

Bangkok Float Center
Voir p. 89 (098 628 9599 ; www.bangkokfloatcenter.com ; 46/1 Th Sukhumvit, 2e ét., Hope Land Hotel ; spa à partir de 1 400 B ; 8h-20h ; BTS Phra Khanong)

Health Land
Voir p. 89 (02 637 8883 ; www.healthlandspa.com ; 120 Th North Sathorn ; massage à partir de 650 B ; 9h-minuit ; BTS Surasak sortie 1/3)

Oasis Spa
Voir p. 89 (02 262 2122 ; oasisspa.net ; 64 Th Sukhumvit 31 Yaek 4 ; massage et soin à partir de 1 200 B ; 10h-minuit ; M Sukhumvit, BTS Asok, Phrom Phong)

Suvarnaveda Wellness
Voir p. 89 (092 323 5664 ; www.suvarnavedawellness.com ; 43-47 Th Sukhumvit Soi 12, 4e ét., Rama Mansion ; massage et soin à partir de 1 200 B ; 9h-17h lun-sam ; BTS Ekkamai, Phra Khanong)

Yunomori Onsen & Spa
Voir p. 89 (02 259 5778 ; www.yunomorionsen.com ; 120/5 Soi 26 (Soi Ari), Th Sukhumvit ; onsen tarif plein/réduit 550/300 B, massage et soin à partir de 500 B ; 10h-minuit ; BTS Phrom Phong sortie 4 et taxi)

AriyasomVilla
Voir p. 101 (02 254 8880 ; www.ariyasom.com ; 65 Soi 1, Th Sukhumvit ; massage et soin à partir de 800 B ; M Phetchaburi, BTS Phloen Chit sortie 3)

Marriott Marquis
Voir p. 101 (02 059 5555 ; www.marriott.com ; 199 Soi 22, Th Sukhumvit ; M Sukhumvit, BTS Phrom Phong et Asok)

Mövenpick
Voir p. 101 (02 119 3100 ; www.movenpick.com ; 47 Soi 15, Th Sukhumvit ; BTS Nana sortie 3)

COWARD_LION/STOCKADOBE.COM ©

Maison de Jim Thompson (p. 84)

Sleepbox Sukhumvit 22
Voir p. 101 (02 663 3088, 97 213 0222 ; sleepbox22.com ; 404 Soi 3, 22 Th Sukhumvit ; M Queen Sirikit National Convention Centre, BTS Phrom Phong)

Tints of Blue
Voir p. 101 (099 289 7744 ; www.tintsofblue.com ; 47 Sukhumvit Soi 27 ; M Sukhumvit sortie 2, BTS Asok sortie 6)

Al-Khayma Lebanese Food (Bamboo)
Voir p. 87 (02 655 5531 ; facebook.com/alkhayma.restaurant1 ; 5 Sukhumvit Soi 3 ; 24h/24 ; BTS Nana)

Broccoli Revolution
Voir p. 84 (02 662 5001, 095 251 9799 ; www.broccolirevolution.com ; 899 Th Sukhumvit ; 10h-21h ; BTS Thong Lo)

Kaek Kao Kua
Voir p. 84 (096 220 6587 ; linktr.ee/Kaekkaokua, facebook.com/kaekkaokua ; 12 Sukhumvit Soi 27 ; 10h30-18h ven-mer ; M Sukhumvit, BTS Asok)

Klang Soi Restaurant
Voir p. 89 (02 391 4988 ; facebook.com/klangsoirestaurantofficial ; 12/1 Sukhumvit Soi 49/9, Racquet Club ; 10h-14h30 et 17h-20h30 mar-dim ; BTS Phrom Phong sortie 3 et taxi)

Ms Maria & Mr Singh
Voir p. 87 (091 698 6688 ; mariaandsinghbkk.com ; 68/2 Sukhumvit Soi 31, 2e ét., Gaggan Anand Restaurant ; 18h-23h mar-ven, 12h-15h et 18h-23h sam-dim ; M Sukhumvit, BTS Asok, Phrom Phong)

Quartier Foodhall
Voir p. 96 (www.emquartier.co.th ; 693-695 Th Sukhumvit, EmQuartier ; 10h-22h ; BTS Phrom Phong sortie 1)

Saravana Bhavan
Voir p. 84 (02 258 3863 ; hotel-saravana-bhavan.business.site ; 12/3 Sukhumvit Soi 22 ; 11h-23h30 ; BTS Phrom Phong)

Pier 21
Voir p. 96 (www.terminal21.co.th/asok/ ; 5 88 Sukhumvit Rd, Khlong Toei Nuea, Watthana ; 10h-22h ; M Sukhumvit, BTS Asok)

Rung Rueang Pork Noodles
Voir p. 89 (084 527 1640 ; facebook.com/RungRueangtung26 ; 10/3 Sukhumvit Soi 26 ; 8h-17h ; BTS Phrom Phong)

Sri Trat
Voir p. 89 (02 088 0968 ; facebook.com/sritrat ; 90 Sukhumvit Soi 33 ; 11h-22h ; M Sukhumvit, BTS Asok, Phrom Phong sortie 5)

Sorn
Voir p. 89 (099 081 1119 ; sornfinesouthern.com ; 56 Sukhumvit Soi 26 ; 18h-22h dim-ven ; M Queen Sirikit National Convention Centre, BTS Phrom Phong, Thong Lo)

Suananda
Voir p. 78 (02 238 1733 ; www.suananda.com ; 109 Th Pan ; 10h30-21h30 tlj sauf mar ; BTS Surasak sortie 1/3)

Teriyaki Bar Kelly's
Voir p. 87 (02 662 5155 ; facebook.com/teriyakibarkellys ; 46 Sukhumvit Soi 51 ; 17h30-minuit lun-sam ; BTS Thong Lo)

Vistro
Voir p. 84 (065 998 2201 ; facebook.com/vistrobkk ; 46/1 Sukhumvit Soi 24 ; 11h-20h45 ; BTS Phrom Phong)

W Market
Voir p. 96 (086 566 2929 ; facebook.com/WDistrict ; 1599 Th Sukhumvit, Phra Khanong Nuea ; 16h-minuit ; BTS Phra Khanong sortie 3)

Black Cabin Bar
Voir p. 90 (081 599 9365 ; facebook.com/blackcabinbar ; 33/1 Th Rama IV ; 18h-minuit mar-dim ; BTS Phra Khanong)

Cassette Coffee Bar
Voir p. 80 (061 654 6666 ; facebook.com/The-Cassette-Coffee-Bar ; 264/4 Siam Square Soi 3 ; 10h-20h ; BTS Siam)

Gir
Voir p. 89 (082 010 0063 ; www.paperplaneproject.net/gir ; 40 Th Sukhumvit, 40e ét. T-One Building ; 19h-1h30 ; BTS Thong Lo)

Havana Social
Voir p. 86 (02 038 5111 ; havanasocialbkk.com ; 41/3 Th Sukhumvit ; entrée 400 B ; 18h-2h ; BTS Nana)

Ink & Lion
Voir p. 80 (02 002 6874 ; inkandlion.business.site ; 1/7 Soi Ekamai 2, Th Sukhumvit ; 8h-16h lun-ven, 9h-17h sam-dim ; BTS Ekkamai sortie 1/3)

J.Boroski Mixology
Voir p. 89 (02 712 6025 ; facebook.com/jboroskibangkok ; près de Soi 55/Thong Lor, Th Sukhumvit ; 18h30-2h ; BTS Thong Lo sortie 1/3 et taxi)

Lost in Thaislation
Voir p. 89 (063 424 4923 ; instagram.com/lostinthaislation ; 1045/1 Th Sukhumvit ; 17h30-minuit ; BTS Thong Lo sortie 3)

Luka
Voir p. 80 (02 637 8558, 091 886 8717 ; lukabangkok.com ; 64/3 Th Pan, Silom ; 8h-18h ; BTS Surasak sortie 3)

Midlife Crisis
Voir p. 89 (063 167 8318 ; facebook.com/Midlifecrisisbkk ; 173/3 Soi Sukhumvit 16 ; 19h-0h30 mar-dim ; M Queen Sirikit National Convention Centre, BTS Phrom Phong)

Rabbit Hole
Voir p. 89 (098 532 3500 ; rabbitholebkk.com ; 125 Thong Lor Sukhumvit 55 ; 19h-1h ; BTS Thong Lo)

Recordoffee
Voir p. 80 (083 782 7442 ; facebook.com/recordoffee ; 29 Th Charoen Krung ; 8h-20h mer-lun ; M Hua Lamphong)

Beam
Voir p. 86 (063 237 6093 ; www.beamclub.com ; 72 Soi 55/Thong Lor, Th Sukhumvit, 1er ét., 72 Courtyard ; 21h-2h mer-sam ; BTS Thong Lo sortie 1/3 et taxi)

Levels Club & Terrace
Voir p. 86 (082 308 3246 ; www.levelsclub.com ; 35 Soi Sukhumvit 11, 6e ét., Aloft Hotel ; 21h-2h ; BTS Nana)

Siam Society
Voir p. 88 (02 661 6470 ; thesiamsociety.org ; 131 Th Asoke Montri, 21 Th Sukhumvit ; 9h-17h mar-sam ; M Sukhumvit sortie 1, BTS Asok sortie 3 ou 6)

Sing Sing Theater
Voir p. 86 (063 225 1331 ; linktr.ee/singsingtheater ; Soi 45, Th Sukhumvit ; 21h-minuit mar-dim ; BTS Thong Lo sortie 1)

Button Up
Voir p. 90 (086 369 9308 ; www.thebuttonup.com ; 13/6 Thonglor, Sukhumvit Soi 55 ; 10h-19h ; BTS Thong Lor et taxi)

Narry's Bespoke Tailors
Voir p. 90 (081 987 2008 ; narry.com ; 155/22 Sukhumvit Soi 11/1 ; 9h30-21h lun-sam, 10h-20h dim ; M Sukhumvit, BTS Nana)

Nickermann's
Voir p. 88 (081 832 8732 ; sous-sol, Landmark Hotel, 138 Th Sukhumvit ; 10h-20h lun-sam ; M Sukhumvit, BTS Nana sortie 2)

Raja's Fashions
Voir p. 90 (02 253 8379 ; www.rajasfashions.com ; 160/1 Th Sukhumvit ; 10h30-19h lun-sam ; M Sukhumvit, BTS Nana sortie 4)

Rajawongse
Voir p. 90 (081 816 1198 ; dress-for-success.com ; 130 Th Sukhumvit ; 11h-19h lun-sam ; M Sukhumvit, BTS Nana sortie 2)

Tailor on Ten
Voir p. 90 (084 877 1543 ; www.tailoronten.com ; 93 Soi 8, Th Sukhumvit ; 9h30-19h mar-sam ; M Sukhumvit, BTS Asok)

Terminal 21
Voir p. 85 (www.terminal21.co.th/asok ; Soi 19/21, Th Sukhumvit ; 10h-22h ; M Sukhumvit, BTS Asok)

NORD DE BANGKOK

Children's Discovery Museum
Voir p. 92 (www.cdm-bangkok.com ; Th Kamphaeng Phet 4, Queen Sirikit Park ; 10h-16h mar-dim ; M Chatuchak Park sortie 1, BTS Mo Chit sortie 1)

Museum of Contemporary Art (MOCA)
Voir p. 92 (mocabangkok.com ; 499 Th Kamphaengphet 6 ; tarif

Parc Benjakitti (p. 78)

plein/réduit 280/120 B ; 10h-18h mar-dim ; M Chatuchak Park et taxi, BTS Mo Chit et taxi)

Dream World
Voir p. 92 (02 577 8666 ; www.dreamworld.co.th ; 62 Mu 1, Th Rangsit-Nakornnayok, Pathum Thani ; entrée 1 000 B ; 9h30-17h lun-ven, 9h30-18h sam-dim ; M Chatuchak Park sortie 2 et taxi, BTS Mo Chit sortie 1 et taxi)

MuayThai Institute
Voir p. 69 (082 985 1115 ; muaythai-institute.com ; Rangsit Stadium, 336/932 Th Prachatipat, Pathum Thani ; cours de boxe thaïlandaise, stage de 10 jours à partir de 8 000 B ; 7h-19h30 ; M Chatuchak Park sortie 2 et taxi, BTS Mo Chit sortie 3 et taxi)

Siam Amazing Park
Voir p. 92 (02 105 4294 ; www.siamparkcity.com ; 203 Th Suansiam ; adulte/enfant 1 000/850 B ; 10h-18h ; M Chatuchak Park sortie 2 et taxi, BTS Mo Chit sortie 1 et taxi)

Be My Guest
Voir p. 101 (080 999 5560 ; bemyguestratchada.thailandhotels.site ; 35/189 Soi 36, Th Ratchadaphisek ; M Lat Phrao sortie 4)

Capital Mansion
Voir p. 101 (02 278 7979 ; 1371 Th Phahonyothin ; BTS Saphan Khwai sortie 1)

Novotel Suvarnabhumi Airport Hotel
Voir p. 101 (02 131 1111 ; www.novotelairportbkk.com ; 999 Suvarnabhumi Airport Hotel Building Moo 1, Nongprue, Bangphli, Samutprakarn ; navette de l'aéroport 24h/24 depuis la porte 4, niv. 2 (arrivée) ou BTS Phra Khanong sortie 3)

Siamaze Hostel
Voir p. 101 (02 693 6336 ; www.siamaze.com ; 90 Soi 17, Th Ratchadaphisek ; M Sutthisan sortie 4)

Sleep box
Voir p. 101 (02 535 7555 ; www.sleepboxbymiracle.com ; Terminal 2, aéroport international Don Mueang)

Anotai
Voir p. 91 (02 641 5366 ; facebook.com/anotaigo ; 976/17 Th Rama IX ; 10h-21h30 jeu-mar ; M Phra Ram 9 sortie 3 et taxi)

Baan Pueng Chom
Voir p. 91 (02 279 4204 ; @baanpuengchom ; près de Soi 7/Ari, Th Phahonyothin ; 11h-14h et 16h-21h lun-sam ; BTS Ari sortie 1)

Cantina Italian Kitchen
Voir p. 91 (02 038 5114 ; cantinabkk.com ; 26/3 Soi Sukhumvit 11, Sukhumvit Rd, Khlong Toei Nuea, Watthana ; 17h-minuit lun-jeu, 12h-minuit ven-dim ; Nana Nua Pier, BTS Phloen Chit)

Hua Mum Night Market
Voir p. 93 (facebook.com/huamummarket ; 11 Th Prasert-Manukitch ; 16h-minuit ; M Lat Phrao et taxi)

Jodd Fairs
Voir p. 93 (facebook.com/JoddFairs ; Th Rama IX ; 16h-minuit ; M Phra Ram 9)

Marché Or Tor Kor
Voir p. 91 (Th Kamphaeng Phet 1, section du marché de Chatuchak ; 6h-18h ; M Kamphaeng Phet sortie 3)

The One Ratchada
Voir p. 93 (theoneratchada.com ; 55/10 Th Ratchadaphisek ; 16h-minuit ; M Thailand Cultural Centre)

Lumpinee Boxing Stadium
Voir p. 92 (080 045 9541 ; www.muaythaistadium.com/lumpinee-stadium ; 6 Th Ramintra ; boxe thaïlandaise, billets à partir de 900 B ; matchs ven 19h30, sam 10h et 17h30 ; M Chatuchak Park sortie 2 et taxi, BTS Mo Chit sortie 3 et taxi)

Chang Chui
Voir p. 93 (Chang Chui Plane Night Market ; www.changchuibangkok.com ; 460/8 Th Sirindhorn ; marché de nuit 16h-23h mar-dim, Chang Chui Creative Park 11h-23h ; M Bang Yi Khan et taxi)

Marché de Chatuchak
Voir p. 94 (Talat Nat Jatujak ; www.chatuchakmarket.org ; 587/10 Th Phahonyothin ; 9h-18h sam-dim, 7h-18h mer-jeu plantes uniquement, 18h-minuit ven, vente de gros uniquement ; M Chatuchak Park sortie 1, Kamphaeng Phet sorties 1 et 2, BTS Mo Chit sortie 1)

Papaya
Voir p. 92 (papaya-studio.com ; 405/1 Th Sukhaphiban 5 ; 9h30-19h ; M Lat Phrao sortie 2 et taxi)

ENVIRONS DE BANGKOK

Bang Kachao
Voir p. 96 (île artificielle ; Samut Songkhram)

Don Hoi Lot
Voir p. 97 (Samut Songkhram)

Marché flottant d'Amphawa
Voir p. 98 (Amphawa ; 14h-20h ven-dim)

Marché flottant de Damnoen Saduak
Voir p. 99 (Damnoen Saduak, province de Ratchaburi ; location de bateau 400 B ou bus ; 7h-12h)

Parc commémoratif du roi Buddhalertla (Phuttha Loet La) Naphalai
Voir p. 97 (03 475 1666 ; www.tourismthailand.org ; près de Rte 6006, Amphawa, Samut Songkhram ; adulte/enfant 20/5 B ; 8h30-17h)

Parc de Si Nakhon Kheun Khan
Voir p. 98 (02 461 0972 ; Bang Kachao, Phrapradaeng,

Samut Prakan ; gratuit ; 5h-19h ; BTS Bang Na sortie 2)

Wat Amphawan Chetiyaram
Voir p. 98 (03 475 2847 ; www.tourismthailand.org ; près de Rte 6006, Amphawa, Samut Songkhram ; 8h-16h)

Wat Bang Nam Pheung Nok
Voir p. 97 (Bang Kachao, Phrapradaeng, Samut Prakan ; journée ; Wat Bang Nam Phueng Nok Port, BTS Bang Na sortie 2)

ABC Amazing Bangkok Cyclist
Voir p. 99 (081 812 9641, 02 665 6364 ; www.realasia.net ; 10/5-7 Soi Aree, Soi 26, Th Sukhumvit ; circuits Bangkok et banlieue à partir de 1 300 B ; départs 8h, 9h, 10h, 13h et 17h30 ; BTS Phrom Phong sortie 4)

Asian Trails
Voir p. 99 (02 820 2000 ; www.asiantrails.travel ; 12ᵉ ét., Regent House, 183 Th Ratchadamri ; 8h30-18h lun-ven ; M Si Lom, BTS Ratchadamri)

Chili Paste Tour & Cooking Class
Voir p. 99 (093 615 4141 ; www.foodtoursbangkok.com ; circuits à partir de 2 900 B ; départs 8h ou 9h)

Grasshopper Active
Voir p. 99 (087 929 5208 ; www.grasshopperadventures.com ; 719 Th Mahachai ; circuits demi-journée et nuit/journée à partir de 1 575/2 415 B ; 9h-18h30 ; klorng-taxi jusqu'à Phanfa Leelard Pier, M Sam Yot)

Velo Thailand
Voir p. 99 (089 201 7782, 02 628 8628 ; www.velothailand.com ; 29 Soi 4, Th Samsen ; circuits à partir de 1 400 B ; circuits à 8h, 9h, 13h, 15h30 et 18h ; Phra Athit/Banglamphu Pier)

Bangkok Tree House
Voir p. 101 (082 995 1150 ; www.bangkoktreehouse.com ; 60 Moo Soi 1, Bang Namphueng, Bang Kachao, Phrapradaeng, Samut Prakan ; Wat Bang Nam Phueng Nok Port)

House of Passion
Voir p. 101 (instagram.com/hopamphawa ; 62 Moo 7 Bang Chang, Amphawa)

Marché flottant de Bang Nam Pheung
Voir p. 97 (Bang Kachao, Phrapradaeng ; 8h-16h sam-dim ; Tha Luean Pier)

Marché flottant de Taling Chan
Voir p. 98 (Khlong Bangkok Noi, Thonburi ; 7h30-18h sam-dim ; bus 79 arrêt Opposite Taling Chan District Office)

Marché flottant de Tha Kha
Voir p. 98 (Tha Kha, Samut Songkhram ; 6h-12h sam-dim, plus 2ᵉ, 7ᵉ et 12ᵉ jour de lune croissante et décroissante)

Wat Phra Kaew (p. 60)

Ci-dessus : Thung Prong Thong (p. 148) ; à droite : bénitier géant, Ko Chang (p. 122)

KO CHANG ET LA CÔTE EST

PLAGES ET NATURE À PROXIMITÉ DE BANGKOK

Si le sud de la Thaïlande est la région la plus en vue pour ses plages, la côte est recèle maints coins secrets à explorer.

Si vous n'êtes en Thaïlande que pour peu de temps et souhaitez passer un moment à la plage, sans toutefois vous rendre à Ko Samui ou à Phuket, la côte est se révèle idéale. Le golfe de Thaïlande abonde en trésors, et son arrière-pays, fort de son charme et propice aux activités, n'est pas en reste. Cette région proche de Bangkok a la faveur des voyageurs thaïlandais. Il est en effet aisé aux familles de se rendre à Ko Chang pour une escapade balnéaire, tandis qu'un groupe d'amis rejoindra Ko Samet pour un week-end de fête avant de reprendre le travail le lundi.

Cette partie du pays est également la plus grande productrice de fruits. Maintes fermes proposent des buffets de fruits tropicaux, un excellent moyen de découvrir vos préférés parmi la grande variété de ceux cultivés ici. Frais pêchés et de bonne provenance, les produits de la mer sont, quant à eux, incontournables. Beaucoup d'hébergements du littoral sont équipés de barbecues. Vous pourrez ainsi acheter leurs prises aux pêcheurs du village et les cuisiner vous-même.

L'Est est une destination idéale pour qui cherche une Thaïlande plus calme, loin de l'agitation et de l'affluence excessive.

SITES PRINCIPAUX

KO CHANG
Sérénité sur la côte est, nature sur la côte ouest.
p. 122

CHANTHABURI
Pierres précieuses et fruits exquis.
p. 136

RAYONG
Ko Samet ou les plaisirs du continent.
p. 145

CHONBURI
Bien plus que Pattaya.
p. 156

Chonburi, p. 156
La plage à seulement une heure de route de Bangkok. Si votre temps est compté et que vous voulez faire une escapade à la mer, optez pour cette destination.

Rayong, p. 145
Si beaucoup viennent ici pour Ko Samet, on ne saurait s'y cantonner : le continent est riche de ses fruits et quelques îles moins connues se prêtent à des excursions à la journée.

S'orienter

Se déplacer en voiture est idéal dans cette partie de la Thaïlande, même s'il reste possible de s'en passer. Vous pourrez louer sur place voiture et vélo, mais aussi prendre les transports publics.

Chanthaburi, p. 136

Ce pan de la côte ne se résume pas aux plages : venez-y pour les marchés aux pierres précieuses, les fruits et la délicieuse cuisine de l'est.

Ko Chang, p. 122

La deuxième plus grande île de Thaïlande est partagée entre jungle et monde moderne.

VOITURE

Cette région se prête à merveille à un *road trip*. Il existe maints services de location de voitures en ligne, aisés à contacter, sans parler des chauffeurs privés.

TRAIN

Les chemins de fer thaïlandais ne sont peut-être pas les plus luxueux, mais ils sont plus sûrs que les minibus ou les bus. Certes, le train est vétuste et plus lent, mais au moins pourrez-vous en arpenter les wagons pour vous dégourdir les jambes.

BUS ET MINIBUS

De nombreux bus et minibus desservent les provinces de la région de l'est. La gare routière de Bangkok, située juste à côté de la station de Skytrain d'Ekkamai est également très facile d'accès. Notez toutefois que les chauffeurs n'ont pas toujours une conduite très prudente.

Planifier son séjour

Dans cette région, il existe toujours une destination adaptée au temps dont on dispose, pour une journée à la mer ou une semaine à la découverte des îles.

KAY CHOMPEN/SHUTTERSTOCK ©

Bang Saen (p. 157)

Si vous avez peu de temps

- Si vous n'avez qu'une journée, passez-la à **Bang Saen** (p. 157). Il ne s'agit peut-être pas de la plus belle plage de Thaïlande, mais elle n'est qu'à une heure de route de Bangkok. Le site, désormais aménagé, compte d'agréable restaurants et cafés le long d'une plage de sable de 2,5 km.

- Bang Saen est un bon choix pour les visiteurs aspirant à passer un moment à la mer sans faire des heures de route. Le site est idéal pour un déjeuner ou un dîner en dehors de la capitale, ou pour une sortie en bateau-banane.

Au fil des saisons

La saison des fruits coïncide avec la basse saison touristique, où la plupart des établissements sont fermés. Mais la côte est a son lot d'activités tout au long de l'année.

NOVEMBRE-DÉCEMBRE

Il s'agit du pic d'affluence touristique en Thaïlande. Il y aura foule partout.

JANVIER-FÉVRIER

C'est encore la haute saison, mais cette période est préférable à Noël pour qui souhaite éviter les foules.

MARS

Les températures montent. Ce mois est celui des congés scolaires estivaux. On y croise donc beaucoup de familles.

SOMBAT MUYCHEEN/SHUTTERSTOCK ©, LABORANT/SHUTTERSTOCK ©, TOMOCZ/SHUTTERSTOCK ©

Une envie de *road trip*

- Pour qui a davantage de temps, direction **Rayong** (p. 145). Célèbre pour son île, Ko Samet, l'endroit a aussi beaucoup à offrir côté continent. L'agglomération se trouve à environ 4 heures de route de Bangkok. La province, immense, abonde en trésors. On y trouve des fruits frais, des produits de la mer et maintes belles plages donnant sur le golfe de Thaïlande, et qu'il n'est pas nécessaire de rejoindre en ferry.

- Faites ensuite un détour par les provinces alentour, comme **Chachoengsao** (p. 153) pour vous recueillir au Wat Luang Phor Sothorn, ou **Sa Kaew** (p. 154) pour visiter le Prasat Sdok Kok Thom, un temple du XIIIe siècle.

Une semaine sur une île

- Si vous disposez d'une semaine, optez pour les îles de Ko Chang, de Ko Kut et de Ko Mak, dans la province de Trat.

- Nous vous conseillons de commencer par **Ko Kut** (p. 432), pour profiter des beautés de la nature en y passant 3 jours nu-pieds, avant de vous rendre sur la plus petite île de **Ko Mak** (p. 436).

- Après 3 jours délassants à Ko Mak, retrouvez la civilisation à **Ko Chang** (p. 430). Vous vous y réhabituerez à la faveur de votre dernière nuit avant le retour à Bangkok.

AVRIL

C'est le mois le plus chaud en Thaïlande, mais aussi celui de la **fête de Songkran**, ponctuée de batailles d'eau.

MAI-JUIN

Certains jours sont pluvieux, d'autres lumineux et chauds. Les plages sont praticables, mais les touristes se préparent à partir.

JUILLET-AOÛT

Mieux vaut éviter les îles, et jeter plutôt son dévolu sur **Chanthaburi** ou **Rayong** pour la saison des fruits.

SEPTEMBRE-OCTOBRE

Les pluies se calment et l'air est moins humide. On recommence à voyager.

Ko Chang

Avec ses sommets escarpés recouverts de jungle, la pittoresque Ko Chang ("île éléphant") conserve son caractère isolé et sauvage, même si elle est devenue une destination prisée pour les voyages organisés. C'est la troisième plus grande île de Thaïlande, juste derrière Phuket et Ko Samui.

De vastes baies ponctuent la côte ouest, certaines assorties de plages de sable fin, d'autres composées de galets. Ko Chang n'est peut-être pas l'île idéale pour les amateurs de plages, mais elle combine nature facilement accessible et vie nocturne florissante. En longeant la côte ouest, on tombe sur de petites villes tentaculaires dépassant à l'évidence les limites des infrastructures de l'île. Pour découvrir la Chang authentique, privilégiez les villages du sud-est et les forêts de mangroves de Ban Salak Phet et Ban Salak Kok. Vous pourrez aussi y faire une excursion en bateau à la découverte des côtes.

Pour les infos pratiques, voir le Carnet d'adresses p. 166

À SAVOIR

Louez une voiture à Bangkok, conduisez jusqu'à l'embarcadère de Thammachat et embarquez-la pour faire le tour de l'île. Vous pourrez louer des motos sur place, mais les virages en épingle à cheveux des routes surplombant la falaise demandent des nerfs d'acier.

PANATFOTO/SHUTTERSTOCK ©

Snorkeling, Ko Chang

VOIR

1 Ao Khlong Prao
2 Ban Bang Bao
3 Ban Salak Phet
4 Hat Kaibae
5 Hat Khlong Kloi
6 Lonely Beach
7 Mangrove de Salak Phet
8 Nam Tok Khiri Phet
9 Nam Tok Khlong Plu
10 Nam Tok Than Mayom
11 Parc national de Mu Koh Chang

ACTIVITÉS

12 ATV Monster Adventure
14 Ban Suan Cooking
BB Divers **voir** 2
14 Blue Lagoon Koh Chang Thai Cooking School
Chang Diving Centre **voir** 1
15 Dolphin Divers
Ka-Ti Culinary Cooking School **voir** 14
16 Koh Chang Thai Cooking School
Napalai Thai Cuisine School **voir** 14
17 Salak Khok Boat Tour
18 Tan Trekking
Thai Ocean Academy **voir** 2
19 Tree Top Adventure Park

OÙ SE RESTAURER SUR LA CÔTE OUEST DE KO CHANG

J.Mam Seafood
D'un côté, on achète des fruits de mer frais. De l'autre, on peut s'attabler au restaurant pour les déguster. **$$**

Sale e Pepe
Sale e Pepe propose les meilleures pizzas de l'île. **$$**

El Barrio
Probablement le seul restaurant mexicain de l'île à proposer une cuisine mexicaine authentique. **$$**

MIG POOVADOL/SHUTTERSTOCK ©

Scannez ce QR Code pour plus d'informations sur les ferrys.

INCONTOURNABLE

Ko Kut

Ko Kut est souvent qualifiée d'île paradisiaque, et avec raison : son sable est ultradoux, ses eaux sont limpides et l'on y croise plus de cocotiers que d'êtres humains. Elle possède aussi des jungles luxuriantes, où volètent des papillons, ainsi que deux cascades. Enfin, on peut y séjourner dans l'un des plus luxueux hôtels du pays.

À NE PAS MANQUER

- Hat Khlong Chao
- Ao Yai Ki
- Ao Phrao
- Le village de pêcheurs d'Ao Salad
- Nam Tok Khlong Yai Ki
- Nam Tok Khlong Chao

Hat Khlong Chao

Avec ses eaux turquoise et son cadre de cocotiers, c'est l'une des plages incontournables de Ko Kut. Mais elle reste paisible malgré sa popularité. Dans la partie sud, on trouve l'embouchure du canal Khlong Chao, qui s'écoule depuis la cascade Nam Tok Khlong Chao. Magnifique, elle est située à l'ouest de Ko Kut, ce qui en fait un emplacement idéal d'où admirer les couchers de soleil. Les eaux calmes et peu profondes près du rivage en font un endroit sûr et attrayant pour nager et patauger.

Ao Yai Ki

Ao Yai Ki (photo) est une baie dont la plage de sable blanc, qui s'étire sur quelque 500 m, est bordée de cocotiers. Le côté droit jouxte un canal alimenté par la cascade de Khlong Yai Ki. Depuis une zone rocheuse à l'extrémité de celui-ci, on a une vue dégagée sur Ko Mai Si, qui sert également d'aérodrome pour les avions privés. La transparence de l'eau permet d'admirer les poissons.

Ao Phrao

Ao Phrao, dernière baie de l'île, déroule la plus longue plage. Très ombragée, elle constitue un bon point de départ pour pratiquer des activités nautiques dans le secteur. Le village du même nom se prête à découvrir le mode de vie traditionnel de l'île. Vous pourrez rencontrer ses habitants ou visiter son temple, où l'on vient amasser quelques mérites.

Le village de pêcheurs d'Ao Salad

Ao Salad était autrefois un repaire de pirates. C'est aujourd'hui un village de pêcheurs où l'on peut acheter crevettes, palourdes, crabes, ainsi que du poisson. Les maisons sur pilotis sont reliées entre elles par des passerelles. À marée haute, vous pourrez voir les villageois pêcher.

Nam Tok Khlong Yai Ki

Cette cascade isolée est nichée au milieu des arbres et des rochers, à quelques pas du parking. À certains endroits, le sentier bétonné est abrupt et peut devenir glissant s'il pleut, mais il reste accessible. On s'y rafraîchit à plaisir dans un bassin sous la chute d'eau, où de petits poissons inoffensifs viennent mordiller les pieds des baigneurs.

Nam Tok Khlong Chao

Nam Tok Khlong Chao est une cascade de taille moyenne où l'eau s'écoule le long d'une paroi rocheuse haute de 10 m, jusque dans un bassin large et profond. Vous pourrez vous y rafraîchir parmi les papillons après une randonnée dans la jungle tropicale. La marche vers Khlong Chao est beaucoup plus facile que celle vers Nam Tok Khlong Yai Ki et se déroule pour l'essentiel sur terrain plat.

OÙ SE LOGER

Soneva Kiri loue des villas de luxe. Le tarif inclut le transfert en avion privé depuis Bangkok.
Bann Makok dispose de la clim, d'un restaurant et d'un chemin dérobé vers la plage. On y accède en traversant une mangrove.
Koh Kood Resort est un établissement familial fondé il y a 20 ans, alors que Ko Kut était encore ignorée. Des excursions en bateau y sont organisées.

À SAVOIR

- Visitez l'île pendant la mousson si vous aspirez à la tranquillité. Vous aurez le sentiment d'être seul sur l'île.
- Les scooters de location, faciles à trouver, sont le meilleur moyen de se déplacer, mais les routes ne sont pas adaptées aux novices.
- Les *songthaew* sont un autre mode de transport, mais agrippez-vous bien au garde-corps.
- En général, votre hôtel pourra organiser votre retour en ferry (avec le transfert depuis l'établissement).
- Fermez vos fenêtres pour éviter les moustiques qui sortent au coucher du soleil.

KAI BAE HUT SPEEDBOAT

Pour le snorkeling dans les petites îles alentour, vous pourrez louer un bateau moyennant 12 000 B pour une excursion privée en famille. Pour ce prix, vous partirez de 9h à 16h. Le déjeuner et les collations sont inclus à bord. Une demi-journée (de 13h à 16h) coûte 6 000 B. Le parcours inclut des îles comme Ko Wai, Ko Yuak et Ko Pri. Ces services sont disponibles toute l'année. Le bateau pour les groupes ne navigue qu'en haute saison (d'octobre à avril). Si vous êtes à Ko Chang pendant la mousson et souhaitez partir en excursion en mer, un bateau privé sera votre seule option.

NATALIA SIDOROVA/SHUTTERSTOCK ©

Parc national de Mu Koh Chang

La côte ouest : un paradis naturel

ENTRE NATURE SAUVAGE ET MONDE MODERNE

Ko Chang est l'une des destinations balnéaires les plus en vue des familles thaïlandaises, notamment parce que l'on peut embarquer son véhicule à bord du ferry. On a le sentiment, en arrivant dans cette partie de l'île, de n'avoir pas quitté la ville, surtout lorsque l'on y vient en voiture, car elle dispose de toutes les commodités.

Si l'affluence touristique a coûté à Ko Chang un peu de son charme, c'est l'endroit idéal pour voyager avec des enfants ou des personnes âgées, en ayant à la fois accès à la nature et au confort urbain.

Il y a, de ce côté de l'île, des activités et des sites touristiques pour tous les âges, des enfilades de restaurants de fruits de mer abordables, et des 7-Elevens à chaque coin de rue.

Le **parc national de Mu Koh Chang** couvre l'ensemble de l'archipel et protège une grande partie du centre de l'île. L'organisation en est un peu chaotique. Vous devrez, par exemple, payer le droit d'entrée du parc lorsque vous visiterez certaines chutes d'eau.

OÙ LOGER SUR LA CÔTE OUEST DE KO CHANG

Bhuvarin Resort
Situé à l'extrémité la plus reculée de l'île, sur une falaise escarpée. Vue imprenable. $$

KB Resort
Des cabanes en bois intimistes et luxueuses, en bord de plage. $$

Sea Escape Koh Chang
À quelques pas de la plage de Kai Bae, cet hôtel loue des maisons face à la mer. $$

Dans l'ancienne communauté de pêcheurs de **Ban Bang Bao**, composée de maisons sur pilotis reliées par des pontons, les villageois ont délaissé leurs filets pour louer des parties de leurs demeures traditionnelles à des boutiques de souvenirs et à des restaurants. Les visiteurs trouveront, sur la principale jetée couverte, d'excellents restaurants de fruits de mer et des boutiques.

À l'extrémité est d'Ao Bang Bao, **Hat Khlong Kloi** est une jolie plage encore préservée, à l'écart des circuits touristiques. On y trouve de tout (bière, nourriture, fruits, massages), ainsi que des maisons d'hôtes. Les taxis collectifs vous y déposeront. Vous pourrez aussi y aller à pied depuis Bang Bao, à 1 km de là.

La plage d'**Ao Khlong Prao** est une jolie bande de sable enclavée entre d'imposants promontoires et délimitée par deux estuaires. À marée basse, on peut s'y promener en observant les créatures piégées là par le reflux. Le passe-temps le plus répandu, ici, consiste à prendre le soleil au bord de la piscine d'un hôtel de luxe, à l'heure où la marée haute engloutit une grande partie de la plage. Le canal, bordé d'échoppes sur pilotis, de quelques restaurants et de maisons d'hôtes, est particulièrement charmant.

La plage voisine de Khlong Prao, **Hat Kaibae**, appréciée des familles et des couples, est une étroite langue de sable qui s'étire sur une baie ponctuée d'îles. Relativement épargnée par les voyages organisés, elle ne manque pas pour autant de bars et de restaurants le long de la route principale. Il est possible de rejoindre en kayak l'île de **Ko Man Nai** et d'y explorer la grève à marée basse.

Repaire de baroudeurs, **Lonely Beach** est le lieu le plus vivant de Ko Chang après la tombée de la nuit. Jusqu'à l'aube (5h), les seaux de vodka circulent devant des haut-parleurs à plein volume. À l'extrémité sud et vers Bailan Bay, la plage est couverte de galets, mais une bande de sable correcte se déploie au nord. Son nom d'origine, aujourd'hui oublié, est Hat Tha Nam.

Si vous souhaitez explorer la nature en VTT, **ATV Monster Adventure** propose une excursion guidée en montagne. C'est le moyen idéal de découvrir, avec un soupçon d'aventure, une autre Ko Chang que celle des cartes postales. Les équipements sont fiables et sûrs, y compris pour les familles.

Également adapté aux familles, le **Tree Top Adventure Park** est un parcours d'accrobranche écoresponsable dans la jungle, où les enfants pourront s'amuser et se défouler durant une journée.

AHARN TARM SANG

Aharn tarm sang signifie "plats à la demande". De nombreux Thaïlandais s'attablent chaque jour dans ces petits établissements fort pratiques, installés en bord de route et constitués d'un toit, de poteaux et de quelques tables. Il n'y a pas de menu, mais la "tante" ou l'"oncle" aux fourneaux préparent des plats très demandés comme le *pàt kâ prao* (sauté au basilic), le *khao pàt* (riz frit) et le *kana mŏo grob* (sauté de chou frisé à la sauce d'huître et au porc croustillant). Les plats peuvent être adaptés selon le marché du jour, d'où le nom de *aharn tarm sang*. La plupart des habitués ont un *aharn tarm sang* favori dont les cuisiniers connaissent leurs préférences.

OÙ SE RESTAURER SUR LA COTE EST DE KO CHANG

Krua Rim Lae @ Than Mayom
Un *aharn tarm sang* en plein air, au bord de l'eau, où l'on peut commander ce que l'on veut selon le marché du jour. **$$**

Durian Plantation Je Na Ko Chang
Durians frais du producteur. Appelez pour vérifier que c'est la saison : 6682 448 7386. **$$**

Salak Kok Seafood
Plats thaïlandais à la demande à partir de 60 B dans une maison sur pilotis. **$**

PRASIT RODPHAN/ALAMY STOCK PHOTO ©

INCONTOURNABLE

Ko Mak

Encore plus petite et paisible que Ko Kut, Ko Mak est parfaite pour une escapade. Mais cette tranquillité est troublée deux fois par an, lorsque des festivals de musique attirent une foule venue de partout, mais pour l'essentiel de Bangkok. Planifiez votre séjour en conséquence.

À NE PAS MANQUER

- Cinnamon Scenic Boardwalk
- Ko Kham
- Ko Kradat
- Blue Pearl Bar
- Cap Laem Tukkata

Cinnamon Scenic Boardwalk

Le Cinnamon Scenic Boardwalk est un lieu emblématique de Ko Mak. Si, arrivé au bout de cette promenade de bois qui avance sur la mer, on se retourne, on jouit d'une vue panoramique sur l'île. Avec ses quelque 500 m, ce long ponton est ponctué de plateformes propices à la détente. On y écoute, au plus près, mais au sec, le bruit des vagues.

Ko Kham

Ko Kham est une autre île proche de Ko Mak. On y accède en kayak à partir d'Ao Son Yai, qui est le point le plus proche, à environ 1 km. Vous pourrez aussi la rejoindre en louant un bateau dans les stations balnéaires de la région d'Ao Son Yai. Ko Kham doit sa célébrité à sa plage de sable blanc immaculé et à ses eaux transparentes qui permettent d'y voir jusqu'à de grandes profondeurs. Ses récifs coralliens colorés en font également une destination idéale pour le snorkeling.

Ko Kradat

Ko Kradat est une toute petite île proche de Ko Mak, accessible en 5 minutes en *long-tail boat*. Son principal intérêt tient à la présence de nombreux cerfs, qui lui ont valu le surnom de "*Safari in the Sea*". Des tracteurs permettent d'en faire le tour et d'observer ces animaux dans leur habitat naturel. Non loin de Ko Kradat, une autre île encore plus petite (il y a un seul arbre) est connue sous le nom de **Ko Khai Hua Roh**. Son accès se fait à pied en traversant à marée basse.

Blue Pearl Bar

Posé sur pilotis, ce bar de plage du Koh Mak Cococape Resort se prête à l'observation, tout en sirotant un cocktail, d'une faune marine colorée dans une eau cristalline. C'est également un lieu très prisé à Ko Mak pour admirer le coucher du soleil. On peut s'y asseoir sur un lit de plage, un pouf, ou s'installer dans un pavillon à l'extrémité d'un ponton.

Cap Laem Tukkata

Ce cap est situé tout à l'ouest de l'île. Le crépuscule y est spectaculaire. Le chemin menant à la pointe du cap peut être un peu accidenté ; soyez prudent. L'effort est toutefois récompensé par un coucher de soleil époustouflant, avec Ko Mak et les îles voisines en toile de fond. Un spectacle à ne pas manquer.

Ko Mak

FESTIVALS DE MUSIQUE

Ko Mak est, presque toute l'année, une île paisible, idéale pour se détendre sur la plage. Cependant, quelques festivals voient des DJ s'y produire. Le **Thaibreak Festival** (thaibreak.net) a lieu en été (de mars à avril) et **Fly To The Moon** (www.flytothemoonfestival.com/) est un festival de musique organisé le soir du Nouvel An.

À SAVOIR

- Emportez toujours un répulsif à insectes.
- Les DAB sont rares ; apportez suffisamment d'espèces.
- Renseignez-vous avant de plonger car les rochers immergés abondent.
- Il est probable que votre téléphone ne capte pas de réseau sur l'essentiel de l'île. Renseignez-vous à l'avance auprès de votre hôtel ou de votre fournisseur téléphonique.
- Prévoyez une bouteille d'eau réutilisable. Il fait très chaud dans la jungle et l'atmosphère est saturée d'humidité.
- Rejetez le moins de déchets possible et rapportez-les sur le continent.

NE NOURRISSEZ PAS LES ANIMAUX

Si cette pratique peut sembler un bon moyen de les approcher, il ne faut jamais nourrir les animaux. Cela les rend dépendants de cette source alimentaire et ils trouvent moins facilement à se nourrir par eux-mêmes. Lorsque la basse saison arrive et qu'il y a moins de touristes, ils en souffrent et peuvent se montrer agressifs.

Il en va de même pour les excursions de plongée ou en bateau au cours desquelles les poissons sont nourris de restes ou de pain. Vous attirerez peut-être un banc de poissons aux couleurs éclatantes, mais ils délaisseront les récifs coralliens pour des repas plus faciles, et sans leurs efforts quotidiens de nettoyage, le corail risque d'être envahi d'algues et de s'asphyxier.

Côte est : plages, jungles et plus encore

MOINS DE TOURISTES, PLUS DE JUNGLE

La côte est, tranquille et peu construite, est très différente de l'autre pan de l'île, avec ses collines couvertes de cocotiers et de palmiers, et ses villages de pêcheurs au sud. On doit disposer de son propre moyen de transport pour explorer cette charmante côte jalonnée de baies et de mangroves. Le centre montagneux de Ko Chang est, pour large part, protégé par un parc national. La jungle, à la faune abondante, y est luxuriante, ponctuée de cascades aux reflets argentés et parcourue de chemins de randonnée.

Pour qui n'a pas de véhicule, il y a des magasins de location de motos un peu partout. Vous pourrez en louer une pour 200 à 300 B par jour, mais soyez prudent sur les routes, surtout après la pluie. La plupart des tronçons n'ont pas de glissières en bord de falaise, et les routes sont très sinueuses et à fort dénivelé. Cœurs sensibles s'abstenir !

Pour découvrir la Ko Chang d'avant le tourisme, il faut se rendre à **Ban Salak Phet**, au sud. Ce village paisible composé de maisons sur pilotis, vit de la pêche, ce qui explique ses nombreux bateaux ; c'est aussi le point de départ de belles randonnées.

La **mangrove de Salak Phet** à Ao Salak Kok est protégée par un groupe de pêcheurs conscients de son importance écologique. Les mangroves sont les pépinières de l'océan, et pourvoient aux besoins des prochaines générations d'espèces marines, de crustacés et d'oiseaux qui y nichent. Cette baie est d'ailleurs devenue le premier site d'écotourisme de Ko Chang. Les villageois gèrent un programme primé visant à préserver l'environnement, ainsi que leur mode de vie traditionnel. **Salak Kok Boat Tour** organise des excursions en bateau en bois tous les jours de l'année entre 8h et 16h. Cette embarcation à rames pour 4 personnes vous emmènera faire le tour de la baie pendant 40 minutes pour voir la mangrove de Salak Phet, mais non jusqu'à la mer. Renseignez-vous à l'avance pour savoir si la navigation est possible.

La **Nam Tok Than Mayom** est une succession de trois chutes d'eau le long du Khlong Mayom. On y accède en passant par le bureau du parc situé à proximité. La vue depuis le haut est spectaculaire. À proximité, des pierres gravées portent les initiales de Rama V, Rama VI et Rama VII.

La **Nam Tok Khlong Plu** est la plus grande chute d'eau de l'île. Cette cascade à trois niveaux permet de se baigner dans un bassin peuplé de poissons. Elle est facile d'accès depuis Khlong Prao : quittez la route principale pendant 1,5 km, payez l'entrée au parc national, puis empruntez le chemin

OÙ SÉJOURNER SUR LA CÔTE EST DE KO CHANG

The Spa Koh Chang Resort
Il n'y a pas plus luxueux et confortable de ce côté de l'île. **$$$**

Flukie's House
Une cabane au bord d'un étang, au milieu de la jungle. On a le sentiment d'être seul au monde. **$$**

Jungle Way Bungalow (By Thomas)
Dans la jungle, à deux pas du camp d'éléphants et d'une cascade. **$$**

TEE 501/SHUTTERSTOCK ©

La mangrove de Salak Phet

forestier qui monte sur 600 m. La cascade est particulièrement saisissante à la fin de la saison des pluies, et plus agréable le matin avant l'arrivée de la foule de visiteurs.

La **Nam Tok Khiri Phet** est une petite cascade située à 2 km de Ban Salak Phet, à 15 minutes de marche de la route. Petit, mais profond, son bassin naturel récompensera vos efforts. Généralement moins fréquentée que la plupart des cascades des environs, elle est facile d'accès depuis la localité d'Ao Salak Phet.

Obtenez votre certificat de plongée

PUIS PLONGEZ DANS LA PLUS GRANDE ÉPAVE DE THAÏLANDE

Ko Chang n'est peut-être pas aussi réputée que Ko Tao en matière de plongée, mais c'est un bon point de départ pour les débutants. L'océan est souvent agité dans le golfe de Thaïlande pendant la mousson, aussi mieux vaut-il plonger en haute saison. Coulé en 2012, le **HTMS Chang**, la plus grande épave de Thaïlande, est un récif artificiel incontournable dans la région. Les plongeurs expérimentés pourront en explorer les cales, à des profondeurs allant de 27 à 29 m.

À Bang Bao, **BB Divers** est une école de plongée réputée et un voyagiste, qui possède des succursales à Lonely Beach

KAYAK ET PADDLE

SEA Kayaking
Loue des kayaks et dispense des cours (southeastasiakayaking.com).

SUP Station Koh Chang
Paddle à Khlong Prao ; 500 B pour 1 heure ou 800 B pour 2 heures (facebook.com/supstationkohchang).

SUP Adventure Asia Koh Chang
Location et cours de paddle.

Salak Kok Kayak Station
Sur la côte est de l'île, explorez les mangroves d'Ao Salak Kok dans le cadre d'un programme d'écotourisme primé (Salak Kok Kayak : 087 748 9497).

RANDONNÉE À KO CHANG

Tan Trekking
Randonnées familiales d'une demi-journée à partir de 600 B. Parmi les plus difficiles : Klong Son Trek et Elephant Trek.

Thailand Adventure Guide
Treks vers Nam Tok Khlong Prao et itinéraires pour les familles. Anglais parlé.

Mr Raht
Treks dans la jungle, ascensions du Salak Phet et camping (086 155 5693 ; kohchang_trekking@yahoo.com).

ZEPHYR_P/SHUTTERSTOCK ©

HTMS Chang (p. 131)

AUTRES ACTIVITÉS À KO CHANG

Koh Chang Thai Boxing House Club
Petit club de boxe thaïlandaise, tout indiqué pour une bonne séance d'entraînement. Réservez.

Koh Chang Shooting
Un stand de tir affichant différents types d'armes. Comptez 2 500 B pour 3 armes et 18 balles.

Blue Haven Golf Course
Un neuf-trous qui se joue dans les deux sens pour une partie complète.

P Joon Gym
Salle de sport équipée de vélos, tapis, *cross-trainers*, haltères, etc. Vue sur la plage de Kai Bae.

et à Hat Sai Kaew, ainsi que des antennes à Ko Kut et Ko Mak. Elle propose des cours de plongée en scaphandre autonome et en apnée (en haute saison uniquement).

Chang Diving Centre, un centre de plongée professionnel établi à Ban Khlong Prao, propose un bon choix d'excursions et de cours. Vous pourrez pratiquer des cours d'initiation à la plongée PADI à partir de 14 490 B par personne et des plongées de nuit à partir de 12 000 B.

Fort de 18 ans d'activité, **Dolphin Divers** possède désormais 3 succursales à Ko Chang : Hat Khlong Prao (son QG), Ko Chang Paradise Resort et KC Grande Resort, à Hat Sai Kaew (White Sand Beach). Les cours découverte débute à 2 500 B et les excursions à la journée comprennent deux plongées à partir de 3 200 B.

À la **Thai Ocean Academy**, vous pourrez vous initier à la plongée PADI (4 jours à partir de 14 500 B) et suivre des cours avancé (2 jours à partir de 12 500 B).

OÙ SE FAIRE TATOUER À KO CHANG

Best Tattoo
En face du Mac Resort & Bar, à White Sand Beach. Des motifs simples aux portraits, à la machine et au bambou.

Naka Tattoo & Art studio
Tatoueuse établie à White Sand Beach près du Kacha Resort.

Boy Bamboo Tattoo
Installé à Lonely Beach, le tatoueur, Boy, s'enorgueillit d'une clientèle fidèle et de bonnes critiques.

Cours de cuisine thaïlandaise traditionnelle

FAITES MOISSON DE RECETTES

La cuisine thaïlandaise est riche en saveurs et en couleurs. Certaines spécialités ne requièrent que quelques ingrédients, comme le *pàt kâ prao*, le plat national, très souvent commandé au restaurant, et préparé à base de piment, ail, basilic thaï (à ne pas confondre avec le basilic doux), sauce d'huître, sauce de poisson et un peu de sucre.

Pour apprendre à le préparer, vous pourrez vous joindre à des cours de cuisine, pendant que vos amis ou votre famille feront de la plongée ou du trekking. Pensez à réserver au moins un jour à l'avance.

Ka-Ti Culinary Cooking School dispense des cours (livre de recettes inclus) à l'issue desquels vous aurez l'occasion de déguster vos préparations. Pour avoir une idée de ce que vous cuisinerez, direction le restaurant de l'école. Cours en français sur demande.

Napalai Thai Cuisine School assure un cours collectif, de 17h jusqu'à tard, pour apprendre une nouvelle recette tout en sirotant un verre. Le cours du matin (9h-13h) se divise en 7 catégories : soupe, sauté, salade, pâte de curry, curry, hors-d'œuvre et dessert. La plupart des produits viennent du potager.

Les cours de la **Koh Chang Thai Cooking School** durent au minimum 4 heures et les prix varient de 1 500 à 2 300 B, selon les recettes. Vous pourrez préparer 6 plats par leçon. Un cours de recettes santé est également proposé.

Au lieu d'un programme préétabli, **Ban Suan Cooking** permet, moyennant 1 300 B, de choisir 3 plats et un curry à cuisiner parmi 29 spécialités. Les cours (environ 3 heures) se déroulent tous les jours à 12h et à 17h et incluent la dégustation de ce que vous aurez préparé.

Las du farniente ? Stimulez corps et esprit avec les cours de cuisine du **Blue Lagoon Koh Chang Thai Cooking School**, un établissement à la philosophie écologiste. Les cours (généralement 4 heures) comprennent 4 plats et coûtent 2 000 B par personne. Réservez très à l'avance. Ce prix comprend le transport depuis/vers votre hôtel et un livre des recettes du Blue Lagoon.

BÉNÉVOLAT

Les animaux blessés, maltraités ou abandonnés sont recueillis au **Koh Chang Animal Project**, un complexe à but non lucratif, où sont aussi assurés des soins vétérinaires et de stérilisation. Bénévolat et dons sont les bienvenus. Des vétérinaires en voyage viennent y prêter main forte, comme d'autres bénévoles pour toutes sortes de tâches. Appelez à l'avance.

Les chauffeurs de *songthaew* savent se rendre à "Ban Lisa" (la maison de Lisa) à Khlong Son. Si vous êtes à vélo, quittez la route principale à Ban Khlong Son au niveau du 7-Eleven, et roulez sur 1,5 km.

Scannez ce QR Code pour savoir comment aider ou faire un don.

COMMENT S'Y RENDRE ET CIRCULER

La plupart des habitants de Bangkok préfèrent prendre leur propre voiture sur le ferry pour se rendre sur l'île (www.kohchangferries.com). La destination étant très touristique, on y trouve par ailleurs maints magasins de location de motos ou de voitures. Lorsque vous descendrez du ferry à l'embarcadère, des *songthaew* (camionnettes avec des sièges à l'arrière) vous attendront pour vous déposer à l'hôtel. Les prix dépendent du nombre de passagers, mais comptez entre 60 et 200 B par personne. Notez que les routes sont difficiles. Il existe aussi une liaison entre Ko Chang et le terminal Est (Ekamai) des bus de Bangkok, via Chanthaburi et Trat, ainsi que des services directs de bus et minibus (www.bussuvarnabhumikohchang.com) depuis l'aéroport international Suvarnabhumi de Bangkok.

SURIYA DESATIT/ALAMY STOCK PHOTO ©

Scannez ce QR Code pour obtenir des informations et des mises à jour sur Trat.

INCONTOURNABLE

Trat

Trat se trouve à l'extrême est de la Thaïlande, à la frontière avec le Cambodge. Il est possible d'y prendre le ferry pour Ko Chang, Ko Mak ou Ko Kut. Cependant, Trat est bien plus qu'un simple embarcadère. L'endroit se distingue par son charme suranné, son patrimoine culturel et ses communautés.

À NE PAS MANQUER

- Musée de la Ville de Trat
- Village de Baan Thammachat Lang
- Village de Baan Nam Chiao
- Bang Phra Community Enterprise

Musée de la Ville de Trat

Construit sous le règne de Rama V (1868-1910), cet édifice en bois, classé par le Département des beaux-arts de Thaïlande, servait autrefois de Salle provinciale. En 2004, un incendie en a gravement endommagé la structure. Le Département des beaux-arts a donc rénové le bâtiment d'origine et l'a transformé en musée de la Ville. Les expositions sont réparties en 6 sections et présentent la riche histoire de la province sous tous ses aspects, de la préhistoire à nos jours. C'est l'endroit idéal pour mieux appréhender cette région, à l'est du pays.

Village de Baan Thammachat Lang

Baan Thammachat Lang est un village côtier voisin du golfe de Thaïlande. C'est là que se trouve l'embarcadère de Thammachat, où l'on prend le ferry pour Ko Chang. Ses habitants, désireux d'en faire autre chose qu'un simple point de transit vers Ko Chang, ont créé l'entreprise communautaire de Baam Thammachat Lang, dont la principale activité consiste à fabriquer des tissus teints au moyen de pigments naturels extraits des trois forêts du voisinage : la forêt communautaire, la mangrove et la forêt d'herbes médicinales. L'eau de mer remplace ici l'eau douce pour le lavage des tissus.

Village de Baan Nam Chiao

Les habitants de Baan Nam Chiao (photo) se distinguent par leur mode de vie et leur culture. Malgré des croyances religieuses distinctes, ils vivent en harmonie. Les voyageurs pourront visiter les mosquées et les vieux temples du village, faire une promenade en bateau pour voir la mangrove et l'embouchure de la baie ou encore découvrir l'artisanat local : la confection de chapeaux traditionnels. Un autre point fort est le pont en arche en bois, très élevé, enjambant le canal. Hébergements simples chez l'habitant.

Bang Phra Community Enterprise

Cet ancien quartier commerçant de l'époque du royaume de Rattanakosin a conservé un charme empreint de nostalgie. Il comprend la zone située le long du canal Bang Phra, ancien carrefour commercial, jusqu'au marché Rim Khlong, donnant sur la route principale, parallèle au canal Bang Phra. Il est suivi des marchés Kwang et Tha Ruea Chang, où vous pourrez admirer des maisons traditionnelles en bois, des sanctuaires et du *street art*, profiter de boutiques, cafés et hébergements chez l'habitant, et vous détendre sur la promenade au bord du canal.

Se rendre au Cambodge depuis la Thaïlande

Cham Yeam/Ban Hat Lek est un poste frontière permanent entre la province de Trat et Ban Cham Yeam, Monthon Sima, et Koh Kong, au Cambodge. Il est ouvert tous les jours de 6h à 22h. Faites le plein de dollars US avant de traverser.

Un *tuk-tuk* jusqu'à Koh Kong coûte 5 $US. De Ko Kong, des minibus partent pour Phnom Penh, Kampot et Sihanoukville. Un taxi devrait vous coûter 3 $US par personne et le chauffeur attendra qu'il y ait 4 passagers. Il n'est pas nécessaire de convertir vos espèces en riel, car le baht est couramment accepté à Koh Kong et dans les autres provinces frontalières.

Un visa touristique coûte environ 30 $US. On pourra vous demander 1 500 B (45 $US) ou 30 $US, plus des frais de 100 à 300 B. Mieux vaut donc faire la démarche à l'avance en ligne (37 $US).

THANON SUKHUMVIT

Avec ses 488 km, Thanon Sukhumvit est l'une des plus longues routes du pays. Elle commence juste après Ploenchit Road à Bangkok et se termine au poste-frontière de Amphoe Khlong Yai, à Trat, à la frontière avec Koh Kong, au Cambodge. Si vous dites que vous séjournez à Sukhumvit, on comprendra que vous parlez de Bangkok.

À SAVOIR

- Il n'est pas nécessaire de passer ici plus de deux jours et une nuit.
- On franchit aisément la frontière avec Koh Kong, au Cambodge, depuis Trat, à condition d'avoir tous ses papiers sur soi.
- Bien que Ko Chang soit plus développée que Trat, cela vaut la peine de passer une nuit dans le centre-ville.

Chanthaburi

Charmante et paisible, cette ville, parfois ignorée des touristes, se distingue par son quartier historique, marqué d'influences chinoises, françaises et vietnamiennes.

Elle doit sa réputation à l'extraction et au commerce des pierres précieuses, mais l'on produit également, dans la région, de savoureux fruits tropicaux (durian, ramboutan, mangoustan...).

C'est au XIXe siècle qu'arrivèrent à Chanthaburi des chrétiens vietnamiens fuyant les persécutions en Cochinchine (sud du Vietnam). La France occupa Chanthaburi de 1893 à 1905 en raison d'un désaccord sur la frontière entre le Siam et l'Indochine. D'autres Vietnamiens suivirent dans les années 1920 et 1940 pour échapper au régime colonial français, puis une troisième vague en 1975, après l'invasion communiste du Vietnam du Sud.

Chanthaburi est plus tranquille que ses célèbres voisines, Rayong et Trat. On s'y promène et on s'y attable sans crainte d'être déçu, et ses habitants sont d'autant plus affables et accueillants que le tourisme de masse a épargné l'endroit.

Pour les infos pratiques, voir le Carnet d'adresses p. 168

À SAVOIR

Si vous ne connaissez pas les fruits tropicaux thaïlandais, visitez un des nombreux vergers où l'on vous en laissera goûter de divers types.

Marché aux pierres précieuses (p. 138)

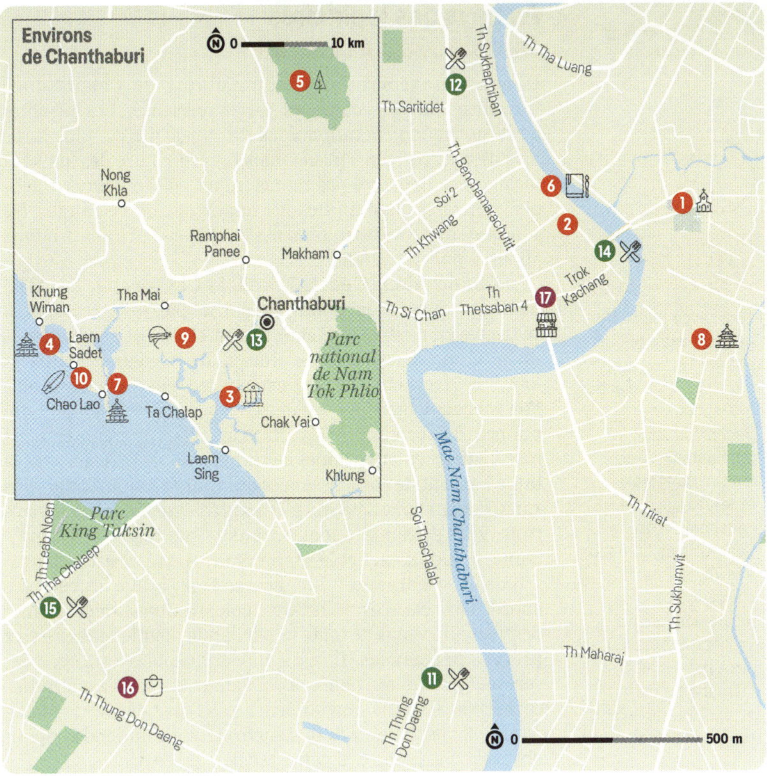

VOIR

1 Cathédrale de l'Immaculée-Conception
2 Centre culturel du quartier de Chanthaburi River
Chedi Klang Nam Viewpoint, Ban Hua Laem **voir** 1
3 King Taksin the Great Shipyard
4 Pagode de Ban Hua Laem
5 Parc national de Khao Khitchakut
6 Quartier de Chanthaboon Waterfront
7 Wat Pak Nam Khaem Nu
8 Wat Phai Lom

ACTIVITÉS

9 Bao Ploy Lek Phet
10 Chanthaburi Surf Tribe

SE RESTAURER

11 Chanthorn Pochana Maharaj
12 Chanthorn Pochana Old Town
13 Restaurant Chui
14 Je Eed Seafood Noodles Old Town
15 Restaurant Krua Loong Chaey

SHOPPING

16 Chanthaburi Gem & Jewellery Center
17 Marché aux pierres précieuses

OÙ SÉJOURNER À CHANTHABURI

Rimnam Klangchan
Hôtel très agréable et spacieux juste au bord de la rivière. Toujours très accueillant. **$$**

Luang Rajamaitri Historic Inn
Dix chambres d'exception dans un boutique-hôtel au bord de l'eau, dans un bâtiment historique de la vieille ville. **$$$**

Banbangchan Homestay au Landless Village
Vous dégusterez des fruits de mer dans ce village de pêcheurs fondé il y a 150 ans. **$**

OFFICE DU TOURISME DE CHANTHABURI

Pour savoir quoi faire pendant votre séjour en ville, l'office du tourisme de Thaïlande à Chanthaburi (facebook.com/tatchanthaburi) se montre disponible et réactif sur Facebook Messenger. Son personnel répond très vite et fournit d'excellentes recommandations.

Contactez-les aussi par e-mail à tatchan@tat.or.th ou par téléphone au 663 948 0220.

Scannez ce QR Code pour des recommandations aux visiteurs de Chanthaburi.

Au pays des lapidaires

CHEF-D'ŒUVRES DE LA NATURE

Depuis des générations, les habitants de Chanthaburi travaillent dans le secteur des pierres précieuses. Les membres de la nouvelle génération vous diront qu'il n'est plus aussi aisé d'en extraire sur place, mais le savoir-faire des artisans locaux n'en demeure pas moins intact, et la ville reste celle des gemmes. Les familles les importent de l'étranger, les soumettent à divers traitements jusqu'à en faire des produits aboutis, puis les vendent.

Le **Chanthaburi Gem & Jewellery Centre** est le lieu idéal pour qui souhaite en savoir plus sur les pierres précieuses. Il se trouve en plein centre et se rejoint aisément à pied depuis un hôtel ou à la faveur d'une promenade au cœur de cette très jolie ville. La visite, gratuite, est ouverte tous les jours de 9h à 17h. Au deuxième étage, un musée est consacré à la filière. On y apprend à reconnaître les différents types de gemmes, ainsi qu'à distinguer leurs étapes de traitement, de l'extraction à la taille ; autant de connaissances qui vous seront utiles si vous vous rendez au marché aux pierres précieuses. Notez que seuls trois types de gemmes sont extraits à Chanthaburi : le saphir jaune, le saphir vert et le saphir étoilé. Le reste est importé.

Tous les vendredis et dimanches, de 9h à 18h, les rues des abords de la cathédrale, ordinairement calmes, voient affluer des visiteurs venus de toute la Thaïlande pour le **marché aux pierres précieuses**. Il règne une atmosphère étrangement sereine quand on pense à la valeur de la marchandise concernée. Les gens s'agglutinent autour des tables artisanales, ou simplement autour de la paume ouverte d'un vendeur, pour observer à la loupe des petits tas de pierres brutes.

Pour chercher des pierres vous-même, parcourez 45 minutes en voiture depuis le centre-ville jusqu'à la **Bao Ploy Lek Phet**, une mine cachée parmi les vergers alentour. Sur place, on vous remettra des vêtements spéciaux, la visite étant très salissante. Des employés vous emmèneront à une profondeur de 4 à 5 m. Nulle crainte à avoir : il s'agit d'une excavation récente, réalisée à des fins d'apprentissage, et non d'une véritable mine, et l'on y descend en toute sûreté. À l'aide des outils fournis, vous pourrez creuser et prélever un peu de terre, avant d'être conduit, une fois remonté, dans la zone de nettoyage, où vous la passerez au tuyau d'arrosage, dans l'espoir d'y trouver des gemmes. Cet atelier coûte 500 B et vous pourrez emporter toute pierre que vous pourriez dénicher. En prime : collations, boissons et un souvenir, à savoir une gemme associée à votre jour de naissance (ainsi vous donnera-t-on par exemple un saphir jaune si vous êtes né un lundi).

OÙ TROUVER DES CASCADES

Parc national de Nam Tok Phlio
Un parc touristique dont l'agréable sentier fait le tour des cascades.

Khao Soi Dao
Chute d'eau à 16 niveaux dans le parc national. Par sécurité, elle n'est accessible que jusqu'au 9e niveau.

Nam Tok Trok Nong
Un camping en pleine nature permet d'accéder aux chutes d'eau à pied.

SUWINCHA NEAMKHUM/SHUTTERSTOCK ©

Durian

Fruits de la passion

GOÛTEZ AUX TRÉSORS DES TROPIQUES À CHANTHABURI

La région de Chanthaburi est l'une des plus grandes productrices de fruits de Thaïlande. Vous en profiterez au mieux entre mai, date de la fête annuelle des fruits, et juillet. Certains vergers proposent un buffet à prix unique (environ 1 000 B) où vous pourrez manger autant de fruits que vous le souhaitez.

Crémeux et jaune, le **durian**, connu pour sa puanteur, est une véritable mine d'or pour les habitants. Le prix d'un kilo épluché peut atteindre plus de 1 300 B. Certains le trouvent immangeable, tandis que d'autres en raffolent. Il en existe de nombreuses variétés, à la texture et la sucrosité diverses. L'odeur, elle, reste la même. La quasi-totalité des hôtels thaïlandais et le Skytrain de Bangkok les interdisent. Le durian peut être consommé de mai à juillet.

CHAUFFEUR PRIVÉ À LA DEMANDE

Même si l'application Grab (grab.com) vous rendra service en centre-ville, il est moins facile de trouver un chauffeur qui vous emmènera jusqu'à Bao Ploy Lek Phet ou le parc national Nam Tok Phlio. Mieux vaut donc louer une voiture à titre privé.

Presque tous les véhicules qui roulent pour Grab peuvent également être loués par des particuliers pour des excursions d'une journée. Si vous avez déjà eu recours à cette application lors de votre voyage, vous devriez recevoir quelques numéros de téléphone à appeler.

Nam Tok Krathing
Cette cascade à 13 niveaux prend sa source dans le parc national de Khao Khitchakut (voir aussi p. 144).

Nam Tok Khlong Phaibun
Située dans le parc national de Khao Khitchakut, cette petite cascade se prête à l'observation des oiseaux.

Nam Tok Makok (Olive Waterfall)
Accessible par une promenade agréable dans la forêt et très peu fréquentée.

VERGERS

Rinradee Garden
Un B&B au cœur d'un verger qui propose un buffet de fruits tous les ans en juin.

Rich Dad Farm
Créée en 1961, cette ferme était une orangeraie avant d'accueillir des arbres fruitiers de la région. En 2007, tous les orangers sont morts. La ferme est alors passée à l'agriculture biologique.

KP Garden
Vous trouverez ici des fruits frais ou des en-cas à base de fruits. Essayez les chips de durian !

Baan Suan Ratchanat
Ouvert du début (mi-avril) à la fin des récoltes de fruits. Le café, au milieu des durians, sert un excellent gâteau préparé à base de fruits.

LITTLEPERFECTSTOCK/SHUTTERSTOCK ©

Ramboutan

Une fois pelée, à la manière de celle d'une orange, l'épaisse peau violette d'un **mangoustan**, on découvre de petits quartiers blancs, sucrés, rafraîchissants et juteux. Certains hôtels les interdisent également, car ils contiennent une substance visqueuse violette difficile à laver. Le mangoustan n'a pas l'odeur du durian, mais attention à ses noyaux plats qui, quoique comestibles, peuvent désagréablement glisser dans la gorge. Disponible de mars à juin.

La plupart des Thaïlandais ont grandi en mangeant le **ramboutan**, et son goût est souvent l'un de leurs tout premiers souvenirs. Rouge et hérissé d'excroissances fibreuses (qui lui valent son surnom de "litchi chevelu"), ce fruit est couramment utilisé dans le *loy kaew*, souvent à la carte des desserts de restaurants thaïlandais. Il s'agit d'un sirop de sucre avec un soupçon de pandanus et de fruits frais flottant dans le sirop, servi avec de la glace pilée. Le ramboutan est disponible de mai à juin.

OÙ SE LOGER À CHANTHABURI

Tum Baan Suan
Séjour familial chez l'habitant, tout confort, au cœur d'un verger et en pleine nature. Barbecue à disposition. $

Phlio Resort
Hôtel récent sur la route du parc national de Phlio, visible grâce à son toit argenté qui reflète la lumière du soleil. $$

Baansuan Rudee Resort
Propriété familiale, chambres spacieuses et repas faits maison. Au bord de la rivière, avec sa propre cascade. $$

Si vous avez vu des **longanes** dans les pays voisins de la Thaïlande, ou même à Bali, sachez qu'ils n'ont rien à voir avec ceux de Chanthaburi, plus gros et plus croquants. Ce fruit, très sucré, est disponible de juillet à août.

Comparé à d'autres fruits de la région orientale, le ***longkong,*** juteux et sucré, n'est pas très connu. Attention à la substance gluante de l'écorce, dont on ne se débarrasse qu'en se lavant les mains avec du savon plusieurs fois d'affilée. Disponible de mai à juillet.

À l'instar du durian ou du ramboutan, le ***salak*** n'est pas d'un aspect très engageant. Il est aussi appelé le “fruit serpent” en raison de la texture de sa peau. Il est moins sucré que le durian, le ramboutan ou le *longkong*, mais sa saveur légèrement acidulée lui confère un caractère unique et rafraîchissant. Certains trouvent que son goût rappelle celui d'un sirop pour la toux. Tout comme le ramboutan, il est couramment utilisé dans le *loy kaew*. Il est mur de mai à novembre.

Saveurs de l'est de la Thaïlande

TRÉSORS CULINAIRES DE L'EST

Les plats de l'est de la Thaïlande sont différents de ceux que l'on trouve dans le Nord ou le Sud, mais ils valent la peine d'être découverts. Un incontournable de la région est le curry *mŏo chamuang*, qui associe la poitrine de porc à des herbes locales et à des feuilles de *chamuang* acidulées.

On ne saurait manquer non plus le *sên chăn pàt pu*, du crabe sauté avec des nouilles de Chanthaburi. Malgré sa couleur orange vif, il n'est pas aussi épicé qu'il en a l'air. Il est servi avec des légumes frais.

Le *Kài tŏm krawan* est une soupe de poulet assaisonnée d'une autre épice locale, le *krawan*, que l'on retrouve dans d'autres plats de l'Est, comme le poisson sauté au *krawan*.

Si les nouilles sont appréciées partout en Thaïlande, les nouilles *liang* de la région sont produites avec des herbes locales. Dans le *kuay tiew mŏo liang*, le bouillon est préparé avec des os de porc, ce qui lui vaut un goût légèrement sucré, qui s'ajoute à celui du sucre de canne, du vinaigre et du piment.

Rarement consommées ailleurs en Thaïlande, les *kăang* (crevettes-mantes) sont omniprésentes dans l'Est et ressemblent à des gambas.

Voici quelques adresses à Chanthaburi où goûter des plats locaux. **Chanthorn Pochana** est connu pour inclure des fruits dans ses plats, et sert une délicieuse salade épicée au mangoustan, ainsi que des spécialités régionales. Il compte deux restaurants : dans la vieille ville et à Maharaj. Ce dernier est voisin du **marché nocturne du week-end**, ce qui vous permettra d'acheter quelques souvenirs après votre repas.

DU CALAMONDIN À TOUTES LES SAUCES

Le *calamondin* est d'emploi courant dans les plats de Chanthaburi. Connu sous le nom de *sôm ma peed*, cet agrume est plus petit qu'un citron vert et souvent plus acide. Il le remplace dans de nombreuses recettes, y compris le *pàt tai*. Lorsque ces fruits sont réduits en jus, ils sont appelés *sôm jeed*, et vous trouverez peut-être cette boisson dans un restaurant de nouilles local.

OÙ SE RESTAURER À CHANTHABURI

Kuay Chap Pa Mai
Restaurant de nouilles dans un bâtiment historique de la vieille ville, en bord de rivière. $

Khao Luad Moo Nai Pan
Il sert un petit déjeuner traditionnel depuis plus de 20 ans, avec un bouillon au sang de porc. $

Khrua Bua Khao Kitchen
Halte idéale sur le chemin de la plage. Plats de l'Est traditionnels et originaux. $$

DÉCOUVRIR LES PRODUITS LOCAUX

Feuilles de *chamuang*
Oubliez les pierres précieuses de la région : il s'agit d'un bijou pour votre palais. On les emploie notamment dans le curry de porc.

Krawan
Herbe cultivée dans cette région de la Thaïlande ; son goût rappelle celui d'un gingembre doux et sa texture est légèrement croquante.

***Kapi* (pâte de crevettes)**
Tout comme le durian, on aime ou on déteste ce condiment puissant. Fabriqué à partir de crevettes ou de krills salés puis fermentés pendant des semaines.

Crevette-mante
Les gambas sont consommées régulièrement partout en Thaïlande, mais il est rare de voir des crevettes-mantes, même si elles ont un aspect (et un goût) similaire. À Chanthaburi, elle est au menu partout.

Dans la vieille ville, au bord de la rivière, **Je Eed Seafood Noodles Old Town** est tenu par Je Eed ("Tante Eed") depuis plusieurs décennies. Sa spécialité, les nouilles *tŏm yum*, sont associées à toutes sortes de fruits de mer pêchés à Chanthaburi, en particulier des crevettes-mantes. Mention spéciale pour le porc rouge sucré et son riz aux fruits de mer.

Le **restaurant Chui**, spacieux et à ciel ouvert, est apprécié des Thaïlandais en voyage d'affaires. On y sert du porc croustillant sauté au *kapi* (pâte de crevettes) qui ne fait pas l'unanimité. Certains l'aiment, tandis que d'autres le trouvent malodorant. Le restaurant est à quelques pas du Chanthaburi Gem & Jewellery Centre.

Proche du parc King Taksin, idéal pour une promenade après le dîner, le **restaurant Krua Loong Chaey** sert tous les classiques locaux depuis plus de 20 ans. Essayez le *lhon pu* (crabe en sauce au lait de coco).

La vie en ville

IL N'Y A PAS QUE LA NATURE

Le centre-ville de Chanthaburi est charmant, paisible et il se visite facilement à pied. Peu fréquenté par les touristes, il arrive néanmoins que ses hôtels soient complets pendant un long week-end. Pensez à réserver.

Le long des berges de la Mae Nam Chanthaburi, s'étire un quartier plein de charme du **Chanthaboon Waterfront Community**, aux maisons restaurées, où des personnes âgées bavardent tranquillement à l'extérieur. D'un côté, sont rassemblés tous les magasins modernes, et de l'autre, un quartier résidentiel en bois, témoin du Chanthaburi d'antan. Certaines de ces vieilles maisons ont été reconverties en cafés, boutiques de souvenirs ou maisons d'hôtes, comme le Luang Rajamaitri Historic Inn. Direction le **centre culturel du quartier de Chanthaburi River** pour en savoir plus sur la vieille ville ou l'histoire de Chanthaburi.

La **cathédrale de l'Immaculée-Conception** est la plus grande cathédrale de Thaïlande. Elle se dresse sur la rive est de la Mae Nam Chanthaburi. Fondée en 1711, c'était à l'origine une modeste chapelle, qui fut reconstruite à quatre reprises. De style gothique, la construction actuelle est ornée d'impressionnants vitraux. Une galerie à l'étage surplombe la nef. La statue de la Vierge Marie placée devant l'autel est incrustée de plus de 200 000 saphirs – établissant un lien entre la religion et le négoce des pierres précieuses qui a fait la renommée de la ville.

La construction du **Wat Phai Lom** aurait été entamée au début du XVIIIe siècle, à l'époque où Ayutthaya était la capitale

QUE FAIRE DANS LE CENTRE-VILLE

King Taksin Memorial Park
Lieu apprécié des habitants de Chanthaburi pour faire de l'exercice le soir ou se retrouver au calme.

Artisanat de Chanthaboon
Découvrez l'artisanat local, comme l'art de la fabrication des nattes, ainsi que d'autres produits faits main.

Centric Market Plaza
Du vendredi au dimanche soir, vous trouverez ici de nombreux restaurants, ainsi que des boutiques de souvenirs.

Chantier naval du roi Taksin le Grand

de la Thaïlande. Ce vaste ensemble comprend une haute salle des ordinations, très ornée et dotée de fresques, ainsi qu'un autre édifice recelant un énorme bouddha allongé long de près de 55 m (ajouté à l'ensemble en 1976).

Le bâtiment d'exposition du **chantier naval du roi Taksin le Grand** recèle abondance d'informations historiques, notamment sur ce souverain, l'évolution archéologique de Chanthaburi et les techniques de construction navale. On y trouve, entre autres, divers objets d'art anciens, des poteries et des maquettes de bateaux, dont celle, grandeur nature, d'une jonque. En-dehors du bâtiment d'exposition, mentionnons la salle du roi Taksin le Grand, un arbre de Takhian Thong de 34 m, la pierre de *mae ploy* et une épave près du bassin.

Les secrets de la côte est

SURF, PADDLE, RANDONNÉE ET PLUS ENCORE

La côte orientale permet de multiples activités. Si la pratique du surf dans l'Est n'est pas encore très développée, les membres de

QUE FAIRE AUX ALENTOURS DE CHANTHABURI

Côte rose
Prenez une photo rapide de cette plage aux récifs rouges, roses et brique.

Hat Chaolao
Sans doute la plage la plus célèbre de Chanthaburi. Vous pourrez aussi vous y adonner au surf et au paddle.

Hat Laem Sing
Plage tranquille et village de pêcheurs. L'ancienne prison, Khuk Khi Kai, date de l'époque de l'occupation française, sous le règne du roi Rama V.

Moo Baan Rai Pan Din Bang Chan
Observez les milans sacrés depuis votre canoë dans ce village de pêcheurs sur pilotis, fondé voici 150 ans.

Grand Canyon de Chanthaburi
Au bord d'une eau émeraude entourée de rochers. Pour un pique-nique rapide ou une petite randonnée.

CHOCOLATIERS TRAVAILLANT LES FÈVES DE CHANTHABURI

Kad Kokoa
Propose 4 terroirs différents : Chanthaburi, Chiang Mai, Chumpon et Prachuab Kirikhan.

Pridi Cacaofevier
Ce projet a été lancé par 3 chefs désireux de trouver une alternative locale de qualité au chocolat importé.

Shabar
Chocolat artisanal en microproduction, lait chocolaté et biscuits.

LE CACAO THAÏLANDAIS

Nuttaya Junhasavasdikul, co-fondatrice de Kad Kokoa.

Culture du cacao
Chanthaburi est une grande région productrice de cacao, comme Chiang Mai, Chiang Rai, Prachuap Khiri Khan, Phuket et Chumpon. “La tendance est à l'accroissement du nombre d'agriculteurs à se lancer dans la culture du cacao.”

Chocolatiers
Lorsque Nuttaya et son mari ont créé Kad Kokoa il y a 6 ans, il n'existait que quelques chocolatiers. Ils sont aujourd'hui près de 80. “Le cacao est cultivé en tant que culture associée, ce qui offre des avantages. En utilisant efficacement l'espace, on optimise l'emploi des terres.” L'industrie chocolatière thaïlandaise a un avenir prometteur.

Chanthaburi SurfTribe travaillent à cette fin. Ils organisent un festival annuel de surf et de skate à Hat Chaolao aux environs du mois de juin. Les meilleures conditions pour surfer à Chanthaburi s'étalent de mai à octobre.

Si vous êtes amateur de paddle, vous pourrez contacter **SUP Story** pour pratiquer ce sport dans une mangrove du district de Khlung.

À 28 km au nord-est de la ville, le **parc national de Khao Khitchakut** est l'un des plus petits parcs nationaux de Thaïlande (59 km^2), mais il est bordé de réserves naturelles et il abrite des éléphants sauvages. La cascade de **Nam Tok Krathing** n'est impressionnante qu'après la saison des pluies. Autre point d'intérêt : un temple au sommet d'une colline où le Bouddha aurait laissé une empreinte auprès d'un énorme rocher. Pour les Thaïlandais, c'est l'un des meilleurs endroits du pays pour amasser des mérites. Notez en revanche que les routes n'ont ici rien d'évident, et qu'une ascension dans la montagne en voiture vous vaudra des sensations fortes. Nous vous déconseillons d'y monter vous-même : engagez sur place un chauffeur expérimenté.

La petite pagode blanche de **Ban Hua Laem** trône sur un îlot à faible distance de la côte. Vous pourrez la contempler depuis le **Chedi Klang Nam Viewpoint**. Un camping, le **Noen Nang Phaya**, est tout proche, au niveau de la plage.

Situé au bord de la mer, le splendide **Wat Pak Nam Khaem Nu** est recouvert de céramiques bleues et blanche, ajoutées pour protéger l'édifice des embruns.

Pagode de Ban Hua Laem

COMMENT S'Y RENDRE ET CIRCULER

Si elle peut sembler petite, la localité est bien desservie. La gare routière de Chanthaburi (Th Saritidet) est à l'ouest du fleuve. Des minibus partent de là également.

Les motos-taxis demandent 20 à 40 B pour les trajets en ville. Le centre-ville est aisé à parcourir à pied.

Bien que Grab (grab.com) soit bien représenté à Chanthaburi, la plupart des chauffeurs refuseront de s'éloigner du centre. Mais si vous avez utilisé leurs services depuis votre arrivée, ils vous fourniront leurs coordonnées pour une location privée, très pratique si vous voulez voyager plus loin.

Rayong

Rayong n'est, pour beaucoup, qu'un point de passage vers l'île festive de Ko Samet. Pourtant, cette province a bien plus à offrir, et la nature y est généreuse. De fait, la région est l'une des principales productrices de durians et organise une fête des fruits chaque année en avril/mai. Les produit de la mer y sont, eux aussi, excellents et la région est réputée pour sa cuisine, parfaite alliance de celles du Centre et du Sud. Ajoutez à cela de belles plages et vous aurez de quoi vous occuper quelques jours, à l'aller ou au retour de Ko Samet. Cette dernière attire, avec sa vie nocturne trépidante et ses plages jalonnées de bars et de restaurants, un mélange de Bangkokiens en vacances, de baroudeurs étrangers et de groupes de touristes.

Pour les infos pratiques, voir le Carnet d'adresses *p. 170*

À SAVOIR

Pour profiter au mieux de Rayong, restez sur le continent 2 ou 3 nuits, puis à Ko Samet 2 ou 3 supplémentaires, afin d'alterner entre repos et festivités, tout en goûtant à la cuisine locale.

Spectacle de feu, Ko Samet (p. 147)

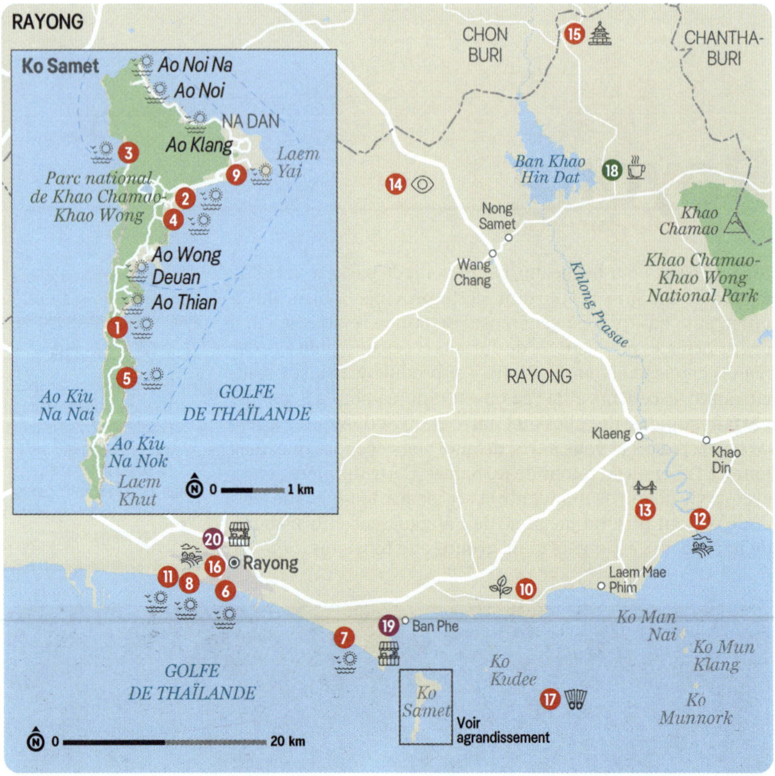

VOIR
1 Ao Lung Dam
2 Ao Phai
3 Ao Prao
4 Ao Tubtim
5 Ao Wai
6 Hat Laem Charoen
7 Hat Mae Ramphueng
8 Hat Saeng Chan
9 Hat Sai Kaew
10 Jardin botanique de Rayong
11 Moonlight Beach
11 Pak Nam Prasae
13 Pont Ruksame
14 Suan Lamai
15 Wat Tham Khao Prathun
16 Yomjinda Road

ACTIVITÉS
17 Ko Ta Lu

SE RESTAURER
Je Nong Zab Ver
voir 11

PRENDRE UN VERRE ET FAIRE LA FÊTE
18 Yen Say Garden

SHOPPING
19 Marché aux poissons de Ban Phe
20 Marché flottant de Ko Kloi

OÙ SÉJOURNER À RAYONG

Samed Cabana Resort
Des villas aux allures de cabanons de plage où l'on se sent comme chez soi. $$

Le Vimarn Cottages & Spa
Ce quatre-étoiles fait la part belle à la soie thaïlandaise et aux belles boiseries. $$$

Paradee
Cet établissement dispose de villas cinq étoiles avec piscine, sur une plage privée. $$$

Ko Samet : bars de plage et beaux paysages

L'ÎLE POUR LAQUELLE ON REVIENT À RAYONG

Ses plages de sable, ses criques isolées et ses eaux turquoise sont prises d'assaut par les habitants de Bangkok, venus faire la fête le week-end, tandis que la plage principale et de nombreux *resorts* sont prisés par des groupes (notamment thaïlandais ou chinois) en voyage organisé. Outre sa beauté naturelle, Ko Samet est aussi connue pour sa vie nocturne. À la nuit tombée, des bars de plage et des restaurants accueillent musiciens, spectacles de feu et fêtes endiablées sur les plages du nord.

Le sud de l'île est beaucoup plus isolé et tranquille. La plupart des criques n'y comptent qu'un ou deux *resorts*. Cette île touristique proche de Bangkok est restée relativement sauvage, avec une jungle intérieure luxuriante s'étendant jusqu'aux constructions peu élevées des hôtels.

Les principales plages sont **Hat Sai Kaew**, **Ao Phai**, **Ao Prao** et **Ao Tubtim**. Le sentier littoral traverse des promontoires rocheux, des forêts bruissant de cigales et d'innombrables criques magnifiques ; plus on se rapproche du sud de l'île, plus l'ambiance est détendue. La plage d'**Ao Lung Dam** est plus calme que les autres. Située au sud de l'île, en amont d'**Ao Wai** (une autre belle plage tranquille), elle permet d'échapper à la foule. Son point fort est la jetée en bois qui se prolonge sur l'océan.

Depuis Ko Samet, vous pourrez réserver une excursion d'une journée à **Ko Ta Lu**, une petite île du parc national de Khao Laem Ya-Mu Ko Samet, à l'est de Ko Samet. On y vient pour profiter du calme et s'adonner au snorkeling dans l'un des plus beaux récifs coralliens de la mer de Rayong.

Rayong, par-delà Ko Samet

AU CŒUR DE LA NATURE

Si beaucoup viennent à Rayong pour Ko Samet, la partie continentale de la province a, elle aussi, beaucoup à offrir, qu'il s'agisse d'un jardin botanique, d'une mangrove ou d'une plage paisible pour un pique-nique au coucher du soleil.

Proche du centre-ville et facile d'accès, **Moonlight Beach** se distingue par sa série de courbes en demi-lune créées pour empêcher l'érosion. Parfaite pour un pique-nique au coucher du soleil, on y trouve aussi de quoi se restaurer. À proximité, les plages de **Hat Mae Ramphueng**, **Hat Saeng Chan** et **Hat Laem Charoen** méritent aussi le détour. Idéal pour une promenade dans la nature, le **pont Ruksame** est une passerelle de bois entourée de superbes mangroves, dans la zone protégée du canal de Khlong Tha Tabo et de la forêt de Charoen.

COMMENT SE RENDRE À KO SAMET

À Rayong, rendez-vous à Sribanphe Pier, Nuanthip Pier ou Phe Pier pour les bateaux à destination de Ko Samet. Chaque embarcadère dispose d'un parking pour la nuit.

Pour les grands bateaux de pêche en bois, comptez 100 B et 30 minutes, pour un bateau rapide (*speedboat*), 300 B et 15 minutes.

Une fois arrivé sur l'île, des *songthaew* pourront vous déposer aux différentes plages ou autres lieux de votre choix. Les prix varient en fonction du nombre de personnes dans la cabine et de la distance à parcourir. Vous pourrez louer une moto à proximité du débarcadère.

Baan Rao Rim Khuen Suan Khun Da
Camping et café au bord de l'eau près d'Amphoe Klaeng et de Nam Tok Khao Chamao. **$**

Ruen Thai Nai Suan Baan Phe Rayong
Hébergement atypique dans une maison traditionnelle. On y accède par des escaliers. **$$**

Madame Resort
Un deux-étoiles comprenant 10 maisons décorées dans le style des demeures en bois traditionnelles. **$$**

POURQUOI J'AIME RAYONG

Tanamate 'Tanner' Wittayaworapat, un Bangkokois natif de Rayong, rentre chez lui chaque week-end.

Comment était votre enfance à Rayong ?
"Inoubliable. C'était alors une petite cité balnéaire aux plages propres et à l'eau claire. Aujourd'hui, la ville est plus animée, mais le sentiment de sérénité n'a pas disparu. J'apprécie toujours le rythme de vie plus lent quand je rentre chez moi."

Qu'est-ce qui fait la particularité de Rayong ?
"Les fruits de mer frais. Ma grand-mère et ma mère m'emmenaient tous les jours à la jetée pour en acheter. La cuisine de Rayong est un mélange de celles du Centre et du Sud."

Quel est le meilleur atout de Rayong ?
"D'abord les fruits. De nombreux vergers proposent un buffet de fruits à cueillir soi-même, une belle expérience."

Pour les amoureux des plantes, le **jardin botanique de Rayong** est un centre de recherche et de collecte de plantes de la région de l'Est. L'environnement de zones humides et la mangrove en font à la fois un lieu pédagogique et un beau site naturel, que l'on peut explorer en kayak ou à vélo.

Vivez à la mode locale

RENCONTRER LES HABITANTS

La Rayong continentale n'étant pas très touristique, surtout comparée à Ko Samet, on y accueille volontiers les visiteurs venus découvrir le mode de vie local, notamment par le biais de séjours chez l'habitant. Les fruits de mer frais en sont un attrait supplémentaire.

Pak Nam Prasae est un ancien village fluvial de l'époque d'Ayutthaya, célèbre pour ses pêcheurs, ses mangroves et ses canaux qui se jettent dans la mer. L'embouchure de la rivière est densément peuplée et constitue un carrefour commercial pour la vente de fruits de mer, en particulier les crevettes. Mangues et noix de coco y sont également cultivées. Vous pourrez visiter la **mangrove de Pak Nam Prasae** ou faire du rafting le long de Mae Nam Prasae et tenter d'apercevoir des milans sacrés.

Yomjinda Road est le cœur historique de la ville, et la communauté locale s'efforce d'en préserver l'atmosphère traditionnelle.

Non loin, le **marché flottant de Ko Kloi** séduit par ses boutiques en bois et son charme suranné. Il n'est pas très grand, mais se prête à quelques emplettes. On y trouve des plats à emporter, des échoppes de souvenirs, des magasins de jouets ou de vêtements, ainsi que des stands d'artisanat.

Des choses à manger

RIZ FRIT À L'ANANAS, DURIANS ET PLUS ENCORE

La province de Rayong est aussi connue pour ses fruits. C'est l'une des plus grandes régions productrices de durians du pays, mais on peut également s'y régaler d'ananas, de mangues et de ramboutans frais. Entre mai et juin, **Suan Lamai** est l'endroit idéal pour déguster les fruits locaux. Vous trouverez, dans ce vaste jardin, un buffet où déguster mangoustans, ramboutans, *longkong* et durians (il peut y avoir un supplément pour le durian, plus coûteux). La propriété est parcourue par un tramway, qui pourra vous emmener au buffet et s'arrêtera également à un élevage de moutons. Camping et caravaning sont également envisageables, avec

AUTRES POINTS FORTS DE RAYONG

Thung Prong Thong (Golden Meadow)
Les arbres *prong tong* s'épanouissent dans cette région de zones humides.

Nam Tok Khao Cha Mao
Une chute d'eau à 8 niveaux, à 300 m à pied du parc national de Khao Chamao-Khao Wong.

Rayong Aquarium
De belles et rares créatures marines, des plantes aquatiques et d'anciens et singuliers bateaux de pêche.

DRAGONITE_EAST/SHUTTERSTOCK ©

Jardin botanique de Rayong

un charmant étang à proximité, des champs de fleurs, un café et maintes activités de plein air.

Rayong donne sur le golfe de Thaïlande, et les fruits de mer frais et bon marché n'y manquent pas. Ils constituent l'ingrédient principal de nombreux plats, dont le *mŏo chamuang* (curry de porc aux feuilles de *chamuang*), ici un incontournable, tandis que les ananas ont la part belle dans des plats salés tels que le *gaeng phed supparod* (curry épicé d'ananas), ou le riz frit à l'ananas.

À l'est de la ville de Rayong, le **marché aux poissons de Ban Phe** est une référence, à l'échelle de la province, pour les produits de la mer. Y sont vendus des produits fraîchement pêchés à des prix très raisonnables par rapport à Ko Samet. C'est ici qu'il faut venir pour en acheter, si vous cuisinez vous-même.

Plus loin sur la côte, **Je Nong Zab Ver** est un restaurant réputé à Pak Nam Prasae. Au menu, des plats locaux tels que des nouilles aigres-douces, curry aigre, incluant des plantes cueillies aux alentours (*gaeng sôm pàk kra chab*), salade

MEILLEURS ENDROITS OÙ SÉJOURNER ET SE RESTAURER À RAYONG

Duangtawan Beach Resort
Hôtel trois-étoiles avec bungalows, dans un cadre arboré. $$

Ryad Rayong
Boutique-hôtel de style marocain. Piscine et jardin avec vue sur la mer. $$$

Oriental Beach Village
Maison avec piscine privée en bord de plage. $$$

Baan Phe Cabana Resort
Ici, la mer est partout. $$

Buntham & Chwee Resort
Charmants petits logements en bois. $

Ba Ra Mee Hoi
Hoi signifie palourde, comme en sert ce restaurant. Sa spécialité : les huîtres et les fruits de mer façon sashimi. $$

Krua Ya Chim
Restaurant de fruits de mer simple où une grand-mère cuisine ses propres recettes de plats régionaux. $$

Laan Ek Coffeehouse
Café à l'ancienne, dans un bâtiment de style sino-portugais. $

AUTRES INCONTOURNABLES DE RAYONG

HTMS Prasae Memorial
Un ancien cuirassé royal mis hors service pendant la guerre de Corée. Il est possible d'en visiter l'intérieur.

Phra Chedi Klang Nam (Samut Chedi)
Pagode pour les marins. Une cérémonie bouddhiste, Tod Kathin, s'y tient en novembre.

Kru Kang House Museum
Une collection de jouets, voitures anciennes, monnaies, cloches, charrettes, ustensiles et instruments.

MÉDITATION EN PLEINE NATURE

Lieu insolite où méditer, le temple troglodytique de **Wat Tham Khao Prathun** occupe une série de petites grottes entourées de pitons rocheux. Le chemin est inondé pendant la mousson et l'on ne peut alors y accéder qu'au moyen d'un petit bateau. À l'intérieur d'une des grottes, trône une statue de Bouddha, dont on dit que sa vénération apporterait la bonne fortune.

YUENSIUTIEN/SHUTTERSTOCK ©

Wat Tham Khao Prathun

pimentée aux crevettes fraîches (*pàk kra chab*) et d'autres mets que vous aurez du mal à trouver ailleurs en Thaïlande.

Plus loin de la côte, le **Yen Say Garden** a une vue panoramique, depuis son écrin de montagnes, sur la forêt du parc national de Khao Chamao-Khao Wong. On y trouve du thé à la rose maison, ainsi qu'un camping où sont louées des tentes avec accès à des toilettes propres et à l'électricité. Idéal pour qui souhaite camper sans s'aventurer trop profondément dans la jungle. Vous pourrez aussi y louer des VTT et partir à la découverte de cette région agricole.

COMMENT S'Y RENDRE ET CIRCULER

Rayong a 2 gares routières : la gare routière 1, centrale, et la gare routière 2, 7 km au nord-ouest du centre-ville. Tous les bus longue distance s'arrêtent à la gare routière 2. Les deux gares sont reliées par des *songthaew* très fréquents (15 B, 20 min).

Les minibus au départ de la gare routière 2 de Rayong desservent le terminal Est (Ekamai) de Bangkok (160 B, 3 heures 30, ttes les heures). Des minibus fréquents partent également pour Pattaya, Chanthaburi et Trat.

Des bateaux et *speedboats* partent régulièrement de Ban Phe pour Ko Samet.

Les bus en face de l'embarcadère Nuanthip de Ban Phe circulent depuis/vers Ekamai à Bangkok (170 B, 4 heures, ttes les 2 heures de 7h à 18h).

Des minibus quittent Ban Phe à destination de Laem Ngop (d'où partent les bateaux vers Ko Chang ; 250 B, 3 heures) et de Bangkok (200 B, 4 heures, ttes les 40 min).

Une fois à Rayong, vous trouverez de nombreux *songthaew*, des magasins de location de motos et des bus locaux. Au départ de la gare routière 1 de Rayong, des *songthaew* réguliers vont vers Ban Phe (25 B, 30 min, ttes les 15 min).

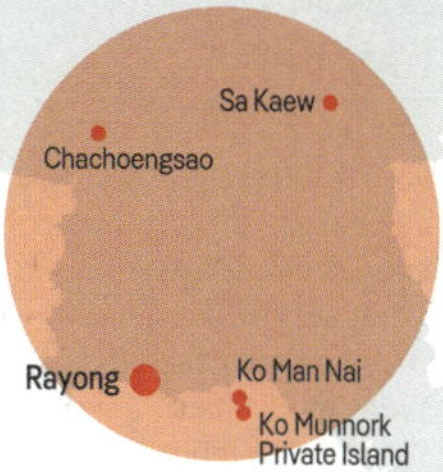

Environs de Rayong

Outre Ko Samet, la province de Rayong a l'attrait d'autres coins de mer et de montagne.

Pour les infos pratiques, voir le Carnet d'adresses p. 170

Rayong est très proche de Bangkok, ce qui explique que les habitants de la capitale affluent tous les week-ends sur les plages de la province. Vous pourrez toutefois aller à contre-courant explorer les îles à l'est de la ville de Rayong. Ko Munnork est une île privée où les activités se limitent à la plage et à la baignade. À proximité, Ko Man Nai est un centre de recherche et d'élevage de tortues marines, où l'on peut observer les efforts déployés pour sauvegarder plusieurs espèces de ces chéloniens menacés d'extinction.

À SAVOIR

Pendant la mousson, il se peut qu'aucun bateau ne fasse le trajet vers les îles, car les courants marins peuvent être violents. Renseignez-vous toujours à l'avance.

Vue de Ko Man Nai

Vivez un rêve sur une île privée

SÉJOUR SUR L'ÎLE PRIVÉE DE KO MUNNORK

Si vous aspirez au calme et à la solitude, **Ko Munnork** est l'endroit idéal. Couverte pour l'essentiel d'une forêt dense et forte d'une magnifique plage de sable blanc, cette île privée est si petite qu'en faire le tour par le sentier aménagé à cet effet vous fera à peine transpirer. Il n'y a qu'un seul endroit où loger : le Ko Munnork Private Island Resort, dont les petites villas sur la plage ont vue sur le jardin et l'océan. Il y a également une piscine, mais pour le reste, il n'y a guère plus à faire que dormir, lire sur la plage, nager et faire du kayak ou du snorkeling. Il y a peu de réseau et le Wi-Fi ne fonctionne que dans le hall. L'électricité est coupée entre 9 et 13h pour économiser de l'énergie. Les chambres comprennent la pension complète et les trajets en ferry. Passez commande à l'avance si vous souhaitez des repas spécifiques. Il n'y a pas meilleur lieu de retraite à proximité de Bangkok.

Sauvegarder les tortues marines

VISITE DU CENTRE DE RECHERCHE MARINE À KO MAN NAI

Ko Man Nai possède la plus longue vasière de la côte est, véritable merveille de la nature. Elle doit à son centre de sauvegarde des tortues d'être devenue l'un des sites touristiques les plus visitées de Rayong. Le **Marine & Coastal Resources Research & Development Centre** s'occupe de la reproduction, de l'incubation et de la sauvegarde des tortues marines, en particulier des tortues olivâtres, des tortues imbriquées et des tortues vertes. Les recherches du centre portent également sur diverses espèces de crabes, ce qui vous permettra de mieux comprendre l'écosystème marin de Ko Man Nai.

L'île a également l'attrait de sa nature sauvage. Ses plages préservées et tranquilles permettent de s'évader en toute quiétude. C'est une destination estivale idéale pour qui cherche à se détendre et à se ressourcer.

Tortue, Marine & Coastal Resources Research & Development Centre

D'AUTRES PETITES ÎLES

Il y a d'autres petites îles où faire du snorkeling et nager : Ko Ta Lu, Ko Ku Dee, Ko Kham, Ko Kruay et Ko Tham Kangkao. Nombre de tour-opérateurs proposent de visiter les 5 îles en une journée. Dome Travel, à Ko Samet, propose une excursion en *speedboat* moyennant quelque 800 B/pers avec collations, fruits, eau, panier-repas, équipement de snorkeling, gilet de sauvetage et pilule anti mal de mer. Durant le trajet, vous verrez d'autres petites îles aux splendides récifs de corail. Cette partie de la côte est est peu développée et la nature y est bien préservée.

ACTIVITÉS DANS L'EST

Dropzone Thailand
Société proposant des sauts en parachute. Les transferts depuis/vers l'hôtel sont pris en charge.

Rayong Day Trip
Randonnez dans le parc national de Khao Chamao-Khao Wong et décompressez dans un village de pêcheurs.

Pattaya Motorcycle Tour
Excursions en moto tout-terrain sur la côte du golfe de Thaïlande avec Big Bike Touring Company. Tous niveaux.

Wat Sothon Wararam Worawihan

DE GAUCHE À DROITE : BLANSCAPE/SHUTTERSTOCK ©, SINGH SRILOM/SHUTTERSTOCK ©

Temples, marchés et plus encore à Chachoengsao

AMASSER DES MÉRITES ET FAIRE DU SHOPPING EN VILLE

Chachoengsao est une petite ville, à une heure de route de Bangkok, réputée pour sa cuisine traditionnelle et ses marchés.

Parmi ses nombreux temples, le **Wat Luang Phor Sothon** est très fréquenté par les Thaïlandais venus y amasser des mérites. Il est également réputé pour exaucer les vœux.

Proche de la Mae Nam Bang Pakong, la rivière qui traverse la province, le **Wat Sothon Wararam Worawihan** est un magnifique temple où l'on vient également pour exaucer des souhaits. Construit à la fin de la période Ayutthaya, il abrite

KO MUN KLANG

Ko Mun Klang est une assez petite île, à environ 10 minutes de Ko Man Nai. Le sable de ses plages va de l'orange grossier au blanc fin. L'atmosphère intimiste de l'endroit se prête à une vraie proximité avec la nature. Les activités incluent natation, snorkeling parmi les récifs coralliens et promenades. Une zone ressemble à un petit lagon : l'île est rattachée par une pente sablonneuse à un groupe de rochers dans la mer. Lorsque la marée descend, on peut voir cette bande de sable émerger. C'est un point de vue magnifique. Il est possible de séjourner sur l'île en réservant un forfait touristique pour Ko Mun Klang. Il n'y a qu'un seul hôtel, le Mantakiri Island Resort.

OÙ SÉJOURNER À CHACHOENGSAO

Oui J'aime
Hôtel urbain remarquablement décoré dans un style de loft industriel très "métallique". $$

Ruen Lumpoo Resort
Hôtel familial situé sur Mae Nam Bang Pakong, entouré de mangroves. $$

Tala BangKla
Maison en bord de rivière au milieu d'une végétation luxuriante, près des rives de Mae Nam Bang Pakong. $$

AUTRES INCONTOURNABLES DE SA KAEW

Wood House Khao Chakan
Le soir, venez ici observer, un café à la main, le spectacle de millions de chauves-souris s'envolant de la grotte de Khao Chakan.

Nam Tok Khao Ta Krub
Une chute d'eau de 50 m au milieu d'une jungle dense et moussue. Le chemin est difficile. Pour randonneurs expérimentés.

Prasat Khao Noi
Château du XIIe siècle, classé site archéologique national.

Ban Khlong Luek Border Market
Plus grand marché de la région orientale. On peut passer ici la frontière avec le Cambodge.

Prasat Sdok Kok Thom

la statue sacrée du Bouddha **Luang Phor Phutthasothon**, protecteur de la ville. Selon la légende, la statue aurait été vue flottant sur la Mae Nam Bang Pakong et se serait immobilisée à l'emplacement actuel du temple.

Au bord de la rivière, le petit **marché pittoresque de Banmai**, à l'histoire centenaire, est une sorte de musée vivant témoignant de la présence de la communauté sino-thaïlandaise. La plupart des boutiques sont de vieilles maisons en bois où l'on trouve des produits faits maison. Au **marché flottant de Bang Khla**, sont aussi vendus des produits fabriqués localement, ainsi que de délicieux plats à base de fruits et légumes de saison.

OÙ SÉJOURNER À SA KAEW

River Resort & Spa
Hôtel en pleine nature avec piscine. Accepte les animaux de compagnie. $

Areeya Resort
Ambiance familiale et paisible au milieu de la verdure. Idéal pour se ressourcer. $

Velo's Hotel & Pumptrack
Cet hôtel quatre-étoiles dispose d'une piste de BMX de 400 m de long. $$

Traversez la frontière cambodgienne

MAIS ATTARDEZ-VOUS ENCORE UN PEU

La ville tranquille et endormie de Sa Kaew est surtout connue pour être un point de passage vers le Cambodge, mais elle abrite aussi un marché frontalier et le **Prasat Sdok Kok Thom**, un temple fortifié construit entre le XIIIe et le XIVe siècle. Plus grand temple de ce type dans la région orientale, il se distingue notamment par une stèle du XIe siècle, en écriture khmère ancienne, énumérant les souverains du Cambodge.

Situé à cheval entre les provinces de Sa Kaew et de Prachinburi, le **parc national de Pang Sida** abrite, entre autres animaux, des éléphants, des gibbons, des cerfs et des sangliers. Mais les papillons en sont l'attraction principale. De juin à juillet, nombre d'amateurs viennent observer, lors d'un festival annuel, les plus de 350 espèces de lépidoptères présentes ici. Marchez jusqu'à la zone de Phong Tiam, à environ 1 km du bureau du parc, puis jusqu'à **Hin Daad**, où les gardiens vous montreront les meilleurs sites d'observation. La **Nam Tok Pang Sida** se trouve aussi dans cette zone.

Environ 300 marches en bois raides vous mèneront au **Wat Tham Khao Chakan**, caché dans une grotte de calcaire. Outre la beauté des statues du temple, la vue depuis l'entrée de la grotte vaut à elle seule le détour.

À l'extrémité orientale des montagnes de Sankamphaen, le **parc national de Ta Phraya** est réputé pour le **canyon de Lalu**, des formations rocheuses semblables à des canyons ou à des gorges, composées de piliers et d'ondulantes parois façonnées par des millénaires d'érosion.

AUTRES INCONTOURNABLES DES ENVIRONS DE RAYONG

Suan Palm Farm Nok
Centre pédagogique et site de conservation de diverses espèces d'oiseaux rares.

Wat Hong Thong
À marée haute, ce temple peut donner l'impression de flotter sur les eaux du golfe de Thaïlande, mais ce n'est qu'une illusion. Il est en fait situé au cœur d'une mangrove.

Mini Murrah Farm
Seule ferme de buffles laitiers à Chachoengsao, c'est une destination de tourisme agricole.

***Charaxes jalysus*, parc national de Pang Sida**

COMMENT S'Y RENDRE ET CIRCULER

Des bus et des minibus desservent Rayong depuis la gare routière d'Ekkamai à Bangkok. Ils partent toutes les heures ou dès que le minibus est complet. Une fois à Rayong, vous trouverez des *songthaew* ou des chauffeurs Grab. Les motos-taxis sont légion. Vous pourrez louer la vôtre pour 300 B par jour.

Chonburi

Chonburi rappelle un peu Hua Hin, mais en plus accessible, à seulement 80 km de Bangkok. Maints habitants de la capitale et des provinces centrales y voient la mer pour la première fois. En dehors de Pattaya, tristement célèbre pour la prostitution, la province de Chonburi abrite des villes balnéaires discrètes, dont Hat Jomtien, au sud de Pattaya, Bang Saen, célèbre pour son *khao lăhm nong mon* (riz gluant au lait de coco), et Si Racha, avec ses bateaux de pêche aux couleurs chatoyantes. Chonburi reste une excellente destination pour profiter de la plage et s'évader le temps d'un week-end, sans faire un long voyage. Si vous y êtes en décembre, n'hésitez pas à faire un tour au Wonderfruit, un festival de musique et d'art qui dure 5 jours.

Pour les infos pratiques, voir le Carnet d'adresses p. 172

À SAVOIR

Une journée à Chonburi suffit pour en visiter les sites d'intérêt, mais un week-end permet de se ressourcer davantage. On y trouve de nombreux services de location de voitures privées à des prix abordables.

VOIR
1 Ao Udom
2 Bang Saen
3 Hat Jomtien
Institut des sciences marines de l'université de Burapha **voir** 11
4 Khao Sam Muk
5 Ko Kham
6 Ko Loi
7 Ko Samae San
8 Nam Tok Chan Ta Then
9 Pattaya
10 Si Racha

SHOPPING
11 Marché de Nong Mon

JACK SUVARNABHUMI/SHUTTERSTOCK ©

Bang Saen

La plage la plus proche de Bangkok

VISITER BANG SAEN ET SES ENVIRONS

Ce n'est peut-être pas la plus belle plage du pays, mais **Bang Saen** occupe une place à part pour beaucoup de Thaïlandais. De nombreuses familles y venaient en vacances dans les années 1990, mais la plage a peu à peu perdu de son attrait. Cafés et restaurants branchés sont récemment venus lui donner un nouveau souffle. On y vient encore, en famille, profiter de sa plage de 2,5 km de long ou y faire une promenade en bateau-banane. Bang Saen est un bon choix pour qui aspire à une escapade à la mer sans trop s'éloigner de la ville.

KO SAMAE SAN

Cette petite île située tout au sud de la province de Chonburi fait partie d'un projet de conservation et se prête à une excursion paisible d'une journée (il n'y a pas d'hébergement pour la nuit). Deux des 5 plages de l'île sont ouvertes au farniente ou au beach-volley, tandis que les eaux sont réputées pour leur faune marine, idéales pour le snorkeling. Des vendeurs d'en-cas et de boissons vous permettront de vous restaurer. Pour visiter l'île, rendez-vous au guichet du Thai Island & Sea Natural History Museum à Samae. Il y a une limite de 300 visiteurs par jour, il faut donc s'y prendre à l'avance. Le dernier départ de ferry est à 16h.

Scannez ce QR Code pour réserver un bateau.

OÙ SE RESTAURER À CHONBURI

Seafood Club Bangsaen
Faites un dîner de fruits de mer accompagné d'un cocktail dans ce café-restaurant en bord de mer. **$$**

Hidden Lab Cafe
Ancien hôtel transformé en café, empreint d'une ambiance de bâtiment déserté. Accès direct à la plage à pied. **$$**

Woowon
Sashimi de calamar ultra frais sortis directement du bateau. Du vendredi au dimanche uniquement. **$$**

MARCHÉ DE NONG MON

Le marché de Nong Mon plaira aux gourmands. On y goûte aux chips de durian frites, au *kâ nhom mhor gaeng* (crème pâtissière thaïlandaise cuite au four), au jus de canne à sucre frais et à bien d'autres plats encore. Mais ce marché est surtout connu pour sa version du *khao lăhm*, un dessert au riz gluant, lait de coco, sucre et haricots rouges cuits à la vapeur dans des cannes de bambou. Le *khao lăhm nong mon* est connu dans toute la Thaïlande. On y trouve également des souvenirs.

L'**Institut des sciences marines de l'université de Burapha** est idéal à visiter en famille. Le musée présente des expositions sur les créatures qui peuplent les eaux thaïlandaises, classées en 3 zones différentes.

La première zone comprend le musée des sciences marines, qui présente des expositions sur le monde sous-marin, l'importance de son écosystème pour l'humanité et un musée des coquillages. La deuxième partie comprend la nurserie marine, qui renseigne sur les différents animaux présents dans ces eaux. Il y a un spectacle sous-marin où l'on voit des poissons être nourris, ainsi qu'un bassin où l'on peut toucher les créatures marines. La troisième section comprend le centre pédagogique du monde sous-marin. Divisé en 11 zones, il présente des espèces marines. Un tunnel sous-marin long de 37 m permet d'observer des animaux marins, dont l'extraordinaire méduse Atolla, une méduse à couronne des profondeurs.

À 5 minutes de route de Hat Bang Saen, se trouve la **Khao Sam Muk**, une colline haute de seulement 45 m, mais d'une grande importance symbolique à Chonburi : ses esprits sont réputés garantir les pêcheurs du danger. Le sanctuaire de Chao Mae Khao Sam Muk est sacré pour les pêcheurs et les marchands, qui viennent s'y recueillir, sollicitant bonne fortune et protection.

Sur la partie supérieure de la colline, un sanctuaire chinois appelé **Tian Hoa Sae Boa** offre une vue panoramique sur les environs. Khao Sam Muk abrite également des centaines de macaques rhésus, aussi rapides qu'avides de nourriture. Ne leur en donnez-pas : cela ne fait que les rendre plus agressifs.

Sanctuaire de Chao Mae Khao Sam Muk

OÙ SE RESTAURER À CHONBURI

J Ple Restaurant (Hat Won)
Autrefois connu des seuls habitants, cet endroit modeste a grandi en renommée. Plats de fruits de mer copieux. **$$**

Krau Kang Wan
Sert des fruits de mer de qualité depuis plus de 10 ans. Goûtez les *hoi jo* (rouleaux de chair de crabe frits). **$$**

Kor Kung Bang Saen
Choisissez les crevettes et crabes que vous voulez manger dans leurs viviers. Fraîcheur garantie. **$$**

Institut des sciences marines de l'université de Burapha (p. 158)

NE PARTICIPEZ PAS AUX "TIGER TOURS"

Ne financez pas les organismes touristiques qui vous proposent de vous prendre en photos avec des tigres. Ces félins sont arrachés de force à leur habitat naturel, séparés de leur mère à un jeune âge et soumis à des méthodes de dressage cruelles. L'objectif est de les briser afin de les forcer à se soumettre pour permettre aux touristes d'interagir avec eux.

Le tourisme lié aux tigres n'est pas réglementé, en Thaïlande, et il est donc impossible de garantir le bien-être et le bon traitement des animaux. En participant à des "tiger tours", les touristes contribuent au commerce illégal d'espèces sauvages.

Découvrir Si Racha

SAUCE PIMENTÉE ET SOUPÇON DE CULTURE NIPPONNE

Si le nom "Si Racha" vous dit quelque chose, c'est qu'il existe une marque de sauce pimentée (la sauce Si Racha Panich), née ici il y a plus de 80 ans.

Au port, les vieux bateaux de pêche colorés côtoient toujours les équipements pour la pêche aux calamars, mais ils partagent désormais ces eaux avec les porte-conteneurs géants de Laem Chabang, non loin. Les restaurants de sushis et les bars à karaoké accueillent le grand nombre de Japonais travaillant dans les zones industrielles alentour, donnant au centre-ville des airs de petit Tokyo. Le typique front de mer est toutefois le véritable cœur de Si Racha, avec ses pensions sur pilotis bringuebalantes, son paisible parc et son quai animé.

PLUS DE CHOSES À FAIRE À SI RACHA

Space Inspirium
Si vous êtes fasciné par les étoiles, l'univers et la science, cet endroit est fait pour vous.

Wat Khao Tabaek
Une passerelle en verre longue de 226 m et propice aux frissons. Seules 100 personnes peuvent y monter à la fois.

Sriracha Shinto Shrine
Le premier sanctuaire japonais en Thaïlande, construit pour la communauté nippone de Si Racha.

KO KHAM

Petite île voisine de Ko Samae San (p. 157), Ko Kham se distingue par ses récifs coralliens et ses nombreuses espèces de poissons. Comme Ko Samae San, elle est administrée par la marine royale thaïlandaise, et il n'est pas permis d'y passer la nuit - mais vous pourrez vous y rendre pour la journée. Elle est à 20 minutes de bateau du continent.

Wat Ko Loy (p. 160)

Reliée au continent par une route longue de 800 m, l'île rocheuse de **Ko Loi** est le point de départ du ferry pour Ko Sichang et abrite un temple sino-thaïlandais très ouvragé et décoré de couleurs vives. Ko Loi possède également un point d'observation qui permet d'admirer d'impressionnants couchers de soleil. On y trouve aussi un jardin public, un sanctuaire pour tortues marines, un pavillon chinois et un temple, le **Wat Ko Loy**. Trônant sur une éminence, ce dernier héberge Luang Pho Tan Chai, un moine très vénéré, à qui les pèlerins viennent rendre hommage. Des points de vue en hauteur permettent de contempler l'ensemble de l'île.

ACTIVITÉS AUTOUR DE SI RACHA

Island Spirit Sailing School
Prenez des cours de voile ou louez un voilier pour la journée.

Blue Lagoon – KBA Kiteboarding School Pattaya
Idéal pour les débutants en kitesurf. Le vent à Pattaya n'est pas trop violent.

Chee Chan Golf Resort
L'un des plus beaux terrains de golf de Thaïlande, avec un lac majestueux et des montagnes en toile de fond.

Au sud de Si Racha, **Ao Udom** est une localité où vit de longue date une communauté chinoise. Ses maisons sur pilotis, ses marchés et ses sites religieux reflètent des aspects de la culture de ses membres. Le **marché de Sri Ao Udom**, les **sanctuaires de Thong Suk** et de **Sia Boon Nia** valent le détour. Ao Udom dispose également de plages équipées d'équipements sportifs en libre accès.

La **Nam Tok Chan Ta Then** est une magnifique chute d'eau à 5 niveaux située au cœur de la réserve naturelle de Khao Khiao-Khao Chomphu. Les mois d'août à novembre se prêtent à l'observation des oiseaux. Comptez environ 1 heure pour monter jusqu'au sommet. Des restaurants sont installés à l'extérieur du parc, ainsi que des locations de VTT et une piste de VTT.

Paisible escapade à Hat Jomtien

UN PAN DE PATTAYA QUI VAUT LE DÉTOUR

À 4 km au sud, mais bien loin des bars et des clubs de Pattaya, **Hat Jomtien** est un site charmant et tranquille, avec une plage qui s'étend sur 6 km, à l'ombre d'une route boisée.

Hat Jomtien se prête moins que Hat Pattaya aux virées noctures, mais ce site compte maints restaurants et services de tourisme. Il convient à ceux qui apprécient le calme sans être trop isolés. Si toutefois vous vous ennuyez, Pattaya n'est qu'à 20 minutes en voiture.

Sur sa plage, on trouve des chaises longues, des stands de restauration, et des activités telles que promenades en bateau-banane, Jet-Ski, planche à voile, voile et parachute ascensionnel. Le **Pattaya Water Park** est un mini parc d'attractions avec des montagnes russes, un bateau pirate et la première tour de chute du pays.

Pattaya Water Park

MEILLEURS LIEUX OÙ SÉJOURNER À SI RACHA

Devara Pool Villa
Villas de style traditionnel thaïlandais et tentes haut de gamme. **$$**

Pagoda Hill Cafe & Resort
Proche de la nature, dans un endroit isolé et calme, cet hôtel de seulement 4 chambres se trouve à proximité de l'Open Zoo. **$$**

Njoy Pool Villa
Maison entière avec une grande piscine privée. Nombreuses prestations, dont un barbecue. Peut accueillir jusqu'à 20 personnes. **$$**

Hotel Kuretakeso Sriracha
Dans cet hôtel, vous aurez le sentiment d'avoir été transporté au Japon. **$$**

COMMENT S'Y RENDRE ET CIRCULER

Pour rejoindre Pattaya depuis Bangkok, prenez un minibus au départ de la gare routière d'Ekkamai, à côté de la station de Skytrain d'Ekkamai. Ce terminal de bus et de minibus dessert toute la côte est.

Scannez ce QR Code pour louer votre propre bateau.

À NE PAS MANQUER

- Pattaya Off-Road Safari
- Easykart Go-Karting
- Squid Cafe Pattaya Tako Trip
- Underwater World Pattaya
- Big Bee Farm Pattaya
- Ko Lan

INCONTOURNABLE

Pattaya

Même si vous savez à quoi vous attendre, Pattaya vous coupera le souffle. Multiculturelle et ultratouristique, la ville offre des adresses avantageuses où loger et se restaurer, ainsi qu'une côte parsemée d'hôtels à l'ambiance (étonnamment) familiale. La ville dégage en fait une atmosphère de petite ville balnéaire, avec nombre de choses à faire pour les couples et les familles le temps d'un week-end.

Pattaya Off-Road Safari

Pattaya se prête à maints sports extrêmes, notamment ce safari tout-terrain (pattayaoffroadsafari.com). Choisissez un VTT, un buggy ou un vélo enduro et partez à l'aventure ! Bien que cette activité soit physiquement exigeante, c'est un bon moyen d'explorer la nature aux alentours de la cité balnéaire.

Easykart Go-Karting

Avec ses 800 m, EasyKart possède l'une des plus longues pistes de karting d'Asie. Le circuit est sécurisé et convient à tout âge. Deux pistes et 4 types de kart sont disponibles (dont un biplace), avec des vitesses de pointe allant de 25 km/h pour les moins de 13 ans à 70 km/h pour les plus de 15 ans. Vous pourrez même y faire une course nocturne.

Squid Cafe Pattaya Tako Trip

La pêche au calamar est très pratiquée en Thaïlande, mais tout le monde n'a pas de bateau et certains ont même le mal de mer. Rejoignez en *speedboat* une plate-forme stable au large, avec des chaises longues, pour pêcher avec style. Le Squid Cafe Pattaya Tako Trip (takotrip.com) s'occupe des transferts et fournit le matériel de pêche. Vous pourrez y faire griller vos prises, vous restaurer et vous désaltérer sur place. Des toilettes sont à disposition. Le site est limité à 200 personnes par jour, alors réservez bien à l'avance.

Underwater World Pattaya

Underwater World Pattaya (en photo, underwaterworldpattaya.com) abrite plus de 5 000 espèces marines, que l'on peut observer de près grâce à un tunnel sous-marin en acrylique de 100 m de long. Il est divisé en plusieurs zones, dont celles réservées aux coraux, aux requins et aux raies, mais on y trouve aussi des tortues, de nombreuses espèces de poissons et un secteur réservé aux reptiles.

Big Bee Farm Pattaya

Qui eût cru que l'apiculture avait sa place à Pattaya ? C'est pourtant le cas depuis plus d'une décennie, et ce rucher-musée (bigbeefarm.com) vous permettra de découvrir le monde fascinant des abeilles. Un café y sert toutes sortes de mets à base de miel et vous pouvez y acheter des produits de la ruche, notamment des bougies parfumées à base de cire d'abeille.

Ko Lan

Ko Lan est un bon choix pour ceux qui ne veulent pas trop s'éloigner de Bangkok, mais souhaitent tout de même découvrir un peu la vie insulaire. À seulement 15 minutes en *speedboat* de Bali Hai Pier à Pattaya, l'île affiche des eaux cristallines et plusieurs belles plages, notamment Hat Tawaen, Hat Sangwan, Hat Ta-Yai et Hat Tien. On peut également y passer la nuit.

KO PHAI

Cette magnifique petite île est idéale pour une journée de kayak, de snorkeling, de plongée ou de natation dans ses eaux claires. Inhabitée, il n'est pas possible d'y passer la nuit et vous devrez apporter vos propres provisions. Un *speedboat* au départ du Bali Hai Pier de Pattaya traverse en 30 minutes.

À SAVOIR

- Évitez la Walking Street de Pattaya.
- Demandez toujours les prix avant de commander quoi que ce soit.
- Ce haut lieu touristique a mauvaise réputation, mais la ville est plus calme à l'écart du centre-ville.
- Il est difficile de trouver de la cuisine thaïlandaise correcte ici. La plupart des restaurants proposent des plats occidentaux pour satisfaire les touristes.
- La nuit, il y a généralement beaucoup de femmes seules sur la plage. Il s'agit souvent de travailleuses du sexe.

VESPAFOTO9/SHUTTERSTOCK ©

Scannez ce QR Code pour rejoindre un groupe Facebook de la communauté de Ko Sichang.

INCONTOURNABLE

Ko Sichang

Si vous recherchez une destination peu fréquentée et riche d'histoire, cette île au large de Chonburi est peut-être faite pour vous. Ko Sichang est une petite île charmante en plein essor. Les habitants sont accueillants, la vie marine, époustouflante, et la cuisine, savoureuse et bon marché.

À NE PAS MANQUER

- Pont Asdang
- Palais Wattana
- Wat Asdang
- Chong Khao Khat
- Hat Tham Phang

Pont Asdang

Le pont Asdang (photo ci-dessus) est le lieu emblématique de Ko Sichang. Il s'agit d'une longue jetée en bois blanc agrémentée de pavillons à chaque extrémité. Non loin de là, le musée Phra Chutha Thut Rat Than (photo de droite ; statue de Rama V) compte plusieurs bâtiments. Le principal était, à l'origine, une résidence d'été pour le roi Chulalongkorn (Rama V) et la famille royale. Son architecture est une synthèse entre les styles thaïlandais et occidental. D'autres bâtiments servent de salles d'exposition, notamment le palais Aphiramy, le palais Wattana et le Wat Asdang. Il y a également un café sur la plage. En face du musée se trouve Hat Tha Wang.

Palais Wattana

C'est ici qu'est consignée l'histoire de Ko Sichang. Des expositions présentent l'île sous le règne de Rama V, à renfort de peintures anciennes, de photographies et de sculptures de style européen.

© ASSIDUOUSNESS/SHUTTERSTOCK

HÉBERGEMENT
Outre le Novotel quatre-étoiles en haut d'une falaise, avec piscine et spa, Ko Sichang dispose de maisons d'hôtes et de quelques hôtels trois-étoiles. Plus tranquille, Ko Kham Yai est une île plus petite située juste à l'est, à 5 minutes en bateau. Son village de pêcheurs compte des chambres d'hôtes.

Wat Asdang

L'architecture de ce temple, construit en 1892, n'est pas typiquement thaïlandaise, puisqu'il comporte une pagode de style néo-gothique. Portes et fenêtres sont ornées de vitraux, d'arcs brisés et de motifs complexes. Entrez pour admirer ces décors, puis passez par la porte arrière pour accéder à l'extérieur. Vous y trouverez, dans le jardin, une statue de Bouddha au repos.

Chong Khao Khat

Cette falaise doit son nom, qui signifie "falaise fendue", à sa silhouette. Elle se trouve côté ouest de l'île. C'est un endroit idéal pour regarder le soleil plonger dans la mer. Une passerelle la longe également, parfaite pour se promener en profitant de la fraîcheur de la brise marine.

Hat Tham Phang

Ko Sichang est une île rocheuse, ponctuée de falaises, ce qui fait de Hat Tham Phang la meilleure plage pour nager et bronzer. C'est également la principale et la plus longue de l'île. L'espace n'y manque pas pour s'allonger et se détendre. Des stands de nourriture vendent des jus de fruits frais et des fruits de mer. Des lits de plage sont mis à disposition gratuitement.

À SAVOIR

- Les voitures sont interdites. Louez un scooter pour 200 B par jour.
- Participez à l'atelier de teinture à Si Chang Mud Yom. Ou achetez une chemise pour 150 B.
- Vous arriverez à Ko Sichang en prenant le bateau depuis Ko Loi à Chonburi.
- Les activités de Ko Sichang sont éparpillées. Louez un *tuk-tuk* ou un *songthaew* pour 2 ou 3 heures de visite. Comptez entre 300 et 1 000 B pour un *tuk-tuk* et entre 500 et 1 500 B pour un *songthaew*, selon la distance et la durée du trajet.

Carnet d'adresses

KO CHANG

Cinnamon Scenic Boardwalk
Voir p. 128 (Ko Mak)

Bang Phra Community Enterprise
Voir p. 135 (Bang Phra, Trat)

Ko Kham
Voir p. 160 (Ko Mak, Ko Kut, Trat ; entrée 200 B, accès par bateau ; 6h-18h)

Ko Kradat
Voir p. 129 (Ko Kut, Trat ; entrée 150 B, accès par bateau)

Ko Mak
Voir p. 128 (Ko Kut, Trat ; entrée 200 B, accès par bateau)

Ko Man Nai
Voir p. 152 (038 661 693 ; île avec Marine & Coastal Resources Research & Development Centre, Klaeng, Rayong ; centre 8h30-16h30)

Cap Laem Tukkata
Voir p. 129 (Ko Mak)

Musée de la ville de Trat
Voir p. 134 (www.museumthailand.com ; Moo 9 Th Santisook, Bang Phra, Trat ; gratuit ; 9h-16h mar-ven, 9h30-16h30 sam-dim)

Nam Tok Khiri Phet
Voir p. 131 (Ko Chang)

Nam Tok Khlong Chao
Voir p. 125 (Ko Kut ; 8h-17h)

Nam Tok Khlong Plu
Voir p. 130 (Khlong Prao, Ko Chang ; entrée du parc adulte/enfant 200/100 B ; 8h-16h30)

Nam Tok Khlong Yai Kee
Voir p. 125 (Rte 4107, Ko Kut)

Nam Tok Than Mayom
Voir p. 130 (Ko Chang ; entrée du parc 200 B ; 9h-16h30)

Parc national de Mu Koh Chang
Voir p. 126 (039 510 928 ; mukochangnationalpark.com ; 23/7 Moo 3, Ko Chang ; adulte/enfant 200/100 B, camping 50 B/pers la nuit, location tentes à partir de 150 B la nuit, location kit de couchage 60 B/pers ; 8h30-16h30)

ATV Monster Adventure
Voir p. 127 (084 229 5461 ; facebook.com/ATVmosteradventurebynara ; 58/24 Ko Chang ; excursion guidée en montagne en VTT à partir de 1 300 B ; 9h-19h)

Ban Suan Cooking
Voir p. 133 (088 613 6838 ; www.bansuancooking.com ; 6/1 Moo 4, Pritool Ben Vet Restaurant, Ban Suan, Khlong Prao, Ko Chang ; cours de cuisine 1 300 B les 3 heures ; 10h-22h, cours à 12h et 17h)

BB Divers
Voir p. 131 (096 841 5951, 086 129 2305, 086 155 6212 ; www.bbdivers-koh-chang.com ; 16/2 Moo 1 Bang Bao, Koh Chang Tai ; cours plongée, snorkeling à partir de 3 000 B ; 8h-18h)

Best Tattoo
Voir p. 132 (096 175 1918 ; facebook.com/bestbambootattookohchang ; 7/5 Moo 4, White Sand Beach, Ko Chang ; 9h-minuit)

Blue Haven Golf Course
Voir p. 132 (039 510 188 ; www.bluehavenbay.com/golf-course ; 106/18 Moo 3, Siam Royal View Beach Resort & Estate, Klong Son Village, Ko Chang)

Boy Bamboo Tattoo
Voir p. 132 (088 534 3487 ; facebook.com/Boybambooart ; 4/62 Moo 1, Lonely Beach, Koh Chang Tai ; 9h-23h30)

Chang Diving Centre
Voir p. 132 (089 401 3927 ; changdiving.com ; 21/52 Moo 4, Ban Khlong Prao, Ko Chang ; cours à partir de 2 000 B, plongées de nuit 12 000 B ; 9h-18h)

Dolphin Divers
Voir p. 132 (0928 582 823, 039 55 70 30 ; www.scubadivingkohchang.com ; 38/7 Moo 4, Khlong Prao, Ko Chang ; cours découverte à partir de 2 500 B, excursion 1 journée avec 2 plongées à partir de 3 200 B ; 7h-21h)

Ka-Ti Culinary Cooking School
Voir p. 133 (081 903 0408 ; facebook.com/Katiculinarykohchang ; 48/7 Moo 4 Khlong Prao, Ko Chang ; cours de cuisine 1 000-1 600 B, en français sur demande ; 12h-22h)

Kai Bae Hut Speedboat
Voir p. 126 (081 817 6832 ; kaibaehut.com ; plage de Kai Bae, Ko Chang ; excursions en speedboat en groupe 400 B/30 min et 900 B/2 heures, excursion en bateau privé à partir de 6 000 B ; 9h-16h)

Koh Chang Animal Project
Voir p. 133 (089 042 2347 ; www.kohchanganimalproject.org ; 45/6 Moo 3, Klong Son, Ko Chang ; 10h-17h lun-sam)

Koh Chang Shooting Range
Voir p. 132 (082 452 4141 ; www.kohchangshootingrange.com ; 15/4 Ko Chang ; stand de tir 2 000-3 000 B, 3 armes et 18 balles 2 500 B ; 10h-17h30)

Koh Chang Thai Boxing House Club
Voir p. 132 (095 758 4829 ; facebook.com/Koh-Chang-Thai-Boxing-House-Club ; 247 Ko Chang ; boxe thaïlandaise session 2 heures 600 B, sur réservation ; 7h-22h)

Koh Chang Thai Cooking School
Voir p. 133 (081 286 6740 ; facebook.com/kohchangthaicooking ; marché de Mae Tong Lor près du complexe Kerdmanee, Ko Chang ; cours de cuisine 4 heures mini, 6 plats, à partir de 1 500 B ; 9h-19h, sessions 9h-13h, 14h-17h et 15h-19h)

Mr Raht
Voir p. 131 (086 155 5693 ; kohchang_trekking@yahoo.com ; Ko Chang)

Naka Tattoo & Art studio
Voir p. 132 (092 965 1239 ; www.kohchangnakatattoo.com ; 81/1 Moo 4, P14, Kacha Resort, White Sand Beach, Ko Chang ; 10h-22h)

Napalai Thai Cuisine School
Voir p. 133 (087 301 7996 ; napalai-cook-thai.my.canva.site ; 53/4 Moo 4, Khlong Prao, Ko Chang ; cours de cuisine collectif 3 heures minimum, 1 500-2 000 B ; 9h-22h, sessions 9h-13h, 14h-17h et 17h30-22h)

P Joon Gym
Voir p. 132 (098 614 6454 ; facebook.com/bbkohchanggym ; 51/2 Moo 4, plage de Kai Bae, Ko Chang ; salle de sport à partir de 200 B par pers et par jour, 1 100 B par pers et par sem ; 8h-22h, dernière entrée à 21h)

AAM460/STOCKADOBE.COM ©

Ko Munnork, Rayong (p. 152)

Salak Kok Kayak Station
Voir p. 131 (087 748 9497 ; facebook.com/SalakKhokKayakStation ; Ko Chang ; visite de la mangrove de Salak Phet à Ao Salak Kok en bateau en bois 800 B les 40 min ; 8h-16h)

SEA Kayaking
Voir p. 131 (081 907 9583 ; southeastasiakayaking.com ; 34/5 Moo 4 Ko Chang ; location kayaks et cours à partir de 300 B/demi-journée ; 9h-18h)

SUP Station Koh Chang
Voir p. 131 (065 504 0070 ; facebook.com/supstationkohchang ; 24 Moo 4 Khlong Prao, Ko Chang ; paddle 500 B/heure, 800 B/2 heures ; 9h-17h)

SUP Adventure Asia Koh Chang
Voir p. 131 (063 131 7302 ; facebook.com/people/Supadventureasia ; 28/2 Moo 1, Hat Khlong Kloi, Koh Chang Tai)

Tan Trekking
Voir p. 131 (089 645 2019 ; 113/1 Ko Chang ; randonnées demi-journée à partir de 600 B ; 6h-21h)

Thai Ocean Academy
Voir p. 132 (063 541 5866 ; www.thaioceanacademy.com ; 18/7 Bang Bao Plaza, Koh Chang Tai ; cours à partir de 3 000 B, initiation à la plongée PADI 4 jours 14 500 B, et cours avancé 2 jours 12 500 B ; 8h-17h)

Thailand Adventure Guide
Voir p. 131 (facebook.com/adventureinthailand ; Ko Chang ; treks vers Nam Tok Khlong Prao)

Tree Top Adventure Park
Voir p. 127 (084 310 7600 ; treetopadventurepark.com ; 100 Moo 1 Koh Chang Tai ; parcours accrobranche 800 B, 950 B avec navette ; 9h-17h, session à 9h, 11h et 14h)

Bann Makok
Voir p. 125 (088 203 0699 ; www.bannmakok.com ; 10 Moo 4, Ko Kut)

Bhuvarin Resort
Voir p. 126 (086 317 6104 ; facebook.com/bhuvarin ; 50/1 Moo 1, Bang Bao Bay, Koh Chang Tai)

Flukie's House
Voir p. 130 (093 941 9915 ; facebook.com/flukieshouse ; Moo 4, Koh Chang Tai)

Jungle Way Bungalow (By Thomas)
Voir p. 130 (089 816 1401 ; facebook.com/ThomasKochJungleWay ; 14 Moo 3, village de Klong Son, Ko Chang)

KB Resort
Voir p. 126 (063 382 5665, 063 885 5565 ; sites.google.com/kbresort.com/www-kbresort-com ; 10/16 Moo 4, plage de Kai Bae, Ko Chang)

Koh Kood Resort
Voir p. 125 (090 506 0020 ; www.kohkoodresort.in.th ; Bang Bao Bay, 45 Moo 5, Ko Kut)

Sea Escape Koh Chang
Voir p. 126 (063 305 3664 ; seaescapekohchang.com ; 54/24 Moo 4, Ko Chang)

Soneva Kiri
Voir p. 125 (082 208 8888, 088 227 0312 ; soneva.com ; 110 Moo 4, Ko Kut)

The Spa Koh Chang Resort
Voir p. 130 (083 115 6566 ; www.thespakohchang.com ; 15/4 Moo 4, Koh Chang Tai)

Durian Plantation Je Na Ko Chang
Voir p. 127 (082 448 7386)

El Barrio
Voir p. 123 (080 092 8208 ; elbarriokohchang.com ; Moo 4, plage de Kai Bae, à côté du Garden Resort, Ko Chang ; 12h30-22h, fermé pendant la mousson)

J Mam Seafood
Voir p. 123 (092 312 4032 ; 37 Koh Chang Tai ; 10h-21h30)

Salak Kok Seafood
Voir p. 127 (087 614 0959 ; Koh Chang Tai ; 9h-19h)

Sale e Pepe
Voir p. 123 (090 984 8023, 089 885 7905 ; facebook.com/Sale-Pepe-Koh-Chang ; 15/9 Moo 4, Ko Chang ; 12h-22h jeu-mar)

Blue Pearl Bar
Voir p. 129 (081 810 2679 ; www.kohmakcococape.com ; 1/8-1/9 Moo 2, Koh Mak Cococape Resort, Ko Mak ; 9h-21h)

Chanthaburi (p. 136)

ROSTOVDRIVER/STOCKADOBE.COM ©

CHANTHABURI

Cathédrale de l'Immaculée-Conception
Voir p. 142 (110, Soi 1 Moo 10, Chanthanimit ; gratuit ; 9h-15h lun-ven, 9h-16h sam, 11h-16h dim)

Centre culturel du quartier de Chanthaburi River
Voir p. 142 (69 Th Sukhaphiban ; gratuit ; 10h30-16h sam-dim)

Chantier naval du roi Taksin le Grand
Voir p. 143 (Ban Samed Ngam, Moo 10, Nong Bua ; gratuit ; 8h30-16h30)

Côte rose (Lan Hin Chomphu Beach)
Voir p. 143 (19/3 4002, Khlong Khut, Tha Mai ; 200 B ; 8h30-16h30)

Khao Soi Dao
Voir p. 138 (087 129 0002 ; réserve naturelle de Khao Soi Dao, Nong Sai ; adulte/enfant 100/50 B ; 9h-15h30)

King Taksin Memorial Park
Voir p. 142 (3 Th Thetsaban ; 8h30-17h30)

Nam Tok Krathing
Voir p. 139 (039 609 666, 039 609 672 ; facebook.com/people/KhaoKhitchakut-National-Park ; parc national de Khao Khitchakut, 34/7 Moo 10, Phluang, Khao Khitchakut ; adulte/enfant 200/100 B ; 8h30-16h30)

Nam Tok Makok (Olive Waterfall)
Voir p. 139 (4232 Pho Cho Chanthaburi, Map Phai, Khlung ; gratuit ; 24h/24)

Office du tourisme de Chanthaburi
Voir p. 139 (039 480 220, 062 595 1902, tatchan@tat ; facebook.com/tatchanthaburi ; 22/86 Moo 7 Th Phinyasat, Chanthanimit ; 8h30-16h30 lun-ven, 8h30-12h et 13h-16h30 sam-dim)

Parc national de Khao Khitchakut
Voir p. 144 (039 609 666, 039 609 672 ; facebook.com/people/KhaoKhitchakut-National-Park ; 34/7 Moo 10, Phluang, Khao Khitchakut ; adulte/enfant 200/100 B ; 8h30-16h30)

Parc national de Nam Tok Phlio
Voir p. 138 (039 434 528 ; facebook.com/NamtokphlioNationalPark ; 41 Moo 12 Phliu, Laem Sing ; adulte/enfant 200/100 B, location bungalows, camping avec location de tentes, 30 B la nuit/pers en plus ; 8h-16h lun-ven, 8h-16h30 sam-dim)

Quartier de Chanthaboon Waterfront
Voir p. 142 (Th Sukhaphiban)

Wat Pak Nam Khaem Nu
Voir p. 144 (4002-4036 Takat Ngao, Tha Mai ; don apprécié ; 5h-20h)

Wat Phai Lom
Voir p. 142 (Th Phisan Theerakhun, Chanthanimit ; 8h-17h)

Bao Ploy Lek Phet
Voir p. 138 (087 822 9138, 086 157 6655 ; facebook.com/indystonejewelry ; 11 Moo 8, Si Phaya, Tha Mai ; entrée mine 100 B ; 10h30-16h30 jeu-mar)

Chanthaburi Surf Tribe
Voir p. 144 (092 932 2326 ; facebook.com/chanthaburisurftribe ; 46 Khlong Khut, Tha Mai ; 8h-18h)

Rich Dad Farm
Voir p. 140 (081 295 3149 ; facebook.com/richdadfarm ; Pho Ruay Garden, Khao Khitchakut, Tha Mai ; 8h-16h)

SUP Story
Voir p. 144 (063 786 9377 ; facebook.com/people/SUP-Story ; Khlung)

Baansuan Rudee Resort
Voir p. 140 (093 639 7245 ; 45/6 Moo 2 So Ratcha Pradit Trok Nong, Khlung)

Banbangchan Homestay
Voir p. 137 (092 586 4946, 092 929 7696 ; www.banbangchan-homestay.com ; Landless Village 7 Moo 2, Bang Chan, Khlung)

Luang Rajamaitri Historic Inn
Voir p. 137 (088 843 4516, 086 328 6697 ; www.baanluangrajamaitri.com ; 252 Th Sukhaphiban, Wat Mai)

Noen Nang Phaya
Voir p. 144 (062 556 3217 ; 5050 Th Sanamchai, Na Yai Am)

Phlio Resort
Voir p. 140 (062 429 5000 ; sur la route du parc national de Namtok Phlio, Laem Sing)

Rimnam Klangchan Hotel
Voir p. 137 (039 321 123 ; rimnaamklangchan.com ; 54/15 Th Maharach, Talad)

Rinradee Garden
Voir p. 140 (062 369 9545, 085 963 9956 ; facebook.com/rinradeegarden ; 187 Moo 10 Khao Bai Si, Tha Mai)

Tum Baan Suan
Voir p. 140 (23/1 Moo 2 Korkwang)

Baan Suan Ratchanat
Voir p. 140 (096 236 9265 ; facebook.com/baansuanratchanat ; 95 Moo 3 Soi Thetsaban 15, Thung Bencha, Tha Mai ; verger et café ; 10h-17h)

Chanthorn Pochana Maharaj
Voir p. 141 (039 327 179, 065 996 2644 ; chanthornrestaurant.page365.net ; 86/20 Soi Maharaj ; 10h-20h)

Chanthorn Pochana Old Town
Voir p. 141 (039 302 350, 039 312 339 ; chanthornrestaurant.page365.net ; 102/5-8 Th Benjamarachutit ; 10h-20h)

Je Eed Seafood Noodles Old Town
Voir p. 142 (039 314 738 ; 44 Th Sukhaphiban, Wat Mai ; 9h-16h)

KP Garden
Voir p. 140 (086 566 2419, 092 891 4624 ; facebook.com/KPgarden ; 22/3 Tha Luang, Makham ; visite du verger et dégustation ; 9h-17h)

Restaurant Chui
Voir p. 142 (065 426 4265, 039 602 344 ; facebook.com/ChuiChanthaburi ; 19/09 Th Thung Don Daeng, Talat ; 11h-22h)

Restaurant Krua Loong Chaey
Voir p. 142 (039 311 987 ; facebook.com/loongchaey ; 661/663 Th Tha Chalaep, Talat ; 11h-21h)

Centric Market Plaza
Voir p. 142 (Wat Mai ; 16h-21h30 ven-dim)

Chanthaburi Gem & Jewellery Center
Voir p. 138 (039 303 118 ; facebook.com/CGA0000 ; Thung Don Daeng, Wat Mai ; 9h-17h)

Kad Kokoa
Voir p. 143 (kadkokoa.co)

Marché aux pierres précieuses
Voir p. 138 (Th Si Chan et Trok Kachang ; 9h-18h ven-dim)

Pridi Cacaofevier
Voir p. 143 (shop.pridicacaofevier.com)

Shabar
Voir p. 143 (facebook.com/shabarchocolate)

RAYONG ET SES ENVIRONS

Canyon de Lalu
Voir p. 155 (081 178 8119 ; facebook.com/Taphraya.NP ; parc national de Ta Phraya, 72 Moo 5, Ta Phraya, Sa Kaew ; adulte/enfant 200/100 B ; 8h-16h30)

HTMS Prasae Memorial
Voir p. 149 (Prasae Noen Kho, Klaeng, 457 ; gratuit ; 8h-21h)

Jardin botanique de Rayong
Voir p. 148 (038 638 880 ; facebook.com/rayongbotanic ; Moo 2, Chakphong, Klaeng, Rayong ; entrée 30 B ; location VTT 50 B, location kayak 100 B/heure, circuit en bateau 1 heure 600 B, camping ; 8h30-16h30)

Ko Man Nai
Voir p. 152 (038 661 693 ; île avec Marine & Coastal Resources Research & Development Centre, Klaeng, Rayong ; centre 8h30-16h30)

Ko Samet
Voir p. 147 (parc national de Khao Laem Ya-Mu Ko Samet ; adulte/enfant 200/100 B, paiement à la plage de Hat Sai Kaew, accès par bateau à partir de Ban Phe)

Kru Kang House Museum
Voir p. 149 (087 129 9405 ; facebook.com/krukungmuseum ; 162/6 Moo 5, Kram, Klaeng, Rayong ; 150 B ; 8h-16h)

Mangrove de Pak Nam Prasae
Voir p. 148 (Rayong)

Nam Tok Khao Cha Mao
Voir p. 148 (098 531 3997, 025 620 760 ; facebook.com/Khao-Chamao-Khao-Wong-National-Park ; parc national de Khao Chamao-Khao Wong, Moo 2, Th Sukhumvit, Klaeng, Rayong ; adulte/enfant 200/100 B ; 8h-16h30 lun-ven, 8h-17h sam-dim)

Nam Tok Khao Ta Krub
Voir p. 154 (Thung Maha Charoen, Wang Nam Yen, Sa Kaew ; 8h-17h)

Parc national de Pang Sida
Voir p. 155 (037 247 948 ; facebook.com/Pangsida.NationalPark ; 58 Moo 7, Tha Yaek, Sa Kaew ; adulte/enfant 200/100 B ; 8h-17h)

Phra Chedi Klang Nam (Samut Chedi)
Voir p. 149 (Rayong ; gratuit ; 8h-16h30)

Pont Ruksame
Voir p. 147 (Noen Kho, Klaeng, Rayong)

Prasat Khao Noi
Voir p. 154 (Khlong Nam Sai, Aranyaprathet, Sa Kaew)

Prasat Sdok Kok Thom
Voir p. 155 (Khok Sung, Sa Kaew ; 8h30-16h30)

Rayong Aquarium
Voir p. 148 (038 653 741 ; 2 Moo 2 Th Phetchaburi, Phe, Rayong ; 50 B ; 10h-16h mar-ven, 10h-17h sam-dim)

Suan Lamai
Voir p. 148 (098 737 4983 ; www.suanlamai.com ; 19/9, Rte Ban Bueng-Klaeng, Pa Yup Nai, Wang Chan, Rayong ; 8h-17h)

Suan Palm Farm Nok
Voir p. 155 (080 587 1911 ; facebook.com/suanpalmfarmnok.cco ; 25 Moo 6, Th Wana Phuti 6, Khlong Khuean, Chachoengsao ; adulte/enfant 100/50 B ; 9h30-17h mar-dim)

Thung Prong Thong (Golden Meadow)
Voir p. 148 (Pak Nam Krasae, Klaeng, Rayong ; 20 B/véhicule parking ; 6h-18h)

Wat Hong Thong
Voir p. 155 (Song Khlong, Bang Pakong, Chachoengsao)

Wat Luang Phor Sothon
Voir p. 153 (Na Mueang, Chachoengsao ; 7h-16h30)

Wat Sothon Wararam Worawihan
Voir p. 153 (facebook.com/watsothornwararam ; 134 Th Thep Khunakon, Na Mueang, Chachoengsao ; 7h-16h30)

Wat Tham Khao Chakan
Voir p. 155 (Khao Chakan, Sa Kaew ; 8h30-16h30, envol des chauves-souris vers 18h)

Wat Tham Khao Prathun
Voir p. 150 (Khao Noi, Khao Chamao, Rayong ; 9h30-17h lun-ven, 6h-17h sam-dim)

Dropzone Thailand
Voir p. 152 (062 461 4654 ; dropzonethai.com ; 95 Moo 4, Chakphong, Klaeng, Rayong ; sauts en parachute à partir de 10 950 B ; 8h-18h)

Big Bike Touring Company
Voir p. 152 (063 171 5331 ; bigbiketouringco.com ; 36/8 Th Pornprapanimit, Pattaya ; excursions en groupe en moto à partir de 10 000 B/pers)

Dome Travel
Voir p. 152 (061 656 6232 ; Ko Samet, 280/116 Moo 2, Phe, Rayong ; circuit des 5 îles Ko Ta Lu, Ko Ku Dee, Ko Kham, Ko Kruay et Ko Tham Kangkao en *speedboat* 800 B/pers ; 9h-19h)

Ko Ta Lu
Voir p. 147 (parc national de Khao Laem Ya-Mu Ko Samet ; adulte/enfant 200/100 B, accès par bateau)

Mini Murrah Farm
Voir p. 155 (081 819 2819 ; www.minimurrahfarm.com ; 79/4 Moo 2 Rte Nong Baen-Tha Kham, Sib Edsok, Ban Pho, Chachoengsao ; ateliers et activités à partir de 250 B ; 9h-18h)

Areeya Resort
Voir p. 154 (062 330 5117 ; 401 Moo 8 Ban Khlong Sai Nong Takhian Bon, Watthana Nakhon, Sa Kaew)

Baan Phe Cabana Resort
Voir p. 149 (038 648 490 ; facebook.com/bannpaecabana ; 206/1-2 Moo 3, Klaeng, Rayong)

Baan Rao Rim Khuen Suan Khun Da
Voir p. 147 (086 335 8498 ; 111 Moo 8, Thung Khwai Kin, Klaeng, Rayong ; café 9h-17h)

Buntham & Chwee Resort
Voir p. 149 (062 889 7666 ; bunthamandchweeresort.com ; 134/6 Moo 6 Glang Mueang, Rayong)

Duangtawan Beach Resort
Voir p. 149 (088 648 9222, 096 145 8485 ; www.duangtawan.com ; 205/21 Moo 3, Klaeng, Rayong)

Ko Munnork Private Island Resort
Voir p. 152 (083 790 9504 ; munnorkprivateisland.com ; Ko Munnork, Kram)

Le Vimarn Cottages & Spa
Voir p. 146 (038 644 104 ; www.levimarncottagesandspa.com ; Ao Prao, Koh Samet 40/11, Phe, Rayong)

Madame Resort
Voir p. 147 (091 585 8580 ; facebook.com/madamresort ; 130 Moo 6, Plong Ta Iam, Wang Chan, Rayong)

Mantakiri Island Resort
Voir p. 153 (087 992 1999 ; facebook.com/mantakiri ; île de Ko Mun Klang)

Oriental Beach Village
Voir p. 149 (095 903 0698 ; facebook.com/poolvillarayongbeach ; 128 Moo 3 Chakphong, Klaeng, Rayong)

Kayak, mangrove de Rayong (p. 145)

Oui J'aime
Voir p. 153 (095 751 5304 ; Na Mueang, Chachoengsao)

Paradee
Voir p. 146 (038 644 285 ; www.paradeethesixthheaven.com ; Ao Kiew, Koh Samet, 76 Moo 4, Phe, Rayong)

River Resort & Spa
Voir p. 153 (085 650 5557 ; facebook.com/RiverResortandSpa ; 405 Th Suwannason, Sa Kaew)

Ruen Lumpoo Resort
Voir p. 153 (091 446 6522 ; facebook.com/Lamphuhome ; 35/2 Moo 2, Bang Krut, Ban Pho, Chachoengsao)

Ryad Rayong
Voir p. 149 (038 020 305 ; www.theryadrayong.com ; 198 Moo 1, Chakphong, Klaeng, Rayong)

Samed Cabana Resort
Voir p. 146 (038 648 500 ; www.samedcabana.com ; 13/20 Moo 4, plage Wongduean, Phe, Rayong)

Tala BangKla
Voir p. 153 (062 323 7424 ; www.talabangkla.com ; 39/5 Moo 7, Rte Chachoengsao-Bang Khla, Hua Sai, district de Bang Khla, Chachoengsao)

Velo's Hotel & Pumptrack
Voir p. 154 (095 507 0575, 082 454 2121 ; facebook.com/velohotel ; 65 Th Thanavithee, Aranyaprathet, Sa Kaew)

Je Nong Zab Ver
Voir p. 149 (081 996 3938 ; facebook.com/tomyamnong ; 164 Moo 2, Ban Pak Nam Krasae ; 10h-20h mar-dim)

Laan Ek Coffeehouse
Voir p. 149 (064 265 9699 ; facebook.com/laanekcoffeehouse ; 131 Th Chumporn, Tha Pradu, Rayong ; 9h-18h)

Wood House Khao Chakan
Voir p. 154 (082 881 3788 ; facebook.com/choltichasingha ; Khao Chakan, Sa Kaew ; 8h-18h)

Yen Say Garden
Voir p. 150 (061 529 2400 ; www.yensaygarden.com ; 108 Moo 1 Ban Sabsanae, Khao Noi, Khao Chamao ; 10h-18h lun-ven, 8h-18h sam-dim)

Ban Khlong Luek Border Market
Voir p. 154 (58 Th Suwannason, Aranyaprathet, Sa Kaew ; 8h-minuit)

Marché aux poissons de Ban Phe
Voir p. 149 (Phe, Rayong ; 5h-17h mar-dim)

Marché flottant de Bang Khla
Voir p. 154 (Th Thetsaban, Soi Phatthana 1, Bang Khla, Chachoengsao ; 9h-17h lun-mer, 9h-16h sam-dim)

Marché flottant de Ko Kloi
Voir p. 148 (65/3 Th Liang Mueang, Thap Ma, Rayong ; 9h-18h)

Marché de Banmai
Voir p. 154 (Th Suphakit, Chachoengsao ; 9h-17h sam-dim)

CHONBURI

Big Bee Farm Pattaya
Voir p. 163 (038 172 003 ; bigbeefarm.com ; 41/10 Moo 3, Nong Pla Lai, Bang Lamung ; 8h-17h)

Institut des sciences marines de l'université de Burapha
Voir p. 158 (062 713 1116 ; sites.google.com/go.buu.ac.th/bims ; 169 Th Long Had Bangsaen, Saen Suk ; adulte/enfant 220/120 B ; 9h-16h)

Ko Kham
Voir p. 160 (Ko Mak, Ko Kut, Trat ; entrée 200 B, accès par bateau ; 6h-18h)

Ko Phai
Voir p. 163 (Bang Lamung ; 150 B, accès par bateau ; 8h-18h)

Ko Samae San
Voir p. 157 (Moo 2 Sattahip ; 600 B, billet au Thai Island & Sea Natural History Museum à Samae, accès par bateau, 300 visiteurs max/jour ; 9h-17h, dernier ferry à 16h)

EM7/STOCKADOBE.COM ©

Ko Kham (p. 160)

Musée Phra Chutha Thut Rat Than
Voir p. 164 (Palais royal Phra Chudadhuj, Tha Thewawong, Ko Sichang ; 9h-17h mar-dim)

Nam Tok Chan Ta Then
Voir p. 161 (réserve naturelle de Khao Khiao-Khao Chomphu, Bang Phra Khru, Si Racha ; 200 B ; 8h-17h)

Palais Aphiramy
Voir p. 164 (Palais royal Phra Chudadhuj, Tha Thewawong, Ko Sichang ; 9h-17h mar-dim)

Palais Wattana
Voir p. 164 (Palais royal Phra Chudadhuj, Tha Thewawong, Ko Sichang ; 9h-17h mar-dim)

Réserve naturelle de Khao Khiao-Khao Chomphu
Voir p. 161 (089 260 4063 ; facebook.com/WNEC.khaokheow ; Bang Phra Khru, Si Racha ; 200 B ; 8h-17h)

Sanctuaire de Chao Mae Khao Sam Muk
Voir p. 158 (Khao Sam Muk, Saen Suk ; 7h-18h)

Space Inspirium
Voir p. 159 (033 005 835 ; spaceinspirium.gistda.or.th ; 88 Moo 9, Thung Sukhla, Si Racha ; adulte/enfant 50/20 B ; 9h-16h mar-ven, 9h-17h sam-dim)

Sriracha Shinto Shrine
Voir p. 159 (106/10 Th Surasak Sanguan, Si Racha ; 8h30-17h30)

Thai Island & Sea Natural History Museum
Voir p. 157 (facebook.com/KohSamaesarn ; Samae San, Sattahip ; 100 B ; 8h30-17h)

Underwater World Pattaya
Voir p. 163 (038 756 878, 081 575 1006 ; underwaterworldpattaya.com ; 22/22 Moo 11 Th Sukhumvit, Nong Prue, Bang Lamung ; adulte/enfant 500/300 B ; 9h-18h)

Wat Asdang
Voir p. 165 (Ko Sichang)

Wat Khao Tabaek
Voir p. 159 (Si Racha ; skywalk 40 B ; 9h-18h)

Wat Ko Loy
Voir p. 160 (Ko Loi, Si Racha ; 7h-18h)

Blue Lagoon – KBA Kiteboarding School Pattaya
Voir p. 160 (066 008 4644 ; kbapattaya.com ; 23/4 Moo 2, Soi Thannamchai 14, Na Jomtien, Sattahip ; cours de kitesurf à partir de 1 500 B ; 9h-17h)

Chee Chan Golf Resort
Voir p. 160 (038 196 555 ; cheechangolf.com ; 108/18 Moo 6, Na Jomtien, Sattahip ; à partir de 2 000 B ; 7h-18h)

Easykart Go-Karting
Voir p. 162 (033 005 009 ; easykart.net ; Bali Hai, 361/83 Moo 10, Nong Prue, Bang Lamung ; à partir de 499 B ; 10h-1h)

Island Spirit Sailing School
Voir p. 160 (089 866 3323 ; sailingschoolthailand.com ; Ocean Marina Yacht Club, 167/5 Moo 4, Th Sukhumvit, Na Jomthien, Sattahip ; cours de voile à partir de 12 500 B, location voilier ; 8h-17h lun-sam)

Pattaya Off-Road Safari
Voir p. 162 (065 938 6737 ; www.pattayaoffroadsafari.com ; 36/8 Th Siam Country Club, Soi Pornprapanimit 30, Bang Lamung ; circuits sports extrêmes à partir de 2 995 B ; 9h-18h)

Pattaya Water Park
Voir p. 161 (038 251 201 ; www.pattayapark.com ; 345 Moo 12, Hat Jomtien, Nong Prue, Bang Lamung ; 9h-18h)

Squid Cafe Pattaya Tako Trip
Voir p. 163 (098 323 5232 ; takotrip.com ; 11 Beach Road, Bang Lamung ; 17h-minuit, départ du bateau à Bali Hai 17h, 18h, 19h, retour à minuit)

Devara Pool Villa
Voir p. 161 (64/7 Moo 12 Th Thepprasit 5, Si Racha, Pattaya)

Hotel Kuretakeso Sriracha
Voir p. 161 (038 183 333, 038 183 345 ; kuretake-inn.com/hotel/thailand-sriracha ; 63 Th Sukhumvit, Si Racha)

Njoy Pool Villa
Voir p. 161 (087 236 2364 ; njoy-poolvilla.blogspot.com ; 111/56 Moo 2 Soi Worarit Soi Nong Yai Bu 6/1, Surasak, Si Racha)

Novotel Sriracha & Koh Si Chang
Voir p. 165 (033 265 888 ; novotelsriracha.com ; 339 Th Jerm Jom Phon, Si Racha)

Pagoda Hill Cafe & Resort
Voir p. 161 (061 052 9229 ; facebook.com/pagodahillcafeandresort ; 222/1 Moo 12 Bang Phra, Si Racha ; café 9h-17h30 mar-dim)

Hidden Lab Cafe
Voir p. 157 (094 797 9405 ; facebook.com/hiddenlab.official ; 31 Th Rob Khao Sam Muk, Bang Saen ; 8h-19h lun-ven, 7h30-19h sam-dim)

J Ple Restaurant (Hat Won)
Voir p. 158 (081 591 4222 ; 1/10 Chonburi ; 8h-16h mar-dim)

Kor Kung Bang Saen
Voir p. 158 (094 880 7556 ; facebook.com/k.Kungbangsaen ; 113 Th Khao Lam, Bang Saen ; 11h30-22h mar-dim)

Seafood Club Bangsaen
Voir p. 157 (085 678 9531 ; facebook.com/seafoodclubbangsaen ; 4/5 Th Bang Saen Lang, Saen Suk ; 11h30-23h lun-ven, 10h-23h sam-dim)

Woowon
Voir p. 157 (081 154 1196 ; facebook.com/woowon.bangsaen ; 22/47 Th Bang Saen Lang, Saen Suk ; 16h-minuit)

Marché de Nong Mon
Voir p. 158 (Th Sukhumvit, Saen Suk ; 6h-20h)

Marché de Sri Ao Udom
Voir p. 161 (Thung Sukhla, Si Racha ; 17h-minuit)

HUA HIN ET LE NORD DU GOLFE DE THAÏLANDE

JOLIES VILLES CÔTIÈRES ET MERVEILLES NATURELLES

Découvrez de longues plages de sable fin, de vastes parcs nationaux, des sites historiques et de nombreux marchés.

L'élite thaïlandaise affectionne le nord du golfe de Thaïlande, proche de Bangkok, tout comme les vacanciers désireux de quitter la ville. Rama IV y fit construire, au XIXe siècle, un palais d'été et, depuis, tous les monarques du pays y ont passé leurs étés. Mais nul besoin de posséder la richesse d'un roi : les charmantes cités côtières et les joyaux naturels sont à la portée de toutes les bourses. Cette contrée séduit par ses longues plages de sable, ses sites historiques et ses parcs nationaux, mais il y a aussi des localités en bord de rivières à explorer, des cités anciennes à arpenter et des marchés à sillonner pour déguster la fabuleuse cuisine de rue thaïlandaise. Les amateurs de poissons et de fruits de mer se régaleront avec la pêche du jour, tout en profitant de la tranquillité du bord de mer.

Le nord du golfe, facilement accessible en train, en bus ou en avion, est agréable pour les familles, avec des activités pour tous les goûts, des parcs aquatiques et des circuits adaptés à tous les âges. On peut y faire du kitesurf, du vélo ou du kayak de mer, mais aussi prendre simplement le temps de se détendre et de ralentir un peu. Avec ses villes et ses villages à l'animation joyeuse, la région montre un autre visage de la Thaïlande et mérite de figurer sur votre itinéraire.

SITES PRINCIPAUX

PHETCHABURI
Découvertes gustatives, plages et montagnes.
p. 178

HUA HIN
Activités et découvertes pour toute la famille.
p. 184

PRACHUAP KHIRI KHAN
Stations balnéaires et singes.
p. 199

CHUMPHON
Sentiers nature, panoramas et côte vierge.
p. 207

À GAUCHE : CHAYATA/SHUTTERSTOCK ©, CI-CONTRE : SOO HON KEONG/GETTY IMAGES ©

À gauche : pavillon Khuha Kharuehat (p. 195) ; ci-dessus : Hat Hua Hin (p. 188)

S'orienter

Le nord du golfe forme un fin bandeau, bordé par l'océan d'un côté et par le Myanmar (Birmanie) de l'autre, parsemé de parcs nationaux, de plages de sable et de villes charmantes.

Hua Hin, p. 184
Parcs aquatiques, marchés, sites historiques et escapades à la journée, y compris en famille.

Phetchaburi, p. 178
Une ville en bord de rivière, avec des palais, une vraie identité culinaire et, à portée de main, des plages et la montagne.

Chumphon, p. 207
Une destination méconnue avec pourtant de superbes plages, des îles et des parcs nationaux.

Prachuap Khiri Khan, p. 199
Village paisible donnant sur une baie ponctuée de nombreux bateaux de pêche.

MOTO OU VOITURE

Location de moto à partir de 200 B/jour, location de voiture à partir de 1 200 B/jour, assurance non comprise dans les deux cas. Easy Car Rental, à Hua Hin, est une agence de location de voitures fiable.

TRAIN

Option bon marché pour explorer Hua Hin et le nord du golfe. La Southern Line part vers le sud depuis Bangkok, jusqu'à la frontière malaisienne, avec arrêt à Hua Hin et dans la plupart des villes de la province.

Planifier son séjour

Posez vos valises à Hua Hin et faites des escapades à la journée dans les parcs nationaux. Le soir, revenez en ville pour vous régaler de cuisine de rue sur les marchés nocturnes ou dîner face à la mer.

Si vous avez peu de temps

- Au petit matin, rejoignez le **parc national de Khao Sam Roi Yot** (p. 195), notamment pour voir **Tham Phraya Nakhon** (p. 195) baignée de soleil. Revenez à Hua Hin, louez une moto et filez sillonner **Cha-am** (p. 193), avec un arrêt à **Hat Cha-am** (p. 181). Flânez dans les allées du **marché nocturne de Hua Hin** (p. 186) ou laissez-vous guider par **Feast Thailand** (p. 190) pour découvrir les spécialités locales.

Si vous avez 5 jours

- Prévoyez 2 jours à **Phetchaburi** (p. 178), pour visiter notamment le **parc historique de Phra Nakhon Khiri** (photo, p. 179), puis 2 jours à **Hua Hin** (p. 184), pour profiter de ses **bars à concerts** (p. 188) et de ses **marchés** (p. 186), avant d'aller voir les éléphants du **parc national de Kuiburi** (p. 196) en visite guidée. Depuis Hua Hin, partez ensuite pour une nuit dans la ville paisible de **Prachuap Khiri Khan** (p. 199) sans manquer de passer à **Ao Manao** (p. 200).

Au fil des saisons

JANVIER
Saison haute à Hua Hin : le temps est sec et plaisant, mais les prix des hébergements grimpent.

AVRIL
Festivités de **Songkran** (Nouvel An), climat chaud en journée, humide le soir : équipez-vous en conséquence.

JUIN
Début de la saison des pluies, mais encore de belles journées de soleil.

NOVEMBRE
Fin de la saison des pluies. Retour du temps sec et ensoleillé, début de la haute saison.

Phetchaburi

Pour les infos pratiques, voir le Carnet d'adresses p. 210

Facilement accessible depuis Bangkok, Phetchaburi (la "cité des diamants") devrait figurer sur l'itinéraire culturel de tout voyageur en Thaïlande. Les marchés au bord de la rivière, les vieilles *shophouses* (maisons de négoce) en teck, les temples, les palais, les montagnes, mais aussi les spécialités culinaires locales en font une destination de choix, trop souvent ignorée. À Phetburi, comme on l'appelle communément, la vie s'écoule plus lentement. Il n'y a ni taxis ni embouteillages, mais une atmosphère décontractée et une population souriante et accueillante. La ville, qui possède une riche histoire, servit notamment de forteresse royale stratégique durant les royaumes thaïs de Sukhothai et d'Ayutthaya. Au XVIIe siècle, elle fut un comptoir de commerce prospère entre le Myanmar (Birmanie) et Ayutthaya.

Le reste de la province de Phetchaburi est émaillé de jolis sites naturels. Le parc national de Kaeng Krachan s'étend à seulement 60 km à l'ouest de la ville. C'est le plus grand de tout le pays et un remarquable poste d'observation de la faune sauvage.

À SAVOIR

Visitez Sampheng, sur les rives de la Mae Nam Phetchaburi, qui offre un mélange intéressant de cultures chinoise et bouddhique. Traversez l'unique pont en béton de la ville pour vous rendre dans la vieille ville, puis suivez la promenade le long de la rivière, jusqu'au marché.

DREAMLOVEYOU/SHUTTERSTOCK ©

Parc historique de Phra Nakhon Khiri

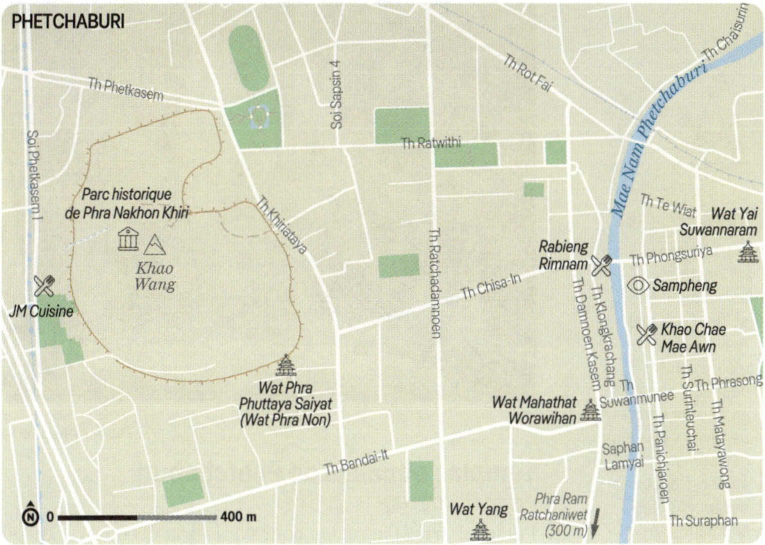

Visite royale au parc historique de Phra Nakhon Khiri

LE JOYAU DE PHETCHABURI

Pour ceux que l'architecture ou l'histoire thaïlandaise intéressent, le **parc historique de Phra Nakhon Khiri** est à voir. Celui-ci trône au sommet de la **Khao Wang** ("colline du Palais"), offrant une vue panoramique sur la ville et la campagne environnante.

Bâti sur ordre du roi Rama IV et achevé en 1860, le Phra Nakhon Khiri fut la résidence estivale du roi et de son successeur, Rama V. L'ensemble est composé d'un palais et d'une dizaine de bâtiments. Depuis le palais principal, des chemins pavés mènent à trois sommets, chacun coiffé d'un stupa. La flèche blanche du **Phra That Chom Phet** s'élance à 40 m depuis le sommet central, et il est possible de monter par l'intérieur jusqu'à mi-hauteur. Sur le sommet à l'ouest se dressent le **Wat Phra Kaew Noi** ("petit Wat Phra Kaew") – dont le style n'est pas sans rappeler le temple du Bouddha d'émeraude, au Grand Palais de Bangkok – et le stupa de **Phra Prang Daeng**, de style khmer. Un observatoire témoigne de la passion de Rama IV pour l'astronomie. Une partie du palais, qui mêle les styles européen, thaïlandais et chinois, a été transformée en **musée**.

Le site compte deux entrées. Si vous n'avez pas envie de monter à pied pour rejoindre l'entrée côté est, l'entrée ouest dispose d'un funiculaire (parfois fermé pour maintenance). Le site est vaste, préparez-vous à marcher pour rejoindre la pagode principale et les différents points de vue.

LES SINGES DE PHETCHABURI

Phetchaburi est envahie de macaques effrontés. Cantonnés jadis dans le parc historique de Phra Nakhon Khiri, ils se sont répandus dans les bâtiments alentour, ainsi qu'au Tham Khao Luang et au Wat Khao Bandai-It, parmi d'autres sites boisés. Ils rôdent autour des stands de restauration et surveillent les piétons, victimes potentielles de leurs chapardages. Faites attention ! Tenez fermement vos sacs à provision et vos sacoches d'appareil photo. Évitez de leur donner à manger ou de les attirer et restez constamment sur vos gardes : les morsures ne sont pas rares.

LE PHRA RAM RATCHANIWET

Au sud de la ville, la construction de cet élégant palais d'été, une remarquable réalisation Art nouveau, débuta en 1910 sur l'ordre de Rama V (qui mourut peu après) et s'acheva en 1916. Conçu par des architectes allemands, le lieu réunit toutes sortes d'objets venus d'Europe que la famille royale affectionnait : une statue de Poséidon, des angelots en céramique de chaque côté du double escalier en colimaçon et une douche réglable, innovation de l'époque, dans la salle de bains du roi. L'absence de meubles et, le plus souvent, d'autres visiteurs, donne à la visite une atmosphère étrange. Le palais se trouve sur une base militaire, donc mieux vaut vous munir de votre passeport.

NATTAPAN72/STOCKADOBE.COM ©

Tham Khao Luang

Temples et palais de Phetchaburi

PROMENADE DANS LA VILLE

Phetchaburi est agréable pour flâner à la découverte de ses nombreux temples. Central et d'un blanc éclatant, le **Wat Mahathat Worawihan** est très impressionnant. Sa pièce maîtresse, un *prang* (stupa en forme d'épi de maïs) de 42 m de hauteur sur 5 niveaux, est ornée de reliefs en stuc, une spécialité des artisans de Phetchaburi que l'on retrouve partout en ville. L'intérieur du *wihăan* (sanctuaire) est orné de grandes peintures murales, quoique très endommagées, du début du XXe siècle.

En arrivant au temple ou en le quittant, suivez **Thanon Suwanmunee**, qui traverse le vieux quartier semé de maisons en teck abritant désormais des vendeurs de billets de loterie, pour une vue ravissante du *prang* depuis le pont. Des panneaux signalent certains édifices notables, tout comme dans **Th Klongkrachang**.

À l'ouest du centre-ville, le **Wat Yang** possède un *hŏr đrai* (dépôt de manuscrits) centenaire, édifié sur pilotis dans un bassin pour protéger son contenu des termites. Il n'est plus utilisé, mais reste en bon état.

Au sud de l'enceinte du parc historique de Phra Nakhon Khiri, se dresse le **Wat Phra Phuttaya Saiyat**, aussi connu sous le nom de Wat Phra Non (temple du Bouddha couché). La principale curiosité de ce temple mesure 43 m de longueur, soit presque autant que le célèbre bouddha couché du Wat Pho de Bangkok... la foule en moins.

OÙ SE RESTAURER À PHETCHABURI

JM Cuisine
À quelques pas du parc historique de Phra Nakhon Khiri. Plats sautés et soupes bien relevées. $

Rabieng Rimnam
Spécialités locales et plats thaïlandais dans une maison en bois datant de 1897 perchée au-dessus de l'eau. $

Khao Chae Mae Awn
On y déguste le fameux *kôw châe* (riz gluant froid) maison, avec poisson, crevettes ou radis daikon marinés. $

À l'est du centre-ville en suivant Th Chisa-In et Th Phongsuriya, vous arrivez au **Wat Yai Suwannaram**. Ce vaste temple, fondé à la fin de la période d'Ayutthaya, est d'une grande richesse historique. On retrouve notamment à l'intérieur du *bòht* (salle d'ordinations), qui date d'environ 1700, des fresques aux couleurs passées, l'une des plus anciennes séries de peintures murales de temples thaïlandais encore visibles. Elles représentent essentiellement une succession de divinités, mais on voit clairement sur le mur d'entrée le démon Mara et son armée essayant d'empêcher le Bouddha d'atteindre l'Éveil.

En continuant Th Phokarang, vous atteindrez le **Wat Kamphaeng Laeng**, vestige de l'époque où le royaume khmer d'Angkor s'étendait du Cambodge actuel à la péninsule malaise, au XIIIe siècle. Ce sanctuaire fut construit en latérite par le roi Jayavarman VII, l'un des rares rois khmers à avoir fait du bouddhisme la religion d'État. Le *prang* principal, privé de sa partie supérieure, est doté d'une entrée sur ses quatre flancs et entouré de quatre édifices plus petits et de sections du mur d'enceinte en latérite, le tout à divers stades de délabrement.

Grottes et sanctuaires troglodytiques

SANCTUAIRE TROGLODYTIQUE ET LUMIÈRE CÉLESTE

À quelque 4 km au nord de la ville, la **Tham Khao Luang** est une grotte spectaculaire, remplie de stalactites. C'est aussi l'un des plus importants sanctuaires troglodytiques du pays et le favori du roi Rama IV lorsqu'il était moine. Accessible par un escalier abrupt, il est éclairé, si les nuages le permettent, par une lueur céleste tous les matins, quand les rayons du soleil filtrent à travers le puits de lumière naturel. Ce phénomène varie selon l'époque de l'année, mais a généralement lieu entre 9h et midi ; mieux vaut y aller tôt. Vous devrez en outre vous tenir au bon endroit pour le voir. De février à avril, la lumière illumine la principale représentation du Bouddha. En s'enfonçant plus avant, la grotte recèle d'autres salles et sanctuaires.

La grotte se situe sur le flanc d'une colline pentue. Il faut faire une partie du chemin à pied ou en véhicule. Une fois au temple, un camion pourra vous emmener jusqu'à la grotte et vous ramener à l'entrée (15 B). Attendez-vous à rencontrer des singes effrontés quémandant de la nourriture, même s'ils ne pénètrent pas dans la grotte. Parfois, des guides non officiels proposent de vous accompagner. Leur aide n'est pas nécessaire, et ils s'attendront à recevoir un pourboire.

Le **Wat Khao Bandai-It** est un monastère à flanc de colline, à 2 km à l'ouest de la ville. Il s'étend dans plusieurs grandes grottes transformées en sanctuaires bouddhiques et en salles de méditation. On y découvre des formations naturelles et des puits de lumière,

Hat Puek Tian

SUPERBES PLAGES À PHETCHABURI

La province de Phetchaburi compte plusieurs plages intéressantes. À 15 km du centre-ville, **Hat Chao Samran** est la plus proche. Accolée à un village de pêcheurs, elle est aussi connue sous le nom de Royal Leisure Beach et était très fréquentée sous le règne de Rama VI. L'endroit est agréable pour se balader ou simplement lézarder.

Hat Puek Tian, à 20 km au sud-est de Phetchaburi, se distingue par ses statues inspirées d'une épopée thaïlandaise, dont une ogresse sortant des flots et un flûtiste assis sur les rochers. La plage n'est pas desservie par les transports en commun.

Hat Cha-am (p. 193) est une longue étendue de sable propre à 44 km au sud-est de Phetchaburi où pratiquer des sports nautiques et déguster des fruits de mer.

TRADITIONS CULINAIRES

Phetchaburi est la 5e province thaïlandaise à recevoir, et c'est mérité, le statut de Ville créative de gastronomie de l'Unesco. Connue pour la qualité de ses produits salés et aigres-doux venant de toute la province (sel de mer, citron galet, sucre de palme, jambose, ananas et banane), Phetchaburi n'a pas usurpé son surnom de "cité des trois saveurs" (salé, sucré, acide).

Les recettes transmises de génération en génération sont largement influencées par les cours royales d'Ayutthaya et de Rattanakosin, mais aussi par les cuisines môn et chinoises. De cette fusion de saveurs est née une cuisine à nulle autre pareille.

SMSHOOT/STOCKADOBE.COM ©

Parc national de Kaeng Krachan (p. 183)

et l'une des salles abrite quelques chauves-souris, mais l'ensemble est moins impressionnant que le Tham Khao Luang. Le lieu étant bien éclairé et le sol bétonné, les jeunes qui proposent de vous guider ne sont pas indispensables et ils attendront un pourboire s'ils vous accompagnent.

Découvertes gustatives à Phetchaburi

FAITES LA TOURNÉE DES SPÉCIALITÉS LOCALES

Phetchaburi et sa province entretiennent leur héritage culinaire avec des recettes traditionnelles reposant sur des produits locaux pour créer les saveurs sucrées, salées et acides qui les caractérisent. Entourée de plantations de palmiers à sucre, Phetchaburi est notamment renommée pour ses douceurs, dont le *kà·nŏm môr gaang* (crème aux œufs), les *kà·nŏm than*, des petits gâteaux cuits à la vapeur à base de sucre de palme, et divers desserts "dorés", composés de jaune d'œuf et de sucre. On les trouve, tout comme le sucre brut, sur la plupart des marchés.

Une visite du marché de bon matin vous permettra de déguster des collations salées et sucrées et d'assister à la préparation des *kà·nŏm jeen*, des nouilles aux saveurs enracinées dans la tradition culinaire de Phetchaburi.

Aux alentours, des vergers produisent des *chom·pôo phet* (jamalacs de Phetchaburi – le fruit qui orne nombre de plaques de rue), des ananas et des bananes *nám wáh*.

OÙ SE LOGER DANS LE PARC NATIONAL DE KAENG KRACHAN

HQ Campsite
Restaurants, DAB, Wi-Fi et toilettes propres pour ce camping louant du matériel. $

Samarn Bird Camp
Chambres à prix abordable, location de tente, toilettes partagées. Wi-Fi gratuit au restaurant. Guides disponibles. $

Ban Krang Campsite
Location de matériel de camping, restaurant, sanitaires communs. Apprécié pour l'observation des oiseaux. $

Les papilles curieuses trouveront leur bonheur au cours d'une visite guidée avec **Feast Thailand**, à la découverte des plats emblématiques de la ville et de la province. Les circuits explorent la tradition culinaire de la ville et la rencontre des cuisines chinoise, môn et royale (du temps des royaumes de Rattanakosin et d'Ayutthaya).

Le parc national de Kaeng Krachan

LE PLUS VASTE PARC DU PAYS

À environ 60 km de Phetchaburi, le **parc national de Kaeng Krachan** est réputé pour sa faune sauvage. Inscrit au patrimoine mondial de l'Unesco depuis 2021, Kaeng Krachan compte 19 zones protégées où observer des papillons et plus de 400 espèces d'oiseaux, mais aussi des mammifères impressionnants : panthères nébuleuses, éléphants, ours, sambars ou encore civettes. Il vous faut être véhiculé dans le parc, qui est vaste et traversé par les rivières Phetchaburi et Pranburi. Le mieux reste de louer un 4x4 avec chauffeur à l'arrivée. Cela peut être facilement arrangé à l'accueil du parc.

Le temps fort d'une visite est la randonnée le long du sentier boisé menant à la **cascade de Pa La-U** (**Nam Tok Pa La-U**), où vous pourrez vous baigner dans une eau claire. Beaucoup s'y rendent en journée depuis Hua Hin, alors privilégiez le petit matin pour éviter le monde. Le site est fermé d'août à novembre.

Autre site à découvrir le matin, **Khao Panoen Thung** offre un panorama superbe sur les forêts brumeuses, les vallées profondes et, au-delà, les montagnes. Non loin de là, suivez la pente du sentier des Orchidées (Orchid Trail) et ouvrez l'œil pour apercevoir oiseaux et papillons rares. Vérifiez que la route est ouverte avant de vous y engager. Au **réservoir de Kaeng Krachan**, vous pourrez admirer le paysage verdoyant ou en profiter au cours d'un circuit en bateau.

Le parc est ouvert tous les jours. Vous pouvez y aller en minibus ou en voiture (avec chauffeur ou non). Depuis Bangkok, prenez un minibus (départ toutes les heures) depuis l'Old Southern Bus Station à destination de Phetchaburi, puis changez. De là, les minibus pour le parc partent, sporadiquement, du supermarché "Big C", dans le centre-ville. Depuis Hua Hin, un service de taxi permet de rejoindre la cascade de Pa La-U, dans le parc. Compter environ 1 200 B l'aller-retour.

À PRÉVOIR POUR VISITER LE KAENG KRACHAN

Vous prévoyez de passer quelques jours dans le parc national de Kaeng Krachan ? En toute saison, les températures chutent la nuit : prévoyez une veste, un T-shirt à manches longues et un pantalon. La plupart des campings louent du matériel, mais renseignez-vous en amont. Il y a souvent un restaurant sur place. En plus de vêtements de pluie, emportez une lampe frontale ou de poche, ainsi que des jumelles pour observer les oiseaux.

COMMENT S'Y RENDRE ET CIRCULER

Le train est généralement le moyen de transport le plus pratique et le plus confortable ; la plupart des pensions sont accessibles à pied depuis la gare de Phetchaburi. Aucun bus ne relie Bangkok et Phetchaburi. Ils ont été remplacés par des minibus qui transitent par la station de minibus Wat Tham Kaew, tout comme ceux à destination du parc national de Kaeng Krachan. Les minibus pour Hua Hin, Cha-am et Prachuap Khiri Khan sont à 500 m au sud de la station de minibus, le long de la route, à côté de l'hôpital Phetcharat. Ils s'arrêtent aussi plus au sud, devant le centre commercial Big C (Phetkasem Hwy). Pour Chumphon et les villes au sud, l'arrêt de bus est à 300 m au sud de l'hôpital.

Une course à moto-taxi dans le centre-ville coûte de 20 à 40 B. Vous pouvez louer un *rót léng* (*tuk-tuk* à 4 roues) à la journée pour 700 à 800 B. Les pensions louent des vélos (50 B/jour) et peuvent vous trouver une moto (environ 150-250 B/jour).

Hua Hin

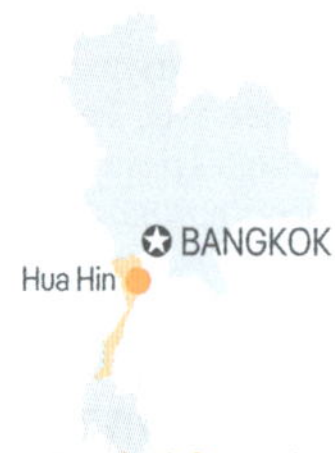

Pour les infos pratiques, voir le Carnet d'adresses p. 210

Cité balnéaire historique, Hua Hin est une ville côtière où il fait bon séjourner en famille et qui séduit toujours les habitants de Bangkok. Cocktail rafraîchissant de ville et de bord de mer, elle a tout de la destination de vacances rêvée, avec ses marchés, ses parcs aquatiques, ses centres commerciaux, ses bons restaurants, plusieurs golfs et des hébergements pour tous les budgets.

Au milieu des années 1920, Hua Hin était devenue une ville de villégiature prisée par la noblesse de Bangkok, ainsi que par les rois (Rama VI et Rama VII y firent édifier des palais d'été). La ville, à l'atmosphère cosmopolite, est chargée d'histoire. Il y a beaucoup à voir et à faire à Hua Hin, les voyageurs ne passent finalement que peu de temps à la plage tant les activités et les sites d'intérêt sont nombreux.

Les transports en commun sont faciles à emprunter et la proximité avec Bangkok fait de Hua Hin une destination plus accessible que les îles du Sud.

À SAVOIR

Allez faire un tour à la jolie gare de Hua Hin aux tons beiges et rouges, construite en 1926. De style victorien gingerbread, mâtiné d'architecture thaïlandaise, elle compte un grand nombre de piliers en bois sculpté et d'ornements. Hua Hin doit sa prospérité au chemin de fer, et la gare fait la fierté des habitants.

Hat Hua Hin (p. 188)

VOIR
1 Hat Hua Hin

ACTIVITÉS
2 Golf-club Royal de Hua Hin
3 Kitesurf

SE RESTAURER
4 Koti Restaurant
5 Krua Kannikar
6 Railway Restaurant
7 Ruamsaeb Yokkhok
8 Velo Cafe

SORTIR
9 Rock Zone Bar and Live Music

SHOPPING
10 Marché nocturne de Hua Hin

DU MARCHÉ AU CENTRE COMMERCIAL

Les Thaïlandais tiennent beaucoup à leurs marchés de nuit, mais les centres commerciaux attirent plus de monde encore. Partout dans le pays, le week-end comme en semaine, les *malls* reçoivent une foule de clients venus seuls, en famille ou entre amis, à la recherche des meilleures affaires. On vient y profiter de la climatisation, découvrir de nouvelles tables, passer un moment avec les autres ou simplement se promener. Les centres commerciaux sont d'ailleurs souvent installés au cœur des villes et offrent tout ce qu'il faut pour une journée de détente. Ils comptent parmi les lieux les plus photographiés du pays, car on s'y rend pour voir et être vu.

THITAPA/SHUTTERSTOCK ©

Marché nocturne de Hua Hin

Les meilleurs marchés de Hua Hin

VIVEZ À L'HEURE THAÏLANDAISE

Hua Hin est une ville animée par ses nombreux marchés regorgeant de cuisine de rue, de fruits de mer, mais aussi de créations artisanales et de souvenirs. Vous pourrez vous laisser gagner par la fièvre du shopping, car les petits prix n'entameront pas votre budget. Et pour ne rien gâcher, l'offre culinaire est à tomber !

Le très fréquenté **marché nocturne de Hua Hin**, ouvert tous les jours, est aussi le plus connu de la ville. Situé dans le centre, il propose une sélection fantastique de cuisine thaïlandaise, vêtements et souvenirs. On y trouve certains des meilleurs restaurants de fruits de mer de la ville. **Rod Fai Restaurant**, dont la décoration se veut une ode à la gare de Hua Hin, sert de généreux plateaux de fruits de mer grillés et du homard, l'une de ses spécialités.

Les connaisseurs se tourneront peut-être davantage vers le **marché Cicada**, un marché artisanal considéré comme le premier marché nocturne de Hua Hin. Ici, chaque création est unique et les artistes sont souvent présents pour vendre le fruit de leur travail. Situé à 3,5 km au sud de la ville, il comprend également deux scènes pour des concerts ou des représentations

LES MEILLEURS CENTRES COMMERCIAUX DE HUA HIN

Hua Hin Market Village
Premier du genre à avoir ouvert. Nombreuses boutiques, *food court* et espaces divertissements.

Bluport Hua Hin Resort Mall
Le plus grand centre commercial de Hua Hin, avec plus de 100 magasins, des restaurants et 6 cinémas.

Premium Outlet
Centre commercial en plein air avec des vêtements de marque vendus à prix cassés et un *food court*.

théâtrales et offre un beau choix de cuisine de rue. Ce marché, à découvrir absolument, est ouvert du vendredi au dimanche. Le dernier *songthaew* vert retournant dans le centre-ville passe vers 21h.

Le très vivant **marché Tamarind**, ouvert du jeudi au dimanche à un pâté de maison au sud du marché Cicada, est un lieu de rendez-vous en famille et entre amis. Apprécié pour ses stands de nourriture et son atmosphère décontractée, il dispose d'un espace central avec tables et chaises pour savourer votre repas ou un dessert thaïlandais avec un concert en toile de fond.

Bain d'art à Baan Sillapin

QUAND LES ARTISTES S'EXPOSENT

Baan Sillapin, aussi appelé Hua Hin Artists Village, rassemble ateliers d'artistes, galeries et espaces d'exposition au sein d'un vaste jardin. Là, vivent 15 familles d'artisans représentant différentes disciplines : travail du bois, sculpture, bijouterie, textile (costumes), photo, aquarelle ou encore art contemporain. Les artistes sont amicaux et en mesure d'échanger quelques mots dans un anglais rudimentaire. Presque tout ce qui est exposé est à vendre.

Il y a aussi des **ateliers** pour adultes et enfants. Et quand vient l'heure de la pause, prenez place au très joli **Art Cafe** qui domine le lac.

Baan Sillapin se trouve sur Th Hin Lek Fai, à environ 15 minutes de route du marché nocturne de Hua Hin.

La ville clé en main

VÉLO, *TUK-TUK* ET COURS DE CUISINE

Explorer Hua Hin à vélo est un très bon moyen de se familiariser avec la ville et ses environs. Avec ses longues routes côtières, la ville offre aux cyclistes de tous niveaux de magnifiques paysages à explorer. Vous pourrez ainsi rouler sur des centaines de kilomètres en bord de mer avec une vue imprenable sur le golfe de Thaïlande, en traversant des villages de pêcheurs, des plantations de fruits tropicaux, avec des montagnes de part et d'autre.

Des sorties sont proposées par **Hua Hin Bike Tours**, avec divers programmes s'étendant sur une demi-journée et jusqu'à plusieurs jours. Les circuits d'une journée permettent de sortir de Hua Hin pour rejoindre des lieux moins fréquentés par les touristes et les automobilistes. Si vous avez de l'expérience et le goût de l'aventure, vous pouvez tenter le "Hell Ride", un itinéraire exigeant de 60 km avec plusieurs montées courtes mais très raides. Si vous préférez être indépendant, l'agence loue également des vélos (pour adultes et enfants), des porte-bébés et des remorques.

POURQUOI J'AIME HUA HIN

Amy Bensema, auteure.

"Je vis en Thaïlande depuis plus de 16 ans et je ne me lasse pas de découvrir le pays. Huan Hin est une destination à part. Si d'autres régions disposent de plus belles plages, Hua Hin a ses marchés de nuit et des restaurants établis de longue date, des temples dignes d'intérêt et jouit d'une atmosphère très tranquille. Cette ville côtière se parcourt facilement à pied, surtout dans le quartier du marché nocturne. Et les gens sont adorables. L'emblématique gare ferroviaire est à voir absolument. Elle raconte un peu de l'histoire de la ville qui fut, des années durant, une destination de vacances très prisée par la famille royale."

OÙ SE RESTAURER À HUA HIN

Jaras
Cuisine thaïlandaise contemporaine dans un cadre sophistiqué. Poissons et fruits de mer sont à l'honneur. **$$**

Railway Restaurant at Centara Grand Beach Resort
Cuisine du monde dans un décor rappelant la gare de Hua Hin. **$$**

Velo Cafe
Excellent café avec torréfaction gérée par l'établissement. Sandwichs et desserts maison. **$**

SERGII FIGURNYI/STOCKADOBE.COM ©

Hat Hua Hin

LE VANA NAVA WATER JUNGLE

Meilleur parc aquatique de la ville et première "jungle aquatique" d'Asie, le **Vana Nava Water Jungle** est niché parmi plus de 200 000 plantes et arbres. Cet énorme parc, comprenant toboggans, bassins et attractions à sensations fortes, est découpé en 4 zones (enfants, familles, adultes et aventures). Situé à 5 km au sud de Hua Hin, il associe technologies de pointe et équipement moderne. Il possède un studio photo professionnel sous l'eau, des animations quotidiennes et un grand choix de restaurants.

Pour découvrir la ville et ses alentours, partir pour une aventure en solo ou pour un tour en famille, embarquez avec **Hua Hin Adventure Tour**. Vous monterez dans un *tuk-tuk* et passerez par la gare, dont la construction, dans les années 1920, a transformé ce qui n'était alors qu'un simple village de pêcheurs, puis par l'embarcadère pour regarder les pêcheurs décharger les prises du jour. La soirée se terminera par un dîner de fruits de mer dans l'un des restaurants du marché nocturne de Hua Hin.

Vous pourrez également vous laisser tenter par un cours de cuisine. Celui-ci commence par un tour au marché, au contact des habitants, pour acheter les produits nécessaires avant de se mettre en cuisine. Au menu par exemple : poulet au curry vert, salade de papaye verte et riz gluant à la mangue.

La plage de Hat Hua Hin en famille

PLAGE ET SPORTS NAUTIQUES

L'agréable plage de **Hat Hua Hin** s'étend sur près de 8 km. Le regard y porte loin vers le nord, le sud et l'horizon. Le sable blanc et fin, l'arrière-plan constitué de cocotiers, l'eau peu profonde

LES MEILLEURS BARS À CONCERTS DE HUA HIN

Rock Zone Bar & Live Music
Bar animé avec une excellente programmation de rock variée et de quoi grignoter.

El Toro Loco
Grands classiques rock interprétés par le Stone Head Band, plats thaïlandais et occidentaux.

Susan & Larry Poolside Resto
Restaurant philippin en bord de piscine, dans le centre-ville. Concert tous les soirs.

et calme en font une plage idéale pour les familles où les enfants peuvent se baigner en toute sécurité. Attention aux méduses, en particulier à la saison humide.

On y vient pour se faire tracter sur des bateaux-bananes, tester le ski nautique, profiter d'une balade à dos de poney ou d'un massage dans l'un des salons le long de la plage. La zone la plus fréquentée s'étire entre les hôtels Hilton et Centara Grand. Il y a quelques restaurants pour se sustenter ou acheter des rafraîchissements.

Kitesurf dans le golfe

GLISSE SUR L'OCÉAN

Hua Hin est la destination kitesurf numéro un de Thaïlande. Avec ses vents forts et ses longues plages aux eaux peu profondes, les conditions sont idéales pour s'initier ou peaufiner sa technique.

Le kitesurf est à la croisée du surf, du wakeboard, du snowboard et de la planche à voile puisqu'il s'agit de maîtriser un cerf-volant qui nous tracte pour glisser sur l'eau et – avec un peu d'expérience – réaliser des sauts et figures. Sensations garanties, mais l'activité exige une très bonne forme physique, de la précision, de l'équilibre et un équipement adéquat. Il vous faudra prendre des cours avec un moniteur professionnel avant de tenter l'aventure en toute liberté.

Ici, le temps clair et la forte brise marine permettent de sortir son kitesurf presque tous les jours de l'année. La période de mai à octobre offre toutefois les meilleures conditions. D'octobre à décembre, les vents soufflant du nord-est créent de nombreuses vagues. De janvier à mai, l'eau est plus calme grâce aux vents du sud-est.

Plusieurs écoles de kitesurf organisent des cours et des stages, la plupart se trouvent sur la plage au sud du centre-ville. **Kiteboarding Asia** propose des stages de 3 jours pour débutants avec des moniteurs professionnels et loue du matériel. **Hua Hin Kitesurfing** fait appel à des moniteurs certifiés par l'IKO (International Kiteboarding Organization) et propose des stages pour débutants ainsi que d'autres formules. **Duotone Kiteboarding Club** propose des cours d'initiation, différents stages avec hébergement et du matériel à la location.

Kitesurf, Hua Hin

MAI GROVES/SHUTTERSTOCK ©

LES SPORTS AQUATIQUES ONT LA COTE

Hua Hin est un paradis du kitesurf, mais pas seulement. Sur cette belle plage, la mer est peu profonde, offrant des conditions idéales pour les surfeurs débutants et intermédiaires. La saison démarre en octobre. **Khao Takiab** et **Hat Wanakorn** sont deux très bons spots à connaître.

Hua Hin est aussi une destination de choix pour la planche à voile. Plusieurs magasins en front de mer louent du matériel. Quand la mer est calme, on peut s'adonner au paddle. Ceux qui souhaitent un peu plus d'action pourront tenter le wingsurf. La plupart des boutiques de kitesurf louent l'équipement nécessaire.

OÙ SE LOGER À HUA HIN

Laksasubha Hua Hin Resort
Face à la plage, 16 villas de deux étages avec grande terrasse, dans un écrin verdoyant. **$$$**

Jenny Hostel
Chambres et prix sympas, à deux pas du marché de nuit. Restaurant et bar sur le toit-terrasse. **$**

The Standard Hua Hin
Hôtel moderne avec spa et bon choix de restaurants à deux pas de la plage. **$$$**

PROMENADES GOURMANDES À HUA HIN

Feast Thailand
Plusieurs circuits thématiques à Hua Hin : cuisine de rue, bonnes adresses des gens du coin... Chaque sortie dure environ 3 heures 30 et vous emmène à la découverte des 4 grandes traditions culinaires thaïlandaises : cuisine du Nord, Sud, Nord-Est, Centre du pays.

Kids 'n' All Tour
Itinéraire adapté aux enfants avec 10 plats et boissons (sans alcool, bien sûr), visite de 3 restaurants et d'un étal de bonbons.

Eat Like a Local Tour
Découvrez les légendes locales et les lieux préférés des habitants, en particulier les établissements familiaux.

EDDIE PHANTANA/SHUTTERSTOCK ©

Cuisine de rue, Hua Hin

Parcours de golf à Hua Hin

TRAVAILLEZ VOTRE BACKSPIN

Hua Hin dispose de plusieurs terrains de golf de premier ordre qui attirent de nombreux visiteurs.

Allez taquiner la balle au **Royal Hua Hin Golf Club**, fondé en 1924 et premier 18 trous du pays. Ses fairways sont bordés de grands arbres et de jardins aux arbustes taillés en forme d'animal ou de créature mythologique. Le **Black Mountain Golf Club** est le parcours pro numéro un de Hua Hin où ont lieu des compétitions organisées par la PGA (Professional Golf Association) de Thaïlande. Élu en 2009 "meilleur nouveau parcours de golf en Asie", le **Banyan Golf Club** (rebaptisé **Pineapple Valley Golf Club Hua Hin** en 2024), séduit les golfeurs exigeant les meilleures prestations.

Pour vivre pleinement l'expérience, rapprochez-vous de **Hua Hin Golf Tours**, qui organise des séjours courts ou plus longs, avec transport et hébergement. **Golf Tours Hua Hin** propose également des séjours thématiques, entre golf, activités de loisirs et visites touristiques.

La campagne autour de Hua Hin

VIGNOBLE ET BIEN-ÊTRE ANIMAL

Située à Baan Khork Chang, à 35 km à l'ouest de Hat Hua Hin, **Monsoon Valley** est l'une des rares exploitations viticoles thaïlandaises. Elle a été édifiée sur une ancienne ferme où

OÙ MANGER LOCAL À HUA HIN

Krua Kannikar
Apprécié depuis 40 ans pour son poulet frit et ses nouilles de riz au curry de poulet. $

Koti Restaurant
Restaurant le plus célèbre de Hua Hin, fondé en 1932, servant de généreux plateaux de fruits de mer. $$

Ruamsaeb Yokkhok
Huttes au toit de chaume où l'on déguste une cuisine de l'Isan, dont la soupe épicée aux travers de porc. $

étaient domestiqués les éléphants sauvages d'Asie. Ce vignoble vedette propose, étonnamment, de nombreuses activités pour petits et grands. Sur place, le **Sala Wine Bar & Bistro** offre une vue panoramique sur le paysage verdoyant et sert aussi bien des plats occidentaux que thaïlandais. On peut prendre une navette au Hua Hin Hills Bistro & Wine Cellar du supermarché Villa Market (300 B, départ à 10h30, retour à 15h).

Vous pourrez profitez de la belle campagne alentour lors d'une visite guidée du vignoble, d'une dégustation, d'une rencontre avec les éléphants du refuge créé en 2020, ou d'un safari viticole, une aventure pédagogique d'une journée mêlant découverte du domaine et observation de la faune du parc national de Kuiburi.

Les éléphants tiennent un rôle important ici et les visiteurs peuvent faire halte à la **réserve naturelle d'éléphants de Baan Khok Chang**, pour nourrir les animaux et les observer dans leur habitat naturel. L'exploitation se visite aussi à VTT, avec deux sentiers, l'un de 3 km pour débutants, et un autre, plus long et plus raide.

Basée à 45 km au nord-ouest de Hua Hin, la **Wildlife Friends Foundation** accueille plus de 700 animaux, parmi lesquels des ours, des tigres, des gibbons, des macaques, des loris et des oiseaux. Ce centre de sauvetage vient aussi en aide aux éléphants, avec un refuge où ils vivent sans être enchaînés. Visiter ce centre est bien plus gratifiant que de participer aux circuits d'observation des tigres et des éléphants proposés au départ de Hua Hin, véritables pièges à touristes. On peut aller à la rencontre des animaux (notamment avec les éléphants, dans la formule à la journée) et en apprendre plus sur leur histoire et leur sauvetage. Réservation impérative.

HUA HIN JAZZ FESTIVAL

En raison de l'intérêt que portait le défunt roi Rama IX à ce genre musical, Hua Hin accueille chaque année un festival de jazz (huahinjazzfest.com) où se produisent des musiciens thaïlandais et étrangers.

Les scènes sont installées sur la plage et les concerts, gratuits, ont lieu en soirée. Le jazz se décline en différents styles : soul, hip-hop ou encore latino. Le public finit parfois par en profiter les pieds dans l'eau. L'événement se produit généralement en juin, et notamment du 18 au 20 juin 2024.

COMMENT S'Y RENDRE ET CIRCULER

Le train permet de rejoindre et de quitter Hua Hin assez facilement, mais le minibus reste le moyen de transport le plus emprunté. Si vous allez vers le nord, en direction de Phetchaburi, Kanchanaburi ou Bangkok, rendez-vous à la Hua Hin Minivan Station (Soi 51). Les minibus qui vont vers le sud s'arrêtent au pied de la tour de l'Horloge (Th Phetkasem). Le service démarre généralement à 6h, avec des départs toutes les heures jusqu'en début de soirée. Une voiture avec chauffeur pour Bangkok (environ 3 heures) coûte 2 000 B au minimum.

À la gare routière de Hua Hin (Th Phetkasem, au niveau de Soi 96, Hua Hin Sud), vous trouverez quelques lignes pour Bangkok, Chiang Mai, Nakhon Ratchasima (Khorat), Phuket et Ubon Ratchathani. Les billets doivent être achetés au moins la veille car les départs ne sont pas quotidiens. Pour rejoindre Pranburi, Cha-am et Phetchaburi, il y a des départs presque toutes les heures depuis Th Phetkasem. La compagnie Lomprayah (lomprayah.com) propose des trajets bus-bateau à destination de Ko Tao, Ko Phangan et Ko Samui. Départ devant leur bureau à 8h45 et 23h30.

Les bus municipaux verts partent à l'angle de Th Sasong et Th Dechanuchit, près du marché nocturne, et circulent de 6h à 21h sur Th Phetkasem au sud de Khao Takiab (prenant la direction est sur Th Damnoen Kasem) et vers le nord jusqu'à l'aéroport. Il y a aussi des motos-taxis, compter 30 à 50 B pour les courts trajets.

De nombreuses boutiques en ville louent des motos (200-250 B/jour) et quelques-unes des vélos (environ 100 B/jour).

Environs de Hua Hin

Partez sur les routes de la région, longez des plages paisibles et des villages côtiers où il fait bon vivre et enfoncez-vous dans une nature vierge au cœur de parcs nationaux.

Pour une pause loin de la foule de Hua Hin, filez vers des endroits plus tranquilles. Passez quelques jours à lézarder sur la grande plage de Cha-am ou, si vous êtes en famille, profitez d'activités dédiées dans les environs. Rendez-vous à Pranburi, autre ville côtière à l'esprit bohème, avec de beaux paysages et un nombre croissant de cafés, de restaurants et d'hébergements intimistes aux goûts du jour. Laissez-vous tenter par un tour en bateau dans la mangrove et, pour une plongée en pleine nature et des aventures hors des sentiers battus, allez explorer deux des plus beaux parcs nationaux du pays, Khao Sam Roi Yot et Kuiburi. Là vous attendent la jungle, des cascades et des grottes, mais aussi des éléphants, des macaques et des varans malais à l'état sauvage.

Pour les infos pratiques, voir le Carnet d'adresses p. 212

À SAVOIR

Pour rejoindre Cha-am depuis Hua Hin (27 km), prenez le train ou louez une voiture avec chauffeur.

Calao bicorne, parc national de Kuiburi (p. 196)

DARK CARAMEL/SHUTTERSTOCK ©

Hat Cha-am

Bain de soleil à Cha-am

UNE JOURNÉE À LA PLAGE

Atmosphère joyeuse et prix bas caractérisent **Cha-am**, qui semble bien tranquille malgré la proximité de Huan Hin (26 km). C'est une destination qui plaît particulièrement aux couples à la recherche d'un cadre romantique, aux voyageurs en quête de calme et aux familles cherchant des vacances sans tracas avec du sable à perte de vue. Cha-am, ancien village de pêcheurs, est connue pour ses produits de la mer frais. Arrêtez-vous dans l'un de ses restaurants pour savourer les prises du jour.

Hat Cha-am est le principal atout de la ville. Cette longue étendue de sable frangée de filaos – et dépourvue de vendeurs ambulants – est une plage idéale pour les enfants et les voyageurs indépendants. Au programme : baignade, bains de soleil, Jet-Ski et tour en bouée tractée notamment. L'eau peut paraître un peu trouble, mais c'est un endroit agréable qui change de la piscine de l'hôtel. Arbres et parasols offrent une ombre bienfaitrice aux heures les plus chaudes.

Même le week-end, quand il y a du monde, l'ambiance reste décontractée. La plage n'est qu'à quelques minutes à pied de nombreux restaurants et boutiques locales. Plus loin, il est possible d'explorer des mangroves, de suivre des itinéraires à vélo et même de monter à cheval. Les hébergements qui bordent

VERS/DEPUIS CHA-AM

Des minibus partent de la Soi Bus Station à destination de Bangkok (terminal Sud et terminal Mo Chit) toutes les demi-heures, de 7h à 17h30. Les autres transports en commun marquent l'arrêt sur la Phetkasem Hwy, au croisement avec Th Narathip. Le moyen de transport le plus répandu reste le minibus. L'Airport Hua Hin Bus, qui assure la liaison entre Hua Hin et l'aéroport Suvarnabhumi de Bangkok, s'arrête devant la Government Savings Bank, tout comme les bus Shinnakeart Korat, à destination de Bangkok et Nakhon Ratchasima (388 B, 6 heures, 6/jour). La gare de Cha-am (Ban Cha-am sur les horaires), à l'ouest de Phetkasem Hwy, n'est desservie par aucun train express. La course en taxi pour Hua Hin, au sud, coûte 400 B.

Depuis le centre-ville, vous pouvez rejoindre la plage en taxi (100 B) ou à moto-taxi (40 B). Vélos et motos à louer dans Th Ruamjit.

OÙ SE LOGER À CHA-AM

Long Beach Cha-am
À quelques pas de Hat Cha-am, hôtel avec plusieurs piscines et chambres spacieuses. Petit déjeuner buffet. $

Beach Cha Am Guesthouse
Endroit calme avec grandes chambres climatisées, à proximité (à pied) de la plage et des restaurants. $

Asia Cha-am
Hôtel face à la plage avec piscine extérieure, grandes chambres, salle de gym et restaurant. $$

PARC FORESTIER DE CHA-AM

Situé aux abords de la ville, près de Hat Cha-am, le parc forestier de Cha-am est un parc verdoyant, autour d'un lac, où abondent faune et flore sauvages. La nature s'y épanouit en toute liberté, offrant un habitat de choix aux reptiles, mammifères, oiseaux et autres animaux. Plusieurs sentiers permettent de découvrir le parc. Au centre, près du pont, on aperçoit souvent les stars des lieux : les gibbons à mains blanches. Ces singes ne craignent pas les humains, mais ne sont pas apprivoisés. Gardez vos distances et ne les nourrissez pas.

la plage sont à prix très abordables. En d'autres termes, Cha-am est une excellente alternative à Hua Hin.

La Phetkasem Hwy traverse le centre-ville animé de Cha-am, à environ 1 km de la plage via Th Narathip. Là se trouvent les banques, le marché de denrées alimentaires, la gare et la plupart des arrêts de bus. Nombreux DAB et quelques bureaux de change (aux horaires étendus) le long de Th Ruamjit.

Attractions en famille

SORTIE À LA FERME, ZOO ET PARC À THÈME

À 37 km au nord-ouest de Hua Hin et à 10 km au nord-ouest de Cha-am, près de l'axe principal, le **1000 Sook Food & Farm** permet de passer une demi-journée au grand air en famille. Vous y trouverez des animaux de la ferme, un restaurant à l'ambiance champêtre, une boutique de souvenirs et une épicerie pour faire le plein de produits locaux à prix corrects, comme la mangue séchée et les cacahuètes bouillies. Les animaux sont bien soignés et les enfants peuvent les nourrir. Le restaurant sert de délicieux plats thaïlandais et occidentaux, ainsi que des desserts gourmands. Si vous mangez au restaurant ou faites un achat sur place, vous ne paierez pas l'entrée (60 B) pour la ferme.

Situé dans les environs de Cha-am, **Camel Republic** est un petit zoo et parc à thème, prisé des familles qui visitent la ville. Reconnaissable à son architecture de style marocain aux couleurs vives, le parc propose de multiples activités : tyrolienne, vélos en forme de cheval, trampolines avec harnais, piste de quad et cinéma en 4D. Le restaurant propose une cuisine marocaine et occidentale. Prévoyez chapeau/casquette et crème solaire car il y a peu de zones ombragées dans le parc.

Un marché bicentenaire

AMBIANCE DU TEMPS JADIS À PRANBURI

Pranburi, à 20 minutes au sud de Hua Hin, est une ville côtière plutôt tranquille aux hôtels modernes et confortables pour souffler loin de la foule. Ne manquez pas l'**Old Market** (vieux marché) qui se tient le samedi soir à proximité de la gare. Dans de vieilles *shophouses* (maisons de négoce) en bois, on vient acheter pièces anciennes et souvenirs. Et, Thaïlande oblige, vous y trouverez un vaste choix de cuisine de rue.

Pranburi est aussi la porte d'accès à une nature généreuse et attire donc les amoureux du grand air. Les forêts de mangroves toutes proches permettent de se mettre au vert ; à 40 km s'étend le parc national de Khao Sam Roi Yot, paradis des ornithologues, et à 66 km, le paisible parc national de Kuiburi, où l'on aperçoit souvent des éléphants.

OÙ SE RESTAURER À CHA-AM

The Village Restaurant & Bar
Restaurant simple servant une excellente cuisine thaïlandaise et des produits de la mer ; café, vins et alcools forts. $$

Luna Lanai Ocean & Beachfront Restaurant
Plats thaïlandais et de la mer, belle carte des vins et concerts le soir dans un lieu charmant. $$

Harry's Pizzeria & Restaurant
Adresse réputée pour ses plats thaïlandais, plateaux de fruits de mer, pizzas maison, desserts et pancakes. $$

Tham Phraya Nakhon

S'ORIENTER DANS PRANBURI

Pranburi compte 3 quartiers principaux. Le village de pêcheurs d'origine, **Pak Nam Pran**, en constitue le noyau, et c'est là que se trouvent les grands complexes hôteliers. Il s'étend vers le sud, le long de la mer, en direction de **Khao Kalok** ("montagne du Crâne"), imposant promontoire rocheux qui abrite la plus belle plage des environs. Plus loin dans les terres, le quartier historique, caractérisé par ses maisons de bois sur deux niveaux, est installé sur les rives de Mae Nam Pranburi. C'est là que se trouve le vieux marché (Old Market), qui a lieu le samedi et se tient depuis plus de 200 ans. Le quartier commerçant de la ville se situe le long de la Phetchkasem Hwy et s'étend de part et d'autre de Th Petchkasem.

Le parc national de Khao Sam Roi Yot

LE PARC NATIONAL AUX 300 PICS

À 30 km de Pranburi et 50 km de Hua Hin, le **parc national de Khao Sam Roi Yot** est hérissé de formations calcaires dont certaines atteignent 600 m de haut. Les mangroves, les grottes, les plages, un marais d'eau douce et le littoral finissent de composer ce magnifique cadre naturel.

L'un des points d'orgue d'une visite dans ce parc est la **Tham Phraya Nakhon**, l'une des plus célèbres grottes de Thaïlande. Visitez-la de préférence le matin (entre 9h et 12h), pour admirer les rayons du soleil qui pénètrent par l'entrée et viennent illuminer le **pavillon Khuha Kharuehat**, *săh·lah* royale construite pour Rama V en 1890.

Depuis la Tham Phraya Nakhon, prenez un bateau au village de pêcheurs de **Bang Pu** (200 B aller simple) pour rejoindre Hat Laem Sala. Un sentier raide (430 m) et un escalier mènent au sommet de la colline, où vous trouverez une poignée de restaurants pour un repas complet ou sur le pouce.

OÙ SE LOGER AUTOUR DE PRANBURI

Numpu Baandin
Pension écoresponsable à Khao Sam Roi Yot ; jardin, vue sur la montagne et restaurant. **$$**

Laem Sala Campsite
Camping sans chichis sur la plage de Khao Sam Roi Yot. Tente pour 2 (150 B) ou 4 (300 B) personnes. **$**

Chill Chill Resort
Hôtel tout simple près de la rivière et proche de la gare à pied ; chambres climatisées. **$**

QUAND SE RENDRE AU KHAO SAM ROI YOT

Il n'y a pas de période contre-indiquée. Le parc national et ses animations sont accessibles toute l'année et méritent un détour si vous êtes dans la région. De mi-mai à octobre, la pluie peut être de la partie, mais cela ne doit pas vous arrêter. Les ciels sombres et nuageux subliment au contraire le paysage. L'entrée (200/100 B adulte/enfant) se règle en même temps que votre première activité (il n'y a pas d'entrée à proprement parler). À Bang Pu, les restaurants sont ouverts de 6h à 18h.

SOMEMAN/STOCKADOBE.COM ©

Parc national de Kuiburi

Prenez le temps de visiter le village de **Khao Daeng** avant d'embarquer sur un *long-tail boat* pour une excursion de 1 heure sur la rivière et en mer. La location du bateau coûte environ 500 B. Vous naviguerez dans des mangroves entourées d'impressionnantes flèches calcaires et peuplées de nombreuses espèces d'oiseaux et des macaques crabiers.

La majorité des voyageurs visitent le parc en une journée depuis Hua Hin, Pranburi ou Prachuap Khiri Khan, à environ 50 km de là. En l'absence de transports publics, il faut être motorisé : louez une voiture (avec ou sans chauffeur) ou une moto. Si vous choisissez de passer la nuit, Khao Daeng compte des bungalows, mais la plupart des visiteurs préfèrent séjourner en dehors du parc, à la plage de Hat Sam Roi Yot.

Voir les éléphants sauvages du Kuiburi

POUR UNE RENCONTRE DANS LEUR HABITAT NATUREL

Qui ne rêve pas de voir des troupeaux d'éléphants en liberté dans leur habitat naturel ? C'est ce qui vous attend (presque à coup sûr) dans l'unité *hôoay léuk* du **parc national de Kuiburi**, situé à 65 km de Pranburi et à 95 km de Hua Hin. Proche de la

OÙ SE RESTAURER À PRANBURI

Very Good Restaurant
Charmant restaurant thaïlandais ; fruits de mer frais et plats sans gluten et/ou végétariens. **$$**

Luna La Pran
Face à la plage, plats thaïlandais, asiatiques et internationaux, y compris végétariens. **$$**

Pran's Corner
Entouré de palmier, Pran's est réputé pour sa cuisine fusion et ses produits de la mer très frais. **$$**

frontière avec le Myanmar (Birmanie), le parc est le meilleur site de Thaïlande pour observer les éléphants. Des safaris en pick-up sont organisés pour arpenter les forêts et les anciens champs transformés en zones protégées. Les éléphants, habitués à voir des véhicules, n'y prêtent guère attention.

Vous pourrez participer à un **safari éléphants** d'une demi-journée (14h30-18h) au sein du parc national. Notez que ces excursions sont strictement réglementées et déclarées auprès de l'administration du parc, un chauffeur et un assistant vous accompagneront. Vous progresserez lentement dans les prairies jusqu'à un site d'observation où vous pourrez sortir du véhicule. Vous en apprendrez davantage (en anglais) sur l'histoire du parc, la faune sauvage et ses habitats. Vous croiserez souvent aussi de nombreux gaurs (bétail sauvage). Un circuit aux allures de safari africain !

Pour une excursion privée, comptez de 1 050 à 3 500 B par personne. Pensez à prendre de la crème solaire et du répulsif contre les insectes.

La plupart des guides ne parlent pas anglais, mais connaissent quelques mots de vocabulaire utiles. Évitez si possible le samedi, qui voit affluer les visiteurs. Le parc est à 45 minutes à l'ouest du parc national de Khao Sam Roi Yot, suivez les panneaux indiquant "*wildlife watching*". Il est possible de combiner la visite des deux parcs.

À vélo dans la région de Pranburi

VISITES GUIDÉES

À une demi-heure au sud de Hua Hin, sur la côte, la "banlieue" bucolique du **district de Pranburi** constitue une alternative calme. Le secteur recèle plusieurs complexes hôteliers raffinés, idéals pour échapper à la foule sans être trop isolé.

Au cœur de cette région se trouve la petite ville de **Pak Nam Pran** (à l'embouchure de la rivière Pranburi), qui compte les plus grands *resorts*, mais peu de plages. Bien que le tourisme se développe, la pêche reste le secteur clé de l'économie ; chaque matin, les bateaux s'amarrent sur le fleuve, débarquent leurs prises et font sécher les calmars sur de grands étendoirs - d'où l'odeur âcre.

Au sud de Pak Nam Pran, le rivage sablonneux est longé par une agréable route côtière qui mène rapidement à **Khao Kalok** ("montagne du Crâne" ; le panneau indique le parc forestier de Thao Kosa), imposant promontoire étrangement érodé qui abrite la plus belle plage de la région.

Pour visiter le coin, **Spice Roads Cycling** propose des sorties vélo sur 2 jours (entre 80 et 195 km) autour de Pranburi. Les itinéraires, bien planifiés, traversent de beaux paysages et peuvent

RESPECT DES ÉLÉPHANTS

Beaucoup de personnes qui se rendent en Thaïlande souhaitent voir des éléphants. Ils font partie de la culture nationale depuis des siècles, mais il ne reste que 3 000 à 3 700 individus à l'état sauvage. Les autres vivent en captivité et sont souvent exploités pour des promenades ou des spectacles, des pratiques touristiques irresponsables. Plutôt que de monter à dos d'éléphant, visitez une réserve ou un refuge sérieux où les animaux, sauvés du commerce lié au tourisme animalier, retrouvent un environnement aussi "sauvage" que possible. Aller à leur rencontre est une expérience inoubliable, à condition qu'ils soient aux bons soins d'une organisation digne de confiance.

OÙ BOIRE UN (BON) CAFÉ À PRANBURI

Sa-Pan-Dum Cafe
Dans le quartier historique, charmant café au style industriel donnant sur la rivière ; café corsé.

Brown Brew & Bistro
Café artisanal servant de très bons plats locaux et occidentaux, ainsi que des pâtisseries maison. Wi-Fi.

Sea Bar So Good
Lieu sympathique sur la plage. Café et autres boissons ; concerts le week-end.

PARC FORESTIER DE PRANBURI

Située sur la rive nord de la rivière Pranburi, cette vaste mangrove naturelle est connue pour sa passerelle de 1 km et les nombreuses espèces d'oiseaux qu'elle abrite. Vous marcherez au-dessus d'épaisses racines entrelacées à l'horizontale et repérerez les crabes, poissons-grenouilles et les crevettes, notamment à marée basse. Varans malais et macaques crabiers peuplent aussi les lieux. Que faire dans le parc ? Randonner, observer les oiseaux et profiter de la plage. À marée haute, montez en bateau pour découvrir les canaux et cours d'eau. Le parc, à 14 km de Pak Nam Pran via la Rte 1019, n'est pas desservi par les transports en commun, il vous faudra y aller par vos propres moyens.

SUTTINUN/STOCKADOBE.COM ©

Parc forestier de Pranburi

convenir aux débutants comme aux cyclistes chevronnés, avec plusieurs groupes progressant à diverses allures.

Vous pouvez venir avec votre propre vélo ou en louer un (en aluminium ou en carbone). L'hébergement est inclus et l'hôtel est situé sur la plage ; n'oubliez pas votre maillot de bain. Chaque groupe peut compter de 4 à 50 voyageurs. L'âge minimum pour participer est 5 ans. Priorité à la sécurité : le port du casque est obligatoire en permanence.

COMMENT S'Y RENDRE ET CIRCULER

Des minibus circulent régulièrement entre Cha-am et Hua Hin ; vous pouvez également prendre un taxi. Pranburi est à environ 25 km au sud de Hua Hin. Des bus ordinaires (30 B, 30 min, ttes les 30 min de 7h à 15h), des minibus (30 B, 30 min, fréquents entre 6h et 19h) et des trains (5-361 B, 30 min, 11h47, 17h50, 20h10) vous déposeront dans la ville de Pranburi, à 10 km de Pak Nam Pran, que vous pourrez rejoindre en taxi (200 B). Des minibus (60 B, 1 heure, fréquents de 5h à 18h40) et des trains (14-62 B, 1 heure, 4h51, 10h03, 14h26) partent également de Prachuap Khiri Khan. Un minibus direct part de Pak Nam Pran à destination du terminal Sud et du terminal de Mo Chit de Bangkok (200 B, 5 heures) toutes les 30 minutes, de tôt le matin à la fin d'après-midi. Il s'arrête à Phetchaburi (140 B, 2 heures), mais pas à Hua Hin.

Le mieux pour explorer Pranburi est de louer une moto (250 B/jour), beaucoup d'hôtels en proposent. Votre hôtel peut aussi vous aider à louer une voiture avec chauffeur.

Prachuap Khiri Khan

Ville assoupie en bord de mer, Prachuap Khiri Khan est un endroit délicieusement détendu, aux antipodes de Hua Hin. Sa large baie d'un bleu turquoise, ponctuée de bateaux de pêche, est surplombée de montagnes calcaires constellées d'anfractuosités.

Phrachuap Khiri Khan accueille aussi une base aérienne de la Royal Air Force thaïlandaise. Ce fut d'ailleurs l'un des points d'entrée choisis par les troupes japonaises lors de l'invasion du pays durant la Seconde Guerre mondiale. La ville permet d'admirer la côte du golfe de Thaïlande, assez spectaculaire, et se trouve à proximité de plusieurs parcs nationaux. Elle comporte également des marchés, des temples et quelques restaurants de poissons et de fruits de mer alléchants. Parmi les souvenirs vendus sur place, citons les bijoux en écorce de noix de coco et les poupées en coquillages.

Pour les infos pratiques, voir le Carnet d'adresses p. 214

À SAVOIR

Vous êtes mordu de cuisine de rue ? Ne manquez pas le marché nocturne de Prachuap Khiri Khan. Dans la rue piétonne qui longe la plage, des centaines d'étals se succèdent dans une explosion de parfums et de saveurs. Tous les jours de 16h à 21h.

VOIR
1 Wat Khao Chong Krajok

SE LOGER
2 Prachuap Beach Hotel
3 Prachuap Grand Hotel
4 Zea Zide Hotel

SE RESTAURER
5 Grandma's House
6 In Town Seafood
7 Krua Chaiwat

WAT AO NOI

Pour rejoindra Wat Ao Noi, à environ 8 km au nord de Prachuap Khiri Khan, quittez Ao Prachuap, puis traversez le village de pêcheurs de Ban Ao Noi pour arriver à ce grand temple, au pied d'une colline, qui relie deux baies : Ao Noi et Ao Khan Kradai. Il est composé d'un superbe *bòht* (salle des ordinations) en teck et bâti sans clous. À l'intérieur, les fresques murales constituées de sculptures sur bois peintes et encadrées relatent essentiellement la vie de Bouddha.

Derrière le temple, un chemin mène à un édifice abandonné, recouvert de coquillages, puis à **Tham Phra Nawn** (grotte du Bouddha couché) qui abrite deux bouddhas allongés.

MARUDTRAVELPHOTO/SHUTTERSTOCK ©

Ao Manao

Une journée sur la plage d'Ao Manao

BAIGNADE DANS UNE BASE AÉRIENNE

Passez une journée idyllique à vous prélasser dans la baie d'**Ao Manao** qui accueille la plus belle plage de Prachuap Khiri Khan pour la baignade. Située à 5 km au sud du centre-ville, Ao Manao (baie des Limettiers) est un long croissant de sable entre deux montagnes. L'eau et le sable y sont d'une propreté sans pareille. Calme en semaine, la plage est en effervescence le week-end lorsqu'arrivent les familles pour profiter du soleil, d'un pique-nique et de la mer.

Ao Manao se trouve dans l'enceinte de la base aérienne Wing 5. Vous pouvez pénétrer dans la base pour vous rendre à la plage, mais prenez votre passeport au cas où il vous serait demandé de vous enregistrer à l'entrée.

Vous trouverez à Ao Mao les habituels transats, parasols et bouées géantes, ainsi que des restaurants servant de la cuisine thaïlandaise et du poisson frais. À proximité de la plage, il y a quelques animations (notamment un zoo pédagogique et un parcours de quad) dont l'emplacement déroute un peu.

Durant la Seconde Guerre mondiale, les troupes japonaises occupèrent brièvement Ao Manao. Un monument a été érigé en mémoire des héros de guerre. Il y a également un avion d'époque

OÙ SE LOGER À PRACHUAP KHIRI KHAN

Prachuap Beach Hotel
Hôtel près de la plage, du marché et des restaurants aux chambres modernes, propres et spacieuses. **$**

Prachuap Grand Hotel
Près du front de mer, chambres et suites, piscine et deux restaurants. **$$**

Zea Zide Hotel
Face à la plage, de grandes chambres avec vue sur la baie, petit déjeuner inclus et Wi-Fi. **$$**

BALADE DANS PRACHUAP KHIRI KHAN

La balade débute à la **1 gare de Prachuap Khiri Khan**, près du centre-ville et à 550 m de l'embarcadère. Cette jolie gare en bois, peinte en rouge et beige, est très photogénique. Depuis la gare, marchez sur 200 m vers l'est, le long de **2 Th Kong Kiat**, l'axe menant à l'embarcadère et au centre-ville. Prachuap Khiri Khan n'est pas une ville très animée, mais il y a toujours beaucoup de monde sur Th Kong. Quelques restaurants et magasins vous permettront de vous rassasier et d'acheter des produits de première nécessité.

Continuez jusqu'à **3 l'embarcadère**, pour suivre ensuite la promenade d'Ao Prachuap. Cette jolie baie incurvée, encadrée de part et d'autre par des promontoires spectaculaires, est le joyau de la ville. Les levers de soleil y sont splendides. Rebroussez chemin jusqu'à Th Sala Cheep et tournez à droite pour voir le **4 sanctuaire du pilier fondateur de la ville**, dont l'architecture rappelle le style khmer (cambodgien). Th Sala Cheep traverse la ville de part en part. Depuis le sanctuaire, suivez les panneaux indiquant l'université, vers le sud. Vous croiserez des vendeurs ambulants, de jolis cafés, quelques restaurants de poissons et de fruits de mer et de nombreux petits restaurants locaux. Vous trouverez, sur ce même axe, une pharmacie et une supérette moderne.

Rejoignez ensuite la **5 base aérienne Wing**. On vous demandera peut-être de vous enregistrer juste après l'entrée, sur la gauche : pensez à prendre votre passeport. De là, vous pouvez héler un moto-taxi ou un *tuk-tuk*, ou entreprendre la marche (2,5 km) jusqu'à **6 Ao Manao**.

EN COMPAGNIE DES SINGES

La province de Prachuap Khiri Khan compte diverses espèces de singes qui vivent souvent à proximité des sites touristiques. S'ils peuvent paraître mignons, certains, les macaques notamment, peuvent être agressifs. Ne les provoquez pas et ne les nourrissez pas, vous risquez de vous faire mordre. Attention aussi aux sacs en plastique et aux étuis d'appareil photo qui peuvent susciter leur convoitise. Vous rencontrerez ce même type de singes dans le parc historique de Phra Nakhon Khiri (p. 179) à Phetchaburi. Dans la province, vous croiserez aussi des semnopithèques obscurs. S'ils sont habitués à la présence des humains, apprécient les bananes et savent se montrer dociles, ils n'en restent pas moins sauvages. Ils défendent leur territoire et vous ne pourrez pas les effrayer.

et un musée photographique (ouvert le week-end et pendant les vacances). Depuis le monument, vous pouvez rejoindre, à pied, le sanctuaire de **Chao Pho Khao Lom Muak**, dédié à un immigré chinois que beaucoup appréciaient. Juste à côté, un petit sentier sur le haut de la colline offre une vue somptueuse sur les baies de Prachuap Khiri Khan.

Wat Khao Chong Krajok

UN TEMPLE HAUT PERCHÉ

Érigé tout au nord de la ville, le **Wat Khao Chong Krajok** impose sa présence en surplomb de Prachuap Khiri Khan. Le temple se dresse sur le Khao Chong Krajok ("mont du Tunnel miroir") et offre donc une belle vue panoramique sur la côte et les sommets escarpés de la frontière birmane, à 15 km de là. L'escalier de 396 marches aux rambardes jaune vif permet d'accéder au stupa qui occupe le sommet et dont la construction fut ordonnée par le roi Rama IV. Prenez votre temps en montant, il y a des bancs à différents endroits pour faire une pause. Certains sont couverts et offrent une protection contre les éléments, tandis que d'autres offrent des panoramas incroyables. Une fois là-haut, la vue est encore plus belle.

Attention : n'emportez aucune nourriture. L'endroit est habité par une cohorte de macaques qui ne reculent devant rien pour se nourrir. Pour éviter tout harcèlement, ne prenez donc rien qui se mange. Si leur présence vous inquiète, prenez un bâton juste pour les effrayer. Si vous tenez à nourrir les singes, un endroit est prévu à cet effet, avec de la nourriture à vendre, sur le parking du temple.

Le site se visite idéalement au lever ou au coucher du soleil. Le matin, tout est calme, il fait plus frais et le paysage est sublimé par les lueurs de l'aube. Le coucher du soleil offre aussi de très beaux tableaux, mais veillez à rebrousser chemin avant qu'il ne fasse complètement nuit.

Comme pour toute visite de temple, habillez-vous convenablement et soyez respectueux.

En pleine nature au Nam Tok Huai Yang

CASCADES, RANDONNÉES ET CAMPING

À l'écart des circuits touristiques, le **parc national de Nam Tok Huai Yang** permet de profiter de sentiers de randonnée et de magnifiques cascades. Il est aussi possible de passer une nuit sous la tente en pleine forêt. Situé à environ 35 km au sud du centre-ville de Prachuap Khiri Khan et facilement accessible, le parc constitue aussi une belle excursion d'une demi-journée depuis Hua Hin. Vous y apercevrez peut-être des animaux, comme des langurs, des gibbons, des porcs-épics et des sangliers.

OÙ SE RESTAURER À PRACHUAP KHIRI KHAN

Krua Chaiwat
Restaurant excellent et accueillant ; options végétariennes et prix bas. $

Grandma's House
Café tenu par des artistes, au rdc d'une maison en bois centenaire rénovée. Sublime petit déjeuner. $

In Town Seafood
Restaurant face à la baie prisé des habitants ; montrez ce que vous voulez parmi les poissons présentés. $$

Wat Khao Chong Krajok

Ne manquez pas la cascade de **Nam Tok Huai Yang** (du même nom que le parc) qui déroule son ruban sur 7 niveaux. Proche du principal centre d'accueil des visiteurs, elle est facile d'accès et le sentier qui y mène est bien entretenu. Il grimpe le long des 5 premiers niveaux sur environ 700 m. Beaucoup moins accessibles, les 6e et 7e niveaux nécessitent d'escalader des rochers. Pour effectuer cette dernière partie, vous devrez faire appel à un garde forestier (environ 300 B ; 2 ou 3 heures).

Parmi les autres cascades du parc, citons la Nam Tok Kha Aon, la Nam Tok Khao Lan, la Nam Tok Bua Sawan et la Nam Tok Huai Hin Dat. La **Nam Tok Khao Lan** est la plus impressionnante. Elle se compose de plusieurs niveaux, dont l'un d'eux est une falaise de 50 m de haut. La saison des pluies est la meilleure période pour s'y rendre. Il est alors possible de se baigner dans le bassin tout en haut. La **Nam Tok Khao Aon**, avec ses 9 niveaux, est aussi de toute beauté. Elle est à 44 km au sud du principal centre d'accueil des visiteurs.

CONSEILS POUR VISITER LE NAM TOK HUAI YANG

Le parc national n'est pas desservi par les transports en commun. Il faut le rejoindre en voiture ou en moto de location, avec un guide ou en prenant une voiture avec chauffeur au départ de Prachuap Khiri Khan.

Le parc dispose de deux hébergements, mais la réservation ne peut se faire qu'en Thaïlande. Il faut payer par virement 2 jours au préalable, depuis un 7-Eleven ou une banque thaïlandaise.

Vous pourrez louer du matériel de camping au principal centre d'accueil des visiteurs, près de la Nam Tok Huai Yang. Le parc compte un restaurant ouvert de 8h30 à 16h.

COMMENT S'Y RENDRE ET CIRCULER

Les bus stationnent généralement le long de la Phetkasem Hwy (Hwy 4), à 4 km au nord-ouest du centre-ville. La vente des billets, à acheter la veille pour être sûr d'avoir une place assise, sont en vente sur le côté nord de la route. Les 4 bus climatisés quotidiens qui vont vers le terminal Sud de Bangkok (200 B, départ à 9h, 11h, 13h, 1h) et ceux pour Phetchaburi (150 B, ttes les heures), partent d'un petit arrêt de bus sur Th Phitak Chat. Les minibus constituent l'essentiel des transports à Prachuap. Ils partent tous d'une petite station sur Th Prachuap Khiri Khan, à l'intersection avec la Hwy 4, près de l'arrêt de bus principal. Si vous arrivez en train, la gare est à environ 15 min à pied de la principale zone hôtelière.

Assez compact, le centre-ville se parcourt à pied. Les courses en moto-taxi coûtent au moins 30 B. La plupart des hôtels louent motos (environ 250 B/jour) et vélos (50 B/jour).

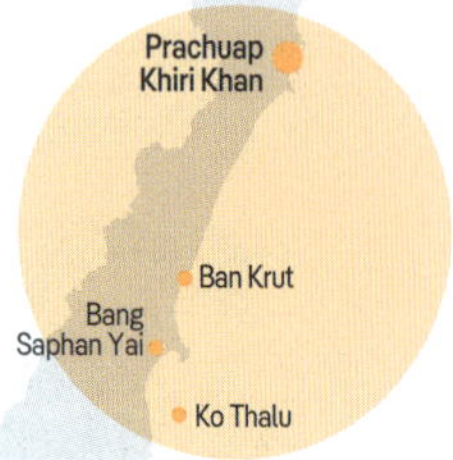

Environs de Prachuap Khiri Khan

Au sud de Prachuap Khiri Khan, deux villages de pêcheurs tranquilles offrent des plages de sable bordées de cocotiers et d'une mer bleu azur.

Les deux villages côtiers de Ban Krut et Bang Saphan Yai jouissent de jolies plages et de tout le confort moderne. Le tourisme y étant peu développé, ce sont des endroits paisibles qui ravissent les voyageurs en quête de calme. Ici, pas de hauts immeubles, pas de discothèques ouvertes toute la nuit et pas de circulation effrénée. Profitez-en pour ralentir et vous imprégner de la vie locale pendant quelques jours. Avec ses grandes plages, Ban Krut attire les familles thaïlandaises le week-end, alors que Bang Saphan Yai, bordée d'imposants cocotiers, est souvent ignorée. Si vous venez en semaine, il y a de grandes chances que vous ayez les plages et la mer pour vous tout seul.

Pour les infos pratiques, voir le Carnet d'adresses p. 214

À SAVOIR

Avec ses hébergements pour tous les budgets, son éventail de restaurants et son épicerie, Ban Krut est plus apte à recevoir des visiteurs.

Ban Krut

BEBLACK-DPLZ/SHUTTERSTOCK ©

IMAGE PROFESSIONALS GMBH/ALAMY STOCK PHOTO ©

Hameau de pêcheurs, Ban Krut

Explorez Ban Krut à moto

EN TOTALE LIBERTÉ

La moto est un excellent moyen de sillonner Ban Krut. La circulation n'y est pas très dense, la conduite est donc relativement sûre. Mais portez toujours un casque et exigez une assurance lors de la location.

Si vous n'avez pas de programme en tête, commencez par longer la côte et trouver un coin tranquille pour profiter de la vue sur la mer, à l'ombre des cocotiers. Rouler vers le sud, entre **Hat Ban Krut** et **Ao Bo Thong Lang**, est une jolie virée d'environ 25 minutes. Sur la route en bord de mer, vous verrez des poissons et des anchois mis à sécher au soleil. Vous passerez ensuite par un hameau de pêcheurs et un tout petit temple avant d'arriver à la jolie baie de Bo Thong Lang pour une bonne baignade ou une séance photos.

Vers le nord, vous pouvez suivre la côte jusqu'au **Wat Tham Khiri Wong**, un temple aménagé dans une grotte où vivent quelques moines. L'endroit n'a rien d'extraordinaire, mais il mérite un arrêt si vous passez devant. De là, continuez jusqu'à la ville de **Thap Sakae**, où l'on trouve quelques magasins, des cafés et un marché quotidien. Les routes et chemins de terre qui semblent s'enfoncer au milieu des cocotiers invitent

LES MARCHÉS DE BAN KRUT

Durant la semaine, Ban Krut compte plusieurs marchés assez différents. Même si vous n'avez besoin de rien, les parcourir est un bon moyen d'être au contact de la culture locale.

Devant la gare, chaque jour, sur le **marché matinal de Ban Krut** (6h-8h), les habitants font leurs emplettes du jour ou savourent du poulet grillé. Le **marché du samedi** (17h-19h) prend place dans un grand champ près du passage à niveau. On y trouve de nombreux plats préparés et des vêtements. Le **Burmese Border Market**, à environ 40 minutes de route, est un vaste marché quotidien qui vend de tout, aussi bien des denrées locales que des meubles.

OÙ SE RESTAURER À BAN KRUT

Cafe Del Mar
Restaurant face à la mer. Plats thaïlandais et internationaux et petit déjeuner. $$

Li's Restaurant
Cuisine thaïlandaise épicée et acidulée, pêche du jour et smoothies maison. $$

Tam Mai
Spécialités thaïlandaises, milk-shakes aux fruits frais, bon choix de pâtisseries et de desserts maison. $

WAT TANG SAI

Si vous visitez Ban Krut et Bang Saphan Yai, allez absolument voir le Wat Tang Sai, un temple bouddhique construit en 1996 pour célébrer le jubilé d'or du roi Bhumibol Adulyadej. L'ensemble est impressionnant, avec ses 9 pagodes dressées au sommet du mont Thong Chai, dominant Hat Ban Krut. Il est situé dans un bel écrin paysager, avec quelques statues impressionnantes : non pas des mauvais esprits, mais les gardiennes du temple. Le Wat Tang Sai, facilement accessible depuis la plage ou la route, ouvre tous les jours à 9h. C'est un lieu sacré, veillez à vous vêtir en conséquence.

à l'exploration. C'est l'occasion de découvrir la vie locale et la nature alentour. Vous apercevrez même peut-être un buffle d'eau se rafraîchir dans un bassin peu profond. Vous aventurer à Ban Krut et dans les environs à moto est un moyen simple de sortir des sentiers battus et d'apprécier la Thaïlande dans toute sa quiétude.

D'une île à l'autre

TROIS FOIS PLUS DE DÉCOUVERTES

Découvrez Ko Thalu, Ko Sang et Ko Sing en bateau, avec au programme pêche, baignade et snorkeling dans des eaux peu profondes. Ces îles de toute beauté sont à proximité de Bang Saphan Yai et ont de quoi remplir une journée mémorable.

Ko Thalu est, avec ses trois plages de sable blanc et son arche rocheuse naturelle, la plus prisée des trois îles. **Ao Mook** jouit d'une atmosphère paisible, et **Ao Sai Yai**, avec ses eaux claires et ses nombreux coraux, est idéale pour la plongée et le snorkeling. Il est aussi possible de faire du kayak de mer. **Ao Thian** est une petite plage bordée d'arbres. Sur le flanc est de Ko Thalu, on trouve un cimetière de coraux, avec plusieurs espèces mortes, parmi lesquelles du corail-fleur.

Les eaux de **Ko Sang**, riches en corail, attirent les amateurs de snorkeling. L'intérieur de l'île est rocailleux, avec quelques sentiers tracés dans la jungle pour de la randonnée, si le cœur vous en dit. Vous pouvez aussi simplement lézarder et faire un tour en kayak.

Ko Sing est une petite île dont la forme évoque une tête de lion. Pêche et voile s'y pratiquent couramment.

Pour rejoindre ce trio d'îles, louez un bateau à l'embarcadère de Ban Pak Khlong, près du marché de Bang Saphan (4 500 B pour 3 heures). Les bateaux peuvent accueillir jusqu'à 10 personnes.

COMMENT S'Y RENDRE ET CIRCULER

Ban Krut et Bang Saphan Yai, respectivement à 65 km et 90 km au sud de Prachuap Khiri Khan, ont une gare. Les 11 trains partant de la gare de Hualamphong, à Bangkok, et à destination de l'extrême sud du pays s'arrêtent à Bang Saphan Yai, et 7 d'entre eux s'arrêtent à Ban Krut. On peut également rejoindre les deux villes en train depuis Prachuap Khiri Khan (20 à 13 500 B, 1 heure), Chumphon (30 à 1 500 B, 1 heure 30 à 2 heures) et Hua Hin (50 à 1 500 B, 2 heures).

Du terminal Sud de Bangkok, un bus part toutes les heures ou deux pour Bang Saphan Yai (Soi Bang Saphan ; 275 B, 6 heures, de 7h30 à minuit) et s'arrête d'abord à Ban Krut. En direction du nord, ces bus marquent l'arrêt à Prachuap Khiri Khan (90 B, 1 heure) et Phetchaburi (193 B, 3 heures 30), mais pas à Hua Hin. Les arrêts de bus se trouvent, dans les deux cas, à quelques minutes à pied au sud des gares.

Pour les minibus (Rte 3169) au départ de Bang Saphan Yai, rendez-vous devant Sweet Home Bakery dans le centre-ville. Ils desservent Prachuap Khiri Khan (100 B, 1 heure, 8/jour de 6h20 à 16h50) et Chumphon (80 B, 2 heures, à 8h45). Le minibus de Chumphon ne s'arrête généralement pas à Ban Krut, sauf à la demande de Bankrut Tour & Travel (le coût grimpe à 400 B). Il n'y a pas de minibus entre Ban Krut et Bang Saphan Yai.

Les complexes hôteliers ont généralement un service de navette gratuit pour venir vous chercher et vous reconduire en ville, mais vous devrez payer pour vous faire déposer sur la Phetkasem Hwy. Pour rejoindre la plage de Bang Saphan Yai à moto-taxi, à 6 km au sud de la ville, prévoyez 100 B, ou environ 30 B depuis Ban Krut.

Location de moto entre 250 et 350 B/jour ; c'est le moyen de transport idéal pour découvrir les environs.

Chumphon

Chumphon marque l'entrée dans le sud de la Thaïlande. La ville est un point de passage vers les destinations prisées des provinces du Sud et une escale pour les voyageurs en chemin pour Ko Tao (ou lorsqu'ils en reviennent), les îles du golfe de Thaïlande ou, plus au sud, Ranong et Phuket. S'il n'y a pas grand-chose à faire dans la ville en attendant votre ferry ou votre bus, les alentours ont un certain intérêt si vous avez un peu de temps devant vous. Rejoignez les rangs des voyageurs avisés : cette province un peu trop oubliée compte des plages préservées, des îles tropicales, des temples magnifiques et un musée national. Les merveilles naturelles sont également au rendez-vous, avec des parcs nationaux, des réserves naturelles, des paysages de montagne, des cascades et des sentiers de randonnée. Si vous avez envie de quitter les circuits habituels des baroudeurs et de vous poser sur une plage tranquille ou de vous immerger en pleine nature, faites halte à Chumphon.

Pour les infos pratiques, voir le Carnet d'adresses p. 214

À SAVOIR

Alors que beaucoup ne s'arrêtent à Chumphon que le temps d'attraper leur ferry, pensez à y rester quelques jours en louant une moto pour explorer en toute liberté les parcs nationaux tout proches et les plages.

NOFILM2011/SHUTTERSTOCK ©

Chumphon

LE TOP DES PLAGES À CHUMPHON

Voici un panorama des plages, le plus souvent désertes, de Chumphon. À **Hat Pharadonphap**, faites la sieste sous les cocotiers ou visitez le village de pêcheurs avant de savourer la pêche du jour dans un restaurant face à la mer. **Hat Sai Ri**, à 20 km du centre-ville de Chumphon, est la plage préférée des habitants. Elle se distingue par son monument en l'honneur du prince Krom Luang Jumborn Khet Udomsakdi qui fonda la marine royale. **Hat Thung Wua Laen** ("plage de la vache rapide") est à 15 km au nord-est de la ville et a tout ce qu'il faut pour bien accueillir les voyageurs. Elle est prisée des familles thaïlandaises, il y a donc du monde le week-end. **Hat Tham Thong-Bang Boet** est une longue étendue de sable blanc (5 km) sur fond de collines calcaires et de rangées de pins.

Leçons d'histoire au musée national de Chumphon

ARCHITECTURE ET VESTIGES DU PASSÉ

Le **musée national de Chumphon**, dans le centre administratif de la ville, séduira les voyageurs en quête d'histoire. L'édifice, sur deux étages, combine style contemporain et architecture typique du Sud. Le musée est divisé en 8 sections retraçant notamment l'histoire et l'évolution de Chumphon, de la préhistoire à nos jours, en passant par la Seconde Guerre Mondiale.

Le musée, qui accueille également une bibliothèque, une boutique et une librairie, est ouvert du mercredi au dimanche

OÙ SE RESTAURER À CHUMPHON

Ban Phuk Phouk
Ambiance bucolique et équipe sympathique. Plats épicés et spécialités locales aux portions généreuses. **$**

Le Betole
Plats italiens et thaïlandais en bord de plage. Gros succès pour les pizzas et les burgers. **$$**

Pirates Terrace
Plats thaïlandais, pâtes, pizzas, pâtisseries et classiques du petit déjeuner, à prix abordables. **$$**

de 9h à 16h. Entrée : 100 B. Il est situé à 3 km au nord du centre-ville. Les horaires n'étant pas toujours respectés, appelez le 077-630 758 avant de vous y rendre.

Snorkeling dans le parc national de Mu Ko Chumphon

RÉCIFS CORALLIENS, ÎLES ET REQUINS-BALEINES

Le **parc national de Mu Ko Chumphon** séduit les visiteurs avec ses 40 îles, ses belles plages, ses récifs coralliens aux multiples couleurs et ses mangroves. Peu visité, il mérite pourtant qu'on lui consacre au moins une journée.

Des circuits de snorkeling à la journée permettent de visiter des îles du parc comme Ko Mattra, Ko Lak Rad, Ko La Wa et Ko Lung Ga Jiw. Vous pourrez y observer diverses espèces de crabes, nager avec palmes, masque et tuba dans les récifs coralliens et admirer de près des anémones de mer.

À proximité des îles de Ko Ngam Noi, Ko Ngam Yai, Ko Ga Loke et Ko Talu, les amateurs de plongée pourront apercevoir de rares requins-baleines et des torpilles marbrées. C'est aussi l'occasion de voir des poissons-perroquets et des poissons-papillons dans leur habitat naturel.

Renseignez-vous auprès de l'agence **Siam Cat Charter Tours** qui propose différents itinéraires. Ces excursions sont une excellente façon de profiter du parc national de Mu Ko Chumphon National. Préparez-vous à une journée complète d'aventure, de 7h à 19h, avec petit déjeuner et déjeuner à bord et le dîner dans un restaurant de poissons et fruits de mer populaire de Chumphon.

Requin-baleine, Chumphon

SPÉCIALITÉS LOCALES À CHUMPHON

Des dizaines de boutiques de souvenirs mettent en avant les spécialités locales. La culture du café est importante dans la région, première productrice de robusta du pays, et les plantations couvrent des centaines de milliers d'hectares. Savourez sur place un café fraîchement moulu ou achetez des grains à rapporter chez vous.

Côté fruit, laissez-vous tenter par le *leb mue nang* (bananes séchées ou chips de bananes).

Les fruits de mer séchés, la pâte de crevette et la sauce de poisson régionale constituent aussi des souvenirs de choix.

COMMENT S'Y RENDRE ET CIRCULER

Peu pratique, la principale gare routière de Chumphon se trouve à 12 km du centre-ville. Rendez-vous plutôt dans une agence de voyage en ville pour réserver votre bus à destination de Bangkok ou Phuket (les principales compagnies ayant leurs propres arrêts en ville). Il existe des minibus pour Ranong, Surat Thani et Prachuap Khiri Khan qui partent du bazar de nuit de Chumphon. De nombreux trains relient Chumphon depuis Bangkok, mais il faut réserver votre place. La moto (location 200 à 300 B/jour) reste le meilleur moyen de transport pour sillonner le centre-ville et les environs. Les motos-taxis s'arrêtent volontiers (courses à partir de 30 B).

Chumphon est le point de passage numéro un vers le sud de la Thaïlande et attire aussi les voyageurs à destination de Ko Tao et des îles du golfe. Les ferrys rapides de la compagnie Lomprayah (lomprayah.com) partent de Chumphon (embarcadère de Thung Makham Noi) deux fois par jour (à 7h et à 13h30) à destination de Ko Tao (environ 1 heure 45).

Carnet d'adresses

PHETCHABURI

Khao Panoen Thung
Voir p. 183 (Kaeng Krachan ; tlj 23h30-10h)

Musée national
Voir p. 208 (Parc historique de Phra Nakhon Khiri ; 97 Khlong Kra Saeng ; tlj 9h-16h)

Nam Tok Pa La-U
Voir p. 183 (www.dnp.go.th ; Moo 2 Hua Hin)

Parc historique de Phra Nakhon Khiri (Khao Wang)
Voir p. 179 (97 Khlong Kra Saeng ; tlj 8h30-16h30)

Parc national de Kaeng Krachan
Voir p. 183 (thainationalparks.com ; facebook.com/Kaengkrachannationalparkofficial ; Kaeng Krachan District ; adulte/enfant 300/150 B ; tlj 8h-16h30)

Phra Prang Daeng
Voir p. 179 (Parc historique de Phra Nakhon Khiri ; 97 Khlong Kra Saeng ; tlj 8h30-16h30)

Phra Ram Ratchaniwet
Voir p. 180 (palais Ban Peun ; 032 428506 ; Th Damnoen Kasem ; 100 B ; 8h30-16h)

Phra That Chom Phet
Voir p. 179 (Khlong Kra Saeng ; tlj 8h30-16h30)

Tham Khao Luang
Voir p. 181 (8h-16h lun-ven, 8h-17h sam-dim ; gratuit)

Wat Phra Kaew Noi
Voir p. 179 (Khlong Kra Saeng)

Wat Khao Bandai-It
Voir p. 181 (Rte 3171 ; gratuit ; 8h-17h)

Wat Mahathat Worawihan
Voir p. 180 (Th Damnoen Kasem ; gratuit ; lever-coucher du soleil)

Wat Phra Phuttaya Saiyat
Voir p. 180 (Th Khiriataya ; gratuit ; lever-coucher du soleil)

Wat Yai Suwannaram
Voir p. 181 (Th Phongsuriya ; gratuit ; *bòht* 7h-18h, *săh·lah* 8h-17h)

Wat Yang
Voir p. 180 (Th Ratchadamnoen ; gratuit ; heures du jour)

Feast Thailand
Voir p. 183 (032 510 327, 095 461 0557 ; www.feastthailand.com ; 11, 186 Soi 43 Tambon Hua Hin, Amphoe Hua Hin, Chang Wat Prachuap ; divers itinéraires gastronomiques de 8 heures environ ; tlj sur réservation)

Ban Krang Campsite
Voir p. 182 (Huai Mae Priang ; tlj 8h-17h)

HQ Campsite
Voir p. 182 (Parc national de Kaeng Krachan ; thainationalparks.com ; Kaeng Krachan District)

JM Cuisine
Voir p. 180 (081 555 6633 ; www.jm-cuisine.com ; 85 Ratcha Witee Th ; 7h-17h lun-mar, ven, 6h-17h mer-jeu et sam-dim)

Khao Chae Mae Awn
Voir p. 180 (086 107 2521 ; facebook.com/maesiri ; Chakrabongse Road ; tlj 10h-16h)

Rabieng Rimnam
Voir p. 180 (032 425 707 ; 1 Shee Sra Inn Road ; 10h-minuit mar-dim)

Samarn Bird Camp
Voir p. 182 (086 900 3456, 081 866 3041 ; nuchanat@set.or.th ; Kaeng Krachan District, à l'est du point de contrôle des billets de Sam Yod)

HUA HIN

Baan Sillapin
Voir p. 187 (032 534 830 ; www.huahinartistvillage.com ; 299/8 3218 Hin Lek Fai, Prachuap Khiri Khan ; 10h-17h mar-dim)

Hat Wanakorn
Voir p. 189 (facebook.com/hatwanakorn ; Huai Yang, Prachuap Khiri Khan ; tlj 7h-18h)

Hua Hin Jazz Festival
Voir p. 191 (huahinjazzfest.com ; info@huahinjazzfest.com)

Khao Takiab
Voir p. 189 (29/2 Soi Ao Hua Don 13, Nong Kae)

Monsoon Valley
Voir p. 190 (monsoonvalley.com ; 1 Mu 9 Baan Khork Chang Pattana, Nong Plub ; visite du vignoble sans/avec dégustation 150/450 B par pers, visites à 10h, 13h et 15h ; tlj 9h-19h avr-oct, tlj 9h-20h nov-mars)

Parc national de Kuiburi
Voir p. 191 (facebook.com/kuiburinp.thailand ; Hat Kham, Kui Buri District, Prachuap Khiri Khan ; tlj 8h-16h30)

Réserve naturelle d'éléphants de Baan Khok Chang
Voir p. 191 (baanchangelephantpark.com ; 200 Rachophkinai Road, Muang Chiangmai ; adulte/enfant demi-journée 1 500/1 200 B, adulte/enfant journée 2 700/2 000 B ; tlj 7h-22h)

Wildlife Friends Foundation
Voir p. 191 (wfft.org ; facebook.com/WildlifeFriendsFoundation ; 108 Moo 6, Tambon Thamairuak, Amphoe Thayang ; 24h/24)

Black Mountain Golf Club
Voir p. 190 (032 618 666, 032 618 667 ; www.blackmountainhuahin.com ; 565 Moo 7, Nong Hieng Road, Hin LekFai ; 40 balles 100 B/pers ; tlj 6h-18h)

Duotone Kiteboarding Club
Voir p. 189 (083 438 3833 ; www.dkb-club.com/thailand ; Pechakasem Road 113/5 ; tlj 9h-18h sur réservation)

Feast Thailand
Voir p. 190 (032 510 327, 095 461 0557 ; www.feastthailand.com ; 11, 186 Soi 43 Tambon Hua Hin, Amphoe Hua Hin, Chang Wat Prachuap ; tlj sur réservation)

Golf Tours Hua Hin
Voir p. 190 (084 704 3344 ; www.golftourshuahin.com ; Unit 2701B, 29 Bangkok Business Center Soi Ekamai, Sukhumvit 63 Road, Klongtan Nua ; réservation par mail uniquement ; 9h-18h lun-ven)

Hua Hin Adventure Tour
Voir p. 188 (032 530 314, 093 645 1693 ; huahinadventuretour.com ; 69/7 Nahb Kaehat Road, Prachuabkirikhan ; à partir de 2 200 B/2 pers min ; 9h-18h lun-sam)

Hua Hin Bike Tours
Voir p. 187 (081 173 4469 ; huahinbiketours.com/project/hua-hin-hell-ride ; 8/12 Takiap Village Soi 6 Nong Kae ; réservation par e-mail uniquement ; tlj 9h-17h)

Hua Hin Golf Tours
Voir p. 190 (084 704 3344, 02 714 8470 ; golfasian.com/golf-holidays/thailand/hua-hin ; réservation par téléphone)

Hua Hin Kitesurfing
Voir p. 189 (099 376 3093 ; huahinkitesurfing.com ; 1 journée de cours 4 000 B/pers ; Soi 71/1, Hua Hin ; tlj 9h-18h)

Kiteboarding Asia
Voir p. 189 (093 480 4040, 081 683 1683 ; kiteboardingasia.com ; 143/8 Soi 75/1, Prachuap Khiri Khan)

Pineapple Valley Golf Club Hua Hin (ex-Banyan Golf Club)
Voir p. 180 (032 616 200 ; www.banyanthailand.com ; Blue Lotus Hua Hin, 68/35 Mooban Hua Na, Tambol Nong Gae ; parcours 18 trous 2 100-3 800 B/pers sur réservation ; tlj 8h-17h)

Royal Hua Hin Golf Club
Voir p. 180 (032 512 475 ; royalgolfhuahin.booking@gmail.com ; royalhuahingolfcourse.com ; Damneonkasem Road ; 18 trous 2 000 B/pers, réservation par e-mail uniquement ; tlj 6h-18h)

Vana Nava Water Jungle
Voir p. 178 (Vana Nava Water Jungle ; vananavahuahin.com ; 129/99 Soi Moo, Baan Nong Kae ; adulte/enfant 1 150/900 B ; tlj 11h-17h)

Centara Grand Hotel
Voir p. 187 (02 769 1234 ; www.centarahotelsresorts.com/centaragrand/chbr ; 999/99 Rama 1 Road, Pathumwan)

Jenny Hostel
Voir p. 189 (083 925 1395 ; jennyhostelhuahin.thailandhotels.site ; 97 Dechanuchit Road)

Vignobles autour de Hua Hin (p. 190)

EKATERINA LOGINOVA/STOCKADOBE.COM ©

Laksasubha Hua Hin
Voir p. 189 (032 514 5269, 032 514 525 31 ; www.laksasubhahuahin.com ; 53/7 Naresdamri Road, Prachuap Khiri Khan)

The Standard Hua Hin
Voir p. 189 (032 535 999 ; www.standardhotels.com/hua-hin ; 59 Naresdamri Road, Prachuap Khiri Khan)

Art Cafe
Voir p. 187 (077 349 331 ; artcafekohphangan.wixsite.com/artcafekohphangan ; 78/10 8 Hani, Moo 8, district de Ko Pha Ngan, Surat Thani ; 8h-18h mer-lun, 14h-23h sam-dim)

Jaras
Voir p. 187 (032 616 999 ; huahin.intercontinental.com/dining/jaras-hua-hin ; 33 33 Petchkasem Road, Prachuap Khiri Khan ; tlj 17h-22h)

Koti Restaurant
Voir p. 190 (095 860 5364 ; facebook.com/KotiRestaurantHuahin ; 61/1 Soi Huahin 57, Prachuap Khiri Khan ; tlj 12h-minuit)

Krua Kannikar
Voir p. 190 (096 372 9165, 032 512 069 ; facebook.com/KannikarHuahin ; Prachuap Khiri Khan ; tlj 10h30-16h)

Railway Restaurant
Voir p. 187 (Centara Grand Beach Resort ; 032 512 021 ; www.centarahotelsresorts.com/centaragrand/chbr/railway ; 1 Damnernkasem Road, Tambon Hua Hin, Chang Wat Prachuap Khiri Khan ; 6h-21h30 lun-mar, ven, sam-dim)

Rod Fai Restaurant
Voir p. 186 (081 944 1161 ; facebook.com/rodfaihuahinseafood ; Hua Hin Night Market, Petchasem Road ; tlj 17h-23h)

Ruamsaeb Yokkhok
Voir p. 190 (Soi Hua Hin 88/2 Phet Kasem Road, Prachuap Khiri Khan ; tlj 10h-22h)

Sala Wine Bar & Bistro
Voir p. 191 (089 3479 385 ; www.huahinhills.com ; 15 Moo 2, Huai Sat Yai, Prachuap Khiri Khan ; tlj 9h30-20h30)

Velo Cafe
Voir p. 187 (063 223 9162 ; facebook.com/velocafehuahin ; 43 21 Naebkehardt Road, Prachuap Khiri Khan ; tlj 7h30-16h30)

El Toro Loco
Voir p. 188 (086 163 4467 ; www.eltorolocohuahin.com ; 136/545 Soi 102, Prachuap Khiri Khan ; tlj 14h-minuit bar, tlj 14h-22h cuisine)

Rock Zone Bar & Live Music
Voir p. 188 (080 550 3399 ; rockzonehuahin.com ; Soi 94, Phetkasem Road; 18h-minuit tlj sauf mer 17h-minuit)

Susan & Larry Poolside Resto
Voir p. 188 (086 024 3310 ; facebook.com/susanlarrymusicresto ; 35/86 Dusit Land 7, Soi 19 Hua Hin-Huay Mongkol Road, Prachuap Khiri Khan ; tlj 10h-22h)

Bluport Hua Hin Resort Mall
Voir p. 186 (032 905 112 ; bluporthuahin.com ; 8/89 Soi Moo, Baan Nongkae, Prachuap Khiri Khan ; tlj 10h-21h)

Hua Hin Market Village
Voir p. 186 (032 618 888 ; www.marketvillagehuahin.co.th ; 234/1 Phetkasem Road, Tumbon Hua Hin, Prachuap Khiri Khan ; 10h30-21h dim-jeu, 10h30-22h ven-sam)

Marché Cicada
Voir p. 186 (032 536 606, 099 669 7161 ; www.cicadamarket.com ; 83/159 Mooban Nhong Kae, Prachuap Khiri Khan ; 16h-23h ven-dim)

Marché nocturne de Hua Hin
Voir p. 186 (Hua Hin 72, Hua Hin District, Prachuap Khiri Khan ; tlj 18h-minuit)

Marché Tamarind
Voir p. 187 (088 611 1644 ; facebook.com/tamarindmarkethuahin ; 117 75 Soi Hua Thanon 23 Nong Kae, Prachuap Khiri Khan ; 17h-23h jeu-dim)

Premium Outlet
Voir p. 186 (032 473 0003 ; www.outletmallthailand.com ; 888 Moo 6, Khaoyai, Cha-am, Petchaburi ; 9h-20h)

ENVIRONS DE HUA HIN

Camel Republic
Voir p. 194 (www.camelrepublicpark.com ; 456 Moo 2, Phet Kasem Road, Khao Yai ; entrée 150 B ; 10h-18h lun-mar et jeu-ven, 9h30-18h sam-dim)

Khao Sam Roi Yot
Voir p. 195 (www.thainationalparks.com/khao-sam-roi-yot-national-park ; Khao Daeng ; adulte/enfant 200/100 B ; tlj 8h-21h30)

Parc forestier de Cha-am
Voir p. 194 (Nong Chaeng Alley, Cha-am)

Parc forestier de Pranburi
Voir p. 198 (www.thainationalparks.com/pran-buri-forest-park ; Pak Nam Pran, Pran Buri District, Prachuap Khiri Khan ; tlj 6h-18h)

Parc national de Kuiburi
Voir p. 196 (facebook.com/kuiburinp.thailand ; Hat Kham, Kui Buri District, Prachuap Khiri Khan ; tlj 8h-16h30 ; excursion de 3 heures 850 B/pers ; 14h30-18h)

Région de Pranburi (p. 197)

Tham Phraya Nakhon (Khao Sam Roi Yot)
Voir p. 195 (Khao Sam Roi Yot ; huahin.city/phraya-nakhon-cave ; Khao Daeng ; 200 B/pers ; tlj à la lumière du jour)

1000 Sook Food & Farm
Voir p. 194 (huahin.city/1000-sook-food-farm ; Khao Yai, Cha-am District, Phetchaburi ; 60 B/pers ; tlj 8h-21h)

Spice Roads Cycling
Voir p. 197 (02 026 3295 ; www.spiceroads.com ; 45 Soi Pridi Banomyong 26, Sukhumvit Soi 71, Klongtan Nua, Wattana, Bangkok ; 8h30-17h lun-ven)

Asia Cha-am
Voir p. 193 (032 473 222 ; www.asiahotel.co.th/asia_chaam ; 251 Ruamjit Road, Cha-Am Beach, Petchaburi)

Beach Cha Am Guesthouse
Voir p. 193 (032 898 276 ; www.the-beach-chaam.com ; 234, 29-33 Soi Sathani Khonsong, Cha-am District, Phetchaburi)

Chill Chill Resort
Voir p. 195 (086 661 0996 ; 999 Wang Pong, Pran Buri District, Prachuap Khiri Khan)

Laem Sala Campsite (Khao Sam Roi Yot)
Voir p. 195 (Khao Sam Roi Yot ; 2107 Rural Road, Sam Roi Yot, Prachuap Khiri Khan)

Long Beach Cha-am
Voir p. 193 (032 472 444 ; www.longbeach-chaam.com ; 225/75 Beach Road, sous-district de Cha-am, Phetchaburi)

Numpu Baandin
Voir p. 195 (081 005 0188 ; facebook.com/Numpubaandin ; Sam Roi Yot Soi 10, Prachuap Khiri Khan)

Brown Brew & Bistro
Voir p. 197 (061 656 3222 ; facebook.com/brown.brewandbistro ; 6/42 Pasukwanich 20 lane, Ban Pak Nam Pran, Prachuap Khiri Khan ; 9h-21h tlj sauf mar)

Harry's Pizzeria & Restaurant
Voir p. 194 (094 564 0609 ; 933 32 Buri Rom Alley, Cha-am, Phetchaburi ; 10h-22h tlj sauf mer)

Luna La Pran
Voir p. 196 (032 909 900 ; facebook.com/LunalapranRestaurant ; 9/22 Moo 5, Paknampran, Amphoe Pranburi, Prachuap Khiri Khan ; tlj 11h-22h30)

Luna Lanai Ocean & Beachfront Restaurant
Voir p. 194 (032 708 000 ; facebook.com/LunaLanaibytheSea ; 1573 Phet Kasem Road, Cha-am, Phetchaburi ; 11h-21h30 lun-jeu dim, 11h-23h ven-sam)

Pran's Corner
Voir p. 196 (094 656 8946 ; 465 Moo 2, Pak Nam Pran, Pran Buri District, Prachuap Khiri Khan ; tlj 14h-23h)

Sa-Pan-Dum Cafe
Voir p. 197 (095 863 0702 ; Pran Buri District, Prachuap Khiri Khan ; tlj 8h30-17h30)

Sea Bar So Good
Voir p. 197 (092 536 6241 ; facebook.com/seabarsogood ; 146 Pak Nam Pran Road, Tambon Pak Nam Pran, Ban Pak Nam Pran, Prachuap Khiri Khan ; 16h-minuit tlj sauf mar)

The Village Restaurant & Bar
Voir p. 194 (084 187 4424 ; 926/12 Burirom Road, Amphoe Cha-am, Phetchaburi ; tlj 10h30-22h)

Very Good Restaurant
Voir p. 196 (090 989 6670 ; facebook.com/verygoodpaknampran ; Khao Takon Soi 22 Panya Kart Circle, Pranburi ; 11h-20h tlj sauf jeu)

Old Market
Voir p. 194 (Pranburi ; 16h-21h sam)

PRACHUAP KHIRI KHAN

Parc national de Nam Tok Huai Yang
Voir p. 202 (thainationalparks.com/huai-yang-waterfall-national-park ; Huai Yang, Thap Sakae District, Prachuap Khiri Khan ; adulte/enfant 100/50 B ; tlj 8h-16h30)

Wat Khao Chong Krajok
Voir p. 202 (Muang Prachuap Khiri Khan, Prachuap Khiri Khan)

Prachuap Beach Hotel
Voir p. 200 (032 601 288 ; 123 Susek Road Prachuap Khiri Khan City Center, Prachuap Khiri Khan)

Prachuap Grand Hotel
Voir p. 200 (032 601 111 ; www.prachuapgrandhotel.com ; 72 Salacheep Road, T. Prachuapkhirikhan, A. Muang, Prachuap Khiri Khan)

Zea Zide Hotel
Voir p. 200 (082 917 6465 ; 140/1 Amphoe Mueang Prachuap Khiri Khan, Chang Wat, Prachuap Khiri Khan ; facebook.com/zeazidehotel)

Grandma's House
Voir p. 202 (081 743 9737 ; 238 Susuek Road, Prachuap Khiri Khan)

In Town Seafood
Voir p. 202 (089 826 9398 ; 3167 Chai Ta Lay Road, Prachuap Khiri Khan ; tlj 15h-22h)

Krua Chaiwat
Voir p. 202 (Sala Cheep Road, Prachuap Khiri Khan ; 9h-19h tlj sauf dim)

ENVIRONS DE PRACHUAP KHIRI KHAN

Wat Tang Sai
Voir p. 206 (facebook.com/WatThangSai ; Chang Wat Prachuap Khiri Khan)

Wat Tham Khiri Wong
Voir p. 205 (Ban Rai, Uthai Thani ; tlj 8h-18h)

Cafe Del Mar
Voir p. 205 (087 749 2592 ; facebook.com/cafedelmarbankrut ; 210/5 Bankrut Beach Road, Ban Krut ; 9h-20h tlj sauf sam-dim)

Li's Restaurant
Voir p. 205 (085 190 9819 ; Thong Chai, Bang Saphan District, Prachuap Khiri Khan ; tlj 10h-20h)

Tam Mai
Voir p. 205 (081 482 7004 ; facebook.com/TamMaiRestaurant ; 10h30-21h30 tlj sauf lun)

CHUMPHON

Musée national de Chumphon
Voir p. 208 (077-630 758 ; www.virtualmuseum.finearts.go.th/chumphon ; 302 Aphakon Road Mueang Chumphon ; adulte/enfant 100 B/pers ; 9h-16h mer-dim)

Parc national de Mu Ko Chumphon
Voir p. 209 (tourismthailand.org ; Hat Sai Ri, Mueang Chumphon District, Chumphon ; tlj 8h-16h30)

Siam Cat Charter Tours
Voir p. 209 (081 536 6808 ; facebook.com/SiamCatamaran ; tlj 7h-16h30)

Le Betole
Voir p. 208 (066 85 783 8011 ; lebetole.com ; 10/1 Moo 8, Thung Wua Laen Beach ; 18h-22h tlj sauf mar)

Pirates Terrace
Voir p. 208 (083 066 6772 ; facebook.com/people/Pirates-Terrace/100044445714436 ; Pathiu ; tlj 7h30-23h30)

Wat Tang Sai (p. 206)

En haut : parc national maritime d'Ang Thong (p. 233) ; à gauche : plongée (p. 249), Ko Tao

KO SAMUI ET LE SUD DU GOLFE DE THAÏLANDE

PLAGES, PLONGÉE, CUISINE DE RUE ET HISTOIRE

Entre îles emblématiques et territoires à l'abri du tourisme, cette région de Thaïlande conjugue les joies de la plage avec une expérience plus authentique.

C'est au sud du Golfe que l'on trouve les trois plus belles îles du pays. Avec ses plages de rêve, ses spas et ses boutiques-hôtels, Ko Samui remporte la palme en séduisant des millions de touristes chaque année. Mais grâce à leurs atouts particuliers, Ko Pha Ngan et Ko Tao ne sont pas en reste.

Ko Pha Ngan est prisée par les plus jeunes pour ses *Full Moon Parties* (fêtes de la Pleine Lune) et ses raves dans la jungle, mais de belles plages reculées conviendront aux familles sur les côtes préservées du nord et de l'est. Ko Tao attire, quant à elle, les amateurs de sport et d'aventure. L'île est devenue l'un des sites phares de la plongée sous-marine en Asie du Sud-Est et ses spots d'escalade sont de plus en plus prisés. Le soir, vous pourrez apprécier l'effervescence de ses bars.

À l'est de Surat Thani, dans la région d'Ao Khanom aux portes des îles, la foule laisse place à des plages désertes. On peut alors admirer en toute quiétude les dauphins roses qui batifolent au large, les grottes et les cascades environnantes. C'est l'endroit idéal pour s'immerger dans la vie traditionnelle des villages paisibles du bord de mer.

En vous aventurant plus au sud, vous pénétrerez dans la région la moins visitée de Thaïlande, où tout est marqué par un riche héritage musulman, de l'architecture à la cuisine. Hat Yai, ville animée, est l'une des destinations favorites des voyageurs gastronomes. Non loin de là, vous pourrez apprécier le charmant centre historique de Songkhla et profiter de superbes couchers de soleil sur ses plages.

SITES PRINCIPAUX

KO SAMUI
Plages et parc national maritime.
p. 222

KO PHA NGAN
Baies secrètes et fêtes de la pleine lune.
p. 238

KO TAO
Plongée, escalade et vie nocturne.
p. 247

AO KHANOM
Dauphins, plages désertes et villages traditionnels.
p. 256

HAT YAI
Cuisine de rue, héritage musulman et histoire.
p. 264

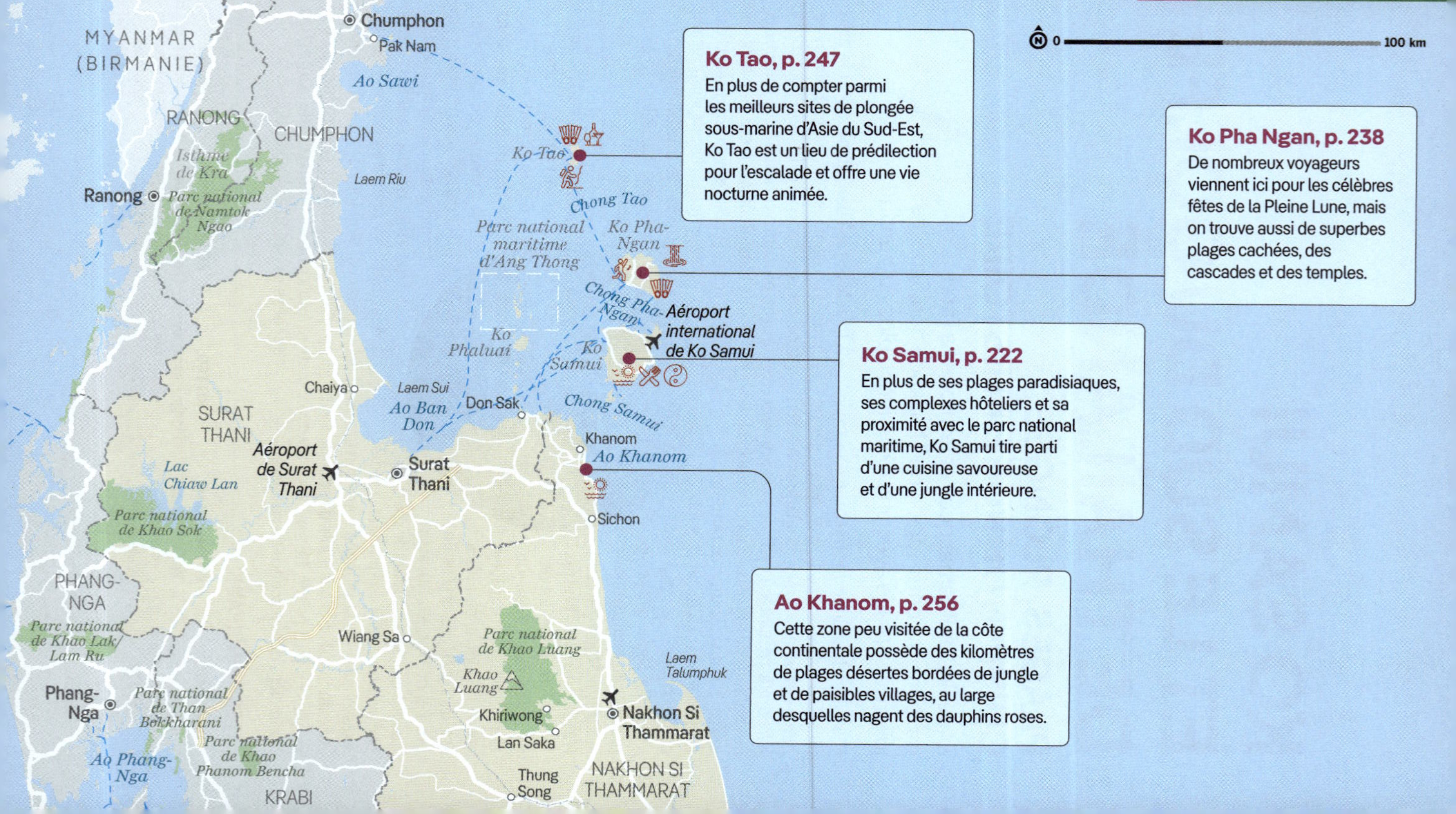
0 100 km
Ko Tao, p. 247
En plus de compter parmi les meilleurs sites de plongée sous-marine d'Asie du Sud-Est, Ko Tao est un lieu de prédilection pour l'escalade et offre une vie nocturne animée.
Ko Pha Ngan, p. 238
De nombreux voyageurs viennent ici pour les célèbres fêtes de la Pleine Lune, mais on trouve aussi de superbes plages cachées, des cascades et des temples.
Ko Samui, p. 222
En plus de ses plages paradisiaques, ses complexes hôteliers et sa proximité avec le parc national maritime, Ko Samui tire parti d'une cuisine savoureuse et d'une jungle intérieure.
Ao Khanom, p. 256
Cette zone peu visitée de la côte continentale possède des kilomètres de plages désertes bordées de jungle et de paisibles villages, au large desquelles nagent des dauphins roses.
MYANMAR (BIRMANIE)
Chumphon
Pak Nam
Ao Sawi
RANONG
CHUMPHON
Isthme de Kra
Ranong
Parc national de Namtok Ngao
Laem Riu
Ko Tao
Chong Tao
Parc national maritime d'Ang Thong
Ko Pha-Ngan
Chong Pha-Ngan
Aéroport international de Ko Samui
Ko Phaluai
Ko Samui
Chaiya
Laem Sui
Ao Ban Don
Don Sak
Chong Samui
SURAT THANI
Aéroport de Surat Thani
Surat Thani
Khanom
Ao Khanom
Lac Chiaw Lan
Parc national de Khao Sok
Sichon
PHANG-NGA
Parc national de Khao Lak/Lam Ru
Wiang Sa
Parc national de Khao Luang
Khao Luang
Laem Talumphuk
Phang-Nga
Parc national de Than Bokkharani
Khiriwong
Nakhon Si Thammarat
Lan Saka
Parc national de Khao Phanom Bencha
Ao Phang-Nga
Thung Song
NAKHON SI THAMMARAT
KRABI

S'orienter

Les îles de Ko Samui, Ko Pha Ngan et Ko Tao sont lovées dans le golfe de Thaïlande, tandis que les provinces continentales épousent la côte en s'étirant vers le sud jusqu'à la frontière malaise.

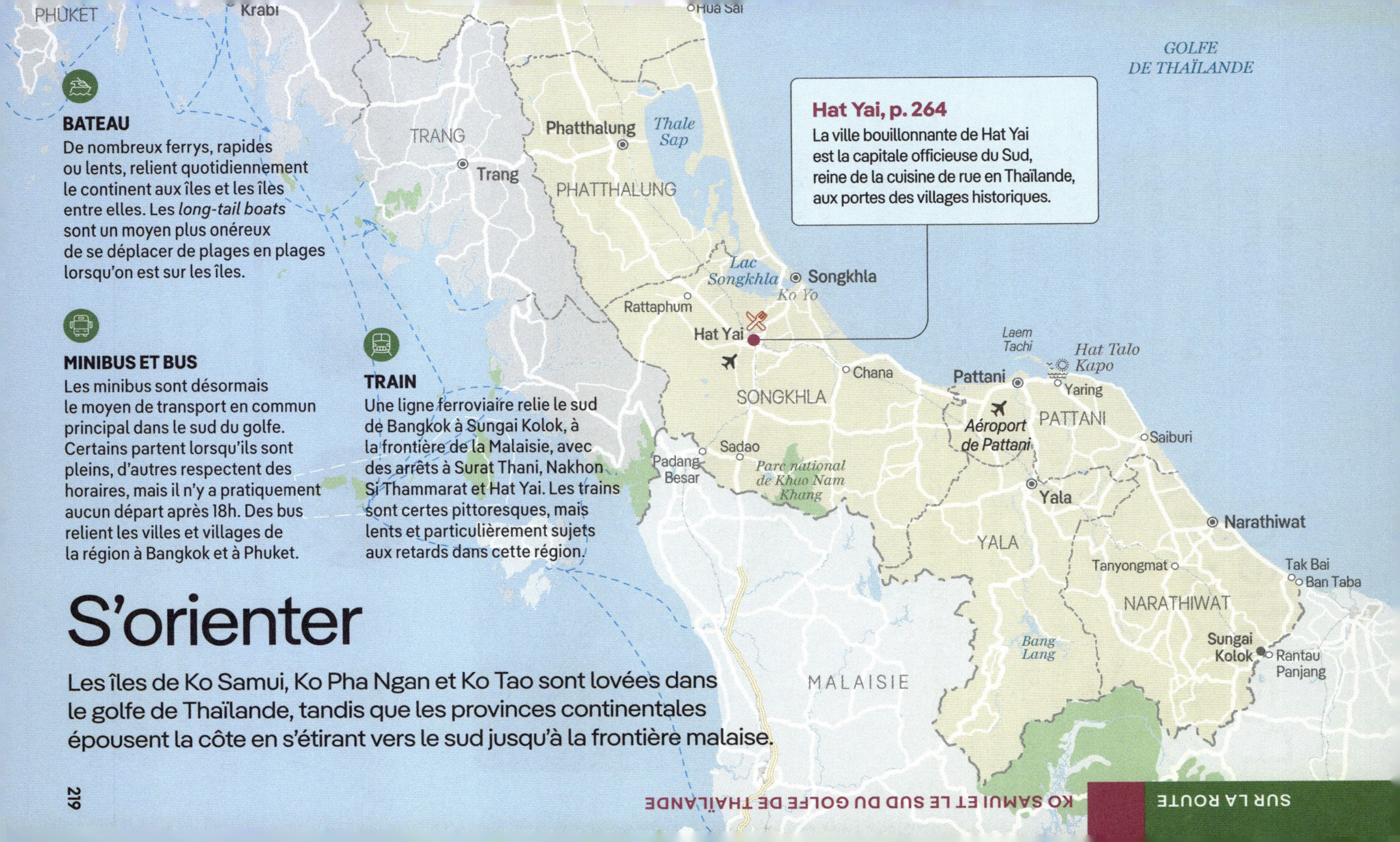

Hat Yai, p. 264

La ville bouillonnante de Hat Yai est la capitale officieuse du Sud, reine de la cuisine de rue en Thaïlande, aux portes des villages historiques.

BATEAU

De nombreux ferrys, rapides ou lents, relient quotidiennement le continent aux îles et les îles entre elles. Les *long-tail boats* sont un moyen plus onéreux de se déplacer de plages en plages lorsqu'on est sur les îles.

MINIBUS ET BUS

Les minibus sont désormais le moyen de transport en commun principal dans le sud du golfe. Certains partent lorsqu'ils sont pleins, d'autres respectent des horaires, mais il n'y a pratiquement aucun départ après 18h. Des bus relient les villes et villages de la région à Bangkok et à Phuket.

TRAIN

Une ligne ferroviaire relie le sud de Bangkok à Sungai Kolok, à la frontière de la Malaisie, avec des arrêts à Surat Thani, Nakhon Si Thammarat et Hat Yai. Les trains sont certes pittoresques, mais lents et particulièrement sujets aux retards dans cette région.

Planifier son séjour

Impossible de ne pas admirer les plages, mais les îles et le continent cachent bien d'autres trésors. Si vous avez du temps, allez plus au sud découvrir la cuisine de rue des marchés de Hat Yai et le riche héritage culturel de Songkhla.

Ko Tao (p. 247)

Si vous avez peu de temps

- Choisissez entre les complexes hôteliers de **Ko Samui** (p. 222), l'ambiance plus décontractée de **Ko Pha Ngan** (p. 238) et les aventures de plein air de **Ko Tao** (p. 247), bien que les trois îles soient assez proches les unes des autres pour pouvoir alterner entre elles.

- Ko Samui est la plus urbanisée et adaptée aux familles, tandis que Ko Pha Ngan promet des fêtes hédonistes et de belles plages reculées. Ko Tao est la plus petite et la moins urbanisée, mais la plus réputée pour la plongée et le snorkeling.

- Les voyageurs peuvent aussi accéder aux îles vierges et inhabitées du **parc national maritime d'Ang Thong** (p. 233) depuis Ko Samui et Ko Pha Ngan.

Au fil des saisons

La saison haute s'étend de mi-décembre à mars. Les mois de juillet et août sont également prisés. Les prix des hôtels baissent durant la saison des pluies, entre octobre et décembre.

JANVIER

Le **Nouvel An chinois** a lieu en janvier ou février, et la grande communauté chinoise de Hat Yai le fête avec panache.

MARS

Le **Ramadan** débute généralement en mars et s'étend jusqu'en avril. Mieux vaut éviter cette période pour visiter l'extrême Sud.

AVRIL

Songkran, le Nouvel An bouddhiste, est célébré durant 3 jours à travers toute la région avec de joyeuses batailles d'eau.

Si vous avez trois jours

- Trois jours sur Ko Samui vous permettront de vous prélasser sur les célèbres plages de **Chaweng** (p. 224) et **Lamai** (p. 224), où vous trouverez de nombreux restaurants de qualité et une vie nocturne animée. Découvrez aussi la belle **Mae Nam** (p. 229), plus au calme sur la côte nord.

- Sur Ko Pha Ngan, vous pourrez papillonner entre les splendides îles nichées le long des côtes nord et/ou danser toute la nuit lors d'une **fête de la Pleine Lune** (p. 240).

- Le principal attrait de Ko Tao est la **plongée** (p. 249), mais on peut aussi y faire de l'escalade ou des randonnées dans la jungle.

Si vous avez plus de temps

- Après quelques jours dans les îles, aventurez-vous sur le continent à la découverte d'**Ao Khanom** (p. 256) et de ses dauphins roses ou du **parc national de Khao Luang** (p. 263), avec ses cascades spectaculaires et sa biodiversité d'exception.

- Plus au sud, vous pourrez déguster l'une des meilleures cuisines de rue à **Hat Yai** (p. 264) issue de la fusion entre influences thaïlandaise, malaisienne et chinoise, et visiter la ville plus tranquille de **Songkhla** (p. 268) à l'architecture sino-portugaise.

- Il ne vous reste plus qu'à explorer **l'extrême Sud** (p. 269), région la moins visitée de Thaïlande où la majorité des habitants sont des Malaisiens musulmans, la Malaisie se trouvant juste au bout de la route.

MAI

Ko Samui accueille un **festival de jazz** annuel, ainsi qu'une **régate de voiliers** au large de Chaweng Beach.

JUIN

Le **festival de Ko Tao**, généralement mi-juin, célèbre la protection de l'environnement, à travers la gastronomie et la musique live.

JUILLET

Les mois de juillet et août sont idéals pour la plongée et le snorkeling, avec une visibilité allant jusqu'à 30 m de profondeur.

DÉCEMBRE

C'est la saison festive à Ko Pha Ngan. Une foule de gens se réunit pour la **fête de la Pleine Lune** et le **réveillon du Nouvel An**.

Ko Samui

Ko Samui attire quelque 3 millions de visiteurs par an avec ses plages paradisiaques léchées par les eaux émeraude du golfe de Thaïlande, ses complexes hôteliers, ses restaurants gastronomiques et sa vie nocturne trépidante. Mais la troisième plus grande île de Thaïlande est assez vaste pour que chaque voyageur y trouve sa place, qu'il soit fêtard ou solitaire.

L'île est bordée de bandes de sable fin toutes plus attrayantes les unes que les autres, mais ce sont Chaweng et Lamai, à l'est et au sud-est, qui attirent le plus de visiteurs. Au nord et au sud-ouest, le charme opère aussi sur les plages de Mae Nam et Ao Phang Ka, et la côte ouest jouit de splendides couchers de soleil.

Le paradis insulaire de Ko Samui est resté en grande partie méconnu et sauvage jusque dans les années 1970. Sur ses terres encore majoritairement couvertes d'une jungle tropicale, on rencontre des singes, des cascades et des plantations de cocotiers. À quelques kilomètres en bateau se trouvent les îles immaculées du parc national maritime d'Ang Thong.

Pour les infos pratiques, voir le Carnet d'adresses p. 272

À SAVOIR

La route principale de Ko Samui fait le tour de l'île le long des côtes. La moto et le scooter sont les moyens de transport les plus pratiques et économiques pour se déplacer, mais les accidents sont nombreux. Casque et prudence sont donc de mise.

JAKUB MICHANKOW/SHUTTERSTOCK ©

Hat Mae Nam (p. 229)

À VOIR
1 Ao Phang Ka
2 Ao Thong Sai
Avani + Samui **voir** 1
3 Ban Hua Thanon
4 Conrad Ko Samui
5 Fisherman's Village
6 Hat Bang Kao
7 Hat Bang Rak
Hat Bo Phut **voir** 5
8 Hat Chaweng
9 Hat Lamai
10 Hat Lipa Noi
11 Hat Mae Nam
12 Hat Na Thon
13 Hin Lat
14 Lat Wanon
15 Musée de la Noix de coco
16 Na Mueang
17 Na Thon
Marché de nuit **voir** 5
Maisons en bois traditionnelles **voir** 17
18 Panorama de Mae Nam
19 Statue de Bouddha
20 Tan Ruea
21 Wat Plai Laem

ACTIVITÉS
22 100 Degrees East
23 Absolute Sanctuary
Kiteboarding Asia **voir** 19
24 Samahita Retreat
25 Secret Garden
Spa Siam Pro Kite **voir** 19
26 Six Senses
27 Tamarind Springs Forest Spa
Tree Bridge Coffee **voir** 20

SE RESTAURER
Marché alimentaire nocturne de Na Thon **voir** 19
Melayu Samui Seafood **voir** 3
28 Sweet Sisters Café

PRENDRE UN VERRE ET FAIRE LA FÊTE
La Rhumerie **voir** 28

OÙ SE LOGER À BAS PRIX À HAT CHAWENG

Pott Guesthouse
Des chambres fonctionnelles avec petit balcon à 100 m de la plage. Restaurant attenant. $

Timeless Hostel
Auberge de jeunesse aux chambres exiguës, mais un espace commun agréable et une situation idéale. $

Socialtel Samui
Hôtel aux tons roses et à l'ambiance festive avec des chambres confortables. Piscine, bar et nuits animées... $

MEILLEURS LIEUX OÙ SEJOURNER À HAT CHAWENG

Lub d
Cet hôtel haut de gamme avec vue sur la mer possède des chambres agréables et deux piscines. **$$**

Jungle Club
Perché sur une colline très escarpée, cet établissement séduit par sa vue imprenable, sa grande piscine et son restaurant. **$$**

Baan Haad Ngam Boutique Resort & Villas
Chambres et villas confortables entourées d'un jardin soigneusement paysagé, dans l'ambiance calme du nord de Chaweng. **$$$**

Baan Samui Resort
Chambres spacieuses avec parquet, restaurant en bord de mer et piscine dans un agréable quartier de Chaweng. **$$$**

Library Hotel
Ce boutique-hôtel huppé propose de vastes chambres au décor et au mobilier minimalistes, une bibliothèque et un excellent restaurant. **$$$**

Flâner à Hat Chaweng

PLAGES DE RÊVE ET VIE NOCTURNE

Hat Chaweng est la plage modèle de Ko Samui : ses 7 km de sable blanc étincelant occupent une grande portion de la côte est. Chaweng est la plage la plus fréquentée de l'île, mais elle est si grande qu'elle réserve des ambiances très variées. La partie nord est plus rocheuse et ombragée que la partie centrale où se rendent la majorité des gens, tandis que la partie sud, **Chaweng Noi**, offre un environnement plutôt calme.

Avec Hat Lamai, Chaweng est le quartier le plus commercial et urbanisé de Ko Samui. Les rues qui serpentent, notamment depuis la partie centrale de la plage, forment un méli-mélo de restaurants, salons de massage, boutiques de vêtements et souvenirs, agences de voyages et circuits touristiques, bars, clubs et options de logement qui vont de l'hôtel à bas prix au boutique-hôtel haut de gamme. Dans certains de ces hôtels, la musique retentit dès le déjeuner et les perspectives de sommeil sont maigres pour quiconque se trouve à portée d'oreille.

Le relatif manque de charme de Chaweng est compensé par sa plage spectaculaire : un croissant de sable fin bordé de palmiers qui oscillent au vent et ponctué d'affleurements rocheux. Si vous recherchez une plage tropicale de carte postale avec des restaurants et une vie nocturne à votre porte, Chaweng est l'endroit où séjourner (sans oublier de prendre des bouchons d'oreilles).

Soyez vigilant car les vagues et les courants au large de Chaweng sont souvent plus forts qu'ailleurs sur l'île et il peut aussi y avoir des courants d'arrachement. La mer est généralement plus calme entre juillet et octobre.

Se détendre à Hat Lamai et sur la côte sud

PLAGE FRÉQUENTÉE ET BAIES ISOLÉES

Au sud et au sud-est de Ko Samui, la côte serpente de baies en caps, offrant une multitude de plages de plus en plus isolées à mesure que l'on progresse vers le sud. Si vous allez tout au sud, vous atteindrez la partie la plus sauvage du littoral de Ko Samui. Il vous sera quasi-indispensable d'avoir votre véhicule si vous souhaitez y séjourner.

Hat Lamai est la seconde plage la plus prisée après Hat Chaweng. Elle n'est pas aussi spectaculaire, mais reste une belle plage tout en longueur et mieux adaptée à la baignade, surtout dans sa partie centrale plus étroite. Vous pourrez trouver la plupart des hôtels vers le milieu de cette plage, ainsi qu'un large choix de restaurants et de bars. Les extrémités nord et sud de Lamai sont plus calmes, car la plage y est plus réduite et plus rocheuse. Avec le courant,

OÙ SE LOGER À HAT LAMAI

New Hut
Des cahutes plutôt basiques, au bord de l'eau et climatisées, dans un lieu accueillant avec un restaurant animé. **$**

The Rock
Bungalows blancs spacieux avec balcon donnant sur la plage, juste au sud de la pointe de Hat Lamai. **$$**

Rocky's Resort
Chic mais décontracté, le Rocky propose des chambres élégantes et épurées avec vue sur la mer. **$$$**

JAVARMAN/SHUTTERSTOCK ©

Hat Lamai

un certain nombre de déchets jonche le littoral de Hat Lamai, malgré les efforts des hôtels du front de mer pour les éliminer.

En vous rendant au sud de Lamai, vous atteindrez **Ban Hua Thanon**, berceau de la communauté musulmane de Ko Samui. Rien d'extravagant dans ce village de pêcheurs peu touristique, mais vous y trouverez un marché animé, une ravissante mosquée de style moghol (tenue décente exigée si vous souhaitez la visiter) et de bons restaurants halal. Parmi eux, le sympathique propriétaire du **Melayu Samui Seafood** vous propose une variété de plats savoureux à prix raisonnables.

Après Ban Hua Thanon, la route ondule jusqu'à l'extrémité sud de Ko Samui. Cette partie de l'île est idéale pour voyager à moto car le relief est moindre et la circulation se raréfie à partir de la route principale. Les hôtels et infrastructures touristiques sont aussi beaucoup moins nombreux. À la place, vous traverserez de minuscules hameaux séparés par des plantations de caoutchouc et de cocotiers à travers lesquels on aperçoit la mer.

N'hésitez pas à faire un détour par **La Rhumerie** de Ban Bang Kao, une distillerie tenue par des Français au cœur d'un jardin planté d'immenses palmiers, qui produit des rhums de qualité. Les visiteurs peuvent avoir un aperçu du processus de distillation ou tester le menu dégustation de rhums au

OÙ SORTIR LE SOIR À CHAWENG ET LAMAI

Green Mango
Ce bar-boîte de nuit est une institution de Chaweng ; il attire une clientèle plutôt jeune.

Lava Lounge
Bar à cocktails détendu et informel avec canapés et happy hour, situé en retrait de Hat Lamai.

Ark Bar
Bar de front de mer d'un hôtel fréquenté de Chaweng. DJ sets dès l'heure du déjeuner jusque tard dans la nuit.

Beach Republic
Bar avec piscine sur la plage de Lamai proposant une longue liste de cocktails. Clientèle d'habitués.

Paris Follies Cabaret
Des spectacles éblouissants de drag-queen à Chaweng. Performances à 20h30, 21h30 et 22h30.

OÙ SE RESTAURER À HAT CHAWENG

Laem Din Market
Classiques thaïlandais, nombreux produits de la mer et plats végétariens. Ouvert de 10h à minuit. $

Day & Night of Koh Samui
Lieu élégant avec un choix appréciable de plats thaïlandais et occidentaux. Belle carte des vins. $$

Dr Frogs
Une belle vue sur Hat Chaweng et un menu d'inspiration méditerranéenne. Produits de la mer de qualité. $$

LES MEILLEURS RESTAURANTS DE HAT LAMAI

Marché diurne de Lamai
Ruche d'étals vendant des plats de l'Isan, des currys et des *pad thaï*. Idéal pour acheter des fruits. **$**

Pure Vegan Heaven
Petits déjeuners, burgers, currys et salades à base de produits végétaux. Beau jardin. Fermé le mercredi. **$$**

Food Lab
Italien sans prétention qui propose des pizzas maison à la romaine. Ouvert de 17h à 21h30. **$$**

Kangaroo
Valeur sûre au succès mérité avec des plats raffinés de poisson et de fruits de mer, des classiques thaïlandais et quelques plats occidentaux. **$$**

La Fabrique
Cotée pour ses petits déjeuners légendaires servis toute la journée, ainsi que ses excellents bagels, gâteaux et sandwichs. **$$**

AA WORLD TRAVEL LIBRARY/ALAMY STOCK PHOTO ©

Tamarind Springs Forest Spa

restaurant de la rhumerie. Non loin de là se situe le **Sweet Sisters Café**, qui propose des plats vegan et de très bons petits déjeuners et brunchs, comme partout sur l'île. Juste au sud, la plage rocailleuse bordée de palmiers de **Hat Bang Kao** est idéale pour la balade, mais moins pour la baignade.

En poursuivant votre route jusqu'à l'extrême sud-ouest de l'île, vous atteindrez **Ao Phang Ka**, une plage isolée donnant sur une baie de carte postale. Avec ses superbes couchers de soleil, c'est l'une des plus belles plages de Ko Samui, bien que trop étroite et rocheuse pour la baignade. Pour séjourner, vous avez l'hôtel **Avani + Samui** qui surplombe la plage ; si vous recherchez un lieu encore plus isolé, essayez le **Conrad Ko Samui**, un peu plus au sud. En chemin, vous aurez certainement aperçu l'**église orthodoxe de l'Ascension** (près de la Rte 4169). De couleur bleu ciel, elle possède un charme fou. Ses bulbes dorés (semblables à ceux de la mosquée voisine) se tiennent à mi-hauteur d'une colline parsemée d'habitations. Sa petite salle principale comporte plusieurs particularités intrigantes, dont un pupitre en bois paré de dorures et de motif thaïlandais, un remarquable chandelier à deux étages, plusieurs bibles ornées de couvertures en métal doré et une série de fresques murales dont une figurant le Christ à l'entrée, au-dessus de l'escalier.

OÙ FAIRE DU SHOPPING À KO SAMUI

Central Festival
Plus grand centre commercial de Ko Samui à Chaweng. Marques milieu de gamme et restaurants.

Ash Tailor Samui
Tailleur réputé pour hommes et femmes : costumes, robes, vestes et chemises. Vous le trouverez à Bo Phut.

Baan Ngurn
Bijouterie à Fisherman's Village proposant des colliers, bracelets et boucles d'oreilles en argent finement ouvragés.

La pudeur est de règle au même titre que dans un temple ou une mosquée.

Soin bien-être de renommée internationale

TRANSFORMEZ-VOUS !

Ko Samui est un haut lieu du spa et des soins dédiés au bien-être, que ce soit pour un simple massage des pieds ou deux semaines de détox haut de gamme. Le yoga et le Pilates ont aussi pignon sur rue avec de nombreux studios et lieux dédiés à travers l'île.

Tous les hôtels de luxe ont un spa accessible aux non-résidents. Le **Secret Garden Spa** du Four Seasons, niché dans un jardin luxuriant sur une péninsule rocheuse de la pointe nord-ouest de Ko Samui, est l'un des meilleurs. Il offre une gamme réjouissante de thérapies pour chouchouter l'esprit, le corps et l'âme, de l'équilibrage des chakras aux enveloppements corporels en passant par les rituels cocooning. Au coin opposé de l'île, au nord-est, se trouve le spa très coté du **Six Senses**, où les experts bien-être proposent des soins personnalisés dans des pavillons aux allures de cabanes forestières, dotés de magnifiques points de vue sur la mer. Non loin de là se trouve l'**Absolute Sanctuary**, l'un des centres de remise en forme les plus connus de Thaïlande. Le jeûne, l'hygiène de vie, la nutrition, la méditation, le Pilates et le yoga sont autant de spécialités de cet établissement, dont le style marocain inspire la sérénité.

Hormis les hôtels, le **Tamarind Springs Forest Spa** à Lamai respire la détente avec ses villas et ses studios de massage situés au cœur d'un beau jardin. Ce spa est surtout réputé pour ses fumigations. Il dispose également d'un restaurant et propose des forfaits séjours.

Pour le yoga, difficile de concurrencer le **Samahita Retreat** situé à l'abri des regards sur la côte ouest, juste derrière Hat Bang Kao. Le Samahita attire aussi bien les novices que les professeurs de yoga. Il possède des équipements de fitness dernier cri et son équipe de coachs est très impliquée. Vous apprécierez aussi son restaurant sur la plage.

ESCROQUERIES À LA LOCATION DE MOTOS

Sachez que si vous avez un accident avec une moto ou un scooter de location, vous devrez payer pour les réparations, ainsi que pour vos frais médicaux. Mais même si vous revenez indemne de votre périple sur les routes de Ko Samui, certaines boutiques prétendront que vous avez endommagé leur moto et essaieront de vous extorquer de l'argent pour des réparations imaginaires.

Pour éviter cela, prenez de nombreuses photos de votre véhicule au moment de la location en vous assurant que le loueur vous voit. Si ça ne suffit pas, restez calme et contactez la police touristique.

La côte ouest et Na Thon

COUCHERS DE SOLEIL, CASCADES ET KITESURF

La côte ouest est la moins fréquentée et la plus sous-estimée du littoral de Ko Samui. Elle est dépourvue des bandes de sable fin que l'on trouve partout ailleurs sur l'île, mais ce manque est compensé par d'incroyables couchers de soleil, des criques isolées et un accès facile aux cascades dans la jungle de Ko Samui. Cerise sur le gâteau, on ne risque pas de se marcher dessus car peu de touristes séjournent ici.

OÙ SE LOGER SUR LA CÔTE OUEST

Dreamcatcher Hostel
Auberge récente au nord de Na Thon. Nombreuses chambres et une partie commune donnant sur la plage. $

Win Hotel
Un hôtel sur le front de mer de Na Thon. Des balcons d'où admirer le coucher du soleil et un ascenseur extérieur. $

The Mud
Grands bungalows confortables au-dessus d'une crique au nord de Na Thon. Bon restaurant. $$

OÙ SE LOGER ET SE RESTAURER À MAE NAM ET SUR LA CÔTE NORD

Shangri-La
Bungalows démodés mais situés sur une jolie portion calme de Hat Ma Nam. **$$**

Belmond Napasai
Élégantes villas de bord de mer aux jardins soignés. Yoga, tennis et Windsurf sur place. Excellent service. **$$$**

Bang Po Seafood
Les locaux adorent ce restaurant pour ses spécialités de fruits de mer, comme la salade de limule et d'oursins. **$$**

Homemade Burgers
Bons burgers, sandwichs et petits déjeuners servis dans un jardin agréable. Options végétariennes et vegan. **$$**

Pepenero
Restaurant italien réputé servant d'excellents antipasti et plats de pâtes dans un beau jardin. Accueil chaleureux. **$$**

Sur la côte ouest, les visiteurs sont souvent agréablement surpris en découvrant **Hat Lipa Noi**, une longue et fine plage de sable blanc qui s'enroule sur une baie peu profonde. Pas d'aménagement touristique ici ; seulement la mer et les palmiers. La partie centrale est propice à la baignade, tandis que les extrémités sont plus rocheuses et moins accessibles.

Faites une boucle dans les terres depuis Lipa Noi pour avoir un aperçu de la jungle intérieure de Ko Samui. C'est un autre monde qui s'ouvre à vous dès lors que vous quittez la côte. Les routes deviennent vite plus escarpées et rudimentaires et les hôtels laissent place à la forêt dense et aux plantations de cocotiers, dont certaines utilisent les macaques pour récolter les noix. Vous pourrez visiter le tout petit **musée de la Noix de coco**, pour apprendre à grimper aux cocotiers et emporter de drôles de souvenirs fabriqués à partir de noix de coco locales.

Cette virée dans les terres au départ de Lipa Noi vous rapproche aussi des cascades parmi les plus belles de Ko Samui. Il y a d'abord la petite cascade de **Lat Wanon**, peu fréquentée, et la plus spectaculaire cascade de **Hin Lat** côté nord. Vous pourrez vous baigner dans ses piscines naturelles. Plus au sud, vous trouverez les chutes de **Na Mueang**, les plus visitées de Ko Samui. Na Mueang n°1 est intéressante pour la baignade, tandis que Na Mueang n°2 est plus haute, plus belle et plus isolée. C'est à la saison des pluies que les chutes sont au maximum de leur débit.

En remontant la côte au-dessus de Lipa Noi, on trouve **Na Thon**, la seule ville typique de Ko Samui. La plupart des voyageurs la connaissent comme lieu de départ et d'arrivée des ferrys qui relient l'île au continent, mais Na Thon héberge aussi le meilleur **marché alimentaire nocturne** de l'île, ainsi qu'une rangée de maisons traditionnelles en bois située à deux rues de la plage. **Hat Na Thon** ne se prête pas à la baignade mais, en fin d'après-midi, résidents et touristes (et chiens errants) s'y retrouvent pour profiter du magnifique spectacle qu'offre le coucher de soleil sur les îles du parc national maritime d'Ang Thong (p. 233). Hat Na Thon est aussi le meilleur spot de kitesurf de Ko Samui. **Kiteboarding Asia** et **Siam Pro Kite**, tous deux basés à Na Thon entre avril et octobre, proposent des cours pour débutants et confirmés.

KITEBOARD

Kiteboarding Asia (p. 243) et **Siam Pro Kite** (p. 243) ont aussi leurs quartiers à Ko Pha Ngan. Vous les trouverez à Thong Sala, sur la côte sud-ouest, de mars à octobre, et sur la côte nord à Chalok Lam entre octobre et février.

OÙ SE RESTAURER SUR LA CÔTE OUEST

Beryl Bar
Ce restaurant thaïlandais est niché sur une plage rocheuse de l'extrême Nord-Ouest. Idéal pour les couchers de soleil. **$$**

Krua Savoey
Recettes locales de produits de la mer. Essayez le vivaneau blanc épicé au basilic. Vue sur Hat Na Thon. **$$**

El Barril
Cantine catalane qui propose des tapas traditionnelles et des steaks parmi les meilleurs de Ko Samui. **$$**

PAVEL SZABO/ALAMY STOCK PHOTO ©

Na Mueang n°2 (p. 228)

Le nord de Na Thon comporte des plages isolées, des hôtels légèrement en retrait et une faible vie nocturne. L'endroit est idéal si vous recherchez le calme et la paix. Comme partout sur la côte ouest, vous assisterez à d'éblouissants couchers de soleil.

Éviter la foule à Mae Nam et sur la côte nord

BAIGNADE, CASCADES ET TYROLIENNES

Si vous souhaitez éviter la foule de Chaweng et Lamai sans pour autant jouer les ermites, filez sur la côte nord de Ko Samui. Beaucoup d'hôtels et de bungalows se nichent au bout des pistes qui partent de la côte, ce qui leur confère un caractère isolé. Malgré cela, vous trouverez de nombreux choix de bars et de restaurants accessibles, à Mae Nam ou le long de la grande route.

Hat Mae Nam est la plage principale des environs et l'une des plus pittoresques de Ko Samui : un long et large croissant de sable idéal pour la baignade et adapté aux enfants. Par chance, au moment de notre visite, il n'y avait pas de Jet-Skis. Pour une vue exceptionnelle sur la plage et sur tout Ko Pha Ngan, rendez-vous au **belvédère de Mae Nam** sur la route de Na Thon. Ce point d'observation offre une vue splendide sur le golfe jusqu'à Ko Pha Ngan. À pied, c'est une vraie randonnée, mais vous

OÙ SE RESTAURER À BO PHUT ET SUR LA CÔTE NORD-EST

The Hut
Repaire caché de Fisherman's Village servant des plats traditionnels thaïlandais à prix abordables. $

Kama Sutra
Valeur sûre de la cuisine thaïlandaise et méditerranéenne. Belle vue sur la mer depuis la salle du 2e étage. $$

Gusto Italiano
Le meilleur restaurant italien de Fisherman's Village, avec des plats délicieux et bien présentés. $$

2 Fishes
Restaurant chic et cosy de Fisherman's Village avec cuisine ouverte. Choix attrayant de produits de la mer. $$$

The Thai Tapas
Ce restaurant fusion tendance écolo revisite avec brio des plats traditionnels thaïlandais. Bons cocktails également. $$$

OÙ PRENDRE UN VERRE À MAE NAM ET SUR LA CÔTE NORD

About Café
Charmant café au cœur de Mae Nam. Le décor est original et les cafés sont bons. Fermé le mercredi.

Black Rose Café
Café-bar de plage en bois flotté à l'extrême ouest de Hat Mae Nam. Parfait pour un verre face au coucher du soleil.

Moonshine Bar
Pub sympathique avec billard qui brasse une clientèle d'expatriés et de Thaïlandais dans une ambiance conviviale.

OÙ SE LOGER À BO PHUT ET AU NORD-EST

Treehouse Silent Beach
Petits bungalows disposés autour d'un jardin à l'excellent rapport qualité-prix. Le restaurant fait face à la plage. **$**

Escape Beach Resort
Un choix milieu de gamme rare sur le front de mer dans cette partie de l'île disposant de chambres confortables et d'une piscine. **$$**

Hacienda
Cet hôtel de Fisherman's Village possède de jolies chambres lumineuses avec vue sur la mer. Petite piscine sur le toit-terrasse. **$$**

Hansar Samui Resort
Hébergement haut de gamme à Fisherman's Village, avec une grande piscine, une salle de sport et un spa. **$$$**

ARKADIJSCHELL/STOCKADOBE.COM ©

Hat Bo Phut

vous y rendrez vite en scooter. Relâchez vos freins de temps à autre à la descente pour éviter la surchauffe, comme indiqué sur les panneaux.

Au sud de ce promontoire se trouve **Tan Ruea**, une petite cascade de toute beauté. Cependant, l'attrait principal des environs reste le **Tree Bridge Coffee**. Il vous faudra traverser un pont de corde pour rejoindre ce café aux allures de cabane dans les arbres. De là s'offrent à vous une vue imprenable sur la mer et 8 petites **tyroliennes**, idéales pour les enfants ou les adultes en quête de défoulement. Le chemin qui mène à la cascade et au café est escarpé et pas toujours facile d'accès en voiture mais, sur réservation, quelqu'un viendra vous chercher à votre logement.

Fisherman's Village, plages et statues

BO PHUT ET LA CÔTE NORD-EST

Fisherman's Village ("village de pêcheurs"), au nord-est de Ko Samui, est devenu très touristique ces dernières années, voyant ses petites *shophouses* (maisons de négoce) chinoises qui longeaient sa rue principale longue et étroite se transformer en boutiques-hôtels, restaurants, bars et magasins. Le plaisant **marché nocturne** qui s'y tient les lundis, mercredis, vendredis et samedis, avec sa cuisine de rue, ses stands de vêtements, ses souvenirs, ses bars et ses concerts, attire de nombreux visiteurs de Ko Samui. La foule y est dense en haute saison.

OÙ SE FAIRE SOIGNER À KO SAMUI

Bangkok Samui Hospital
Hôpital reconnu internationalement à Chaweng. Meilleur choix pour tout problème médical. Assez cher.

Samui International Hospital
Hôpital privé de Chaweng dont le personnel parle anglais. Dispose d'un service d'ambulance.

Ko Samui Hospital
Hôpital public au sud de Na Thon. Option la moins chère de l'île.

Le village se situe juste sous la plage de **Hat Bo Phut**, qui longe la courbe de la côte nord-est sur 2 ou 3 km. Elle est parfaite pour la baignade ou la promenade, mais le sable y est moins fin et l'eau moins claire que sur les autres plages de Ko Samui. Son extrémité ouest est plus belle.

Au détour du cap de Hat Bo Phut se trouve **Hat Bang Rak**, également connue sous le nom de Big Buddha Beach à cause du temple avoisinant dont la pièce maîtresse est une immense **statue dorée de Bouddha**. C'est ici que vous trouverez le club de plongée le plus fiable de Ko Samui, **100 Degrees East**, qui propose aussi de très belles sorties snorkeling et kayak. Plus à l'est, à **Ao Thong Sai**, se trouve la lauréate des plus belles plages du coin, une crique bordée d'une courte et large bande de sable blanc.

La visite du Nord-Est ne peut s'achever sans un détour par le **Wat Plai Laem**. Ce temple abrite la statue la plus spectaculaire de l'île : une représentation à 18 bras déployés en éventail de Guanyin (Kwan Im), déesse bouddhiste chinoise de la compassion théoriquement pourvue de 1000 bras. L'ouvrage coloré se dresse sur une île au milieu d'un lac, à côté d'un bâtiment surplombant également l'eau. Au nord, on peut voir une statue du jovial Maitreya, le bouddha du Futur. Le cadre est très photogénique.

Wat Plai Laem

BATEAUX ET FERRYS POUR KO SAMUI

Les possibilités de se rendre à Ko Samui en bateau ou en ferry depuis le continent sont restreintes.

La compagnie **Lomprayah** assure la liaison entre Don Sak et Na Thon à bord de ses catamarans à grande vitesse. Les ferrys, plus lents mais les moins chers de **Seatran**, effectuent la même liaison ; ceux de **Raja** relient Don Sak à Lipa Noi, sur la côte ouest de Ko Samui. Ces trois compagnies proposent de nombreux trajets quotidiens à réserver en ligne.

Il reste enfin la possibilité de prendre le **cargo de nuit** rudimentaire qui part de Surat Thani à 22h et accoste à Na Thon autour de 4h. Surveillez vos affaires à bord de ce bateau.

COMMENT S'Y RENDRE ET CIRCULER

L'aéroport de Ko Samui se situe au nord-est de l'île. Bangkok Airways propose des vols directs depuis Bangkok (1 heure ; ttes les 30 min). On peut aussi prendre un vol jusqu'à Surat Thani, puis le ferry jusqu'à Ko Samui.

En bus depuis Bangkok, le trajet vous coûtera peut-être moins cher, mais, ferry compris, le trajet dure plus d'une douzaine d'heures.

Sur le continent, les principaux embarcadères pour rejoindre Ko Samui sont Tha Thong (Tapee), Don Sak et Chumpon. Sur Ko Samui, les 3 ports les plus fréquentés sont Na Thon, Mae Nam et Bang Rak.

Sur place, les *songthaew* rouges font office de transport public. Ils font la navette entre les plages principales le jour et servent de taxis la nuit. Vous pouvez aussi trouver des taxis via l'application Grab (www.grab.com). ou louer une voiture sur place. Enfin, il est possible de louer des motos et des scooters partout à partir de 200 B par jour.

Notez que sur les routes de Ko Samui, vous verrez constamment des panneaux pour divers bars, restaurants ou hôtels, précisant la distance à parcourir. Une conversion s'impose : 300 m correspondant généralement à 1 km !

Environs de Ko Samui

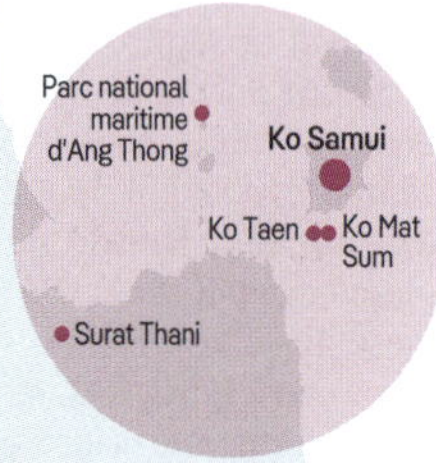

Au large de Ko Samui vous attendent un parc maritime sauvage, une île étonnante et une ville traditionnelle à l'excellente cuisine de rue.

En partant à l'ouest de Ko Samui, vous entrerez dans le parc national maritime d'Ang Thong, une étendue marine constellée d'îles inhabitées semblables à des perles vertes sur la mer émeraude. Dans ce parc, site majeur des abords de Ko Samui, vous pourrez randonner dans la jungle, découvrir un lagon caché, observer les singes, faire du snorkeling et admirer le superbe paysage marin.

Au sud de Ko Samui, on trouve les îles jumelles de Ko Taen (ou Ko Tan) et Ko Mat Sum, cette dernière étant devenue une destination majeure grâce à ses cochons sauvages photogéniques.

Sur le continent, découvrez la ville sous-estimée de Surat Thani, point de départ vers Ko Samui, Ko Pha Ngan et Ko Tao. Si vous y séjournez, vous serez récompensé par une cuisine de rue savoureuse et un marché flottant animé.

Pour les infos pratiques, voir le Carnet d'adresses p. 275

À SAVOIR

Les excursions à la journée depuis Ko Samui sont idéales pour accéder au parc national maritime d'Ang Thong, à Ko Taen et à Ko Mat Sum.

Semnopithèque obscur (p. 233), parc national maritime d'Ang Thong

DON MAMMOSER/SHUTTERSTOCK ©

Parc national maritime d'Ang Thong

Le parc national maritime d'Ang Thong

FAUNE ET FLORE, JOYAUX DE MER ET SNORKELING

Avec leurs falaises calcaires hérissées de jungle et bordées de plages paradisiaques, les 42 îles du **parc national maritime d'Ang Thong** émergent tels des joyaux sur la mer à 31 km à l'ouest de Ko Samui. Ces 102 km^2 constitués à 80% d'eau offrent un tableau de nature vierge d'une beauté saisissante. On peut y observer une faune sauvage très riche, tant à la surface que sous l'eau.

Il n'y a pas de ferry à destination du parc. On y accède via des excursions à la journée depuis Ko Samui et Ko Pha Ngan. Presque toutes s'arrêtent aux deux mêmes îles et incluent un déjeuner à bord. Des sessions de kayak ou de snorkeling vous seront proposées. Les amateurs de coraux pourraient être déçus car on en trouve peu dans cette zone, mais avec un peu de chance, vous pourriez apercevoir des tortues de mer.

Le premier arrêt se fait généralement à **Ko Mae Ko**, à 1 heure 30 de Ko Samui. À l'approche de l'île, selon la marée, vous pourrez peut-être voir les **arches de pierre naturelles**

OÙ BOIRE UN VERRE SUR LA CÔTE NORD-EST DE KO SAMUI

Emerald Irish Pub
Ce café des sports possède un balcon arrière qui offre une vue splendide sur Ko Pha Ngan.

Roastery Village
Grand choix de cafés, petits déjeuners et gâteaux dans cet établissement chic aux murs de briques apparentes.

Coco Tam's
Un bar idéalement situé sur le front de mer de Fisherman's Village. Bons cocktails (mais chers) et spectacles de feu.

MÉDUSES-BOÎTES

Plusieurs espèces de méduses venimeuses évoluent dans les eaux de Ko Samui, Ko Pha Ngan et Ko Tao, mais la plus connue est la cuboméduse, ou méduse-boîte, ainsi nommée en raison de son corps cubique. Sa piqûre, contenant un puissant venin qui attaque le système nerveux, le cœur et les cellules de la peau, peut provoquer la mort de ses victimes qui, sous l'effet du choc, se noient souvent avant d'avoir pu atteindre le rivage.

Ces cubozoaires sont plus présents durant la saison des pluies d'octobre à décembre, lorsque la mer agitée les précipite sur la côte. On trouve désormais du vinaigre à disposition sur certaines plages de Ko Samui et Ko Pha Ngan, que l'on est censé verser sur la piqûre pendant 30 secondes. Il faut ensuite résister à l'envie de gratter ou frotter la zone affectée.

de l'île voisine **Ko Sam Sao**. L'attrait majeur de Ko Mae Ko est son **lac d'Émeraude**, un lagon aux sublimes nuances vert menthe niché au centre de l'île. La baignade y est strictement interdite, mais vous pouvez grimper les escaliers très raides qui l'entourent pour l'admirer de haut. Pour les visiteurs à mobilité réduite, les personnes âgées et les jeunes enfants, l'ascension et la descente peuvent être dangereuses. Au bout d'un sentier de 1 km, vous trouverez également la grotte de **Tham Bua Bok** avec ses stalagmites et stalactites en forme de lotus.

Après Ko Mae Ko, les circuits partent au sud à destination de **Ko Wua Talap**, l'île la plus grande et l'une des deux seules inhabitées du parc. La population humaine s'y substitue aux semnopithèques obscurs, des singes noirs aux yeux cerclés de blanc qui aiment venir observer les visiteurs qui accostent sur la plage. Ko Wua Talap est également un lieu privilégié pour l'**observation des oiseaux** : vous y verrez des aigles de mer, des calaos pies et des merles de roche.

De hautes marches taillées dans le calcaire mènent à un **panorama** sur le parc national à couper le souffle ; probablement l'un des plus beaux points de vue de toute la région. Sachez néanmoins qu'il faut compter 1 heure de montée abrupte pour y accéder. De bonnes chaussures et de l'eau sont indispensables. Vous pouvez séjourner dans le parc sur Ko Wua Talap, soit dans des bungalows rudimentaires, soit en louant une tente. Il y a un restaurant sur place.

À Ko Samui et à Ko Pha Ngan, nombre d'agences proposent des excursions d'une journée dans le parc à partir de 1 300 B/pers (visite du parc comprise). **Samui Island Tours** est une agence fiable, avec 2 ou 3 grandes jonques chinoises qui font chaque jour la navette. Pour plus d'intimité, **100 Degrees East** (p. 231) propose des journées kayak très appréciées.

La meilleure période pour visiter le parc se situe entre février et avril. La visibilité y est optimale. Entre octobre et décembre, le parc est généralement fermé à cause des trop fortes vagues.

Escapade sur Ko Taen et Ko Mat Sum

ÎLES VIERGES, SNORKELING ET "ÎLE AUX COCHONS"

Si la foule de Ko Samui vous inspire l'âme d'un Robinson, une escapade dans les îles quasi vierges de **Ko Taen** et **Ko Mat Sum**, à quelques kilomètres au sud de Ko Samui, devrait vous plaire. Ko Taen offre sans doute le plus beau site de snorkeling au large de Ko Samui, mais les vraies stars ici sont les cochons qui déambulent sur les plages de Ko Mat Sum, faisant de cette île une halte incontournable pour de nombreux voyageurs.

Les îles sont accessibles depuis le village de pêcheurs de **Thong Krut**, à l'extrême sud-ouest de Ko Samui, où vous pourrez

OÙ PRENDRE DES COURS DE CUISINE SUR KO SAMUI

Jungle Kitchen
Prenez des cours de cuisine traditionnelle thaïlandaise dans un cadre tranquille au sud de Bo Phut. Enfants bienvenus.

Island Organics Thai Cooking Class
Apprentissage de 4 recettes et visite de la micro-ferme biologique des lieux.

Smiley Cook Thai
Tour du marché avant de préparer 4 plats et de les déguster. Situé au sud de Bo Phut.

TUAYAI/GETTY IMAGES ©

Cuisine de rue, Surat Thani (p. 237)

louer votre propre *long-tail boat* pour partir à l'assaut des vagues. Sinon, vous pourrez choisir parmi les nombreux circuits à la journée à destination des îles pour environ 1 500 B/pers.

Si vous optez pour une excursion, la première halte se fait à Ko Taen, la plus grande des deux îles. Encerclée de récifs coralliens, dont certains sont mieux préservés que d'autres, Ko Taen permet de belles sorties snorkeling quand la météo est optimale. Vous pourrez séjourner sur place au **Ko Taen Village Bungalows**, bon marché, qui possède le seul restaurant de l'île. Encore impactée par les conséquences de la pandémie de Covid-19, Ko Taen connaît une baisse d'activité.

Juste à côté, l'île de Ko Mat Sum, plus connue sous le nom de "l'île aux cochons", est devenue un haut lieu de Ko Samui. Les visiteurs viennent observer ces étonnants résidents, qui aiment barboter dans l'océan et se prélasser sur la plage bordée de palmiers.

Naviguer autour de Ko Samui

CROISIÈRES DANS LES ÎLES

Les eaux turquoise qui entourent Ko Samui se prêtent aux croisières. De nombreuses agences parcourent toutes les îles autour de Samui à bord de différentes embarcations. Certaines

MOO·AY TAI (BOXE THAÏLANDAISE)

Ko Samui est un haut lieu de *moo·ay tai* (boxe thaïlndaise, aussi appelée *muay Thai*). Des combats sont organisés dans les 3 stades de l'île de nombreux soirs de la semaine, chaque match à venir étant annoncé partout. Les meilleurs se déroulent au **Samui International Muay Thai Stadium** et au **Phetchbuncha Boxing Stadium** à Chaweng. Le **Lamai Boxing Stadium** propose des combats amateurs davantage adressés aux touristes.

De nombreux étrangers viennent à Samui pour prendre des cours de *moo·ay tai* et il n'est pas rare de voir des boxeurs en entraînement courir sur les routes de l'île. Si vous souhaitez vous y mettre, le **Lamai Muay Thai Camp** est le premier club pour étrangers habilité par le World Muaythai Council, et le **Lion Heart Samui**, sur la côte nord-ouest, propose des forfaits entraînement de une semaine à un mois.

OÙ FAIRE DU SPORT À KO SAMUI

Lamai Fitness Retreat
Des forfaits remise en forme, détox et minceur adaptés à tous les profils.

Elite Gym & Fitness
Une salle de sport à Chaweng, plus chère que les autres, mais assez bien équipée et climatisée.

Fitkoh
En haut de la côte nord, une salle réputée pour la boxe thaïlandaise, mais d'autres sportifs y trouvent leur bonheur.

DANGERS À KO SAMUI

Accidents routiers
Ils sont fréquents à Samui. Routes venteuses et escarpées, pluies tropicales soudaines, circulation chaotique et sable sur la chaussée peuvent être mortels, surtout pour les conducteurs de deux-roues inexpérimentés.

Courants forts
La houle est souvent forte, même pour les bons nageurs. Courants et contre-courants sont particulièrement violents à Chaweng et Lamai. Vérifiez toujours les conditions de baignade.

Verre sur la plage
Les tessons de verre et autres déchets sont potentiellement dangereux, surtout sur les plages les moins entretenues.

Chiens errants
Des chiens se rassemblent sur les plages et près des temples. Certains peuvent se montrer menaçants, soyez prudents. L'association *Dog and Cat Rescue Samui Foundation* (samuidog.org) recrute des bénévoles.

ALEKSEI KAZACHOK/SHUTTERSTOCK ©

Red Baron

se rendent à Ko Pha Ngan (p. 238) et à Ko Tao (p. 247), ce qui permet aux voyageurs – dont ce n'est pas la destination première – d'avoir un aperçu des alentours de Samui. Si votre budget est confortable, des compagnies privées peuvent vous emmener plus loin.

Le **Red Baron** est une élégante jonque chinoise reconnaissable à ses voiles rouges, amarrée à Bang Rak sur la côte nord-est de Samui. Elle vogue 6 jours par semaine vers différentes destinations, dont Ko Pha Ngan, le parc national maritime d'Ang Thong (p. 233), Ko Taen (p. 234) et Ko Mat Sum (p. 234), en faisant des haltes pour le snorkeling et les visites. Deux soirs par semaine, vous pourrez aussi dîner au soleil couchant à bord d'un bateau qui vous emmènera à **Ko Som**, une toute petite île de la côte nord-est. Transferts, repas et boissons sont inclus dans le prix des croisières.

Autre navire à voile rouge, le **Red Dragon** est une luxueuse jonque en teck avec Jacuzzi qui propose les mêmes destinations. La privatisation du bateau est possible à partir de 10 personnes pour 62 000 B/jour. **Chantara** et **Siamtara** sont de plus petites jonques dont les équipages se déguisent parfois en pirates.

Pour un voyage plus glamour, vous pourrez louer un yacht pour la journée ou plus. L'*Independence* de la compagnie **Independence Yacht Charter** peut accueillir jusqu'à

OÙ SE RESTAURER À SURAT THANI

Surat Thani Vegetarian
Un lieu paisible qui sert de délicieux plats complets végétariens à prix raisonnables. $

Sweet Kitchen
Agréable restaurant à l'ambiance décontractée. Des plats thaïlandais, occidentaux et végétariens. $

Stands du ferry de nuit
Stands de nourriture sur la jetée où est amarré le ferry de nuit, utiles si vous faites le trajet nocturne vers les îles. $

6 passagers à son bord. Sur ce yacht moderne de 16 m aux lignes épurées, vous profiterez d'un restaurant avec un chef italien, un service VIP et un équipage qui vous conduira où bon vous semble.

Ville traditionnelle thaïlandaise

LA CITÉ DES VERTUEUX

Surat Thani, qui fut surnommée la "cité des vertueux" par Rama VI en 1915, voit aujourd'hui défiler de nombreux touristes venus découvrir les îles situées dans un rayon de 60 à 90 km de son port, Don Sak. Peu restent assez longtemps pour vérifier qu'elle porte bien son nom, ce qui est dommage, car Surat Thani est bien plus qu'une plateforme de transit ; elle permet à ceux qui s'y attardent de s'immerger dans la vie traditionnelle d'une ville thaïlandaise.

Ici, la cuisine de rue est sacrée. Le **marché nocturne**, merveille d'authenticité, propose à sa clientèle principalement thaïlandaise une grande variété de brochettes de viande marinée, jus de fruits frais, plats de nouilles, desserts et autres mets.

Le dimanche est un jour privilégié pour les gourmands, car le **marché du dimanche** propose des délices de rue dès la fin d'après-midi et les visiteurs peuvent se régaler au **Pra Cha Rat Floating Market**, un marché flottant qui a lieu le dimanche uniquement sur l'autre rive du Tapi, en centre-ville. Toute la semaine, de jour comme de nuit, vous trouverez aussi des stands de restauration autour des stations de bus et près du ferry de nuit pour Ko Samui.

Au moins deux temples méritent le détour : le **Wat Tridhammaram**, avec ses deux bouddhas géants assis en face de la salle des prières, et le **Wat Sai**, joli temple pourvu d'un musée des reliques (pas toujours ouvert), situé dans un bel édifice en bois des années 1930. À environ 40 km au nord de Surat Thani, le **Chaiya National Museum** expose des trésors de l'Empire hindo-bouddhiste Srivijaya, qui régna sur la quasi-totalité du pays entre les VIIe et XIIIe siècles.

OÙ SE LOGER À SURAT THANI

Boundary Hostel & Café
Une auberge de jeunesse comprenant 3 chambres basiques et propres avec sdb commune. Convient pour une nuit. $

Port Hostel
La meilleure auberge de jeunesse de la ville, au bord du fleuve, près du marché nocturne et de la gare routière. $

My Place @ Surat Hotel
Cet hôtel central réputé dispose de chambres propres et spacieuses à prix abordables. Personnel serviable et café attenant. $

Blu Monkey Hub & Hotel
Hôtel moderne et milieu de gamme dans le centre-ville. Chambres de taille correcte et lits confortables. Service de qualité. $$

COMMENT S'Y RENDRE ET CIRCULER

Le parc national maritime d'Ang Thong et les îles de Ko Taen et de Ko Mat Sum sont accessibles uniquement par bateau. Le meilleur moyen de visiter Ang Thong est de participer à l'un des nombreux circuits proposés depuis Ko Samui et Ko Pha Ngan (2 200-4 600 B). Tous s'arrêtent au centre d'accueil des visiteurs du parc, à Ko Wua Talap. Les excursions sont nombreuses pour Ko Taen et Ko Mat Sum, mais vous pouvez les rejoindre par vos propres moyens en louant un long-tail boat à Thong Krut (environ 1 800 B).

Surat Thani est la principale plateforme de transit, avec des bateaux à destination des îles et une gare ferroviaire effectuant la liaison avec Bangkok et d'autres villes plus au sud.

Le bus est le meilleur moyen de rejoindre ou de quitter Surat Thani, car la ville a pour seul grand pôle de transports intra-muros une gare routière. La gare ferroviaire et l'aéroport se situent à plusieurs kilomètres.

Des liaisons bus-bateau directes à destination de Ko Samui et Ko Pha Ngan partent du centre-ville de Surat Thani, de la gare ferroviaire et de l'aéroport.

Ko Pha Ngan

À la fin des années 1970, Ko Pha Ngan était encore un paradis pour voyageurs intrépides. Ces jours paraissent désormais bien loin, mais ce n'est pas une raison pour éviter cette belle île du golfe, qui a bien plus à offrir que les fêtes de la pleine lune (*Full Moon Parties*) qui l'ont rendue célèbre.

Choisissez d'autres dates du calendrier lunaire, ou la période relativement plus calme des fêtes de demi-lune, et le charme singulier de l'île vous sautera aux yeux. On y trouve facilement à se loger, les tarifs sont plus abordables et il y a bien moins de monde qu'ailleurs dans le Sud ; vous jouirez donc aisément de calme et de solitude. Même Hat Rin, au centre de la fête lors de la pleine lune, est paisible le reste du temps, et les plages sont rigoureusement nettoyées.

Avril et juin sont les mois les moins turbulents : une période idéale pour profiter de logements bon marché, de kilomètres de sable où poser sa serviette et de routes plus sûres.

Pour les infos pratiques, voir le Carnet d'adresses p. 275

À SAVOIR

L'intérieur de Ko Pha Ngan est essentiellement une jungle dense et inaccessible. La majorité des habitations et lieux touristiques se trouvent le long de la côte. Louer une moto ou un scooter est le moyen le plus simple et le moins cher pour se déplacer, mais les routes peuvent être hasardeuses.

Fête de la Pleine Lune (p. 240)

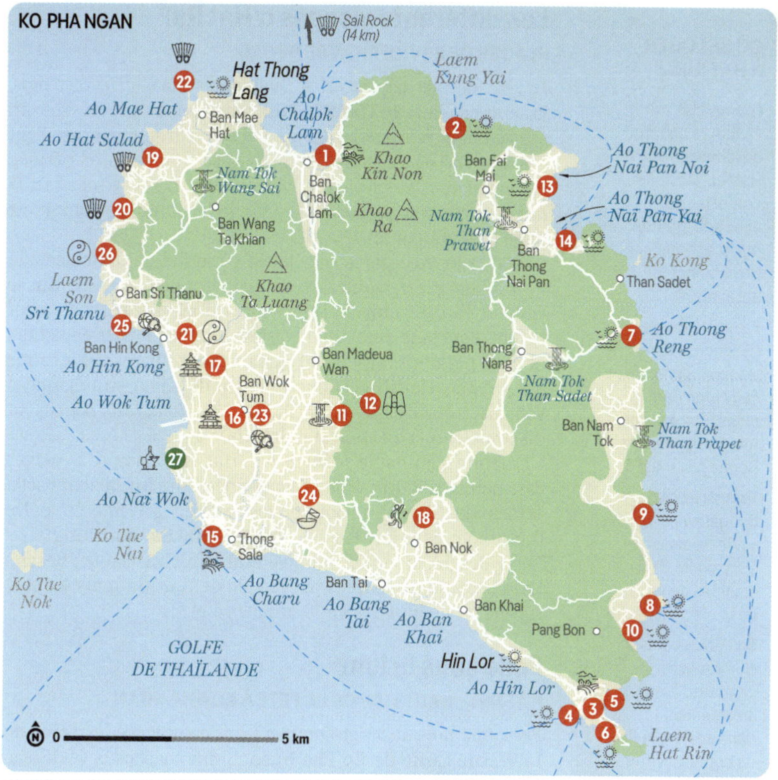

VOIR
1 Chalok Lam
2 Hat Khuat
3 Hat Rin
4 Hat Rin Nai
5 Hat Rin Nok
6 Hat Sareekantang
7 Hat Than Sadat
8 Hat Thian
9 Hat Yao
10 Hat Yuan
11 Nam Tok Phaeng
12 Point de vue de Domsila
13 Thong Nai Pan Noi
14 Thong Nai Pan Yai
15 Thong Sala
16 Wat Phu Kao Noi
17 Wat Samai Kongka

ACTIVITÉS
Apnea **voir** 1
Chaloklum Diving **voir** 2
Had Yao Divers **voir** 20
18 Half Moon Festival
19 Hat Salad
20 Hat Yao
21 Indriya Retreat
Kiteboarding Asia **voir** 15
22 Ko Ma
23 La Casa Shambala
Lotus Diving **voir** 1
24 Muai's Thai Traditional Cooking Academy
25 Orion Healing
Phangan Thai Cooking Class **voir** 15
Sail Rock Divers **voir** 1
26 Samma Karuna Sanctuary **voir** 9
Siam Pro Kite **voir** 15

PRENDRE UN VERRE ET FAIRE LA FÊTE
27 Amsterdam Bar
Eden Garden **voir** 11

OÙ SE RESTAURER À HAT RIN

Auntie Pon's Thai Food
Ce restaurant "comme chez tata" sert de bons petits plats thaïlandais et des smoothies. **$**

Om Ganesh
Cuisine plutôt typique du nord de l'Inde dans ce restaurant établi de longue date. Currys et biryanis très savoureux. **$$**

Monnalisa
Restaurant italien du centre de Hat Rin, toujours aussi prisé pour ses pizzas et ses pâtes. Végétariens bienvenus. **$$**

OÙ SE LOGER À HAT RIN

Hideout Hostel
Meilleure auberge de jeunesse de Hat Rin. Dortoirs confortables avec sdb, grandes parties communes et ambiance agréable. **$**

Paradise Bungalows
C'est ici qu'eurent lieu les toutes premières *Full Moon Parties* et les fêtards aiment toujours s'y rendre. Bonne piscine. **$$**

Tommy Resort
Bungalows et piscine sur le front de mer, à proximité d'un bar animé et de la folie de la pleine lune. **$$**

Sea Breeze Resort
Nombreuses chambres bien entretenues dans un hôtel à flanc de coteau, avec vue sur Hat Sarikantang. **$$**

Sarikantang Resort & Spa
Chalets coquets entourés de palmiers sur l'une des plus belles portions de Hat Rin. **$$$**

Les différents visages d'Hat Rin

PLAGES DE RÊVE ET HAVRE DE PAIX

Hat Rin dévoile deux facettes. Quasi déserte la plupart du temps, la superbe plage de **Hat Rin Nok**, une large bande de sable fin étincelant nichée dans une baie aux eaux turquoise où oscillent des *long-tail boats*, est un havre de paix. À l'inverse, en période de pleine lune, y déferle un flot ininterrompu de voyageurs, la musique résonne partout et la moindre chambre disponible est prise d'assaut par les fêtards.

C'est peut-être parce qu'elle est couramment associée aux *Full Moon Parties* que tant de visiteurs boudent Hat Rin le reste de l'année, croyant sans doute qu'on y fait constamment la fête. Pourtant, ceux qui choisissent d'y séjourner en dehors de cette période sont souvent agréablement surpris par le calme qui y règne. Hat Rin est aussi un lieu de séjour stratégique si vous prévoyez d'explorer la côte est : des *long-tails boats* sont disponibles à la location sur Hat Rin Nok.

L'étroite péninsule formée par Hat Rin compte 3 plages distinctes. Hat Rin Nok, surnommée Sunrise Beach, est la principale. C'est là qu'ont lieu les fêtes de la Pleine Lune. De l'autre côté, on trouve la tout aussi belle **Hat Sarikantang** (alias Leela Beach), et la plus humble **Hat Rin Nai** (Sunset Beach). Les plages sont séparées par la ville de Hat Rin mais on peut traverser la péninsule en 10 minutes à pied.

Folie sous la lune

HAT RIN – HAUT LIEU DE LA FÊTE À KO PHA NGAN

Personne ne sait où et comment ont commencé les **fêtes de la Pleine Lune** de Ko Pha Ngan. Si un consensus se dégage pour l'année 1988, différentes versions existent quant aux circonstances de la première de ces *Full Moon Parties* endiablées. Certains affirment qu'elle eut lieu à l'occasion du départ de quelque baroudeur australien au Paradise Bungalows, à la pointe sud de **Hat Rin Nok**, d'autres que l'on doit la première édition à un groupe de hippies cherchant à échapper aux "fêtes électriques" de Samui. Quoiqu'il en soit, aujourd'hui, entre 5 000 et 30 000 personnes selon la période de l'année viennent se déhancher jusqu'à l'aube lors de ces fêtes épiques désormais célèbres dans la pop culture, à travers les films, les séries et les livres. Participer à une *Full Moon Party* est un objectif majeur pour de nombreux jeunes (et moins jeunes) voyageurs en Asie du Sud-Est.

La fête bat son plein à partir de 22h. Les participants forment alors une file interminable pour payer les 200 B d'entrée (destinés à l'entretien et à la sécurité de la plage) en échange d'un bracelet

OÙ BOIRE UN VERRE À HAT RIN

One Love
Bar reggae en bois flotté avec des concerts tranquilles, tout près de Sunrise Beach.

Drop In Bar
Un incontournable des fêtes de la Pleine Lune pour ses cocktails, bières et seaux d'alcool. Attention aux abus.

Sunrise
Piscine en bord de mer et bonne musique, parfaites pour une mise en bouche avant la fête de la Pleine Lune.

Fête de la Pleine Lune (p. 240)

leur permettant d'entrer et sortir à volonté. Après minuit, Hat Rin Nok devient un océan de corps peinturlurés en fluo, dont les plus tenaces titubent jusqu'au petit matin.

Il n'y a pas de DJ attitré pour la fête. À la place, tous les bars de la plage diffusent leur propre musique. On peut entendre tous les styles, de l'électro commerciale à la trance, en passant par la techno, le hip-hop, la drum and bass et le reggae. Ce sont souvent les plus petits bars des ruelles adjacentes qui diffusent les meilleurs sons. Les flammes qu'on aperçoit sur la plage, parmi les hordes de danseurs, sont des cordes en feu au-dessus desquelles les fêtards essaient de sauter. Même s'ils y arrivent du premier coup, les jeunes birmans qui agitent les cordes accélèrent le mouvement afin que cela finisse par sentir le roussi (prudence donc, les brûlures sont fréquentes).

De nombreux stands vendent des seaux d'alcool – vodka, gin, rhum ou whisky coupés au soda. Attention, l'effet est traître. Allez-y mollo : nombreux sont les touristes qui boivent plus qu'ils ne l'imaginent. Méfiez-vous également si quelqu'un vous propose de la drogue. Les mesures de répression sont très sévères en Thaïlande et les peines très lourdes. Sans compter qu'il s'agit souvent d'une "mise en scène" : l'auteur de la vente vous dénoncera à la police.

À SAVOIR SI VOUS FÊTEZ LA PLEINE LUNE

Femmes seules
Sachez que des agressions sexuelles et des viols ont eu lieu durant les fêtes.

Portez des chaussures
Sunrise Beach est jonchée de morceaux de verre les nuits de pleine lune.

Baignade
Résistez à l'appel de l'océan. Nager la nuit en état d'ivresse est dangereux.

Évitez de conduire
La circulation est encore plus folle que d'habitude.

Restez groupés
Vérifiez régulièrement que vos amis ne sont pas loin.

Peinture fluo
Si vous avez taché vos vêtements avec de la peinture fluo, vous ne pourrez pas la faire partir. Si vous tachez vos draps, vous devrez payer pour les remplacer.

OÙ TROUVER DE L'AIDE À KO PHA NGAN

Commissariat de police
Au nord de Thong Sala. Vous devrez peut-être payer de faibles honoraires pour certaines déclarations.

Police touristique
Vous trouverez un poste près de l'embarcadère du ferry à Thong Sala où certains officiers parlent anglais.

Hôpital de Ko Pha Ngan
C'est la meilleure option. Pour un problème plus grave, allez à Ko Samui ou sur le continent.

OÙ SE LOGER ET SE RESTAURER SUR LA CÔTE SUD

Jungle Vibes
Auberge de jeunesse calme dans un jardin de tamariniers en périphérie de Thong Sala. $

Wanderlust Hostel
Auberge de jeunesse pour fêtards. Les matelas ne sont pas confortables, mais il y a une piscine et un sauna. $

Tiki Beach
Hôtel accueillant disposant de chambres avec vue sur mer, de bungalows entourés de jardins, d'un restaurant et d'une piscine. Activités quotidiennes. $$

Divine Comedie
Bungalows originaux au style vaguement Art déco. Piscine face à la plage. $$

Fisherman's Restaurant
Ce restaurant attrayant sert les meilleurs plats de produits de la mer. $$$

Certains regrettent le charme autrefois insouciant de ces fêtes et leur reprochent leur caractère mercantile. On peut toutefois noter le niveau étonnamment faible de violences et autres désagréments qu'elles génèrent au vu de la grande proximité dans lequel se trouvent parfois des dizaines de milliers de personnes, souvent en état d'ivresse.

Pour une ambiance plus confidentielle, vous pouvez participer au **Half Moon Festival** qui a lieu chaque mois, à 2 ou 3 km de la plage de Hat Thong Sala, mais le billet est cher. Pour ceux qui s'intéressent à la scène underground de Ko Pha Ngan, le site **Phanganist** (phanganist.com) référencie les dates et lieux des rave-parties qui ont lieu régulièrement dans la jungle. Les fêtes de l'**Eden Garden**, loin sur la côte est, ont bonne réputation mais le trajet qui y mène peut être décoiffant, que ce soit en *long-tail boat* ou par des pistes sinueuses dans la forêt.

Les logements sont très vite saturés à Hat Rin durant la période de la pleine lune. Pensez à réserver bien à l'avance. Cependant, rien ne vous oblige à loger sur place puisque de nombreux hôtels et auberges de l'île proposent des navettes pour les fêtes, et des bateaux supplémentaires circulent entre Ko Pha Ngan et Ko Samui.

Détour par le village de Ban Nok

PAGODE ET ARBRE SACRÉ

À l'ouest de Hat Rin, n'hésitez pas à rejoindre le paisible village de Ban Nok, où se dresse le **Chedi Wat Nai**, à côté d'un temple coiffé d'un toit rouge. Les sculptures de cette jolie pagode en pierre du XIXe siècle représentent des moines, des démons, des éléphants, des nagas, mais aussi Garuda et un curieux personnage en costume chinois. L'endroit héberge aussi, sur les côtés, des porcelaines chinoises des dynasties Ming et Qing. Un bouddha doré debout a été placé dans l'une des niches, tandis que la partie inférieure de deux autres bouddhas a été envahie, comme à Angkor Vat, par deux arbres de la Bodhi géants, drapés de soieries colorées.

Un peu plus loin, l'**arbre Yang Na Yai** vous réservera une vision stupéfiante depuis le cœur du village. S'élançant vers les cieux et culminant à 54 m, l'arbre le plus haut de Ko Pha Ngan est un Yang Na Yai (*Dipterocarpus alatus*). Ce gracieux géant de la nature, qui aurait plus de 400 ans, est sacré pour les villageois, d'où la présence de petits autels à sa base. Il n'est pas rare que l'arbre soit aussi paré de rubans colorés.

OÙ SE RESTAURER SUR LA CÔTE SUD

Phangan Food Court
Un classique de Thong Sala avec des plats thaïlandais et occidentaux, en partie végétariens et vegan. $

Auntie's Restaurant
Petit restaurant de Thong Sala qui sert de délicieux plats traditionnels thaïlandais et des produits de la mer. $

Fat Cat
Café cosy aux excellents petits déjeuners, *bowls* vegan, savoureux pancakes, burgers et salades. $$

Thong Sala et la côte sud

CASCADES, TREKS DANS LA JUNGLE ET VILLE ANIMÉE

Une série de plages s'étend sur la côte sud, de Hat Rin à Thong Sala, principale zone urbanisée de l'île. Ces plages offrent de magnifiques points de vue sur Ko Samui (p. 222) et les îles du parc national maritime d'Ang Thong (p. 233) au soleil couchant. Elles sont trop rocheuses et pas assez profondes pour la baignade et l'eau y est moins claire qu'ailleurs, mais on y trouve de nombreux logements et restaurants de qualité. La jungle, à proximité, est facilement accessible pour une randonnée jusqu'aux cascades.

Thong Sala

Dans les terres de Thong Sala se cache **Nam Tok Phaeng**, une cascade qui vaut le détour, surtout à la saison des pluies. De là, à une quinzaine de minutes d'ascension par un sentier déformé par les racines (portion du sentier nature de Phaeng-Domsila), vous rejoindrez le **point de vue de Domsila**, un perchoir rocheux d'où l'on jouit d'une superbe vue panoramique sur Ko Pha Ngan. Ensuite, vous pourrez faire demi-tour ou continuer pour une randonnée de 2 à 3 heures dans la jungle sur un sentier qui serpente autour d'autres chutes d'eau avant de regagner le point de départ. Les plus observateurs pourront repérer des sangliers sauvages, des serpents, des cerfs et des singes.

Thong Sala, lieu de départ et d'arrivée de tous les ferrys, est la ville la plus animée de Ko Pha Ngan et la meilleure pour le shopping. C'est aussi un spot de kitesurf avec la présence des agences **Kiteboarding Asia** et **Siam Pro Kite**. On y trouve également deux écoles de cuisine renommées : la **Muai's Thai Traditional Cooking Academy** et la **Phangan Thai Cooking Class**, dirigées par la sympathique cheffe Oy. Thong Sala héberge aussi les meilleures salles de sport de l'île, notamment de *moo-ay tai* (boxe thaïlandaise).

KITESURF

Kiteboarding Asia (p. 228) et **Siam Pro Kite** (p. 228) ont aussi des clubs à Ko Samui. Vous les trouverez à Na Thon sur la côte ouest entre avril et octobre et à Ban Hua Thanon sur la côte est entre décembre et mars.

Sereine côte ouest

SNORKELING, BIEN-ÊTRE ET TEMPLES

La côte ouest s'est beaucoup développée ces dernières années, sans pour autant tomber dans l'écueil du strass et des paillettes. Certaines plages sont trop rocailleuses et marécageuses pour la baignade mais ce sont les plus propices de l'île pour le snorkeling. **Hat Salad**, **Hat Yao** (à ne pas confondre avec la plage de la côte est, p. 243) et **Ko Ma**, une

OÙ BOIRE UN VERRE SUR LA CÔTE SUD

Viewpoint Café
Magnifique vue sur Ko Samui. Les cafés et les smoothies sont bons et les plats thaïlandais savoureux.

Outlaws Saloon
Grand restaurant-pub animé qui attire autant les touristes que les Thaïlandais. Concerts ponctuels.

Coco Garden Resort
Le bar de plage d'un petit hôtel retiré où les soirées ont la cote.

OÙ SE LOGER SUR LA CÔTE OUEST

Shiralea Backpackers Resort
Salles de bains méritant un rafraîchissement, mais chambres agréables. Grande salle commune, piscine et salle de sport. $

Seetanu Bungalows
Bungalows pour petits et moyens budgets (avec ventilateur) sur une parcelle de plage. Apprécié par les familles. $$

Salad Hut
14 bungalows en bois bien aménagés dans un coin tranquille en bord de mer à Hat Salad. Agréables piscine et restaurant. $$

TropiCoco Beach Resort
Belles chambres rutilantes dans un endroit privilégié de la jolie Hat Yao. Choix appréciable pour les familles. $$$

Kupu Kupu
Luxueux hôtel en bord de mer avec d'immenses bungalows, des bains d'eau froide et un spa étoilé. $$$

MATYAS REHAK/SHUTTERSTOCK ©

Cuisine de rue, Thong Sala (p. 243)

minuscule île reliée à la côte nord-ouest par un banc de sable, sont des lieux privilégiés pour enfiler masque, palmes et tuba.

Hat Yao, longue bande de sable blanc dont la courbe épouse une ravissante baie, est la plus belle plage de la côte ouest. C'est aussi l'endroit le plus animé de cette partie de l'île avec un bon choix de cafés et de restaurants, ainsi qu'un club de plongée réputé, le **Had Yao Divers**.

À l'exception notoire du fameux **Amsterdam Bar**, la vie nocturne locale est limitée. Par contre, la côte ouest recense bon nombre des meilleurs centres de yoga, de bien-être et de méditation. Le **Samma Karuna** propose des séances quotidiennes de yoga, tantra, tai-chi et *reiki* au cœur d'un jardin paysager, ainsi que d'autres prestations de bien-être. **Indriya Retreat** est le plus réputé pour la méditation vipassana, **Orion Healing** propose des retraites yoga et détox et **la Casa Shambala** forme des professeurs de yoga.

Deux autres sites valent le détour sur cette partie de l'île : le **Wat Phu Khao Noi** ("temple de la petite montagne"), l'un des plus anciens temples (XVe siècle) de Ko Pha Ngan, avec sa pagode blanche traditionnelle et les 8 pagodes mineures qui

OÙ SE RESTAURER SUR LA CÔTE OUEST

Mama Kop
Curry simple mais goûteux et plats de nouilles et de riz servis par une vraie mamma thaïlandaise. $

Pura Vida
Café populaire à Hat Yao tenu par des Portugais. Petits déjeuner toute la journée, bon café et choix vegan. $$

Pure Vegan Heaven
À Ao Hin Kong, un joli restaurant dans un jardin avec vue sur la mer. *Bowls*, salades et wraps. $$

l'entourent, dont la partie inférieure est décorée d'inscriptions attribuées à Bouddha, et le **Wat Samai Kongka**, célèbre pour ses représentations en argile terrifiantes de l'enfer bouddhique. La plus frappante montre plusieurs pêcheurs plongés dans une énorme marmite d'eau bouillante décorée de squelettes. L'un des malheureux possède une tête de coquelet, tandis qu'un gardien pique de sa lance le postérieur d'un autre.

La côte nord, loin de la foule

PLAGES ISOLÉES ET PLONGÉE

La côte nord offre le littoral le plus spectaculaire de Ko Pha Ngan et abrite des plages parmi les plus isolées et les plus belles de l'île. Le village de pêcheurs de **Chalok Lam** a su conserver son authenticité et il possède la plus grande plage des environs qui s'étire de part et d'autre d'une jetée surplombant une jolie baie. C'est ici que se tient chaque dimanche soir le **marché nocturne** le plus typique de Ko Pha Ngan. Chalok Lam compte également quelques bars et restaurants.

Près du cap de Chalok Lam se trouve **Hat Khuat**, plus connue sous le nom de **Bottle Beach**. C'est l'une des plages les plus isolées et des plus belles de l'île, uniquement accessible par *long-tail boat* depuis Chalok Lam (200 B) ou par une piste très accidentée à éviter en moto. L'autre option est de faire une randonnée de 5 km à travers le cap depuis Chalok Lam dans une jungle clairsemée, où vous apercevrez peut-être des singes. Pour cette randonnée relativement facile (prévoir néanmoins de l'eau), comptez environ 90 minutes.

Les clubs de plongée de Ko Pha Ngan sont principalement concentrés à Chalok Lam, à cause de sa proximité avec **Sail Rock** (Hin Bai), peut-être le meilleur site de plongée du golfe de Thaïlande. Situé à environ 14 km au nord de l'île, c'est un véritable lieu de rassemblement des requins-baleines. On y voit une abondance de coraux et de gros poissons tropicaux à des profondeurs de 10 à 30 m, et un passage vertical surnommé la "cheminée". Les vétérans de la plongée locale **Sail Rock Divers**, **Chaloklum Diving** et **Lotus Diving** peuvent vous y conduire, ainsi que sur d'autres sites des environs. **Apnea**, également basé à Chalok Lam, est spécialisé dans la plongée en apnée.

Tournée des plages de la côte est

PLAGES ET BAIES SECRÈTES

Décrivant une courbe au nord de la baie de Hat Rin, la côte est forme une attrayante série de criques et de baies avec la jungle en arrière-plan et de fabuleuses plages

OÙ SE LOGER ET SE RESTAURER SUR LA CÔTE NORD

Smile Bungalows
Des bungalows et un restaurant sans prétention, à l'extrémité ouest de Bottle Beach. $

Mandalai
Un boutique-hôtel sur le front de mer de Chalok Lam. Chambres spacieuses à grandes fenêtres. $$

World's End
Excellents petits déjeuners et grand choix de plats vegan et sans gluten. $$

Cucina Italiana
Une adresse modeste à Chalok Lam servant des pâtes et des pizzas maison. Fermé le mercredi. $$

Food & Roots
Excellente cuisine vegan et vue sur la plage de Chalok Lam. Carte variée. $$

PLONGÉE GRATUITE

Apnea (p. 251), qui enseigne la plongée en apnée depuis 25 ans, est basé à Ko Tao, sur la plage Hat Sai Ri.

OÙ PRENDRE UN VERRE SUR LA CÔTE EST

Big Bang Art Café
Sur la route de Hat Sadet. On jouit d'une magnifique vue sur la jungle depuis le jardin.

Rubber Garden Café
Café accueillant dans les terres de Thong Nai Pan Noi. Idéal pour un smoothie ou tout ce qui inclut de la noix de coco.

Rasta Baby
Lieu décontracté de Thong Nai Pan Noi où profiter de cocktails, de bières et d'une bonne dose de Bob Marley.

OÙ SE LOGER SUR LA CÔTE EST

Mai Pen Rai
Bungalows spacieux mais simples et équipés de ventilateurs, en retrait de Hat Than Sadat. Bon restaurant. **$**

Pariya's Resort
Bungalows assez chics en forme de pagode avec baignoires au sol, tout près de Hat Yuan. **$$**

Bambu Huts
Un pont de bois branlant mène à des bungalows qui surplombent Hat Yuan. Belle vue sur la mer depuis le restaurant. **$$**

Longtail Beach Resort
Hôtel de Thong Nai Pan Yai adapté aux familles. Les petits bungalows entourent la piscine. **$$**

Havana Beach Resort
Valeur sûre pour les budgets moyens à Thong Nai Pan Yai. Chambres avec balcon et belle piscine. **$$**

de sable blanc surplombées par une poignée d'hôtels. La plupart ne sont accessibles qu'en *long-tail boat* ou par d'intenses randonnées, ce qui leur confère un caractère à la fois secret et privilégié. La vie nocturne y est réduite et ces plages sont particulièrement appréciées par les familles.

Si vous ne séjournez pas sur place, une demi-journée ou une journée d'exploration de la côte en bateau vaut largement la peine. Louer un *long-tail boat* sur Hat Rin Nok pour faire le tour de toutes les plages vous reviendra à environ 3 000 B.

Première halte au détour du cap de Hat Rin, **Hat Yuan** est une belle plage enroulée autour d'une petite baie, bien que le sable y soit un peu plus grossier qu'ailleurs. Sa voisine **Hat Thian**, plus petite et rocailleuse, abrite le **Sanctuary**, un centre de yoga, de méditation et de bien-être avec un spa étoilé. **Hat Yao** (à ne pas confondre avec la plage de la côte ouest, p. 243) est une bande de sable blanc plus longue et plus impressionnante, dépourvue d'hôtel. Quant à **Hat Than Sadat**, on y voit parfois briller des planctons bioluminescents.

Les deux plages les plus grandes et les plus urbanisées de la côte est sont **Thong Nai Pan Noi**, où se trouvent des hôtels de luxe tel que l'**Anantara Rasananda**, et **Thong Nai Pan Yai**, où se répartissent plutôt des hôtels milieu de gamme. Séparées par un cap, ces deux plages longues et étroites au sable fin étincelant sont parfaitement adaptées à la baignade en famille. On y trouve aussi des boutiques et des restaurants, contrairement aux autres plages de la côte est.

Thong Nai Pan Yai

CESARE PALMA/SHUTTERSTOCK ©

COMMENT S'Y RENDRE ET CIRCULER

La seule voie d'accès à Ko Pha Ngan est maritime. Des bateaux du continent, de Ko Samui et de Ko Tao, arrivent tous les jours aux embarcadères de Thong Sala, et certains relient directement Ko Samui à Haad Rin Pier. De Ko Samui, on compte une dizaine de départs quotidiens (7h-18h ; entre 20 min et 1 heure 30 ; 150-300 B). De Ko Tao, les ferrys sont moins nombreux et parfois plus lents.

Sur place, les *songthaew* bleus (minibus de ramassage) font office de transport public. Ils font la navette entre Hat Rin, Thong Sala et Chalok Lam en journée. Négociez le tarif avant de partir. Vous pouvez aussi louer des motos et scooters partout à partir de 250 B/jour, mais la prudence est de rigueur sur les routes parfois très escarpées de l'île.

Ko Tao

Pour les infos pratiques, voir le Carnet d'adresses p. 278

Si elle est bien plus petite que Ko Samui et Ko Pha Ngan, Ko Tao n'a pas à rougir : devenue la mecque des plongeurs dans le golfe de Thaïlande, elle connaît une popularité croissante et se tourne chaque année davantage vers le tourisme haut de gamme. Cette île minuscule couverte de jungle attire de plus en plus de visiteurs désireux de nager avec les requins et les raies au milieu des coraux chatoyants, avant de fêter leurs exploits autour d'un cocktail au crépuscule sur une plage de rêve et de se lever tôt le lendemain pour recommencer.

Et les charmes de Ko Tao ne s'arrêtent pas là. Cette île est devenue un haut lieux de l'escalade et du bloc (grimpe libre sur de petites formations rocheuses), avec des parcours pour débutants et confirmés. Les randonneurs trouveront aussi leur bonheur, comme les amateurs de farniente qui pourront se prélasser sur l'une des nombreuses plages de l'île. Enfin, la vie nocturne bat son plein jusqu'à l'aube pour les plus fêtards. Pour un si petit endroit, Ko Tao propose une remarquable diversité d'expériences.

À SAVOIR

Ko Tao est si petite que les transports publics y sont presque inexistants. La plupart des gens circulent en deux-roues. Les logements des côtes est et sud sont très souvent perchés sur des falaises, ce qui implique de beaux panoramas, mais aussi de nombreuses marches.

Requin-baleine, Ko Tao

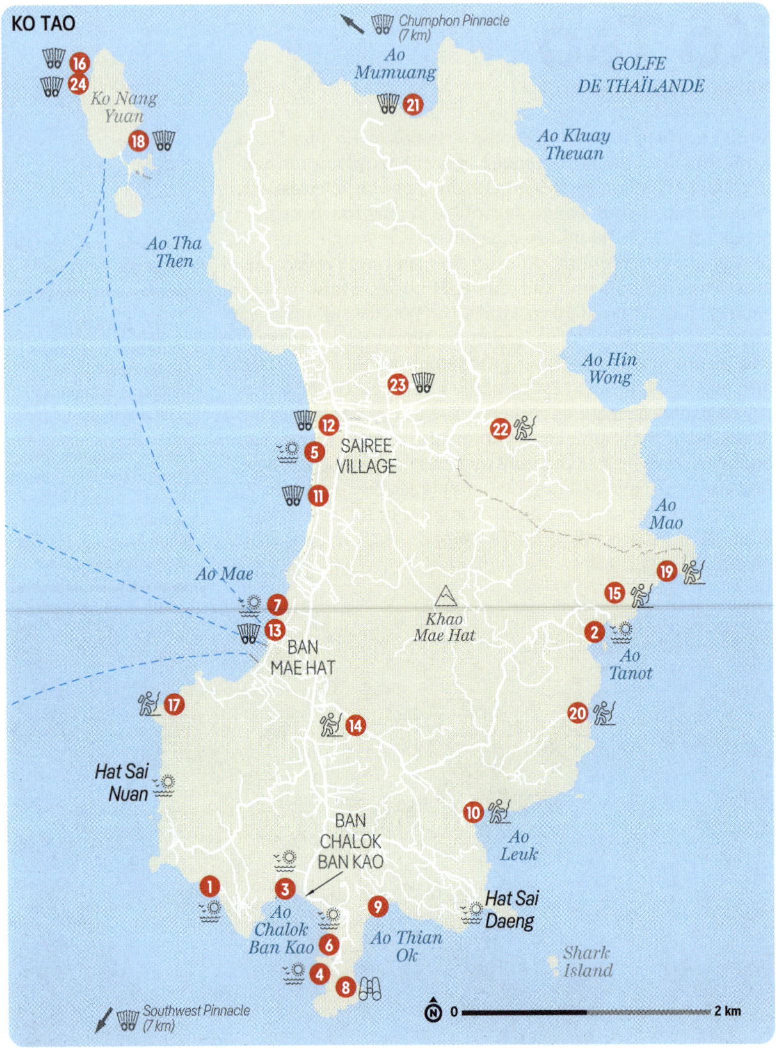

VOIR

1 Ao June Juea
2 Ao Tanot
3 Chalok Ban Ko
4 Freedom Beach
5 Hat Sai Ri
6 Hat Taa Toh
7 Mae Haad
8 Point de vue de John Suwan
9 Shark Bay

ACTIVITÉS

10 Ao Leuk
11 Apnea
Ban's Diving Resort **voir** 11
12 Big Blue Diving
13 Black Turtle
14 Bunker
Calypso Diving **voir** 2
Crystal Dive **voir** 13
15 Golden View
Goodtime Adventures **voir** 12
16 Green Rock
17 Jansom Bay
18 Japanese Gardens
19 Laem Thien
20 Lang Khai
21 Mango Bay
22 Mek's Mountain
Roctopus **voir** 12
23 Tech Diving Thailand
24 Twins

Au cœur de Ko Tao

COUCHERS DE SOLEIL ET VIE NOCTURNE

Située sur la côte ouest, **Hat Sai Ri** (ou Sairee Beach) est le cœur battant de Ko Tao. C'est la plage la plus longue et la plus urbanisée de l'île. S'étirant jusqu'à 3 km au sud de Mae Haad, elle est bordée par des clubs de plongée, hôtels, restaurants, bars, agences de voyage, boutiques et supérettes. Son large éventail de paysages et d'activités en fait un lieu de séjour privilégié par de nombreux voyageurs.

Hat Sai Ri est plus jolie et plus calme à son extrémité nord, au large de laquelle un récif corallien de 30 m accueille des sorties de snorkeling. Le milieu de la plage est la partie la plus bruyante en soirée car la plupart des bars et des boîtes de nuit y sont réunis, tandis que les hôtels se concentrent plus au sud. Partout sur Hat Sai Ri, vous profiterez de superbes couchers de soleil.

Le village de **Mae Haad** (ou Mae Hat) est aussi le port de Ko Tao, point de départ et d'arrivée de tous les ferrys, d'où sa haute fréquentation. En cela, il possède moins de charme que Hat Sai Ri, sa plage étant scindée en deux par la jetée et trop envahie de bateaux pour qu'on puisse y nager. Elle reste néanmoins agréable pour les couchers de soleil. Mae Haad ayant son propre marché, c'est aussi un lieu de travail, ce qui le rend plus traditionnel que d'autres villages de Ko Tao.

Les choix de logements y sont nombreux et on trouve ici plusieurs restaurants et bars. Hat Sai Ri et les plages plus au sud sont rapidement accessibles à pied ou à moto. Plusieurs clubs de plongée sont basés à Mae Haad et certains plongeurs préfèrent séjourner ici pour accéder facilement aux bateaux de plongée.

La Mecque de la plongée en Thaïlande

AVENTURES SOUS-MARINES

Si vous n'avez jamais plongé, Ko Tao est le meilleur endroit de Thaïlande pour un baptême. Ses baies peu profondes sont idéales pour les débutants ; les eaux sont transparentes, les récifs miroitants et la température de l'eau très agréable. Vu le nombre de sites bien abrités, on peut plonger toute l'année, sauf parfois un jour ou deux en période de mousson quand les eaux sont trop agitées, mais c'est rare.

Bien sûr, n'espérez pas plonger ici en solitaire. Seule Cairns, en Australie, délivre plus de diplômes de plongée à l'année que Ko Tao, et l'île est devenue si fréquentée que les clubs locaux parlent d'un "effet champagne" quand la mer se couvre de bulles à cause des innombrables plongeurs de la côte ouest.

Les meilleurs sites de plongée se concentrent autour des pics du large dans un rayon de 20 km autour de l'île. La faune marine

OÙ SE LOGER À HAT SAI RI

Taco Shack Diving Hostel
Grands dortoirs avec sdb ; pour ceux qui font de la plongée le jour et la fête le soir. $

Savage Hostel
Meilleur hôtel de Hat Sai Ri, propre et confortable. Belle piscine sur le toit-terrasse. $

Simple Life Resort
Emplacement idéal et personnel aimable. Les chambres, de taille correcte, possèdent un balcon. $$

Ko Tao Cabana Resort
Bungalows et villas en front de mer à la pointe nord de Hat Sai Ri. $$$

OÙ SE RESTAURER ET SE LOGER À MAE HAAD

Bam Bam
Restaurant semi-ouvert installé de longue date. Valeur sûre pour ses currys et ses plats de nouilles et de riz. $

Islas Tortuga Hostel
Dortoirs, chambres individuelles et petite piscine dans ce lieu assez récent à l'ambiance décontractée. $

Ananda Villas
Grandes chambres avec lits confortables. Certains balcons donnent sur la mer. Proche des embarcadères des ferrys. $$

KO NANG YUAN

Les trois jolies îles de Ko Nang Yuan, au large de la côte nord-ouest de Ko Tao, sont reliées entre elles par une langue de sable et offrent de superbes vues depuis leurs hauteurs. Elles font une destination parfaite pour une excursion d'une journée : des bateaux s'y rendent depuis l'embarcadère de Lomprayah, à Mae Hat.

Le site de Japanese Gardens, entre Ko Tao et Ko Nang Yuan, est un spot tranquille, idéal pour les plongeurs débutants ou le snorkeling. Les coraux colorés abondent, et tortues, pastenagues et poissons-globes passent souvent par là.

locale comprend mérous, murènes, cochers, barracudas, balistes, scalaires, poissons-clowns, raies mantas, requins gris de récif, et les imposants requins-baleines font des visites fréquentes.

Le **Chumphon Pinnacle** abrite notamment des anémones de mer colorées et des bancs de carangues à grosse tête, thons et grands requins gris de récif (et ponctuellement des requins-baleines). **Green Rock** est une vraie cage à écureuil sous-marine avec ses grottes, ses cavités et ses passages réduits, tandis que **Japanese Gardens** et **Mango Bay** sont des sites peu stressants, parfaits pour les débutants.

Twins Pinnacle est un autre site remarquable au large de la côte nord-ouest. On peut y observer des murènes, des raies, des tortues et une barrière de corail. **Sail Rock** est le meilleur site de Thaïlande pour voir des requins-baleines toute l'année, et le **Southwest Pinnacle** héberge mérous géants et barracudas. De nombreuses épaves sont à explorer, ainsi que des spots de plongée souterraine et d'apnée libre.

À terre, quantité de centres de plongée peuvent vous équiper et vous enseigner les ficelles de ce sport dans le cadre d'un brevet PADI Open Water de 3 jours et demi. La compétition farouche entre écoles de plongée signifie que les prix du brevet PADI sont imbattables (entre 10 000 et 15 000 B) – tout comme la qualité. Les plongeurs amateurs paieront autour de 2 500 B pour 2 sorties. Les centres de plongée vous appâteront avec des logements à bas prix voire gratuits (uniquement disponibles sur vos jours de plongée).

Choisissez bien votre club. La qualité de votre expérience dépendra en grande partie de la relation que vous aurez avec votre instructeur. Les autres facteurs à considérer sont la taille de votre groupe de plongée et l'équipement fourni. **Ban's Diving Resort** est le club qui délivre le plus de diplômes à Ko Tao, mais **Black Turtle, Big Blue Diving**, **Calypso Diving**, **Crystal Dive** et **Roctopus** sont aussi des valeurs sûres.

Ko Nang Yuan

Snorkeling à Ko Tao

PLONGÉE DE SURFACE

Très apprécié, le snorkeling est une bonne alternative à la plongée. Vous trouverez aisément le moyen d'organiser votre propre circuit, car les baies de la côte est possèdent toutes de petits bungalows louant du matériel (100-200 B/jour).

Vous pouvez aussi participer à une excursion guidée en réservant dans une agence de voyages locale. Les prix varient entre 500 et 800 B (ce qui comprend en général matériel, repas et guide/capitaine de bateau) avec des arrêts dans plusieurs bons sites autour de l'île.

OÙ BOIRE UN CAFÉ ET MANGER UNE GLACE SUR KO TAO

This is a Book Café
Lieu tranquille aux murs blancs derrière la plage de Mae Haad. Cafés, jus de fruits et smoothies (et quelques livres).

Zest
Ouvre à 6h pour un petit déj avant le départ du ferry. Propose aussi d'assez bons cafés et des pâtisseries maison.

Permpoon Ice Cream
Des glaces maison qui fidélisent la clientèle. Choix vegan.

Sail Rock (p. 245)

Laem Thian est prisé pour ses petits requins, **Shark Island** est peuplée d'une myriade de poissons (mais il n'y a curieusement pas de requins – *sharks* en anglais), **Ao Hin Wong** est réputé pour la transparence de ses eaux et **Lighthouse Bay**, au nord, abrite une multitude d'anémones de couleurs vives. **Ao Tanot** est un autre spot de snorkeling très apprécié.

Les écoles de plongée acceptent de prendre à bord de leur bateau des adeptes de snorkeling aux mêmes tarifs que les autres plongeurs, mais cela ne vaut le coup que si le site est propice au snorkeling, comme **Japanese Gardens**. Les bateaux se rendent dans les sites les moins profonds l'après-midi.

Plongées de l'extrême à Ko Tao

PLONGÉE EN APNÉE ET PLONGÉE SOUTERRAINE

Ces dernières années, la plongée en apnée a gagné en popularité, que ce soit auprès des novices ou des plongeurs expérimentés.

Grâce à la présence de nombreux plongeurs en apnée certifiés sur l'île, plusieurs agences traditionnelles proposent désormais cette activité. **Apnea** a remporté plusieurs titres mondiaux et sait très bien mettre à l'aise les débutants de ce sport exaltant. Dans cet établissement de première classe, la limite de 3 élèves par

CLUBS DE PLONGÉE DE KO TAO

Jim Donaldson dirige le Big Blue Diving. Originaire de Nouvelle-Zélande, il vit à Ko Tao depuis 25 ans.

Pourquoi plonger à Ko Tao ?
Ko Tao fait partie des très rares endroits au monde où l'on peut plonger 11 mois de l'année et c'est une île magnifique.

Pourquoi apprendre à plonger à Ko Tao ?
Il n'y a pratiquement pas de courants, aucun poisson dangereux et l'eau est à bonne température. Il est facile d'y apprendre et d'y enseigner la plongée.

Dans quel état est la biodiversité sous-marine ?
Je pense que la pause liée à la pandémie de Covid-19 a régénéré la vie sous-marine : il y a plus de tortues, de raies et de requins. D'un point de vue écologique, l'île me paraît en meilleur état que quand je m'y suis installé.

OÙ TROUVER DU SECOURS À KO TAO

Commissariat de police de Ko Tao
Basés à Chalok Ban Ko, les policiers locaux sont réputés être assez prévenants.

Police touristique de Ko Tao
Pas de poste physique, mais il y a des officiers bénévoles thaïlandais et occidentaux sur l'île. Appelez le 1155.

Hôpital de Ko Tao
Hôpital public à Mae Haad. Pour un problème grave, allez à Ko Samui ou sur le continent.

PLONGÉE EN APNÉE AVEC APNEA

Apnea (p. 245), qui enseigne la plongée en apnée depuis 25 ans, possède aussi un club à **Chalok Lam** (p. 245) sur la côte nord.

moniteur assure sécurité et enseignement personnalisé.

Autre activité qui a récemment a suscité un véritable engouement à Ko Tao : la plongée souterraine (*cave diving* en anglais). Les passionnés s'y pressent pour passer une demi-journée au parc national de Khao Sok. Les fonds du lac principal abritent un monde époustouflant : grottes secrètes, rochers calcaires et poissons-chats furtifs. Les plongeurs peuvent explorer des eaux où reposent des villages submergés lors de l'inondation provoquée pour créer un réservoir et un barrage. La plupart des excursions commencent l'après-midi par un trajet en bateau depuis Ko Tao et se terminent le lendemain après-midi. L'hébergement pour la nuit se fait dans le parc ou tout près. Renseignez-vous auprès de **Tech Diving Thailand.**

OÙ SE RESTAURER À HAT SAI RI

995 Roasted Duck
Saveurs sino-thaïlandaises dans ce restaurant réputé, spécialisé dans les plats à base de canard rôti. $

Vegetabowl
Ce restaurant vegan original sert *bowls*, wraps et salades. $

Chuchu Thai Food & Pizza
Restaurant célèbre pour ses pizzas aux parfums d'Asie, ses classiques thaïlandais et ses salades birmanes. $$

Barracuda Rooftop Restaurant
Plateaux de fruits de mer réputés et bons plats panasiatiques. $$

Escalade à Ko Tao

FALAISES ET ROCHERS

Ko Tao est l'un des meilleurs sites de Thaïlande pour l'**escalade**. Certains grimpeurs affirment tout de même que l'île se place en seconde position après Krabi (p. 328), qui offre une grande diversité d'expériences. Lors de leur séjour, de nombreux visiteurs choisissent d'allier la plongée à l'escalade ou au bloc. En effet, juste au sud de Mae Haad, à **Jansom Bay**, vous pourrez passer la matinée à grimper le long de la plage, puis enfiler masque et tuba pour explorer les eaux cristallines quand la chaleur devient trop intense pour se suspendre du bout des doigts à un pic rocheux.

Ko Tao est en grande partie constituée d'un granit vieux de 200 millions d'années offrant une myriade de spots d'escalade partout sur la côte et dans les terres. La plupart des débutants sont orientés vers les parcours de **Mek's Mountain**, à 1,5 km de Hat Sai Ri. Les autres sites connus sont **Golden View**, **Laem Thien** et **Lang Khai**, tous sur la côte est. Lang Khai est aussi prisé pour le bloc, tout comme **Ao Leuk**, plus au sud.

À Hat Sai Ri, le pionnier des clubs d'escalade de l'île, **Goodtime Adventures**, a ouvert de nombreuses voies sur Ko Tao. Il propose différentes formules allant de la simple demi-journée d'initiation à des parcours pros d'un mois. Si cette dose d'adrénaline ne vous suffit pas, il propose également des sorties de **cliff-jumping** (saut de falaise).

Les grimpeurs peuvent aussi s'exercer au **Bunker**, au sud-est de Mae Haad, qui abrite l'unique salle d'escalade de Ko Tao (ouverte tous les jours de 9h à 20h). Des courts pratiques pour débutants y sont dispensés.

OÙ SE LOGER SUR LA CÔTE SUD

Deisha View Jungle Hostel
Une magnifique vue sur la mer qui se mérite par l'ascension de nombreuses marches. $

Dearly Ko Tao Hostel
Auberge de jeunesse haut de gamme bien entretenue dans 3 bâtiments. Dortoirs convenables et piscine. $$

Bubble Bungalow
Bungalows propres à des tarifs raisonnables, avec clim et ventilateur. Les balcons donnent sur Chalok Ban Ko. $$

TONY CLIMBER/SHUTTERSTOCK ©

Escalade, Ko Tao

Chalok Ban Ko et le Sud

PLAGES ET VUES SUR KO TAO

À 1,7 km au sud de Mae Haad, Ko Tao devient plus calme, les bars tapageurs ayant cédé la place à une majorité d'hôtels milieu de gamme installés sur le front de mer ou perchés sur les falaises surplombant la côte. La plage principale, **Chalok Ban Ko**, décrit une belle courbe autour d'une baie en croissant surplombée de rochers à ses deux extrémités. Peu profondes, les eaux bleu clair laissent apparaître à marée basse un banc de sable, qu'il est amusant de rejoindre en barbotant pour s'y étendre au soleil. Bien qu'il s'agisse de la plus paisible des plages principales, Chalok Ban Kao propose une belle sélection de restaurants et une vie nocturne décontractée mais sympathique. De plus, les occasions de plonger y sont légion.

À l'ouest de Chalok Ban Ko se trouve **Ao June Juea**, une plage isolée idéale pour le snorkeling et profiter du coucher de soleil. En prenant la direction opposée, vous atteindrez **Hat Taa Toh**, un croissant de sable sur le rivage est de la baie. De là, vous pourrez rejoindre à pied **Freedom Beach**, l'une des plus belles plages de l'île avec son sable blanc bordé de palmiers et de filaos, et ses fonds sous-marins à découvrir en snorkeling. L'accès à ces 2 plages est payant (entre 50 et 100 B) car ce sont des propriétés privées.

LES MEILLEURS BARS ET CLUBS DE KO TAO

Baby Rasta
Avec 4 étages et des hamacs partout, on dirait une cabane dans les arbres. Piscine et concerts.

Chopper's Sports Bar
Un peu cher mais tient ses promesses. De célèbres tournées des bars y sont organisées.

Fizz Beach Lounge
Affalez-vous dans un pouf, sirotez un cocktail et regardez le soleil descendre sur la mer.

Lotus Beach Bar
L'un des lieux les plus prisés de Hat Sai Ri, avec spectacles de feu, musique forte et boissons correctes.

Maya Beach Club
Meilleur club de plage, avec essentiellement de la *deep house* et de la *tech house*. Ouvre tôt.

Carabao Beach Resort
Bon plan pour les budgets moyens au centre de Chalok Ban Ko avec de grandes chambres et une piscine. **$$**

Chintakiri Resort
Chambres bien aménagées avec de beaux points de vue ; beaucoup d'escaliers. **$$**

Jamahkiri Resort & Spa
Un beau domaine luxueux qui surplombe la mer. Spa haut de gamme et excellent centre de plongée. **$$$**

OÙ SE LOGER SUR LA COTE EST

Moondance Magic View Bungalow
Vue incroyable sur Ko Pha Ngan depuis les 18 bungalows bien aménagés de cet adresse isolée. **$$**

Mountain Reef Beach Resort
Bon hôtel familial à la pointe sud d'Ao Tanot, situé en bas d'une piste très abrupte et venteuse. **$$**

Montalay Beach Resort
Hôtel décontracté avec un service efficace et un restaurant correct, à quelques pas d'Ao Tanot. **$$**

Ecotao Lodge
Lieu ultra-relax avec des bungalows chics et une belle vue sur la mer depuis la piscine surplombant une falaise. **$$**

Chalok Ban Ko

Depuis Freedom Beach, un sentier mène au **point de vue John Suwan** (50 B), un superbe panorama sur Chalok Ban Ko qui s'étend jusqu'à Ko Pha Ngan quand le ciel est dégagé. Pour y accéder, une randonnée courte mais intense implique de crapahuter sur des rochers (une ligne de vie vous y aidera).

De l'autre côté du cap, on peut espérer apercevoir des tortues de mer sur **Shark Bay** (100 B).

La côte est et les terres

BAIES SECRÈTES ET VACANCES EN FAMILLE

En partant à l'est de Hat Sai Ri, vous pénétrerez dans les terres montagneuses et la jungle de Ko Tao. À partir de là, les routes montent à pic avant de plonger vers des plages pittoresques dissimulées le long de la côte est.

C'est de loin la partie la plus sauvage de Ko Tao, mais malgré l'impression d'être à des kilomètres de toute civilisation, le trajet en voiture qui mène de la côte ouest à la côte est ne prend qu'une dizaine de minutes. Cela signifie qu'en séjournant ici on peut profiter de plages isolées et peu fréquentées, tout en ayant facilement accès aux restaurants et à la vie nocturne de Hat Sai Ri.

OÙ SE RESTAURER SUR LA CÔTE SUD

Mellow Submarine
Petits déj et brunchs réconfortants. Les *smoothie bowls* sont à tester. À quelques minutes de Chalok Ban Ko. **$**

French Market
Célèbre restaurant traditionnel français, juste au sud de Mae Haad, avec des mets et vins importés. **$$**

Cape Restaurant & Cafe
Restaurant international chic et romantique avec vue sur Chalok Ban Ko. Pensez à réserver. **$$$**

La côte est attire surtout les familles avec ses baies abritées par des rochers et ses récifs coralliens multicolores proches du littoral. Ses petites plages aux eaux peu profondes permettent aux enfants de se baigner en sécurité et chacune d'elles recense une poignée d'hôtels milieu de gamme. On peut se loger à très petit budget de ce côté de l'île.

La belle plage d'**Ao Tanot** est bordée d'eaux cristallines idéales pour le snorkeling, tandis que l'énorme rocher dressé dans la baie constitue un plongeoir de choix. Sa plage de sable blanc est splendide et ses eaux assez profondes pour nager.

Les randonneurs trouveront de nombreux **sentiers** à travers l'île entre Ao Tanot et Hat Sai Ri et entre Laem Thian et la côte ouest. Tous impliquent des dénivelés éprouvants, mais sur de courtes distances : pas plus de 4 ou 5 km séparent les côtes est et ouest. N'oubliez pas d'emporter de l'eau et de porter des vêtements adaptés.

Tortue verte (*chelonia mydas*)

COMMENT S'Y RENDRE ET CIRCULER

Nok Air assure la liaison aérienne entre l'aéroport Don Mueng à Bangkok et Chumphon (2 fois/jour ; à partir de 650 B). De là, il est facile de prendre un bateau vers Ko Tao. Le transport est rarement perturbé par la météo, mais les départs sont parfois annulés durant la mousson (septembre-octobre) lorsque la houle est trop forte. Il existe aussi des billets bus-bateau depuis Bangkok (environ 110 B).

Tous les ferrys arrivent à l'embarcadère du village de Mae Hat. Les *songthaew* bleus (minibus de ramassage) vont de Mae Haad à Hat Sai Ri (200 B/pers) et Chalok Ban Ko (150 B/pers). Le prix peut doubler voire plus si vous souhaitez rejoindre la côte est (surtout de nuit). Vous pouvez louer des motos et des scooters partout à partir de 250 B/jour.

Nous vous recommandons de demander que l'on vienne vous chercher à votre hébergement si vous avez réservé. De nombreuses écoles de plongée organisent un service gratuit de transfert entre l'embarcadère et votre hôtel. Des bateaux-taxis partent de Mae Hat, de Chalok Ban Kao et du nord de Sairee Beach (près du bar Vibe). Comptez 100 B minimum pour aller à Ko Nang Yuan. Vous pouvez louer un *long-tail boat* pour environ 1 500 B par jour ; le prix varie selon le nombre de passagers.

Ao Khanom

La ravissante et paisible Ao Khanom est située entre Surat Thani et Nakhon Si Thammarat, le long des eaux bleu azur du golfe de Thaïlande. Dédaignée par les touristes étrangers qui affluent sur les îles non loin, cette région virginale est un bon choix pour qui cherche des plages tranquilles, épargnées par le développement. Les Jet-Skis ont été interdits pour protéger une espèce rare de dauphins roses qui évoluent dans la zone, ce qui garantit un calme bienvenu.

Le quartier côtier est très étendu et comprend en réalité deux plages : la longue Hat Nadan, et la plus petite et plus isolée Hat Nai Plao. Après Hat Nai Plao, au bout de la route, se trouve la plage reculée de Hat Thong Yi. Celle-ci vaut amplement le détour pour son atmosphère solitaire, et marque le début d'un remarquable itinéraire sur la route côtière rejoignant Sichon. La zone entourant la ville de Khanom compte aussi de superbes sites géologiques, dont plusieurs cascades et grottes.

Pour les infos pratiques, voir le Carnet d'adresses p. 279

À SAVOIR

Ao Khanom est très étendue et ne possède pas de transports en commun. Les visiteurs devront donc avoir un véhicule s'ils ne veulent pas être assignés à résidence. La plupart des hôtels louent des motos et on peut aussi en louer à Khanom à partir de 200 B/jour.

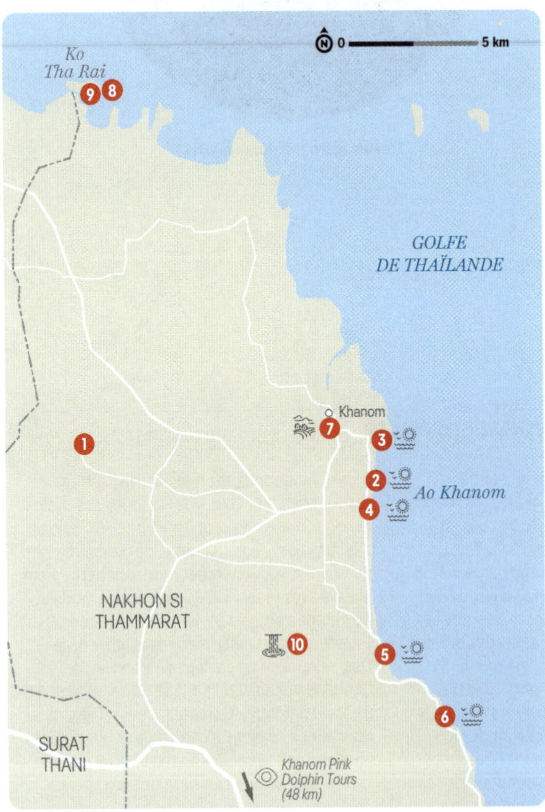

VOIR

1 Grotte de Khao Wang Thong
2 Hat Khanom
3 Hat Kho Khao
4 Hat Nadan
5 Hat Nai Plao
6 Hat Thong Yi
7 Khanom
8 Ko Noi
9 Pancake Rock
10 Samut Chun

KITAWAN/SHUTTERSTOCK ©

Dauphin rose

Dauphins roses et rares

OBSERVER LES DAUPHINS

L'attraction phare d'Ao Khanom est la colonie de dauphins roses qui batifole au large de ses côtes. C'est le seul endroit de Thaïlande où l'on peut voir ces dauphins albinos, espèce rare et en danger. On estime que cette zone abrite entre 50 et 60 de ces incroyables mammifères aux reflets roses. Certains habitants vous diront que leur couleur est due à toutes les crevettes qu'ils mangent, mais la vérité plus prosaïque est qu'ils naissent gris et deviennent rose avec l'âge. Leur couleur finale peut être influencée par leur comportement, leur régime alimentaire et leur exposition à la lumière du soleil. Certains peuvent être gris avec quelques taches roses ou presque couleur flamant rose.

Les dauphins occupent une vaste zone puisqu'ils ont été vus près de Ko Tao et de Ko Pha Ngan ces dernières années. Cependant, il est plus probable d'en apercevoir au large des côtes nord et nord-est d'Ao Khanom. La meilleure période pour les observer va de novembre à mars, quand la mer est calme. De nombreux hôtels des environs proposent des excursions d'une demi-journée ou d'une journée entière pour observer les dauphins (900/1 200 B). Vous pouvez aussi louer votre propre

OÙ SE LOGER À AO KHANOM

Margarita Beach
Les 8 bungalows en bambou avec balcons sont disséminés dans un jardin sur la plage de Hat Khanom. $$

Hallo Villa
De grands bungalows et une piscine sont répartis dans un environnement verdoyant. Hat Khanom est accessible à pied. $$

Khanom Hill Resort
Bon plan dans une portion agréable de Hat Nai Plao. Inclus aussi 2 piscines et un restaurant prisé. $$

Le Petit Saint Tropez
Chambres élégantes et bien entretenues dispatchées autour d'une piscine, juste derrière Hat Nadan. Excellent restaurant. $$$

Khanom Beach Resort & Spa
Cet établissement huppé d'Ao Khanom a sa propre plage privée au milieu de Hat Nadan. $$$

OÙ SE RESTAURER À AO KHANOM

Ao Khanom Seafood
Restaurant dans une grange en bois avec vue sur Hat Nai Plao. Toutes sortes de plats à base de produits de la mer. $$

CC Beach Bar & Bungalows
Un bar-restaurant très animé à Ao Khanom qui sert des classiques thaïlandais et occidentaux. $$

Dusty Gecko
Restaurant aux influences méditerranéenne et scandinave à Khanom. Meilleurs steaks de la région. $$

À MOTO

Dans une large partie des îles et zones rurales du sud du golfe, la location de moto ou de scooter est presque inévitable face au manque de transports publics. Si vous louez l'un de ces véhicules, portez toujours un casque (pour ne pas risquer une amende et… votre vie), roulez doucement et restez sur les routes principales, surtout si vous êtes inexpérimenté.

Notez également que même si on ne vous le demande pas à la location d'une moto, vous êtes légalement tenu d'être en possession d'un permis de conduire international. Il vous sera demandé en cas de contrôle ou d'accident.

Pancake Rock

long-tail boat (1 500 B) pour un circuit privé ou réserver un circuit guidé auprès de **Khanom Pink Dolphin Tours**.

La plupart des circuits font une halte à **Pancake Rock**, une baie de l'île de Ko Tha Rai au large de la côte nord d'Ao Khanom, dont la roche stratifiée est recouverte de végétation. Ils s'arrêtent aussi à **Ko Noi**, minuscule île vierge couverte de jungle qui abrite un étang d'eau douce. Les organisateurs proposent également des sessions de pêche et de snorkeling.

Farniente sur les plages du golfe

PLAGES DÉSERTES, CASCADES ET GROTTES

Une série de plages paradisiaques s'étend au sud sur une quinzaine de kilomètres. Les visiteurs thaïlandais affluent à Ao Khanom durant les week-ends et les vacances. En semaine, vous ne devriez plus voir grand monde sur ces immenses plages de sable blanc soulignées par le camaïeu de verts de la jungle voisine.

Se promener sur ces plages est un régal et la plupart se prêtent à la baignade, bien qu'il n'y ait pas de surveillance. Le lever du soleil est un moment d'exception, lorsque l'astre apparaît au-dessus des eaux turquoise étincelantes du golfe et qu'on n'entend que le chant des oiseaux dans les arbres.

OÙ PRENDRE UN CAFÉ À AO KHANOM

Khanom Espresso
Café lumineux et animé à deux rues de Hat Nadan.

Frankie's Café
Idéal pour une pause café ou un petit déjeuner. Une belle terrasse ombragée au 2e étage.

Love at First Bite
Charmant café à Hat Nadan aux délicieux sandwichs et bagels confectionnés avec des légumes cultivés sur place.

Les plages d'Ao Khanom paraissent plus sauvages que celles des îles du golfe. Les hôtels étant très rares, la jungle arrive jusque sur le sable et certaines plages peuvent sembler un peu négligées (il n'y a pas d'armées d'employés d'hôtels pour déblayer les feuilles de palmiers, les algues et les noix de coco vides pendant que vous prenez votre petit déjeuner). Les marées et courants changeants y déposent parfois des déchets des îles du littoral.

Une route longe les plages, épousant leurs courbes et leurs dénivelés, ce qui facilite les haltes côtières. De l'autre côté de la route, on aperçoit des villages endormis au soleil et des plantations de caoutchouc et de cocotiers. N'oubliez pas de profiter des nombreux belvédères situés le long de la route qui offrent de splendides panoramas sur les plages et la mer.

Au nord, la plage de **Hat Kho Khao** est une longue et sublime bande de sable blanc incurvée, léchée par des vagues tranquilles. C'est l'une des meilleures plages pour se baigner. Juste après, se déroule **Hat Khanom**, encore plus silencieuse que le reste d'Ao Khanom.

Un peu plus loin, la plage de **Hat Nadan**, qui scintille sous le soleil, compte parmi les plus longues de Thaïlande avec ses 9 km. C'est aussi ici et sur sa voisine **Hat Nai Plao** que sont implantés la plupart des hôtels. Beaucoup le sont depuis longtemps et certaines chambres rarement occupées peuvent sembler un peu humides. Tous disposent d'un restaurant et la plupart d'une piscine.

Située au sud de Hat Nai Plao et proche d'un cap, **Hat Thong Yi** est une plage secrète et préservée. Loin des hôtels, c'est peut-être la plage la moins visitée de la région.

Bien qu'il y ait quelques boutiques à Hat Nadan et Hat Nai Plao, la "capitale" locale est **Khanom**, qui n'est en réalité qu'un grand village à quelques kilomètres au nord-ouest de Hat Khanom. On y trouve une supérette et quelques restaurants, ainsi qu'un **marché nocturne** (samedi) qui offre un large choix de cuisine de rue. Comme partout ailleurs à Ao Khanom, toute vie cesse à 22h.

Grotte de Khao Wang Thong

CASCADES ET GROTTES

Samut Chun, à quelques kilomètres de Hat Nai Plao, est la cascade la plus impressionnante de la région. Une grande piscine bleue turquoise recueille les eaux d'une série de chutes qui retombent en cascade sur le flanc d'une colline, créant de plus petites piscines propices à la baignade, bien que l'eau y soit très froide.

À environ 15 km à l'ouest de la ville de Khanom se trouve la grotte de **Khao Wang Thong**, un réseau de 17 cavités et passages étroits atteignant une profondeur de 150 m. Elle présente des formations calcaires naturelles qui ont été comparées à des dinosaures, des pagodes et des fleurs de lotus. Prenez garde aux chauves-souris et portez des chaussures fermées offrant une bonne adhérence. La pittoresque **Hin Lat**, au sud-ouest de Hat Nai Plao, est la plus petite cascade de la région et la plus accessible. On y trouve des bassins de baignade et plusieurs huttes fournissant de l'ombre.

COMMENT S'Y RENDRE ET CIRCULER

Ao Khanom est accessible depuis Surat Thani et Nakhon Si Thammarat. Après un voyage en minibus jusqu'à Khanom, une personne de votre hôtel viendra vous chercher ou vous pourrez louer une moto (à partir de 200 B/jour). Les minibus qui vont dans la direction opposée partent toutes les heures depuis un arrêt situé en face de l'école de Khanom.

Environs de Ao Khanom

Outre Ao Khanom, la région est réputée pour le parc national de Khao Luang et le remarquable *wat* de Nakhon Si Thammarat.

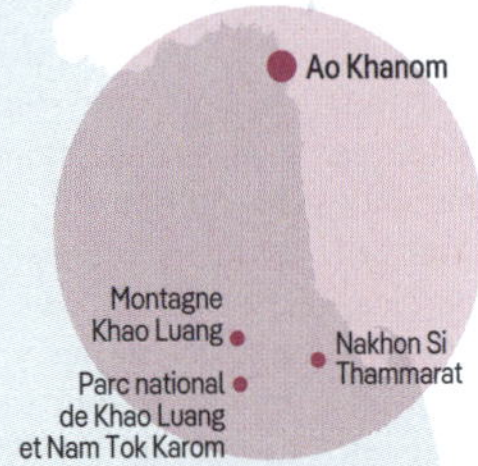

Ao Khanom ne représente qu'une petite partie de la province peu touristique de Nakhon Si Thammarat. Sa capitale éponyme a une longue histoire commerciale et abrite le temple bouddhiste le plus important du sud de la Thaïlande. Nakhon est également une ville typique de province, avec des marchés nocturnes où vous pourriez être le seul étranger. En arrivant du nord, vous constaterez en vous promenant à Nakhon que les mosquées sont plus visibles ici, car la communauté musulmane de Thaïlande s'y affiche plus ouvertement.

À environ 30 km à l'ouest de Nakhon se trouve le parc national Khao Luang, qui doit son nom à la plus haute montagne du sud du pays. Il fournit un habitat à une faune et une flore abondantes et uniques au monde. C'est un lieu idéal pour partir en randonnée sur des sentiers serpentant entre cascades et ruisseaux.

Pour les infos pratiques, voir le Carnet d'adresses p. 280

À SAVOIR

Les sites touristiques de Nakhon Si Thammarat sont principalement regroupés dans le centre. Des songthaew relient Nakhon au parc national voisin.

Wat Phra Mahathat Woramahawihaan (p. 262)

JENNYDOTCOM/SHUTTERSTOCK ©

Marché flottant de Khlong Hae (p. 266)

Promenade à Nakhon Si Thammarat

VISITEZ L'UNE DES PLUS ANCIENNES VILLES DU PAYS

À 85 km au sud d'Ao Khanom, **Nakhon Si Thammarat** (souvent abrégée en "Nakhon"), est l'une des plus anciennes villes de Thaïlande. Elle était autrefois le centre d'un puissant royaume qui contrôlait une grande partie de ce qui est aujourd'hui le sud du pays. Les **statues dorées** des 12 animaux du zodiaque thaïlandais qui couvrent le sommet des lampadaires le long de la rue principale Th Ratchadamnoen représentent chacune des 12 cités-États tributaires du royaume de Nakhon.

Cette histoire perdure à travers les temples et musées qui ponctuent la ville, ainsi que dans son excellent **marché nocturne**, où le passé de Nakhon en tant que pôle commercial cosmopolite se révèle dans des plats comme le *kôw mòk gài* (poulet biryani) et le *má·đà·bà* (roti indien à la viande ou aux légumes). Un autre marché nocturne se tient près de la gare ferroviaire, sur Th Neramit.

Pour une initiation à la culture et à l'histoire de Nakhon, cap sur le **Musée national**, très enrichissant, qui constitue une

OÙ SE RESTAURER À NAKHON SI THAMMARAT

Café Del Heaven
Café conceptuel à la déco travaillée (lustres incroyables) où déguster cafés et pâtisseries. $$

Kuang Hua
Restaurant sino-thaïlandais à l'ancienne, réputé pour son poisson vapeur ou son porc croustillant. Ouvert le soir. $$

Rock 99 Bar & Grill
Une institution à Nakhon. Plats thaïlandais ou occidentaux et produits de la mer servis dans une cour agréable. $$

THÉÂTRE D'OMBRES

Il existe deux types de spectacles de théâtre d'ombres : *năng đà-lung* et *năng yài*. Dans le premier, les marionnettes mesurent un peu moins de 1 m de haut, avec appendices et parties amovibles (dont les parties génitales). Dans le second, elles sont presque de taille humaine et n'ont pas de parties amovibles. Les unes et les autres sont taillées dans de la peau de vache. La maison des marionnettes de Suchart Subsin comporte un petit musée où le personnel propose des démonstrations de découpe et des spectacles.

Ne manquez pas les silhouettes pour ombres chinoises du XVIIIe siècle à l'étage supérieur, ainsi que celles datant de la Seconde Guerre mondiale, plus petites que leurs équivalents traditionnels, qui comprennent notamment un biplan.

Marionnettes de théâtre d'ombres

mine d'informations sur la ville et sa région. Les étonnants objets présentés sont assortis d'explications détaillées en anglais ; ils sont exposés chronologiquement – de l'âge de pierre à nos jours – et culturellement – des rituels régionaux liés aux naissances jusqu'aux rites funéraires. Dirigez-vous ensuite vers le nord pour admirer le remarquable **Wat Phra Mahathat Woramahawihaan**. Appelé simplement Mahathat, le plus important *wat* du sud de la Thaïlande est doté d'un imposant chedi (stupa) blanc, haut de 77 m, couronné d'une flèche en or semblant transpercer le ciel. La légende raconte qu'il y a plus de 1 000 ans, la reine Hem Chala et le prince Thanakuman apportèrent des reliques à Nakhon et érigèrent une petite pagode pour les abriter. Le temple s'est agrandi jusqu'à devenir un vaste ensemble. Aujourd'hui, les visiteurs affluent pour acheter les populaires amulettes Jatukham.

Dans la cour, une foule de chedi gris s'élève autour du plus grand. Jetez un œil au pavillon qui révèle un très bel escalier rouge, vert et or. Ne manquez pas non plus les musées, qui présentent des statues de toutes les époques et de toutes les régions de Thaïlande, dont un bouddha allongé du XVIIIe siècle.

Près du temple se trouvent les vestiges des anciens **murs de la ville**. On peut voir plusieurs sections bien entretenues des étonnants remparts en brique rouge de la ville, le long du canal Khlong Na Meuang, près du parc et de la place Sanam Na Meuang, des deux côtés de Th Ratchadamnoen. Également à proximité, à l'intérieur d'un ensemble de maisons traditionnelles en bois, se trouve un intéressant **musée des Ombres chinoises**, qui propose des spectacles de marionnettes (100 B).

Enfin, ne manquez pas la **Masjid Salah Ud Din**, une mosquée au cœur de la ville que visita jadis Rama IX.

Explorer le parc national de Khao Luang

NATURE, CASCADES ET RANDONNÉE

Le **parc national de Khao Luang** tire son nom du plus haut sommet du sud de la Thaïlande autour duquel il s'étend. Une grande partie de ce parc montagneux, situé à 105 km au sud-ouest d'Ao Khanom, est recouverte d'une épaisse forêt de conifères et de bambous à travers laquelle des sentiers de randonnée serpentent le long de cascades comptant parmi les plus belles du sud du pays.

Le parc abrite une faune et une flore luxuriantes pour la plupart endémiques. Il contient plus de 300 espèces d'orchidées et se révèle l'un des meilleurs sites ornithologiques du sud de la Thaïlande.

De nombreux animaux vivent dans le parc : de timides tapirs malais, des saros de Sumatra, des macaques à queue de cochon et différentes espèces de langurs, ainsi que des panthères nébuleuses et des panthères. Des tigres ont été aperçus par le passé, même si les animaux les plus rares restent dans les zones les moins accessibles du parc.

La plupart des visiteurs viennent ici pour les cascades. **Nam Tok Karom** est une immense chute à 19 niveaux dont l'eau jaillit de cascade en cascade jusqu'à des piscines propices à la baignade. Elle présente l'avantage d'être proche du centre d'accueil des visiteurs et des commodités du parc, tout comme **Nam Tok Tha Pae**. Il y a aussi des grottes à explorer et une randonnée jusqu'au sommet de la **montagne Khao Luang** qui culmine à 1 780 m. Comptez 2 jours pour cette excursion guidée par des gardes forestiers.

Vous pourrez camper dans des bungalows basiques et vous restaurer sur place. Des *songthaew* au départ de Nakhon Si Thammarat passent près du parc.

OÙ SE LOGER À NAKHON SI THAMMARAT

Norm Space Hostel
Pas de dortoirs dans cette unique auberge de Nakhon, mais des chambres modernes et compactes, ainsi qu'un agréable café. **$**

Thai Hotel
Proche de la gare, cet hôtel ancien a été rénové et propose des chambres très correctes. **$**

Inka Hotel
À deux pas du marché nocturne, ce petit et nouvel hôtel possède des chambres modernes et confortables. **$**

Grand Fortune Hotel
Meilleur hôtel de Nakhon, offrant de grandes chambres au décor soigné donnant sur la ville ; piscine et salle de sport. **$$**

COMMENT S'Y RENDRE ET CIRCULER

La gare de Nakhon Si Thammarat est sur la ligne qui relie Bangkok à la frontière de la Malaisie.

Les minibus vont à Ao Khanom et au-delà.

Pour repérer les arrêts de minibus pour quitter Nakhon, guettez les petits bureaux sur le côté des routes du centre-ville (il se peut qu'il y ait des minibus et des passagers qui attendent). Mieux vaut se renseigner, car chaque destination possède son propre point de départ. Les minibus pour Krabi et Don Sak sont regroupés – assurez-vous de monter à bord du bon véhicule.

Dans la ville elle-même, des *songthaew* bleus arpentent ThRatchadamnoen pour 10 B le trajet.

Hat Yai

Bienvenue dans le carrefour urbain du sud de la Thaïlande, où les centres commerciaux à la mode occidentale côtoient une abondance d'étals servant une cuisine de rue cantonaise. L'odeur du curry flotte entre les stands animés, tandis que des anciens regardent défiler le monde, assis sur leurs chaises usées devant les brocantes. Conjuguant l'ambiance d'une ville affairée et une décontraction toute tropicale, Hat Yai est depuis longtemps prisée des Malaisiens pour des virées débridées le week-end. Dans les endroits touristiques, vous remarquerez que ces derniers sont nombreux, même si on aperçoit de temps à autre quelques expatriés occidentaux.

En explorant Hat Yai, vous découvrirez l'une des meilleures cuisines de la région et le dynamisme d'une grande ville du sud de la Thaïlande, éminemment cosmopolite comparée aux autres agglomérations de la province.

Pour les infos pratiques, voir le Carnet d'adresses p. 280

À SAVOIR

Hat Yai a été largement épargnée par la violence de l'insurrection qui ravage l'extrême Sud de la Thaïlande et il n'y a eu aucun incident ici depuis 2014. Néanmoins, mieux vaut se tenir informé de l'actualité locale.

IGOR PRAHIN/ALAMY STOCK PHOTO ©

Stand de rue, Hat Yai

Se régaler à Hat Yai

VISITE GASTRONOMIQUE

Hat Yai est une destination gastronomique majeure de Thaïlande. Parcourez les marchés nocturnes, les stands de cuisine de rue et les restaurants de la ville lors d'une visite gastronomique. Vous pourrez découvrir les coutumes locales tout en vous régalant à chaque coin de rue.

La ville est surtout célèbre pour son *gài tort* (poulet frit), considéré comme le meilleur de Thaïlande, voire du monde si l'on en croit ses habitants. Il est imprégné d'une délicieuse marinade, recouvert d'une fine panure croustillante et accompagné d'échalotes frites. Hat Yai est également connue pour ses *kà•nŏm jeen* (curry aux nouilles de riz fraîches) que vous pourrez déguster au **Lee Gardens** en centre-ville, au **marché nocturne de Greenway** et à l'**Asean Night Bazaar**. Le petit **marché nocturne de Cenfest**, près de la galerie Central Hatyai, et les stands de nourriture ouverts tous les soirs le long de la rue Thumnoonvithi valent aussi le détour. Ne manquez pas le marché nocturne éphémère **Hat Yai Sidewalk** (facebook.com/hatyaisidewalk).

Dans tous ces lieux, vous pourrez aussi goûter d'excellents plats locaux, comme le roti et les currys à la malaise. La troisième spécificité de la cuisine de Hat Yai est l'influence de sa grande

DÉSAGRÉMENTS ET DANGERS

On dit souvent que Hat Yai échappe à la violence touchant l'extrême Sud. La ville n'a pourtant pas été épargnée par le passé. Une bombe a explosé en 2012 dans le Lee Gardens Plaza Hotel, faisant 4 morts et 400 blessés dans un incendie. En 2014, 3 bombes ont explosé et blessé 8 personnes. Dans les années précédentes, bars, centres commerciaux, grands magasins et hôtels ont été la cible d'attaques, mais la ville n'a connu aucun incident majeur depuis 2014, et la sécurité a visiblement été renforcée autour des pôles de transports comme la gare ferroviaire ou l'aéroport.

Les étrangers considèrent Hat Yai comme une ville sûre, comme en témoigne l'affluence de touristes non thaïlandais. Si vous ne faites qu'y passer, vous n'avez presque rien à craindre. Si vous y séjournez, soyez simplement sur vos gardes et suivez les actualités locales.

OÙ BOIRE UN VERRE À HAT YAI

Lion Bar Hatyai
Un des nombreux bars de la rue Thumnoonvithi, où se concentre la vie nocturne de Hat Yai.

Library Hat Yai
Bar à cocktails ludique avec concerts et DJ, où les barmaids et barmans ont monté un spectacle.

Bumrur
Bar à cocktails décontracté et confortable dans un ancien bâtiment traditionnel en bois. Canapés et bonnes boissons.

OÙ SE LOGER À HAT YAI

Hybrit Hostel & Café
Dortoirs convenables de 4 lits dans une auberge proche de la gare routière. Café au rez-de-chaussée. $

Khok Samet Chun Hostel
Sympathique auberge de jeunesse en centre-ville. Café et motos à louer sur place. $

Tk Thongrak Apartments
Petites chambres confortables et propres proches de la gare routière. Idéal pour les petits budgets. $

Red Planet
Hôtel central aux chambres modernes et épurées. Prix attractifs en réservant très à l'avance. $$

Centara Hotel
Les chambres sont un peu petites pour le prix mais bien équipées et le service est de qualité. $$$

communauté chinoise. Essayez les *kuaytiew rua* ("nouilles de bateau") du **Chen Long**, le poulet hainanais du **Betong Chicken Rice** et les petits déjeuners sino-thaïlandais du **Daothiam**. Mais la meilleure adresse selon nous est le **Chokdee Dim Sum**, qui sert d'excelents *dim sum* dès 6h du matin.

Une journée hors de la ville

PARC VERDOYANT ET MARCHÉ FLOTTANT

Le **parc municipal de Hat Yai** déploie ses jardins paysagers et vallonnés à 7 km au nord-est de Hat Yai. Cette immense oasis verdoyante recèlent plusieurs temples magnifiques, mais aussi le plus haut **bouddha doré** de Thaïlande, un observatoire et un plan d'eau où l'on peut canoter, avec une cascade artificielle. Sillonné par un réseau de pistes cyclables, le parc est aussi parsemé de cafés et d'étals de nourriture. Exploration des temples, tour en **téléphérique** (adulte/enfant 200/100 B ; ⏲ 9h-16h lun-jeu et 9h-17h ven-dim), paysages spectaculaires… C'est une excellente occasion d'échapper, le temps d'une journée au grand air, à l'atmosphère souvent étouffante de Hat Yai.

Partout à Hat Yai, chauffeurs de *tuk-tuk* et tour-opérateurs proposent de visiter le **marché flottant de Khlong Hae**, trépidant et haut en couleur, qui se tient le week-end sur la rivière Mae Nam Toei, à 5 km au nord de la ville. La rive opposée au *wat* est envahie par une rangée de bateaux, mais la meilleure nourriture et les plus beaux souvenirs se cachent souvent dans les étals devant eux. Bien que très fréquenté, ce marché fait une parfaite excursion dans le milieu rural de la province de Songkhla.

Bouddha doré

COMMENT S'Y RENDRE ET CIRCULER

La ligne ferroviaire qui relie Bangkok à la frontière malaise s'arrête à Hat Yai. Quatre trains de nuit quotidiens desservent Bangkok (259-1794 B, 16 heures) depuis la gare ferroviaire de Hat Yai (www.railway.co.th ; Th Rotfai). Des trains s'y rendent via Surat Thani (105 B). Sept trains quotidiens longent la côte est vers Sungai Kolok (92 B). Deux autres descendent la côte ouest jusqu'à Padang Besar (50 B), en Malaisie.

Les minibus et bus de la ville circulent dans le sud de la Thaïlande et relient aussi Bangkok, Krabi et Phuket. La plupart des bus interrégionaux et des minibus vers le sud partent du terminal de Hat Yai (73 Th Chotevittayakul) qui se situe à 2 km au sud-est du centre-ville. Le départ des minibus pour le nord s'effectue du terminal (Rte 4), à 5 km à l'ouest de la ville. Vous pouvez le rejoindre en *tuk-tuk* pour 80 B depuis le centre-ville.

Plusieurs *songthaew* (minibus de ramassage) circulent dans Hat Yai et les motos-taxis sont adaptées aux petits trajets.

Autour de Hat Yai

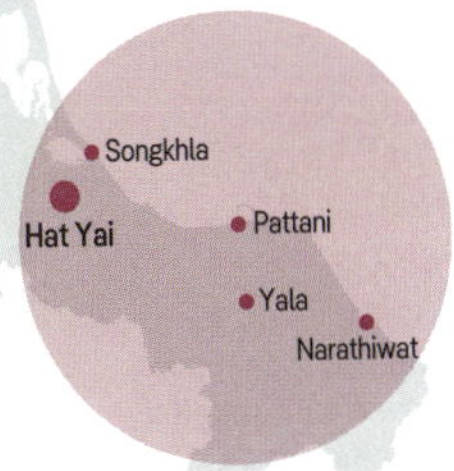

Aventurez-vous au nord de Hat Yai pour découvrir une ville au riche passé et des plages peu fréquentées ou parcourez la région la moins visitée de Thaïlande en allant au sud, vers la Malaisie.

Les visiteurs croient souvent que Hat Yai est la capitale de la région de Songkhla, mais cet honneur appartient à la ville de Songkhla, beaucoup plus petite et modeste. Les rues de sa vieille ville chargée d'histoire sont bordées de monuments bien préservés. Son ambiance contraste beaucoup avec l'agitation de Hat Yai qui se situe pourtant à seulement 30 km.

Si vous allez au sud de Hat Yai, vous pénétrerez dans l'extrême Sud, où une insurrection de longue date oppose les musulmans de souche malaise à l'État thaïlandais. Sans surprise, c'est la région la moins visitée de Thaïlande même si les touristes étrangers n'ont jamais été visés. Renseignez-vous tout de même auprès de votre ambassade avant de vous y rendre. Si vous rejoignez la Malaisie en train, vous traverserez la région.

Pour les infos pratiques, voir le Carnet d'adresses p. 281

À SAVOIR

Les trains en provenance de Bangkok passent par Hat Yai pour rejoindre Sungai Kolok, d'où vous pourrez traverser la frontière avec la Malaisie.

Songkhla

NIDS D'HIRONDELLE ET AILERONS DE REQUIN

De nombreux restaurants chinois proposent des soupes de **"nid d'hirondelle"** ou d'**ailerons de requin**, des mets considérés comme très nutritifs dans la culture chinoise. Si elles n'ont pas vraiment de goût (d'autres ingrédients sont ajoutés pour donner un peu de saveur), elles suscitent de sérieuses inquiétudes en matière de bien-être animal.

Le nid d'hirondelle contient de la salive séchée de salangane, une espèce de martinet en voie de disparition et principalement élevé, en Thaïlande, de façon industrielle dans des bâtiments vides.

Pour la soupe d'ailerons de requin, la méthode est extrêmement cruelle : les requins sont capturés et relachés après qu'on leur ai tranché les ailerons. Nous ne recommandons pas la consommation de ces plats.

ANONNICK/SHUTTERSTOCK ©

Satue de sirène à Hat Samila

Découvrir Songkhla et Singha Nakhon

VIEILLE VILLE, PATRIMOINE HISTORIQUE ET PLAGES

Songkhla, à environ 30 km au nord de Hat Yai, est perchée sur la rive ouest du majestueux lac Songhkla et abrite l'une des réserves architecturales historiques les mieux préservées de Thaïlande. Dès le Xe siècle, Songkhla entretient des relations commerciales avec la Chine. Au XVIIe siècle, la ville et ses environs deviennent le sultanat de Singora, fondé par des sultans musulmans, et constituent une plaque tournante du commerce à travers des échanges avec le royaume d'Ayutthaya et les compagnies britanniques et néerlandaises des Indes orientales.

Aujourd'hui, Songkhla, capitale de la province éponyme, est l'une des villes les plus fascinantes du sud de la Thaïlande. Les rues étroites de sa **vieille ville** sont bordées de maisons anciennes de style sino-portugais, de bâtiments en bois traditionnels et de temples bouddhistes chinois. De nombreuses maisons ont été astucieusement transformées en cafés, restaurants, boutiques originales et galeries d'art. Des bâtiments ont été transformés en centres culturels, comme le **Hub Ho Hin**, un vieux moulin à riz près des docks, où vont danser les Thaïlandais et qui abrite une petite exposition historique. Le mélange architectural éclectique de certains bâtiments anciens comme la **Masjid Asassul** témoigne de l'influence euro-indo-thaïlandaise sur la communauté musulmane locale. On passe facilement une journée ou plus à flâner ici.

Le **Musée national** est installé dans un superbe manoir de style chinois bâti en 1878 pour Phraya Sundranurak, vice-gouverneur de Songkhla. Il possède 12 salles où l'histoire de la ville prend vie à travers des photos en noir et blanc, des poteries, des objets retrouvés sur des épaves, des cartes et quelques superbes bronzes du Xe siècle. L'exposition répertorie tous les forts du sultanat de Singora encore debout.

En face du musée se dressent encore les vestiges des remparts de Songkhla, où un **marché nocturne** s'installe les vendredis et samedis. La vieille ville se situe juste au bord du **lac Songkhla**, où quelques cargos sont amarrés, rappelant le passé commercial de la ville. Le **Songkhla Station**, un café-restaurant installé dans une maison chinoise restaurée, organise des sorties en bateau ou en kayak sur le lac. Il loue également des vélos (50 B/heure).

Au nord de la vieille ville, vous entrerez dans **Singha Nakhon**, l'ancêtre de Songkhla, établie au XVIIe siècle par le sultanat musulman de Singora (Songhkla, en malais), désormais largement tombé dans l'oubli. Les passionnés pourront passer des jours à explorer les tombeaux, forts et vestiges du site.

L'un des plus remarquables est le **tombeau de Sulaiman Shah**, le plus célèbre sultan de Singora, à l'ombre de deux arbres entrelacés dans un cimetière paisible à environ 5 km au nord de la vieille ville de Songkhla. Sur la rive est du lac Songkhla se dresse le **fort de Singora n°8**, le plus accessible parmi une dizaine de forts de la région. Stratégiquement situés à l'embouchure du lac, ses vestiges offrent une vue imprenable sur le golfe de Thaïlande.

Vous pourrez ensuite vous détendre sur l'une des nombreuses plages de la région, **Hat Samila**, proche de la vieille ville et célèbre pour sa **statue de sirène** dorée (qui constitue un arrêt-photo obligatoire pour les touristes thaïlandais). La plage de sable blanc est propice à la baignade. Plus au nord, se déroule la longue bande sableuse de **Hat Muang Ngam**, souvent déserte.

Région malaise de Thaïlande

MAJORITE MUSULMANE DE L'EXTRÊME SUD

Les provinces de Pattani, Yala et Narathiwat, les plus méridionales de Thaïlande, ont une identité à part. Au fil des siècles, elles ont été profondément marquées par la culture, la langue et la religion des musulmans malaisiens, notamment au XVIe siècle par le sultanat de Pattani, dont le domaine s'étendait sur cette partie du sud de la Thaïlande et certaines terres du nord de la Malaisie. Ethniquement plus proches des Malaisiens que des Thaïlandais, les habitants y parlent un dialecte malais et ont un profond sentiment d'identité régionale.

De nombreux Malais de Thaïlande considèrent que l'histoire de la région justifie l'indépendance de l'extrême Sud. Certains se battent pour l'obtenir depuis le début de l'insurrection en 1948, mais cette idée est inacceptable pour le gouvernement thaïlandais, hautement centralisé et profondément bouddhiste.

OÙ SE LOGER À SONGKHLA

Sook Son Boon 2
Hôtel à l'ancienne avec des chambres économiques convenables, proche du marché nocturne du week-end. $

Yu Café Hostel
Bonne auberge de jeunesse avec d'agréables parties communes et de grands dortoirs dans un bâtiment d'époque reconverti. $

Roo Classic Hometel
Objets anciens et modernes (dont beaucoup de vélos) éparpillés partout. On se sent comme à la maison. $$

Ban Nai Nakhon Boutique Hotel
Charmant hôtel de 6 chambres individuelles décorées, au cœur de la vieille ville. $$

Songkhla Tae Raek Antique Hotel
Chambres élégantes rénovées dans un style chinois traditionnel à la limite nord de la vieille ville. $$

OÙ SE RESTAURER DANS LA VIEILLE VILLE DE SONGKHLA

Dark s'mooD
Excellents thés matchas et gâteaux, cafés et glaces italiennes. $

SabaiD Songkhla
Sympathique restaurant aux plats traditionnels thaïlandais et occidentaux. Bière artisanale et cocktails. $

Tae Hiang Aew
Restaurant ancestral sino-thaïlandais qui régale de nombreux habitués avec ses plats traditionnels. $$

ALLER EN MALAISIE DEPUIS SUNGAI KOLOK

Le poste-frontière de Sungai Kolok/Rantau Panjang est le moyen le plus pratique pour aller en Malaisie par voie terrestre. Côté Thaïlande, il est ouvert de 6h à 21h et se trouve à proximité de la gare de Sungai Kolok. Après avoir accompli les formalités, traversez le Harmony Bridge jusqu'au poste malaisien.

Arriver en Malaisie est généralement simple. Depuis Rantau Panjang, les bus effectuent le trajet d'une heure (5 Rm) jusqu'à Kota Bharu, la capitale de l'État de Kelantan, d'où partent des liaisons de bus à travers la Malaisie. Un taxi pour Kota Bharu coûtera environ 70 Rm.

On peut également traverser la frontière à Tak Bai, toujours dans la province de Narathiwat, et à Betong, plus au sud, dans la province de Yala.

CHATNARONG RAKCHART/SHUTTERSTOCK ©

La mosquée Matsayit Klang à Pattani

Très peu d'étrangers s'aventurent dans l'extrême Sud en dehors de quelques voyageurs de passage entre la Thaïlande et la Malaisie. Même si les étrangers n'ont jamais été la cible des séparatistes et que le niveau de violence est actuellement bien inférieur à celui de l'apogée de l'insurrection dans les années 2000, il est toujours possible de se trouver au mauvais endroit au mauvais moment : il arrive que des bombes explosent dans des espaces publics. Aussi, les ambassades déconseillent aux touristes de s'y rendre.

En conséquence, la région reçoit peu de visiteurs et manque d'infrastructures, malgré son remarquable potentiel touristique et ses superbes plages. Le littoral des provinces de Pattani et Narathiwat est bordé de larges étendues de sable blanc qui ressemblent beaucoup à celles d'Ao Khanom (p. 256). La plupart des habitants, musulmans comme bouddhistes, sont accueillants mais peu parlent anglais.

Pattani, à 100 km au sud-est de Hat Yai, est la plus grande ville de la région. Jadis le centre d'une vaste principauté musulmane qui englobait les provinces voisines de Yala, de Narathiwat et certaines parties du nord de la Malaisie, Pattani ne s'est jamais vraiment soumise au pouvoir thaïlandais. Si la situation politique actuelle freine le développement de la région, la ville de Pattani a commercé pendant 500 ans avec les plus grandes puissances

OÙ SE RESTAURER DANS L'EXTRÊME SUD

Haji Hussin King
Plats simples malais et thaïlandais à Sungai Kolok. Menu avec images (personnel non bilingue). $

Nasir Buffet
Un incontournable resto halal de Narathiwat. Grande carte de plats malais et thaïlandais et de produits de la mer. $

London Restaurant
Restaurant sino-thaïlandais de Pattani. Bonne cuisine et choix végétariens. $$

impériales. Les Portugais y ont créé un comptoir marchand en 1516, les Japonais sont arrivés en 1605, les Hollandais en 1609 et les Britanniques ont tenté d'imposer leur pouvoir colonial en 1612.

Malgré son intéressant passé, Pattani n'a pas grand-chose à offrir si ce n'est un accès aux plages des environs. À cause de l'insurrection qui y sévit, la plupart ne sont pas sûres pour les voyageurs isolés.

La **Matsayit Klang** (Th Yarang), ou "vieille mosquée centrale", est l'une des plus vastes mosquées du pays (et la plus importante du Sud). Construite dans les années 1960, cet édifice traditionnel à la façade rose saumon est orné d'imposants minarets. À proximité se tient le **marché nocturne de Pattani**, un immense méli-mélo de stands de nourriture et de vêtements.

Au sud de Pattani, à 120 km au sud-est de Hat Yai, la province enclavée de Yala se fraye un chemin jusqu'à la frontière malaisienne. C'est la zone la plus méridionale de Thaïlande. La capitale du même nom, **Yala**, est une ville universitaire très différente des autres villes du pays avec ses larges rues et son immense parc central circulaire.

La province de Narathiwat longe la côte en direction de la Malaisie. La capitale **Narathiwat**, à 195 km au sud-est de Hat Yai, possède encore quelques boutiques sino-portugaises typiques le long de la rivière Bang Nara, qui se jette ici dans le golfe de Thaïlande. Plus au sud, à la frontière avec la Malaisie, se trouve **Sungai Kolok**, une ville sordide connue pour la contrebande et les travailleuses du sexe, située à 265 km au sud-est de Hat Yai. Ce n'est pas l'endroit le plus attirant pour aborder ou quitter le "pays du sourire", mais c'est le principal poste-frontière entre la Thaïlande et la Malaisie.

Stand de nourriture, Narathiwat

OÙ SE LOGER DANS L'EXTRÊME SUD

Sekret Hotel
Lits confortables et grandes chambres à 1,5 km au sud de la gare de Sungai Kolok. $

Green View Boutique
Meilleur choix à Sungai Kolok pour les budgets moyens. Chambres propres et modernes avec balcon. $$

Imperial Narathiwat Hotel
Établissement ancien où séjournent presque tous les étrangers. Vieillot mais doté d'une piscine. $$

CS Pattani
Hôtel sécurisé utilisé par les représentants du gouvernement en visite. Bon restaurant, mais les chambres sont banales. $$

COMMENT S'Y RENDRE ET CIRCULER

Le seul aéroport de la région est celui de Narathiwat.

La ligne ferroviaire qui part de Bangkok s'arrête à Pattani et à Yala avant de rejoindre Sungai Kolok (les trains sont souvent en retard dans l'extrême Sud).

Des bus et minibus desservent les villes de l'extrême Sud. Des bus relient Songkla à Bangkok (865 B) via Nakhon Si Thammarat et Surat Thani. Bus (21 B) et minibus (30-40 B) roulent également entre Songkla à Hat Yai.

De la gare routière de Pattani, située à la lisière ouest de la ville, des bus fréquents desservent Hat Yai (120 B, 1 heure 30), Narathiwat ((120 B, 1 heure 30) et Sungai Kolok (160 B, 2 heures 30). Deux bus quotidiens partent également depuis/vers le terminal de Bangkok (765-1 250 B, 14 heures).

Des bus circulent plusieurs fois par jour entre Yala et Hat Yai (160 B ; 2 heures 30).

Carnet d'adresses

KO SAMUI

La Rhumerie
Voir p. 225 (facebook.com/larhumeriedesamui ; 44 Namuang 5, Tambon Na Mueang ; 100 B, dégustation incluse ; 9h-21h mar-dim)

Musée de la Noix de coco
Voir p. 228 (www.samuirenong.com ; 56/5 Moo 2, Angthong ; 2 500 B ; 7h30-16h30 lun-sam)

Samahita Retreat
Voir p. 227 (samahitaretreat.com ; 55/20-24 Moo 4, T. Namuang)

Tamarind Springs Forest Spa
Voir p. 227 (www.tamarindsprings.com ; 265/1 Thong Takian, Moo 4, Tambon Maret ; forfaits spa à partir de 1 500 B/pers ; tlj 9h-18h)

Tree Bridge Coffee
Voir p. 230 (www.treebridgezipline.com ; 2/79 Moo 1, Mae Nam ; 1 800 B/pers ; tlj 9h30-17h)

Wat Plai Laem
Voir p. 231 (Road 4171 ; gratuit ; tlj 9h-17h)

Chantara Pirate Junk Boat Koh Samui
Voir p. 236 (087 064 3126 ; facebook.com/ChantaraKohSamuikohphangan ; 49/14 Moo 4, Bophut ; excursion journée adulte/enfant à partir de 3 100/2 100 B ; tlj 8h-20h)

Elite Gym & Fitness
Voir p. 235 (077 423 646 ; www.elitegymsamui.com ; 202 Moo 2, Chaweng, Bophut ; forfait 1 jour 13 634 B ; tlj 6h30-22h)

Fitkoh
Voir p. 235 (080 884 82 80 ; fitkoh.com ; 32/8 Moo 5, Maenam ; 8h-21h lun-sam)

Independence Yacht Charter
Voir p. 236 (08 1940 1999 ; sailing-in-samui.com ; 123/117 Moo 1, Bophut)

Island Organics Thai Cooking Class
Voir p. 234 (089 731 6814 ; islandorganicssamui.com ; cours de cuisine 10h30-14h30, 2 300 B/pers ; 24/1 Moo 4, Bangrak ; 10h30-15h lun-ven)

Jungle Kitchen
Voir p. 234 (062 341 8004 ; facebook.com/JungleKitchenSamui ; 151/68 Moo 1, Bophut ; tlj 16h30-20h)

Kiteboarding Asia
Voir p. 228 (083 643 1627 ; kiteboardingasia.com/koh-samui ; Ang Thong ; 442, Baan, Maret ; nov-fév/juin-août)

Lamai Fitness Retreat
Voir p. 235 (096 983 8394 ; www.lamaifitnessretreat.com ; 136/74 Moo 4 Lamai ; forfaits à partir de 19 900 B/pers)

Lamai Boxing Stadium
Voir p. 235 (124/62 Had Lamai Rd, Tambon Maret ; 22h-minuit sam)

Lamai Muay Thai Camp
Voir p. 235 (087 082 6970 ; lamaimuaythai.com ; Lamai Beach ; 7h-19h lun-sam)

Lion Heart Samui
Voir p. 235 (093 683 4920 ; www.lionheartsamui.com ; 32/8 Moo 5, Ban Tai, Maenam ; 8h-20h lun-sam)

Phetchbuncha Boxing Stadium
Voir p. 235 (facebook.com/Phetchbunchasamui ; Chumchon Chaweng Yai Soi 13, Tambon Bo Put)

Red Baron
Voir p. 236 (083 172 8792 ; www.redbaron-samui.com ; 33/61 Moo 4, Bophut)

Red Dragon
Voir p. 236 (081 535 7768 ; facebook.com/SamuiBoatCharter ; 90/29 Moo 2, T. Bophut ; 9h-22h30)

Samui International Muay Thai Stadium
Voir p. 235 (www.samuithaiboxing.com ; 3/4 Moo 2, Laem Din Market, Chaweng ; adulte/enfant à partir de 1 500/750 B ; dès 20h mar-ven)

Samui Island Tours
Voir p. 234 (081 737 1984 ; tourskohsamui.com ; 90/29 Moo 2, T. Bophut ; tlj 8h30-21h30)

Siam Pro Kite
Voir p. 228 (siamprokite.com ; Na Thon ; avr-oct)

Smiley Cook Thai
Voir p. 234 (094 354 5034 ; smileycook-samui.com ; cours privé 4 heures 3 000 B/pers, 9h-13h et 16h-20h ; 105/9 Moo 1, Bophut ; tlj 9h-20h)

100 Degrees East
Voir p. 234 (086 282 2983 ; www.100degreeseast.com ; 23/5 Moo 4, Bang Rak Beach, Bophut ; tlj 9h-18h)

Absolute Sanctuary
Voir p. 227 (077 601 190 ; www.absolutesanctuary.com ; 88 Moo 5, Cheongmon, Tambol Bophut)

Avani + Samui
Voir p. 226 (077 485 299 ; www.avanihotels.com ; 53/5 Moo 4, Phang Ka, Taling Ngam)

Baan Haad Ngam Boutique Resort & Villas
Voir p. 224 (077 332 950 ; baanhaadngam.com ; 154 Moo 2, Chaweng Beach, Bophut)

Baan Samui Resort
Voir p. 224 (077 950 531 ; www.baansamuiresort-online.com ; 14/7 Moo 2, plage de Chaweng)

Belmond Napasai
Voir p. 228 (077 429 200 ; www.belmond.com ; 65/10 Baan Tai, Maenam)

Conrad Ko Samui
Voir p. 226 (077 915 889 ; www.hilton.com ; 49/8-9 Moo 4, Hillcrest Road)

Dreamcatcher Hostel
Voir p. 227 (084 349 2188 ; facebook.com/dreamcatchersamui ; 179/3 Thaweeratpakdee)

Escape Beach Resort
Voir p. 230 (077 425 405 ; 5 Mae Nam, Amphoe, Mae Nam)

Hacienda
Voir p. 230 (077 960 827 ; www.samui-hacienda.com ; 98 Moo 1, Tambol Bophut)

Hansar Samui Resort
Voir p. 230 (077 245 511 ; www.hansarsamui.com ; 101/28 Moo 1, Bophut)

Jungle Club
Voir p. 224 (081 891 82 63 ; www.jungleclubsamui.com ; Soi Panyadee)

Ko Taen Village Bungalows
Voir p. 235 (081 968 4131 ; Taling Ngam)

Library Hotel
Voir p. 224 (077 422 7678 ; thelibrarysamui.com ; 14/1 Moo 2, Chaweng Beach, Bophut)

ALEKSANDAR TODOROVIC/STOCKADOBE.COM ©

Wat Plai Laem (p. 231), Ko Samui

Lub d
Voir p. 224 (02 635 7373 ; lubd.com ; 159/99 Chang Wat)

New Hut
Voir p. 224 (081 476 1343 ; www.newhutbungalow.com ; 168/1 Moo 4, Tumbon Mared)

Pott Guesthouse
Voir p. 223 (084 184 3084 ; 28/9 Moo 3, Bophut)

Rocky's Resort
Voir p. 224 (077 332 888 ; www.rockyresort.com ; 438/1 Moo 1, T. Maret)

Secret Garden Spa
Voir p. 227 (077 243 000 ; www.fourseasons.com ; 219 Moo 5, Four Seasons Resort Ko Samui, Ang Thong)

Shangri-La
Voir p. 228 (077 425 189 ; www.shangrilahbungalow.com ; 1/2 Moo 4, Maenam Beach, Maenam)

Six Senses
Voir p. 227 (026 319 777 ; www.sixsenses.com ; Ban Plai Laem, 9/10 Village No. 5)

Socialtel Samui
Voir p. 223 (077 235 888 ; socialtel.com ; Chaweng 168/62, chemin Chaweng Beach)

The Mud
Voir p. 227 (0819 595 155 ; 4169, Tambon Ang Thong)

The Rock
Voir p. 224 (062 289 1987 ; therocksamui.com ; 438 Beach, 16 Taweerajpakdee Road, Maret)

Timeless Hostel
Voir p. 223 (099 474 7897 ; 111, 2 Chaweng Beach Road, Tambon Bo Put)

Treehouse Silent Beach
Voir p. 230 (062 240 4305 ; www.tree-house.org ; 12/2 Moo 1, Maenam ; tlj 8h-22h)

Win Hotel
Voir p. 227 (077 421 500 ; win-hotel.samuihotel24.com ; 366 Chonvitee Road, Nathon, Laem Yai Beach)

Bang Po Seafood
Voir p. 228 (085 575 9999 ; facebook.com/BangPorSeafoodTaKho ; 56/4 Moo 6, Maenam Subdistrict ; 11h-22h tlj sauf mer 11h-23h)

Beryl Bar
Voir p. 228 (093 642 8399 ; Moo 5, Laem Yai Beach ; facebook.com/people/Beryl-Bar-Kohsamui/100063485049734)

El Barril
Voir p. 228 (084 842 0181 ; 134 Tambon Ang Thong, Nathon, Chang Wat ; 11h-22h mar-dim)

Food Lab
Voir p. 226 (080 879 1630 ; facebook.com/samuilab ; 139/10 Moo 4, Lamai Beach, Maret ; 17h-22h dim, mar-ven)

Gusto Italiano
Voir p. 229 (077 332 514 ; www.gustoitalianosamui.com ; 73/3 Moo 1, Fisherman Village, Bophut ; tlj 13h-23h)

Homemade Burgers
Voir p. 228 (085 788 4162 ; restaurantsnapshot.com/Homemade_Burgers_and_Sandwiches ; 34/3 Moo 5, Maenam ; 9h30-21h tlj sauf jeu)

Kama Sutra
Voir p. 229 (088 751 8674 ; www.karmasutrasamui.com ; 25 Moo 1, Fisherman's village, Bophut ; tlj 11h-23h45)

Kangaroo
Voir p. 226 (099 403 1984 ; 124/185 Moo 3, Maret ; 17h-23h lun-sam)

Krua Savoey
Voir p. 228 (081 367 4585 ; facebook.com/KruaSavoeySamui ; 310/3 Phlansapchan, Thanthichiwithi ; tlj 9h-21h)

La Fabrique
Voir p. 226 (093 601 1770 ; 105/1 Moo 6, Lamai Beach ; facebook.com/lafabriquesamui ; tlj 7h-18h)

Melayu Samui Seafood
Voir p. 225 (081 397 4090 ; facebook.com/MelayuSamuiSeafood ; Tambon Maret ; tlj 10h-20h)

Marché diurne de Lamai
Voir p. 226 (Had Lamai Road, Lamai Beach, Maret ; 18h-22h dim)

Pepenero
Voir p. 228 (091 125 2401 ; pepenerosamui.com ; 4/5 Moo 1, Mae Nam ; 18h-23h tlj sauf mar 19h-23h)

Pure Vegan Heaven
Voir p. 244 (062 527 7547 ; facebook.com/pureveganheavensamui ; 131/1 Moo 3, Lamai Beach Road, Maret ; 10h-19h tlj fermé mer)

Sweet Sisters Café
Voir p. 226 (065 953 8832 ; www.sweetsisterscafe.com ; 4170 Tambon Na Mueang ; tlj 10h-21h)

Ko Samui (p. 222)

LKUNL/STOCKADOBE.COM ©

The Hut
Voir p. 229 (087 278 1536 ; facebook.com/Thehutcafesamui ; Bophut ; tlj 13h-21h30)

The Thai Tapas
Voir p. 229 (096 924 9636 ; facebook.com/thethaitapas ; 29 Moo 1, Fisherman Village, Bophut ; 12h-22h tlj fermé jeu)

2 Fishes
Voir p. 229 (099 281 9973 ; facebook.com/2fishessamui ; 79/5 Moo 1, Fisherman Village ; 18h-22h mar-dim)

About Café
Voir p. 229 (081 584 4887 ; facebook.com/koy.aboutcafe ; 160/1, Moo 1, Mae Nam ; 7h30-17h lun-sam)

Black Rose Café
Voir p. 229 (065 217 9678 ; facebook.com/p/Black-Rose-Bar-100068170081100 ; Maenam Beach ; tlj 13h30-1h30)

Coco Tam's
Voir p. 233 (098 313 2615, 091 915 5664 ; facebook.com/CoCoTams ; 62/1, Moo 1, Bophut ; tlj 13h-22h)

Emerald Irish Pub
Voir p. 233 (077 332 476 ; facebook.com/Emeraldbarkohsamui ; Fisherman's village ; tlj 10h-2h)

Day & Night of Koh Samui
Voir p. 225 (077 332 902 ; www.dayandnight.co.th/koh-samui-2 ; 168/2 Moo 2, Bophut ; tlj 11h-minuit)

Dr Frogs
Voir p. 225 (077 448-505 ; www.drfrogs.com ; 103, Moo 3, Bophut ; tlj 7h-23h)

Moonshine Bar
Voir p. 229 (091 064 9788 ; 82/18 Moo 1, Mae Nam ; tlj 18h-2h)

Roastery Village
Voir p. 233 (098 425 4194 ; facebook.com/roasteryvillagesamui ; 38/2 Moo 1, Bophut ; tlj 8h30-19h)

Ark Bar
Voir p. 225 (077 300 397 ; facebook.com/ArkBarBeachResort ; 4/1, Moo 2, Chaweng Beach, Bophut ; tlj 9h-2h)

Beach Republic
Voir p. 225 (077 458 100 ; www.beachrepublic.com/ocean-club ; 176/34 Moo 4, Tambon Maret ; tlj 8h-21h)

Green Mango
Voir p. 225 (048 767 6819 ; facebook.com/TheGreenMangoClub ; Ko Samui District ; tlj 20h-minuit)

Lava Lounge
Voir p. 225 (080 886 5035 ; facebook.com/p/The-Lava-Lounge-100050990756061 ; 109/21 Moo 3, T. Maret, Lamai Beach, Maret ; tlj 16h-2h)

Paris Follies Cabaret
Voir p. 225 (061 303 1000 ; parisfolliescabaret.com ; 166/92 Moo 2, Chaweng Beach Road ; tlj 20h-23h)

Ash Tailor Samui
Voir p. 226 (084 638 2457 ; www.ashtailorsamui.com ; 105/111 Moo 1, Bophut ; 10h30-20h lun-sam)

Baan Ngurn
Voir p. 226 (Fisherman's Village)

Central Festival
Voir p. 226 (077 962 777 ; 209, 209/1-2, Moo 2, Chaweng, Bophut ; tlj 10h-22h)

Laem Din Market
Voir p. 225 (Hat Chaweng ; 10h-minuit)

Marché alimentaire nocturne (Na Thon)
Voir p. 228 (Tambon Ang Thong ; tlj 12h-22h)

Marché nocturne (Fisherman's Village)
Voir p. 230 (Bophut Road ; 17h-23h lun et ven)

ENVIRONS DE KO SAMUI

Chaiya National Museum
Voir p. 237 (155 Raksanorakit Road, Chaiya ; adulte/enfant 100 B ; 9h-16h mer-dim)

Parc national maritime d'Ang Thong
Voir p. 233 (thainationalparks.com/mu-ko-ang-thong-national-park ; adulte/enfant 200/100 B ; 346/1 Talad Lang, Ang Thong ; tlj 8h-16h)

Wat Sai
Voir p. 237 (4034 Highway, Moo 4, Sai Thai, ville de Krabi)

Siamtara
Voir p. 236 (093 781 8359 ; www.huahinboat.com/trip/hua-hin-full-day-sam-roi-yot ; adulte/enfant 2 000/1 600 B ; Racer Marina Pak Nam Pran, Prachuap Khiri Khan ; ven, sur réservation)

Blu Monkey Hub & Hotel
Voir p. 237 (076 354 266 ; www.blumonkeyhotels.com/hubandhotelsuratthani/ ; 21, 9 Karunrat, Tambon Talat, Mueang Surat Thani)

Boundary Hostel & Café
Voir p. 237 (081 979 6254 ; facebook.com/Boundaryhostelandcafe ; 628/24 Na Muang Road, Mueang, Surat Thani)

My Place @ Surat Hotel
Voir p. 237 (077 272 288 ; www.myplacesurat.com ; 247/5 Namuang Road, T. Talad, A. Muang, Surat Thani)

Port Hostel By Suwatchai
Voir p. 237 (086 595 4444 ; facebook.com/ThePortHostel ; 5-1 Tambon Talat, Surat Thani ; tlj 8h-22h)

Surat Thani Vegetarian
Voir p. 236 (18/62 Karunrat Rd, Surat Thani ; 7h-16h lun-sam)

Sweet Kitchen
Voir p. 236 (077 210 108 ; 100 Ban Don Road, Talad, Surat Thani ; tlj 11h-22h)

Marché nocturne
Voir p. 237 (Soi Si Tapi, Surat Thani ; sam)

Pra Cha Rat Floating Market
Voir p. 237 (Bang Bai Mai, Surat Thani ; 8h-17h mar-sam, 7h-17h dim)

Marché du dimanche
Voir p. 237 (081 415 1511 ; Na Meung Road, Surat Thani ; 5h-23h)

KO PHA NGAN

Apnea
Voir p. 245 (092 380 1494 ; apneakohphangan.com ; cours découverte 1 journée 4 500 B/pers ; Tatoo, Chaloklum Village Main Road ; tlj 15h-18h)

Casa Shambala
Voir p. 244 (098 702 6213 ; www.lacasashambala.com ; 63/2 Moo 4 ; 8h-22h lun-sam)

Chaloklum Diving
Voir p. 245 (062 391 4534 ; www.chaloklum-diving.com ; 106/48 Moo 7, Chaloklum Village ; tlj 9h-17h)

Had Yao Divers
Voir p. 244 (083 135 6261, 077 349 367 ; haadyaodivers.com ; 84 Haad Yao, 31 ; tlj 10h-18h)

Indriya Retreat
Voir p. 244 (083 593 3597 ; indriyaretreat.org ; 50/8-9 Moo 1 ; tlj 4h-22h)

Kiteboarding Asia
Voir p. 243 (093 480 4040 ; www.kiteboardingasia.com/koh-phangan ; 69/10 Moo 7, Chaloklum, Surat Thani ; 90 Thongsala 22 ; nov-fév et juin-août)

Lotus Diving
Voir p. 245 (077 374 142, 089 469 4719 ; www.lotusdiving.com ; 57/6 Moo 7, Chaloklum ; tlj 7h-17h30)

Muai's Thai Traditional Cooking Academy
Voir p. 243 (☎ 098 050 6520 ; facebook.com/muaicookingacademykohphangan ; 177/77 Moo 1, Thongsala ; ⏱ tlj 9h-18h)

Orion Healing
Voir p. 244 (☎ 077 445 966, 089 038 0085 ; www.orionhealing.com ; 15/2 Moo 8, Sri Thanu ; ⏱ 8h30-19h lun, 8h30-21h mar, 8h30-22h mer-dim)

Phangan Thai Cooking Class
Voir p. 243 (☎ 087 278 8898 ; 101/13, Moo 1 ; ⏱ 9h-20h lun mer ven, 9h-21h30 mar sam, 7h-21h30 jeu, 7h-20h dim)

Sanctuary
Voir p. 246 (www.thesanctuarythailand.com ; Haad Tien Bay)

Sail Rock Divers
Voir p. 245 (☎ 080 885 7268 ; www.sailrockdiversresort.com ; 15 Moo 7, Chaloklum ; ⏱ tlj 7h-18h)

Samma Karuna
Voir p. 244 (☎ 02 566 0478, 95 034 0010 ; www.sammakaruna.org ; 84/13 Moo 8, Haad Chao Phao ; ⏱ 6h30-19h sauf dim 9h-18h)

Siam Pro Kite
Voir p. 243 (☎ 093 6969 478 ; siamprokite.com ; 90/3 Moo 1, Thong Sala ; ⏱ tlj 9h-18h)

Phanganist
Voir p. 242 (☎ 087 929 4496 ; phanganist.com/koh-phangan ; 140/16 Moo 1, Baan Tai ; ⏱ 9h-17h lun-ven)

Anantara Rasananda
Voir p. 246 (☎ 077 956 660 ; www.anantara.com ; 5/5 Moo 5, Thong Nai Pan Noi Beach, Baan Tai)

Bambu Huts
Voir p. 246 (☎ 063 762 7209 ; facebook.com/bambuhuts ; Haad Yuan Beach)

Divine Comedie
Voir p. 242 (☎ 09 185 184 02 ; www.divinecomedyhotel.com ; 14/8 Moo 1, Baan Tai)

Havana Beach Resort
Voir p. 246 (☎ 081 445 3433 ; www.phanganhavana.com ; 47/5 Moo 5, Thong Nai Pan Yai)

Hideout Hostel
Voir p. 240 (☎ 063 630 9650 ; hideout.itsvc.dev ; Ban Tai)

Jungle Vibes
Voir p. 242 (☎ 063 580 5770 ; 137/20 Moo 1)

Kupu Kupu
Voir p. 244 (☎ 077 377 384 ; kupuphangan.com ; 69 Naiwok)

Longtail Beach Resort
Voir p. 246 (☎ 077 445 018 ; www.longtailbeachresort.com ; 2/5 Moo 5, Thong Nai Pan Yai Beach)

Mai Pen Rai
Voir p. 246 (☎ 093 959 8073 ; thansadet.com ; Thansadet Beach)

Mandalai
Voir p. 245 (☎ 095 008 4966 ; mandalaihotel.com ; 61/1 Chaloklum Road)

Paradise Bungalows
Voir p. 240 (☎ 096 652 8224 ; 130/60 Moo 6, Haadrin Ban Tai ; ⏱ tlj 8h30-21h)

Pariya's Resort
Voir p. 246 (☎ 081 737 3883 ; www.pariyahaadyuan.com ; 153/2 Moo 6, Haad Yuan Beach)

Salad Hut
Voir p. 244 (☎ 081 866 2560 ; www.saladhut.com ; 61/3 Salad Beach, Village No. 8)

Sarikantang Resort & Spa
Voir p. 240 (☎ 086 789 9541 ; www.sarikantang.com ; 129/3 Seekantang Beach, Haad Rin)

Sea Breeze Resort
Voir p. 240 (☎ 077 375 162 ; sea-breeze-sha-plus.lasalceda.es ; 94/16 Moo 6, Baantai, Surathani, Haad Rin)

Seetanu Bungalows
Voir p. 244 (☎ 093 783 7340 ; www.seetanubungalows.com ; 81/3 Moo 8)

Shiralea Backpackers Resort
Voir p. 244 (☎ 092 440 1798 ; shiralea.com ; 58/18 Moo 8, Haad Yao)

Smile Bungalows
Voir p. 245 (☎ 092 656 6567 ; 74/9 Moo 7, Bottle Beach)

Thong Nai Pan Yai
Voir p. 246 (☎ 093 578 5699 ; 6/12 Moo 5, Thong Nai Pan Yai)

Tiki Beach
Voir p. 242 (☎ 093 761 9204 ; tikibeachkohphangan.com ; Ban Tai 145/11 Moo 1, Tambon Ban Tai)

Tommy Resort
Voir p. 240 (☎ 077 375 215 ; facebook.com/TommyResort ; 90/13 Moo 6, Haad Rin Nok, Haad Rin)

TropiCoco Beach Resort
Voir p. 244 (☎ 077 349 318 ; www.tropicocobeachresort.com ; 53/3 Moo 8, Haad Yao)

Wanderlust Hostel
Voir p. 242 (☎ 094 891 4361 ; facebook.com/thewanderlusthostelkohphangan ; 99/46 Moo 1, Ban Tai)

Auntie Pon's Thai Food
Voir p. 239 (Hat Rin)

Cucina Italiana
Voir p. 245 (☎ 081 594 5682 ; 86 Chaloklum 3, Tambon ; ⏱ 17h-22h tlj sauf mer)

Fat Cat
Voir p. 242 (☎ 087 622 0541 ; facebook.com/p/The-Fat-Cat-100032373417182 ; 38 Moo 1,

Taladkao Road Walking Street Market, Thong Sala ; tlj 9h-15h/18h-21h)

Fisherman's Restaurant
Voir p. 242 (084 454 7240 ; fishermansphangan.com ; 30/6 Moo 1, Ban Tai ; tlj 13h-22h)

Food & Roots
Voir p. 245 (032 567 893 ; www.foodsandroots.com ; 28/1 Moo 7, Chaloklum ; 11h-21h tlj sauf jeu)

Mama Kop
Voir p. 244 (081 863 8259 ; facebook.com/mamakoprestaurant ; Chemin vers Hat Yao ; 13h-21h30 dim-ven)

Monnalisa
Voir p. 239 (084 441 5871, 080 696 7378 ; www.monnalisathailand.com ; Moo 6, 110/7 Haad Rin ; 10h-20h30 tlj sauf dim 11h-20h)

Om Ganesh
Voir p. 239 (086 063 2903 ; facebook.com/p/OM-Ganesh-Hostel-100063904359674 ; 130/1 Moo 6, Haad Rin ; tlj 8h-23h30)

Phangan Food Court
Voir p. 242 (081 938 5091 ; facebook.com/p/Phangan-Food-Court-Official-100067188231916 ; Moo 1, Ban Thong Sala ; tlj 11h-21h)

Pura Vida
Voir p. 244 (081 478 7400 ; facebook.com/Puravidacafe.pt ; 53/21 Moo 8, Haad Yao ; tlj 7h-22h)

Pure Vegan Heaven
Voir p. 244 (095 958 9011 ; facebook.com/pureveganheavenkohphangan ; 42/5 Moo 4 ; 8h30-20h lun-sam)

World's End
Voir p. 245 (090 703 3376 ; facebook.com/p/The-Worlds-End-Cafe-100063611561409 ; Chaloklum Village ; tlj 7h30-15h30)

SERGII FIGURNYI/STOCK.ADOBE.COM ©

Ko Pha Ngan (p. 238)

Amsterdam Bar
Voir p. 244 (095 018 4891 ; Wok Tum ; tlj 12-1h)

Big Bang Art Café
Voir p. 245 (082 813 5376 ; facebook.com/Bigbangdesigncenter ; 77/4 Moo 5, Bantai sur la route vers Tong Nai Pan ; tlj 10h-17h30)

Coco Garden Resort
Voir p. 243 (086 0731 147, 086 002 9731 ; cocogardens.com/beach-bar-cafe ; 100/7 Moo 1)

Drop In Bar
Voir p. 240 (077 377 539 ; facebook.com/dropinbar ; 147, Ban Tai ; tlj 19h-4h)

One Love
Voir p. 240 (080 639 1054 ; facebook.com/onelovebarphangan ; 43/2 Moo 4 ; tlj 20h-2h)

Outlaws Saloon
Voir p. 243 (092 404 9767 ; facebook.com/OutlawsSaloonThailand ; 112/21 Ban Tai Road Tong Sala ; tlj 12h-23h30)

Rasta Baby
Voir p. 245 (089 593 9410 ; facebook.com/people/Rasta-baby/100057871560821 ; 7/9 Moo 5, Ban Tai ; 11h-minuit mar-dim)

Rubber Garden Café
Voir p. 245 (087 831 2445 ; 11 Ban Tai, Ban Tai ; tlj 10h-19h)

Sunrise
Voir p. 240 (077 375 145 ; facebook.com/sunrisephangan ; 136 Moo 6, Sunrise Beach, Ban Tai)

Viewpoint Café
Voir p. 243 (081 979 3814 ; facebook.com/viewpointkohphangan ; 32/9 Moo 4, Ko Phangan ; tlj 9h-20h)

Eden Garden
Voir p. 242 (facebook.com/people/Eden-Garden/100064986720052 ; Ban Tai)

Fêtes de la pleine lune
Voir p. 240 (Ko Phangan ; fullmoonparty-thailand.com ; à chaque pleine lune)

Half Moon Festival
Voir p. 242 (095 656 6474 ; www.halfmoonfestival.com ; Harmony Beach Club, 99/5 Moo 1, Ban Tai ; Festival de la demi-lune, 72/39 Moo 2, Ban Tai ; mars-juin, bi-hebdomadaire)

Marché nocturne de Ko Pha Ngan
Voir p. 245 (marché nocturne de Phantip ; Tongsala Road ; tlj)

KO TAO

Chumphon Pinnacle
Voir p. 250 (site de plongée ; 12 km au nord-ouest de Ko Tao)

Green Rock
Voir p. 250 (site de plongée ; côté nord-ouest de Koh Nang Yuan)

Japanese Gardens
Voir p. 250 (site de plongée ; côté est de Koh Nang Yuan)

Sail Rock
Voir p. 250 (site de plongée ; 12 km au sud-est de Ko Tao)

Southwest Pinnacle
Voir p. 250 (site de plongée ; 4 milles marins au sud-ouest de Ko Tao)

Twins Pinnacle
Voir p. 250 (site de plongée ; côte ouest de Koh Nang Yuan)

Ban's Diving Resort
Voir p. 250 (077 456 466 ; www.bansdivingresort.com ; 3/1 Moo 1, Sairee Beach ; tlj 7h-21h)

Black Turtle
Voir p. 250 (082 519 9165 ; www.blackturtledive.com ; 8 Moo 2, Mae Haad ; tlj 6h30-19h)

Big Blue Diving (dirigé par Jim Donaldson)
Voir p. 250 (077 456 415 ; www.bigbluediving.com ; 14/148 Moo 1, Sairee Beach ; tlj 8h-18h)

Bunker
Voir p. 252 (083 402 8152 ; kohtao-rockclimbing.com ; 2/55 Moo 3, Ao Leuk Road ; tlj 8h-20h)

Calypso Diving
Voir p. 250 (084 841 5166 ; diving-calypso.com ; 40/20 Moo 3, Tanote Bay ; tlj 8h-18h)

Crystal Dive
Voir p. 250 (077 456 107 ; www.crystaldive.com ; 7/1 Moo 2, Ban Ko Tao ; 9h-18h tlj, sauf sam 9h-18h15)

Goodtime Adventures
Voir p. 252 (087 283 7530 ; goodtimethailand.com ; 14/2 Moo 1 ; tlj 9h-19h)

PADI
Voir p. 250 (www.padi.com/fr/plonger-en/koh-tao-thailande)

Roctopus
Voir p. 250 (099 470 4566 ; www.roctopusdive.com ; 17 Moo 1 ; tlj 9h-18h)

SSI
(086 069 9244 ; divessi.com ; Haad Sairee, 1/1 Moo 1 ; 9h-13h et 14h-18h tlj sauf dim 10h-13h et 14h-18h)

Tech Diving Thailand
Voir p. 252 (084 001 8293 ; www.techdivethailand.com ; 5/52 Moo 2, Mae Haad ; tlj 9h30-18h30)

Ananda Villas
Voir p. 249 (077 456 478 ; www.anandavilla.com ; 9/1 Moo 2)

Bubble Bungalow
Voir p. 252 (096 654 8638 ; 43/1 Moo 3, Ko Tao, Chalok Baan Kao)

Carabao Beach Resort
Voir p. 253 (077 456 635 ; carabaodivingkohtao.com ; 50/1 Moo 3, Chalok Baan Kao)

Chintakiri Resort
Voir p. 253 (062 196 4648 ; facebook.com/chintakiriresort ; 19/59-77 Moo 3, Chalokbaan, Chalok Baan Kao)

Dearly Ko Tao Hostel
Voir p. 252 (077 332 494 ; www.thedearlykohtaohostel.com ; 14/55 Moo 3, Chalok Baan Kao)

Deisha View Jungle Hostel
Voir p. 252 (064 994 7283 ; deishaview.com ; 13/59 Ko Phangan)

Ecotao Lodge
Voir p. 253 (077 457 016 ; www.ecotao-lodge.com ; 52/62 Moo 3)

Islas Tortuga Hostel
Voir p. 249 (063 039 3082 ; facebook.com/islatortugakohtao ; 7/31 Moo 2)

Jamahkiri Resort & Spa Resort
Voir p. 253 (077 456 400 ; www.jamahkiri.com ; 21/1 Mu 3, Ao Thian)

Ko Tao Cabana Resort
Voir p. 249 (081 814 2269 ; www.kohtaocabana.com ; 16 Moo 1, Baan Haad Sai Ree)

Sai Nuan, Ko Tao (p. 247)

Montalay Beach Resort
Voir p. 254 (077 456 488 ; montalaykohtao.com ; 53 Moo 3)

Moondance Magic View Bungalow
Voir p. 254 (077 456 762 ; www.moondancemagicviewbungalow.com ; Lang Khai Bay)

Mountain Reef Beach Resort
Voir p. 254 (077 456 699 ; facebook.com/Mountainreefresort ; 40/9 Tanote Bay)

Savage Hostel
Voir p. 249 (092 976 1588 ; www.savagekohtao.com ; 9/295 Moo 1)

Simple Life Resort
Voir p. 249 (077 456 142 ; www.kohtaosimpleliferesort.com ; 14/11 Moo 1, Haad Sairee)

Taco Shack Diving Hostel
Voir p. 249 (077 456 988 ; tacoshackhostel.com ; 27/11 Moo 1, Haad Sairee)

Bam Bam
Voir p. 249 (064 334 3986, 064 247 0174 ; facebook.com/p/Bam-Bam-Restaurant-100067592533702 ; Ko Tao ; tlj 10h-23h)

Barracuda Rooftop Restaurant
Voir p. 252 (077 457 049, 080 146 3267 ; www.barracudakohtao.com ; 9/9 Moo 1 ; tlj 16h-23h)

Cape Restaurant & Cafe
Voir p. 254 (077 456 444 ; Chalok Baan Kao View Point Resort ; tlj 7h30-22h)

Chuchu Thai Food & Pizza
Voir p. 252 (094 597 7182 ; facebook.com/chuchuthaifood ; The Road Opposite Lazy Bar, Sairee ; tlj 11h-22h30)

French Market
Voir p. 254 (077 457 119 ; facebook.com/frenchmarketkohtao ; 2/61 Moo 3 ; tlj 7h-22h)

Mellow Submarine
Voir p. 254 (092 391 1566 ; 18, Chalok Baan Kao, 17, Ko Tao ; tlj 7h-17h)

Permpoon Ice Cream
Voir p. 279 (034 659 03 20 17 ; Plage de Sairee 10 ; 11h30-23h30 tlj sauf mer)

Vegetabowl
Voir p. 252 (081 981 9342 ; facebook.com/vegetabowl ; 9/281 Moo 1, Sairee Island Plaza, Ban Ko Tao ; tlj 11h30-20h)

Zest
Voir p. 250 (077 456 178 ; facebook.com/p/Zest-100057476267692 ; Mae Haad ; tlj 6h-17h)

995 Roasted Duck
Voir p. 252 (facebook.com/pages/995-Duck/242269089267148 ; Tay Ko Tao ; tlj 9h-15h30 et 17h30-21h)

Baby Rasta
Voir p. 253 (092 132 9652 ; 8/28, 8/28 Sous-district Ko Tao ; 12h-1h dim-mar, 12h-minuit mer-sam)

Chopper's Sports Bar
Voir p. 253 (081 981 9321 ; www.chopperskohtao.com ; Sairee Beach, Ban Ko Tao ; 16h-1h lun-ven, 16h-2h sam-dim)

Fizz Beach Lounge
Voir p. 253 (083 149 0801 ; facebook.com/fizz.beachlounge ; 14 Moo 1, Ban Ko Tao ; tlj 16h-1h)

Lotus Beach Bar
Voir p. 253 (093 747 4136 ; facebook.com/Lotusbeachbarkohtao ; 9/9 Moo 1 ; tlj 15h-minuit)

This is a Book Café
Voir p. 250 (094 446 6694 ; Ko Tao ; tlj 8h-22h)

Maya Beach Club
Voir p. 253 (086 274 7932 ; facebook.com/MayaBeachClub ; Moo 1 ; 12h-21h tlj sauf ven 12h-2h)

AO KHANOM

Khao Wang Thong
Voir p. 259 (Khuan Thong Khuan Thong Subdistrict, Khanom, à la sortie de l'autoroute 4014 ; gratuit ; tlj 9h-16h)

Khanom Pink Dolphin Tours
Voir p. 258 (061 9677 771 ; khanompinkdolphintours.com ; visite d'une demi-journée, adulte/enfant 1 300/650 B ; 9h-17h lun-ven)

Hallo Villa
Voir p. 257 (082 413 3338 ; facebook.com/HalloVillaKhanom ; 14/17 Moo 2, Nakhon)

Khanom Beach Resort & Spa
Voir p. 257 (082 416 7561 ; www.khanombeachresort.com ; 3/9 Moo 6 Khanom)

Khanom Hill Resort
Voir p. 257 (081 956 3101 ; khanom.de ; 60/1 Moo 8)

Le Petit Saint Tropez
Voir p. 257 (063 210 4993 ; lepetitsainttropez.com ; 52/14 Moo 5, Soi Phuyaikhem)

Margarita Beach
Voir p. 257 (098 140 9265 ; margaritabeach.com ; 19/38 Moo 2)

Ao Khanom Seafood
Voir p. 257 (084 245 0999 ; aokhanomseafood.com ; 95 Village n°8, Nakhon ; tlj 10h-22h)

CC Beach Bar & Bungalows
Voir p. 257 (087 893 8745 ; 28/1 Moo 6, Khanom ; tlj 9h-23h)

Dusty Gecko
Voir p. 257 (084 448 4540 ; dustygecko.com ; 80/2 Moo 1, Nakhon, Ampher Khanom ; 17h-21h mer-dim)

Frankie's Café
Voir p. 258 (092 758 9399 ; facebook.com/FCcoffeeshop ; Village n°6 29/9, district de Khanom ; 8h-16h tlj fermé mar)

Khanom Espresso
Voir p. 258 (085 556 9040 ; facebook.com/Khanomespresso ; 118/24 Moo 4, sous-district de Khanom ; tlj 8h-17h30)

Love at First Bite
Voir p. 258 (089 788 5222 ; facebook.com/loveatfirstbitekhanom ; 43/2 Moo 5, Amphoe Khanom ; tlj 8h-17h fermé jeu)

Marché nocturne
Voir p. 259 (Khanom District ; 17h-22h sam)

ENVIRONS DE AO KHANOM

Musée des Ombres chinoises
Voir p. 262 (Musée Wat Kanon Nang Yai ; 2 500 B/pers ; musée Wat Kanon Nang Yai, Soi Fa, Photharam, Ratchaburi ; tlj 6h-18h)

Musée national (Nakhon)
Voir p. 261 (Ratchadamnoen Road, Nakhon Si Thammarat ; 150 B/pers ; 9h-16h mer-dim)

Parc national Khao Luang
Voir p. 263 (200 B/pers ; Khao Kaeo, Lan Saka District, Nakhon Si Thammarat ; tlj 8h30-16h30)

Wat Phra Mahathat Woramahawihaan
Voir p. 262 (435 Ratchadamnoen Road, Tambon Nai Mueang, Mueang, Nakhon ; tlj 8h30-16h30)

Grand Fortune Hotel
Voir p. 263 (075 841 888 ; www.fortunehotelgroup.com ; 359 Phatthanakan Khukwang Road, Amphoe Mueang Nakhon)

Inka Hotel
Voir p. 263 (075 801 227 ; facebook.com/theinkahotel ; 1487/19 Jamrernvitee Road Khlang Sub District, Nakhon Si Thammarat)

Norm Space Hostel
Voir p. 263 (088 789 7988 ; normspacenakhon.com ; 1104 Soi Boang Sriprach Road, Klag Muang, Nakhon Si Thammarat)

Thai Hotel
Voir p. 263 (075 341 509 ; facebook.com/thaihotelnakhon ; 1369-1375 Rajdamneon Road, Nakhon Si Thammarat)

Café Del Heaven
Voir p. 261 (062 302 0733 ; facebook.com/cafedelheaven ; 2073 route Srithawee, Nakhon Si Thammarat ; tlj 9h-18h)

Kuang Hua
Voir p. 261 (075 356 776 ; 165-7 route Chamroenwithi, Tambon Tha Wang, Nakhon Si Thammarat ; tlj 17h45-21h30)

Rock 99 Bar & Grill
Voir p. 261 (075 317 999 ; 1180 Ratchadamnoen Road, Tambon Tha Wang Bovorn Bazaar, Nakhon Si Thammarat ; tlj 16h-minuit)

HAT YAI

Parc municipal de Hat Yai
Voir p. 266 (Kanjanavanich Road, Tambon Kho Hong, Songkhla ; tlj 5h-20h)

Centara Hotel
Voir p. 266 (07 435 2222 ; www.centarahotelsresorts.com ; 3 Saneha Nusorn Road, Songkhla)

Hybrit Hostel & Café
Voir p. 266 (062 696 3641 ; facebook.com/hybrithostel ; 9 Chotevittayakul 1 Road)

Khok Samet Chun Hostel
Voir p. 266 (082 212 6393 ; 10 Soi Prachathipat Road)

Red Planet
Voir p. 266 (074 261 011 ; www.redplanethotels.com ; 152-156 Niphat Uthit 2 Road)

Tk Thongrak Apartments
Voir p. 266 (062 242 7408 ; 27 Soi Kam-Uthit 2, Thungsao 2)

Betong Chicken Rice
Voir p. 266 (094 259 9556 ; facebook.com/betongchicken88 ; 30 route Kim Pradit, Songkhla ; tlj 6h30-14h)

Chen Long
Voir p. 266 (083 513 1833 ; facebook.com/ChenLongBoatNoodle ; 167 Sangchan Road Close Leegarden ; tlj 7h30-15h30)

Chokdee Dim Sum
Voir p. 266 (080 525 9623 ; facebook.com/ChokdeeTaeTiamHadyai ; 58/25 Soi Lamai Songkhro 1, Songkhla ; 6h-11h30 et 17h-21h lun-ven, 6h-11h30 sam, 6h-21h dim)

Daothiam
Voir p. 266 (074 243 268 ; facebook.com/daothiamhadyai ; 79/3 Thammmanoonvithi Road, Hat Yai ; tlj 7h-12h)

Lee Gardens
Voir p. 265 (074 26 1111 ; www.leegardenshotel.com/dining.php ; 29 Prachatipat Road, Hadyai, Songkhla ; tlj 6h30-9h30)

Asean Night Bazaar
Voir p. 265 (098 739 9809 ; facebook.com/hatyainightmarket ; Chotiwittayakul Road 4, Songkhla ; 17h-22h mar-dim)

Hat Yai Sidewalk
Voir p. 265 (094 642 6998 ; facebook.com/hatyaisidewalk ; Paradorn Road, Hat Yai District, Songkhla)

Marché flottant de Khlong Hae
Voir p. 266 (061 178 8668 ; facebook.com/taladnamklonghae ; Village No. 3, Khlong Hae ; 13h-21h ven-sam)

Marché nocturne de Cenfest
Voir p. 265 (093 698 5466 ; devant le grand magasin central, Songkhla ; 15h-21h mer-dim)

Marché nocturne de Greenway
Voir p. 265 (☎081 990 6553 ; www.greenwaynightmarket.com ; 16h-22h mar-dim)

AUTOUR DE HAT YAI

Fort de Singora n°8
Voir p. 269 (4222 Road, Singha Nakhon)

Hub Ho Hin (moulin à riz rouge)
Voir p. 268 (13 rue Nakhonnok, Bo Yang, district de Mueang Songkhla ; tlj 6h-18h)

Musée national de Songkhla
Voir p. 268 (facebook.com/songkhlanationalmuseum ; 150 B/pers ; Wichian Chom Road, Songkhla ; 9h-16h mer-dim)

Ban Nai Nakhon Boutique Hotel
Voir p. 269 (☎095 438 9323 ; facebook.com/baannainakhon ; 166 Nang Ngam Road Bo Yang, Muang, Songkhla)

CS Pattani
Voir p. 271 (☎073 335 0934 ; www.cspattanihotel.com ; 99/9 Village No. 4 Nong Chik Road, sous-district de Rusamilae, district de Mueang, Pattani)

Green View Boutique
Voir p. 271 (☎098 671 7037 ; greenview-boutique-narathiwat.booked.net ; 84 Wongwiwat Road, Sungai Kolok)

Imperial Narathiwat Hotel
Voir p. 271 (☎073 515 041 ; www.imperialnarathiwat.com ; 260 Pichitbumrung Road, Bangnak, Muang, Narathiwat)

Roo Classic Hometel
Voir p. 269 (☎081 823 1433 ; 100-102 route Nakhon Nai, sous-district de Bo Yang, Songkhla)

Sekret Hotel
Voir p. 271 (☎073 700 181 ; 552/3 Prachawiwat Road Soi 4, Su-ngai Kolok District, Narathiwat)

MATURA_BEN/STOCKADOBE.COM ©

Ko Tao (p. 247)

Songkhla Tae Raek Antique Hotel
Voir p. 269 (☎074 322 227 ; 40 route Phetchakhiri, Tambon Bo Yang, Muang Songkhla)

Sook Son Boon 2
Voir p. 269 (☎074 323 809 ; 14-18 Siburee Road, Songkhla)

Yu Café Hostel
Voir p. 269 (☎083 002 9554 ; facebook.com/Yu.Cafehostel ; 160-162 Boryang, Nakornnai road, Mueang Songkhla)

Dark s'mooD
Voir p. 269 (☎064 829 8791 ; instagram.com/darksmood_cafe ; 4 Sai Buri Road, Bo Yang, Mueang, Songkhla ; tlj 9h30-17h30)

Haji Hussin King
Voir p. 270 (Su-ngai Kolok, Narathiwat ; 10h-20h30 tlj sauf lun 10h-21h)

London Restaurant
Voir p. 270 (☎086 488 7682 ; facebook.com/LONDONPATTANI ; 89/15 Yarang Road Anoru, Pattani ; tlj 10h-14h et 16h30-21h)

Nasir Buffet
Voir p. 270 (☎081 478 5975 ; nfacebook.com/NasirBuffetNarathiwat ; 71/1 Khok Khian Road Bang Nak, Narathiwat ; 11h-21h tlj sauf ven 13h-21h)

Songkhla Station
Voir p. 269 (☎093 771 1181 ; facebook.com/sstation2017 ; 10/8 Nakhon Nok Road, Songkhla ; 9h-18h mar-dim)

SabaiD Songkhla
Voir p. 269 (☎095 021 2442 ; 29/3 Pattani Road, Boryang, Songkhla ; 16h-22h tlj sauf sam-dim 12h-20h)

Tae Hiang Aew
Voir p. 269 (☎074 311 505 ; 85 Nang Ngam, Tambon Bo Yang, Songkhla ; 11h30-14h et 17h-20h tlj fermé mer)

Library Hat Yai
Voir p. 265 (☎089 333 3363 ; facebook.com/Thelibraryhatyai ; 162 Jutianusorn Road, Songkhla ; tlj 20h-2h)

Lion Bar Hatyai
Voir p. 265 (☎089 737 5837 ; facebook.com/lionbarhatyai ; 117 Thammanunwithi Road, Songkhla ; 17h-minuit)

Marché nocturne (Songkhla)
Voir p. 269 (Chana Road, Tambon Bo Yang, Songkhla ; 17h-23h ven-sam)

Marché nocturne de Pattani
Voir p. 270 (Route Pipit, Soi Talat Thetwiwat 2, près du Palace Hotel Pattani)

PHUKET ET LA CÔTE D'ANDAMAN

ÎLES COUVERTES DE JUNGLE ET MER TURQUOISE

Destination idyllique dotée de plages de sable blanc baignées d'une eau cristalline, la côte d'Andaman fait rêver avec ses îles tropicales et ses paysages magnifiques.

La côte d'Andaman est l'incarnation du rêve tropical. Avec ses paysages de cartes postales – plages de sable blanc, îles sublimes, poches de nature préservée, imposantes formations de karst et inoubliables teintes turquoise –, ce lieu paradisiaque donnerait presque envie de tout lâcher pour vivre toute l'année en tongs, à lézarder au soleil. L'île de Phuket, reine incontestée de la région, a beau être tape-à-l'œil et surdéveloppée, elle a conservé, par endroits, un peu de magie et une culture propre. Au nord, tout le long de la côte, des parcs nationaux de Phang-Nga à Ranong, partez à la découverte de sites de plongée renommés mondialement, de villes typiques, d'îles isolées, de cascades et de panoramas sublimes.

ARKADIJ SCHELL/SHUTTERSTOCK ©

Au sud, des centaines d'îles, jusqu'à la frontière malaisienne, ne demandent qu'à être explorées. Sur le continent, la belle province de Krabi offre la possibilité d'escalader les falaises karstiques sauvages typiques de la région. Trang, joyau méconnu, a beaucoup à offrir, notamment du côté culinaire (copieuses assiettes de *dim sum*, gâteau maison, porc rôti addictif...). Souvent ignorée des visiteurs, la province de Satun a pourtant une histoire riche et une culture spécifique dues à sa population largement musulmane et à sa proximité avec la Malaisie. De là, on peut rejoindre la splendide Ko Lipe, une des îles les plus reculées du pays.

SITES PRINCIPAUX

RANONG
Montagnes, îles et frontière avec le Myanmar.
p. 288

PHANG-NGA
Sites de plongée, jolie baie et plages.
p. 292

PHUKET
Histoire, culture, nuits animées et spas luxueux.
p. 303

À gauche : calao bicorne, Ko Phayam (p. 290) ; ci-dessus : Hat Phra Nang (p. 329)

KRABI
Formations de karst, plages et îles.
p. 323

TRANG
Îles vierges et délicieux plats locaux.
p. 344

SATUN
Îles hors des sentiers battus près de la Malaisie.
p. 353

S'orienter

La côte d'Andaman se visite facilement grâce à un important réseau de transports en commun. La région compte deux aéroports internationaux, à Krabi et à Phuket, et toute la côte est reliée par des bateaux, des bus et des minibus.

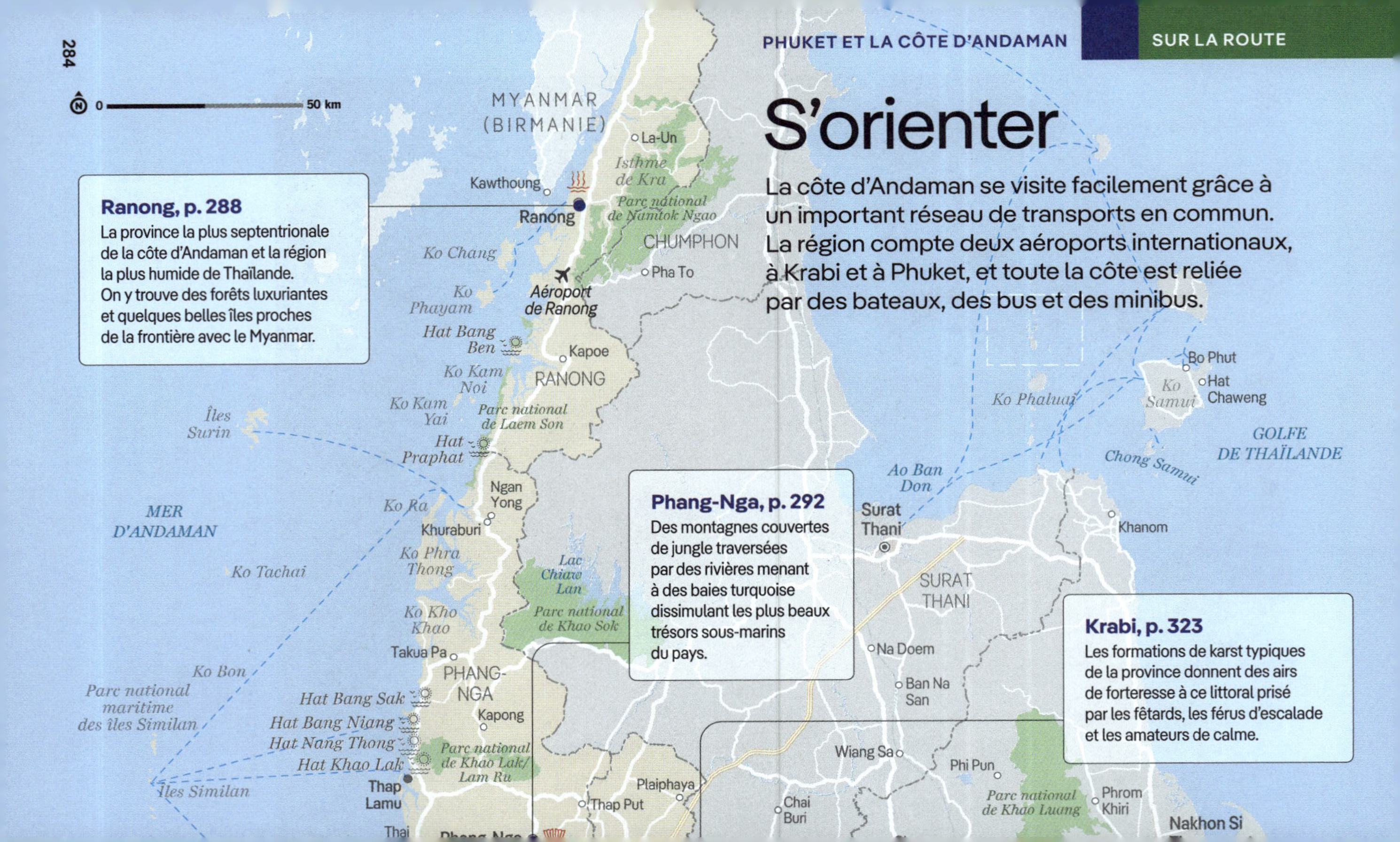

Ranong, p. 288
La province la plus septentrionale de la côte d'Andaman et la région la plus humide de Thaïlande. On y trouve des forêts luxuriantes et quelques belles îles proches de la frontière avec le Myanmar.

Phang-Nga, p. 292
Des montagnes couvertes de jungle traversées par des rivières menant à des baies turquoise dissimulant les plus beaux trésors sous-marins du pays.

Krabi, p. 323
Les formations de karst typiques de la province donnent des airs de forteresse à ce littoral prisé par les fêtards, les férus d'escalade et les amateurs de calme.

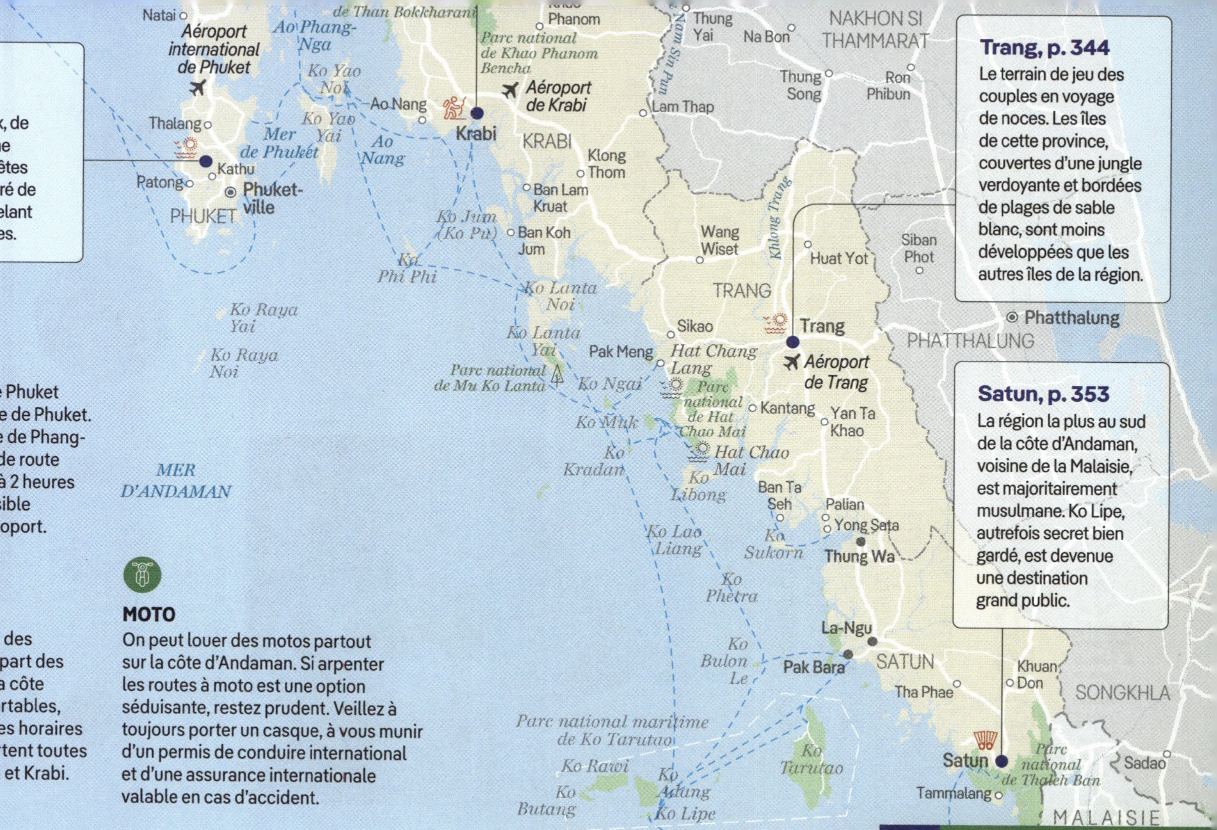

Phuket, p. 303

Un mélange enivrant d'hébergements luxueux, de spas superbes, de cuisine de rue délicieuse et de fêtes débridées. Le tout entouré de vagues couleur jade recelant des poissons multicolores.

Trang, p. 344

Le terrain de jeu des couples en voyage de noces. Les îles de cette province, couvertes d'une jungle verdoyante et bordées de plages de sable blanc, sont moins développées que les autres îles de la région.

Satun, p. 353

La région la plus au sud de la côte d'Andaman, voisine de la Malaisie, est majoritairement musulmane. Ko Lipe, autrefois secret bien gardé, est devenue une destination grand public.

DEPUIS L'AÉROPORT

L'aéroport international de Phuket se trouve à 32 km de la ville de Phuket. Khao Lak, dans la province de Phang-Nga, est à environ 1 heure de route (82 km) et la ville de Krabi à 2 heures de route en taxi. Il est possible de louer une voiture à l'aéroport.

BUS ET MINIBUS

Depuis Phuket, des bus et des minibus desservent la plupart des grandes destinations de la côte d'Andaman. Ils sont confortables, pratiques, et circulent à des horaires réguliers. Des minibus partent toutes les heures pour Phang-Na et Krabi.

MOTO

On peut louer des motos partout sur la côte d'Andaman. Si arpenter les routes à moto est une option séduisante, restez prudent. Veillez à toujours porter un casque, à vous munir d'un permis de conduire international et d'une assurance internationale valable en cas d'accident.

Planifier son séjour

La côte d'Andaman, très étendue, compte de nombreux sites intéressants, sur terre comme au large. Choisissez judicieusement et n'oubliez pas de garder du temps pour profiter des plages.

JO PANUWAT D/SHUTTERSTOCK ©

Point de vue de Samet Nangshe (p. 298)

Si vous avez peu de temps

- Choisissez l'une des plages de l'ouest de Phuket et faites-en votre base pour explorer le reste de l'île. Dégustez des fruits de mer frais sur l'île de Ko Bon, baignez-vous dans les eaux de **Coral Island** (p. 311) et admirez la vue depuis le **cap Promthep** (p. 317) au coucher du soleil.

- Découvrez les plus belles fêtes de Phuket à **Hat Patong** (p. 318) et promenez-vous dans **Th Bangla** (p. 314).

- Louez un *long-tail boat* pour aller faire du snorkeling à **Freedom Beach** (p. 310) ou remontez la côte vers le nord pour visiter des coins plus calmes et découvrir la vie locale de **Hat Mai Khao** (p. 309).

Au fil des saisons

La côte d'Andaman est agréable toute l'année, mais très fréquentée en haute saison. La région est plus calme pendant la mousson (mai à septembre).

JANVIER

De novembre à janvier, les journées sont ensoleillées et la mer d'Andaman est calme.

FÉVRIER

Le climat est presque parfait et le nombre de touristes commence à diminuer. Le **Nouvel An chinois** est célébré dans toute la région.

AVRIL

Le mois le plus chaud, avec des températures en hausse et peu de pluie. On fête **Songkran**, le Nouvel An thaïlandais.

TAVARIUS/SHUTTERSTOCK ©, WITTHAYA SUMDAENGPHAI/SHUTTERSTOCK ©, ARZTSAMUI/SHUTTERSTOCK ©

Si vous avez 3 jours

- Misez tout sur la province de Phang-Nga. Allez admirer le soleil se lever sur les petites îles du parc national maritime d'Ao Phang-Nga depuis le célèbre **point de vue de Samet Nangshe** (p. 298) avant un rapide arrêt dans la ville de Phang-Nga pour reprendre des forces avec un plat de nouilles ou de poulet frit.

- Louez un *long-tail boat* pour naviguer dans le **parc national maritime d'Ao Phang-Nga** (p. 298) et ne ratez pas "l'île de James Bond" qui apparaît dans le film *L'Homme au pistolet d'or.*

- Rejoignez ensuite **Ko Panyi** (p. 298), un superbe village aux maisons sur pilotis érigé au milieu de la baie. Vous y découvrirez un terrain de foot flottant et vous pourrez avoir un aperçu de la vie locale en flânant sur les passerelles en bois.

Si vous avez plus de temps

- Prenez le bus pour Krabi et passez une nuit dans la **ville de Krabi** (p. 323). Longez la promenade en bord de rivière et savourez des délices locaux au marché nocturne. À Hat Noppharat Thara, louez un *long-tail boat* pour visiter **Hat Railay** (p. 329).

- Sur le continent, prenez un minibus pour **Trang** (p. 344) et séjournez dans le centre-ville. Profitez des nombreux stands de cuisine de rue et n'oubliez pas de goûter les fameux plats à base de porc de la ville.

- Continuez vers le sud jusqu'à **Satun** (p. 353), passez une nuit à Pak Bara et savourez des fruits de mer frais avant d'embarquer sur un *speedboat* pour rejoindre la charmante île de **Ko Lipe** (p. 356).

MAI
Début de la saison des pluies. Phuket et la côte d'Andaman retrouvent le calme.

JUIN
La mousson est synonyme de mer agitée et de pluies fréquentes jusqu'en août, mais le soleil est toujours présent.

SEPTEMBRE
Fraîcheur et pluies résiduelles marquent le début de la **Fête végétarienne** annuelle, célébrée à Phuket, Phang-Nga et Trang.

OCTOBRE
Pluie et soleil alternent pendant le dernier mois de la mousson.

LEXERGT/SHUTTERSTOCK ©, MUZHIK/SHUTTERSTOCK ©, CHONNIPA ARANWARI/SHUTTERSTOCK ©, HUW PENSON/SHUTTERSTOCK ©

Ranong

Ranong est la province des superlatifs : la plus septentrionale de la côte d'Andaman, la plus faiblement peuplée de Thaïlande, et la plus humide. Avec 8 mois de pluie par an, les paysages sont incroyablement verdoyants. En dépit de ses montagnes aux sommets brumeux, de ses forêts luxuriantes et de ses îles isolées, Ranong reste peu visitée. La côte compte, en outre, peu de plages. La plupart des visiteurs n'y passent que pour traverser la frontière avec le Myanmar qui est à seulement 45 minutes de bateau depuis la ville de Ranong. Escale pour les voyageurs se rendant à Ko Phayam, on y trouve des sources chaudes, des bâtiments historiques et une offre impressionnante de cuisine de rue. Son marché quotidien vaut également le détour. Sa faible fréquentation fait le charme de Ranong ; si vous cherchez la "Thaïlande authentique", vous aimerez certainement cet endroit...

Pour les infos pratiques, voir le Carnet d'adresses p. 361

☑ À SAVOIR

Passez au moins deux nuits sur place pour découvrir la vie locale d'une Thaïlande moins connue. Goûtez les spécialités régionales, visitez le marché et partez à la découverte des sources chaudes, du parc national de Nam Tok Ngao ou des cascades alentour pour une immersion dans la nature.

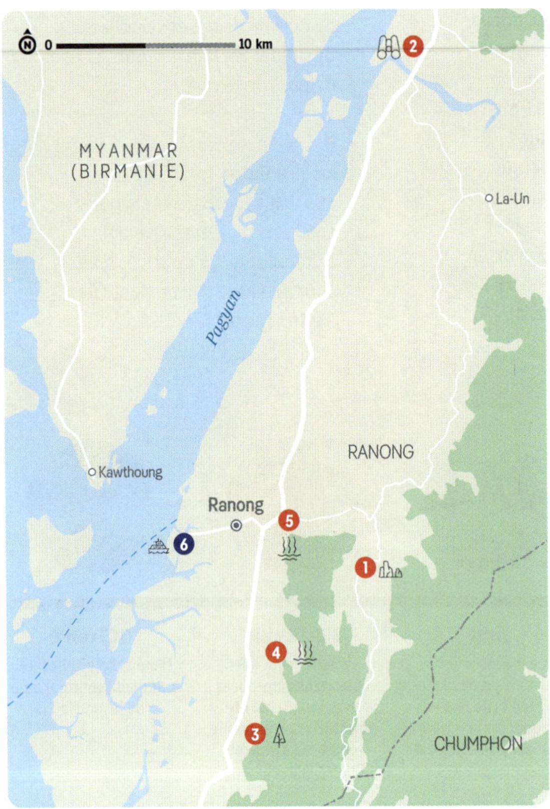

VOIR
1 Canyon de Ranong
2 Khao Fa Chi
3 Parc national de Nam Tok Ngao
4 Sources chaudes de Pornrang
5 Sources chaudes de Raksawarin

TRANSPORTS
6 Tha Saphan Plaa

Merveilles naturelles

SOURCES CHAUDES ET CASCADES

Ranong est connue pour ses sources chaudes. On accède facilement au **Raksawarin Hot Springs & Public Park** à pied depuis le centre-ville. Le site compte 3 sources naturelles dont la température avoisine les 65°C. Leur eau est potable, car il s'agit des seules sources chaudes de Thaïlande qui ne contiennent pas de soufre. Profitez d'un bain de pieds ou allongez-vous sur le sol chaud du complexe. Notez que la chaleur peut être excessive après 30 minutes. Le parc comporte une passerelle en bois suspendue au-dessus des sources chaudes de Raksawarin, d'où l'on prend de jolies photos. Une partie du site, gérée par une entité privée, est plus propre et moins fréquentée.

À 6 km au sud du centre-ville, les **sources chaudes de Pornrang** se composent de plusieurs bassins de températures différentes, dont un plus frais où l'on peut nager. Toujours plus au sud, à 6 km de celles-ci, le **parc national de Nam Tok Ngao** est réputé pour sa cascade à plusieurs niveaux haute de 300 m. Suivez le sentier jusqu'à la partie de la cascade où vous pourrez barboter entouré d'une forêt dense et verdoyante. Au nord, cette fois, à 33 km de Ranong, rejoignez **Khao Fa Chi** pour admirer la vue sur la Kraburi, dont les méandres forment une frontière naturelle avec le Myanmar. Les couchers de soleil y sont sublimes.

Pique-nique dans le canyon de Ranong

CIRCUIT PITTORESQUE EN DEHORS DE LA VILLE

Accessible par une route sinueuse et pittoresque, le **canyon de Ranong**, situé à l'est de la ville, possède d'abruptes falaises calcaires et un lac émeraude paisible dont les eaux ne sont troublées que par des carpes affamées. Avant le départ, achetez des en-cas thaïlandais en ville, le canyon est un lieu idéal pour pique-niquer ou simplement se détendre. La route en direction du canyon vous fera découvrir les montagnes longeant la **Mae Nam Phoemphon**, en passant par de petits villages et à proximité de temples perchés dans les collines. N'oubliez pas votre appareil photo et prévoyez assez de temps pour vous arrêter en chemin et explorer les environs.

ALLER AU MYANMAR DEPUIS RANONG

Lorsque la frontière est ouverte, des bateaux pour Kawthoung (Myanmar), partent de l'embarcadère de **Tha Saphan Plaa**, à 5 km au sud-ouest de Ranong. Les capitaines des *long-tail boats* vous conduiront au comptoir de l'immigration avant d'embarquer (100 B/pers et par trajet). Vérifiez si le prix est par personne, par trajet, pour un aller simple ou un aller-retour. Il vous faudra une photocopie de votre passeport, réalisable à l'embarcadère (5 B).

Un visa valide permet de séjourner jusqu'à 28 jours au Myanmar. Sinon, informez les autorités au poste-frontière de Kawthoung que vous venez pour la journée (frais exigés 10 $US).

COMMENT S'Y RENDRE ET CIRCULER

L'aéroport de Ranong est à 22 km au sud de la ville. Thai AirAsia assure un vol quotidien vers l'aéroport international Don Mueang de Bangkok (à partir de 1 250 B ; 1 heure 15).

Deux ferrys naviguent quotidiennement entre Tha Ko Phayam et Ko Phayam (200 B ; 2 heures), avec des retours à 8h30 et 15h. De novembre à avril, des *speedboats* (350 B ; 45 min) circulent toutes les heures de 7h30 à 17h30. Consultez le site ranongferry.com.

Le terminal des bus (Th Phetkasem), situé à 1 km au sud-est du centre-ville, est desservi par les bus bleus locaux. De là, des minibus partent pour Surat Thani (200 B ; 3 heures 30 ; départ à 6h et 14h) et Chumphon (160 B ; 2 heures ; départ ttes les heures 7h-17h).

Des motos-taxis peuvent vous emmener à peu près partout en ville pour 50 B.

Environs de Ranong : Ko Phayam

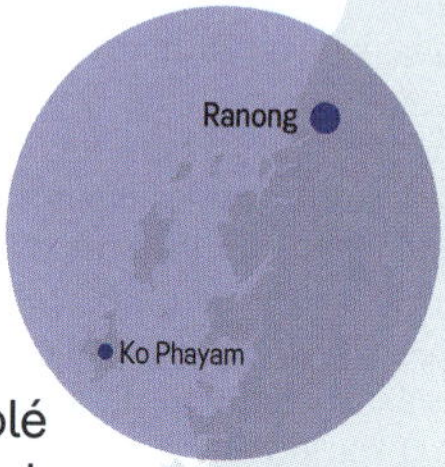

La magnifique île de Ko Phayam, petit paradis isolé dans le parc national de Laem Son, offre de superbes plages et une atmosphère décontractée.

Rustique et sauvage, on dit de Ko Phayam qu'elle est la dernière île paradisiaque de Thaïlande. Bien qu'elle ne soit plus un trésor caché, elle évoque toujours la Thaïlande d'antan. Elle ne comporte ni grands complexes hôteliers, ni supermarchés modernes, et n'a été que récemment reliée au réseau électrique. Les belles plages de sable blanc, la jungle préservée et les nombreux oiseaux (aigles de mer et calaos) sont les autres atouts de cette destination où le temps s'écoule lentement. Ko Phayam est parfaite pour les voyageurs en quête d'évasion qui souhaitent profiter du soleil, de la plage, et s'adonner au farniente.

Pour les infos pratiques, voir le Carnet d'adresses *p. 361*

À SAVOIR

Louer une moto est le meilleur moyen d'explorer l'île. N'hésitez pas à vous aventurer dans la jungle.

Ko Phayam

SHUTTER_O/SHUTTERSTOCK ©

ACHIAOS/SHUTTERSTOCK ©

Ao Khao Kwai

De plage en plage sur Ko Phayam

PLAGES DE RÊVE ET EAU CRISTALLINE

La découverte des plages est l'activité principale sur Ko Phayam. L'île en compte plusieurs où l'on peut se baigner, mais les trois plus impressionnantes sont Monkey Beach, Buffalo Beach et Long Beach. Profitez de votre séjour pour les explorer.

Atteindre **Ao Kwang Peeb** (Monkey Beach), située dans le nord de l'île, est une aventure en soi. Apportez de quoi pique-niquer en prévision d'une journée de détente et de bronzage. La plage est calme et isolée, on y trouve un restaurant thaïlandais.

Ao Khao Kwai (Buffalo Beach), au sable doré, est l'endroit idéal pour admirer le coucher du soleil. Bordée de quelques stands vendant de quoi boire et manger, cette plage du nord-ouest de l'île accueille l'iconique **Hippy Bar** et la formation rocheuse **Hin Talu**. Même lorsqu'elle est très fréquentée, elle donne le sentiment d'être loin du monde.

C'est sur **Ao Yai** (Long Beach), la plus grande plage de Ko Phayam, avec sa longue étendue de sable au sud-ouest de l'île, que se déroulent la plupart des activités. Tous les jours, les pêcheurs y lancent leurs filets. On y trouve aussi des hébergements en bungalow, des bars en plein air et des restaurants. C'est un coin idéal pour se baigner, mais attention aux déchets qui s'y accumulent durant la mousson.

Près de l'embarcadère, visitez le temple **Wat Ko Phayam** dont le majestueux bouddha doré se dresse dans la jungle.

LES INCONTOURNABLES DE KO PHAYAM

Phayamas Private Beach Resort & Island Brew
Bungalows haut de gamme sur une plage privée. Brasserie sur place, délicieuses pizzas à base de pâte maison et fruits de mer des environs. **$$$**

Flower Power Restaurant & Village
Restaurant-pizzeria servant une cuisine italienne authentique et des spécialités asiatiques (notamment des plats thaïlandais et birmans). Hébergements en bungalows et centre de massage. **$$**

Hippy Bar
Bar reggae éclectique à la façade construite uniquement en bois flotté récupéré. Idéal pour une boisson au coucher du soleil. Carte simple de plats thaïlandais. **$**

COMMENT S'Y RENDRE ET CIRCULER

Deux ferrys naviguent quotidiennement entre Tha Ko Phayam (Ranong) et Ko Phayam (200 B ; 2 heures), avec des retours à 8h30 et 15h. De novembre à avril, des *speedboats* (350 B ; 45 min) circulent toutes les heures de 7h30 à 17h30. Les ferrys et les *speedboats* sont moins fréquents durant la mousson. Consultez le site ranongferry.com avant votre départ.

Comptez 60/80 B en moto-taxi entre l'embarcadère et Ao Khao Kwai (Buffalo Beach) ou Ao Yai (Long Beach). Se déplacer à pied prend du temps : compter environ 45 minutes de marche entre l'embarcadère et Ao Khao Kwai, la baie la plus proche. Location de moto à la boutique du village à partir de 250 B par jour.

Province de Phang-Nga

Pour les infos pratiques, voir le Carnet d'adresses p. 361

Plus calme que Phuket et Krabi, cette province du sud de la côte d'Andaman séduit toutes sortes de voyageurs. Avec ses parcs nationaux, ses îles attrayantes, ses plages de sable blanc, ses cascades et ses grottes, elle ravit aussi les amoureux de nature. Elle offre des activités variées et de très beaux sites pour des sorties en bateau. Point d'accès aux trésors sous-marins des îles Similan et Surin, on trouve, aux portes de Phang-Nga, des sites de plongée légendaires, des récifs coralliens colorés et l'une des plus anciennes forêts tropicales au monde, le parc national de Khao Sok. Moins développés et plus authentiques, les villages et les villes de la province ont une culture et une histoire riches. Les îles les moins visitées possèdent de longues plages de sable doré, bordés de palmiers et de casuarinas. Le parc national maritime d'Ao Phang-Nga, aux imposantes formations calcaires, est une excursion d'une journée très prisée.

À SAVOIR

La ville de Phang-Nga, capitale de la province, est un melting-pot culturel à l'atmosphère décontractée. Elle jouit d'un cadre fabuleux dans une vallée surplombée par de sublimes falaises calcaires, et son marché, ses sites bouddhiques et ses grottes valent également le détour.

Ko Khao Phing Khan (p. 298)

VOIR

1. Hat Khao Lak
2. Khao Lak (ville)
3. Ko Khao Phing Khan
4. Ko Panyi
5. Nam Tok Sai Rung
6. Nam Tok Ton Chong Fa
7. Parc national de Khao Lak/Lam Ru
8. Parc national maritime d'Ao Phang-Nga
9. Parc national maritime des îles Similan
10. Parc national maritime des îles Surin
11. Takua Pa

SE RESTAURER

12. Phu View Restaurant

OÙ SE LOGER À KHAO LAK

JW Marriott Khao Lak Resort & Spa
Complexe 5 étoiles de style thaïlandais à Hat Khao Lak. Grand choix d'activités. **$$$**

Apsara Beachfront Resort & Villa
Pour les amoureux de la nature. Hébergements spacieux, spa, restaurant et activités. **$$**

Poseidon Bungalows
Bungalows rustiques en pierre et cabanes traditionnelles en bois dans une crique bordée par la jungle ; plage privée. **$**

SHUTTERTONG/SHUTTERSTOCK ©

Scannez ce QR Code pour en savoir plus sur les activités et les visites du village moken.

INCONTOURNABLE

Îles Similan et îles Surin

Accessibles depuis Phang-Nga et Phuket, les îles Similan et Surin sont deux des plus beaux sites de plongée et de snorkeling de la mer d'Andaman. Avec leur vie sous-marine et leurs récifs coralliens foisonnants, elles sont très appréciées des amateurs de plein air, de plongée et de détente dans une nature sauvage.

À NE PAS MANQUER

- Randonnée sur Ko Miang
- Plongée à Richelieu Rock
- Snorkeling à Ao Tao et Ao Pak Kaad
- Village moken

Parc national maritime des îles Similan

Situé à environ 70 km de la côte de Phang-Nga, le parc national se compose de 11 îles de granit, couvertes de forêts tropicales et bordées de plages de sable blanc, prisées des plongeurs émerveillés par leur eau turquoise et leurs récifs coralliens colorés. En dépit du surtourisme et du blanchissement qui a eu raison de bon nombre de coraux durs, les coraux mous demeurent intacts et la faune est abondante.

Les îles Similan permettent de plonger à des profondeurs allant de 2 à 30 m pour découvrir une vie sous-marine variée et des gorges spectaculaires, se faufiler entre les rochers ou dans des tunnels. De décembre à avril, on aperçoit de nombreuses raies mantas et, si la chance est au rendez-vous, des requins-baleines. D'autres requins sont présents, notamment des requins à pointes noires et à pointes blanches, des requins-léopards et des requins-zèbres, ainsi que quatre espèces de tortues de mer. On peut aussi croiser des carangues à grosse tête, des bancs de barracudas, des syngnathes, des rascasses et des nudibranches colorés.

Le parc est idéal pour le snorkeling, mais il peut y avoir foule à certains endroits. Torinla Island, Pakkard Bay, Jaak Bay, Tao Bay, Mae Yay Bay et Mankorn Island comptent parmi les meilleurs sites.

On accède au parc depuis **Hat Khao Lak** (p. 296), où se trouvent la plupart des écoles de plongée. L'embarcadère et le bureau du parc national sur le continent se trouvent à **Thap Lamu**, à 12 km au sud. Un centre d'accueil des visiteurs a été aménagé sur **Ko Miang**. Celui-ci est entouré d'une forêt à la faune riche comportant des sentiers de randonnée. À commencer par un petit sentier de plage long de 400 m qui mène, à l'est, à une petite baie propice au snorkeling.

Les visites s'organisent depuis Khao Lak et Phuket. Il n'est plus possible de passer la nuit dans le parc.

Parc national maritime des îles Surin

Ce parc (en photo) se compose de 5 îles magnifiques situées à 60 km au large de la côte d'Andaman et à 100 km au nord des îles Similan. Les eaux cristallines, aux teintes jade et turquoise, offrent une visibilité portant à 30 m en dehors des périodes de mousson et se prêtent parfaitement à l'observation de la vie sous-marine.

Ko Surin Tai (au sud) et **Ko Surin Neua** (au nord) sont les deux plus grandes îles. Le bureau du parc national, un centre d'information et toutes les infrastructures dédiées aux visiteurs sont installés à **Ao Chong Khad**, dans la partie sud-ouest de Ko Surin Neua. Ko Surin Tai, **Ko Torinla** (au sud) et **HQ Channel**, entre les deux îles principales, figurent parmi les principaux sites de plongée du parc. **Richelieu Rock**, un mont sous-marin à 14 km au sud-est, est également situé dans les limites du parc. C'est l'un des plus beaux spots de plongée (si ce n'est le plus beau) de la côte d'Andaman. On y croise des raies mantas, et parfois des requins-baleines en mars-avril. En raison du blanchissement des coraux durs, le snorkeling n'est plus aussi intéressant que par le passé, mais il reste agréable notamment à **Ao Tao** et **Ao Pak Kaad**, au large de Ko Surin Tai, côté est et côté sud respectivement, car on y aperçoit parfois des tortues.

Le parc est accessible depuis Khuraburi, sur le continent.

Village moken

Ban Moken, dans l'est de Ko Surin Tai, compte environ 300 habitants. Les Moken, un groupe ethnique d'origine malaise dont le nom vient du mot local *oken* ("eau salée"), sont connus pour être des nomades de la mer. Ils vivent aujourd'hui principalement du tourisme communautaire. En visitant le village sur pilotis, vous pourrez participer à des activités culturelles et découvrir les croyances et les traditions moken. Chaque année, en avril, se déroule **Loi Reua**, une importante cérémonie de culte des ancêtres.

QUAND PARTIR

Les îles Similan et Surin sont accessibles du 15 octobre au 15 mai. La meilleure époque s'étend de février à avril : la mer d'Andaman est calme et la visibilité est quasi parfaite pour la plongée et le snorkeling. Les parcs nationaux ferment en basse saison à cause des vents de la mousson, des pluies torrentielles et de la mer agitée.

À SAVOIR

- Un système de quotas permet de gérer l'affluence des visiteurs. Pensez à réserver votre excursion auprès d'un tour-opérateur local dès que vous avez vos dates de séjour.
- Le meilleur moyen de découvrir les îles est de réserver au moins 3 nuits sur un bateau. Ces croisières parcourent les plus beaux sites de plongée et de snorkeling.
- Il est impossible de passer la nuit sur les îles Similan.
- Le camping est autorisé sur les îles Surin. La réservation et l'inscription au bureau du parc national à Ao Chang Khad, dans la partie sud-ouest de Ko Surin Neua, sont obligatoires.

PHU VIEW RESTAURANT

Le Phu View est l'un des restaurants les plus connus de Khao Lak en raison de la vue exceptionnelle qu'il offre. Du sommet de la colline, on profite d'un panorama époustouflant sur la ville et le littoral accidenté. Le restaurant n'est pas donné, la plupart des plats coûtant plus de 100 B, mais la cuisine (plats fusion, plats internationaux réconfortants et spécialités thaïlandaises) est excellente : plateaux de fruits de mer, currys épicés du sud de la Thaïlande, satays de poulet avec leur sauce gourmande à la cacahuète, salade de pamplemousse frais avec des herbes locales. Pensez à réserver en soirée, les places sont chères pour profiter du coucher du soleil.

De plage en plage à Khao Lak

LES MEILLEURES ACTIVITÉS DE LA RÉGION

À 70 km au nord de Phuket, Khao Lak pourrait être décrit comme un chapelet de plages embrassant la côte ouest de Phang-Nga. La région constitue une base pratique pour des excursions aux îles Similan et Surin, dans les parcs nationaux de Khao Sok et Khao Lak/Lam Ru, à Phuket et dans tout le nord de la côte d'Andaman.

Destination familiale, Khao Lak séduit grâce à ses sites célèbres, ses marchés et sa beauté naturelle. Avec un littoral long de 25 km, la découverte des plages est une activité très prisée. Pour accéder aux plus populaires d'entre elles, louez une moto ou faites appel à un chauffeur privé. Souvent déserte, **Hat Khao Lak** est une longue plage de sable bordée de palmiers se prêtant à des promenades tranquilles. **Hat Nang Thang** comporte un phare qui offre une superbe vue panoramique, surtout au coucher du soleil. **Hat Bang Niang** fait seulement 1 km, mais elle est ombragée et appréciée des familles qui viennent y pique-niquer. On peut observer des oiseaux à **Hat Pakarang**, une longue plage paisible. **Hat Bang Sak**, avec son sable propre et son eau claire, est un peu plus isolée. C'est la plage la plus proche de Takua Pa (page ci-contre).

La région de Khao Lak a été dévastée par le tsunami de 2004. Deux mémoriaux permettent de prendre la mesure de la catastrophe. Le **Tsunami Boat 813** se trouve à l'intérieur des terres, à 2 km de Hat Bang Niang, à l'endroit où il s'est échoué. Si vous le visitez un lundi, un mercredi ou un samedi, profitez-en pour faire un tour au **marché de Bang Niang**, très animé, où l'on trouve un peu de tout : vêtements, accessoires, souvenirs, cuisine de rue, etc.

Le **Ban Nam Khem Tsunami Memorial**, à environ 20 km du centre-ville de Khao Lak, a été érigé en bord de mer. Ce monument se compose d'un bateau de pêche et de plaques commémoratives, avec une statue d'un bouddha doré qui semble veiller sur eux.

Pendant la saison humide, de mai à octobre, randonnez jusqu'aux cascades de **Nam Tok Sai Rung** et **Nam Tok Ton Chong Fa** pour vous rafraîchir dans des bassins naturels. Vous devrez traverser la jungle pour atteindre Nam Tok Tong Chong Fa : prévoyez des chaussures adaptées.

Le parc national de Khao Lak/Lam Ru

RANDONNÉE ET OBSERVATION DE LA FAUNE

Au sud de Hat Khao Lak, le vaste **parc national de Khao Lak/Lam Ru**, d'une superficie de 125 km² et en grande partie

OÙ SE RESTAURER DANS LA VILLE DE PHANG-NGA

Khun Thip's Satay
Célèbre cantine où poulet, porc, crevettes et intestins de porc marinent durant 2 jours avant d'être grillés. $

Khanom Chin Pa Son
Fines nouilles de riz servies avec l'un des 4 currys maison et plus de 20 condiments au choix. $

Krua Tonfon
Délicieuse cuisine du sud de la Thaïlande, recettes de famille et produits locaux. $$

VISITE DE LA VIEILLE VILLE DE TAKUA PA

Située au nord-ouest de la province de Phang-Nga, la vieille ville de Takua Pa est un lieu paisible qui fut autrefois un important centre de commerce de l'étain. Déambulez dans ses rues charmantes bordées de bâtiments anciens. Beaucoup d'entre eux sont toujours le siège d'activités, comme un ancien salon de coiffure, un orfèvre ou un tailleur vendant des sarongs en batik.

Commencez par le **1 marché de produits frais de Takua Pa**, au Th Montri 2, pour découvrir une multitude de fruits, de légumes et de plats thaïlandais maison. Allez vers le nord et tournez à droite sur **2 Th Sri Takua Pa**, la rue culturelle de la ville. Admirez l'architecture sino-portugaise historique avant de faire une pause au **3 Auntie Premjit Noodle Shop** pour déguster un bol de nouilles chinoises traditionnelles avec du porc caramélisé et des *wontons* croustillants. Au bout de la rue, tournez à droite et arrêtez-vous au **4 sanctuaire Guan Yu**. Datant de plus de 170 ans, il est le centre des célébrations durant la Fête végétarienne annuelle. Revenez à l'angle de la rue et tournez à droite pour accéder à la **5 Takua Pa Walking Street**, ornée de nombreuses fresques de l'artiste local Eakachai Tae Tan, qui représentent l'identité de la ville. Faites un arrêt photo devant le **6 mur de la vieille ville de Takua Pa** avant de continuer vers l'est jusqu'au **7 sanctuaire Bun Tao Kong**. Plusieurs *kopitiam* à l'ancienne servent du café thaïlandais dans cette rue. N'hésitez pas à vous arrêter pour une collation.

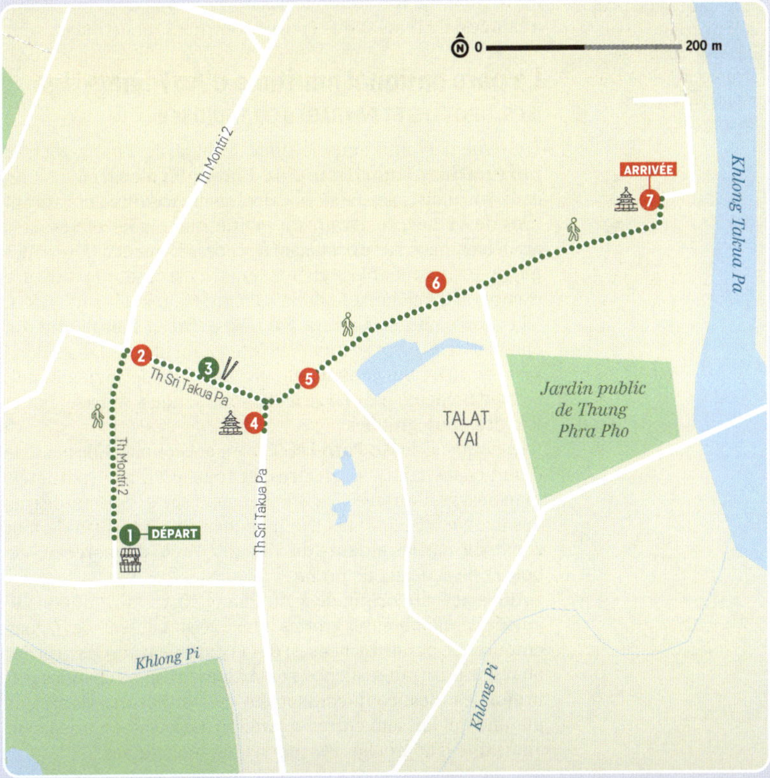

inaccessible, protège un ensemble de falaises au bord de la mer, des collines hautes de 1 000 m, des plages, des estuaires, des chutes d'eau, des vallées boisées et des mangroves. Connu pour ses deux montagnes, Khao Lak et Lam Ru, il comporte plusieurs sentiers de randonnée et d'observation de la faune, de niveau facile à modéré. Le parc est l'occasion d'une escapade dans la nature dont toute la famille peut profiter. On peut y observer différentes espèces d'oiseaux, notamment des calaos bicornes et des drongos. On y croise aussi singes, tapirs, ours noirs d'Asie, saros et varans du Bengale.

Lamru Viewpoint-Little White Sandy Beach Trail est un sentier facile de 1,4 km qui suit un chemin côtier à travers la forêt, passe par des plages calmes et permet d'accéder au point de vue de Lamru. Le **Lam Ru–Hin Laad Waterfalls Trail** est d'un niveau modéré. Ce sentier bien balisé de 1,3 km traverse la forêt et mène à deux cascades, Lam Ru et Hin Laad.

La randonnée la plus difficile est celle menant à **Nam Tok Ton Chong Fa**. Sur ce sentier de 3,9 km, qui passe par des parties densément boisées, on peut observer plusieurs espèces d'oiseaux et d'animaux. La cascade de Nam Tok Ton Chong Fa impressionne avec ses 5 niveaux. La randonnée est déconseillée durant la saison des pluies (en général de mai à octobre), le sentier pouvant être raviné par les pluies torrentielles.

Situé à environ 3 km au sud de Khao Lak, le parc est accessible en taxi ou en voiture de location. Prévoyez des chaussures adaptées, de l'eau et du répulsif contre les moustiques.

POINT DE VUE DE SAMET NANGSHE

Autrefois connu des seuls initiés, ce point de vue, du côté ouest de la baie de Phang-Nga, est désormais une des attractions touristiques les plus populaires de la région. Situé sur un terrain privé, à 800 m de hauteur, il offre une vue époustouflante sur Ao Phang-Nga. On peut le rejoindre à pied (20 min de montée ardue) ou avec l'un des pick-up qui attendent en bas. Bien que l'endroit soit très fréquenté, la vue sublime compense largement l'agitation ambiante. L'accès est payant.

Le parc national maritime d'Ao Phang-Nga

ÎLES, GROTTES ET PAYSAGES GRANDIOSES

Également connu sous le nom de baie de Phang-Nga, le **parc national maritime d'Ao Phang-Nga** charme par ses eaux turquoise, ses falaises calcaires imposantes encadrant près de 42 îles, ses grottes à moitié immergées et ses sites archéologiques. Avec beaucoup de choses à voir et à faire et des paysages inoubliables, visiter le parc est une merveilleuse excursion d'une journée depuis Phang-Nga, Krabi ou Phuket.

Le site le plus célèbre est **Ko Khao Phing Khan**, que l'on aperçoit dans *L'Homme au pistolet d'or*, un film de James Bond sorti en 1974. Surnommé aujourd'hui "l'île de James Bond", ce bloc rocheux, plus large à son sommet qu'à sa base, fait la joie des photographes.

La petite île de **Ko Panyi** est également connue. Elle possède d'immenses falaises calcaires, et tout le village (paillotes, maisons, restaurants...) a été aménagé sur pilotis au-dessus des eaux environnantes. Ne manquez pas le terrain de foot construit par les enfants du village à l'aide de morceaux de bois et de radeaux de pêche.

Autre activité originale à Ao Phang-Nga : faire une visite guidée des nombreuses grottes immergées et des *hôrng* (lagons entourés de parois rocheuses) de la baie en kayak. Ces grottes, où règne un étrange silence, sont baignées d'eaux chaudes peu profondes. Beaucoup comportent des ouvertures dans leur plafond qui laissent entrer la lumière. Le kayak est une façon amusante d'approcher ces merveilles géologiques.

Parc national de Khao Lak/Lam Ru (p. 296)

Certaines îles calcaires, comme Khao Khian, Ko Panyi, Ko Raya, Tham Nak et Ko Phra At Thao, sont ornées de gravures et peintures préhistoriques sur les parois et voûtes des grottes, les abris sous roche, les falaises ou les massifs rocheux. À Khao Khian (le site le plus visité), on peut voir notamment des représentations d'hommes, poissons, crabes, oiseaux, éléphants, ainsi que des bateaux et du matériel de pêche.

Pour accéder au parc national maritime d'Ao Phang-Nga, louez un *long-tail boat* ou un *speedboat* face au bureau du parc, situé à Tha Dan, à 2,6 km du centre de Phan-Nga. De nombreuses agences dans toute la province proposent des excursions d'une journée. Les prix variant, renseignez-vous dans plusieurs endroits.

COMMENT S'Y RENDRE ET CIRCULER

L'aéroport le plus proche est l'aéroport international de Phuket. Khao Lak se situe à environ 100 km au nord ; la course en taxi privé coûte entre 2 500 B et 3 500 B.

Les *long-tail boats* sont prisés pour découvrir les îles de la baie de Phang-Nga. Le prix varie selon la destination, mais la journée revient généralement entre 2 000 B et 3 000 B.

Des bus locaux et nationaux partent des terminaux de bus 1 et 2 de Phuket à destination de la gare routière de Phang-Nga. De là, les bus continuent leur route pour desservir les destinations populaires de la province avant d'arriver à Surat Thani. Réservez votre billet la veille.

Les taxis sont disponibles facilement, à partir de 100 B. Négociez le prix si vous allez un peu loin ou organisez un voyage privé. On trouve des motos-taxis partout. Les prix des petits trajets dans la ville de Phang-Nga ou le centre-ville de Khao Lak démarrent à 50 B. Il est aussi possible de louer une voiture ou une moto dans le centre-ville de Khao Lak.

Environs de Phang-Nga

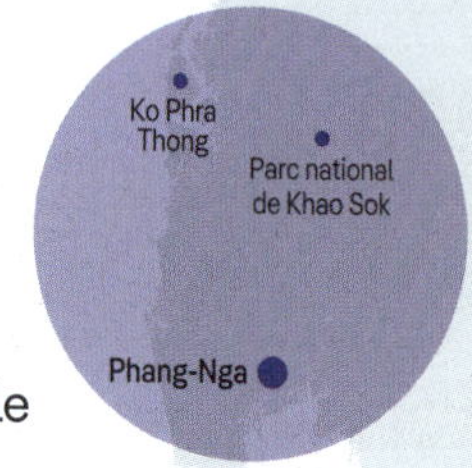

Découvrez la beauté naturelle et les plages préservées de Ko Phra Thong, ainsi que la jungle de plaine du parc national de Khao Sok.

Les environs de Phang-Nga comptent deux lieux remarquables. Ko Phra Thong est une île isolée avec de superbes dunes de sable blanc, des plages magnifiques et des prairies évoquant la savane africaine. C'est un des sites d'observation des oiseaux les plus réputés de Thaïlande. Selon la légende, des pirates y auraient enterré un bouddha en or massif il y a plusieurs siècles. La statue n'a jamais été retrouvée, mais le sable étincelant dcs plages de l'île, ses mangroves, la riche faune aviaire et ses orchidées rares sont bel et bien des trésors. Le parc national de Khao Sok, à l'intérieur des terres, est, quant à lui, un site réellement magique. Recouvert d'une des plus anciennes forêts tropicales à feuilles persistantes au monde, il abrite de magnifiques formations karstiques, ainsi qu'un lac d'un vert émeraude éclatant.

Pour les infos pratiques, voir le Carnet d'adresses *p. 362*

À SAVOIR

Pour y accéder plus facilement, visitez Ko Phra Thong pendant la saison sèche (novembre à mai).

Ko Phra Thong (p. 301)

MIKE HOLP/SHUTTERSTOCK ©

Lac Chiaw Lan (p. 302)

Aventures sur l'île de Ko Phra Thong

PAYSAGES SINGULIERS ET PLAGES DÉSERTES

Située au nord-ouest de la province de Phang-Nga avec, au large, les îles Similan au sud et les îles Surin au nord, l'île isolée de Ko Phra Thong offre des paysages variés à explorer. On vient avant tout y profiter de la nature et paresser sur ses plages.

En novembre et décembre, découvrez sa **savane**. Les champs prennent à cette période des teintes jaune d'or. Restez à l'affût des lézards des souches, des martins-pêcheurs et du marabout chevelu, une espèce en voie d'extinction. La plupart des hébergements de l'île proposent une sortie au lever du soleil, qui permet de voir la savane prendre vie.

Consacrez également du temps aux vastes plages de l'île, souvent désertes, telles que **Golden Buddha Beach**, qui s'étend sur 10 km au sud-ouest de l'île. **Ao Phra Thong**, orientée à la fois à l'est et à l'ouest, est protégée par les îles périphériques de Ko Pling où les vagues se brisent avant d'arriver dans la baie.

ACTIVITÉS ET VISITES SUR KO PHRA THONG

De mi-octobre à avril, des activités et des excursions sont organisées sur Ko Phra Thong, que l'on peut réserver à la réception ou au restaurant de l'Horizon Eco Resort. Depuis la plage, à marée haute, vous partirez en kayak dans les mangroves pour tenter d'apercevoir des singes, des calaos et de grands crabes dans leur habitat naturel. Vous partirez en excursion à la journée aux îles Surin (p. 294) et ferez du snorkeling à l'occasion d'une sortie en bateau. Vous découvrirez aussi la vie sous-marine avec palmes, masque et tuba autour des îles de **Ko Pling** et **Ko Pling Noi**, au large de Ko Phra Thong. Les coraux y sont rares, mais la faune marine y est abondante et vous verrez de nombreuses espèces de poissons.

OÙ SE LOGER SUR KO PHRA THONG

Moken Eco Village
Bungalows en bois haut de gamme avec chambres familiales et coin salon. Restaurant et plage privée. $$

Mr Chuoi Bar & Hut
Bungalows simples, restaurant thaïlandais, aire de pique-nique, aire de jeux pour enfants et réception ouverte 24h/24. $

Horizon Eco Resort
Bungalows sobres avec balcon et douche froide. Restaurant et bar de plage. Tour-opérateurs, Wi-Fi gratuit. $

EXPÉRIENCE CULINAIRE DANS LA JUNGLE

Vous souhaitez apprendre à être un vrai Robinson en cuisinant dehors sur un feu de bois au moyen de tiges de bambou évidées ? À Khao Sok, des cours de cuisine enseignent notamment comment faire un feu en toute sécurité et comment choisir les tiges de bambou pour confectionner ustensiles et plats. Le guide anglophone de **Our Jungle House** vous apprendra aussi à préparer un authentique curry vert avec poulet au barbecue et riz enveloppé dans des feuilles sauvages et cuit dans des tiges de bambou, ainsi que de délicieux pancakes. Vous dégusterez ensuite votre repas au bord de la rivière ou au restaurant du *resort*. Le cours dure 2 heures 30 et inclut les ingrédients et l'eau.

Découverte du parc national de Khao Sok

PAYSAGES D'UN AUTRE MONDE ET JUNGLE DENSE

Le **parc national de Khao Sok** permet une multitude d'activités et d'expériences mémorables dans un cadre extraordinaire : hautes falaises calcaires, formations rocheuses gigantesques et forêt tropicale dense. Ce parc national, un des plus beaux de Thaïlande, séduira les amoureux de nature et les personnes en quête de tranquillité.

Imprégnez-vous de ses superbes paysages en vous rendant notamment au **lac Chiaw Lan**, un des plus beaux sites de la région, situé à 65 km (1 heure de route) à l'est du **bureau du parc national de Khao Sok**. Ce lac artificiel de 162 km² a été créé en 1982 après la construction du barrage de Ratchaprapha. Une sortie en *long-tail boat* sera l'occasion de naviguer entre les affleurements calcaires qui peuvent atteindre 960 m de hauteur et émergent du lac, de faire des arrêts dans les petites grottes et de se baigner.

Si vous avez l'esprit aventureux, réservez un **trek** dans la jungle. Il est possible de randonner de jour et de nuit. Quand c'est la bonne période, les sorties pour admirer la *Rafflesia*, une fleur rare et énorme qui peut atteindre 1 m de diamètre, sont très courues. Quelques randonnées sont faisables en autonomie avec un plan disponible au bureau du parc national, mais mieux vaut opter pour une randonnée guidée. Les sentiers sont bien balisés et vous pourrez observer singes, chauves-souris, grosses araignées, serpents et calaos. Le parc compte plusieurs cascades, notamment celle de **Nam Tok Ton Kloi**. La randonnée de 7 km qui y mène est très appréciée, car le chemin s'enfonce dans la jungle et passe devant plusieurs autres cascades. Prévoyez toujours des chaussures adaptées.

Plusieurs tour-opérateurs sont présents le long de la route vers le parc national. Votre hébergement peut aussi se charger de vous réserver des excursions.

COMMENT S'Y RENDRE ET CIRCULER

Ko Phra Thong est uniquement accessible par bateau, soit depuis Tha Saphan Pla, près de l'embarcadère du parc national de Ko Surin, à 7 km au nord de la ville de Khuraburi, soit depuis la rampe de mise à l'eau de Bang Det (Mangrove Pier), à environ 5 km de la ville. Comptez 1 000 B pour vous rendre sur l'île par vous-même. Le trajet en bateau dure environ 1 heure 30. On peut louer sur l'île des vélos (100 B/jour) et des motos (300 B/jour).

Le parc national de Khao Sok est accessible depuis Phuket, Krabi, Khao Lak (à Phang-Nga) ou Surat Thani où l'on trouve des bus et des minibus à partager. Les places étant limitées, la réservation est conseillée. Le bus vous déposera à la gare routière, une petite cabane installée le long de la route principale, à l'entrée du parc. Si votre hébergement ne propose pas de navette, vous trouverez des taxis à la gare routière. La plupart des hébergements, dans le parc et à proximité, louent des motos et des vélos ; les prix varient.

Phuket

Destination idyllique pour les voyageurs en quête de soleil, la perle de la mer d'Andaman est surtout connue pour ses plages de sable fin et la vie nocturne de la tristement célèbre Th Bangla, à Patong. Mais Phuket est aussi un carrefour culturel, un lieu avec son identité propre, son histoire et son patrimoine. Sa vieille ville est le centre culturel de l'île et un paradis pour les gourmets tentés par les spécialités locales – Phuket a été désignée Ville créative de gastronomie par l'Unesco. En vous aventurant loin de la foule, dans les terres, en visitant ses sites emblématiques, ses temples, ses sanctuaires, et en allant à la rencontre des habitants avec le tourisme communautaire, vous découvrirez que Phuket a beaucoup à offrir et ne se résume pas à une station balnéaire exotique. Phuket s'adapte à tous les budgets, elle est aussi luxueuse, avec ses complexes 5 étoiles, qu'abordable.

Pour les infos pratiques, voir le Carnet d'adresses p. 362

À SAVOIR

Choisissez votre plage préférée (la côte ouest est la plus prisée) et faites-en votre base pour explorer l'île et découvrir des îles isolées, participer à des excursions aventureuses, et profiter d'activités en famille.

Vieille ville de Phuket (p. 305)

VOIR

1. Baan Ar-Jor
2. Baan Bo Rae
3. Coral Island
4. Grand Bouddha
5. Hat Bang Tao
6. Hat Kata
7. Hat Mai Khao
8. Hat Rawai
9. Ko Bon
10. Patong
11. Sanctuaire des éléphants de Phuket
12. Vieille ville de Phuket
13. Wat Chalong

Wat Phra Nang Sang voir 14

14. Wat Phra Thong

SHOPPING

15. Marché de Chillva

Visite de la vieille ville de Phuket

SITES HISTORIQUES À NE PAS MANQUER

Très animée, la vieille ville de Phuket regorge de *shophouses* (maisons de négoce) sino-portugaises aux tons pastel, d'anciennes demeures coloniales, de *kopitiam* (café) de style chinois et propose un incroyable choix d'établissements et de gargotes où se restaurer. Ce quartier historique est petit, mais ne manque pas d'attraits, notamment pour ses fresques de street art et l'animation qui y règne.

Les principales rues de la vieille ville de Phuket sont **Th Thalang**, **Phang-Nga**, **Dibuk**, **Yaowarat**, **Krabi**, **Ratsada** et **Ranong** ; la discrète ruelle de **Soi Romanee** était autrefois le quartier chaud de la ville.

Th Thalang, au cœur du quartier, est bordée de *shophouses* colorées rénovées avec soin. C'est là également que se trouvent le délicieux restaurant **Kopitiam by Wilai** (p. 309) et la plus ancienne boutique de plantes médicinales chinoises de Phuket, **Nguan Choon Tong**.

Th Phang-Nga accueille le charmant **sanctuaire de la Lumière sereine** (ou sanctuaire Sang Tham), un beau temple chinois à l'extérieur extravagant, aux murs décorés de gravures taoïstes et au plafond voûté taché par les volutes d'encens. La rue abrite aussi le premier hôtel de Phuket, le **Memory at On On Hotel**, construit en 1927, et **Khun Jeed Yod Pak**, un des meilleurs restaurants de la ville, réputé pour son *radna*, un plat de nouilles sino-thaïlandais servi avec de la viande ou des fruits de mer et nappé d'une sauce épaisse.

Dans **Th Krabi**, le **Phuket Thaihua Museum** présente l'histoire des Chinois Hokkien à Phuket, la cuisine, la mode et la littérature locales, et explique comment l'exploitation des mines d'étain a transformé l'île. Vous y verrez aussi l'ancienne demeure coloniale **Baan Chinpracha**, non loin de l'élégante demeure transformée en restaurant et en école de cuisine, **Blue Elephant**.

Dans les autres rues, vous découvrirez des musées, d'anciennes demeures et un *food court* thaïlandais.

SOI ROMANEE

Considérée comme l'un des trésors cachés de la vieille ville de Phuket, la jolie ruelle de Soi Romanee était autrefois un quartier chaud fréquenté par les ouvriers chinois venus travailler sur l'île durant l'âge d'or des mines d'étain. Soi Romanee signifie à peu près "coquin avec les femmes".

Aujourd'hui, la ruelle est un incontournable : on y trouve d'anciennes *shophouses* sino-portugaises aux tons pastel, des cafés, des boutiques de souvenirs et le célèbre glacier **Torry's Ice Cream**, réputé pour ses parfums locaux. Quelques habitants occupent toujours ces *shophouses* devant lesquelles sont disposés de petits autels chinois garnis de fruits frais en offrande aux ancêtres.

Une soirée au cabaret à Phuket

LA MAGIE DES ARTS DE LA SCÈNE

Les spectacles de cabaret de Phuket sont célèbres dans le monde entier. Depuis 1991, le célèbre **Simon Cabaret Phuket** réjouit son public. Le show – musique live, danse et comédie – est assuré par une troupe d'artistes transgenres talentueux. Couleurs, lumière et costumes extravagants sont ici au service de performances originales sur fond de musiques et de cultures

CAFÉS GOURMANDS À PHUKET

Outstanding Market Goods
Galerie et boutique branchée, près du marché de produits frais du centre-ville. Produits locaux et en-cas originaux.

Paradai Phuket
Shophouse de style peranakan où déguster des chocolats aux saveurs atypiques.

Tian Tian Phuket Dessert Cafe
Adresse authentique pour gourmands, déco chinoise et spécialités locales.

PHUKET DANS LES PAS DE SES HABITANTS

Cette agréable promenade débute à **1 Nana Babin**, une boutique de desserts thaïlandais sur Th Ratsada. Achetez un pancake à la noix de coco et rejoignez la **2 Surin Circle Clock Tower**, une tour de style sino-portugais surmontée d'une horloge installée au milieu d'un rond-point fleuri de Th Phuket. Traversez la rue et attablez-vous au **3 Mee Ton Poe Restaurant**, apprécié des habitants et qui appartient à la même famille depuis 3 générations. Fondée en 1946, cette adresse est réputée pour ses nouilles et son *mèe pad hokkien* (nouilles sautées au porc, crevettes, boulettes de poisson et légumes dans un bouillon). Dirigez-vous vers Soi Talingchan, une agréable rue arborée. En chemin, vous passerez devant la **4 mosquée Masjid Yamek** avant d'atteindre la jolie **5 église catholique Notre-Dame-de-l'Assomption**, aux murs verts et blancs, où officie un prêtre thaïlandais. Continuez jusqu'au canal, puis tournez à droite sur Th Takuapa pour rejoindre Th Ratsada.

Avant de traverser le rond-point vers Th Ranong, vous remarquerez la longue file d'attente devant **6 Phuketique**. On s'y presse pour ses toasts au beurre noisette avec de la glace à la vanille et du miel. Plus loin, sur Th Ranong, vous ferez face à l'immense **7 marché central de Phuket**. Véritable paradis sensoriel, boutiques cachées et stands de cuisine de rue s'y succèdent. On y trouve notamment un vaste choix de pâtes de curry fraîches.

Sortez à l'arrière du marché et cherchez le **8 Mingalar Coffee Shop** qui propose des plats maison du Myanmar, comme la salade de feuilles de thé et le pain plat cuit au charbon de bois.

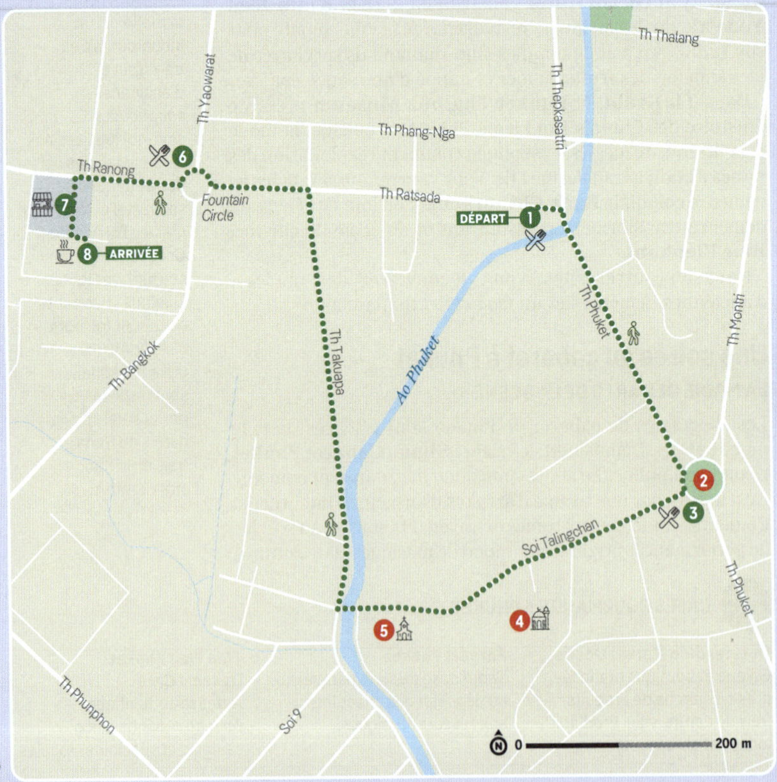

du monde entier. Durant 1 heure 10, les tableaux s'enchaînent et les artistes, aux tenues scintillantes, excellent dans leurs chorégraphies.

Encore plus extravagant, le **Junkyard Theatre** est un lieu de créativité éclectique où se jouent des spectacles loufoques s'inspirant de la vie des Thaïlandais et des expatriés, ainsi que du paysage culturel de Phuket. Laissez-vous emporter par des numéros musicaux décalés, des décors minutieusement travaillés et le comique des dîners-spectacles de style cabaret. En juxtaposant l'Orient et l'Occident, le Junkyard Theatre met en scène un choc des cultures complètement délirant. Ne manquez pas cette parodie amusante de la culture thaïlandaise lors de votre passage à Phuket.

Chaque samedi soir, se joue *A Night at the Junkyard,* un fabuleux spectacle de cabaret, extravagant et un peu coquin, réservé aux plus de 16 ans. Ce dîner-spectacle de 2 heures 30 commence à 19h30. Le billet (2 500 B) comprend le spectacle, un dîner composé de 3 plats, eux aussi avec leur touche d'originalité, préparés avec des produits locaux, et une boisson.

La troupe talentueuse, qui joue en anglais, en thaïlandais et en russe, se compose d'artistes thaïlandais et occidentaux qui font corps dans l'absurdité et l'humour. Ils présentent des numéros musicaux sensationnels, des sessions de breakdance énergiques et bien d'autres surprises. Ce lieu a été créé par John et Zac Underwood, un extraordinaire duo père-fils de designers qui exerce ses talents sur place, à l'Underwood Art Factory : le Junkyard s'efforce en effet d'utiliser des objets mis au rebut pour créer les décors et fabriquer des accessoires sur mesure.

Visite de Baan Ar-Jor

UN VOYAGE EN 1936

À la fois maison d'hôtes, restaurant et musée, le **Baan Ar-Jor** rend hommage à l'influence de la culture peranakan sur Phuket. Datant de 1936, cette belle demeure coloniale de style chinois se situe dans un écrin naturel au nord de Phuket, près de Hat Mai Khao. Construite par l'homme d'affaires Tan Jing Nugn, la maison fut abandonnée pendant plus de 37 ans avant que la quatrième génération de la famille Nugn décide de lui redonner vie. Aujourd'hui restaurée, c'est l'une des plus belles demeures historiques de Phuket, offrant un cadre unique où séjourner.

Cette résidence de 8 pièces a retrouvé ses couleurs et ses carrelages (mur et sol) d'origine. Les antiquités et les objets de famille qui la décorent témoignent de la riche histoire des Nugn. Les petites chambres ont été aménagées avec des meubles anciens, dans le style des lieux, et on relève un peu partout

PERANAKAN PHUKET MUSEUM

La communauté sino-thaïlandaise peranakan, connue localement sous le nom de "Phuket Babas", est principalement d'origine hokkien. Elle a préservé sa culture et ses traditions qui demeurent solides à Phuket. On estime qu'au moins 70% de la population de l'île aurait des racines peranakan, c'est à dire qu'elle serait issue des descendants des premiers colons chinois de l'archipel malais.

Arrivés en masse à Phuket durant l'âge d'or des mines d'étain, les Peranakan sont devenus une des communautés les plus prospères d'Asie du Sud-Est. Installé dans le quartier de Thalang, au nord de l'île, le Peranakan Phuket Museum présente le mode de vie traditionnel, mais aussi l'art, la culture et la cuisine locale. On peut y admirer des tenues traditionnelles, des objets laqués et des bijoux.

ACTIVITÉS EN FAMILLE À PHUKET

Andamanda Phuket
Le plus grand parc aquatique de Phuket : toboggans, piscines, restaurants et aires de jeu. Pour tous les âges.

Blue Tree
Vaste parc aquatique à Cherngtalay, avec toboggans, tyroliennes, paddles et boutiques.

Baan Teelanka Upside Down House
Maison-musée construite "à l'envers" pour des séances photo mémorables.

LES MEILLEURES SPÉCIALITÉS DE PHUKET

La cuisine thaïlandaise de Phuket combine des influences variées venues de Chine, de Malaisie, du sud de la Thaïlande et du Myanmar. Certaines spécialités de l'île sont introuvables dans d'autres régions du pays, ne passez pas à côté !

Le *hokkien mee*, des nouilles de style hokkien servies avec du porc braisé, du calamar, des légumes et une sauce épaisse, et le *por pia*, des rouleaux de printemps frais garnis de porc braisé ou croustillant, de crevettes, de laitue et de navet, accompagnés d'une sauce sucrée, figurent parmi les meilleurs plats locaux. En dessert, tentez le célèbre *o-aew*, une gelée à base de banane servie avec de la glace pilée et du sirop.

Simon Cabaret Phuket (p. 305)

des détails historiques. Dans le bureau, on découvre une carte originale de Phuket en 1900, avant la construction du Sarasin Bridge qui relie l'île au continent. La demeure est ouverte aux visiteurs tous les jours de 10h à 21h, mais pour en apprécier réellement l'atmosphère, il est conseillé d'y passer la nuit.

Si vous le pouvez, dînez au **Toh-Daeng Restaurant**, récompensé en 2022 d'un Bib Gourmand au Michelin pour son rapport qualité/prix. Le menu met à l'honneur des recettes anciennes transmises de génération en génération, réalisées à partir de produits locaux et bios. Parmi les plats recommandés, citons le homard de Phuket, le curry rouge avec ramboutan et porc grillé aux noix de cajou, et le crabe. Le restaurant ne compte que 30 places. Réservez.

Les propriétaires de Baan Ar-Jor, surnommée la "maison des opportunités", sont très impliqués dans la vie locale et apportent notamment leur soutien aux enfants défavorisés de Mai Khao. Les recettes générées par les droits d'entrée (200 B/pers) sont reversées à l'école Baan Mai Khao à des fins éducatives. Des œuvres réalisées par les enfants des environs sont exposées au musée et disponibles à l'achat.

LES MEILLEURES ACTIVITÉS À HAT MAI KHAO

Mai Khao Marine Turtle Foundation
Protection des tortues de mer venant nicher et actions en faveur de la propreté de la mer.

Wat Mai Khao
Temple de quartier très bien entretenu et très apprécié, avec une belle salle principale.

Parc national de Sirinat
Couvre à la fois les plages de Nai Yang et de Mai Khao. On y vient pour observer des tortues bâtardes.

Promenade gastronomique dans la vieille-ville de Phuket

GOÛTEZ LES SAVEURS DU SUD

En réalisant une promenade gastronomique dans la vieille ville de Phuket, vous découvrirez les secrets des nombreuses saveurs de l'île, mais aussi des endroits connus des seuls habitants. Vous apprécierez la cuisine de l'île, notamment ses influences thaïlandaises, malaises, birmanes et chinoises et les plats qui en découlent, ainsi que l'histoire et la culture de Phuket.

Vous pouvez participer, à l'heure du déjeuner, à une visite consacrée aux délicieuses saveurs du Sud avec les guides locaux de **A Chef's Tour**. Ce circuit à pied est un véritable festin ambulant à faire en petits groupes (maximum 8 personnes). Vous entrerez dans des salons de thé birmans, dégusterez de délicieux currys servis avec des naans cuits au feu de bois, goûterez les meilleures nouilles hokkien dans une cantine à la longue tradition familiale et savourerez des brochettes de porc fraîchement grillées nappées d'une sauce crémeuse à la cacahuète. Parcourez aussi les rues et les ruelles de la vieille ville pour goûter plein d'autres plats.

Découvrir les temples de Phuket

LES SITES RELIGIEUX DE L'ÎLE

Phuket compte de nombreux temples bouddhiques (*wat*) et sanctuaires taoïstes chinois. Ne manquez pas ces symboles importants de la culture et de la religion thaïlandaises. N'oubliez pas qu'il s'agit de lieux de culte sacrés et faites preuve de respect : portez une tenue appropriée (femmes et hommes doivent couvrir leurs épaules et leurs genoux), ôtez vos chaussures avant d'entrer et tenez compte des panneaux interdisant les photos.

Le temple le plus connu de Phuket est le **Wat Chalong**. La grande pagode est la pièce maîtresse de l'édifice et abriterait un éclat d'os de Bouddha. Des peintures murales illustrant la vie du sage en décorent joliment l'intérieur. On y trouve également plusieurs grandes statues de bouddha doré.

Wat Chalong

HAT MAI KHAO

La côte nord-ouest est l'un des endroits les plus agréables de Phuket. Les plages sont isolées et tranquilles, et la nature et le tourisme parviennent encore à coexister. Protégée par le parc national de Sirinat, la splendide **Hat Mai Khao** est une bande de sable blanc de 10 km qui s'étend jusqu'à proximité des pistes de l'aéroport international de Phuket. Il est impressionnant de voir les avions en phase d'atterrissage passer au-dessus de la plage. Vous pourrez aussi expérimenter le tourisme communautaire. Les habitants sont amicaux et aiment lier connaissance. Vous serez toujours accueillis avec le sourire.

À Hat Mai Khao, on peut évidemment nager et bronzer, mais aussi s'essayer à la chasse au crabe-taupe, avec l'aide des pêcheurs qui vous montreront où ils se cachent. Ces crabes sont considérés comme un mets délicat et cher.

OÙ SE RESTAURER COMME UN HABITANT À PHUKET

Lock Tien Food Court
Le plus ancien *food court* de l'île. Spécialités de Phuket, comme le *lo ba* (abats de porc frits). **$**

Mor Mu Dong
Dans une forêt de mangroves, restaurant prisé pour ses plats authentiques du sud de la Thaïlande. **$$**

Kopitiam by Wilai
Petit restaurant de la vieille ville, sur Th Thalang. Goûtez son délicieux *mŏo hong* (porc braisé au poivre et ail). **$$**

SERGII FIGURNYI/SHUTTERSTOCK ©

INCONTOURNABLE

Îles et plages de Phuket

Phuket compte plus de 30 plages, sublimes, chacune avec sa personnalité. Certaines semblent encore secrètes, tandis que d'autres sont prisées des surfeurs et des familles... Les îles au large, avec leurs récifs coralliens foisonnant de vie et leur sable fin, sont tout aussi impressionnantes. Elles se visitent idéalement sur une journée, en louant un *long-tail boat* privé.

À NE PAS MANQUER

- Hat Kata
- Hat Nai Harn
- Freedom Beach
- Banana Beach

Les plus belles îles au large de Phuket

Après quelques jours de détente sur les plus belles plages de Phuket, vous aurez peut-être envie de rejoindre les îles. Avant de prendre le large, profitez de **Hat Kata** et de ses deux belles plages jumelles animées propices au surf d'avril à novembre. Louez un *long-tail boat* pour rallier **Freedom Beach**, une plage à l'écart du monde. Il ne s'agit pas d'une île, mais il est plus facile de la rejoindre en bateau qu'en marchant à travers la jungle. Sur la côte sud de Phuket, consacrez une journée à **Hat Nai Harn**, un magnifique croissant blanc, baigné par des eaux turquoise et bordé par des filaos et un *wat*. Prenez ensuite un taxi pour Hat Rawai, et louez un *long-tail boat* (à partir de 1 500 B) pour visiter Ko Bon et Coral Island (voir plus bas). Vous pourrez aussi louer un *speedboat* pour Ko Raya.

RICHARD WHITCOMBE/SHUTTERSTOCK ©

PLONGER À KO RAYA NOI

En raison de leur profondeur, les sites de Ko Raya Noi s'adressent davantage aux plongeurs expérimentés. Certains se prêtent à l'observation des raies mantas et, durant la haute saison, des requins-baleines.

Ko Bon

À quelques minutes en *long-tail boat* de Hat Rawai, la petite île de Ko Bon possède deux plages et est couverte de jungle. Un restaurant thaïlandais en plein air, très populaire, sert des plats simples et des fruits de mer tout juste pêchés dans la mer d'Andaman. Ce n'est pas l'île la plus impressionnante, mais elle est charmante et souvent déserte, même en haute saison. Allez-y pour échapper à la foule, savourer un déjeuner aussi délicieux que peu coûteux et piquer une tête.

Coral Island

Coral Island est une destination prisée pour des excursions d'une journée depuis Chalong et Rawai, au sud de Phuket. L'île comporte deux plages principales, **Long Beach** et **Banana Beach**, et ravit les amateurs de snorkeling et de sports nautiques. On ne peut pas dire que l'île soit "tranquille", mais elle est agréable pour s'amuser une journée. Pensez à louer du matériel de snorkeling pour explorer le récif non loin de Banana Beach qui regorge de poissons tropicaux. Sur place, on peut louer transats, parasols et chaises de plage, et profiter d'un restaurant, d'un bar de plage et de services de massage. Si vous souhaitez tout de même un peu plus de calme, venez en semaine, car certains tour-opérateurs planifient des excursions à Coral Island le week-end, ce qui attire les foules.

Ko Raya

Ko Raya (ou Ko Ratcha ; photo, à gauche) se compose de deux îles : **Ko Raya Yai** et **Ko Raya Noi**. Leurs eaux translucides sont appréciées des amateurs de snorkeling et des plongeurs de tous niveaux. Faciles d'accès en *speedboat*, les îles sont très animées le jour et plus paisibles en soirée. Ko Raya Yai compte quelques hébergements, bars et restaurants.

À SAVOIR

- Il est conseillé de visiter Ko Bon, Coral Island et Ko Raya tôt le matin avant que les excursionnistes ne débarquent pour la journée. Vous aurez la mer pour vous tout seul et surtout plus de chance d'observer la vie marine et d'apprécier la beauté naturelle des lieux.
- Tous les *long-tail boat* au départ de Hat Rawai proposent la location de matériel de snorkeling. Si vous optez pour une excursion d'une journée, le forfait inclut en principe le matériel (snorkeling ou plongée) et souvent le déjeuner, des collations, des boissons sans alcool et de l'eau.

STEFAN CRISTIAN CIOATA/GETTY IMAGES ©

Grand Bouddha

LA FÊTE VÉGÉTARIENNE À PHUKET

Cet événement de 9 jours se tient durant le neuvième mois lunaire du calendrier chinois, généralement en octobre ou novembre. Ce festival honore les 9 dieux empereurs et célèbre la croyance de la communauté sino-thaïlandaise selon laquelle s'abstenir de consommer de la viande et d'autres stimulants permettrait de rester en bonne santé et d'avoir l'esprit en paix. La fête est connue pour ses pratiques extrêmes – marcher sur le feu, se percer les joues avec toutes sortes d'objets –, âmes sensibles s'abstenir ! Ceux qui jouent le rôle de médiums pour les dieux se livrent à l'automutilation et à l'autoflagellation afin de purifier leur corps et leur esprit.

Le **Wat Phra Thong**, “temple du Bouddha doré”, est un petit temple dans le nord de Phuket aménagé autour d'une statue semi-enterrée de Bouddha dont seules la tête et les épaules sont visibles. Selon la légende, le bouddha émergea un jour du sol et toutes les personnes qui auraient essayé de le déterrer auraient été maudites. Vieux de 250 ans, c'est l'un des plus anciens temples de l'île et il mérite vraiment une visite.

Le **Grand Bouddha** est le monument le plus vénéré de Phuket. Haute de 45 m, la statue recouverte de marbre blanc birman surplombe la baie de Kata, Karon et les petites îles de la baie de Chalong depuis les collines de Nakkerd. Bien que le site soit assez touristique, le tintement des clochettes et le claquement des drapeaux dégagent une énergie singulière. Sa vue panoramique et son atmosphère décontractée rendent la visite agréable. Les plus courageux pourront le rejoindre à pied depuis Karong (la jolie mais éprouvante ascension de 2,5 km à travers la jungle part de Soi Patak 14 et prend 1 heure environ).

On dit du **Wat Phra Nang Sang** qu'il daterait de plus de 500 ans. L'histoire raconte que ce temple a été construit en l'honneur d'une princesse exécutée pour un crime qu'elle n'avait pas commis. Preuve de sa pureté, lors de son exécution, son sang était de couleur blanche. Ce temple, aux très nombreux détails, est d'ailleurs souvent surnommé "le temple du Sang blanc".

Plusieurs sanctuaires chinois valent aussi le détour. Le **sanctuaire de Jui Tui**, dans la ville de Phuket, est l'un

OÙ MANGER VÉGÉTARIEN À PHUKET

Hesan Vegetarian
Plats végétariens thaïlandais et substituts de viande vegan servis sous forme de buffet. Vieille ville de Phuket. $

Luk To
Divers plats à base de tofu, sans ail ni oignon, en buffet ou à la carte. $

Nong J
Restaurant familial de la vieille ville de Phuket. Nombreux plats végétariens. $

des plus anciens et des plus respectés de l'île. Il joue un rôle central lors de la Fête végétarienne annuelle de Phuket. Il est orné de lanternes rouges et de sculptures colorées.

Le **sanctuaire de la Lumière Sereine**, sur Th Phang-Nga, dans la vieille ville de Phuket, était autrefois l'un des secrets les mieux gardés de la ville. Accessible par une ruelle, il était caché à la vue. Il se trouve aujourd'hui dans une petite cour entourée de hauts bâtiments. La salle principale présente des peintures murales centenaires noircies par la fumée des bougies et de l'encens, ainsi que différentes divinités taoïstes et de grands plateaux de fruits frais.

Lieu de culte important pour la communauté sino-thaïlandaise de Phuket, le **sanctuaire Bang Niew** joue lui aussi un rôle lors de la Fête végétarienne. Ce temple coloré de la ville de Phuket se repère facilement grâce à sa grande arche en forme de dragon à l'entrée.

Les marchés de nuit de Phuket

SHOPPING, RESTAURATION ET ANIMATION

Phuket compte de nombreux marchés de nuit animés à l'atmosphère festive. Il y en a presque tous les soirs sur l'île. Coloré et tendance, le **marché de Chillva** est en partie constitué de conteneurs maritimes aménagés pour accueillir boutiques, bars et restaurants. Vous y trouverez une grande variété de stands de mode et de souvenirs et un choix impressionnant de cuisine de rue et de petits restaurants. Son ambiance arty plaît tout particulièrement aux jeunes. Le soir, on peut assister à des concerts.

Le **Phuket Indy Market** est l'endroit idéal pour acheter des objets d'art et d'artisanat locaux auprès de vendeurs indépendants. On peut aussi y déguster des collations faites maison et de la cuisine de rue. Il est aussi apprécié pour ses concerts.

Généralement appelé le marché du week-end de Phuket, le **Naka Market** est un endroit immense où se vendent vêtements et accessoires de mode, souvenirs, objets high-tech et d'occasion, etc. Le *food court* permet de déguster des spécialités de la cuisine de rue thaïlandaises, notamment des insectes frits et des brochettes de poulet grillé.

Dans la vieille ville de Phuket, le **Sunday Walking Street Market**, également connu sous le nom de Lard Yai, offre une ambiance de festival au milieu des *shophouses* colorées du quartier. Goûtez des spécialités de cuisine de rue de Phuket auprès des vendeurs ambulants, achetez des souvenirs ou lancez-vous dans un karaoké avec les habitants.

MARCHÉ BANZAAN

Ce marché quotidien de produits frais n'est peut-être pas aussi attrayant que les marchés de nuit les plus branchés de l'île, mais il a la préférence des touristes et des habitants. Il se tient à Patong, juste derrière le centre commercial Jungceylon. Ce marché est l'occasion de découvrir fruits, poissons et légumes locaux, ainsi que de délicieux desserts thaïlandais. Tout est frais et coloré. En venant tôt le matin, vous verrez les employés des restaurants et les vendeurs de rue passer les étals au crible à la recherche des meilleurs produits. En début de soirée, le parking se transforme en immense marché de cuisine de rue.

OÙ MANGER VEGAN À PHUKET

Soul Phuket
Sur le front de mer de Karon, ce café arty propose une cuisine thaïlandaise et internationale saine et vegan. $$

Vegan Table
Restaurant vegan primé servant petit déjeuner, pizzas, salades et plats asiatiques et internationaux. $$

Vegan Junkie
Restaurant primé à Chalong où manger des plats vegan réconfortants : desserts, gaufres, pizzas, etc. $$

Sunday Walking Street Market

NIRAD/LONELY PLANET ©

LES PLUS BEAUX SPOTS PHOTO DE PHUKET

Phuket regorge de sites magnifiques. Sur les plages ou dans les ruelles de l'île, les occasions de faire de belles photos ne manqueront pas. Dans la vieille ville de Phuket, les endroits les plus photographiés comprennent la **Standard Chartered Bank**, aux murs jaunes et blancs, et les *shophouses* **sino-portugaises** colorées de **Soi Romanee.** Le **point de vue de Karon** offre une vue inoubliable sur les baies de Kata Noi, Hat Kata et Hat Karon. À Patong, l'animée **Bangla Walking Street** et son célèbre panneau multicolore vous attendent pour un selfie avant le coucher du soleil.

Sorties photo à Phuket

ATELIERS PROFESSIONNELS

Si vous êtes intéressé par la photographie et souhaitez apprendre à réaliser de beaux clichés dans de sublimes endroits à Phuket, vous pouvez faire appel à une agence spécialisée. Des instructeurs vous apprendront les grands principes de la photographie de voyage, vous enseigneront comment saisir un instantané de la destination, ses habitants, sa culture, ses paysages… L'agence **Phuket Photography Tours** propose des ateliers ou des visites guidées privées. Le circuit Andaman Sunrise prévoit de partir tôt le matin à destination du parc national maritime d'Ao Phang-Nga pour immortaliser le lever du soleil et explorer les îles de la baie. Le circuit On Sacred Ground Tour permet de s'imprégner de la beauté des monuments de Phuket en passant par le Grand Bouddha et différents temples et sanctuaires sacrés. Enfin, le Phuket Culture Walking Tour (pour tous niveaux) mêle les visites culturelles et le reportage photographique dans la vieille ville animée de Phuket. Phuket Photography Tours limite ses circuits privés et ses ateliers à 6 participants par groupe afin d'offrir une expérience ludique et intimiste.

CAFÉS PHOTOGÉNIQUES À PHUKET

Feelsion Cafe
Café aux vastes espaces lumineux, décoré d'objets de famille, qui mélange les styles vintage et indus.

Thalang #31
Café d'inspiration chinoise, avec des néons originaux aux murs et des lanternes anciennes au plafond.

Bookhemian
Café et galerie d'art aux murs de briques et de béton pour les amateurs de livres et de café.

Écotourisme à Baan Bo Rae

UNE LOCALITÉ CÔTIÈRE À PART

Baan Bo Rae est une petite localité située à environ 3 km de la ville de Phuket, près de la rivière, entourée de mangroves denses. La plupart des visiteurs la traversent pour accéder au cap Panwa ou à la plage d'Ao Yon, mais elle mérite une visite, notamment pour les amateurs de kayak, son activité la plus prisée. Sur la promenade longeant la rivière, plusieurs petites boutiques proposent des kayaks à la location et des circuits dans la mangrove avec un guide local. Les crabes sont une ressource importante pour les pêcheurs de Baan Bo Rae, d'ailleurs il est possible d'organiser une excursion pour aller en pêcher avec eux. Autres lieux d'intérêt : le marché municipal de produits frais et les restaurants halal vendant des poissons et des fruits de mer frais près de la rivière.

Une matinée avec les éléphants

PROMENADE AVEC DE TENDRES GÉANTS

Le **sanctuaire des éléphants de Phuket** accueille pour leurs dernières années les éléphants malades, blessés et âgés qui ont passé la plus grande partie de leur vie à travailler pour les industries forestière et touristique. Dans les vastes espaces naturels du refuge, ceux-ci peuvent se promener, se baigner, se nourrir et côtoyer leurs congénères. Les visiteurs peuvent ainsi vivre une expérience incroyable : déambuler parmi ces gentils géants.

“Un matin avec les éléphants” est un programme pionnier de 3 heures 30 qui débute avec une vidéo à vocation éducative sur les conditions de travail de nombreux éléphants en Thaïlande. Après le documentaire, les visiteurs découvrent le troupeau, avec la possibilité de nourrir les éléphants et d'en apprendre plus sur leur histoire grâce au guide.

La visite se poursuit dans le sanctuaire, où l'on peut suivre des sentiers naturels et emprunter la plus longue passerelle dans la canopée de Thaïlande, de laquelle on peut observer les éléphants à une distance sûre et respectueuse. Les regarder se baigner et jouer dans les étangs ou chercher de la nourriture parmi les arbres est un spectacle exceptionnel.

Une fois la visite terminée, direction le **Tree Top Lounge** pour un délicieux buffet thaïlandais végétarien et vegan (boissons comprises). Vous pourrez également y acheter des souvenirs pour soutenir les actions du sanctuaire.

Ce programme (adulte/- 12 ans 3 000/1 500 B, gratuit - 4 ans) est adapté à tous les âges. L'entrée comprend le buffet du déjeuner, mais ne couvre pas le transport depuis et vers le

PLA-JA HALAL RESTAURANT

Après avoir visité Baan Bo Rae, vous pourrez vous sustenter et savourer d'authentiques plats thaïlandais dans ce restaurant halal, extrêmement populaire auprès des habitants. Il propose du poisson tout juste pêché, grillé ou cuit au four, une variété de plats classiques, comme la soupe de nouilles, des nouilles sautées, des currys parfumés et de délicieux desserts. Le cadre est sobre et sans prétention, l'atmosphère agréable et décontractée. Le restaurant se situe sur Th Sakdidej, sur la route du cap Panwa, 150 m environ après Soi Baan Bo Rae.

ACTIVITÉS AU CAP PANWA

Aquarium de Phuket
Une sortie familiale, à la découverte des habitats océaniques et d'eau douce.

Plage d'Ao Yon
Détendez-vous en sirotant un verre sous les cocotiers, ou baignez-vous dans des eaux calmes.

Marchés de nuit
Explorez les marchés de nuit sur la promenade en bordure de mer en quête de souvenirs et de cuisine de rue halal.

CENTRE DE RÉADAPTATION POUR GIBBONS

Proche du sanctuaire des éléphants de Phuket, le **Gibbon Rehabilitation Project** (GRP) prend soin des gibbons ayant vécu en captivité et travaille à leur réintroduction dans la nature, depuis 1992. Le bureau du centre se situe près de Nam Tok Bang Pae, dans la réserve naturelle royale de Khao Phra Thaew (la dernière forêt tropicale de Phuket). Son équipe s'efforce d'améliorer la vie des gibbons qui ont été chassés ou maltraités et d'aider les singes capturés illégalement à retrouver leur liberté. Le GRP propose deux formules : un cours d'une heure sur la réadaptation des gibbons et un cours de 2 heures 30 sur leur comportement, dispensé par un spécialiste. Vous pourrez observer des gibbons dans leur habitat naturel, mais en restant derrière des barreaux à 2 m de distance.

IAMJAMESANTHONY/SHUTTERSTOCK ©

Sanctuaire des éléphants de Phuket

refuge. Le sanctuaire des éléphants de Phuket n'autorise ni les baignades avec les animaux ni les promenades sur leur dos, ce qui en fait le seul sanctuaire réellement éthique de l'île. Méfiez-vous des autres établissements se présentant comme des sanctuaires et assurez-vous que vous vous apprêtez bien à visiter le sanctuaire situé à Paklok.

Ateliers d'art

LAISSEZ PARLER VOTRE ÂME D'ARTISTE

La scène artistique de Phuket est en plein essor. Vous pourrez voir les œuvres d'artistes locaux dans des galeries et lors d'expositions, ou même participer à des cours et libérer votre créativité.

Phuket Painting Class organise des cours pour tous les niveaux sur différentes techniques, comme la peinture à l'huile et l'aquarelle. Le studio propose aussi un atelier pour les enfants et accepte les petits groupes pour des cours particuliers.

À Rawai, avec l'atelier de céramique de l'**Art Studio Green Grey**, on apprend à travailler l'argile, à l'émailler et à cuire les pièces dans un four. Une semaine plus tard, les œuvres seront prêtes à être expédiées dans le monde entier.

LES PLUS BELLES GALERIES D'ART DE PHUKET

Mr Zen Art Studio
Studio dans la vieille ville qui expose les œuvres d'un artiste thaïlandais discret et reconnu internationalement.

Drawing Room Phuket
Dans un entrepôt sont présentées les peintures, sculptures et créations du propriétaire, Isara Thaothong.

Napas Art Gallery
Galerie à Cherngtalay gérée par un couple qui crée des œuvres originales.

Cap Promthep

Happy Kids Club propose différentes activités et expériences artistiques pour les enfants. Les ateliers se déroulent en anglais.

Sur Th Phang-Nga, dans la vieille ville de Phuket, l'**I-Mon Art Gallery** organise un atelier de linogravure.

Les artistes du **Phuket Art Village**, une communauté de Rawai, dispensent des cours variés dans leurs propres studios : peinture à l'huile, sculpture, manière noire (technique de gravure), aquarelle et dessin.

Tous les ateliers d'art de Phuket sont proposés toute l'année, en cours collectifs ou privés.

Les plus beaux points de vue de Phuket

VUES ET PANORAMAS ÉPOUSTOUFLANTS

Phuket compte de nombreux points de vue aussi spectaculaires en journée qu'au coucher du soleil.

Le **cap Promthep** est le point de vue le plus emblématique de l'île et certainement le meilleur pour admirer le coucher du soleil, les touristes s'y pressent. Pour plus de tranquillité, arrivez vers 16h ou descendez le sentier des pêcheurs pour rejoindre une péninsule rocheuse un peu à l'écart. Le **Windmill Viewpoint**, qui surplombe Hat Ya Nui au sud, est fréquenté par les parapentistes.

RADAR HILL VIEWPOINT

C'est l'un des plus hauts et des plus beaux points de vue de Phuket, mais aussi l'un des moins connus. Dominant le quartier de Hat Patong, le **Radar Hill Viewpoint** offre une vue panoramique sur le réservoir de Bang Wad, la baie de Chalong et les îles environnantes. De l'autre côté de la colline, Patong s'étire jusqu'à la mer. Le Radar Hill Viewpoint fait partie d'une station météo militaire, mais il est facile d'accès depuis une rue étroite qui part de Th Chao Fa West. Cherchez le petit panneau vert indiquant "Villa Zolitude" et suivez la route sinueuse. Le point de vue est à environ 2 km après l'hôtel.

LES PLUS BEAUX RESTAURANTS DE PHUKET AU COUCHER DU SOLEIL

Boathouse Phuket
Célèbre restaurant haut de gamme sur Hat Kata proposant des plats occidentaux et thaïlandais. **$$$**

Meg Khram Sunshine Restaurant
À l'extrémité nord de Hat Patong. Cuisine thaïlandaise moderne et jazz en live. **$$**

Vanilla Sky
Bar à vin et à tapas cosy avec une très bonne ambiance et une superbe vue sur Ao Kamala. **$$**

SOIRÉES À PATONG

Hat Patong est le théâtre d'une vie nocturne débridée. Th Bangla est connue pour ses concerts, ses bars, ses femmes peu vêtues, ses discothèques bondées et sa débauche vacancière. Patong a des airs de Far West : le quartier est sale et grouille de rabatteurs douteux. Mais si vous faites abstraction de ces aspects négatifs et gardez l'esprit ouvert, une soirée à Patong peut se révéler riche en souvenirs. Ce quartier nocturne n'est qu'à quelques minutes de la plage et se parcourt facilement à pied.

Accessible au prix d'une marche difficile à travers la jungle, le **Black Rock Viewpoint** donne sur les plages du sud de Phuket.

Du **Kata Viewpoint**, on profite d'un superbe panorama sur Hat Kata Noi, Hat Kata et Hat Karon. Au **Laem Singh Viewpoint**, un petit pavillon perché sur le bord d'une route de montagne domine la plage de Hat Laem Singh, difficile à atteindre et fermée lors de notre passage. Souvent désert, le **Panwa Viewpoint** offre une vue imprenable sur le cap Panwa. Le **Khao Rang Viewpoint**, haut dans les collines au-dessus de la ville, permet d'admirer le sud de l'île.

Les plages où festoyer à Phuket

COCKTAILS AU COUCHER DU SOLEIL ET DJ SETS

Des vacances à Phuket ne seraient pas tout à fait complètes sans une soirée dans les meilleurs clubs de plage de l'île, à siroter des cocktails au coucher du soleil et à danser sur les sons de DJ internationaux. Les nombreux clubs de Phuket ont tous adopté la même formule : décoration branchée, choix de cocktails soigneusement sélectionnés et excellente musique. Plus chics que les bars de plage, ces clubs sont la garantie d'une bonne soirée.

Le **Catch Beach Club** a été le premier club de plage à ouvrir ses portes à Phuket et c'est aussi le plus luxueux. Très chic et tendance, il est fréquenté par des célébrités en quête d'une nuit épique. Le club, connu pour ses soirées à thème, est sur Hat Bang Tao. Dans une partie plus paisible de cette même plage, le **Carpe Diem Beach Club** propose un menu gastronomique, une carte des vins remarquable et des sièges confortables. Il accueille souvent concerts et DJ.

En plein milieu de Hat Kamala, le club **Café Del Mar** a largement misé sur la musique, et des DJ internationaux y mixent tous les soirs. Commandez un cocktail et installez-vous dans une chaise longue pour le savourer. Son voisin, le **Pine Beach Bar**, appartient à l'InterContinental Phuket Resort. Ce bar de plage avec piscine sert une cuisine créative alléchante. Ses talentueux mixologues préparent des cocktails maison exclusifs.

Perché à flanc de colline, le **Casa Boho** et sa piscine, dans l'enceinte du Hyatt Regency Phuket Resort, surplombent la baie de Kamala. Au programme : ambiance latino, DJ en soirée, fantastique carte de tapas et collations d'inspiration mexicaine.

Le **Fuga Beach Club**, à l'extrémité nord de Hat Patong, est un petit club de plage avec terrasse panoramique

Hat Patong

KENZO/STOCKADOBE.COM ©

OÙ FAIRE LA FÊTE À HAT PATONG

Hard Rock Cafe
À l'écart de la rue principale, ce bar-restaurant emblématique propose de la musique live.

Soi Sea Dragon
C'est ici que viennent les touristes aventureux pour voir des go-go danseuses.

Paradise Complex
Ce quartier est prisé par la communauté LGBTQIA+ pour ses bars et ses spectacles de cabaret festifs et extravagants.

Hat Laem Singh depuis le Laem Singh Viewpoint (p. 318)

proposant une carte de cocktails originale, une playlist de morceaux techno à la mode et une superbe vue sur la mer d'Andaman. Enfin, le **Kudo Beach Club**, au centre de Hat Patong, est un endroit agréable où venir écouter des DJ en vogue.

Se recentrer à Jungala Phuket

MÉDITATION ET SOINS HOLISTIQUES

Niché dans le sud de l'île, **Jungala Phuket** est un superbe centre consacré à la santé et au bien-être. Il propose différents cours, dont certains axés sur les bols chantants de l'Himalaya. Au cœur de la nature, le lieu invite à se reconnecter à son corps et à son esprit. Thérapie par le son, séances de guérison privées ou encore méditation consacrée à la prise de conscience des chakras sont là pour vous accompagner.

Jungala Phuket propose également des cours hebdomadaires de yoga (power yoga, hatha yoga et yin yoga). Pour les personnes souhaitant dispenser des bains sonores, il est possible de suivre les cours pour obtenir la certification.

STREET ART À PHUKET

Les *shophouses* sino-portugaises colorées qui bordent les rues de la vieille ville de Phuket ne sont pas le seul attrait des lieux. Ces dernières années, le quartier est devenu un temple du street art grâce à des artistes locaux et internationaux. La plupart des œuvres sont proches les unes des autres, on peut donc les découvrir à pied. Ne manquez pas la fresque du roi Rama IX, au croisement avec Th Dibuk, et le lion multicolore devant le sanctuaire chinois, du côté du Khun Jeed Yod Pak Restaurant, sur Th Phang-Nga. Près du marché central de Phuket, admirez la fresque d'Alex Face représentant son personnage Mardi en vendeur du marché.

ROBERTHARDING/ALAMY STOCK PHOTO ©

Scannez ce QR Code pour réserver une visite de communauté.

INCONTOURNABLE

Tourisme communautaire

À NE PAS MANQUER

- Projet de conservation de la communauté à Bang Rong
- Peinture sur batik
- Récolte de caoutchouc sur les arbres
- Visite de plantations d'ananas
- Les héroïnes de la communauté de Liphon Tai
- Pêche avec un habitant à Tha Chatchai

Loin des plages et des attractions touristiques, partez à la rencontre des habitants des communautés moins connues de Phuket pour découvrir l'âme véritable de l'île. Approfondissez vos connaissances sur la culture locale, les traditions, l'agriculture ou la pêche, et profitez d'activités inédites.

Découvrir la riche histoire de Phuket

Dans les quartiers de Phuket ouverts au tourisme communautaire, plongez dans la riche histoire de la région grâce à des activités animées par des experts locaux et des guides.

Bang Rong

Cette petite communauté musulmane de pêcheurs et de fermiers se trouve au nord-est de Phuket. C'est depuis son embarcadère qu'on accède aux îles de Ko Yao Yai et Ko Yao Noi. La ville permet d'approcher en détail les secteurs de l'agriculture et de la pêche à Phuket et montre comment les projets de conservation locaux ont permis de rétablir des moyens de subsistance devenus aujourd'hui des entreprises rentables.

La communauté est entourée d'une dense forêt de mangrove, peut-être la plus grande de l'île. Dans les années 1990, la forêt était menacée de disparition, tout comme les populations de poissons. La communauté s'est mobilisée pour lancer un projet de reforestation et de conservation. Aujourd'hui, les mangroves sont prospères et les eaux des environs regorgent de poissons, de crevettes et de crabes.

Le projet de conservation a aussi permis de développer le tourisme local. Bang Rong encourage les visiteurs à participer aux projets communautaires et à profiter de la simplicité de la vie locale. Essayez-vous à la peinture sur batik et à la récolte du caoutchouc, et visitez la plantation d'ananas. Ici, on est bien loin du clinquant des attractions touristiques les plus populaires de Phuket.

Liphon Tai

Liphon Tai est une petite communauté de Phuket majoritairement bouddhiste, historiquement peuplée d'immigrants chinois. C'est ici qu'au XVIIIe siècle les héroïnes thaïlandaises **Thao Thep Krasattri** et **Thao Si Sunthon,** fuyant l'armée birmane, se seraient réfugiées et auraient encouragé les femmes à se battre avec elles pour repousser les envahisseurs. Le monument aux Héroïnes, qui compte parmi les monuments les plus connus de l'île, rend hommage aux deux sœurs.

La communauté de Liphon Tai possède une culture riche et perpétue la tradition du *nang talung*, le théâtre d'ombres (en photo). Cet art s'est développé dans la province de Phatthalung, dans le sud du pays, et il est vénéré à Phuket. Tous les ans, le village organise une cérémonie *wai khru* en l'honneur du marionnettiste en vue d'apporter la prospérité à la communauté.

Tha Chatchai

Tha Chatchai, qui relie Phang-Nga à Phuket via le Sarasin Bridge, regroupe plusieurs petits villages de pêcheurs. Les Moken, peuple de marins autrefois nomades, souvent surnommés les "gitans de la mer" en Thaïlande, se sont installés dans deux villages différents. Visiter la communauté Tha Chatchai, c'est en apprendre plus sur les Moken, présents à différents endroits de l'île, et découvrir leur mode de vie traditionnel presque oublié. Vous pourrez par exemple apprendre à pêcher avec un villageois.

Les Moken parlent un dialecte oral qui mélange le malais et le thaïlandais. Loy Ruea (la fête des Bateaux flottants) fait partie des célébrations propres à la communauté. On y rend hommage aux ancêtres avec des offrandes destinées à assurer la prospérité des villages et à les préserver du malheur.

SOUTENIR LES COMMUNAUTÉS

Le tourisme communautaire à Phuket permet de rencontrer des habitants, de comprendre la diversité culturelle de l'île et de soutenir des entreprises florissantes. Les bénéfices financent des initiatives locales et des projets de conservation dans l'intérêt des communautés.

À SAVOIR

- Les visites ont lieu toute l'année.
- Respectez les coutumes locales lorsque vous visitez des communautés majoritairement musulmanes.
- Vous pouvez interagir avec les habitants, même si vous ne parlez pas leur langue.
- Plus d'informations sur la communauté de Liphon Tai et les visites : lipontaimoo5@gmail.com ou 081 891 7091.
- Prévoyez des chaussures confortables et une bouteille d'eau.
- Pour réserver une visite de Tha Chatchai : visitandamanlocal@gmail.com.
- Plus d'informations sur Bang Rong : bangrongconnect.com.

Confectionner des cocktails à la distillerie Chalong Bay

LES SPIRITUEUX DE PHUKET

Chalong, à 9 km au nord de Rawai, accueille la seule distillerie en activité de Phuket, lancée par Marine Lucchini et Thibault Spithakis, un couple de Français partageant une passion pour le rhum. **Chalong Bay** allie vision et passion pour créer artisanalement des spiritueux, notamment du rhum et du gin, en combinant la distillation traditionnelle à des méthodes de production durables. La visite relate l'histoire de la distillerie et met en lumière un savoir-faire unique (réservation obligatoire).

Vous pourrez participer à l'un des ateliers cocktails autour de 3 spiritueux produits sur place : la vodka Lanna, le rhum Chalong Bay et le gin Saneha (réservation obligatoire). Des mixologues vous apprendront comment confectionner de délicieux breuvages et vous pourrez participer à une séance de dégustation dans une ambiance joyeuse et animée !

Distillerie Chalong Bay

COMMENT S'Y RENDRE ET CIRCULER

L'aéroport international de Phuket (phuketairportonline.com) est à 30 km au nord-ouest de la ville de Phuket. Il dessert Bangkok ainsi que d'autres destinations thaïlandaises comme Chiang Mai, Hat Yai et Ko Samui. Des liaisons internationales directes existent notamment avec plusieurs grandes villes d'Asie ou des Émirats.

Tha Rassada, à 3 km au sud-est de la ville de Phuket, est l'embarcadère principal pour Ko Phi Phi, Krabi, Ao Nang, Ko Lanta, les îles de Trang, Ko Lipe, et même Pulau Langkawi en Malaisie.

Les bus longue distance partent du terminal des bus n°2 (Th Thepkrasattri), à 4 km au nord de la ville. Ils desservent notamment Bangkok, Chiang Mai, Chiang Rai, Hat Yai, Ko Samui, Ko Pha Ngan et Surat Thani. Les agences de voyages de Phuket vendent des billets pour des trajets en minibus à destination du sud de la Thaïlande (départ le plus souvent du terminal des bus n°1 sur Th Phang-Nga).

Il est assez facile de se déplacer à Phuket. Les marchés, les bars et les restaurants sont généralement accessibles à pied. Le Phuket Smart Bus (phuketsmartbus.com) relie l'aéroport international de Phuket à Rawai (2 heures), toutes les heures environ, en passant notamment par Surin, Kamala, Patong, Karon et Kata. Des pass permettent de faire des trajets illimités : 1 jour (300 B), 3 jours (500 B), 7 jours (800 B). Des *songthaew* circulent entre la ville de Phuket (Th Ranong) et la plupart des plages de l'île. On trouve de nombreux *tuk-tuk* et taxis (négociez le prix avant de monter). Si vous voulez explorer l'île en toute indépendance, le plus simple est de louer une voiture à l'aéroport international de Phuket. La location d'une moto coûte 200 B à 300 B par jour. Munissez-vous d'un permis de conduire international et d'une assurance internationale valable en cas d'accident. Portez systématiquement un casque.

Krabi

Krabi est une des plus belles provinces du sud de la côte d'Andaman. Connue pour ses imposantes formations karstiques, ses plages de sable blanc, ses eaux turquoise et cristallines, ses récifs coralliens à la faune exotique, ses parcs nationaux luxuriants et sa jungle sauvage, elle fait le bonheur des familles et des voyageurs en quête de vacances tranquilles à la plage, des amateurs de plein air et d'escalade. Bien que très fréquentée, Krabi demeure plus calme que Phuket. Elle offre un large choix d'activités et ne manque pas d'atouts culturels. Les îles, refuges paradisiaques à l'écart des stations balnéaires bondées du continent, sont parmi les plus belles de la mer d'Andaman. Durant la haute saison, la province accueille de nombreux visiteurs, mais c'est une destination idéale pour déconnecter, les pieds dans le sable, et profiter d'une nature paisible au moment de la saison des pluies.

Pour les infos pratiques, voir le Carnet d'adresses p. 366

À SAVOIR

Consacrez au moins 3 jours à la partie continentale de Krabi, et visitez sa charmante capitale régionale du même nom. Séjournez à Ao Nang : ce quartier balnéaire très fréquenté est une bonne base pour découvrir Hat Railay et les îles au large.

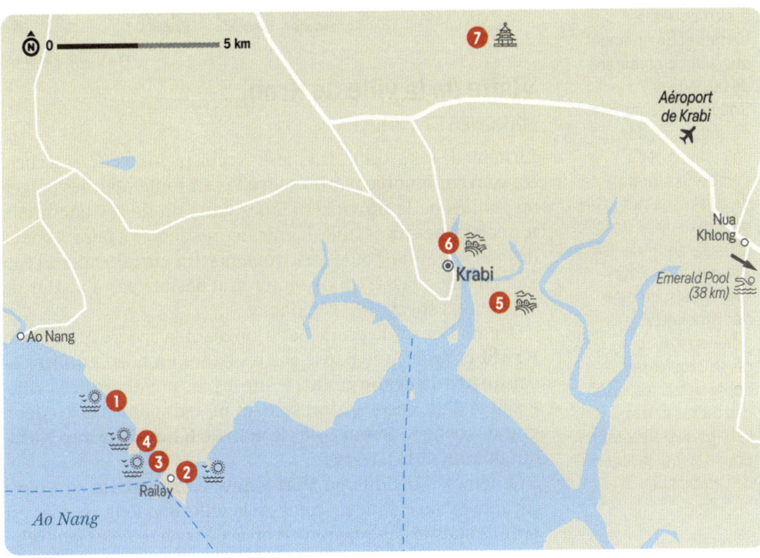

VOIR

1. Hat Ao Nang
2. Hat Railay Est
3. Hat Railay Ouest
4. Hat Ton Sai
5. Ko Klang
6. Ville de Krabi
7. Wat Tham Seua

SERENITY-H/SHUTTERSTOCK ©

Wat Tham Seua

KRABI WALKING STREET

La *Walking Street* de Krabi est un grand marché animé qui se tient en soirée du vendredi au dimanche. Populaire auprès des habitants, sa visite est incontournable ! Réparti sur quelques rues proches des berges et du principal quartier commerçant de la ville, on y trouve des échoppes de souvenirs, des animations et de nombreux stands de cuisine de rue, principalement dans la partie centrale. On y mange des plats thaïlandais, comme des brochettes grillées et du riz gluant, toujours appréciés, mais aussi des pizzas et des kebabs. Installez-vous pour dîner et profitez de l'ambiance.

Visite de la ville de Krabi

MARCHÉS ET TEMPLES

En dépit de ses attraits, la ville de Krabi, pleine d'effervescence, est souvent ignorée par les touristes en route pour les plages ou les îles de la province. Flâner dans un de ses nombreux **marchés locaux** est une des meilleures choses à faire. L'odeur des currys et du poulet frit vous mettra certainement l'eau à la bouche ; laissez-vous tenter et n'hésitez pas à goûter de délicieuses spécialités régionales.

Déambulez sur la promenade longeant la rivière **Mae Nam Krabi** et faites une pause sur les bancs en bois. Admirez la **sculpture du crabe géant**, le site le plus populaire de la ville. Profitez d'un décor pittoresque et ne manquez pas les deux grands rochers, connus sous le nom de **Khao Khanap Nam**, qui dominent le paysage.

Le temple bouddhique **Wat Kaew Korawaram** se trouve sur une petite colline au cœur de la ville. Son long escalier est orné de statues de serpents vert et or. Ce beau temple blanc offre une ambiance paisible, à l'écart de l'animation du centre-ville.

OÙ SE RESTAURER DANS LA VILLE DE KRABI

BangNara Roti
Restaurant halal servant des spécialités de la province de Narathiwat : *roti*, œufs au plat frits et salade de riz. $

River Restaurant & Bar
Restaurant sur pilotis sur la Mae Nam Krabi ; plats thaïlandais et internationaux sur fond de musique live. $$

Chao Fah Night Market
Marché de nuit de cuisine de rue où savourer une cuisine thaïlandaise classique ou internationale. $

En fin d'après-midi, avant le coucher du soleil, revenez vers la promenade le long de la rivière pour déguster des fruits de mer frais dans l'un des restaurants locaux.

Balade jusqu'au sommet du Wat Tham Seua

LE TEMPLE DE LA GROTTE DU TIGRE

Site populaire proche de la ville de Krabi, le **Wat Tham Suea**, le "temple de la Grotte du tigre", est un superbe temple érigé à 278 m de hauteur sur un site sacré entouré d'arbres anciens. Vous devrez grimper les 1 237 marches inégales d'un escalier raide pour atteindre le sommet, mais vous serez récompensés par un panorama extraordinaire sur les alentours.

Ce temple sino-thaïlandais a été construit au sommet d'un ensemble de petites grottes. Un sentier dessine une boucle à travers une petite vallée boisée, derrière la crête où est situé le *bòht* (sanctuaire central). Il vous permettra de découvrir les plus belles parties du reste du domaine, dont plusieurs grottes calcaires abritant des images et des statues du Bouddha, ainsi que des autels lui étant dédiés. Selon la légende, des tigres auraient vécu dans la région. Des empreintes de l'animal seraient même visibles sur les parois d'une des grottes. Il s'agit d'un centre de méditation *vipassana* d'importance. Tout en haut, on peut également voir une "empreinte de pas" de Bouddha incrustée dans la pierre.

Une tribu de macaques réside sur place, gardez en permanence un œil sur vos affaires. L'ascension des marches exige une bonne forme physique et ne manquera pas de vous faire suer à grosses gouttes. Portez des chaussures confortables et n'oubliez pas de prendre de l'eau.

Baignade dans un bassin émeraude

RÉSERVE NATURELLE DE KHAO PHRA BANG KHRAM

Rejoindre **Emerald Pool**, le magnifique "bassin émeraude" à environ 65 km de la ville de Krabi, est une excursion d'une journée très appréciée. Propice à la baignade et à la détente, ce bassin naturel se trouve dans la réserve naturelle de Khao Phra Bang Khram. Il est alimenté par une source chaude minérale qui lui donne cette fascinante couleur émeraude. Pour y accéder, suivez le sentier de 1,4 km sur une passerelle surélevée traversant ruisseaux et marais dans une végétation luxuriante. Prudence à l'approche du bassin, les rochers couverts de mousse peuvent être glissants.

Plusieurs boutiques et restaurants sont installés à l'entrée du sentier. Mangez avant de partir en balade, car il est interdit

POURQUOI J'AIME KRABI

Amy Bensema, auteure.

"Krabi est une des premières destinations que j'ai visitées en Thaïlande lors d'un rapide voyage en sac à dos il y a près de 20 ans. Je suis tombée amoureuse de ses paysages et de son ambiance décontractée. La ville de Krabi est idéale pour prendre ses marques et déguster des spécialités locales. J'aime, à chaque fois, passer du temps à Hat Railay. Malgré son développement, la plage accessible uniquement en bateau garde des airs de plage abandonnée, et regarder les grimpeurs escalader les immenses parois calcaires est toujours impressionnant. On peut facilement vagabonder d'île en île depuis Hat Ao Nang, ce qui est parfait pour échapper à la foule et faire du snorkeling."

OÙ SE LOGER DANS LA VILLE DE KRABI

Lada Krabi Residence Hotel
Chambres spacieuses tout équipées, vue sur la ville, navette pour l'aéroport et excursions. Emplacement central. **$**

Brown Hotel
Chambres confortables avec équipements de base dans le centre de Krabi. Personnel accueillant. Pas d'ascenseur. **$$**

Krabi SeaBass Hotel
Chambres propres et confortables près du marché nocturne de Chao Fah. Petit-déj ; piscine. **$$$**

d'emporter de la nourriture dans le parc. Emerald Pool est très fréquenté le week-end, quand les familles des environs viennent s'y baigner, mais calme en semaine.

Pratiquer l'escalade à Krabi

LE PARADIS DES GRIMPEURS

Avec ses paysages tropicaux, sa cuisine incroyable, ses singes en liberté et ses formations calcaires surréalistes et extraordinaires à grimper, la région de Krabi figure sans surprise parmi les meilleures destinations au monde pour l'escalade. **Hat Railay**, **Ton Sai** et **Phra Nang** sont prisés pour leurs itinéraires aménagés et équipés qui vont de parois en surplomb désespérément horizontales à des voies grandioses de plusieurs longueurs et des cimes qui sont un vrai bonheur à conquérir. Les personnes expérimentées savent que l'air marin est l'ennemi de l'acier inoxydable, mais la communauté des grimpeurs thaïlandais agit de manière proactive pour remplacer le matériel abîmé et équiper tous les itinéraires de pitons en titane. Si vous n'avez jamais fait d'escalade, c'est un endroit de choix pour vous initier grâce aux cours proposés par différentes écoles.

Si vous pratiquez déjà, mais que vous n'avez pas emporté votre matériel, les écoles organisent aussi des ascensions guidées. Certains louent simplement du matériel sur place. Si vous choisissez cette option, c'est à vos risques et périls. Inspectez la voie avec attention avant de vous lancer.

La plupart des grimpeurs commencent par le **Muay Thai Wall** et le **One, Two, Three Wall**, à la pointe sud de Hat Railay Est, qui compte au moins 40 voies graduées de 4b à 8b selon la cotation française. À l'extrémité sud de Hat Railay Ouest, l'extrême **Thaiwand Wall**, une falaise calcaire abrupte, est sillonné de voies de varappe parmi les plus difficiles, graduées de 6 a à 7c+.

Parmi les principaux parcours d'escalade figurent aussi le **Hidden World**, avec des voies de niveau intermédiaire, le **Wee's Present Wall**, une voie méconnue, cotée 7c+, et la **Diamond Cave**, pour grimpeurs débutants et intermédiaires. Le site www.railay.com fournit des renseignements en anglais sur ces voies. L'escalade se pratique toute l'année et reste agréable même durant la saison des pluies.

Créée en 1994, **Hot Rock Climbing School** est une école très réputée qui propose des cours collectifs et privés pour tous les niveaux. L'école **Krabi Rock Climbing** propose elle aussi des cours pour tous les niveaux avec des instructeurs expérimentés. Les cours d'escalade sont généralement dispensés sur une demi-journée ou une journée entière.

SOURCES CHAUDES DE KHLONG THOM

Si vous partez en excursion à Emerald Pool, profitez-en pour visiter les sources chaudes et la cascade de Khlong Thom, elles aussi très appréciées des voyageurs pour un après-midi relaxant. Cette cascade, haute de 5 m, se compose de 3 niveaux qui comportent chacun 4 ou 5 bassins de 1 à 2 m de profondeur.

Leur eau est naturellement soufrée et sa température tiède soulage les tensions et les muscles douloureux. Les sources chaudes de Khlong Thom sont à environ 25 km d'Emerald Pool et accessibles facilement en voiture.

OÙ SE LOGER À HAT RAILAY

Sand Sea Resort
Emplacement de choix sur Hat Railay Ouest. Bungalows et suites luxueux. Restaurant sur la plage. **$**

Railay Bay Resort & Spa
Cottages et villas dans un *resort* donnant sur les côtes est et ouest de Hat Railay. **$$**

Rayavadee Resort
Resort cinq-étoiles avec des pavillons à 2 étages, des villas de luxe, des jardins tropicaux et un restaurant. **$$$**

KING ROPES ACCESS/SHUTTERSTOCK ©

Thaiwand Wall

La charmante communauté de Ko Klang

TOURISME COMMUNAUTAIRE À KRABI

Expérimentez une vie simple et authentique sur l'île de **Ko Klang** et participez à de belles activités de tourisme communautaire. Située à l'embouchure de la rivière Mae Nam Krabi, en face de la ville de Krabi, l'île évoque la Thaïlande d'il y a 20 ans. Elle n'est pas surdéveloppée, elle ne compte qu'un seul complexe hôtelier, et personne n'y vient pour les plages. Les visiteurs s'y aventurent plutôt pour s'essayer à la pêche tôt le matin, à la peinture sur batik ou à la construction de maquettes de *long-tail boat*. Cette initiative de tourisme communautaire permet de soutenir l'île et ses villages.

La population de 5 000 habitants est majoritairement musulmane, veillez à respecter les villageois et leur culture. Habillez-vous sobrement, rappelez-vous que l'alcool n'est pas autorisé sur l'île et que vous ne trouverez pas de plats à base de porc.

L'environnement naturel de Ko Klang comprend des forêts de mangroves. L'intérieur de l'île est constitué d'un labyrinthe de canaux. La riziculture est une activité florissante sur l'île. Le riz est planté en août et récolté en décembre. Les visiteurs peuvent participer à cette activité et se familiariser avec les

DIAMOND CAVE À HAT RAILAY

Connue sous le nom de Tham Phra Nang Nai, Diamond Cave est une vaste grotte calcaire à l'extrémité nord de Hat Railay Est. Le site possède des formations rocheuses spectaculaires et un bassin d'eau s'y crée durant la saison des pluies. Une passerelle en bois dessert plusieurs grottes éclairées avec de superbes compositions calcaires. L'entrée se fait par un passage étroit ouvrant sur la grotte principale. De nombreuses chauves-souris vivent là. L'endroit est facile d'accès et son exploration prend environ 20 minutes.

OÙ SE RESTAURER À AO NANG

Kodam Kitchen
Cadre simple avec jardin, atmosphère agréable et grand choix d'excellents plats thaïlandais. **$$**

Cafe 8.98
Café animé servant une cuisine saine (*smoothie bowls*, plats sans gluten) et des plats thaïlandais et internationaux. **$$**

Hilltop Ao Nang
Restaurant chic perché sur une colline et réputé pour ses fruits de mer frais, ses plats thaïlandais et sa vue. **$$**

FOKKE BAARSSEN/SHUTTERSTOCK ©

INCONTOURNABLE

Les plages de Krabi

Plages de sable blanc isolées, grottes et jungle ne demandant qu'à être explorées, Krabi offre un des plus beaux décors du sud de la Thaïlande et un éventail d'activités à même de motiver les amateurs de bains de soleil les plus difficiles.

À NE PAS MANQUER

- Hat Railay
- Hat Ton Sai
- Hat Ao Nang
- Hat Noppharat Thara
- Exploration des grottes à Hat Phra Nang et Hat Railay
- Kayak de mer

Fun sous le soleil

Voici quelques conseils si vous prévoyez de passer la journée sur une des plages du continent : emportez de la crème solaire et de l'eau, faites attention à vos affaires (surtout s'il y a des singes à proximité) et sachez qu'il est facile de passer de plage en plage en *long-tail boat* depuis Ao Nang et Hat Noppharat Thara.

Hat Ao Nang et Hat Noppharat Thara

Hat Ao Nang se situe au cœur de la ville touristique du même nom. Longue de 1 km, cette plage baignée d'eaux calmes est propice à la baignade. Elle est bordée par une promenade où l'on trouve bars, restaurants et boutiques. La proximité de toutes les infrastructures en fait un bon choix pour les familles. Depuis Hat Ao Nang, on peut rejoindre, en *long-tail boat*, d'autres plages et les îles des environs, ou marcher

(10 minutes) jusqu'à Hat Noppharat Thara pour une eau plus claire et une ambiance plus tranquille. Le front de mer comporte des restaurants de fruits de mer, des stands de vendeurs ambulants et de petites cabanes où acheter des en-cas. Hat Noppharat Thara est agréable à marée basse. Les couchers de soleil y sont exceptionnels.

Hat Railay et Hat Ton Sai

Accessible uniquement en bateau, Hat Railay (en photo) est entourée de formations calcaires féeriques. La plage se prête idéalement à la baignade et aux bains de soleil, surtout côté ouest. Hat Ton Sai, qui est plus facile d'accès à marée basse, n'est pas loin. Elle est encadrée par le même genre de formations rocheuses, mais sa baie protégée est parfaite pour le kayak et le paddle. Hat Railay et Hat Ton Sai sont connues pour leurs voies d'escalade de renommée mondiale. Au lieu de rester bronzer sur la plage, inscrivez-vous à un cours, il y en a pour tous les niveaux. Les deux plages sont aussi des points de départ pour les îles au large, et des *long-tail boat* sont à disposition pour vous emmener en balade pour la journée. Railay est accessible en 15 minutes de bateau depuis Hat Ao Nang.

Hat Phra Nang

Accessible par un petit sentier qui serpente depuis la rue piétonne de Railay, cette plage, une des plus populaires de Krabi, est très fréquentée en haute saison. On s'y adonne aux bains de soleil et à la baignade, mais les amateurs peuvent également escalader sa grande falaise calcaire. Princess Cave, la "grotte de la Princesse", accueille un sanctuaire dédié à la santé et à la fertilité décoré de symboles phalliques et de statues. Cette grotte est un site sacré vénéré par les résidents. Vous pouvez la visiter, mais veillez à ne rien emporter.

ESCAPADES AU COUCHER DU SOLEIL

Les couchers de soleil de Krabi sont magnifiques. Les plages du continent sont idéales pour un moment de détente en fin de journée, un verre à la main. Si vous prévoyez de sortir, allez à Ao Nang ou Hat Noppharat Thara. Si vous préférez le calme, choisissez plutôt les plages de Railay ou de Ton Sai.

À SAVOIR

- Ne nourrissez pas les singes. Ils voleront vos affaires et ont tendance à mordre.
- Vous pouvez visiter Princess Cave et déposer des offrandes, mais faites preuve de respect et ne touchez pas les symboles phalliques.
- À Hat Railay et Hat Ton Sai, combinez escalade et tournée des plages.
- Visitez Hat Noppharat Thara pour profiter d'une atmosphère plus décontractée.
- Explorez les mangroves denses de Hat Railay Est.
- Dînez et admirez le coucher du soleil à Hat Railay Ouest.

KRABI URBAN FOREST WALKWAY

Dans la ville de Krabi, ce parc pour les amoureux de la nature, anciennement connu sous le nom de Mangrove Walkway, offre de jolies promenades. Tôt le matin, on peut y observer des dizaines d'espèces d'oiseaux différentes. Les mangroves sont de vrais paradis pour les animaux. En suivant la passerelle, restez à l'affût des vipères des mangroves, des cobras à monocle et des serpents d'eau près des racines des arbres. Vous apercevrez peut-être aussi des varans malais et des lézards volants dans les arbres. Les martins-pêcheurs et les aigles de mer sont facilement visibles en journée. À ne pas manquer.

DE GAUCHE À DROITE : SIMON DANNHAUER/SHUTTERSTOCK ©, KRUNJA/SHUTTERSTOCK ©

Grotte de Phra Nang

machines traditionnelles utilisées pour décortiquer et piler les grains de riz.

Pour explorer Ko Klang, rien ne vaut une moto-taxi. Postés près du petit embarcadère, les chauffeurs locaux seront heureux de partager des informations sur la communauté et son mode de vie. Il est possible de séjourner chez l'habitant. Il existe quelques restaurants de fruits de mer frais où dîner.

Circuit de sept îles au coucher du soleil

PLANCTON BIOLUMINESCENT ET SPECTACLES DE FEU

Pour nager au milieu du plancton bioluminescent (selon la saison), dîner sur la plage et assister à un spectacle de feu animé, participez à une excursion au coucher du soleil avec dîner et spectacle. À Hat Ao Nang, **Big Tour Krabi** propose un itinéraire passant par plusieurs îles, avec arrêts notamment à Ko Tan Ming, la baie de Puya, Ko Kai (Chicken Island), Ko Tup, Ko Poda, Hat Railay et la grotte de Phra Nang. Le programme varié permet de se baigner et de faire du snorkeling, de se détendre sur la plage, de dîner (plats halal prévus) et d'assister à un spectacle de feu. Selon la taille du groupe, la sortie peut se faire en *long-tail boat* ou en *speedboat* privés.

OÙ SE LOGER À AO NANG

Kokotel Krabi Ao Nang
Hôtel petits budgets, chambres confortables, espace de jeux pour enfants et piscine sur le toit. **$**

Panan Krabi Resort
Chambres spacieuses aux installations modernes, chambres familiales, petit déjeuner et 2 piscines. **$$**

Anana Ecological Resort Krabi
Chambres modernes dans un *resort* cinq-étoiles respectueux de l'environnement. **$$$**

Kayak à Krabi

PAGAYEZ EN PLEINE MER

Explorer le littoral de Krabi en kayak permet de découvrir de jolies plages et des forêts de mangroves, mais aussi d'observer les fonds de la mer d'Andaman. Partez par une belle matinée pour profiter du soleil en pagayant au-dessus de récifs coralliens à l'abondante faune sous-marine. Sinon, attendez la tombée du jour pour une sortie nocturne afin de contempler les lueurs étranges du plancton bioluminescent. **Freebird Paddle**, à Hat Railay, propose différentes excursions avec guide dans des kayaks à fond transparent (2 à 3 heures ; pour tous les niveaux).

Snorkeling et plongée à Railay

EXPLOREZ LE MONDE SOUS-MARIN

La plupart des complexes hôteliers et des agences organisent des sorties de snorkeling d'une journée sur plusieurs îles, notamment Ko Poda, Ko Hong et Ko Kai (à partir de 1 200 B). Si vous souhaitez simplement faire du snorkeling au large de Hat Ao Nang et Railay, la plupart des complexes hôteliers louent des masques et des palmes (environ 150 B chacun). La plupart des écoles et agences de plongée d'Ao Nang, où le choix est plus large, assurent un service de navette depuis Railay.

Railay Dive Center, près de Hat Railay Ouest, propose des cours de plongée et des sorties de snorkeling autour de Hat Ao Nang et de Hat Railay ou, plus loin, sur les sites de plongée proches de Ko Phi Phi et l'épave du *King Cruiser*.

Snorkeling, Ko Poda

LES SPECTACLES DE FEU

Les spectacles de feu sont des animations populaires sur les plages et les îles de la côte d'Andaman. Au crépuscule, les danseurs, s'inspirant de rituels tribaux anciens, émerveillent les spectateurs avec des chorégraphies entraînantes, le plus souvent sur des rythmes technos. Ils tournent, virevoltent, plongent, font des sauts périlleux, réalisant de véritables prouesses. Des accessoires en accentuent l'effet spectaculaire : cela va du poï traditionnel (bolas) à des chaînes, en passant par un simple bâton enflammé aux deux extrémités. Un moment jubilatoire.

COMMENT S'Y RENDRE ET CIRCULER

L'aéroport international de Krabi se situe à 14 km au nord-est de la ville. La plupart des compagnies nationales relient Bangkok à Krabi. On y trouve des agences internationales de location de voitures. Rejoindre la ville de Krabi coûte 400 B en taxi ou 250 B en moto-taxi.

Depuis Krabi, des ferrys, des *speedboats* et des *long-tail boats* desservent la côte continentale de Krabi et les îles au large. Des ferrys pour les îles de Ko Phi Phi et de Ko Lanta partent de l'embarcadère de Khlong Chilat à 4 km au sud-ouest de Krabi.

Le terminal des bus de Krabi est à 4 km au nord du centre-ville, à Talat Kao. Des bus circulent entre Krabi et Bangkok, Hat Yai, Phuket, Ranong, Satun, Surat Thani et Trang. Les horaires peuvent varier ; pensez à réservez votre billet. Les agences de voyages proposent quotidiennement des trajets en minibus vers d'autres destinations touristiques du sud de la Thaïlande. D'autres minibus (souvent moins chers) partent du terminal des bus.

La ville de Krabi se visite très bien à pied. Pour rejoindre les sites d'intérêt en dehors du centre-ville, prenez un minibus local, une moto-taxi ou un taxi.

Ko Phi Phi, Ko Lanta et environs de Krabi

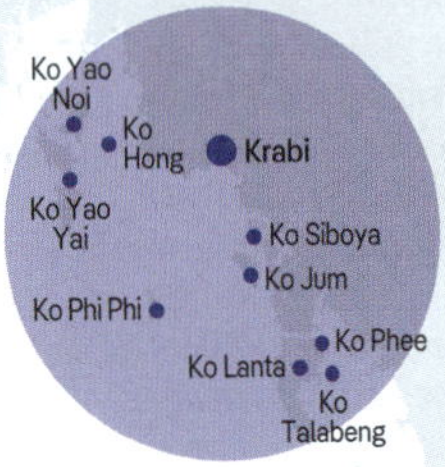

Mettez les voiles pour les îles et îlots au large de Krabi, où récifs coralliens et falaises calcaires vous attendent.

La mer d'Andaman, au large de la province de Krabi, est parsemée de quelque 200 îles. Certaines, éloignées, ne sont que des affleurements rocheux où il est impossible de débarquer. D'autres, inhabitées et baignées d'une eau transparente, possèdent de superbes plages de sable blanc, des formations karstiques caractéristiques et des récifs coralliens foisonnants. Ko Phi Phi est le meilleur choix pour les amateurs de bains de soleil et les fêtards. Adaptée à tous les budgets, Ko Lanta séduit des visiteurs au profil varié avec son ambiance décontractée et ses activités à faire en famille. Ko Yao Yai et Ko Yao Noi (voir p. 340) sont plus calmes et appréciées pour la nature et la plage. Quel que soit votre choix, vous profiterez d'un séjour paradisiaque.

Pour les infos pratiques, voir le Carnet d'adresses p. 366

À SAVOIR

Choisissez l'île qui correspond le mieux à vos attentes et servez-vous-en de base pour découvrir les îles plus isolées.

Point de vue de Phi Phi

DON MAMMOSER/SHUTTERSTOCK ©

***Long-tail boat*, Ko Phi Phi**

Activités à Ko Phi Phi

PLAGES DE SABLE BLANC

Plages blanches en arc de cercle et jungle époustouflante en arrière-plan, **Ko Phi Phi** est la coqueluche de la côte d'Andaman. Depuis la sortie du film *La Plage* (2000), de Danny Boyle, interprété par Leonardo DiCaprio, Guillaume Canet et Virginie Ledoyen, cet archipel a atteint un statut de légende chez les baroudeurs en quête de paradis préservé et de fêtes mémorables sur la plage. Ko Phi Phi réunit en réalité 6 îles : **Ko Phi Phi Don**, **Ko Phi Phi Leh**, **Ko Bida Nok**, **Ko Bida Nai**, **Ko Phai (Bamboo Island)** et **Ko Young (Mosquito Island)**. La seule île habitée est Ko Phi Phi Don. L'urbanisation galopante a fait du centre de l'île un enchevêtrement chaotique et bruyant d'hôtels, de restaurants, de bars et de boutiques. Mieux vaut s'éloigner un peu pour trouver plus de tranquillité.

Depuis le village de Ton Sai, suivez par exemple le sentier balisé qui mène au **point de vue de Phi Phi** pour jouir d'une superbe vue panoramique sur le village et les deux baies de l'île. Le sentier est pavé, mais la randonnée, qui dure

VISITES PRIVÉES DE KO PHI PHI

À Phuket, l'agence **Five Star Marine** propose une sortie en bateau privé à Ko Phi Phi qui inclut un arrêt photo à Ao Maya, une baignade dans le **lagon d'Ao Pileh**, une visite de **Monkey Beach**, un pique-nique à **Loh Lana Bay Beach** et du snorkeling à **Hat Nui**. Ces excursions VIP sont personnalisables et permettent de découvrir quelques-uns des sites les plus emblématiques de Ko Phi Phi à son rythme. Fruits frais, boissons sans alcool, matériel de snorkeling, tapis de plage et assurance sont compris dans le prix.

OÙ SE LOGER À KO PHI PHI

Phi Phi Hotel
Près de Hat Tonsai, chambres simples avec Wi-Fi gratuit, TV et mini-frigo. Certaines avec balcon. **$**

SAii Phi Phi Island Village Resort
Resort luxueux avec des bungalows tout confort sur une plage de sable blanc. **$$$**

Phi Phi Holiday Resort
Resort en bord de mer avec bungalows, studios modernes, villas avec piscine et 4 piscines. **$$**

AO TON SAI ET AO LO DALAM, LE CŒUR DE KO PHI PHI

Entre Ao Ton Sai et Ao Lo Dalam s'étend une bande de terre plate en forme de sablier, envahie par les hébergements. Le centre de Ton Sai est surnommé le "village touristique" et regorge de boutiques, de bars et de restaurants touristiques.

Plage prisée des voyageurs à petit budget, Ao Lo Dalam compte beaucoup d'auberges de jeunesse fonctionnelles, mais elle grouille de monde et de *long-tail boats* avec ses bars de plage et ses visiteurs à la journée. Après 21h, elle se transforme même en immense boîte de nuit à ciel ouvert.

Épave du *King Cruiser*

environ 40 minutes, reste ardue. En haut, une petite boutique vend boissons et collations.

L'eau cristalline et l'abondante faune marine font de Ko Phi Phi un endroit rêvé pour la plongée et le snorkeling. Allez faire du snorkeling au large de la très belle **Bamboo Island**. Avec son eau claire et son sable blanc éclatant, cette petite île est prisée pour les excursions d'une journée au départ de Ko Phi Phi Don. Le côté ouest possède des récifs coralliens regorgeant de poissons colorés.

Prenez un *long-tail boat* pour rejoindre la **grotte du Viking** sur Ko Phi Phi Leh. Située à la base d'une impressionnante formation calcaire, elle est ornée de peintures qui auraient été faites par des marins s'abritant d'une tempête.

Autrefois immaculée et isolée, la célèbre plage d'**Ao Maya**, à Ko Phi Phi Leh, installée dans l'éblouissante baie filmée par Danny Boyle dans le film *La Plage* (2000), a été victime de son succès. Devenu un lieu de pèlerinage depuis le tournage du film, elle accueillait en 2017 jusqu'à 5 000 touristes et 2 000 bateaux par jour. Ce tourisme de masse a ravagé l'écosystème de l'île,

OÙ SE LOGER À KO LANTA

Green Pepper
Pension dans le centre proposant 7 chambres avec sdb privée (eau chaude), clim et ventilateur. **$$**

Long Beach Chalet
Boutique-hôtel sur Long Beach avec 12 chambres, piscine à débordement, bar, restaurant et spa. **$$**

Nirvana Beach Resort
Resort cinq-étoiles proche de Hat Khlong Nin. Suites, villas avec piscine privée et restaurant bio. **$$$**

détruisant près de 80% des coraux. Depuis, des actions ont été mises en place pour la conservation du site et la plage est maintenant fermée tous les ans d'août à octobre.

Ko Phi Phi compte également de très beaux sites de plongée, comme **Shark Point**, **Anemone Reef** et l'**épave du King Cruiser**. Dans le village de Ko Phi Phi Don, toutes les boutiques de plongée proposent des sorties d'initiation, des cours de plongée et des excursions d'une journée vers ces sites.

Farniente sur Ko Lanta

CALME ET PLAGES

Jadis domaine des nomades de la mer et séduisante île perdue, **Ko Lanta** est aujourd'hui une destination pour touristes du monde entier, attirés par ses interminables plages paradisiaques et ses excellents sites de plongée.

Le tourisme, encore confidentiel, se développe lentement sur les plages de la côte ouest et les fêtes organisées pour les jeunes voyageurs ne sont pas difficiles à trouver, mais Lanta est parvenue à conserver son charme naturel. En raison de l'interdiction de pratiquer les sports nautiques motorisés, seul le bruissement des feuilles de palmier rompt le silence reposant d'une journée à la plage, en particulier sur la côte sud, plus spectaculaire et moins développée.

À l'exception d'une sorte de crête, Lanta est assez plate. La route principale truffée d'ornières, s'étendant du nord au sud sur 22 km, peut se parcourir à moto, tout comme les deux routes traversant l'intérieur de l'île couvert de jungle pour rejoindre les villages sur pilotis des nomades de la mer, sur la côte est.

Ko Lanta (qui s'appelle en réalité Ko Lanta Yai), a donné son nom à la célèbre émission de téléréalité française *Koh-Lanta*, dont la première saison a été tournée sur l'île.

Les bateaux accostent à Ban Sala Dan, une bourgade de deux rues à la pointe nord de l'île.

Cours de cuisine à Ko Lanta

PRÉPAREZ VOTRE PROPRE CURRY

Si vous aimez la cuisine thaïlandaise et souhaitez apprendre à cuisiner vos plats préférés, participez à un cours donné par un chef cuisinier. On vous enseignera les herbes et les épices locales, les techniques de cuisson, les saveurs de la cuisine thaïlandaise... Créée en 2015, **Cooking With Mon** est la première école de cuisine thaïlandaise de Ko Lanta. Dirigée par le très charismatique Mon, avec l'aide de sa charmante épouse, l'école propose une expérience culinaire sans égale.

DÉCOUVRIR 4 ÎLES EN SNORKELING

Les îles entre Ko Lanta et Trang se prêtent à des sorties de snorkeling d'une journée depuis la vieille-ville de Lanta. Des agences, comme **Lanta 4 Man Long-tail Boat Tour**, proposent des sorties d'une journée au départ de l'embarcadère de Lanta. L'excursion commence par l'île de **Ko Cheuk**, qui regorge de récifs coralliens colorés et de poissons magnifiques. À **Ko Muk** (p. 347), vous visiterez Tham Morakot (la grotte d'Émeraude, p. 348), une grotte marine dotée d'un lagon secret et d'une plage privée. Le déjeuner se composera d'un copieux buffet sur la plage de **Ko Ngai** (p. 349). Le dernier arrêt se fera à **Ko Maa** pour observer les coraux mous en snorkeling. Le prix comprend tout, mais chacun devra s'acquitter des droits d'entrée au parc national de Hat Chao Mai (p. 346). Plus d'informations au 061 056 4883.

OÙ SE RESTAURER À KO LANTA

Phad Thai Rock'n'Roll
Délicieux *pàt tai*, de différentes sortes, spécialités thaïlandaises et curry très épicé. $

Pinto
Restaurant de bord de mer servant des plats thaïlandais, dont certains sont végétariens ou vegan. $

Moo Uan "The Fat Pig"
Dans un bistrot décontracté : plats thaïlandais et internationaux, petit-déj copieux et sandwichs. $$

DÉAMBULATION DANS LA VIEILLE VILLE DE LANTA

Au milieu de la côte est de Ko Lanta, Ban Si Raya fut le premier port de l'île et son centre commerçant. Il servait autrefois d'abri aux navires marchands arabes et chinois qui naviguaient entre Phuket, Penang et Singapour. Les habitants l'appellent la "vieille ville de Lanta", et l'atmosphère y est bien différente de celle du reste de l'île. Certaines des maisons et boutiques en bois sur pilotis, vieilles de plus d'un siècle, ont été reconverties en pensions pleines de caractère. Dans les restaurants du port, on savoure la pêche du jour avec vue sur la mer. Quelques jolies boutiques sont disséminées dans les alentours.

Commencez par la 1 **statue de homard (Lobster Monument)** et promenez-vous sur 2 l'**embarcadère de la vieille ville** qui offre une vue dégagée sur la mer et l'horizon. Rejoignez ensuite la rue principale et visitez la boutique 3 **Hammock House**, ouverte en 1996, qui vend de magnifiques hamacs colorés fabriqués par les Mlabri, un peuple du nord de la Thaïlande. Admirez ensuite le 4 **sanctuaire chinois**, orné de lanternes rouges et jaunes. À la 5 **supérette**, vous pourrez faire le plein de fruits et légumes frais locaux. Pour le déjeuner, profitez de l'atmosphère traditionnelle et de la terrasse au bord de l'eau du restaurant 6 **Pinto**, qui sert des plats thaïlandais épicés. Prenez ensuite un café au 7 **Sepia House Cafe & Bistro**. Avant de partir, faites un détour par le 8 **Musée communautaire**, près du rond-point qui marque l'entrée de la ville. Il présente l'histoire de la vieille ville de Lanta et l'évolution de l'île en général.

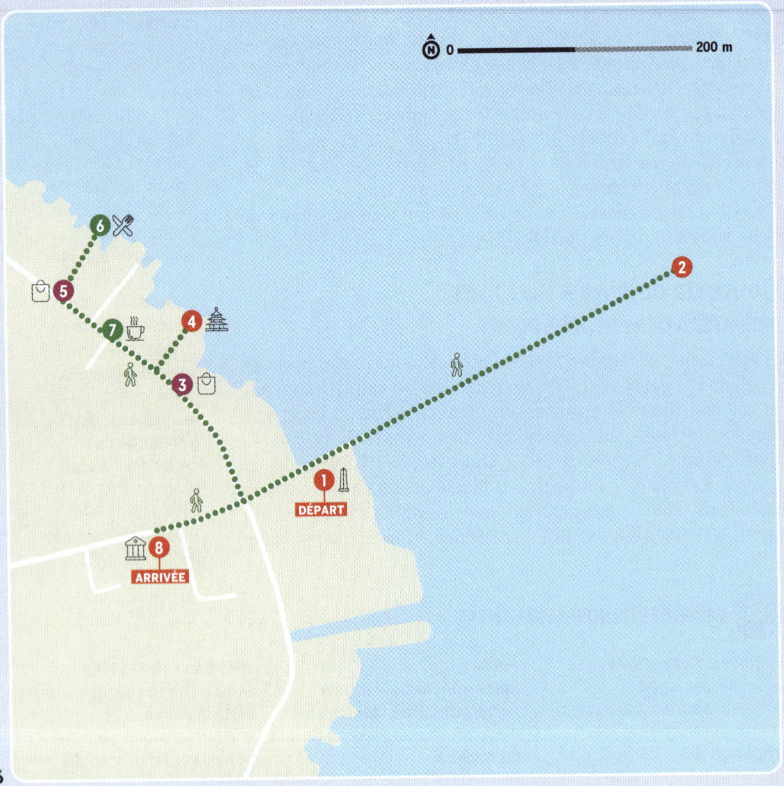

Kayak, Ko Talabeng

Avec une approche détendue et joyeuse, Mon guide ses étudiants et leur révèle tous ses secrets. Sa devise : “Cuisinez comme les gens d'ici, mangez comme les gens d'ici.” Ses cours sont axés sur la pratique et tous les plats sont faits de A à Z, avec des produits frais de la région.

Les cours sont organisés sur demande. Le menu change chaque jour car les premières personnes qui réservent choisissent leurs 3 plats préférés ; d'autres personnes peuvent ensuite s'inscrire si le menu leur plaît. Ce concept, unique en Thaïlande, fonctionne très bien, les cours sont souvent complets.

Les cours débutent à 11h et se terminent généralement vers 16h. Les étudiants repartent avec un livret de recettes afin de pouvoir ensuite se perfectionner.

LANTA ANIMAL WELFARE

Le refuge Lanta Animal Welfare est dédié à la protection des chats et des chiens errants du pays. Basé à Ko Lanta, il s'efforce de sensibiliser le public au sort de ces animaux malades et blessés, et encourage les gens à en adopter un. La visite d'une heure, sur réservation, commence par Kitty City, un grand enclos où il est possible de câliner les chats, avant de rencontrer les chiens. Vous découvrirez aussi la clinique vétérinaire pour mieux comprendre comment les animaux sont secourus.

Une excursion au large de Ko Lanta

KAYAK ET GROTTES MARINES

Une excursion autour de Ko Phee et Ko Talabeng, dans le magnifique cadre naturel de Ko Lanta, vous fera sortir des sentiers battus.

Sur l'île de **Ko Phee**, au large de la côte est de Ko Lanta, une petite formation calcaire évoque un crâne humain. Vous pourrez explorer la grotte et ses différentes chambres à l'aide de cordes et d'échelle pour atteindre les “yeux” du crâne d'où l'on jouit d'une vue sublime sur la mer.

LES PLUS BELLES PLAGES DE KO LANTA

Long Beach
Bordée d'immenses palmiers, la plus longue plage de l'île (5 km) est aussi la plus populaire.

Hat Khlong Dao
Dans le nord de l'île, près du village de Saladan, une plage longue de 2 km appréciée des familles.

Hat Khlong Nin
Plage idéale pour nager. Centrale et facile d'accès depuis les cafés et restaurants.

ATELIER DE BIJOUX EN ARGENT À KO LANTA

Il est possible de suivre un atelier d'une journée pour créer son propre bijou, comme un bracelet ou une bague, et en apprendre plus sur les différentes étapes de la fabrication, notamment le soudage et le brasage. Près de Hat Khlong Nin, sur Ko Lanta, **Silver Gypsie** est une bijouterie arty dirigée par Jessica et Tak. Leurs bijoux en argent, incrustés de pierres semi-précieuses, sont fabriqués de manière artisanale avec des méthodes traditionnelles. Cet atelier est à réserver un ou deux jours à l'avance. Le prix comprend le déjeuner et les boissons.

OLENA TUR/SHUTTERSTOCK ©

Ko Hong

L'étape suivante se situe sur **Ko Talabeng**, où l'on peut se déplacer en kayak de mer autour de la petite île et dans une grotte marine. Vous profiterez aussi de la plage et pique-niquerez pour le déjeuner, avant une nouvelle aventure en kayak dans la **grotte marine de Pra Sart**.

Talabeng Sea Kayaking organise des sorties en petits groupes tous les jours, sauf le vendredi, mixant kayak et aventure. Cette excursion sportive exige une certaine forme physique ; elle est déconseillée aux jeunes enfants et aux adultes ayant des problèmes de mobilité.

Plongée et snorkeling au large de Ko Lanta

NAGER AU MILIEU D'UNE FAUNE ABONDANTE

Certains des plus beaux sites de plongée et de snorkeling de Thaïlande ne sont qu'à quelques milles de Ko Lanta. Immergez-vous dans la vie sous-marine de **Ko Rok** ou nagez avec les raies mantas au niveau des pics sous-marins de **Hin Muang** et **Hin Daeng**, à environ 2 heures en bateau. Ces affleurements coralliens isolés au milieu de l'océan constituent d'importantes réserves de nourriture pour les grands poissons pélagiques, tels que requins, thons, barracudas et, parfois, requins-baleines et raies mantas. La saison de la plongée à Lanta court de novembre à avril, mais certains centres proposent aussi des excursions en basse saison si la météo est favorable. Autour de **Ko Haa**, les sites bénéficient en permanence d'une bonne visibilité, avec des profondeurs de 18 à 34 m, une faune abondante (y compris des tortues) et une grotte de trois salles appelée "la Cathédrale". Dans le village de Saladan, **Phoenix Divers** organise des sorties de snorkeling en *speedboat*, des plongées et différents cours : apnée, certification PADI, photographie sous-marine. Son équipe professionnelle est polyglotte et engagée dans la protection et la conservation de l'environnement à Ko Lanta et dans les environs. Les tarifs des cours sont raisonnables et la location d'un *speedboat* à la journée inclut 2 plongées.

Le parc national de Than bok Khorani

EXCURSION D'UNE JOURNÉE À KO HONG

Avec ses impressionnantes formations calcaires, son sable fin, son superbe lagon émeraude et un point de vue à 360°, **Ko Hong** mérite le détour lors d'un séjour à Krabi. Cette île située dans le parc national de Than Bok Khorani, réputée pour ses paysages de carte postale, son sable blanc et ses eaux cristallines, se prête idéalement au snorkeling.

Ko Hong est paradisiaque. Vous pourrez paresser sur la plage, vous baigner, faire du snorkeling, prendre des photos... Vous pourrez aussi louer un kayak pour glisser dans le lagon ou partir en randonnée sur le petit sentier qui serpente dans la jungle pour admirer les formations rocheuses de l'île. Ne ratez pas le **point de vue de Ko Hong**, à l'est. Il faut grimper 400 marches, mais la vue à 360° sur le lagon et les îles voisines est époustouflante.

Il existe plusieurs options pour visiter l'île. Depuis la partie continentale de Krabi, vous pouvez acheter un billet pour un *long-tail boat* public auprès d'Ao Nang Long-tail Boat Service ou vous inscrire à un circuit. Des *speedboats* desservent Ko Hong depuis Khao Lak et Phuket. Si vous venez sur l'île en transport en commun, vous devrez vous acquitter du droit d'accès au parc national.

ÎLES DE PAK BIA ET LAO LADING

Si vous visitez Ko Hong, aventurez-vous plus loin dans l'archipel et explorez les îles de Pak Bia et Lao Lading. La visite de ces îles paradisiaques et faciles d'accès est généralement comprise dans les circuits pour Ko Hong. Pak Bia se compose de deux petites îles reliées par un banc de sable, mais la côte rocheuse ne se prête pas vraiment à la baignade et au snorkeling. Lao Lading, souvent appelée "l'île du Paradis", possède une fine plage de sable encadrée par deux gigantesques formations calcaires. C'est un bel endroit pour se détendre et admirer la vue.

COMMENT S'Y RENDRE ET CIRCULER

Toutes les îles des environs de Krabi sont accessibles en bateau ou en minibus : bateau uniquement pour Ko Phi Phi, Ko Yao Yai et Ko Yao Noi ; bateau et minibus pour Ko Lanta. Ko Phi Phi Don est accessible depuis Ao Nang, Krabi, Phuket, Railay et Ko Lanta.

La marche est le meilleur moyen de s'y déplacer, mais vous pouvez prendre un *long-tail boat* taxi pour accéder aux autres parties de l'île. On peut se rendre sur Ko Phi Phi Leh dans le cadre d'un circuit organisé, en *long-tail boat* ou en *speedboat*. Des motos sont à louer sur Ko Lanta, Ko Yao Yai et Ko Yao Noi et des motos-taxis sont disponibles pour des trajets courts à partir de 30 B.

BALADE À VÉLO

Ko Yao Noi à vélo

Ko Yao Noi, petite île du parc national maritime d'Ao Phang-Nga, est moins touristique que sa voisine Phuket. Le vélo est un excellent moyen de l'explorer et d'en apprendre plus sur la vie des pêcheurs et des fermiers. Vous pouvez apporter votre propre vélo depuis Phuket ou en louer un en arrivant, à l'embarcadère ou à la boutique Feel Phuket Bike & Hike qui propose un circuit de 22 km, sur une journée, pour adultes et enfants.

1 Tha Manoh

De l'embarcadère de Tha Bang Rong, à Phuket, des *speedboats* (30 min ; 400 B) relient celui de Tha Manoh, à Ko Yao Noi, presque toutes les heures. Vous arriverez ainsi au départ de votre balade à vélo.

Itinéraire : partir vers le nord en direction du village principal de l'île.

2 Village de Ko Yao Noi

Découvrez le charmant et principal village de Ko Yao Noi, aménagé autour du rond-point où se croisent les deux grandes routes de l'île. En journée, un marché animé vend fruits, légumes, épices et nourriture thaïlandaise. Vous verrez aussi quelques boutiques de souvenirs, des vendeurs de rue, et des cafés et restaurants simples. Savourez un café au Cafe de Iraya ou un jus de fruits frais au Garden Cafe avant de reprendre votre vélo.

Itinéraire : quitter le village par la route principale, puis s'échapper dans les rizières.

ADAM HOGLUND/SHUTTERSTOCK ©

Cyclistes, Ko Yao Noi

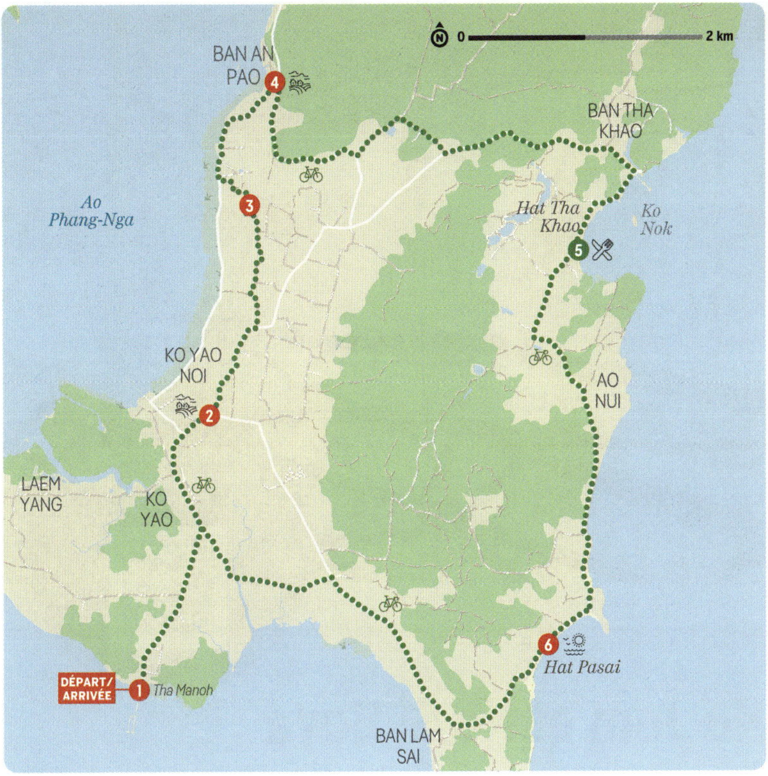

3 Coconut Farm & Restaurant

Découvrez les rizières et l'agriculture durable à la Coconut Farm & Restaurant, une exploitation familiale de riz et de noix de coco. Vous pourrez observer de loin les buffles d'eau et siroter l'eau d'une noix de coco fraîche en conversant avec la famille. Il n'y a plus de restaurant depuis quelques années, mais la visite de la ferme est pédagogique et amusante.

Itinéraire : pédaler sur les étroites routes côtières sur environ 2 km. On traverse une campagne préservée et on profite d'un paysage naturel composé de palmiers, d'hévéas, de forêts de mangroves et de rizières.

4 Ban An Pao

Arrêtez-vous à Ban An Pao aux maisons sur pilotis au-dessus de l'eau, où les habitants vivent de la pêche et de la culture du riz.

Itinéraire : rouler vers le sud, puis traverser l'île vers l'est pour déjeuner à Hat Tha Khao.

5 Ta Khao Beach Bar

Le Ta Khao Beach Bar est un petit bar de plage accueillant à Ao Khao où déguster un déjeuner thaïlandais – curry parfumé ou nouilles sautées. Si la météo s'y prête, profitez-en pour piquer une tête. Reposez-vous une petite heure avant de continuer.

Itinéraire : suivre la route bitumée sur 5 km, le long des plages désertes de la côte est de Ko Yao Noi.

6 Hat Pasai

L'arrêt suivant est la plage de Hat Pasai en forme de croissant, bordée de palmiers, offrant une très belle vue sur Krabi. Il n'y a ni transats ni vendeurs. Quelques stands de cuisine de rue sont installés à l'extrémité sud de la plage.

Itinéraire : pédaler vers l'ouest sur environ 3 km pour revenir au village principal, puis obliquer vers le sud pour rejoindre l'embarcadère de Tha Manoh.

STEFAN MILIVOJEVIC/SHUTTERSTOCK ©

INCONTOURNABLE

Ko Jum et Ko Si Boya

Au nord de Ko Lanta, l'île de Ko Jum et sa voisine Ko Si Boya possèdent une nature foisonnante et des plages de sable blanc isolées baignées d'une eau transparente. Elles ne comptent étonnamment que de rares constructions cachées parmi les arbres et semblent la plupart du temps quasiment désertes.

À NE PAS MANQUER

- Trek dans la jungle de Ko Jum
- Hat Ting Rai
- Golden Pearl Beach
- Kayak de mer à Ko Si Boya
- Observation des oiseaux au sommet de Ko Pu

Comment se rendre à Ko Jum et Ko Si Boya

Bien qu'elles ne soient qu'à quelques kilomètres au sud de la ville de Krabi, Ko Jum (en photo) et Ko Si Boya sont des îles difficiles d'accès. En haute saison, le meilleur moyen pour s'y rendre consiste à prendre le ferry de passagers pour Ko Lanta depuis la ville de Krabi. Celui-ci s'arrête au large et des *long-tail boats* vous transporteront ensuite jusqu'à Ko Jum et Ko Si Boya.

En basse saison, prenez un taxi entre Krabi et l'embarcadère de Laem Kruat, à environ 40 km du centre-ville. Des *long-tail boats* rejoignent les villages de Ko Jum et Ko Pu sur l'île de Ko Jum, ainsi que le village de Ko Si Boya. Pour visiter uniquement Ko Si Boya, vous pouvez prendre un *long-tail boat* depuis Tha Laem Him, à l'extrémité de Long Beach sur Ko Lanta.

Les incontournables de Ko Jum

On vient surtout à Ko Jum pour flâner sur ses 9 plages de sable doré, s'imprégner de sa beauté bucolique et faire du snorkeling. Dans ce joyau tropical, la jungle couvre l'intérieur des terres d'un tapis dense, les jardins débordent de vie et l'atmosphère est tranquille et enchanteresse. Les treks dans la jungle jusqu'au sommet de Ko Pu (la partie vallonnée au nord) sont également prisés et permettent d'observer les oiseaux. Dans les 3 petits villages de Ko Jum, la population est accueillante et l'on trouve quelques restaurants agréables servant une délicieuse cuisine thaïlandaise. En haute saison, des excursions partent de Ko Jum pour visiter Ko Phi Phi (Bamboo Island incluse), Chicken Island et Poda Island, près de la partie continentale de Krabi.

Les plus belles plages de Ko Jum

Pour visiter les plages, louez une moto et roulez lentement afin d'apprécier la beauté de l'île. Au nord, **Hat Ting Rai** est une plage tranquille où l'on trouve deux complexes hôteliers luxueux. Ombragée par de grands banians, elle offre une vue sur Ao Phang-Nga. **Golden Pearl Beach**, sur la côte sud-ouest de l'île, comporte plusieurs restaurants de plage. **Hat Andaman** est reliée à Golden Pearl Beach. On peut y séjourner dans des bungalows simples et y admirer de magnifiques couchers du soleil.

Avec son eau claire, **Hat Ao Si** est idéale pour le snorkeling. On y trouve également quelques complexes hôteliers et restaurants. **Magic Beach**, plus isolée, est proche du village de Ting Rai, dans le nord de l'île. On y trouve seulement un petit bar de plage.

Ko Si Boya

On vient à Ko Si Boya pour déconnecter et chercher la tranquillité. Cette petite île vallonnée est couverte d'hévéas et d'une dense forêt de mangroves. Elle est habitée par une communauté musulmane de pêcheurs. La nature y est restée sauvage : préparez-vous à voir d'énormes varans malais à l'aspect préhistorique, des araignées et des serpents.

Ko Si Boya compte une plage principale. Avec ses rochers pointus et son eau grisâtre, elle est loin d'être idyllique, mais elle sert de base pour différentes activités comme le kayak, la planche à voile et la pêche en *long-tail boat*.

L'île vous plaira si vous avez pour seul programme de vous caler dans un hamac, de manger, de lire et vous reposer. Deux nuits sur place suffisent.

LA CULTURE DU HAMAC

Les deux îles ont leur propre charme. On y trouve certes des plages et des activités de plein air, mais elles sont surtout l'occasion de perfectionner l'art du hamac. Ici, il est tout à fait acceptable de passer sa journée allongé : trouvez un endroit confortable entre deux arbres, avec une belle vue, et laissez-vous bercer.

À SAVOIR

- Vous pouvez passer 3 jours ou plus à Ko Jum.
- Les plages de la partie sud de l'île sont faciles d'accès en moto, mais les chemins de gravier menant vers le nord sont plus périlleux.
- On peut explorer l'intérieur des deux îles couvert de jungle.
- Il faut prendre le temps de s'arrêter dans les villages et de rencontrer les habitants de Ko Si Boya.
- Vous pourrez participer à une sortie de pêche sur un *long-tail boat* avec un pêcheur local.

Trang

Moins développée que Krabi et Phuket, Trang est une charmante ville à l'ambiance thaïlandaise un peu désuète. Si la culture, la cuisine thaïlandaise et les marchés vous intéressent, prévoyez d'y faire une halte d'un jour ou plus pour flâner sur ses marchés d'alimentation, ses cafés chinois et ses restaurants servant le célèbre gâteau-éponge de Trang et le porc rôti à la mode locale. Trang est aussi un bon point de départ pour des excursions d'une journée à la découverte des grottes, des cascades ou de la jungle des parcs nationaux tout proches. La ville permet aussi d'accéder à de superbes îles, comme la préservée Ko Kradan, élue "Plus belle plage du monde" en 2023, ou Ko Muk, dont la grotte d'Émeraude, à l'ouest, dissimule un lagon. Les plages sauvages de la partie continentale de la province comptent parmi les plus belles de la côte d'Andaman et sont relativement désertes tout au long de l'année.

Pour les infos pratiques, voir le Carnet d'adresses p. 368

À SAVOIR

Le premier repas de la journée est une véritable institution dans cette ville du Sud, où certaines échoppes ouvrent dès 4h. Savourez un bol fumant de porridge de riz, une soupe de nouilles, des dim sum fraîchement confectionnés ou du porc rôti à la mode locale.

VOIR
1 District de Kantang
2 Hat Pak Meng
3 Hat Yao
4 Ko Cheuk
5 Ko Kradan
6 Ko Muk
7 Ko Ngai
8 Parc national de Hat Chao Mai
9 Trang

ACTIVITÉS ET EXCURSIONS
10 Parc forestier et source chaude de Kantang

Visite de la ville de Trang en *tuk-tuk*

SITES HISTORIQUES ET BEAUX PAYSAGES

Grimpez dans un *túk-túk hua kop* (*tuk-tuk* "à tête de grenouille"), typique de Trang, et partez à la découverte des sites historiques et du centre-ville pittoresque qui a beaucoup à offrir. Bien que développée, la ville conserve une ambiance très "locale". Parcourez les rues charmantes et découvrez les sites les plus populaires, comme la **statue du Dauphin**, l'importante **tour de l'horloge** et la **gare de Trang**, au style ancien. Prenez le temps de déambuler dans les ruelles en quête des fameuses œuvres de **street art** de la ville.

Vous pouvez également visiter les **maisons historiques** en bois bien préservées et vous promener autour du paisible lac du **parc de Kaphang Surin** et du **temple de Kaphang Surin**, où les pigeons suivent les visiteurs en quête de graines vendues sur place.

Arrêtez-vous devant la **mosquée Madinatul Islam** pour admirer sa superbe façade et son architecture avant de visiter le **sanctuaire Kawi Ong Ela**, un petit temple chinois au toit rouge éclatant, et l'**église de Trang**. Cette dernière est l'une des plus anciennes et des plus grandes églises du sud de la Thaïlande. Construit en 1915, l'édifice, peint en jaune, est doté d'un clocher et de volets en bois.

La visite standard dure 1 heure (à partir de 300 B). Plusieurs itinéraires sont possibles, et vous pouvez négocier avec votre chauffeur la visite de sites plus éloignés en payant davantage. Pour cette visite de la ville de Trang en *tuk-tuk*, adressez-vous directement à un chauffeur ou à votre hôtel.

Découverte du district de Kantang

LA VIEILLE VILLE DE TRANG

District côtier de la province de Trang, Kantang a servi autrefois de ville portuaire et est également connue sous le nom de **vieille ville de Trang**. Située à 24 km du centre-ville de Trang, elle offre un choix intéressant d'activités et de sites à visiter.

Le **musée de Trang** (Trang Museum), dans la rue principale, présente une petite collection d'objets et de photos dédiés à l'industrie de la pêche et à l'influence chinoise, importante dans la province. L'entrée est gratuite et quelques informations basiques sont fournies en anglais.

Visitez ensuite le **phare**, juste au-dessus, pour profiter d'une vue panoramique sur la vieille ville s'étendant jusqu'à la côte. L'emblématique statue du **Dugong doré**, elle aussi à côté du musée, rend hommage à ce cousin du lamantin, symbole vénéré de la province de Trang, hélas menacé d'extinction.

STREET ART À TRANG

Avec l'accord de la communauté locale, les artistes du coin ont transformé les rues de Trang en musée à ciel ouvert avec des fresques colorées illustrant notamment l'histoire de la ville. La plupart des œuvres sont regroupées dans **Th Ratchadamnoen**, **Soi Ratchadamnoen** et autour du **parc municipal**. Au croisement de **Soi Ratchadamnoen** et **Th Phet Kasem**, *The Painting Of Sri Tang* est la fresque la plus célèbre. Elle représente un parc avec des arbres en fleurs. Le travail de perspective donne une vraie impression de profondeur. Une autre fresque connue représente un dugong (une espèce en voie de disparition) dans un *túk-túk hua kop*, deux symboles importants de Trang.

OÙ SE LOGER À TRANG ET SES ENVIRONS

Sleeper House
À 1 km du centre-ville de Trang, chambres climatisées, dortoirs, Wi-Fi gratuit et local à bagages. **$**

Kachong Hills Tented Resort
À 20 km du centre-ville de Trang. Hébergement haut de gamme en tentes avec jardin, restaurant et prêt de vélos. **$$**

Ko Muk Sivalai Beach Resort
Resort à Ko Muk avec bungalows côté plage ou côté jardin, une piscine et un bar. **$$$**

ARNON POLIN/SHUTTERSTOCK ©

Scannez ce QR Code pour visiter la grotte d'Émeraude et trois îles grâce à cette excursion d'une journée au départ de la partie continentale de Trang.

INCONTOURNABLE

Plages et îles de Trang

Plantations d'hévéas s'étendant à perte de vue, paysages somptueux et mer turquoise, les îles de Trang offrent un des plus beaux décors du sud de la Thaïlande. Leurs atouts naturels sont nombreux, les récifs coralliens foisonnants, la vie marine est abondante et l'atmosphère décontractée, un vrai petit paradis. Si vous ne pouvez en visiter qu'une, choisissez Ko Muk.

À NE PAS MANQUER

- Parc national de Hat Chao Mai
- Ko Cheuk
- Ko Muk
- Ko Kradan
- Ko Ngai
- Sapphire Beach
- Grotte d'Émeraude

Trésors naturels

Les plages et les îles de Trang comptent parmi les plus belles de la côte d'Andaman, et sont moins fréquentées que celles de Krabi ou Phuket. Sur la partie continentale, les plages, faciles d'accès, offrent des paysages magnifiques avec des formations karstiques spectaculaires. Les îles, en dépit de leur popularité croissante, conservent un charme rustique. On y trouve des plages superbes, une vie marine riche, de beaux spots de snorkeling et leur intérieur est couvert de jungle. Les îles de Trang sont parfaites pour des journées à se prélasser sur la plage hors des sentiers battus.

Parc national de Hat Chao Mai

Le parc s'étend sur les districts d'Amphoe Kantang et d'Amphoe Sikao, à environ 47 km du centre-ville de Trang, en direction du sud-ouest. En explorant son littoral superbe, long de 20 km, et les îles, on peut observer des dugongs, une espèce de mammifère marin menacée, de rares jabirus d'Asie, au cou et à la tête noirs, et des espèces plus courantes telles que muntjacs (cerfs aboyeurs), loutres de mer, macaques, entelles, sangliers, pangolins, petits hérons, aigrettes des récifs, pygargues blagres et varans. Le bureau du parc national se trouve à l'extrémité sud de **Hat Chang Lang**, au sud du point où la route côtière oblique vers l'intérieur.

Le parc comporte quelques belles plages auxquelles sont adossées de grandes formations calcaires et une jungle dense. De nombreuses activités sont possibles sur la terre ferme. L'endroit est idéal pour camper dans un cadre naturel avant de visiter les îles de Ko Cheuk, Ko Muk, Ko Kradan et Ko Ngai. L'entrée du parc national Hat Chao Mai coûte 200 B.

Hat Yao

C'est l'une des plages situées dans le parc national de Hat Chao Mai. Souvent déserte, elle est dominée par une gigantesque formation calcaire à son extrémité sud. Le statut de parc national limite le développement de la plage, mais elle est prisée des habitants qui viennent y pique-niquer et très fréquentée le week-end.

Promenade, bain de soleil et baignade comptent parmi ses attraits, ainsi qu'une solitude rare sur les plages les plus populaires de la côte d'Andaman.

Hat Pak Meng

Cette plage de 5 km en forme de croissant est la plus fréquentée et la plus développée de la partie continentale de Trang. Le spectaculaire paysage karstique de Hat Pak Meng égale ceux, plus connus, de Railay et Ko Phi Phi, mais la plage elle-même est négligée. On peut toutefois y admirer de beaux couchers de soleil et la vue sur Ko Muk et Ko Ngai. La plage, très populaire auprès des Thaïlandais et des touristes locaux, comporte plusieurs petites cabanes de plage et des restaurants de fruits de mer. La mer est calme, idéale pour la baignade. Depuis l'embarcadère de Tha Pak Meng, au nord de la plage, partent des excursions en bateau d'une journée à Ko Muk, Ko Chuek et Ko Kradan.

Ko Cheuk

Ce petit îlot karstique est situé entre Ko Muk et Ko Kradan. Les eaux environnantes abritent une vie marine abondante, et les récifs coralliens en eau profonde et peu profonde constituent des sites exceptionnels pour le snorkeling et la plongée. Ko Cheuk est une destination prisée pour une excursion d'une journée au départ de Hat Pak Meng. On s'y arrête pour faire du snorkeling avant de rejoindre Ko Muk.

Ko Muk

Vous pourrez explorer l'île de Ko Muk (en photo) à pied, à vélo, à moto ou en kayak, entre deux journées de farniente sur la plage. Le village principal, près de l'embarcadère, a conservé plus d'authenticité que ceux de nombreuses îles touristiques. Vous rencontrerez ici des voyageurs privilégiant le calme plutôt que les fêtes endiablées. Ko Muk n'est qu'à quelques encablures de la plupart des autres îles de la province, et un

À SAVOIR SUR LES ÎLES DE TRANG

Les îles de cette province sont probablement les plus belles de la Thaïlande. Rustiques et sauvages, elles sont parsemées de villages charmants. Leurs plages de sable blanc sont assez propres, avec peu de déchets, même durant la mousson. Les habitants sont accueillants, mais tiennent à préserver leur mode de vie. Veillez à respecter leur culture et leurs coutumes.

INCONTOURNABLE

Plages et îles de Trang

SAPPHIRE BEACH

Au-delà de la grotte d'Émeraude, cette plage déserte n'est accessible qu'en bateau ou en kayak. Après avoir visité la grotte, vous pouvez ainsi continuer votre périple jusqu'à Sapphire Beach, à environ 15 minutes de kayak. Méfiez-vous des vagues, même en haute saison, et restez près des falaises. Si vous êtes venu en *long-tail boat* privé, vous pouvez demander au capitaine de vous emmener sur la plage.

flot incessant de touristes arpentent Hat Sivalai ou viennent visiter la grotte de Tham Morakot depuis Ko Lanta.

Cette agréable petite île est tapissée de jungle. Ses habitants sont amicaux, les plages peu nombreuses mais superbes et baignées d'une eau claire idéale pour le snorkeling. Récemment, des visiteurs ont eu la chance d'apercevoir depuis l'embarcadère de grandes tortures de mer et une famille de dugongs.

Le site le plus connu de Ko Muk est la **grotte d'Émeraude** (Tham Morakot), sur la côte ouest de l'île. Celle-ci dissimule un splendide lagon à l'eau émeraude et une petite plage de sable blanc. Pour l'atteindre, vous devrez nager dans le tunnel de la grotte (claustrophobes, s'abstenir !), parfois dans l'obscurité, pour ressortir sur la plage entourée de hautes parois calcaires. Cette grotte splendide aurait été un repaire de pirates. Elle est incroyablement bondée en haute saison. Mieux vaut donc louer un *long-tail boat* ou un kayak et la visiter à l'aube ou en fin d'après-midi. À noter : vous ne pourrez pas en explorer l'intérieur à marée haute.

Ko Kradan

Avec ses plages de sable blanc et doux, ses eaux turquoise peu profondes et ses palmiers à l'ombre bienfaisante, cette île est exceptionnelle. Sur la petite plage de la côte est, les

Hat Chao Mai (p. 346)

ANON KULSUWAN/SHUTTERSTOCK ©

SEKSUN GUNTANID/SHUTTERSTOCK ©

Grotte d'Émeraude

quelques complexes hôteliers blottis à l'abri des arbres offrent des vues magnifiques sur Ko Muk, Ko Libong et les reliefs karstiques spectaculaires surgissant de la mer. L'eau, propre et transparente, invite à la baignade tandis qu'une poche de jungle luxuriante habille l'intérieur des terres.

L'île, récemment élue "Plus belle plage du monde" par le *Web World Beach Guide*, accueille une importante vie marine et de nombreux récifs coralliens. Elle ne compte que quelques complexes hôteliers luxueux, même pas de supérette. En dépit de sa popularité croissante, l'ambiance reste décontractée. En haute saison, l'île est noire de monde de la fin de matinée jusqu'au milieu de l'après-midi, mais après le départ des excursionnistes, elle redevient un havre de paix.
Ko Kradan est prisée des couples en quête de romantisme. Tous les ans, le jour de la Saint-Valentin, l'île organise la Trang Annual Underwater Wedding Festival (cérémonie de mariage sous-marin de Trang), durant laquelle les amoureux se disent "oui" sous les vagues.

L'île est à seulement 15 minutes de Ko Muk en *long-tail boat*.

Ko Ngai

Plus isolée que Ko Muk et Ko Kradan, cette île couverte de hauts palmiers et entourée d'une mer turquoise rivalise de beauté avec cette dernière. Ses plages au sable très doux d'un blanc éclatant s'étendent sur 2 km et le récif corallien, au large, est un refuge pour de nombreux poissons tropicaux. La visibilité est exceptionnelle et le snorkeling un vrai régal. Sans rues ni vie nocturne, Ko Ngai est la destination parfaite pour s'évader. On y vient pour se baigner, faire le plein de soleil, se reposer. Prévoyez un bon livre et de la crème solaire.

À SAVOIR

- La grotte d'Émeraude se visite toute l'année, sauf en septembre. Vérifiez la météo et les horaires des marées avant de partir. Venez tôt le matin pour éviter la foule.
- À Ko Muk, allez au **Cashew Nut Bungalow** et demandez à parler au propriétaire, M. Yai. Il parle très bien anglais et est une véritable mine d'informations sur Ko Muk et les îles environnantes.
- En visitant Ko Kradan, faites une pause au **Paradise Lost Bungalows**. Cet établissement simple, géré en famille, se trouve dans la jungle, sur le chemin qui mène à Sunset Beach, et sert de délicieux plats thaïlandais et italiens.

ARIES_STUDIO/SHUTTERSTOCK ©

***Tuk-tuk*, Trang**

TRANG ET LES DUGONGS

Symboles de Trang, les dugongs sont les mascottes de la province qui est aussi le plus grand habitat de cette espèce en Thaïlande. Environ 250 individus vivent au large de la côte, près des îles. Lointain cousin du lamantin, l'adorable et discret dugong est souvent surnommé "vache de mer" dans le pays. Les plastiques retrouvés dans la mer sont une véritable menace pour lui et l'espèce est menacée d'extinction. On peut toutefois en voir au Point Dugong, sur l'île de **Ko Libong** : cette plateforme d'observation donne sur une zone densément couverte d'herbes marines. Selon les habitants, il est plus facile de les apercevoir par temps ensoleillé.

Ne manquez pas la **gare de Kantang**, une des plus anciennes de Thaïlande à avoir conservé son aspect d'origine. Le bâtiment en bois, finement décoré, est peint en jaune et en marron.

Pour terminer votre journée en beauté, dînez dans l'un des restaurants de la ville. Savourez des fruits de mer frais ou la spécialité locale, un poisson entier frit, servi avec une sauce épicée.

Pour visiter le district de Kantang, le mieux est de louer un *tuk-tuk* ou de faire appel à un chauffeur privé dans le centre-ville de Trang. Les prix variant, n'oubliez pas de négocier. Déterminez avec votre chauffeur à quel endroit il vous déposera et viendra vous chercher, la veille ville se visite ensuite facilement à pied.

Détente dans les sources chaudes de Trang

POUR SE DÉLASSER

Plongez-vous dans l'une des deux sources chaudes naturelles de Trang pour vous détendre et vous ressourcer avant de programmer d'autres visites ou d'embarquer sur un ferry pour les îles. Ces sources aux vertus thérapeutiques permettent d'évacuer le stress accumulé pendant l'année.

LES MEILLEURS DIM SUM DE TRANG

Ton Cha
Adresse pour le petit-déj avec *dim sum*, vermicelles au curry et porc rôti à accompagner d'un thé glacé thaïlandais. **$**

Kai-Nui Dim Sum
Restaurant traditionnel de *dim sum* proposant des dizaines de recettes différentes, et un porridge à base d'os de porc. **$**

Jeeb Khao Dimsum
Restaurant de *dim sum* réputé pour ses *jeeb khão* (raviolis blancs fourrés au porc) ; souvent dévalisé dès 8h ! **$**

Le **parc forestier des sources chaudes de Kantang** comporte 3 bassins naturels entourés d'une végétation tropicale dont la température de l'eau varie : 20°C, 40°C et 70°C. Le parc dispose également de 9 emplacements individuels destinés au public alimentés par les sources chaudes.

La **source chaude salée de Ban Khuan Sa** coule depuis plus d'un siècle. Elle est appréciée des habitants pour un long bain visant à améliorer la circulation sanguine et soulager les douleurs. L'odeur est forte, mais il y a aussi des bassins d'eau douce à seulement 30 m.

Goûtez la cuisine locale

SPÉCIALITÉS ET DESSERTS

La cuisine locale de Trang est exceptionnelle. On sent la forte influence chinoise, mais on y trouve aussi des spécialités épicées du sud de la Thaïlande en plus du porc rôti à la mode locale et du délicat gâteau-éponge. La ville est le paradis des gourmets et, avec ses nombreux marchés, stands de rue et cantines que l'on croise en chemin, on pourrait passer son temps à manger ! Il n'existe pas de visite gastronomique de la ville, mais n'hésitez pas à partir en solo à la découverte des spécialités locales.

Pour le petit déjeuner, rendez-vous sur un marché, mais arrivez tôt, car certains stands sont dévalisés dès 7h. Le **Municipal Market** qui a lieu tous les jours est une bonne option. Goûtez aux copieuses assiettes de *khăo gaeng* (curry et riz) dont il existe de nombreuses versions. La technique ? Prenez une assiette de riz et ajoutez-y autant de préparations de curry que vous le souhaitez. Vous trouverez aussi du poulet frit, des *roti*, des fruits frais et des desserts thaïlandais.

Si vous préférez vous asseoir, **Alabarb Coffee Shop** sert de délicieux *roti*, des currys, du thé thaïlandais et du café. Le **Khun Pum Restaurant** est réputé pour ses *khanom jin* (vermicelles de riz avec curry de poisson et légumes marinés), tandis que le **Laytrang 2 Restaurant** offre une grande variété de *dim sum* et du café thaïlandais servi avec du lait concentré.

Pour le déjeuner, dirigez-vous vers le **Petchrama Food Centre**, un *food court* typique avec des plats cuisinés à la demande, pour tous les goûts. Le choix est tel que l'on peut savourer une grande variété de spécialités locales, le tout à un prix abordable. **Egg E Egg Egg** est l'adresse incontournable si vous avez envie de café artisanal et de plats fusion à base d'œufs et d'huîtres frites.

Ne manquez pas le célèbre gâteau-éponge de Trang, aérien et moelleux. Connu dans tout le pays sous le nom de "gâteau de Trang", il peut être aromatisé au pandanus, à la noix de

LES MARCHÉS DE NUIT DE TRANG

Lors de votre passage à Trang, aventurez-vous au **Centerpoint Night Market** quotidien, au **Cinta Market**, plus arty, ou au **Trang Walking Street** (du vendredi au dimanche), près de la gare, pour vous mêler aux habitants et goûter des délices locaux. Le charme de Trang repose en partie sur le nombre moindre de voyageurs internationaux. Au marché, vous pourrez pratiquer votre thaï, tester vos talents de négociateur et, bien entendu, vous régaler avec la cuisine de rue. Les vendeurs sont accueillants, curieux et aiment discuter malgré la barrière de la langue.

LES MEILLEURS SALONS DE MASSAGE À TRANG

Kanchana Massage for Health
Massages des pieds, aux huiles essentielles ou thaïlandais, soins curatifs et de bien-être.

Yapa Hattawet Traditional Thai Massage
Massages thaïlandais ou suédois par des masseurs certifiés. Gommages du corps.

Let's Relax Spa
Spa et salon de massage réputé près de l'aéroport. Variété de soins et de forfaits bien-être.

CUISINE DE RUE ET PORC RÔTI

La cuisine de rue de Trang est délicieuse et le petit déjeuner est idéal pour goûter la spécialité locale du porc rôti. **Ban Bua Bok Roast Pork** prépare du porc croustillant à la couenne salée servi sur du riz ; **Trang Moo Yang** cuisine du porc croustillant, des soupes au porc et des *dim sum* ; et **Ko Sui Roast Pork**, prisé pour son porc rôti à la peau croustillante, sert aussi nouilles et *dim sum*. Tous ces restaurants ouvrent vers 6h et restent en théorie ouverts jusqu'à 13h, mais ils sont souvent en rupture de stock bien plus tôt. Rendez-vous ensuite au **Benjamit Cake Shop** pour une part moelleuse de “gâteau de Trang”.

FINCHFOCUS/SHUTTERSTOCK ©

Porc croustillant

coco, à l'orange, au lait frais, au thé vert ou au fruit du jaquier. Pour y goûter, essayer le **Kuk Ming-Lum Phura Cake Shop** qui était la première boutique en ville à vendre cette douceur.

Pour le dîner, le **Khao Tom Je Auan** est un restaurant local très apprécié pour déguster un bol fumant de porridge de riz, des fruits de mer frais ou des spécialités du sud de la Thaïlande, telles que le *gûng sator pàt príк* (crevettes sautées dans une pâte de crevettes et haricots très odorants). Autre possibilité : le restaurant fusion **MahaSamutr Cafe** qui sert des plats comprenant presque tous des fruits de mer frais. Enfin, **Richy** est une adresse de choix pour goûter les plats du sud de la Thaïlande. Si vous êtes d'humeur aventureuse, la salade de courge écarlate croustillante offre des arômes uniques.

COMMENT S'Y RENDRE ET CIRCULER

Il y a des vols quotidiens entre Bangkok (Don Mueang) et l'aéroport de Trang (à 5 km au sud de la ville). Des minibus pour le centre-ville attendent les passagers à l'arrivée des vols.

Les bus partent du nouveau terminal de bus de Trang (Th Phattalung), à 3,5 km au nord-est du centre-ville. Des bus climatisés de 1re classe partent pour Bangkok (583 B ; 12 heures) à 9h30, 16h30, 17h et 17h30. Des bus VIP plus confortables de 24 places partent à 17h et 17h30 (907 B). Depuis Bangkok, des bus climatisés/VIP partent entre 18h30 et 19h30.

Des minibus partent également de ce même terminal de bus. Départs réguliers entre 7h30 et 16h pour Pak Meng (80 B ; 1 heure), Hat Chao Mai (100 B ; 1 heure) et Kuantungku (100 B ; 1 heure), avec parfois une halte en ville, immédiatement à l'est du croisement entre la voie ferrée et Th Tha Klang.

Seuls deux trains circulent entre Bangkok et Trang : l'express 83 et le rapide 167. Départ de la gare Hualamphong à Bangkok à 17h05 et 18h30, arrivée à Trang le lendemain matin à 8h05 et 10h30. Départ de Trang à 13h30 et 17h25, arrivée à Bangkok le lendemain matin à 5h35 et 8h35. Prix : de 245 B pour une couchette en 3e classe à 1 480 B en 1re classe climatisée ; pensez à réserver.

On trouve de nombreux *tuk-tuk* et motos-taxis à la station de taxis près de la gare pour les trajets courts (40 B). Les agences de voyages louent des motos (250 B/jour). La plupart d'entre elles peuvent également gérer la location d'une voiture (200 B/jour). Des voitures de location sont aussi disponibles à l'aéroport. Un “bus local” bleu relie la gare au nouveau terminal de bus (12 B) via Th Sathani.

Satun

Pour les infos pratiques, voir le Carnet d'adresses *p. 368*

Longtemps ignorée des visiteurs, la province de Satun est la région la plus au sud de la côte d'Andaman et permet d'accéder à Ko Lipe et au parc national maritime de Ko Tarutao. Pour nombre de voyageurs, c'est essentiellement un lieu de transit pour Ko Lanta au nord ou Pulau Langkawi, en Malaisie, au sud. Elle possède pourtant des îles et des plages charmantes, sans oublier des sites culturels ou sacrés, des grottes marines et des cascades.

Isolée dans une vallée de jungle vaporeuse, entourée de falaises calcaires et bordée par une rivière boueuse, Satun est une petite ville animée, au charme authentique et à l'architecture sino-portugaise et religieuse intéressante. Le musée national de Satun, installé dans une belle demeure historique, mérite une visite. Il présente l'histoire, la culture et le mode de vie de la province. La plupart des habitants sont d'origine malaise, et l'islam tient une place importante dans le quotidien. Pak Bara, à 60 km au nord-ouest de Satun, est le point de départ pour plus de 100 îles et accueille les visiteurs en transit vers ces îles.

☑ À SAVOIR

Adressez-vous à un guide privé et partez faire du kayak de mer à Prasat Hin Phan Yod, une vaste doline sur Ko Khao Yai qui fait partie du Géoparc mondial de Satun certifié par l'Unesco. Les parois de cette formation rocheuse, surnommée le "château aux milliers de pics", s'élèvent au-dessus d'une mer vert émeraude.

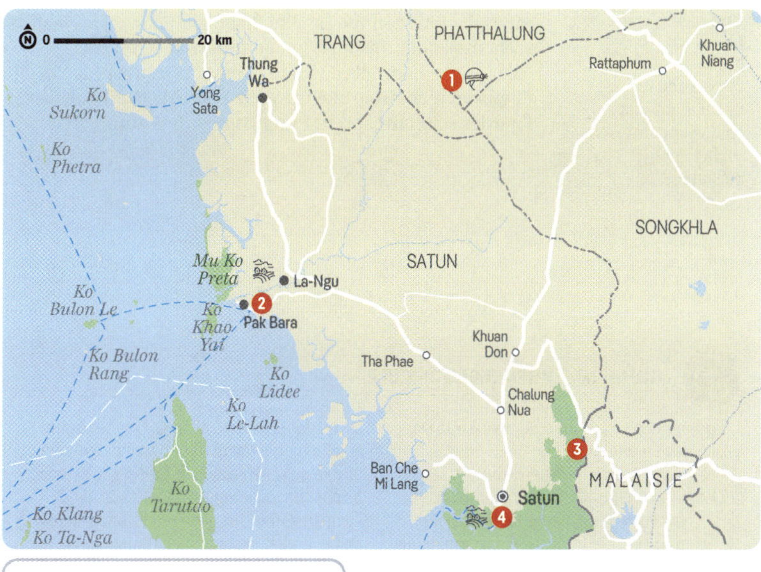

VOIR
1 Grotte de Phu Pha Phet
2 Pak Bara
3 Parc national de Thale Ban
4 Satun

LES MEILLEURS RESTAURANTS DE LA VILLE DE SATUN

Nergara Restaurant Restaurant halal doté d'une salle et d'une terrasse. Classiques thaïlandais, comme le curry vert, plats et desserts halal, *roti* et thé thaïlandais. **$$**

Nong Nee Restaurant Adresse modeste avec jardin servant une cuisine traditionnelle et épicée du Sud, à base de porc, bœuf et fruits de mer. Carte de bières et d'alcools locaux. **$**

Bobby's Pizza Satun Restaurant simple aux copieuses spécialités maison : pizzas, salades de pâtes ou wraps. L'équipe amicale peut vous conseiller sur la visite de Satun. **$**

Visite du parc national de Thale Ban

MONTAGNES, LACS ET CASCADES

Rapidement accessible en voiture depuis la ville de Satun, le **parc national de Thale Ban** est une réserve naturelle à la frontière entre la Thaïlande et la Malaisie. Composé de montagnes, collines, forêts, lacs, grottes ou cascades, il s'étend sur plus de 196 km². Des aménagements permettent d'y faire d'agréables randonnées, de se détendre dans un grand pavillon ou de parcourir une passerelle en bois au-dessus de l'eau. La forêt tropicale, dense, abrite une grande variété de mammifères, reptiles et oiseaux. À l'intérieur du parc, par un sentier ombragé, vous pourrez rejoindre **Nam Tok Ya Roi**, un petit bassin qui permet une baignade rafraîchissante.

Le parc national de Thale Ban est à environ 30 km au sud-ouest de la ville de Satun. Pour le visiter, le mieux est de s'arranger avec un chauffeur local ou un taxi à Satun.

Au cœur d'une vaste grotte

UNE MERVEILLE SOUTERRAINE

Située dans la réserve naturelle de Khao Banthat, la **grotte de Phu Pha Phet** est la plus grande de Thaïlande, et la quatrième plus grande au monde. D'une superficie intérieure de plus de 80 000 m², la grotte se compose de 20 salles, toutes nommées d'après la forme unique de leurs stalactites. L'entrée de la grotte est accessible par quelque 300 marches hautes. À l'intérieur, des passerelles en bois dotées de balustrades relient les différentes salles. La plus connue est Phu Pha Phet, pour ses formations rocheuses qui scintillent lorsqu'elles sont éclairées.

La réserve naturelle de Khao Banthat et la grotte de Phu Pha Phet sont à environ 1 heure 30 de route de la ville de Satun. Pour les rejoindre, prenez un taxi depuis Satun.

COMMENT S'Y RENDRE ET CIRCULER

L'aéroport le plus proche se trouve à Hat Yai, à 2 heures de route.

Les bus partent du terminal de bus de Satun, à 2 km au sud de la ville. Depuis Bangkok, des bus 1re classe desservent tous les jours Satun (16 heures de voyage). Des minibus partent tous les jours à heure pleine de Hat Yai en direction de Satun (2 heures). Depuis Phuket, des bus à destination de Satun partent plusieurs fois par jour en passant par Phang Nga, Krabi et Trang. Des minibus partent également de Trang toutes les heures (environ 3 heures). Pour rejoindre Pak Bara et l'embarcadère pour Ko Lipe, prenez un minibus en direction de La-Ngu et indiquez au chauffeur que vous voulez descendre à l'embarcadère. Des minibus partent du terminal de bus de Satun pour Krabi, Trang, Hat Yai et l'aéroport de Hat Yai en moyenne deux fois par jour. Pensez à réserver votre billet.

Le centre-ville de Satun se visite facilement à pied. La plupart des lieux d'hébergement louent vélos (150 B/jour) et motos (250 B/jour).

Environs de Satun

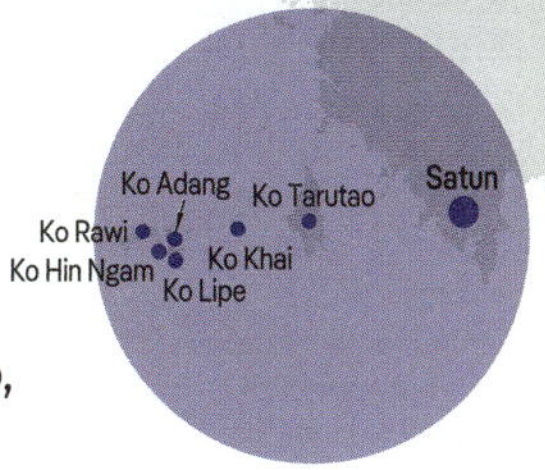

Dans le parc national maritime de Ko Tarutao, la petite île de Ko Lipe, surnommée les "Maldives de Thaïlande", est un paradis couvert de jungle qui offre aussi de très beaux sites de plongée et de snorkeling.

Ko Lipe se trouve dans la mer d'Andaman, non loin de la frontière avec la Malaisie. L'île n'est pas facile d'accès, mais ceux qui se lancent dans ce périple sont récompensés par d'incroyables eaux turquoise, des récifs coralliens protégés, de superbes plages de sable et des collines couvertes de jungle. Jadis un refuge isolé, Ko Lipe a gagné en popularité ces dernières années. Son développement touristique effréné a malheureusement engendré de nombreux problèmes liés à la gestion des déchets, à la pollution sonore et à l'approvisionnement en énergie. Sa beauté reste toutefois éblouissante entre plages somptueuses, sites de plongée exceptionnels, jungle luxuriante et ambiance conviviale contagieuse. L'île séduit les visiteurs en quête de repos et de soleil.

Pour les infos pratiques, voir le Carnet d'adresses *p. 369*

À SAVOIR

Consacrez au moins 3 jours à Ko Lipe pour vous imprégner de son atmosphère.

Ko Lipe

LES NOMADES DE LA MER DE KO LIPE

Les premiers habitants de Ko Lipe furent les *Chow lair*, ou “nomades de la mer”, une communauté indigène nomade originaire de Malaisie, auxquels le roi Rama V aurait donné l'île en 1909. Les *Chow lair* parlent leur propre langue, le *rawi*, un mélange de thaïlandais et de malais. La communauté de Ko Lipe compte environ 700 personnes qui portent toutes le même nom de famille : Haad Thalay, signifiant “gens de la plage”. Les *Chow lair* ont construit un village dans l'est de l'île. Ils ne sont plus nomades, mais ils partent en mer tous les jours pour pêcher, plonger et faire du snorkeling.

LEMARET PIERRICK/SHUTTERSTOCK ©

Hat Sanom (p. 357)

La Walking Street de Ko Lipe

CUISINE, SHOPPING ET VIE NOCTURNE

La *Walking Street* de Ko Lipe est l'artère principale de l'île. Étroite et pavée, elle relie Sunrise Beach à Hat Pattaya. Bordée de bars, de restaurants et de nombreuses boutiques, elle prend vie tous les jours à 17h. C'est l'endroit où manger, prendre un verre, acheter des souvenirs et réserver une visite ou une sortie à un prix correct – des boutiques proposent des informations sur les excursions dans les environs, la plongée et le snorkeling. La *Walking Street* comporte aussi une pharmacie, un distributeur automatique de billets et deux 7-Eleven.

La boutique **Munay Designs** vend des objets artisanaux tendance, comme des bijoux, des vêtements et des sacs à main à prix abordable.

Pour savourer des spécialités thaïlandaises, installez-vous à l'une des longues tables de **Papaya Mom**, mais gardez de la place pour le dessert, le riz gluant à la mangue y est excellent. Ou bien optez pour le **Nee Papaya**, qui sert poissons grillés, currys, nouilles et plats sautés, ainsi qu'un choix de plats isan relevés.

En soirée, dirigez-vous vers le **Maya Bar** pour vous détendre dans d'énormes poufs en sirotant un cocktail. D'octobre à mai, le bar propose, le samedi soir, un barbecue avec DJ et musique live.

La *Walking Street* est facilement accessible à pied, mais des motos-taxis peuvent vous y déposer (40 B/trajet).

Les plus belles plages de Ko Lipe

DE VÉRITABLES RÊVES ÉVEILLÉS

Le décor paradisiaque de **Ko Lipe** est rehaussé par son sable blanc d'une douceur inouïe, ses cocotiers qui ondulent avec la brise et son eau turquoise. Le cadre idéal pour nager, se prélasser dans un hamac ou tout simplement marcher dans le sable. Les plages les plus populaires sont celles de Sunrise, Sunset et Pattaya, mais l'île regorge de coins sablonneux tranquilles qui n'attendent que vous.

Hat Sunrise, sur le littoral est de l'île, se prête idéalement au snorkeling. Les levers de soleil y sont magnifiques. La plage est moins fréquentée que les autres plages et son ambiance est plus bohème.

Hat Sunset est une petite plage située dans un lagon reculé. On y trouve quelques restaurants et on peut y louer des kayaks. Sans surprise, les couchers de soleil y sont sublimes. **Hat Pattaya** est la première plage que vous apercevrez en débarquant du ferry ou du *speedboat*. Avec ses restaurants et sa vie nocturne, elle est très animée. On y fait du snorkeling, du kayak de mer et du beach-volley.

Hat Sanom, moins connue, est facile d'accès grâce à un pont en bois branlant. Proche de Hat Pattaya, elle est paisible et bordée d'arbres fournissant une ombre bienvenue. On peut y faire du snorkeling dans une eau turquoise où la faune marine est florissante. **Hat Billa** est une petite plage rocheuse isolée située entre les plages de Sunset et de Pattaya. Les amateurs de plein air y apprécieront le kayak et le snorkeling.

ATTENTION AUX LONG-TAIL BOATS

Prenez garde aux *long-tail boats* lorsque vous nagez, surtout en basse saison. Ne comptez pas sur eux pour vous voir : il y a déjà eu des collisions avec des nageurs.

Évitez aussi de vous baigner dans l'étroit détroit entre Ko Lipe et Adang où les courants sont puissants et dangereux à toute époque de l'année.

Plonger près de Ko Lipe et au-delà

RÉCIFS CORALLIENS DE TOUTE BEAUTÉ

La majeure partie de l'année, il serait exagéré de qualifier cet endroit de site de classe mondiale, mais la plongée est exceptionnelle quand la visibilité est optimale, soit au début de la saison des pluies (mi-avril à mi-juin).

Eight Mile Rock, un pic submergé, attire des diables des mers (raies) et de très rares requins-baleines. C'est le seul site de la région où l'on peut voir des poissons pélagiques. **Stonehenge** est réputé pour ses splendides coraux mous, ses hippocampes, ses rares requins-léopards et les gros rochers surmontant le récif qui lui ont donné son nom. **Ko Sarang** est un autre magnifique site doté de superbes coraux mous et de bancs de poissons scintillants, ce qui en fait l'un des spots préférés de nombreux visiteurs. Tous les plongeurs doivent débourser 200 B pour plonger dans le parc national maritime de Ko Tarutao.

OÙ SE LOGER À KO LIPE

Castaway Resort
Bungalows rustiques à Hat Sunrise avec vue sur la plage ou le jardin, centre de plongée et restaurant. **$**

Idyllic Concept Resort
Petit complexe de luxe dans un jardin à Hat Sunrise. Deux piscines, salle de sport et mur d'escalade. **$$**

Bulow Casa Grand View Resort & Spa
Resort en bord de plage avec installations de luxe et balcons près de Hat Sunrise. **$$$**

RACHATA/STOCKADOBE.COM ©

Arche rocheuse de Ko Khai (p. 359)

YOGA SUR KO LIPE

Commencer ou terminer une journée au paradis par un cours de yoga est particulièrement revigorant. Les cours se déroulent dans des lieux superbes, dans la nature ou en bord de mer. Au centre **Keirita's Yoga**, les cours sont proposés pour tous les niveaux et accessibles sur réservation. Celui de 6h se déroule en extérieur, dans un jardin, à l'Idyllic Concept Resort (Hat Sunrise), celui de 8h au Keirita's Studio, et celui de 17h15, en bord de mer, au Lipe Beach Resort (Hat Sunrise). Les tapis sont compris, mais pas les serviettes (apportez la vôtre).

Pour faire du snorkeling, on trouve de jolis récifs coralliens le long de la côte sud et aux abords de **Ko Kra** et **Ko Usen**, les îlots face à Hat Sunrise (attention aux *long-tail boats* qui naviguent ici). La plupart des hôtels louent masques, palmes et tubas. Les agences de voyages et certains opérateurs de plongée peuvent organiser des circuits de snorkeling notamment à Ko Adang, Ko Yang ou Ko Rawi (environ 700 B/pers).

Tarutao Divers, sur la *Walking Street* de Ko Lipe, organise tous les jours des sorties de plongée et de snorkeling dans le parc national maritime de Ko Tarutao.

Caboter d'île en île dans le parc national maritime de Ko Tarutao

FORÊT TROPICALE ET SENTIERS DE RANDONNÉE

Le **parc national maritime de Ko Tarutao** englobe quelque 51 îles couvertes de jungle et entourées de plages de sable blanc splendides et de récifs coralliens florissants. D'une beauté époustouflante, cette destination est incontournable pour les amoureux de nature et de plein air souhaitant passer d'île en île, de plage en plage, faire de la plongée ou du snorkeling.

OÙ PRENDRE UN VERRE À KO LIPE

Sea La Vie Bar
Bar de plage décontracté où boire des cocktails, des spiritueux et des jus de fruits frais. Menu correct.

Zodiac See Sun Beach Bar
Bar en bord de mer construit en bois flotté. Cocktails, dîner et spectacle de feu à 18h.

Forget-Me-Not Bar
Dissimulé dans une ruelle, bar agréable pour discuter autour d'un verre en fin de soirée.

Le bureau du parc national se trouve sur l'île protégée de **Ko Tarutao**, où vivent varans, macaques, sangliers et aigles de mer. Si vous passez sur place une nuit ou plus (dans un bungalow simple ou sous une tente), prenez le temps de suivre le sentier qui mène au **point de vue de Tob-Boo** en 20 minutes. Des randonnées plus ardues sont possibles, mais vous devrez vous faire accompagner par un garde-forestier. Si vous prévoyez de dormir sur place, apportez de la nourriture et de l'eau.

Ko Adang est à 10 minutes de *long-tail boat* de Ko Lipe. C'est la deuxième plus grande île du parc national maritime et on y trouve de superbes plages et des sentiers de randonnée. Le célèbre **point de vue de la falaise de Chado** est difficile à atteindre, mais il offre une vue sublime.

Ko Khai est une petite île connue pour son arche rocheuse. Elle se visite dans le cadre d'une excursion d'une journée au départ de Ko Lipe. **Ko Rawi** propose quelques-uns des plus beaux sites de snorkeling du parc national maritime de Ko Tarutao. Quant à **Ko Hin Ngam**, elle est connue pour ses grands galets gris. Selon la légende, le dieu de Ko Tarutao aurait maudit les galets. La malchance s'abattrait sur ceux qui les enlèvent de l'île.

Ko Bulon Leh

SUR TERRE ET SOUS L'EAU

La sensationnelle **Ko Bulon Leh**, à 23 km à l'ouest de Pak Bara, est baignée par des eaux limpides, typiques de la mer d'Andaman. Bordée par des plages d'un blanc d'albâtre immaculé et par des filaos oscillant sous le vent, cette somptueuse île est à son point d'équilibre : assez développée pour être dotée de quelques infrastructures, elle conserve néanmoins encore une atmosphère sereine et isolée à la Robinson Crusoé. Sur cette île minuscule, l'électricité n'est disponible qu'en soirée dans les *resorts* et il n'y a pas de DAB (les plus proches sont à Pak Bara ; prévoyez des espèces). C'est aussi une destination très saisonnière sans aucune offre touristique en basse saison. Son charme fait pourtant inlassablement revenir les voyageurs sur ses sublimes rivages.

Se dorer au soleil, se baigner ou simplement admirer la principale plage de Bulon, splendide ruban de sable blanc ourlé de calmes eaux turquoise, sont autant de raisons de visiter ce joyau isolé. L'intérieur des terres, luxuriant, de Bulon est également sillonné de pistes et de sentiers plaisants à explorer, bien que le rocher tapissé de jungle qui compose la moitié occidentale de l'île reste inaccessible à pied.

Vous découvrirez la beauté sauvage de l'île sur la côte nord à **Ao Panka Yai**, une baie léchée par une eau azur et couverte de graviers de corail, où la pratique du snorkeling est agréable. Cette baie est reliée par un petit chemin asphalté à **Ao Panka Noi**, un village de pêcheurs offrant une belle vue sur les reliefs karstiques. Des *long-tail boats* y sont amarrés à une plage de gravier et une poignée de restaurants, simples mais servant de bons plats, occupe la moitié est de la côte nord. Suivez le chemin signalé un peu plus à l'ouest pour traverser les vestiges de jungle et les plantations d'hévéas – en gardant les yeux

LE SOMBRE PASSÉ DE KO TARUTAO

Difficile d'imaginer que l'une des régions les plus belles et les mieux préservées de Thaïlande abrita un jour des camps d'internement. Pourtant, à la fin des années 1930, quelque 3 000 condamnés et prisonniers politiques furent envoyés dans des camps à Ko Tarutao. À l'époque, les crocodiles régnaient sur les mangroves et la malaria sévissait. Pendant la Seconde Guerre mondiale, alors que les lignes de ravitaillement vers les îles étaient entièrement coupées, gardiens et prisonniers unirent leurs forces pour attaquer les navires de passage. Les camps d'internement et les prisons finirent par être fermés et l'île obtint dans les années 1970 le statut de parc national.

Ko Bulon Leh

grands ouverts sous peine de manquer l'un des énormes varans de Bulon –, puis rejoignez **Ao Muang** (Baie des Mangues), un campement de pêcheurs *chow lair*.

Vous trouverez de jolis coraux au large de **Laem Son** sur la rive nord-est de l'île et en redescendant sur le littoral est. Le Bulone Resort et le Pansand Resort louent des kayaks (200 B/heure). Le snorkeling est meilleur à marée basse.

Les hôtels peuvent organiser des excursions guidées de snorkeling vers les autres îles de l'archipel de Ko Bulon. Des circuits conduisent en général vers les eaux émeraude transparentes de **Ko Gai** et **Ko Ma**, dont les rochers tourmentés ont été érodés par le vent et le temps. Le **White Rock** est le point d'orgue du circuit : de hautes flèches rocheuses, blanchies par le guano, surgissent de la mer et sous la surface, le récif rocheux couvert de moules est peuplé de poissons multicolores.

COMMENT SE RENDRE ET CIRCULER À KO LIPE ET SES ENVIRONS

Les deux aéroports les plus proches de Ko Lipe sont ceux de Hat Yai (Thaïlande) et Langkawi (Malaisie). Si vous venez de Bangkok, le plus simple pour rejoindre Ko Lipe consiste à prendre un billet combiné avec Air Asia ou Nok Air : de l'aéroport de Don Mueang vous volerez pour Hat Yai, puis une navette vous conduira à l'embarcadère de Tha Pak Bara (2 heures de route), où vous prendrez le ferry pour Ko Lipe.

Des ferrys relient le port de Tha Pak Bara à Ko Lipe tous les jours de 9h30 à 15h. En basse saison, il n'y a qu'un seul ferry à 11h30, mais des *speedboats* font le trajet tous les jours. En haute saison, vous pouvez aussi rejoindre Ko Lipe en bateau depuis d'autres îles. Des *speedboats* partent de Phuket, Ko Phi Phi, Krabi et Ko Lanta. Regardez les horaires sur le site Phuket Ferry (phuketferry.com).

La marche est la meilleure option pour se déplacer sur Ko Lipe, qui est une petite île, mais des motos-taxis sont disponibles à partir de 20 B.

Pour sillonner les eaux baignant les joyaux couverts de jungle que sont Ko Rawi, Ko Adang et les îlots voisins, vous pourrez engager un bateau-taxi dirigé par un capitaine *chow lair* à la station de Hat Sunrise. On peut aussi louer des kayaks (250 B/heure) sur tout Ko Lipe.

Carnet d'adresses

RANONG

Parc national de Nam Tok Ngao
Voir p. 289 (facebook.com/ngaowaterfallnationalpark ; 76/5 Village n°1, Mueang Ranong ; adulte/enfant 100/50 B ; tlj 8h30-16h30)

Raksawarin Hot Springs & Public Park
Voir p. 289 (Khao Niwet Muang Ranong ; 40 B/pers ; tlj 5h-21h)

Sources chaudes de Pornrang
Voir p. 289 (Bang Rin, Mueang Ranong District, Ranong ; tlj 8h30-16h30)

ENVIRONS DE RANONG : KO PHAYAM

Wat Ko Phayam
Voir p. 291 (Moo 1, Tambon Ko Phayam, Amphoe Mueang Ranong, Ranong)

Phayamas Private Beach Resort & Island Brew
Voir p. 291 (091 078 7715 ; www.phayamas.com ; 47/8 Moo 1, Koh Phayam, Muang, Ranong)

Flower Power Restaurant & Village
Voir p. 291 (095 882 5573 ; facebook.com/flowerpowerphayam ; 14/32 Moo 1, Than Boun Koh Phayam, Amphoe Muang – Buffalo Bay, Ranong ; 24h/24)

Hippy Bar
Voir p. 291 (093 587 2910 ; facebook.com/HippyBarKohPhayam ; Aow Kao Kwai – Buffalo Bay – Koh Phayam, Kapoe, Ranong ; tlj 9h-1h)

PHANG-NGA

Ban Nam Khem Tsunami Memorial
Voir p. 296 (Takua Pa District ; gratuit ; tlj 8h-20h)

Parc national de Khao Lak/Lam Ru
Voir p. 296 (www.thainationalparks.com/khao-lak-lam-ru-national-park ; adulte/enfant 100/50 B ; Village 7 Phet Kasem Road, Khuekkhak, Takua Pa District ; tlj 8h-16h30)

Parc national maritime d'Ao Phang-Nga
Voir p. 298 (thainationalparks.com/ao-phang-nga-national-park ; 80 Village No. 1, Ban Tha Dan Road, Ko Panyi ; tlj 8h30-16h30)

Parc national maritime des îles Similan
Voir p. 295 (similan-islands.com ; Lam Kaen, Thai Mueang District)

Parc national maritime des îles Surin
Voir p. 295 (thainationalparks.com/mu-ko-surin-national-park ; Khura Buri District)

Sanctuaire Guan Yu
Voir p. 297 (Si Takua Pa Road, Takua Pa Subdistrict ; tlj 6h-17h)

Takua Pa Walking Street
Voir p. 297 (Th. Sri Takuapa, Takua Pa, Takua Pa District ; 15h-20h dim)

Tsunami Boat 813
Voir p. 296 (9/9, Khuekkhak, Takua Pa District ; tlj 8h30-18h)

Apsara Beachfront Resort & Villa
Voir p. 293 (076 584 444 ; www.apsarakhaolak.com ; 45 Moo 2, Kukkak, Takuapa)

JW Marriott Khao Lak Resort & Spa
Voir p. 293 (076 584 888 ; www.marriott.com ; 41/12 Moo 3, Khuk Khak, District de Takua Pa)

Poseidon Bungalows
Voir p. 293 (087 895 9204 ; poseidonbungalows.com ; Khao Lak, 1, 6, Lam Kaen, Thai Mueang District)

Auntie Premjit Noodle Shop
Voir p. 297 (Th. Sri Takuapa, Tambon Bang Sai, Takua Pa District ; tlj 10h-20h30)

Khanom Chin Pa Son
Voir p. 296 (086 593 9658 ; 3 Borirak Bamrung Road, Thai Chang, Mueang ; 10h30-17h mer-dim)

Khun Thip's Satay
Voir p. 296 (086 691 5966 ; 184 Phet Kasem Road, Thai Chang, Mueang ; 11h-15h30 tlj sauf mer)

Krua Tonfon
Voir p. 296 (095 291 5665 ; Bo Saen, Thap Put District ; tlj 8h-21h)

Phu View Restaurant
Voir p. 296 (087 895 5891 ; facebook.com/p/KhaoLak-Phu-View-100054637831842 ; Petchkasem Ban Bang Niang ; tlj 10h-22h sur réservation uniquement)

Marché de Bang Niang
Voir p. 296 (bangniangmarket.com ; Phet Kasem Road, Khuekkhak, Takua Pa District ; 14h-22h lun mer-jeu sam)

Marché de produits frais de Takua Pa
Voir p. 297 (Th. Sri Takuapa, Tambon Bang Sai, Amphoe Takua Pa ; 15h-minuit dim)

ENVIRONS DE PHANG-NGA

Parc national de Khao Sok
Voir p. 302 (thainationalparks.com/khao-sok-national-park ; Phanom District, Surat Thani ; tlj 7h-19h)

Our Jungle House
Voir p. 302 (081 417 0546 ; www.khaosokaccommodation.com ; 183 Moo 6, T. Klong Sok A. Panom, Surathani)

Horizon Eco Resort
Voir p. 301 (081 894 7195 ; horizonecoresort.com ; 161 Moo 2, Ko Phra Thong)

Moken Eco Village
Voir p. 301 (081 895 6186, 099 126 9296 ; mokenecovillage.com ; Ko Phra Thong, Khura Buri District, Phang Nga ; fermé mai-oct)

Mr Chuoi Bar & Hut
Voir p. 301 (084 855 9886, 087 898 4636 ; www.mrchuoibarandhut.com ; 140 Moo 2, Koh Phra Thong, Kuraburi, Pang Nga)

PHUKET

Andamanda Phuket
Voir p. 307 (www.andamandaphuket.com ; 333/3 Moo 1, Tambon Kathu, Amphur Kathu ; adulte/enfant 1 500/1 000 B ; tlj 10h-19h)

Aquarium de Phuket
Voir p. 315 (phuketaquarium.org ; 51 Moo 8, Sakdidej Road ; 180/100 B par pers ; tlj 8h30-16h30)

Baan Ar-Jor
Voir p. 307 (062 459 8889 ; baanarjor.com ; 102 Thepkasattri Road, Thalang District ; demeure tlj 10h-21h ; nuitée 10 000 B/2 pers en pension complète)

Baan Teelanka Upside Down House
Voir p. 307 (upsidedownhouse-phuket.com ; adulte/enfant 470/240 B ; Village n°5 51/11 Chalerm Phrakiat Ratchakan Thi 9 Road, Tambon Ratsada ; tlj 10h-18h)

Baan Chinpracha
Voir p. 305 (facebook.com/ChinPrachaHouseMuseum ; 150 B/pers ; Krabi Road, Mueang Phuket ; tlj 8h-16h)

Blue Tree
Voir p. 307 (bluetree.fun ; 4, 2 Srisoonthorn Road, Tambon Si Sunthon, Amphoe ; adulte/enfant 1 020-500 B ; sur réservation uniquement ; tlj 10h-20h)

Gibbon Rehabilitation Project (GRP)
Voir p. 316 (gibbonproject.org ; 104/3 Moo 3, Paklock, Talang ; visite 1 heure adulte/enfant 900/600 B par pers tlj 10h30-11h30, 12h30-13h30 et 14h-15h, visite de 2 heures 30 à partir de 4 528 B/pers 9h30-12h ; sur réservation uniquement)

Chalong Bay
Voir p. 322 (chalongbayrum.com/distillery-visit ; 14/2 Moo 2, Soi Palai 2 T Chalong A. Muang ; visite distillerie 1 heure tlj 13h, 15h, 17h, 19h, 590 B/pers ; ateliers 1 heure 30/2 heures à partir de 890/1 190 B, visite guidée incluse ; tlj 11h-23h)

Drawing Room Phuket
Voir p. 316 (facebook.com/DrawingRoomPhuket ; 56 Phangnga Road ; tlj 10h-18h)

Fête végétarienne de Phuket
Voir p. 312 (généralement en oct-nov, durant le 9e mois lunaire du calendrier chinois)

Grand Bouddha
Voir p. 312 (www.mingmongkolphuket.com ; Karon, Mueang Phuket District ; tlj 6h30-18h30)

Junkyard Theatre
Voir p. 307 (junkyardtheatre.com ; 49/6 Moo 5, Chalerm Phrakiat 9 Road, Rasada ; uniquement sur réservation ; 11h-20h lun-sam)

Loy Ruea (festival)
(durant la 12e pleine lune du calendrier lunaire chinois, généralement en nov, à la fin de la saison des pluies)

Mai Khao Marine Turtle Foundation
Voir p. 308 (www.maikhaomarineturtlefoundation.org ; 231 Moo 3, Mai Khao, Talang ; 11h-15h mar-sam ; observation des tortues tlj 9h-17h)

Monument aux Héroïnes
Voir p. 321 (Si Sunthon, Thalang District ; 24h/24 sauf lun 16h45-17h45)

Mr Zen Art Studio
Voir p. 316 (www.wua-artgallery.com ; 36 Dibuk Road, Amphoe Muang ; tlj 10h-22h30)

Napas Art Gallery
Voir p. 316 (19/1-19/6 Porto de Phuket (room 510), Bandon-Cherngtalay Road, Choeng Thale, Thalang District ; tlj 10h45-21h)

Nguan Choon Tong
Voir p. 305 (076 215 901 ; 9 Thalang Road, Tambon Talat Yai, Mueang Phuket District ; tlj 8h-18h)

Parc national de Khao Phra Thaew
Voir p. 316 (Thep Krasatti, Thalang)

Parc national de Sirinat
Voir p. 308 (www.thainationalparks.com/sirinat-national-park ; adulte/enfant 200/100 B ; 8h-16h tlj sauf sam-dim 9h-16h)

Peranakan Phuket Museum
Voir p. 307 (peranakanphuket museum.com ; 124/1 Moo 1, Thepkasattri Road, Si Sunthorn Subdistrict District de Thalang ; tlj 9h-18h)

CHALEARMRAT/STOCKADOBE.COM ©

Ranong (p. 288)

Phuket Thaihua Museum
Voir p. 305 (28 Krabi Road, Tambon Talat Nuea, Mueang Phuket District ; adulte/enfant 200/120 B ; tlj 9h-17h)

Sanctuaire Bang Niew
Voir p. 313 (Tambon Talat Yai, Mueang Phuket District ; tlj 9h-17h)

Sanctuaire des Éléphants de Phuket
Voir p. 315 (www.phuketelephantsanctuary.org ; 100, Moo 2, Paklok, Thalang ; 8h30-17h30 tlj sauf lun 9h30-17h)

Sanctuaire de la Lumière Sereine
Voir p. 305 (www.phuket101.net/fr/shrine-of-serene-light ; gratuit ; 72/1 Yaowarat Road, Amphoe Mueang Phuket, Chang Wat ; tlj 8h30-17h30)

Simon Cabaret Phuket
Voir p. 305 (simoncabaretphuket.com ; 8 Sirirat Road, Pa Tong, Kathu ; tlj 17h-23h30 ; représentations tlj à 18h, 19h30 et 21h)

Underwood Art Factory
Voir p. 307 (089 697 2337 ; underwood-phuket.com ; 49/6 Moo 5, Chalermphrakiat Ror 9 route, Ratsada)

Wat Chalong
Voir p. 309 (www.wat-chalong-phuket.com ; 70 Moo 6, Chaofa Road (Ouest), Chalong ; tlj 8h-17h)

Wat Mai Khao
Voir p. 308 (facebook.com/watmaikhao ; Village n°4, sous-district de Mai Khao, district de Thalang ; tlj 6h-19h)

Wat Phra Nang Sang
Voir p. 312 (330 Namtok Ton Sai Road Thep Krasatti, district de Thalang ; tlj 7h-18h)

A Chef's Tour
Voir p. 309 (achefstour.com ; info@achefstour.com)

Art Studio Green Grey
Voir p. 316 (087 954 5134 ; facebook.com/people/Artstudio-Green-Grey/100057082134819 ; Cap Phromthep, Rawai ; tlj 10h-17h)

Bangrongconnect.com
Voir p. 321 (094 714 8707 ; www.bangrongconnect.com ; 90/17 Pa Klok, district de Thalang ; tlj 8h-18h)

Communauté de Lipon Thai
Voir p. 321 (visitandamanlocal@gmail.com ; visitandamanlocal.com ; Al-TaSl, College of Computing)

Feel Phuket Bike & Hike
Voir p. 340 (095 420 5604 ; feelphuket.com ; 42/1 Moo 5, Huakuantai Road, Kathu ; tlj 8h-20h)

Happy Kids Club
Voir p. 317 (085 565 5479 ; happykidsthailand.com ; 199 Moo 5, Central Phuket Floresta (étage B) Vichit, Muang ; tlj 10h30-20h30)

I-Mon Art Gallery
Voir p. 317 (086 961 8968 ; facebook.com/pikanasa ; 29/2, route Phang Nga, sous-district de Talat Yai ; 8h-20h lun-jeu, 8h-21h ven, 9h-21h sam, 9h-20h dim)

Jungala Phuket
Voir p. 319 (094 598 0880 ; www.jungalaphuket.com ; 30/68 Moo 1, Wiset Road ; tlj 9h-18h)

Phuket Art Village
Voir p. 317 (☎064 875 5879 ; instagram.com/phuketartvillage ; 28/68 Soi Naya 2, Rawai ; tlj 9h-21h)

Phuket Painting Class
Voir p. 316 (☎086 795 8609 ; facebook.com/phuketpaintingclass ; 80/120-121 Phanason residence village, Moo 5, Wichit, Muang Phuket District ; tlj 10h-18h)

Phuket Photography Tours
Voir p. 314 (☎065 401 4146 ; www.phuketphotographytours.com ; 88, 8, Pa Klok, district de Thalang ; 9h-17h lun-ven, sam-dim sur rdv uniquement)

Tha Chatchai
Voir p. 321 (visitandamanlocal@gmail.com ; visitandamanlocal.com ; Al-TaSI, College of Computing)

Memory at On On Hotel
Voir p. 305 (☎076 363 700 ; www.thememoryhotel.com ; 19 Phang-Nga Road, Talad Yai, Muang)

Blue Elephant
Voir p. 305 (☎076 354 355 ; blueelephant.com ; 96 Krabi, Tambon Talat Nuea, Amphoe Mueang Phuket ; tlj 9h-22h30)

Boathouse Phuket
Voir p. 317 (☎076 330 0157 ; boathouse-phuket.com/restaurant/the-boathouse-restaurant ; 182 Koktanode Road, Kata Beach)

Bookhemian
Voir p. 314 (☎098 090 0657 ; bookhemianphuket.wixsite.com/bookhemian ; 61 Talang Road Talad Yai Subdistrict, Phuket-ville ; 8h-19h tlj sauf dim 8h-22h)

Coconut Farm & Restaurant
Voir p. 341 (☎098 741 3252 ; Ko Yao Noi, Phang Nga ; 10h-20h30 sauf ven)

Feelsion Cafe
Voir p. 314 (☎083 181 9845 ; facebook.com/thefeelsioncafe ; 445/1 Phuket Road, Tambon Talat Yai, Amphoe Mueang Phuket ; 10h30-18h tlj sauf mer)

Garden Cafe
Voir p. 340 (☎089 202 4020 ; Surin Road ; tlj 10h-22h)

Hesan Vegetarian
Voir p. 312 (☎076 256 611 ; Mueang, Mueang Phuket District ; tlj 9h-15h)

Khun Jeed Yod Pak Restaurant
Voir p. 319 (☎083 392 8112 ; 31 Phangnga Road, Tambon Talat Yai, Talat Yai ; 10h-20h tlj sauf mer)

Kopitiam by Wilai
Voir p. 305 (☎083 606 9776 ; facebook.com/kopitiambywilai ; 18 Thalang Road, Phuket-ville ; 11h-20h tlj sauf dim)

Luk To
Voir p. 312 (223/6 Ranong Road, Muang ; tlj 6h-18h)

Lock Tien Food Court
Voir p. 309 (☎087 387 3703 ; 173 Yaowarad Road, Tambon Talat Nuea, Mueang Phuket District ; tlj 9h-17h)

Mee Ton Poe Restaurant
Voir p. 306 (☎076 216 293 ; 214, 7-8 Phuket Road, Tambon Talat Yai, Muang ; tlj 10h-18h30)

Meg Khram Sunshine Restaurant
Voir p. 317 (☎082 693 2426 ; megkhramthesunshine.com ; 223 Prabaramee Road, Patong, Kathu ; tlj 16h-23h)

Phuket-ville (p. 303)

Mingalar Coffee Shop
Voir p. 306 (Unnamed Road Mueang Phuket District ; 5h55-15h lun-ven, 6h-14h sam-dim)

Mor Mu Dong
Voir p. 309 (088 766 1634 ; 9/4 Moo 3, Soi Pa Lai, Chao Fa Road, Chalong, Mueang Phuket ; tlj 10h-21h30)

Nong J
Voir p. 312 (085 885 7223 ; 2 Th. Patiphat, Soi Nappakoon ; tlj 9h-21h sauf dim)

Paradai Phuket
Voir p. 305 (089 728 9871 ; facebook.com/paradaiphuket ; 36 Yaowarat Road, T. Talat Yai, A.Mueang ; 10h-20h30 lun-ven, 10h-21h sam-dim)

Phuketique
Voir p. 305 (081 974 1559 ; facebook.com/yuiphuketique ; 2 Ranong, Tambon Talat Nuea, Mueang Phuket District ; 11h-22h tlj sauf mar)

Soul Phuket
Voir p. 313 (061 249 4703 ; www.soulphuket.com ; 224 Karon Road, Karon ; tlj 9h-21h)

Thalang #31
Voir p. 314 (085 694 9551 ; facebook.com/thalangthirtyone ; 31 Thalang Road, Talat Yai, Meung ; 10h-19h mar-jeu, 11h-20h ven-sam, 13h-22h dim)

Tian Tian Phuket Dessert Cafe
Voir p. 305 (098 856 6656 ; facebook.com/tiantianphuket ; 2/4 sous-district de Talat Yai, district de Mueang ; tlj 12h30-22h)

Toh-Daeng Restaurant
Voir p. 308 (062 459 8889 ; www.phuket101.net/toh-daeng-restaurant ; 102 Thep Kasattri Road, Thalang District ; tlj 10h-21h)

Torry's Ice Cream
Voir p. 305 (076 510 888 ; www.torrys.com ; 16 Soi Rommani, Thumbon Talad Yai, Muang Phuket District ; tlj 10h-18h)

Tree Top Lounge
Voir p. 315 (084 848 7207 ; facebook.com/ttp2207 ; 18/5 M.8 Sakdidech road, T. Vichit A. Mueng ; tlj 11h30-22h)

Vanilla Sky
Voir p. 317 (076 337 300 ; facebook.com/VanillaSkyBar ; 18/40 Moo 6, Nakalay Road, Kamala, Kathu ; tlj 17h-minuit)

Vegan Junkie
Voir p. 313 (080 260 3931 ; facebook.com/VeganJunkiePhuket ; 1, 13 Moo 9, Sunrise Road, Chalong ; 12h-21h tlj sauf mar)

Vegan Table
Voir p. 313 (076 223 677 ; facebook.com/thevegantable.com ; 106-108/1 Rassada Road ; tlj 11h-21h)

Ta Khao Beach Bar
Voir p. 341 (Ao Khao)

Cafe Del Mar
Voir p. 318 (093 580 4486 ; phuket.cafedelmar.com ; 118/19 Moo 3, Kamala, district de Kathu ; tlj 12h-minuit)

Carpe Diem Beach Club
Voir p. 318 (065 058 5388; carpediemphuket.com ; 99/1 Bangtao Beach Road, Choeng Thale, Thalang District ; tlj 12h-minuit)

Casa Boho
Voir p. 318 (Hyatt Regency Phuket Resort ; 076 231 234 ; www.casabohophuket.com ; 16/12 Moo 6, Tambon Kamala - Hyatt Regency Phuket Resort ; tlj 12h-22h)

Fuga Beach Club
Voir p. 318 (091 035 0835 ; fugabeachclub.com ; 221 Prabaramee Road, Patong, Kathu ; tlj 8h-minuit)

Hard Rock Cafe
Voir p. 318 (096 930 7494 ; cafe.hardrock.com ; 48, 1 Ruamjai Road, Pa Tong, Kathu District ; tlj 12h-minuit)

Kudo Beach Club
Voir p. 319 (064 119 2526 ; kudohotel.com ; 33, 1 Patong Beach Shortcut Road Pa Tong, Kathu District, Chang Wat ; tlj 11h-minuit)

Paradise Complex
Voir p. 318 (125/10-11 Rat Uthit Song Roi Pi Road, Pa Tong, Kathu District ; tlj 20h-3h)

Pine Beach Bar
Voir p. 318 (076 629 999 ; facebook.com/PineBeachBarPhuket ; 333 Moo 3, Kamala Sub-District, Ban Kamala ; tlj 8h-minuit)

Soi Sea Dragon
Voir p. 318 (Soi Sea Dragon, Soi Bangla, Patong, Kathu ; tlj 18h-3h)

Marché Banzaan
Voir p. 313 (061 398 8265 ; www.banzaanfresh-market.com ; 74, 51 Nanai Road, Pa Tong, Kathu District ; tlj 6h-minuit)

Marché central de Phuket
Voir p. 306 (Ranong Road, Talat Nuea, Mueang District ; tlj 12h-minuit)

Marché de Chillva
Voir p. 313 (099 152 1919 ; 141/2 route Yaowarat, Ratsada, Mueang Phuket District ; 17h-23h jeu-sam)

Nana Babin
Voir p. 306 (089 729 0494 ; 112 Ratsada Road, Tambon Talat Yai, Muang ; 10h-17h30 tlj sauf dim)

Naka Market
Voir p. 313 (Wirat Hong Yok Road, Wichit, Mueang Phuket District ; tlj 16h-22h)

Outstanding Market Goods
Voir p. 305 (063 791 4666 ; www.outstandingmarketgoods.com ; 49 Krabi Road, Tambon Talat Nuea, Amphoe Mueang ; 12h-22h ven-dim)

Phuket Indy Market
Voir p. 313 (☎089 474 5253 ; facebook.com/phuketindynightmarket ; Talat Yai, Mueang Phuket ; ⏲16h-22h30 mer-ven)

Sunday Walking Street Market
Voir p. 313 (150 Thalang Road, Talat Yai, Mueang Phuket District ; ⏲17h-22h dim)

KRABI

Emerald Pool
Voir p. 325 (facebook.com/emerald.pool.krabi ; Khlong Thom Nuea Amphoe Khlong Thom ; ⏲8h-17h tlj sauf mar, ven et dim 9h-17h)

Hat Noppharat Thara
Voir p. 328 (facebook.com/Hatnoppharatthara.Nationalpark ; 79 Moo 5, Muang Krabi ; adulte/enfant 400/200 B ; ⏲tlj 8h30-16h30)

Réserve naturelle de Khao Phra Bang Khram
Voir p. 325 (adulte/enfant 200/100 B ; ⏲tlj 8h30-17h30)

Big Tour Krabi
Voir p. 330 (bigtourkrabi.com ; 241/2 Moo 2, Ao Nang)

Cascade de Khlong Thom
Voir p. 326 (Khlong Thom Nuea, Khlong Thom District ; 90 B/pers ; ⏲tlj 7h-18h)

Freebird Paddle
Voir p. 331 (☎061 953 9913 ; www.gofreebird.com ; 623/20 Moo 2, Railay Beach, Mueang Krabi District ; ⏲tlj 12h-21h)

Hot Rock Climbing School
Voir p. 326 (☎075 662 245, 085 641 9842 ; railayadventure.com ; Ao Nang ; ⏲sur réservation)

Krabi Rock Climbing
Voir p. 326 (☎080 368 2699, 090 872 3319 ; krabirockclimbing.com ; Railay Beach, Ao Nang ; ⏲tlj 8h-22h)

Railay Dive Center
Voir p. 331 (☎095 823 2467, 095 256 6116 ; www.railay-divecenter.com ; 625/42 Moo 2, T. Ao Nang ; ⏲tlj 12h-20h ; initiation avec 2 plongées 3 900 B, brevet PADI Open Water 14 500 B)

Sources chaudes de Khlong Thom
Voir p. 326 (Khlong Thom Nuea, Khlong Thom District ; 90 B/pers ; ⏲tlj 7h-18h)

Anana Ecological Resort Krabi
Voir p. 330 (☎07 568 0580 ; www.ananakrabi.com ; 1004 Moo 2, Soi Suan Tu Rian, Tambon, Ao Nang)

Brown Hotel
Voir p. 325 (☎092 554 8778 ; the-brown.allkrabihotels.com ; 50-52, Maharaj 10 Road, Paknam, Mueang)

Kokotel Krabi Ao Nang
Voir p. 330 (☎075 695 462 ; www.kokotel.com/krabi-ao-nang ; 143 Moo 2, Tambol Ao Nang, Ampure Muang)

Krabi SeaBass Hotel
Voir p. 325 (☎075 620 026 ; www.krabiseabasshotel.com ; 273/55 Uttarakit Road, Paknam, Muang)

Lada Krabi Residence Hotel
Voir p. 325 (☎086 940 0028 ; Maharaj Road 90/71-72, Pak Nam, Mueang Krabi District)

Panan Krabi Resort
Voir p. 330 (☎075 817 788 ; www.panankrabiresort.com ; 945 Moo 2, Tombon Aonang, Amphur Muang)

Railay Bay Resort & Spa
Voir p. 326 (☎075 819 401 10, 091 036 7916 ; www.krabi-railaybay.com ; 145 Moo 2, Ao Nang, Muang)

Rayavadee Resort
Voir p. 326 (☎0 2 301 1861 ; www.rayavadee.com ; 214 Ao Nang, Mueang District)

Sand Sea Resort
Voir p. 326 (☎094 592 1544, 075 819 4634 ; www.krabisandsea.com ; 392, sous-district de Sai, Mueang Krabi District)

BangNara Roti
Voir p. 324 (☎092 939 6522 ; 92/27 Vicar Road, Pak Nam, Mueang Krabi District ; ⏲6h30-14h tlj sauf dim 6h30-13h30)

Cafe 8.98
Voir p. 327 (☎075 656 980 ; cafe898.com ; 143/7-8 Moo 2, Ao Nang, Muang ; ⏲tlj 7h-23h)

Hilltop Ao Nang
Voir p. 327 (☎075 637 195 ; www.thehilltopaonang.com ; 99 Moo 3, Ao Nang ; ⏲tlj 11h-23h)

Kodam Kitchen
Voir p. 327 (☎062 723 1234, 062 823 1234 ; kodamkitchen.com ; 155/17, Soi Khlong Hang 4, Moo 3, Khlong Hang Road ; ⏲tlj 11h-22h)

River Restaurant & Bar
Voir p. 324 (☎097 978 5009 ; facebook.com/theriverkbv19 ; 256/1 Uttarakit Road, sous-district de Paknam ; ⏲tlj 11h-minuit)

KO PHI PHI, KO LANTA ET LES ÎLES DES ENVIRONS DE KRABI

Lanta Animal Welfare
Voir p. 337 (lantaanimalwelfare.com ; 629 Moo 2, Ban Koh Lanta, Krabi ; entrée adulte/enfant 250/150 B ; ⏲9h-17h lun-ven)

Musée communautaire
Voir p. 336 (lantaproject@gmail.com ; Bureau du District de Koh Lanta, Village Sri Raya, District de Koh Lanta ; gratuit ; ⏲tlj 2h-11h)

Phuket-ville (p. 303)

Cooking With Mon
Voir p. 335 (086 843 6204 ; cookingwithmon.com ; 570, Ko Lanta District, Koh Lanta Krabi ; cours de 5 heures 30, adulte/enfant 1 900/1 000 B ; sur réservation, cours 11h-16h)

Five Star Marine
Voir p. 333 (093 720 6221 ; 5starmarinephuket.com ; 73, 20, Ko Kaeo, Mueang Phuket District, Phuket ; 24h/24)

Lanta 4 Man Long-tail Boat Tour
Voir p. 335 (061 056 4883 ; jetée de la vieille ville de Koh Lanta, Ko Lanta Yai)

Phoenix Divers
Voir p. 338 (099 232 5319 ; www.phoenixdivers-kohlanta.com ; 154/1 Moo 1 Saladan, Ban Koh Lanta, Krabi ; tlj 9h-22h)

Talabeng Sea Kayaking
Voir p. 338 (061 232 7622 ; Talabeng, Ban Koh Lanta, Krabi ; excursion journée kayak aventure 1 300/650 B adulte/enfant ; tlj sauf ven)

Green Pepper
Voir p. 334 (086 843 6204 ; sweetlifelanta.com/Accommodation/green-pepper-1 ; 570 Sala Dan, Ko Lanta District, Krabi)

Long Beach Chalet
Voir p. 334 (094 432 8889 ; www.longbeachchalet.net ; 472 Moo 3, Tambon Saladan Amphoe Koh Lanta, Krabi)

Nirvana Beach Resort
Voir p. 334 (075 855 299 ; www.nirvanalanta.com ; 9 Moo 6, Klong Nin Beach Ko Lanta District, Krabi)

Phi Phi Holiday Resort
Voir p. 333 (075 627 300 ; www.phiphiholidayresort.com ; Laem Tong Beach, Ko Phi Phi, Krabi)

Phi Phi Hotel
Voir p. 333 (075 601 023 ; 125/89 Moo 7, Koh Phi Phi Ao Nang, District de Mueang Krabi, Krabi)

SAii Phi Phi Island Village Resort
Voir p. 333 (075 628 900 ; www.saiiresorts.com ; 49 Moo 8, Aonang, Muang, Krabi)

Moo Uan "The Fat Pig"
Voir p. 335 (095 075 8188 ; facebook.com/MooUanTheFatPig ; Saladan Pier, Ko Lanta ; 9h-21h tlj sauf mar)

Phad Thai Rock'n'Roll
Voir p. 335 (080 784 8729 ; facebook.com/phadthairock77 ; 208 Moo 5, Koh Lanta Yai, Ko Lanta, Krabi ; tlj 11h-16h et 18h-21h)

Pinto
Voir p. 335 (087 470 3648, 085 883 4049 ; 65 Moo 2, Lanta Old Town, Ko Lanta ; tlj 10h-21h)

Sepia House Cafe & Bistro
Voir p. 336 (081 088 6729 ; 45 Sriraya Road, Ko Lanta Yai, Ko Lanta District, Krabi ; tlj 10h-20h)

Hammock House
Voir p. 336 (084 847 2012 ; www.jumbohammock.com ; Ko Lanta Yai, Ko Lanta District, Krabi ; tlj 10h-17h)

Silver Gypsie
Voir p. 338 (084 520 8764 ; silvergypsie.com ; Yai, 167 Moo 6, Horizon Road, Klong Nin, Ban Koh Lanta, Krabi ; atelier 3 000 B/pers, 5 800 B/2 pers ; 11h-17h tlj)

Supérette (Lanta)
Voir p. 336 (095 782 2644 ; facebook.com/LantamartSHOP ; Sala Dan, Ko Lanta District, Krabi ; 24h/24)

KO JUM ET KO SI BOYA

Parc national de Than Bok Khorani
Voir p. 339 (2 2, Ao Luek Tai, Ao Luek District, Krabi ; adulte/enfant 300/100 B ; tlj 8h30-16h30)

TRANG

Parc de Kaphang Surin
Voir p. 345 (Krapang Surin Park Mueang Trang District ; tlj 6h-20h)

Parc forestier des sources chaudes de Kantang
Voir p. 351 (Onsen Bo Nam Ron, Kantang District ; tlj 8h30-18h30)

Parc national de Hat Chao Mai
Voir p. 346 (facebook.com/hatchaomainationalpark ; 142/18 Moo 5, Mai, district de Sikao ; adulte/enfant 200/100 B ; tlj 8h30-16h30)

Musée de Trang
Voir p. 345 (1 Kaipitak Road, Kantang, Kantang District ; gratuit ; 8h-16h mar-dim)

Kanchana Massage for Health
Voir p. 351 (16/6 Wat Khlong Nam Jet Road Tambon Thap Thiang ; massage 1 à 2 heures 500 B/pers ; tlj 9h-22h)

Let's Relax Spa
Voir p. 351 (075 271 779 ; letsrelaxspa.com ; massage 30 min 375 B/pers ; 188 Trang-Phattalung Road, Thap Thiang, District de Mueang Trang ; tlj 13h-22h)

Yapa Hattawet Traditional Thai Massage
Voir p. 351 (093 695 4516 ; 73 10 Sathani Alley, Tambon Thap Thiang, Mueang Trang District ; tlj 7h-23h30)

Cashew Nut Bungalow
Voir p. 349 (095 278 4642 ; facebook.com/cashewnut bungalows ; 104/7 Moo 2, Ban Koh Muk, Amphoe Kantang)

Kachong Hills Tented Resort
Voir p. 345 (075 573 513 ; facebook.com/KachonghillsTentedResortTrang ; Chong, Nayoung)

Ko Muk Sivalai Beach Resort
Voir p. 345 (088 765 0994 ; www.kohmooksivalai.com ; 211/1 Moo 2, Tambon Libong, Koh Mook, Ban Kantang)

Paradise Lost Bungalows
Voir p. 349 (097 153 5174 ; 3, Koh Libong, Kantang District)

Sleeper House
Voir p. 345 (064 037 1366 ; www.sleeperhousetrang.com ; 73/5 Thaglang Road Muang)

Alabarb Coffee Shop
Voir p. 351 (084 056 6229 ; Sathani Alley, Thap Thiang, Mueang Trang District ; tlj 6h-12h)

Ban Bua Bok Roast Pork
Voir p. 352 (081 797 5462 ; 111 Phet Kasem Road ; tlj 5h30-12h)

Benjamit Cake Shop
Voir p. 352 (075 823 124 ; 25/22-23 Soi Wang Tor 3, route Wang Tor, sous-district de Thap Thiang ; 7h30-17h dim-mar)

Egg E Egg Egg
Voir p. 351 (081 536 3200 ; facebook.com/EggEEggEggTrang ; 12/14 Soi Kuanhan 1, route Rakchan, sous-district de Thap Thiang, district de Mueang ; tlj 10h-13h)

Jeeb Khao Dimsum
Voir p. 350 (089 470 8362 ; 30, 3-4 Kao Road, Tambon Na Ta Luang, district de Mueang Trang ; tlj 6h-11h30)

Kai-Nui Dim Sum
Voir p. 350 (095 083 5986 ; Thaglang 1 Road, Th. Tha Klang 1 ; tlj 6h30-10h30)

Khao Tom Je Auan
Voir p. 352 (094 596 4645 ; 53, route Rama VI Soi ; tlj 17h-2h30)

Khun Pum Restaurant
Voir p. 351 (075 211 143 ; Tambon Thap Thiang, Mueang Trang District ; tlj 6h-12h)

Ko Sui Roast Pork
Voir p. 352 (091 528 8194 ; 94 Phet Kasem Rd, Na Ta Luang, Mueang Trang District ; 6h-13h tlj sauf mar)

Laytrang 2 Restaurant
Voir p. 351 (075 217 700 ; 13 Sai Ngam Road Soi 1 ; tlj 6h-20h30)

MahaSamutr Cafe
Voir p. 352 (095 262 1307 ; facebook.com/Mahasamutrcafe ; 208/16, route Wisetkul, sous-district de Thap Thiang, district de Mueang ; 11h30-14h/16h30-20h30 tlj sauf mer)

Petchrama Food Centre
Voir p. 351 (088 169 3747 ; Tabtiang Mueang Trang District ; tlj 8h-17h)

Richy
Voir p. 352 (075 215 595 ; facebook.com/Richytrang ; 83/13-14 Rasada Road, Muang ; tlj 9h-21h)

Ton Cha
Voir p. 350 (095 429 2757 ; Nang Yuan, Thap Thiang, Mueang Trang District ; tlj 6h-13h)

Trang Moo Yang
Voir p. 352 (089 723 9328 ; 201/5 Phet Kasem Road, Tambon Na Ta Luang, Mueang Trang District ; 6h-13h tlj)

Hat Railay (p. 329)

SATUN

Grotte de Phu Pha Phet
Voir p. 354 (Palm Phatthana, Manang District ; 8h30-15h lun-ven, 8h30-16h sam, 8h30-16h30 dim)

Parc national de Thale Ban
Voir p. 354 (tourismthailand.org ; adulte/enfant 200/100 B ; Wang Prachan, Khuan Don District ; tlj 8h30-16h30)

Bobby's Pizza Satun
Voir p. 354 (082 439 5117 ; facebook.com/Bobbyspizzasatun ; Satunthanee Road ; 11h30-21h lun-ven dim)

Nergara Restaurant
Voir p. 354 (086 489 4582 ; facebook.com/chayanisNg ; 2/1, Soi Saridphoominart Phiman ; tlj 9h-21h)

Nong Nee Restaurant
Voir p. 354 (074 723 012 ; 3, 3 Sathityuthithum, Paradis, Mueang Satun District ; 10h-21h tlj sauf dim)

ENVIRONS DE SATUN

Parc national maritime de Ko Tarutao
Voir p. 358 (thainationalparks.com/tarutao-national-marine-park ; 325 Walking Street, Ko Tarutao, Mueang Satun District, Satun ; adulte/enfant 200/100 B)

Keirita's Yoga
Voir p. 358 (087 622 5938 ; keiritasyoga.com ; Koh Lipe, Changwat Satun, Satun ; cours unique 400 B/pers, forfait 3 cours 1 000 B/pers ; 6h, 8h, 17h15, sur réservation uniquement)

Tarutao Divers
Voir p. 358 (080 693 4542 ; tarutaodivers.com ; 307/2 Walking Street Koh Lipe, Satun ; tlj 8h-22h)

Bulow Casa Grand View Resort & Spa
Voir p. 357 (080 225 2642, 074 750 711 ; www.bulowcasagrandview.com ; 2 Moo 8, T. Kohsarai, A. Muangsatun, Satun)

Castaway Resort
Voir p. 357 (0831 387 472, 0811 707 605 ; kohlipe.castaway-resorts.com ; 1065 Moo 2, Pak Nam, Langu, Koh Lipe)

Idyllic Concept Resort
Voir p. 357 (081 80 2 5453 ; www.idyllicresort.com ; Sunrise Beach, Changwat Satun, Satun)

Nee Papaya
Voir p. 356 (087 714 5519 ; facebook.com/neepapayathaifoodkohlipe ; Walking Street, Ko Lipe, Satun ; tlj 9h-23h)

Papaya Mom
Voir p. 356 (099 226 1536 ; facebook.com/papayamomkohlipe ; Walking Street, Ko Lipe, Satun ; tlj 9h-22h)

Maya Bar
Voir p. 356 (facebook.com/mayabarkohlipe ; Next to Baan Artima, Amphoe Langu, Satun ; tlj 17h-1h)

Sea La Vie Bar
Voir p. 358 (facebook.com/sealaviekohlipe ; Sunrise Beach, Ko Lipe, Amphoe Langu, Satun ; tlj 8h-22h)

Zodiac See Sun Beach Bar
Voir p. 358 (064 898 7179 ; Sunrise Beach, Ko Lipe, Ko Tarutao, Amphoe Mueang Satun, Chang Wat Satun)

Munay Designs
Voir p. 356 (munaydesigns@gmail.com ; www.munaydesigns.com)

TAXI
สก 1103
กรุงเทพมหานคร

Tuk-tuk, Chinatown, Bangkok (p. 70)
MR. SUTTICHAI CHALOKUL/SHUTTERSTOCK ©

CARNET PRATIQUE

Ce chapitre présente toutes les informations pratiques essentielles dont vous aurez besoin pour voyager en Thaïlande.

Arriver en Thaïlande

Les voyageurs arrivent souvent en Thaïlande par l'aéroport Suvarnabhumi de Bangkok ou celui de Phuket, mais des vols internationaux atterrissent aussi au deuxième aéroport de Bangkok, Don Mueang, ainsi qu'aux aéroports de Chiang Mai, Chiang Rai, Hat Yai, Ko Samui et Krabi. Il existe de nombreux postes frontaliers terrestres et maritimes avec le Cambodge, le Laos, la Malaisie et le Myanmar.

Passeports

Les ressortissants français, belges, suisses et canadiens peuvent entrer en Thaïlande sans visa, en présentant un passeport valide encore 6 mois après leur date de retour.

Suite du voyage

Vous êtes censé réserver votre billet de retour ou votre correspondance avant d'arriver en Thaïlande et on peut vous demander des justificatifs.

Wi-Fi

Presque tous les aéroports de Thaïlande proposent une connexion Wi-Fi gratuite. Aux postes frontières, vous devrez trouver un café ou un restaurant proche pour vous connecter.

Cartes SIM

Vous pouvez acheter des cartes SIM et des forfaits Internet à bas prix dans tous les aéroports internationaux et dans les épiceries. Vérifiez que votre téléphone est débloqué et apportez votre passeport.

Transports de l'aéroport vers le centre-ville

	Suvarnabhumi à Bangkok	Don Mueang à Bangkok	Phuket
TRAIN	30 min 45 B	60 min 33-70 B	N/A
BUS	60 min 180 B	60 min 150 B	100 B
TAXI	45-60 min 400-500 B	45-60 min 400-500 B	30-90 min 500-1000 B
MINIBUS	N/A	N/A	200-500 B

DOUANE

Si vous avez des produits importés à déclarer, vous pouvez demander un formulaire aux fonctionnaires des douanes thaïlandaises à votre point d'entrée. Le **service des douanes** (www.customs.go.th) gère un site Internet (en anglais) présentant des informations détaillées sur la réglementation douanière.

La Thaïlande interdit l'importation des produits suivants :
- armes à feu et munitions (à moins qu'elles ne soient déclarées à l'avance au Police Department)
- drogues
- documents à caractère pornographique

Lorsque vous quittez la Thaïlande, vous devez être en possession d'une licence d'exportation pour toute antiquité, y compris les statues récentes du Bouddha.

Visas

Les Français, les Belges, les Suisses et les Canadiens n'ont pas besoin de visa pour séjourner en Thaïlande moins de 30 jours. Vous pourrez obtenir sur place une prolongation de 30 jours, moyennant 1 900 B (environ 50 €), ou demander à l'avance un visa touristique de 60 jours.

Postes-frontières

Il existe plus de 20 postes-frontières terrestres et maritimes entre la Thaïlande et le Cambodge, le Laos, la Malaisie et le Myanmar, mais tous ne sont pas toujours ouverts aux étrangers et certains sont trop éloignés pour être utiles à la plupart des voyageurs.

Passage de frontières

Il est simple d'entrer en Thaïlande et d'en sortir par voie terrestre ou maritime ; vous devrez présenter un passeport valide pendant encore 6 mois. Notez toutefois que, en théorie, on ne peut entrer en Thaïlande par voie terrestre que deux fois par an sans visa, une restriction due à la politique répressive de l'état contre les étrangers vivant en Thaïlande sans visa.

Voie aérienne

Thai Airways est la compagnie nationale et Bangkok, la principale plaque tournante aérienne du pays (pour les vols internationaux et nationaux). Des aéroports de province assurent aussi de nombreux vols intérieurs et de plus en plus de liaisons avec l'étranger.

France Un vol direct Paris-Bangkok dure entre 11 et 12 heures. **Thai Airways** (www.thaiairways.com) et **Air France** (wwws.airfrance.fr) proposent des vols directs à partir de 800 € l'aller-retour. Les vols avec escales sont plus avantageux (à partir de 600 €).

Belgique Il n'y a pas de vol direct entre Bruxelles et Bangkok. Pour des vols avec escale (à partir de 15 heures 30), les compagnies **Qatar Airways** (qatarairways.com), **Lufthansa** (lufthansa.com) et **Swiss International Airways** (www.swiss.com) proposent des tarifs à partir de 650 €.

Suisse Un vol direct pour Bangkok depuis la Suisse dure environ 11 heures. **Swiss International Airways** (www.swiss.com) et **Thai Airways** (www.thaiairways.com) proposent des vols directs Zurich-Bangkok à partir de 1 100 € (1 070 FS). Pour un vol Genève-Bangkok, avec escale, comptez à partir de 600 € (585 FS) en basse saison (au moins 14 heures) avec **Austrian Airlines** (www.austrian.com), **Swiss International Airways** (www.swiss.com) ou **Lufthansa** (lufthansa.com).

Canada Il n'y a pas de vol direct entre le Canada et la Thaïlande. Un aller-retour Montréal-Bangkok coûte à partir de 1 765 $C (avec une escale et au moins 21 heures 30 de vol) avec les compagnies **Lufthansa** (lufthansa.com) et **Swiss International Airways** (www.swiss.com), notamment. Depuis Toronto, l'aller-retour (environ 27 heures avec escale) coûte à partir de 1 450 $C avec les mêmes compagnies.

Aéroports internationaux en Thaïlande

Aéroport international Suvarnabhumi (www.airportthai.co.th ; Samut Prakan). À 30 km à l'est de Bangkok.

Aéroport international Don Mueang (www.airportthai.co.th). À 25 km au nord du centre de Bangkok. Vols intérieurs et low cost.

Aéroport international de Phuket (www.phuketairportonline.com)

Aéroport international de Chiang Mai (www.chiangmaiairportonline.com)

Aéroport international de Chiang Rai (aéroport international Mae Fah Luang ; www.chiangraiairportthai.com).

Aéroport international de Hat Yai (www.airportthai.co.th/en).

Aéroport de Ko Samui (www.samuiairportonline.com).

Aéroport international de Krabi (133 Phet Kasem Rd, Nuea Khlong)

Aéroport U-Tapao (www.utapao.com).

Comment circuler

L'avion, le train, le bus et le bateau sont les principaux moyens de transport pour voyager en Thaïlande, mais vous pourrez aussi louer une voiture ou une moto.

Sahm·lor et *tuk-tuk*

Non motorisés, les *săhm·lór*, dont le nom signifie "3 roues", sont l'équivalent des *rickshaws* (ou cyclopousses). On les trouve dans les petites villes où la circulation est fluide et la conduite traditionnelle. Sa version moderne et motorisée est le *tuk-tuk*, de petits véhicules utilitaires, très bruyants.

Voiture et moto

Vous pouvez louer une voiture dans les grandes villes et les aéroports, auprès de compagnies locales ou internationales si vous possédez un permis de conduire, bien que la loi impose d'avoir un permis international. Certaines agences font payer un supplément aux conducteurs de moins de 25 ans. On trouve des motos à louer dans les grandes villes et les régions touristiques, auprès des pensions ou des petites sociétés familiales.

Bus et minibus

Le réseau de bus thaïlandais est à la fois très dense et fiable. Méfiez-vous des bus privés qui opèrent directement depuis les zones touristiques, telles que Khao San à Bangkok ; des escroqueries sont souvent signalées. Les compagnies les plus sûres sont celles qui partent des gares routières BKS. Les minibus ont remplacé les bus dans certaines régions du pays. Ils sont moins confortables mais plus rapides.

BUDGET

Location de voiture
900-1 500 B/jour

Location de moto
200-500 B/jour

Location de vélo
100-500 B/jour

Train de nuit Bangkok-Chiang Mai
768-1 646 B

NÉGOCIER LES ROUTES DE THAÏLANDE

Les routes thaïlandaises sont les plus dangereuses d'Asie du Sud-Est, avec près d'un million d'accidents de la route par an. Les excès de vitesse et l'alcool au volant sont courants et le code de la route est régulièrement bafoué. Nombreux sont les visiteurs à louer motos ou scooters, mais sachez que les motos sont impliquées dans plus de la moitié des accidents de la route. Portez un casque, prenez garde aux routes accidentées des îles et cédez le passage à tout véhicule plus gros que le vôtre.

Train

Tous les trains au départ de Bangkok partent du nouveau terminus de Bang Sue, sauf quelques lignes locales et de banlieue vers Chiang Mai au nord, Sungai Kolok au sud, l'Isan au nord-est et Aranya Prathet à l'est. Les trains sont plus lents que les transports routiers.

Métro

Bangkok est la seule ville de Thaïlande à posséder à la fois un métro aérien (BTS) et un métro souterrain (MRT), respectivement connus sous le nom de Skytrain et de métro ou "Subway". Les deux réseaux sont en expansion, et de nouvelles stations doivent ouvrir dans les prochaines années.

Moto-taxi

Dans de nombreuses villes, on peut louer des *mor·đeu·sai ráp jâhng*, des motos-taxis, pour des petites courses. C'est la meilleure solution si vous n'avez pas de bagage (ou seulement un petit sac).

Assurance

La réglementation impose la souscription d'une assurance responsabilité civile pour tous les véhicules en circulation. Les meilleures agences de location proposent une couverture complète. Vérifiez que vous êtes assuré au tiers et demandez à voir les papiers d'assurance datés. Un accident au volant d'un véhicule non assuré pourrait vous causer des problèmes majeurs.

Carburant

Les stations-service modernes sont nombreuses. Tous les carburants sont sans plomb et le diesel est utilisé par les camions et par certaines voitures. La Thaïlande utilise aussi des carburants de remplacement comme le *gasohol* (mélange composé à 91% ou 95% de pétrole et le reste d'éthanol) et le gaz naturel comprimé, consommés par les taxis conçus pour rouler avec deux types de carburants.

Taxi et VTC

Bangkok possède le réseau de taxis avec compteur (*taxi meter*) le mieux organisé, mais un nombre croissant de villes l'imitent. Dans certains cas, les tarifs sont fixés à l'avance ou négociables.

Des services de VTC basés sur une application sont également disponibles. Le plus populaire est Grab (www.grab.com), qui, en 2018, a racheté Uber en Asie du Sud-Est.

BUS URBAINS ET SONGTHAEW

C'est à Bangkok que le réseau de bus urbains est le plus développé. Udon Thani et d'autres villes de province possèdent aussi un service de bus urbains. Les passagers attendent à l'arrêt et hèlent le bus avec la main, paume vers le bas. On paie généralement après avoir trouvé un siège ou au moment de descendre.

Ailleurs, les transports publics sont assurés par des *songthaew* (camionnettes ou pick-up avec deux rangées de sièges face à face pour les passagers). Ils desservent parfois des itinéraires fixes, mais ils peuvent aussi fonctionner comme des taxis collectifs ou être loués comme un taxi ordinaire. Vous pouvez héler un *songthaew* sur la route et payer le trajet à la descente.

GEORGE MDIVANIAN / EYEEM/GETTY IMAGES ©

CODE DE LA ROUTE

Conduite à gauche

30

Vitesse limitée à 60 km/h dans les centres urbains ; routes à 90 km/h ; autoroutes et voies express à 100-120 km/h

Vous êtes légalement tenu d'avoir un permis de conduire international et la police peut vous le réclamer en cas de contrôle.

Avion

Avec de nombreux aéroports et des compagnies aériennes à bas prix comme Air Asia et Nok Air, la Thaïlande peut facilement être parcourue en avion. L'aéroport international Don Mueang est la plaque tournante des vols low cost vers les quatre coins du pays. Ceux de Chiang Mai, Chiang Rai, Hat Yai, Ko Samui, Phuket et Udon Thani desservent également un certain nombre de villes thaïlandaises.

Bateau

L'authentique embarcation thaïlandaise est le *long-tail boat* ("bateau à longue queue", ou *reu·a hăhng yow*), une simple barque en bois dont l'hélice est fixée à l'extrémité d'un long manche que les pilotes immergent dans l'eau. C'est le moyen de transport le plus utilisé sur les rivières et les canaux à Bangkok et dans les provinces voisines, ainsi que pour relier les îles. Entre le continent et les petites îles moins touristiques, les traversées se font généralement à bord d'embarcations en bois de 8 à 10 m de long, équipées d'un moteur au centre de la coque, d'un gouvernail et d'un simple toit pour protéger passagers et marchandises. Les destinations plus fréquentées sont le plus souvent assurées par des hydroglisseurs (*jetfoils*) et des *speedboats* (bateaux rapides). Les bateaux vers certaines îles sont moins fréquents à la saison des pluies, de juin à octobre.

Argent

MONNAIE : **BAHT (B)**

Cartes bancaires

De plus en plus d'hôtels, de boutiques et de restaurants acceptent la carte bancaire, mais la majorité n'accepte encore que le liquide ou les paiements électroniques.

Paiements mobiles

Les banques locales et les portefeuilles numériques ont adopté le paiement par Smartphone, mais Google Wallet est le seul moyen de paiement numérique international accepté en Thaïlande.

Distributeurs automatiques de billets

Il y a des distributeurs (DAB) partout et la plupart acceptent les cartes de débit ou de crédit étrangères mais chaque retrait est taxé 220 B en plus de la taxe appliquée par votre banque. Dans la majorité des distributeurs, le plafond de retrait journalier autorisé est de 20 000 à 30 000 B.

Pourboires

Les pourboires vous seront utiles en Thaïlande.

Hôtels 30 à 50 B pour les bagagistes dans les hôtels de luxe.

Restaurants Un peu de monnaie est apprécié.

Taxis Même s'il n'est pas attendu, un petit pourboire est le bienvenu.

Taxes de service Les hôtels et restaurants haut de gamme facturent un supplément service de 10%.

COMBIEN COÛTE...

Le métro ou le Skytrain à Bangkok
17-47 B

Une visite au musée
100-500 B

L'entrée dans un parc national
200-500 B

Un déjeuner
50-70 B

L'ART DE... Ne pas se faire embobiner

À Bangkok et Chiang Mai notamment, certains chauffeurs de *tuk-tuk* vous proposeront un "tour de ville" qui se finira invariablement dans une boutique de bijoux, de soierie ou d'artisanat. D'autres vous conseilleront des maisons d'hôtes ou des hôtels qui leur verseront une commission. Méfiez-vous de tout "nouvel ami" souhaitant vous accompagner pour une visite ou du shopping.

BONS PLANS

Super Rich, une franchise de bureau de change avec des succursales à Bangkok et à Chiang Mai, propose de meilleurs taux de change que les banques, sutout si vous échangez des devises asiatiques contre des baths.

NE MARCHEZ PAS SUR LE ROI

La Thaïlande possède des lois de lèse-majesté parmi les plus strictes au monde. Insulter ou salir le roi est un délit grave passible d'une longue peine de prison. Cela signifie qu'il est techniquement illégal de marcher sur des pièces ou des billets tombés par terre car ils sont tous à l'effigie du roi. Il est aussi considéré comme irrespectueux de conserver des billets dans ses poches : vous n'êtes pas censé vous asseoir sur le roi.

Hébergement

Hôtels chics

Bangkok, Chiang Mai, Phuket et surtout Ko Samui comptent de plus en plus d'hôtels de charme élégants, mais il existe aussi de nombreux établissements bon marché et de catégorie moyenne, ainsi que des hôtels 4 ou 5 étoiles. L'hébergement est avantageux en Thaïlande, avec des chambres milieu de gamme à partir de 800 B. Au-delà de 1 500 B, votre confort sera optimal.

Petits budgets

Les auberges de jeunesse prolifèrent dans les zones touristiques depuis la pandémie et certaines attirent désormais les voyageurs avec des piscines et des bars sur le toit. Ces lieux conviviaux proposent des activités communes. L'hébergement se fait principalement en dortoir, mais des chambres privées sont souvent proposées également, au même prix que dans un hôtel milieu de gamme.

Maisons d'hôtes

Le développement des hôtels bon marché en Thaïlande a éclipsé les maisons d'hôtes familiales qui dominaient autrefois le marché. On les trouve aujourd'hui davantage dans des destinations moins courues. Les installations électriques et le mobilier y sont souvent vieillots, mais elles sont climatisées. Les prix commencent à 700 B la nuit.

Chez l'habitant

Cette option économique et moins touristique, principalement dans les régions rurales, permet de séjourner au sein d'une famille, avec repas compris. Le séjour chez l'habitant est un excellent moyen d'immersion et souvent plus écologique que les autres options d'hébergement. De plus, il profite directement aux Thaïlandais.

COMBIEN COÛTE UNE NUIT DANS...

un boutique-hôtel
3 000 B

un dortoir en auberge de jeunesse
400 B

une chambre chez l'habitant
500 B et plus

Retour à la nature

La Thaïlande compte de nombreux endroits respectueux de l'environnement, loin de l'agitation des villes et des hôtels coûteux. Vous pourrez profiter de cabanes sur les rives du Mékong ou de retraites cachées sur les îles ou dans les forêts et montagnes du Nord. Les parcs nationaux proposent également des bungalows ou des emplacements pour camper avec location de tente.

HAUTE SAISON ET RÉSERVATION

C'est entre décembre et mars, qui correspond à la haute saison en Thaïlande, que les prix sont les plus élevés. Il est vivement conseillé de réserver pour cette période, à la fois pour bénéficier des meilleures offres et pour s'assurer d'avoir une chambre.

Pensez également à réserver votre logement si vous prévoyez d'assister à un grand événement, comme les *Full Moon Parties* de Ko Pha Ngan. Les prix baissent durant la saison des pluies de juillet à octobre, en particulier sur les îles, et vous trouverez de bonnes affaires si la pluie quotidienne ne vous dérange pas.

Avec des enfants

La Thaïlande est une destination idéale pour voyager en famille. Les Thaïlandais adorent les enfants et vos bambins trouveront partout des camarades de jeu. Entre les plages, la découverte de la faune, les activités de plein air, les parcs d'aventure, les marchés animés et les musées ludiques, il y en a pour tous les âges.

Visites et activités

Certains sites proposent des billets à moitié prix pour les enfants de moins de 12 ans et gratuits pour les moins de 3 ans. Les trains nationaux et les réseaux de métro et de Skytrain de Bangkok transportent gratuitement les enfants de moins de 3 ans mesurant moins de 1 m. Des tarifs réduits peuvent s'appliquer jusqu'à 14 ans. Les bus et les bateaux ne facturent rien pour les tout-petits.

Se déplacer

En Thaïlande, les trottoirs sont souvent étroits et accidentés, voire inexistants, ce qui rend difficile la circulation des poussettes. Le porte-bébé est une bonne option. Si vous louez une voiture, sachez que les sièges auto ne sont pas toujours disponibles. De plus en plus de boutiques de cycles louent des vélos et des casques pour enfants.

Au restaurant

Les établissements proposent rarement des menus enfant. La cuisine thaïlandaise est connue pour être épicée, mais les restaurateurs trouveront toujours des plats adaptés à vous conseiller. Les chaises hautes et les espaces à langer ne sont pas monnaie courante.

Rencontres avec la faune

Les enfants seront attirés par les singes, mais n'oubliez pas qu'il s'agit d'animaux sauvages et imprévisibles et qu'ils peuvent mordre. Attention également aux chiens errants dans les îles et les régions rurales qui peuvent être agressifs et porteurs de maladies.

NOTRE SÉLECTION

Vana Nava Water Jungle (p. 188)

Un immense parc d'attractions à Hua Hin avec plus de 200 000 végétaux. Incroyables toboggans, piscines et manèges.

Tree Top Adventure Park (p. 127)

Un parcours-aventure écologique dans la jungle de Ko Chang où les enfants de plus de 7 ans peuvent jouer les Tarzan dans les arbres.

Sanctuaire des éléphants de Phuket (p. 315)

Un sanctuaire dédié à la protection des éléphants où les observer.

Aquarium de Phuket (p. 315)

Un nouvel aquarium à Phuket où évoluent des requins et des raies.

LES MEILLEURES PLAGES POUR LES ENFANTS

Hua Hin (p. 184) Les longues et larges plages de cette station balnéaire continentale sont parfaitement adaptées aux enfants.

Ko Chang (p. 122) La deuxième plus grande île de Thaïlande offre une mer calme et peu profonde, idéale pour les plus jeunes.

Ko Kut (p. 124) Du sable ultra doux, de nombreuses criques à explorer et des cascades sur l'île.

Ko Lanta (p. 332) De superbes plages bordent la côte ouest de cette île très familiale.

Ko Samui (p. 222) Hat Chaweng et Lamai proposent de nombreuses activités pour les enfants.

Santé et sécurité

ASSURANCE

Il est conseillé de souscrire une assurance qui vous couvrira en cas d'annulation de votre voyage, de vol, de perte de vos affaires, de maladie ou encore d'accident. Vérifiez notamment que les "sports à risques", comme la plongée, la moto ou même la randonnée ne sont pas exclus de votre contrat, ou encore que le rapatriement médical d'urgence, en ambulance ou en avion, est couvert. Si votre police vous oblige à avancer vos frais de santé, conservez avec vous tous les documents nécessaires à votre remboursement.

Moustiques

Présentes dans les zones rurales, le paludisme et la dengue sont deux maladies parfois mortelles, véhiculées par les moustiques. Utilisez un répulsif et portez des vêtements longs la nuit. Les cas de contamination augmentent à la saison des pluies de juillet à octobre, mais les voyageurs n'ont souvent à déplorer que des boutons qui grattent.

Éviter la prison

Si le cannabis a été dépénalisé en Thaïlande, ce n'est pas le cas des autres stupéfiants. La possession et le trafic de drogues dures, naturelles ou de synthèse, restent illégaux et passibles de peines de prison, voire de la peine de mort pour les cas de contrebande les plus graves.

EAU DU ROBINET

Les Thaïlandais ne boivent pas l'eau du robinet (bien que les autorités la jugent potable) et nous vous le déconseillons. Ne consommez que de l'eau filtrée ou en bouteille.

NAGER SANS RISQUES

Drapeau jaune	Baignade autorisée mais dangereuse
Drapeau vert	Baignade autorisée
Drapeau rouge	Baignade interdite
Drapeau noir et blanc	Zone de pratiques aquatiques et nautiques
Drapeau jaune et rouge	Zone de baignade surveillée

Éviter les coups de chaud

Il faut généralement quelques semaines pour s'adapter à la chaleur humide du pays. Hydratez-vous en buvant beaucoup d'eau et évitez de faire des activités intenses en milieu de journée. Le soleil tape fort même à travers les nuages, alors appliquez un écran solaire à haut indice de protection (SPF30 minimum) et portez un chapeau à larges bords.

SERPENTS VENIMEUX ET MÉDUSES

La Thaïlande abrite une soixantaine d'espèces de serpents venimeux, mais ils sont pour la plupart peureux et nocturnes – ou dans la mer – et on les rencontre rarement. Quelques incidents mortels ont cependant eu lieu ces dernières années avec des méduses-boîtes au large de Ko Samui et de Ko Pha Ngan. Certaines plages disposent de réserves de vinaigre pour traiter les piqûres. Vérifiez toujours les conditions locales avant de vous baigner.

Manger, boire et sortir

Repas

Demandez à un Thaïlandais son activité préférée, il vous répondra sûrement "manger". Les Thaïlandais aiment tellement leur cuisine sous toutes ses formes qu'ils grignotent à longueur de journée. On trouve de la cuisine de rue jusque tard dans la nuit dans les grandes villes et les lieux touristiques mais la plupart des restaurants ferment à 22h.

L'ART DE...

Reconnaître les spécialités régionales

Chaque région de Thaïlande a sa propre gastronomie. Goûter à certaines de ces variantes contribue au plaisir du voyage. En fait, on peut facilement savoir dans quelle partie du pays on se trouve en fonction de ce qu'on y mange. Voici donc un petit guide pour distinguer les cuisines régionales.

La cuisine du Sud est très épicée (et salée). Les fruits de mer y sont mis à l'honneur.

Le centre du pays privilégie le sucré-salé et les plats à base de poisson d'eau douce, de porc, de lait de coco et de sucre de palme.

La cuisine du Nord est la moins épicée et privilégie les saveurs amères et les épices séchées. Elle respecte aussi les saisons, reflétant l'amour des habitants pour les légumes. Le *Kôw nĕe·o* (riz gluant) est l'accompagnement traditionnel, tout comme dans le nord-est du pays.

COMPRENDRE LA CARTE

A·ròy "Délicieux", en thaï

Bà·mèe Nouilles au blé aux œufs

Bèt Canard

Blah Poisson

Dôm yam Soupe traditionnelle aigre et épicée

Gaang Curry

Gaang mát·sà·màn Curry musulman thaïlandais au lait de coco

Gài Poulet

Gŏo·ay đĕe·o Soupe de nouilles

Kà·nŏm En-cas sucrés thaïlandais

Kôw Riz

Kôw kăh mŏo Cuisse de porc braisée avec riz et légumes verts

Kôw man gài Riz au poulet thaïlando-chinois

Kôw mòk Version thaïlandaise du biryani, un plat de poulet et de riz

Kôw nĕe·o Riz gluant

Lâhp Salade de viande émincée

Mŏo Porc

Nám dèum Eau potable

Nám þlah Sauce de poisson

Nám prík Sauce à base de piment

Pàk Légumes

Pàt Plat sauté

Pàt see·éw Larges nouilles de riz frites au porc et aux légumes

Pàt tai Fines nouilles de riz sautées avec de l'œuf et des assaisonnements

Pèt Épicé

Pŏn·lá·mái Fruit

Prík Piment

Ráhn ah·hăhn Restaurant

Sôm-dam Salade de papaye

Tôrt Frit

Yam Salade à la mode thaïlandaise

Où se restaurer

Restaurants Du petit restaurant caché à l'adresse haut de gamme, tous les types de cuisine se côtoient dans les villes et les lieux touristiques. Ailleurs, on trouve principalement de la cuisine thaïlandaise dans toute sa diversité.

Stands de nourriture La cuisine de rue est délicieuse, bon marché et accessible depuis tôt le matin jusque tard le soir.

Marchés De nombreux marchés ont des stands de nourriture pour que les gens puissent manger en faisant leurs courses.

Cafés Le café fait partie intégrante de la culture thaïlandaise et on en trouve partout dans les villes et les villages.

COMBIEN COÛTE...

un cocktail
250-450 B

un *dôm yam*
80-400 B

un dîner gastronomique
2 000-5 000 B

une soupe de nouilles dans la rue
50-70 B

un *pàt tai*
60-120 B

une petite bouteille de bière locale en épicerie
38-45 B

un *sôm-dam*
70-100 B

un café
25 B

L'ART DE... Manger comme un Thaïlandais

Sucré, acide, salé et épicé sont les saveurs de base de la cuisine thaïlandaise et, bien que beaucoup les jugent particulièrement relevés, chaque plat est un exercice pour arriver à l'équilibre entre ces quatre goûts ; on l'obtient en mélangeant par exemple un trait de jus de citron vert, une cuillère de sucre et une goutte de sauce de poisson, ou une cuillère à soupe de soja fermenté et une pointe de vinaigre. L'amertume est également présente dans de nombreux plats, et provient souvent de l'ajout d'un légume ou d'une herbe.

Pour atteindre l'équilibre parfait des goûts et des textures, on peut commander en groupe un curry, du poisson frit ou vapeur, des légumes sautés et une soupe, en prenant soin d'équilibrer chaud et froid, acide et sucré, nature et salé.

À la maison comme au restaurant, les repas sont servis dans des plats communs, dans lesquels on ne se sert pas plus d'une cuillère à la fois.

Pour manger à la thaïlandaise, utilisez une cuillère de service pour prélever une bouchée dans le plat central et la déposer sur une partie de votre riz. Utilisez ensuite votre fourchette pour manger.

Baguettes

Les baguettes sont réservées aux restaurants chinois ou aux plats chinois servis dans des bols. Si vous souhaitez voyager avec les vôtres, vous pouvez en acheter des réutilisables dans la plupart des commerces et marchés.

BOIRE COMME UN THAÏLANDAIS

La Thaïlande a sa propre culture de la boisson, même si ce n'est pas toujours évident dans les grandes villes et les lieux touristiques où prolifèrent les bars de style occidental.

Ailleurs, vous découvrirez les bars traditionnels qui sont souvent de grands espaces semi-ouverts destinés aux groupes – boire en Thaïlande est une activité communautaire. Il y a souvent des concerts et, bien sûr, de la nourriture pour éponger l'alcool.

Bière et whisky sont les boissons principales. Les marques de bière les plus répandues sont Chang, Leo and Singha. La Leo est la plus légère, Chang la plus forte, et Singha la plus chère. Les marques de whisky les plus appréciées sont SangSom, Hong Thong et Mekhong. Tous distillés à partir de canne à sucre et de riz, ce sont techniquement des rhums. Le *lao khăo*, un alcool de contrebande thaïlandais fabriqué à partir de riz gluant fermenté ou de mélasse, est très prisé dans les zones rurales.

Plutôt que des boissons individuelles, les Thaïlandais commandent des girafes à bière ou des bouteilles de whisky à partager avec de l'eau gazeuse ou du soda et des seaux de glace. La politesse veut que chacun remplisse le verre de ses compagnons en même temps que le sien et leur remette des glaçons au besoin. On trinque souvent en disant "*Chon gaew*" (littéralement "cogner les verres").

En Thaïlande, l'alcool est récréatif. Tituber, crier ou se battre en état d'ébriété sont des actes considérés comme honteux. Alors souriez, habituez-vous à mettre des glaçons dans votre bière et méfiez-vous de la gueule de bois au SangSom.

Voyage responsable

Voyage et changement climatique

L'impact des voyages sur l'environnement est aujourd'hui bien connu, et impose de faire ce qui est en notre pouvoir pour le limiter. Lonely Planet recommande ainsi aux voyageurs de se renseigner sur l'empreinte carbone de leurs déplacements. Divers outils en ligne permettent de calculer les émissions de CO_2 générées par chaque trajet, notamment celui de l'Ademe. De nombreuses plateformes de réservation et compagnies aériennes proposent de compenser leurs émissions de gaz à effet de serre par une contribution financière à des projets respectueux de l'environnement, partout dans le monde. Chez Lonely Planet, nous continuons à compenser l'empreinte carbone de tous nos auteurs, tout en étant conscients que ce n'est qu'une solution partielle.

Scannez pour accéder au calculateur d'émissions de carbone de l'Ademe

Respect des tribus des collines

Les randonnées dans les villages des minorités du Nord sont toujours appréciées, mais n'oubliez pas que chaque ethnie a sa propre culture et que beaucoup suivent des traditions animistes. Demandez à votre guide comment vous comporter dans ces villages.

Rencontres éthiques avec les éléphants

Le Sanctuaire des éléphants de Phuket (p. 315) permet d'observer les pachydermes de près, sans aucun manège ou spectacle de cirque nuisible à leur bien-être.

Sortir des sentiers battus

Le surtourisme est un problème sérieux en Thaïlande, certaines îles souffrant particulièrement de l'impact néfaste des millions de visiteurs sur leur environnement. Rechercher des lieux peu fréquentés est une façon de contrer cela.

Volontariat

Les missions de volontariat en Thaïlande ne manquent pas, entre les projets d'écotourisme et de préservation de la faune, l'aide aux migrants et l'enseignement en zone rurale. Vérifiez les références de l'organisation que vous souhaitez rejoindre avant de vous inscrire.

Le gouvernement thaïlandais envisage à l'avenir de faire payer aux visiteurs une taxe de séjour. Les fonds collectés serviraient à développer un tourisme durable et responsable.

Pas besoin d'être vétérinaire pour faire du bénévolat au sein du **Koh Chang Animal Project** (p. 133), une clinique vétérinaire à but non lucratif établie de longue date à Ko Chang. Animaux blessés, abandonnés et maltraités y trouvent soins et refuges.

Soutenez le tourisme communisme à Phuket, grâce à un projet comme **Bang Rong** (p. 321). Découvrez le fonctionnement de l'agriculture et de la pêche locales. Ce projet a permis de relancer les moyens de subsistance des locaux.

PRIVILÉGIER LE TRAIN

Les trains du State Railway of Thailand (railway.co.th) circulent au nord, au sud, au nord-est et à l'est de Bangkok. Les destinations sont limitées mais ce choix de transport est beaucoup moins polluant que l'avion ou le bus.

PARTICIPEZ À LA PRÉSERVATION DES FORÊTS

Prenez soin des ours malais, des gibbons, des macaques et des éléphants au **Wildlife Friends Foundation Elephant Refuge** (p. 191), près de Hua Hin, l'un des nombreux projets de protection de la faune et de la flore où les bénévoles sont les bienvenus.

Plonger sans dommages

Mondialement connus, les sites de plongée de Thaïlande attirent de nombreux apprentis-plongeurs, mais la présence accrue des humains peut endommager les coraux et les récifs et perturber la vie sous-marine. Veillez donc à votre impact sous la mer.

Devenez un Trash Hero

Rejoignez les bénévoles de Trash Hero, qui nettoient des déchets et s'associent aux populations locales pour des projets d'éducation environnementale visant à réduire et à améliorer la gestion des déchets plastiques en particulier.

Découvrez la baie de **Phang-Nga** (p. 298) à bord d'un kayak plutôt que d'un bateau. On peut aussi faire du kayak au large de Ko Samui.

Sur Ko Lanta, visitez le **Lanta Animal Welfare** (p. 337), une association de protection de nombreux chiens et chats errants du pays..

Séjournez chez l'habitant

Séjourner dans une famille d'accueil plutôt que dans un hôtel est généralement un choix plus durable, qui bénéficie directement aux habitants et constitue un excellent moyen d'immersion dans la culture thaïlandaise.

Modèle de développement durable

La Thaïlande dépasse tous les autres pays d'Asie du Sud-Est dans la lutte pour atteindre les objectifs de développement durable des Nations Unies, selon un rapport de l'ONU de 2022. Le royaume s'est notamment démarqué concernant la réduction de la pauvreté, l'eau potable et l'assainissement.

SITES UTILES

volunteerworkthailand.org
Organisme à but non lucratif qui recense les besoins locaux en bénévolat.

wfft.org
Centres de sauvetage de la faune et projets de conservation qui accueillent des bénévoles.

trashhero.org
Mouvement citoyen bénévole pour débarrasser la Thaïlande de ses déchets plastiques.

DE GAUCHE À DROITE : ROCKAFELLER_CZ/SHUTTERSTOCK ©, MW SHUTTER/SHUTTERSTOCK ©

Voyageurs LGBTQI+

La culture thaïlandaise est relativement tolérante à l'égard de l'homosexualité masculine et féminine. Bangkok, Phuket, Pattaya et Chiang Mai possèdent des lieux LGBTQI+ et organisent des marches des fiertés chaque année. Concernant la tenue vestimentaire, les choix de la communauté LGBTQI+ sont généralement bien acceptés. Cependant, les démonstrations publiques d'affection sont mal vues.

Vie nocturne

Bangkok, Phuket, Pattaya et Chiang Mai sont de loin les villes les plus dynamiques en matière de vie nocturne LGBTQI+. À Bangkok, le quartier de Silom est animé, avec de nombreux bars et clubs qui attirent un mélange de locaux et d'étrangers. Moins nombreux, les lieux de Chiang Mai sont principalement situés autour du marché nocturne (p. 161). À Pattaya, Jomtien est la destination idéale, et Patong est le cœur de la vie nocturne gay de Phuket. Ailleurs, la scène LGBTQI+ est restreinte. On trouvera quelques bars à Ko Samui et Ko Samet.

ÉGALITÉ DES GENRES

La Thaïlande a adopté la loi sur l'égalité des genres en 2015, première loi du pays à assurer une protection contre la discrimination fondée sur le genre. Cependant, même si les personnes transgenres et non-binaires sont très visibles en Thaïlande, elles continuent d'être discriminées au travail et dans leurs rapports avec les services gouvernementaux.

Semaine des fiertés de Phuket

Née en 1999, la Semaine des fiertés de Phuket est aujourd'hui considérée comme l'une des meilleures d'Asie du Sud-Est, attirant des Thaïlandais et des étrangers de tous bords. Habituellement organisée en avril, elle inclut des fêtes sur la plage, des spectacles de cabaret, des événements sportifs et des concours de beauté avant de s'achever par un défilé de chars à travers Patong et une rave débridée avec des DJ internationaux.

RÔLES GENRÉS

Sans doute parce que la Thaïlande est encore assez conservatrice, les lesbiennes adhèrent généralement à des rôles de genre définis. Les lesbiennes ouvertement "butch", appelées *tom* (de "tomboy"), ont les cheveux courts et portent des vêtements pour hommes. Les lesbiennes "femmes" se désignent comme *dêe* (pour "lady"). Les lesbiennes étrangères n'entrant pas dans ces catégories pourront se heurter à de l'incompréhension.

SITES WEB

Travel Gay (travelgay.com) Guide complet des lieux et événements gays en Thaïlande.

Utopia (utopia-asia.com) Informations utiles pour les voyageurs LGBTQI+ en Thaïlande.

Gay Passport (thegaypassport.com) Liste les lieux de soirée LGBTQI+ des destinations touristiques majeures.

Drag Shows

Des drag-queens se produisent partout à Bangkok, Pattaya, Phuket, Ko Samui. Si le **Simon Cabaret Phuket** (p. 305), à Patong, divertit les touristes depuis plus de 30 ans, les spectacles du Tiffany's Cabaret Show, à Pattaya, sont les plus extravagants.

Voyage et handicap

La Thaïlande est mieux équipée pour les voyageurs handicapés que tout autre pays d'Asie du Sud-Est (sauf Singapour). Néanmoins, se déplacer dans les villes reste un défi lorsqu'on souffre d'une déficience visuelle ou motrice. L'accès aux attractions, aux transports et aux îles peut aussi être compliqué.

Transports en commun

À Bangkok, le Skytrain et le métro sont accessibles aux personnes en fauteuil roulant. Cependant, tous les trains longue distance ne sont pas adaptés et les bus et les bateaux qui mènent aux îles sont difficiles d'accès pour les personnes à mobilité réduite.

Aéroport

L'aéroport Suvarnabhumi à Bangkok est assez bien équipé pour les voyageurs à mobilité réduite : ascenseurs, toilettes accessibles et passerelles pour embarquer et débarquer. Dans les autres aéroports, prévenez la compagnie aérienne de vos besoins.

Hébergement

Les hôtels de catégories moyenne et supérieure disposent, en général, de chambres accessibles. C'est moins le cas des petits hôtels, des maisons d'hôtes et des hôtels de charme. Ils s'efforceront néanmoins de répondre à vos besoins si vous pouvez vous adapter.

SE DÉPLACER

Compte tenu du mauvais état des trottoirs dans les villes thaïlandaises, voire de leur absence totale, les usagers en fauteuil roulant aux nerfs d'acier (et prêts à prendre le risque) préfèrent souvent emprunter les routes.

Centres commerciaux

Toutes les villes et de nombreux villages disposent d'au moins un centre commercial moderne. Vous pourrez y faire du shopping et y manger sans tracas, tout comme accéder à des toilettes adaptées.

Massage à l'aveugle

Il existe plusieurs initiatives en Thaïlande visant à aider les personnes malvoyantes, notamment en les formant à l'art du massage thaïlandais. Vous trouverez des lieux de massage à l'aveugle dans la plupart des zones touristiques et ils méritent d'être soutenus.

ACCÉDER AUX ÎLES

Le plus grand défi pour accéder aux îles de Thaïlande est d'embarquer en toute sécurité sur les bateaux et les ferrys depuis des quais parfois branlants. Une île disposant d'un aéroport peut s'avérer le meilleur choix.

SITES UTILES

Accessible Thailand Tours (accessible-thailandtours.com). Visites recommandées lorsqu'on a des problèmes liés à l'âge, la vue ou la mobilité.

Wheelchair Travel (wheelchairtravel.org/bangkok). Conseils sur l'accès aux sites, hôtels et transports de Bangkok.

Disabled Holidays (disabledholidays.com). Informations pour les voyageurs en situation de handicap en Thaïlande.

Wheelchair Holidays Thailand (wheelchairtours.com) Visites accessibles aux personnes âgées et aux personnes en situation de handicap.

Wheelchair Taxi Thailand (transport-disabled-bangkok.weebly.com) Société basée à Hua Hin proposant des visites et courses de taxi dans tout le pays.

Peu de taxis sont équipés pour les personnes à mobilité réduite. Beaucoup roulent au gaz naturel (GNV) avec le réservoir dans le coffre, ce qui limite l'espace pour un fauteuil roulant ou autre aide à la mobilité. Un petit nombre de taxis accessibles aux fauteuils roulants sont disponibles à Bangkok et à Hua Hin.

Problématiques environnementales

La Thaïlande a pris des mesures positives pour relever les défis environnementaux. Pour atteindre son objectif de neutralité carbone d'ici à 2050, le royaume a mis en place d'immenses parcs solaires, maîtrisé sa déforestation et augmenté ses efforts de préservation de la faune. Néanmoins, la dégradation de la qualité de l'air est de plus en plus préoccupante, notamment à Bangkok et dans le nord du pays.

Déforestation

En 2019, selon le Département royal des forêts de Thaïlande, le couvert forestier naturel représentait 31,6% des terres contre 53,5% en 1961. La déforestation a désormais ralenti à environ 0,2% par an et le taux de boisement total a augmenté de 27,4% depuis 1990. En 1989, toute exploitation forestière a été interdite. Il est désormais illégal de vendre du bois abattu en Thaïlande, mais cette loi est souvent bafouée.

Inondations

Les inondations saisonnières sont courantes dans certaines régions de Thaïlande à cause de la mousson, mais la succession d'inondations de grande ampleur survenue ces dernières années est liée au changement climatique. Les inondations record de 2011 ont fait 815 morts et des dégâts matériels estimés à plus de 40 milliards d'euros. Ce fut l'une des catastrophes naturelles les plus coûteuses au monde. En 2022, les inondations du sud du pays ont touché plus de 500 000 personnes et des catastrophes similaires ont eu lieu à Bangkok, à Chiang Mai et à Phuket.

Espèces en danger

Les animaux les plus célèbres de Thaïlande sont aussi les plus menacés. Il y a un siècle, environ 300 000 éléphants d'Asie parcouraient le pays, mais le braconnage et la disparition de leurs habitats ont réduit leur nombre à environ 3 500 individus, auxquels s'ajoutent 3 500 à 4 000 pachydermes dits domestiques.

Environ 150 tigres d'Indochine sauvages vivent dans les régions reculées de Thaïlande. Les braconniers continuent de les tuer pour en faire commerce à l'étranger, mais grâce à ses récents efforts de conservation, la Thaïlande voit augmenter sa population de tigres sauvages.

Énergie solaire

En 2022, un parc solaire flottant de 720 000 m² s'est ouvert dans le nord-est de la Thaïlande, le premier des 15 immenses parcs que le royaume veut créer pour respecter son engagement de neutralité carbone d'ici à 2050. Cependant, la Thaïlande tire encore 55% de son énergie du gaz naturel, et la production d'électricité, l'agriculture et les industries représentent toujours la plus grande proportion des émissions de gaz à effet de serre du pays.

EN HAUT : FINCHFOCUS/SHUTTERSTOCK ©, EN BAS : TAMKUNGPHOTO/SHUTTERSTOCK ©

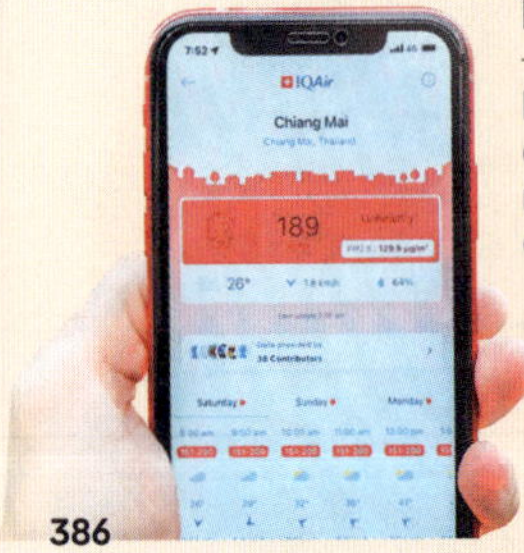

POLLUTION DE L'AIR

La qualité de l'air à Chiang Mai a officiellement été classée la plus mauvaise au monde le 6 avril 2023, dépassant des villes comme Lahore et New Delhi. Chaque année, Chiang Mai et une grande partie du nord du pays entrent en "saison brumeuse" et se couvrent d'un brouillard toxique, principalement causé par les agriculteurs qui font des feux pour nettoyer les broussailles et fertiliser les cultures.

La pollution de l'air s'est accrue dramatiquement dans tout le pays, obligeant, début 2023, les habitants de Bangkok à travailler depuis chez eux et les écoles à fermer. Cette pollution a été responsable d'environ 29 000 décès en 2021, selon un rapport de Greenpeace (2022).

L'industrie du sexe en Thaïlande

La Thaïlande entretient depuis des siècles une relation complexe avec le sexe tarifé. Aujourd'hui, malgré la multitude d'autres attraits dont le pays dispose, il est encore réputé pour son tourisme sexuel. Si Bangkok et Pattaya sont les villes les plus associées à l'industrie du sexe, la présence de quartiers chauds destinés aux étrangers est fréquente dans d'autres hauts lieux du tourisme.

Histoire

La Thaïlande est depuis longtemps synonyme de vie nocturne débridée. Dès le XVIIIe siècle, les visiteurs occidentaux qui se rendaient dans le royaume se disaient choqués par l'apparente immoralité dont ils étaient témoins. Mais c'est l'afflux massif de soldats américains au cours de la guerre du Vietnam, dans les années 1960 et 1970, qui donna le coup d'envoi de cette industrie moderne du sexe, destinée aux étrangers. Par la suite, l'afflux de touristes étrangers prit le relais.

Des motivations d'ordre économique

Les travailleuses du sexe ont toujours fait partie de la société thaïlandaise, mais elles ne bénéficient pour autant d'aucune considération. La plupart d'entre elles exercent cette activité pour des raisons financières. L'industrie du sexe offre, en effet, aux jeunes femmes en provenance des régions rurales et sans éducation la possibilité de gagner un revenu relativement élevé. Un rapport des Nations unies datant de 2019 estime que les travailleuses du sexe gagnent de deux à dix fois le salaire journalier minimum thaïlandais, qui est de 328 B. Comme de nombreux Thaïlandais, les travailleuses du sexe envoient une part importante de leur salaire dans leur village pour subvenir aux besoins de leurs parents, de leurs frères et sœurs, et de leurs enfants.

Discours officiel

Le commerce du sexe, sous quelque forme que ce soit, est en principe illégal en Thaïlande. Toutefois, les lois qui s'y rapportent sont ambiguës et rarement appliquées. Certains analystes pensent que le gouvernement cherche à limiter les pratiques abusives au sein de l'industrie, plutôt que de tenter de l'endiguer. D'une manière générale, les autorités thaïlandaises restent très discrètes sur le commerce du sexe. L'une des principales raisons à cela réside dans les sommes d'argent que ce secteur génère. Un rapport de 2015 estimait que l'industrie du sexe pesait 6,4 milliards $US, soit environ 1,5% du PIB de la Thaïlande cette année-là.

Prostitution infantile et trafic sexuel

Les migrants en situation illégale qui viennent du Cambodge, du Laos et du Myanmar sont souvent contraints à se prostituer ou sont victimes de trafic sexuel dans certaines régions de Thaïlande. La prostitution infantile reste quant à elle un problème persistant. Des ONG, telles que Coalition Against Trafficking in Women (catwinternational.org), luttent contre le trafic sexuel des femmes et des enfants.

COMBIEN SONT LES TRAVAILLEURS DU SEXE ?

Il est impossible de connaître précisément le nombre de travailleurs du sexe en Thaïlande, principalement parce qu'il s'agit d'une industrie illégale, mais aussi en raison du caractère intermittent ou occasionnel de leur activité. En 2019, l'Organisation internationale pour les migrations, financée par les Nations unies, a estimé qu'environ 300 000 travailleurs du sexe étaient en activité dans le pays. La plupart d'entre eux viennent du nord-est du pays, de la région connue sous le nom d'Isan (la partie la plus pauvre du royaume).

Bon à savoir

HEURES D'OUVERTURE

Les bars et clubs sont fermés lors de certaines fêtes religieuses et pendant les élections quand la vente d'alcool est interdite.

Administrations 8h30-16h30 lun-ven ; certains bureaux ferment à l'heure du déjeuner

Banques 8h30-16h30 lun-ven ; distributeurs automatiques 24h/24

Bars 18h-minuit/1h

Clubs 20h-2h

Commerces 10h-21h

Restaurants 8h-22h

Cigarettes

Interdites dans les lieux fermés et les transports en commun, ainsi que sur les plages et dans les parcs. Le vapotage est répandu, mais sachez qu'il est techniquement illégal d'apporter une cigarette électronique en Thaïlande.

EN BREF

Fuseau horaire
GMT/UTC+7

Indicatif du pays
66

Numéro d'urgence/police touristique
191/1155

Population
71,6 millions

Poids et mesures

Système métrique, sauf pour les mesures de terres. L'or et l'argent se pèsent en baht (1 baht 15 g).

Accès Internet

Presque tous les hébergements et aéroports disposent du Wi-Fi gratuit, tout comme de nombreux cafés et bars.

Électricité 220 V / 50 Hz

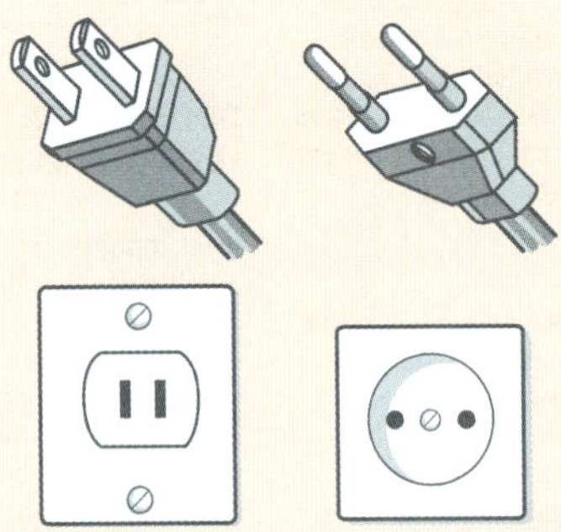

Type A 120V/60Hz

Type C 220V/50Hz

JOURS FÉRIÉS

Les banques, ambassades et administrations ferment les jours fériés.

1er Janvier Jour de l'An

Février (date variable) Makha Bucha

6 avril Jour des Chakri

13-15 avril Songkran

1er mai Fête du Travail

4 mai Anniversaire du couronnement

Mai (date variable) Cérémonie des Labours royaux

Mai/juin (date variable) Visakha Bucha

3 juin Anniversaire de Sa Majesté la reine

28 juillet Anniversaire du roi Maha Vajiralongkorn

Juillet/août (date variable) Asanha Bucha

12 août Anniversaire de la reine Sirikit/fête des Mères

13 octobre Journée commémorative du défunt roi Bhumiphol

23 octobre Jour de Chulalongkorn

5 décembre Anniversaire du défunt roi Bhumiphol/fête des Pères

10 décembre Jour de la Constitution

31 décembre Veille du jour de l'An

Langue

Le thaï standard, un dialecte parlé à Bangkok et dans les provinces environnantes, est devenu la langue officielle. La plupart des Thaïlandais le comprennent, mais beaucoup parlent un autre dialecte.

Les essentiels

Bonjour. สวัสดี. *sà-wàt-di*
Au revoir. ลาก่อน. *lah gòrn*
Oui. ใช่. *châi*
Non. ไม่. *mâi*
S'il vous plaît. ขอ. *kŏr*
Merci. ขอบคุณ. *kòrp koun*
Excusez-moi. ขออภัย. *kŏr à-pai*
Pardon. ขอโทษ. *kŏr tôht*
Comment vous appelez-vous ?
คุณชื่ออะไร. *kun chêu à-rai*
Je m'appelle... ผม/ดิฉันชื่อ...
pŏm/dì-chăn chêu... (h/f)
Parlez-vous anglais ?
คุณพูดภาษาอังกฤษได้ไหม.
kun pôot pah-săh ang-grìt dâi măi
Je ne comprends pas.
ผม/ดิฉันไม่เข้าใจ.
pŏm/dì-chăn mâi kôw jai (h/f)

Demander son chemin

Où se trouve... ?
... อยู่ที่ไหน. ... *yòo têe năi*
Quelle est l'adresse ?
ที่อยู่คืออะไร. *têe yòo keu à-rai*
Pourrivez-vous l'écrire s'il-vous-plaît ?
เขียนลงให้ได้ไหม.
kĕe·an long hâi dâi măi
Pourriez-vous me montrer (sur la carte) ?
ให้ดู (ในแผนที่) ได้ไหม.
hâi doo (nai păan têe) dâi măi

Panneaux

ทางเข้า Entrée
ทางออก Sortie
เปิด Ouvert
ปิด Fermé
ที่ติดต่อสอบถาม Information
ห้าม Interdit
ห้องสุขา Toilettes
ชาย Hommes
หญิง Femmes

Heure et date

Quelle heure est-il ? กี่โมงแล้ว.
gèe mohng láa·ou
matin เช้า. *chów*
après-midi บ่าย. *bài*
soir เย็น. *yen*
hier เมื่อวาน. *mêu·a wahn*
aujourd'hui วันนี้. *wan née*
demain พรุ่งนี้. *prûng née*

Urgences

Au secours ! ช่วยด้วย. *chôo·ay dôo·ay*
Allez-vous en ! ไปให้พ้น. *ƀai hâi pón*
Je suis malade. ผม/ดิฉันป่วย.
pŏm/dì-chăn ƀòo·ay (m/f)
Appelez un médecin ! เรียกหมอหน่อย. *rêe·ak mŏr nòy*
Appelez la police ! เรียกตำรวจหน่อย. *rêe·ak dam·ròo·at nòy*

Au restaurant

Que me recommandez-vous ?
คุณแนะนำอะไรบ้าง.
kun náa-nam à-rai bâhng
Santé ! ไชโย. *chai-yoh*
C'était délicieux.
อร่อยมาก. *à-ròy mâhk*
Je voudrais (le menu), s'il vous plaît. ขอ (รายการ อาหาร) หน่อย.
kŏr (rai gahn ah-hăhn) nòy

CHIFFRES

1 หนึ่ง *nèung*
2 สอง *sŏrng*
3 สาม *săhm*
4 สี่ *sèe*
5 ห้า *hâh*
6 หก *hòk*
7 เจ็ด *jèt*
8 แปด *ƀàat*
9 เก้า *gôw*
10 สิบ *sìp*

ÉCRITURE THAÏLANDAISE

Les caractères élégants de l'écriture thaïlandaise fascinent ceux qui découvrent la langue. Les symboles courbes semblent ne former qu'un mais ils sont tous divisibles en unités alphabétiques distinctes. Il y a 44 consonnes. Les voyelles sont indiquées par des symboles qui peuvent apparaître avant, après, au-dessus, en dessous ou même autour de la consonne.

Parler comme un Thaïlandais

a·ròy - délicieux
bāan bāan - rien de spécial
chon gâew - merci
fa·ràng - étranger
gin khâo rěu yâng? - as-tu mangé ?
hi-so - haute société
taách - cool/super
ron mâk - très chaud
tíng-tòng - farfelu, excentrique
wa ngâi - ça va ?

Tons

En thaï, la signification d'une simple syllabe peut changer selon le ton. En thaï standard, il y en a 5 : le ton grave (bas), le ton médian, le ton descendant, le ton aigu et le ton ascendant. La hauteur de chaque ton dépend du registre de la voix ; il n'y a pas de "diapason" fixe, intrinsèque à la langue.

Relations étroites

Le thaï appartient au groupe linguistique taî, ce qui signifie qu'il est étroitement lié à un certain nombre de langues parlées en dehors des frontières de la Thaïlande. Parmi elles, le laotien (Laos), le khampti (Inde) et le lü (Chine). Le dialecte Isan, parlé dans le nord-est de la Thaïlande, est linguistiquement identique au laotien.

TOUR DE BABEL

La plupart des langues parlées en Thaïlande appartiennent à l'une de ces 4 grandes familles linguistiques : le taî (sous-famille des langues taî-kadaî), le môn-khmer (une sous-famille des langues austroasiatiques), l'austronésien et le sino-tibétain.

LE THAÏ DANS LE MONDE

La langue officielle de la Thaïlande est le dialecte parlé et écrit dans le centre du pays, qui est devenu la lingua franca de tous les groupes ethniques thaïlandais et non thaïlandais du royaume.

À peu près 25 à 37 millions de gens parlent le thaï comme première langue.

NOS SEASTAR/SHUTTERSTOCK ©

Koh Miang (p. 295), parc national maritimes des îles Similan

COMPRENDRE

LA THAÏLANDE

Nos auteurs proposent une découverte des multiples aspects de la Thaïlande

Maison de Jim Thompson, Bangkok (p. 84)

UNE HISTOIRE DE LA THAÏLANDE EN 14 LIEUX

Un peu partout à travers la Thaïlande, une myriade de sites et de monuments témoignent de moments clefs de son passé. Découvrir les trésors archéologiques, les cités séculaires et les temples royaux du "pays du sourire" permet d'appréhender son passé vibrant des origines à nos jours.

L'HISTOIRE DE LA THAÏLANDE commence au néolithique. Sa situation stratégique au centre de l'Asie du Sud-Est, ses terres fertiles et son climat favorable en ont fait un carrefour culturel et commercial où de brillantes civilisations hindoues et bouddhiques se sont épanouies au long des siècles. Si le pays est officiellement devenu une démocratie en 1932, de fréquents coups d'État n'ont presque jamais laissé la place à des gouvernements réellement démocratiques.

1. Khon Kaen

LE "JURASSIC PARC" THAÏLANDAIS

Le nord-est de la Thaïlande regorge de fossiles datant du jurassique à la fin du trias, qui constituent les plus anciennes traces de la présence de dinosaures dans le sud-est asiatique.

Si la paléontologie vous inspire, un détour par la province de Khon Kaen s'impose. Les plus beaux vestiges de ces mastodontes sont exposés au musée des Dinosaures de Phu Wiang, tandis qu'au parc national de Phu Wiang voisin sont conservés in situ des ossements vieux de 130 millions d'années incrustés dans le grès, dont ceux d'un ancêtre du tyrannosaure. Les vrais passionnés parcoureront le "Dinosaur Nature Trail", un sentier dédié et balisé menant à différents lieux de fouille.

2. Lampang

AUX ORIGINES DE L'HUMANITÉ

Il reste peu de traces des civilisations présentes en Thaïlande avant le milieu du Ier millénaire. Les fossiles d'*Homo erectus* découverts à Koh Kha, dans la province septentrionale de Lampang, datent d'au moins 500 000 ans.

Leur mise au jour a suscité un débat quant à la datation de la première migration humaine dans la région. Le musée de géologie de Lampang abrite une reproduction des fragments de squelette découverts aux côtés d'autres pièces en lien avec la préhistoire. Des traces humaines plus récentes sont visibles sur le site archéologique de Pra Thu Pha, où quelque 1 800 peintures rupestres parsèment une paroi à ciel ouvert de 300 m de long.

3. Ban Chiang, province d'Udon Thani

LA RÉVOLUTION NÉOLITHIQUE

C'est entre 3000 et 2000 avant notre ère que les premières sociétés sédentaires pratiquant l'élevage et l'agriculture apparurent en Thaïlande dans les plaines et vallées fertiles autour du Mékong.

Le site archéologique de Ban Chiang, considéré comme le plus important habitat protohistorique en Asie du Sud-Est, offre un aperçu du mode de vie de cette période à travers des poteries, des outils et autres objets bien préservés. Il met en évidence les prémices et le développement de la riziculture en terrain inondé, qui nourrit toujours la région.

4. Phanom Rung, province de Buriram

UN JOYAU DE L'EMPIRE KHMER

Avant l'arrivée des peuples thaïs depuis le sud de la Chine, plusieurs empires se sont côtoyés ou succédé. Dans le centre de la Thaïlande et le sud de la Birmanie, la période du VIe au IXe siècle vit l'émergence d'une civilisation bouddhique associée au peuple Môn, connue sous le nom de Dvaravati. L'empire khmer, qui s'étendit vers l'ouest depuis l'actuel Cambodge, prit le relais jusqu'au XIIIe siècle. Les constructions monumentales renvoyant à l'évolution religieuse des Khmers – hindouisme, brahmanisme, bouddhisme theravada et bouddhisme mahayana – caractérisent cette période de l'histoire du pays. Le Prasat Phanom Rung, dans la province de Buriram, le plus ancien temple hindou du pays, qui trône au sommet d'un volcan éteint, en témoigne. On peut aussi admirer des temples khmers magnifiquement conservés à Phimai, près de Nakhon Ratchasima.

Monument des Trois Rois

APIGUIDE/SHUTTERSTOCK ©

5. Chiang Mai

LE ROYAUME DU NORD

Fondée en 1296 par le roi Mengrai, Chiang Mai fut la capitale du Lanna, le "royaume du million de rizières". Le monument des Trois Rois (Anusawari Sam Kasat), le musée des Arts populaires du Lanna et le Wat Chiang Man, premier temple royal, doté d'un remarquable chedi soutenu par des éléphants en pierre, illustrent l'histoire et la culture spécifiques du nord de la Thaïlande.

Les autres capitales du Lanna – Chiang Saen, Fang, Chiang Rai et Wiang Kum Kam – conservent également des temples et vestiges témoignant du passé glorieux de cet ancien royaume, qui tomba en 1557 sous le joug birman avant d'être intégré dans le royaume du Siam deux siècles plus tard.

6. Sukhothai

LE BERCEAU DE LA CULTURE THAÏLANDAISE

Le royaume de Sukhothai marque une période phare de l'histoire du pays. Au XIIIe siècle, plusieurs principautés des plaines centrales unirent leurs forces et ravirent le pouvoir détenu par l'empire khmer déclinant. Ce premier véritable royaume thaïlandais fit de Sukhothai sa capitale, dont les ruines évocatrices sont visibles dans le parc historique de la ville.

C'est à Ramkhamhaeng, le plus admiré des souverains de Sukhothai, que l'on attribue la mise au point de la graphie thaïe moderne. Il imposa par ailleurs le bouddhisme theravada comme religion officielle. Au nord, la cité princière de Si Satchanalai fut un centre culturel et religieux de premier plan avant de tomber sous la domination du Lanna. Bâtie au bord de la Mae Ping, Kamphaeng Phet occupait une position stratégique sur une importante route commerciale.

7. Surat Thani

SRIVIJAYA, L'EMPIRE DU SUD

Dès le XIIIe siècle, le Siam entreprit d'étendre son influence vers le sud et la péninsule malaise. Commandant l'accès à deux océans, vers l'Inde et le Moyen-Orient d'un côté, la Chine de l'autre, ce territoire était un carrefour commercial et culturel majeur.

Du VIIe au XIIIe siècle, la péninsule fut sous l'emprise de la confédération de Srivijaya, un royaume maritime et bouddhique né sur l'île de Sumatra. Le musée national de Chaiya, dans la province de Surat Thani, éclaire sur cette période et explique aussi comment les marchands arabes introduisirent l'islam dans la région. Le musée national de Nakhon Si Thammarat s'intéresse pour sa part à l'ancien royaume de Tambralinga, l'une des cités-États de Srivijaya.

8. Ayutthaya

LA DEUXIÈME CAPITALE DU SIAM

Succédant à Sukhothai, Ayutthaya fut à la tête d'un royaume tout aussi prospère et influent. Cette ville cosmopolite, l'une des plus grande du monde au XVIIIe siècle, s'imposa comme un centre de négoce et de diplomatie de premier plan de 1350, date de sa fondation, jusqu'à son saccage par les Birmans en 1767. Thonburi devint alors la nouvelle capitale du pays, rapidement suivie par Bangkok.

Les temples et palais en ruine dans l'enceinte du parc historique d'Ayutthaya offrent un aperçu de l'antique splendeur de la cité.

9. Thonburi

LE ROYAUME ÉPHÉMÈRE

Arrivé au pouvoir après avoir libéré Ayutthaya de la mainmise birmane, le roi Taksin fut le seul et unique souverain du royaume de Thonburi (1767-1782), dont la capitale éponyme est désormais un quartier de Bangkok. Bien que la guerre ait occupé la majeure partie de son règne, l'attention qu'il porta à la politique, à l'unification du pays, à l'économie et au bien-être de ses sujets lui valut le respect. Il fut pourtant renversé par l'un de ses généraux, qui fonda la dynastie Chakri, toujours au pouvoir en Thaïlande. Une statue équestre du monarque se dresse au centre du rond-point Wong Wian Yai dans la ville de Chanthaburi.

Voir aussi p. 56

10. Kanchanaburi

LES STIGMATES DE LA GUERRE DU PACIFIQUE

Lors de la Seconde Guerre mondiale, la Thaïlande resta neutre jusqu'à son occupation par le Japon, qui persuada le royaume de rejoindre les puissances de l'Axe. Elle parvint à maintenir l'essentiel de sa souveraineté en autorisant l'armée nippone à envahir la Malaisie occidentale et la Birmanie, alors au sein de l'Empire colonial britannique, depuis son territoire.

Bastion japonais, Kanchanaburi a gardé de nombreuses traces de cet épisode meurtrier. Le mémorial du col du Feu de l'Enfer rend hommage aux prisonniers de guerre alliés et aux Thaïlandais soumis au travail forcé qui construisirent, au prix de lourdes pertes humaines, le "Chemin de fer de la mort" reliant la Thaïlande à la Birmanie. Dans le cimetière militaire de Kanchanaburi reposent quelque 7 000 soldats britanniques, australiens et néerlandais. Un train au départ de la ville traverse le pont de la rivière Kwaï (Bridge 277), rendu célèbre par le livre de Pierre Boulle.

11. Université de Thammasat, Bangkok

UNE MONARCHIE INSTABLE

Ces cent dernières années, la Thaïlande a connu son lot de troubles et de bouleversements politiques, à commencer par la révolution siamoise de 1932, qui mit fin à 7 siècles de monarchie absolue. Elle fut remplacée par une monarchie constitutionnelle et un système parlementaire. Le 6 octobre 1976, après 5 coups d'État, la police et l'armée thaïlandaise associées à des milices ultranationalistes encerclèrent l'université de Thammasat et tuèrent de nombreux étudiants opposés au retour du maréchal Thanom, qui avait dirigé le pays de manière autoritaire jusqu'en 1973. Chaque année (quand les autorités militaires l'autorisent), l'October 6 Museum Project commémore ce massacre à travers des conférences, des débats, des projections de film et des performances artistiques sur le campus. Au total, le règne de Rama IX (Bhumibol Adulyadej ; r. 1946-2016) a été marqué par 10 coups d'État et 17 constitutions.

Voir aussi p. 50

Ancient City, Samut Prakan

12. Maison de Jim Thompson, Bangkok

UN MYSTÉRIEUX AMÉRICAIN EN THAÏLANDE

L'homme d'affaires américain Jim Thompson fit partie de l'élite du Bangkok des années 1950 et 1960, devenant l'une des personnalités occidentales les plus célèbres en Asie. Officier à la retraite, ancien espion et collectionneur d'antiquités, l'homme avait plus d'une corde à son arc, mais son principal titre de gloire est d'avoir réinventé à lui seul l'industrie de la soie du pays et aidé des milliers de Thaïlandais à sortir de la pauvreté en leur fournissant un travail dans de bonnes conditions sociales. S'il disparut mystérieusement en Malaisie lors d'une randonnée dans les Cameron Highlands et ne fut jamais retrouvé, sa demeure au bord du Klong Saen Saep, construite à partir d'éléments de maisons traditionnelles, a été transformée en musée à sa mémoire.

Voir aussi p. 84

13. Palais et sépultures royales, Bangkok

LA FIN D'UN RÈGNE DE 70 ANS

Le 13 octobre 2016, le roi Rama IX (Bhumibol Adulyadej ; r. 1946-2016) mourut à l'âge de 88 ans après plus de 70 ans de règne. S'ensuivit dans tout le pays une année de deuil officiel. Les lieux de divertissement demeurèrent fermés des mois durant, toute manifestation joyeuse fut évitée et la télévision remplaça ses programmes habituels par des émissions évoquant 24h/24 la vie du souverain défunt.

Après la crémation du roi au Sanam Luang, une vaste place herbeuse destinée à ce type de cérémonie près de Thanon Khao San, ses cendres furent transportées au Grand Palais, puis réparties entre le *mon dòp* central du Chakri Mahaprasat, le cimetière royal et le Wat Bowonniwet Vihara. Aujourd'hui, presque toutes les provinces du pays comptent un mémorial dédié à Rama IX et à son héritage.

Voir aussi p. 60

14. Ancient City, Samut Prakan

UN CONDENSÉ D'HISTOIRE

Autoproclamé "plus grand musée en plein air du monde", Ancient City (p. 182) rassemble des répliques presque grandeur nature des monuments phares du pays dans un parc ayant la forme de la Thaïlande. S'y ajoutent des représentations de Suvarnabhumi et du mont Meru, lieux mythiques mentionnés dans les textes bouddhiques, le tout émaillé de statues de nagas et de divinités.

À LA RENCONTRE DES THAÏLANDAIS

Si les habitants du "pays du sourire" sont dans l'ensemble fidèles à leur réputation, ne soyez pas étonné de les voir exprimer aussi d'autres émotions – ils ne sont pas toujours souriants. Choltanutkun Tun-atiruj nous présente ses compatriotes.

LA THAÏLANDE COMPTE QUELQUE 70 millions d'habitants, dont plus de 10 millions vivent dans la capitale. Si Bangkok n'a rien à voir avec le reste du pays, on y trouve pourtant un peu de chacune des 77 provinces, que nombre de personnes ont quitté pour venir travailler en ville. Celles-ci parlent des dialectes distincts et ont des habitudes culinaires différentes, comme dans l'ensemble du pays.

À cause notamment des embouteillages permanents, les Thaïlandais sont toujours en retard. Ne vous attendez pas à ce qu'ils soient ponctuels. Si tel était le cas, demandez-leur plutôt si tout va bien.

Les Thaïlandais n'apprécient pas la confrontation, perçue comme une attitude grossière. En cas de désaccord, ils préfèrent ne rien laisser paraître et afficher un grand sourire. D'où le surnom du pays. Mais vous seriez surpris d'entendre ce qui se dit derrière les portes closes…

Les Thaïlandais cherchent en toutes circonstances à sauver la face. Ils évitent la confrontation et s'efforcent de ne pas provoquer de situations embarrassantes, tant pour eux que pour les autres. Il convient ainsi de ne pas aborder de sujets négatifs dans la conversation, de ne pas exprimer de convictions ou d'opinions tranchées, et de ne pas prétendre avoir raison. L'accord et l'harmonie sont considérés comme les qualités sociales les plus importantes.

Si les Occidentaux apprécient les discussions passionnées, les Thaïlandais les évitent soigneusement et considèrent qu'élever la voix est impoli et futile. Perdre son sang-froid revient à faire perdre la face à toutes les personnes présentes, et les Thaïlandais offensés peuvent réagir de façon extrême. Vous serez étonné de constater qu'un incident mineur, comme trébucher ou tomber, peut susciter les rires. Mais ne vous méprenez pas. Les Thaïlandais ne rient pas pour se réjouir de votre infortune, mais pour vous aider à sauver la face.

En Thaïlande, jouer avec de jeunes enfants, même si on ne les connaît pas, n'a rien d'anormal. S'ils prennent les bébés dans leurs bras et les photographient, c'est en signe d'affection. Il n'y a pas lieu de s'alarmer.

Les Thaïlandais veillent au bien-être de leurs hôtes ou de leurs proches en s'assurant notamment qu'ils ont bien mangé. À première vue, les relations familiales peuvent sembler moins affectueuses que dans les pays occidentaux, mais laisser de la nourriture dans la cuisine pour ses proches avant de partir travailler équivaut à une déclaration d'amour.

Le climat politique

La Thaïlande, qui a connu au cours de son histoire 13 coups d'État réussis, s'efforce de faire coexister pacifiquement toutes les composantes de la population : les plus jeunes protestent pour s'assurer un meilleur avenir et rejettent les vieilles croyances, tandis que les anciens tentent de maintenir le mode de vie et les traditions d'autrefois.

Dans le sens des aiguilles d'une montre : marchande de bananes, Chumphon ; cuisinière thaïlandaise ; vendeur de durians, Bangkok (p. 50) ; *wâi* (geste de salutation)

LE KRENG JAI

Nous autres Thaïlandais avons beaucoup de mal à traduire le mot *kreng jai*. C'est un adjectif qui exprime une considération mêlée de timidité, qu'on pourrait rapprocher de l'idée de ne pas vouloir déranger. Par exemple, il est tard et vous souhaitez quitter une soirée pour rentrer chez vous. Une amie offre de vous raccompagner en voiture alors qu'elle n'habite pas dans le même quartier. Vous déclinez et répondez : "Non merci, tout va bien, je vais prendre un taxi. Je suis *kreng jai*." Ce trait de caractère est courant chez les Thaïlandais, peut-être encore davantage que le sourire. Pour être honnête, le surnom de "pays du sourire" ne résonne pas vraiment en moi. À l'inverse, le *kreng jai* est bien ancré dans le cœur de chacun.

Maison des esprits thaïlandaise

ESPRITS DES LIEUX
ET "MAISONS DES ESPRITS"

En Thaïlande, il est courant de croire aux esprits.
Par Choltanutkun Tun-atiruj

LES FAMILLES THAÏLANDAISES ne sont généralement pas seules dans leur maison : elles la partagent avec les *chao thi*, "esprits des lieux" protecteurs et bienveillants, chargés de tenir à distance les *phi*, esprits malveillants et voyageurs.

C'est pour héberger les *chao thi* que sont installées les *san phra phum* ("maisons des esprits"). Ces maisons miniatures aux couleurs vives sont placées en hauteur près de l'entrée des maisons, des immeubles et des espaces publics. Elles sont érigées dans le style architectural traditionnel thaïlandais et comportent de nombreux détails, dont de petites figurines représentant les *chao thi*, leurs serviteurs et parfois des animaux. Ces petites maisons sont la manifestation d'un culte animiste encore très vivace en Thaïlande, et servent de résidence à l'esprit des lieux.

Bien qu'elles ne soient pas considérées comme des lieux religieux à l'instar des temples et des sanctuaires, les *san phra phum* sont profondément ancrées dans les croyances spirituelles et les traditions culturelles thaïlandaises. Elles ont pour but de s'assurer la protection des *chao thi* des lieux – qu'il s'agisse par exemple d'une nouvelle construction ou d'une maison ancienne – et d'établir une relation harmonieuse avec eux.

Protection et offrandes

Une *san phra phum* ("maison des esprits") est destinée à fournir un lieu de résidence aux esprits et d'y accueillir des offrandes. En Thaïlande, nous croyons que les esprits jouent un rôle important dans notre quotidien et qu'il convient de maintenir des relations harmonieuses avec eux pour s'assurer chance, protection et prospérité. Les maisons des esprits sont les représentations physiques de cette relation ; les habitants y effectuent des prières et déposent des offrandes aux esprits en guise de reconnaissance et pour obtenir leur protection. On trouve des maisons miniatures sur les propriétés et les terrains privés, et des maisons plus grandes dans les espaces publics, comme les temples, les marchés et les parcs. Ces dernières sont entretenues par la communauté. On peut s'y rassembler en signe de respect et y déposer des offrandes.

Les offrandes présentées aux *chao thi* peuvent prendre la forme de fleurs, de fruits, d'encens, de bougies et de nourriture. Celles-ci sont censées plaire aux

esprits et s'assurer leur bienveillance. La coutume veut que les Thaïlandais fassent ces offrandes régulièrement, généralement le matin ou le soir. Certains *chao thi* peuvent accepter des offrandes moins courantes, comme des robes thaïlandaises traditionnelles ou des figurines d'animaux. En outre, les *chao thi* s'entendent pour n'aimer que le Fanta à la fraise (le rouge). On n'en connait pas les raisons exactes – et les esprits ne nous donneront pas d'explication –, mais de nombreuses théories circulent. On dit notamment que cette boisson serait choisie pour sa couleur. En Chine, où de nombreux Thaïlandais ont vécu, le rouge est la couleur de la chance. Dans la culture thaïlandaise, le rouge est associé au sang, symbole de fertilité et de sacrifice.

Maisons miniatures, arbres sacrés et odeurs d'encens

Les *san phra phum* (et les petites figurines qu'elles contiennent) ressemblent tant à des maisons de poupées que les Thaïlandais racontent des histoires effrayantes aux enfants qui seraient tentés d'y toucher. Souvent, les grands-parents expliquent à leurs petits-enfants que jouer avec les maisons des esprits ou toucher aux offrandes leur ferait courir un grand danger. Ils leur racontent que les esprits les trouveront et leur "briseront la nuque". Cet avertissement se transmet de génération en génération et évite que quiconque dérange les maisons des esprits, notamment les plus jeunes.

En Thaïlande, vous verrez peut-être des arbres au tronc orné de bandes de tissus colorés, avec des robes thaïlandaises traditionnelles accrochées aux branches, et sur une table placée devant, une bouteille ouverte de Fanta à la fraise équipée d'une paille (c'est important !) et des desserts thaïlandais. Il s'agit d'offrandes pour ces arbres considérés comme sacrés. On dit qu'ils doivent être respectés et que des esprits vivent à l'intérieur. Les règles des *san phra phum* s'appliquent à ces arbres sacrés : les offrandes sont destinées aux esprits et on ne doit pas y toucher. Seuls les chiens et les chats errants sont pardonnés lorsqu'ils prennent la nourriture déposée en offrande dans une maison des esprits ou devant un arbre sacré.

PERSONNE NE SAIT EXACTEMENT QUI FUT LA PREMIÈRE PERSONNE À PRIER LES ARBRES, MAIS SI VOUS VOYEZ DES OFFRANDES DEVANT UN ARBRE, SACHEZ QUE CELUI-CI EST DÉSORMAIS SACRÉ, ET QU'IL DOIT ÊTRE RESPECTÉ.

Arbre sacré, Ko Kut (p. 124)

STEPHANE BIDOUZE/SHUTTERSTOCK ©

Une autre croyance est racontée depuis des générations au sujet des esprits. Elle concerne l'encens. Les Thaïlandais croient que si vous sentez de l'encens mais que vous ne voyez pas de bâton se consumer près de vous, cela signifie qu'un esprit vous rend visite ou se tient à proximité. Il peut s'agir d'un esprit protecteur, d'un esprit malveillant ou de l'âme d'un proche décédé. Vous ne pourrez sans doute pas voir cet esprit, mais il est là, dans le parfum de l'encens. N'ayez crainte : il suffit de lui parler et de lui demander ce qu'il veut, ou de lui promettre des offrandes au temple afin qu'il n'ait pas besoin de revenir.

Nous ne savons pas expliquer ces croyances. Toutefois, comme dans le monde réel où nous entretenons de bonnes relations avec nos semblables, nous nous efforçons de maintenir des relations harmonieuses avec ces esprits protecteurs, afin qu'ils nous accordent amour, protection et prospérité.

IL N'EST PAS TROP TARD POUR PROTÉGER CE PARADIS

Comment la Thaïlande gère-t-elle le surtourisme, et comment les visiteurs peuvent-ils l'aider ? Par Amy Bensema

SI VOUS VOULEZ VOUS DÉCONNECTER et vous détendre au soleil, nulle hésitation : avec ses 1 430 îles, la Thaïlande est une des destinations les plus populaires d'Asie du Sud-Est. Et rien ne vaut la côte d'Andaman pour ses eaux turquoise et ses plages sublimes. Ceux qui visitent le pays pour la première fois sont séduits par la beauté de ses paysages et les saveurs de sa cuisine, sans parler de l'accueil, et de cette culture unique, propre au royaume. Il n'est pas surprenant que certains fassent le grand saut et décident d'y rester, ou d'y revenir une bonne fois pour toutes.

La vie sur les îles est indolente, et tout y semble permis. Malheureusement, cette attitude, associée à un manque de sensibilisation, menace ces paysages paradisiaques.

Le prix du paradis

Les enjeux sont élevés pour protéger les endroits que nous aimons. Les îles préservées, en dehors des sentiers battus, peuvent devenir bondées en une seule saison, surtout lorsqu'un flux constant de touristes entraîne un développement anarchique. Jadis tenues pour les derniers vrais paradis de Thaïlande, plusieurs îles au large de la côte d'Andaman sont aujourd'hui victimes de leur soudaine popularité. Hôtels et maisons d'hôtes s'installent sur des terrains autrefois vierges, puisant dans les ressources naturelles à tel point que l'eau douce vient souvent à manquer, en particulier en haute saison, lorsque les pluies sont rares, voire inexistantes, plusieurs mois de long.

Des magasins de chaîne viennent souvent remplacer les petites boutiques familiales, et les insulaires perdent leurs moyens de subsistance. Autre problème, les déchets. La plupart de ces îles ne comptent ni décharge, ni usine de recyclage, et les poubelles s'empilent parfois pendant des semaines en attendant qu'un bateau venu du continent puisse les enlever.

Ces tas de déchets sont laids, sentent mauvais, et attirent des nuisibles tels que rongeurs et serpents. Aussi y met-on parfois le feu, ce qui pollue l'atmosphère.

Notez aussi que séjourner sur ces îles a un coût, et que même les hébergements les plus économiques se situent dans la catégorie moyenne de la Thaïlande. Les produits de base en cuisine étant souvent expédiés du continent, dîner au restaurant est onéreux. Si vous voulez petit-déjeuner d'une tartine de purée d'avocat, vous devrez en payer le prix.

Quand le tourisme devient excessif

Appréciés ou détestés, les influenceurs des réseaux sociaux savent faire grand battage. Or que se passe-t-il lorsque l'un d'eux affirme avoir découvert un "trésor unique" ou une "plage cachée", et que ladite plage borde une petite île tout sauf prête à attirer l'attention du monde entier ? Les conséquences peuvent être lourdes. Certes, nombre d'îles thaïlandaises vivent du tourisme, et une grande partie de l'économie locale s'effondrerait faute d'affluence, mais l'excès de popularité tourne vite au fardeau.

Prenons l'exemple d'Ao Maya. Située à Ko Phi Phi Leh, cette baie est connue comme le lieu de tournage du film de Danny Boyle *La Plage* (2000). Dans les années qui en suivirent la sortie, des flots de touristes, parfois jusqu'à 8 000 par jour, vinrent en *speedboat* depuis Krabi et Phuket, en quête de cette plage idyllique. S'ensuivit une catastrophe écologique. La plage d'Ao Maya était jonchée d'emballages, de bouteilles en plastique et de mégots, et les fragiles récifs coralliens de la baie furent abîmés par les ancres des bateaux.

En 2018, le gouvernement thaïlandais prit une décision inédite : fermer Ao Maya pour que l'écosystème puisse se reconstituer. Bientôt, la nature reprit ses droits, et les animaux marins, comme le requin de récif à pointe noire, revinrent. Ao Maya a rouvert début janvier 2022, moyennant de nouvelles règles et réglementations pour lutter contre le surtourisme. Désormais, la baie ferme deux mois tous les ans à des fins de conservation ; jusque-là, ces efforts ont été couronnés de succès.

Les sites de plongée souffrent aussi d'une trop grande fréquentation. Le gouvernement thaïlandais prend donc régulièrement la décision de fermer (les durées sont variables) plusieurs sites dans les parcs nationaux répartis entre le golfe de Siam et la côté d'Andaman.

Ao Maya

DIETRICHHERLAN/GETTY IMAGES ©

Un tourisme plus respectueux

Il n'est pas trop tard pour protéger ces paradis. En tant que touristes, nous nous devons d'être plus respectueux. Nous pouvons toujours visiter les magnifiques îles du royaume, surtout les plus difficiles à atteindre, comme Ko Lipe et Ko Phayam. Même celles surdéveloppées demeurent éblouissantes. On y découvre de superbes plages, un arrière-pays couvert d'une jungle dense, et la mer qui les entoure est l'une des plus claires que vous verrez en Thaïlande. Les sites de plongée et de snorkeling sont extraordinaires. N'oubliez toutefois jamais les problèmes posés par le surdéveloppement.

Vous qui êtes de passage, soyez courtois avec les habitants, et soutenez-les quand vous le pouvez. Achetez les délicieux plats abordables d'un vendeur ambulant, au lieu de dîner dans une chaîne internationale. Faites vos emplettes dans les petites épiceries familiales. S'il peut être amusant de négocier les prix sur les grands marchés de Bangkok, rappelez-vous que les tarifs sont généralement fixes dans les îles. Nul besoin d'y marchander pour faire une affaire.

Ne laissez pas de détritus, surtout si vous partez en excursion dans un parc national pour faire du snorkeling. Emportez vos déchets, vous les jetterez lorsque vous serez revenu à votre hébergement. Suivez les conseils fournis partout dans les îles pour ne pas gaspiller l'eau ou l'électricité. Il s'agit de conserver les ressources naturelles, et non de vous priver du confort de la climatisation dans votre bungalow en bord de plage.

Savourez votre séjour en Thaïlande, mais gardez à l'esprit que, si nous ne nous appliquons pas à le protéger, cet Éden pourrait bien disparaître.

LA CUISINE LA PLUS POPULAIRE DE THAÏLANDE ÉVOLUE

Autrefois réduite à un simple mélange de viandes grillées et de salades épicées, la cuisine isan prend de nouvelles directions.
Par Chawadee Nualkhair

À BANGKOK, il est rare de se promener sans voir des cuisses de poulet griller sur du charbon de bois, ou un vendeur ambulant préparer au mortier l'assaisonnement d'une salade de papaye verte. Le Nord-Est est la région la plus peuplée de Thaïlande, certes aussi la plus pauvre, mais sa cuisine est incontournable. On la considère souvent comme la plus populaire de Thaïlande et ses plats composent couramment les repas lors de rassemblements.

La plupart des gens, même en Thaïlande, considèrent la cuisine isan comme un monolithe immuable, un ensemble de plats dominés par les spécialités les plus prisées, la "sainte trinité" formée par le *gài yâhng* (poulet grillé), le *sôm-đam* (salade de papaye verte) et le *kôw nĕe-o* (riz gluant). Illustration parfaite des saveurs que le monde entier associe à la cuisine thaïlandaise (épicée, salée, acidulée et un peu sucrée), la cuisine isan, facile à manger

De gauche à droite : *Gài yâhng* ; *sôm-đam* ; *nám tok* ; insectes frits, Phimai

DE GAUCHE À DROITE : ARTAPARTMENT/SHUTTERSTOCK©, CAVAN-IMAGES/SHUTTERSTOCK©, ACHANFOTO/SHUTTERSTOCK©, AMNAT30/SHUTTERSTOCK©

et à apprécier, plaît au plus grand nombre. Rien d'étonnant à ce que Bangkok compte toujours plus de cantines isan, décorées de tissus isan, résonnant de musique isan, avec, au menu, du *lôw kŏw* (eau-de-vie isan).

Pourtant, cette "cuisine isan" n'est pas celle que l'on déguste dans le Nord-Est de la Thaïlande, qui est moins sucrée, car elle n'est pas supposée contenir de sucre, et sans doute moins acidulée (car les salades isan servies à Bangkok sont souvent assaisonnées uniquement avec du citron vert). Elle est peut-être aussi plus surprenante, en raison du *plaa rah* (sauce d'anchois fermentée), qui serait d'origine khmère, et peu relevée. Nombre d'habitants de la région, dont le célèbre chef Weerawat "Num" Triyasenawat, de Samuay & Sons à Udon Thani, se souviennent que les plats de leur enfance étaient moins épicés et plus "rafraîchissants". Ils se souviennent aussi d'une cuisine moins "isan", car liée aux identités multiples que l'on doit aux tribus locales qui élirent domicile dans la région durant des siècles. "Ces terres ont été développées par les populations indigènes", explique le chef Num. "En matière d'histoire, nous n'avons pas de racines aussi profondes qu'eux."

Dans l'extrémité nord-ouest de la région, délimitée par le Mékong, les habitants se nourrissent des poissons et fruits de mer péchés localement. Les *plaa kŏng*, ou poissons d'eau douce, tels que le barbeau, le silure et le poisson-chat à queue rouge, sont grillés dans une croûte de sel, ou émincés avec des herbes aromatiques et des épices avant d'être servis crus ou tout juste pochés. Au nord et dans la partie est du Mékong, les influences vietnamiennes, dues aux personnes ayant fui le régime colonial français, dominent.

Ce sont toutefois les influences laotiennes que l'on note le plus. Sur les autoroutes qui traversent l'Isan, des panneaux artisanaux proposent *lâhp* (salades de viande hachée), *gôy* (salades de viande hachée crue) et *tŏm* (soupes claires sans lait de coco). Les *nám tok*, des "salades" de viande préparées avec des piments et des herbes aromatiques locales comme la coriandre longue, sont omniprésentes sur les menus, et on trouve des *mòk*, des viandes hachées cuites à la vapeur sur des flammes, dans des feuilles de bananiers, sur tous les marchés alimentaires. Ces plats sont généralement disposés sur un *pakaao*, un plateau, avec un grand choix de légumes verts frais glanés dans les forêts des environs : certains ajoutent des saveurs, comme les feuilles de goyave sauvage, d'autres servent à atténuer le piquant des piments, comme le concombre et l'aubergine thaïlandaise.

Les ingrédients eux-mêmes sont susceptibles d'être remplacés par d'autres, car les recettes isan admettent beaucoup de souplesse. La plupart des provinces sont fraîches et verdoyantes, mais une grande partie des régions du Centre et du Sud sont arides, ce qui rend les cultures difficiles à la saison sèche. Si cela veut dire préparer le *sôm·đam* avec de la banane verte, du maïs ou du concombre, qu'à cela ne tienne. Et si cela veut dire utiliser des fourmis rouges (acidulées) pour assaisonner un plat ou des grillons pour l'apport en protéines, ça marche aussi ! De fait, sur tous les marchés nocturnes de l'Isan, le vendeur d'insectes est souvent débordé : à mesure que les clients font leur choix, les insectes sont frits dans un wok et assaisonnés avec des piments, du jus de citron vert et de la citronnelle.

Aussi populaire que soit la cuisine isan actuelle dans tout le pays, certains cherchent à la faire évoluer en s'appuyant sur les caractéristiques qui la désignaient autrefois comme "primitive". Le chef Num incorpore ainsi dans ses plats du *garum* de grillon, qui évoque la sauce de poisson, des piments fumés du Laos qui rappellent le chorizo, et des *mang man*, ces fourmis brillantes dont le prix peut atteindre 2 000 B le kilo. Au Kaen, à Khon Kaen, le chef Paisarn Cheewinsiriwat inclut dans ses menus de dégustation un choix d'eaux-de-vie de la région, généralement servies près des stands de motos-taxis, et accompagnées de mangue marinée ou d'olives d'eau pour chasser la brûlure de l'alcool.

Le Nord-Est influence aussi la cuisine nationale d'autres façons. Souvent décrite comme "frappée par la sécheresse", la province de Surin est aussi celle où l'on cultive l'un des meilleurs riz du pays. Dans la province de Khon Kaen, des vaches nippo-thaïlandaises sont élevées pour leur viande de bœuf *wagyu*. Et dans le Nord, on cultive, selon certains, les meilleures mangues du pays. L'Isan est peut-être pauvre, mais la région est extrêmement riche de sa cuisine.

INDEX

Référence des cartes **000**

Référence des cartes **000**

R

S

Référence des cartes **000**

Y

LES GUIDES LONELY PLANET

Une vieille voiture déglinguée, quelques dollars en poche et le goût de l'aventure, c'est tout ce dont Tony et Maureen Wheeler eurent besoin pour réaliser, en 1972, le voyage d'une vie : rallier l'Australie par voie terrestre via l'Europe et l'Asie. De retour après un périple harassant de plusieurs mois, et forts de cette expérience formatrice, ils rédigèrent sur un coin de table leur premier guide, *Across Asia on the Cheap*, qui se vendit à 1 500 exemplaires en l'espace d'une semaine. Ainsi naquit Lonely Planet, dont les guides sont aujourd'hui traduits dans le monde entier.

À PROPOS DE CET OUVRAGE

Cette 8e édition française du guide Îles et plages de Thaïlande est une traduction-adaptation de la 12e édition de *Thailand's Islands & Beaches* (en anglais), écrite et mise à jour par David Eimer, Amy Bensema et Choltanutkun Tun-atiruj.

Traduction
Frédérique Hélion-Guerrini, Sophie Lecoq, Virginie Lochou, Servane Heudiard, Pauline Tardieu-Collinet, Laura Vaz, Sophie Francaud, Franck Pinto, Flore Mathieu et Tommy Bonnevialle.

Direction éditoriale
Dominique Bovet

Responsable prépresse
Jean-Noël Doan

Coordination éditoriale et adaptation française
Olympe Richez

Maquette
Gudrun Fricke

Cartographie
Nicolas Chauveau pour l'adaption des cartes en français

Couverture
adaptatée en français par Laure Wilmot et Laurent Briard

Fabrication
Emmanuelle Laine

Remerciements à Julien Lannoy pour sa relecture attentive du texte et ses conseils. Un grand merci à Stéphanie Rian et à toute l'équipe de Lonely Planet à Paris. Merci enfin à Luan Angel, Kim Else et Nigel longuet à Londres, et à Jean-Pierre Masclef à Melbourne.

Îles et plages de Thaïlande

8e édition
Traduit et adapté de l'ouvrage *Thailand's Islands & Beaches, 12th edition, July 2024*

92 avenue de France - 75013 Paris
lonelyplanet@edi8.fr

Dépôt légal Octobre 2024
ISBN 978-2-38492-532-2

Imprimé par ESTIMPRIM, Autechaux, France
1re impression

En Voyage Éditions | un département édi8